经以济世
科技兴邦

贺教育部

重大攻向项目

成果出版

李政林
癸卯方八

教育部哲学社会科学研究重大课题攻关项目

产权理论比较与中国产权制度变革

COMPARING PROPERTY-RIGHTS THEORIES AND THE REFORM OF CHINESE PROPERTY-RIGHTS INSTITUTIONS

黄少安 等著

经济科学出版社
Economic Science Press

图书在版编目（CIP）数据

产权理论比较与中国产权制度变革/黄少安等著.
—北京：经济科学出版社，2012.9
（教育部哲学社会科学研究重大课题攻关项目）
ISBN 978-7-5141-2424-8

Ⅰ.①产… Ⅱ.①黄… Ⅲ.①产权制度改革 - 研究 - 中国 Ⅳ.①F121

中国版本图书馆 CIP 数据核字（2012）第 216838 号

责任编辑：刘　茜　黎子民
责任校对：刘　昕　徐领柱
版式设计：代小卫
责任印制：邱　天

产权理论比较与中国产权制度变革

黄少安　等著

经济科学出版社出版、发行　新华书店经销
社址：北京市海淀区阜成路甲 28 号　邮编：100142
总编部电话：88191217　发行部电话：88191537
网址：www.esp.com.cn
电子邮件：esp@esp.com.cn
北京季蜂印刷有限公司印装
787×1092　16 开　27.25 印张　490000 字
2012 年 12 月第 1 版　2012 年 12 月第 1 次印刷
ISBN 978-7-5141-2424-8　定价：68.00 元
（图书出现印装问题，本社负责调换。电话：88191502）
（版权所有　翻印必究）

课题组主要成员

（按姓氏笔画为序）

首席专家： 黄少安
主要成员： 孙圣民　张卫国　李和森　李增刚
　　　　　　陈屹立　杨有才　周金玲　郭艳茹
　　　　　　盛　洪　魏　建

编审委员会成员

主　任　孔和平　罗志荣
委　员　郭兆旭　吕　萍　唐俊南　安　远
　　　　　　文远怀　张　虹　谢　锐　解　丹
　　　　　　刘　茜

总 序

哲学社会科学是人们认识世界、改造世界的重要工具，是推动历史发展和社会进步的重要力量。哲学社会科学的研究能力和成果，是综合国力的重要组成部分，哲学社会科学的发展水平，体现着一个国家和民族的思维能力、精神状态和文明素质。一个民族要屹立于世界民族之林，不能没有哲学社会科学的熏陶和滋养；一个国家要在国际综合国力竞争中赢得优势，不能没有包括哲学社会科学在内的"软实力"的强大和支撑。

近年来，党和国家高度重视哲学社会科学的繁荣发展。江泽民同志多次强调哲学社会科学在建设中国特色社会主义事业中的重要作用，提出哲学社会科学与自然科学"四个同样重要"、"五个高度重视"、"两个不可替代"等重要思想论断。党的十六大以来，以胡锦涛同志为总书记的党中央始终坚持把哲学社会科学放在十分重要的战略位置，就繁荣发展哲学社会科学做出了一系列重大部署，采取了一系列重大举措。2004年，中共中央下发《关于进一步繁荣发展哲学社会科学的意见》，明确了新世纪繁荣发展哲学社会科学的指导方针、总体目标和主要任务。党的十七大报告明确指出："繁荣发展哲学社会科学，推进学科体系、学术观点、科研方法创新，鼓励哲学社会科学界为党和人民事业发挥思想库作用，推动我国哲学社会科学优秀成果和优秀人才走向世界。"这是党中央在新的历史时期、新的历史阶段为全面建设小康社会，加快推进社会主义现代化建设，实现中华民族伟大复兴提出的重大战略目标和任务，为进一步繁荣发展哲学社会科学指明了方向，提供了根本保证和强大动力。

教育部哲学社会科学研究
重大课题攻关项目

　　高校是我国哲学社会科学事业的主力军。改革开放以来，在党中央的坚强领导下，高校哲学社会科学抓住前所未有的发展机遇，紧紧围绕党和国家工作大局，坚持正确的政治方向，贯彻"双百"方针，以发展为主题，以改革为动力，以理论创新为主导，以方法创新为突破口，发扬理论联系实际学风，弘扬求真务实精神，立足创新、提高质量，高校哲学社会科学事业实现了跨越式发展，呈现空前繁荣的发展局面。广大高校哲学社会科学工作者以饱满的热情积极参与马克思主义理论研究和建设工程，大力推进具有中国特色、中国风格、中国气派的哲学社会科学学科体系和教材体系建设，为推进马克思主义中国化，推动理论创新，服务党和国家的政策决策，为弘扬优秀传统文化，培育民族精神，为培养社会主义合格建设者和可靠接班人，做出了不可磨灭的重要贡献。

　　自2003年始，教育部正式启动了哲学社会科学研究重大课题攻关项目计划。这是教育部促进高校哲学社会科学繁荣发展的一项重大举措，也是教育部实施"高校哲学社会科学繁荣计划"的一项重要内容。重大攻关项目采取招投标的组织方式，按照"公平竞争，择优立项，严格管理，铸造精品"的要求进行，每年评审立项约40个项目，每个项目资助30万~80万元。项目研究实行首席专家负责制，鼓励跨学科、跨学校、跨地区的联合研究，鼓励吸收国内外专家共同参加课题组研究工作。几年来，重大攻关项目以解决国家经济建设和社会发展过程中具有前瞻性、战略性、全局性的重大理论和实际问题为主攻方向，以提升为党和政府咨询决策服务能力和推动哲学社会科学发展为战略目标，集合高校优秀研究团队和顶尖人才，团结协作，联合攻关，产出了一批标志性研究成果，壮大了科研人才队伍，有效提升了高校哲学社会科学整体实力。国务委员刘延东同志为此做出重要批示，指出重大攻关项目有效调动各方面的积极性，产生了一批重要成果，影响广泛，成效显著；要总结经验，再接再厉，紧密服务国家需求，更好地优化资源，突出重点，多出精品，多出人才，为经济社会发展做出新的贡献。这个重要批示，既充分肯定了重大攻关项目取得的优异成绩，又对重大攻关项目提出了明确的指导意见和殷切希望。

　　作为教育部社科研究项目的重中之重，我们始终秉持以管理创新服务学术创新的理念，坚持科学管理、民主管理、依法管理，切实增强服务意识，不断创新管理模式，健全管理制度，加强对重大攻关项目的选题遴选、评审立项、组织开题、中期检查到最终成果鉴定的全过程管理，逐渐探索并形成一套成熟的、符合学术研究规律的管理办法，努力将重大攻关项目打造成学术精品工程。我们将项目最终成果汇编成"教育部哲学社会科学研究重大课题攻关项目成果文库"统一组织出版。经济科学出版社倾全社之力，精心组织编辑力量，努力铸造出版精品。国学大师季羡林先生欣然题词："经时济世　继往开来——贺教育部重大攻关项目成果出版"；欧阳中石先生题写了"教育部哲学社会科学研究重大课题攻关项目"的书名，充分体现了他们对繁荣发展高校哲学社会科学的深切勉励和由衷期望。

创新是哲学社会科学研究的灵魂，是推动高校哲学社会科学研究不断深化的不竭动力。我们正处在一个伟大的时代，建设有中国特色的哲学社会科学是历史的呼唤，时代的强音，是推进中国特色社会主义事业的迫切要求。我们要不断增强使命感和责任感，立足新实践，适应新要求，始终坚持以马克思主义为指导，深入贯彻落实科学发展观，以构建具有中国特色社会主义哲学社会科学为己任，振奋精神，开拓进取，以改革创新精神，大力推进高校哲学社会科学繁荣发展，为全面建设小康社会，构建社会主义和谐社会，促进社会主义文化大发展大繁荣贡献更大的力量。

教育部社会科学司

前　言

本书是教育部哲学社会科学重大课题攻关项目"马克思主义产权理论、现代西方产权理论与中国改革实践"（项目号：04JZD007；首席专家：黄少安）的最终成果。该项目获得立项之后，课题组按照投标评审书，根据投标答辩专家的建议，对子课题进行了压缩，主要集中于以下9个子课题的研究：

1. 马克思主义产权理论的系统研究
2. 马克思主义产权理论与现代西方产权理论的比较研究
3. 产权、制度与经济增长
4. 产权结构、公司治理结构与中国企业治理问题
5. 新型国有资产管理体制问题
6. 中国农村经济制度与土地产权制度
7. 中国农村医疗保障体制变迁研究
8. 中国义务教育财政体制改革
9. 法经济学的基础理论与应用

课题组成员在深入研究、充分讨论、统一研究框架和思路的基础上，根据各自研究领域进行分工，按计划进行了一系列调查研究，完成了各子课题，形成了各子课题报告和论文。然后又对各子课题进行凝练和精选，形成了本书，作为最终成果。各章节的作者分别为：

第一章　黄少安
第二章　黄少安、张卫国
第三章　黄少安、张卫国
第四章第一节　郭艳茹

第四章第二节　杨友才

第四章第三节　黄少安、孙圣民

第五章第一节　黄少安

第五章第二节　黄少安、宋兆刚

第五章第三节　黄少安、韦倩

第六章　黄少安

第七章第一节、第二节、第三节　黄少安、刘明宇

第七章第四节　黄少安、赵海怡

第八章　李和森

第九章　周金玲

第十章　赵海怡

第十一章　陈屹立

以上章节仅是整个课题研究成果的一部分，甚至只是一少部分。限于结构框架和篇幅的问题，一些课题组成员（例如魏建教授和李增刚教授）的成果未能收录在内。李增刚教授还在本书的整理和编辑过程中做了大量工作。在课题结项答辩中，几位答辩专家提出了重要的修改意见和建议，特此表示诚挚感谢。

该书早在 2008 年就已经完成并结项。经过近 4 年的时间，无论是客观现实还是我们的认识，都有所变化，不过该书只是当时研究的结果。对于书中存在的不足，我们愿意承担责任并接受批评。

2012 年 4 月

摘　要

中国自1978年以来的经济体制改革本质上是产权改革。对产权理论的讨论，既有现代产权理论，也有马克思主义产权理论。但是，无论是马克思主义产权理论还是现代产权理论，都无法解释和解决中国经济体制改革的所有问题。通过对马克思主义产权理论和现代产权理论系统深入的研究和比较，结合中国实际，提出了一些新的理论命题。所有的制度经济学都是关于权利的经济学，都是产权经济学，产权经济学也就是制度经济学。对马克思主义产权理论和现代产权理论的研究，也就是对制度经济学的系统研究。

《资本论》蕴含着丰富的产权理论。与其说《资本论》的研究对象是生产关系及其发展规律，不如说是以产权制度为核心的经济制度及其演变规律，主要是批判资本主义产权制度即资本家私有制。纵向看，剩余价值的产生、实现和分配与产权息息相关，实质上是关于产权的占有、支配和使用以及伴随而来的收益的问题。如果从横向来看，《资本论》理论体系的各个部分也没有离开产权问题。劳动价值论是整个理论体系的基础，其实也是一个预设的价值判断——既然价值（包括剩余价值）是劳动创造的，那么，应该归劳动者所有。剩余价值理论是分析资本家阶级内部的产权分配问题。积累和经济危机理论，即是认为：由于产权分配的不合理以及这种不合理的积累和加剧，必然打破资本主义经济运行的均衡。因为绝大多数消费者即工人阶级由于贫困的积累，使购买力不足或有效需求不足，致使经济危机出现。而只要私有产权制度不消除，危机就不会消除，因此，马克思认为必须消灭私有产权，建立公有产权。而像所谓的工资理论、商品理论或货币理论等要么也是以产权分析为基础，要么是为剩余价值理论服务，这就又归结为产权问题或包含产权问题。因此，《资本论》有两条主线，一明一暗，明是资本和剩余价值理论，暗是其中蕴涵的产权理论。

马克思主义产权理论和现代西方产权理论在逻辑起点、核心范畴、理论主线和理论体系构成几个方面，都有各自的特点，当然也有相同或相近的地方。它们都有自己的逻辑起点、核心范畴、理论主线和不同的理论构件。这一点是共同的，这也正是各自都能成为一个理论体系的基础。但是各自有不同的逻辑起点、核心范畴、理论主线和理论构件。马克思经济学的逻辑起点是商品分析，起点范畴是商品；核心范畴是资本和剩余价值；理论主线是对剩余价值的分析；由多个理论构件组成完整的理论体系，其中剩余价值理论是核心。现代西方产权经济学的逻辑起点是企业分析，企业是起点范畴；核心范畴是交易和交易成本；理论主线是交易成本分析方法；由多个理论构件组成，其中交易成本理论是核心。在基本方法论上，马克思主义产权理论是辩证唯物主义和历史唯物主义的统一，现代西方产权理论是制度主义、个人主义、功利主义和自由主义的融合、历史和辩证唯物主义的影响及进化主义的回归；在具体方法论上，马克思主义产权理论是归纳与演绎的统一、分析与综合的统一、抽象与具体的统一、逻辑与历史的统一、实证与规范的统一，现代西方产权理论是演绎、实证、微观分析。

对制度与经济增长的关系进行了深入研究，考察了制度影响经济增长的内在机理和收入分配制度影响经济增长的原因，结合计量经济史学对制度与经济增长到底谁决定谁的问题进行了分析；建立了一个引入制度的内生增长模型，分析制度对经济增长的影响；对中国大陆1949～1978年土地产权制度对农业经济增长的影响进行了实证研究，表明了制度对经济增长的影响。

对现有的公司治理理论进行分析和批判，明确了公司治理、公司治理结构及与其相关的一些概念，提出了公司治理主体的条件；然后结合中国转轨时期的特征分析中国企业的公司治理问题，并对中国上市公司管理层股权激励的决定因素进行了实证研究；最后讨论了政府参与商业银行公司治理的理论依据问题。

对新型国有资产管理体制构建的问题，不是对所有类型、所有层次的国有资产管理体制的问题，而是集中讨论两类国有资产：一是省属国有资产，涉及省属国有经济的调整和国有资产管理体制的构建；二是高校经营性国有资产管理体制问题。

中国农村、农业、农民"三农"问题，引起了社会的广泛关注。通过分析农村经济制度的历时关联和共时关联，揭示了中国农民的"制度性贫困陷阱"的根源，分析了解决这一问题的思路。在农村经济制度中，处于核心地位的是农村的土地产权制度。在中国改革开放之后实行的家庭联产承包责任制以及2003年3月1日实行的《农村土地承包法》虽然对解决农村的土地产权制度问题具有重要价值，但是存在一定的缺陷。

就中国农村的医疗保障制度而言，产权制度、经济体制与医疗保障制度具有较强的相关性，农村医疗保障制度的安排，必须适应于农村产权制度和经济体制。

中国义务教育的经费除了政府财政拨款以外，还有多种来源途径，形成了多渠道筹资的义务教育制度，然而这造成了严重的问题，使得义务教育制度难以真正全面实行。从中国义务教育经费来源制度入手，讨论了中国义务教育财政体制改革的问题，提出改革多种来源渠道，建立单一财政资金来源的义务教育制度，进而提出了完善中国义务教育财政体制的构想。

通过对我国文化与自然遗产的产权与制度安排的历史、现状及问题的研究，提出了我国文化与自然遗产专项立法的建议。

采用计量经济学的工具和方法，对中国犯罪率的决定因素进行实证研究，主要包括两个方面：一是惩罚和威慑对降低犯罪率的作用；二是收入不平等、失业、教育、城市化、贫困等因素与犯罪率的相关性。

Abstract

Economic system reform in China since 1978 is essentially property-rights reform. The discussion on property-rights theory is either modern property-rights theory or Marxism property-rights theory. But, neither modern property-rights theory nor Marxism property-rights theory can explain all problems of Chinese economic system reform. By researching and comparing on modern property-rights theory and Marxism property-rights theory, combining Chinese fact, we put forward some new theoretical propositions. All the institutional economics are economics about rights, and they are all property-rights economics. Property-rights economics is institutional economics. Research on modern property-rights theory and Marxism property-rights theory is a systemical research on institutional economics.

On Capital has many thoughts on property-rights. Its research subject is economic system and its change rather than productive relations and their law of development, and its purpose is mainly to criticize capitalism property-rights, that is, capitalist private ownership. Investigating from longitudinal view, the production, realization and allocation of surplus value are all related to property-rights, essentially the problem of occupation, control, use and revenue from them on property-rights. Investigating from broad wise view, all parts of theoretical system of *on capital* is all about property-rights. The labor theory of value is the base of all theoretical system. It has a proposition, that is, since value is produced by labor, then value should owned by labor. The theory of surplus value is to analyze the allocation of property-rights among capitalists. The theory of accumulation and economic crisis argues that, because of irrationality of allocation of property-rights in capitalism society and the accumulation of irrationality, must break up the equilibrium in capitalism economic run. Because most customers (workers), is poorer and poorer, their purchasing power or effective demand are not enough, economic crisis arises. If capitalism private property-rights institutions are not dispelled, the economic crisis is not dispelled. So, Karl Marx argued that capital private ownship must be dispelled, and publicly-owned property-rights should be built. Such as salary theory, goods theory and money theory, are either based on property-rights theory or property-rights problems. We argue that *On Capital* has two lines, one is clear, and the other is hidden—capital and surplus value theory be clear, and property-rights be hidden.

Marxism property-rights theory and modern property-rights theory have their characteristics in logic starting point, core definitions, theoretical lines and theoretical system. They are either different or same. One same characteristics is that they have both their logic origins, core definitions, theoretical lines and theoretical system, but they are different in all these problems. Marxism theory's logic starting point is goods analysis and starting definition is goods; core definitions are capital and surplus value; theoretical line is analysis on surplus value; theoretical system is made up of many theoretical members, and theory of surplus value is core. Modern theory's logic starting point is firm analysis, firm is starting definition; core definitions are transaction and transaction cost; theoretical line is transaction cost analysis; theoretical system is made up of many theoretical members, but transaction cost theory is core. In basic methodology, Marxism theory is the integration of dialectical materialism and historical materialism; modern theory is integration of institutionalism, individualism, utilitarianism and latitudinarian, influence by dialectical materialism and historical materialism, and recurrence of evolutionism. In concrete methodology, Marxism theory is integration of induction and deduction, analysis and synthesis, abstract and concrete, logic and history, positive and normative; modern theory is deduction, positive and micro analysis.

This book studies the relationship between institution and economic growth, investigates the intrinsic mechanism of institutions affecting economic growth, and the reason of income allocation affecting economic growth; builds a endogenous economic growth model introducing institutions, analyzing the affection of institutions on economic growth; the empirical study on influence of Chinese mainland land property-rights on agriculture economic growth shows that institutions influence economic growth.

We analyze and make some critics on existing corporate governance theories, and clear some related definitions such as corporate governance, corporate governance structure, and argue the condition of subject of corporate governance; then we analyze the problem of corporate governance in China, and empirical study of the determinants of the managerial equity incentives in Chinese stock-markets' firms; finally we discuss theoretical evidence of government participating in commercial bank's corporate governance.

The research on building new state-owned assets management system, is not aiming to all kinds and all levels state-owned assets, but to discuss two kind of state-owned assets: one is Strategic adjustment of provincial stated-owned economy and new state-owned assets management system; the other is College and University's operating state-owned assets management system.

Chinese rural area, agriculture, farmer (3 farming) problem has given rise to social broad attention. By analyzing of diachronic and synchronic relations of rural economic institutions, this book analyzes the resource of "Institutional poverty trap" of Chinese farmers. In Chinese rural area, land property-rights institution is the core economic institution. The system of contracting in farmland and "Law of Contracting in Farmland" are useful to resolve rural problems, but they have many defects.

The analysis of the change of Chinese rural medical security system shows that property relations, economic system have strong correlation with the health care system, and the arrangement of rural health care system must adapt to rural property relations and economic system.

Except government fiscal expenditure, Chinese compulsory education expenditure has many financing ways, forming multi-path compulsory education financing system, but this gives rise to many problems. Starting from compulsory education financing system, we discuss the reform of Chinese compulsory education financing system, argue that China must reform the multi-path compulsory education financing system, and build single-source compulsory education financing system, and establish public finance as soon as possible and perfect compulsory education financing system.

By analyzing the history, present situation and problem of Property rights allocation and institutions of Chinese cultural and natural heritage, we argue that legal choice of Chinese cultural and natural heritage.

Using econometric tools and methods, we study the factors on crime rate in China: one is the influence of punishment on crime, the other is how macro socioeconomic factors such as income inequity, unemployment, education, urbanization and poverty influence crime rate in China.

目 录

第一章 导言 1

第一节　所有的制度经济学都是关于权利的经济学　1
第二节　中国经济体制改革的核心是产权改革　12
第三节　本书的结构框架和主要内容　14

第二章 产权制度及其演变维度的《资本论》体系研究 17

第一节　相关文献综述　18
第二节　"产权"的内涵与马克思对"产权"的论述　24
第三节　《资本论》的产权视角解读　30
第四节　资本主义三大阶级划分的依据：基于《资本论》产权逻辑体系的解释　46
第五节　结论和进一步的研究　48

第三章 马克思主义产权理论与现代西方产权理论的比较研究 50

第一节　理论体系的比较　50
第二节　基本方法论比较　67

第四章 制度、制度变迁与经济增长 86

第一节　制度与经济增长：理论分析　86
第二节　制度与经济增长：一个理论模型　99
第三节　中国土地产权制度对农业经济增长的影响——对1949~1978年中国大陆农业生产效率的实证研究　113

第五章 产权结构、公司治理结构与中国的公司治理问题 128

第一节　产权结构与公司治理　129

第二节　中国的公司治理问题　139
　　第三节　商业银行的公司治理　156

第六章▶新型国有资产管理体制的构建——省属国有经济调整与高校经营性国有资产管理体制探讨　166

　　第一节　省属国有经济战略性调整与新型国有资产管理体制构建　166
　　第二节　高校经营性国有资产管理体制　179

第七章▶中国农村经济制度与土地产权制度　214

　　第一节　中国农民的"制度性贫困陷阱"——对农村经济制度的历时关联和共时关联分析　214
　　第二节　农地制度对生产技术的选择效应——对承包经营农户技术选择偏好的经济分析　226
　　第三节　公平与效率的冲突：农村土地承包制的困境与出路　233
　　第四节　中国农村宅基地产权制度：现状、绩效和创新路径　244

第八章▶中国农村医疗保障体制变迁研究　256

　　第一节　产权制度、经济体制与医疗保障体制的相关分析　257
　　第二节　我国农村医疗保障制度的历史变迁与特征　265
　　第三节　对合作医疗制度解体及难以恢复与重建根源的分析　276

第九章▶中国义务教育财政体制改革　289

　　第一节　中国义务教育经费的来源与管理　289
　　第二节　中国义务教育财政体制的完善与建立　316

第十章▶中国文化与自然遗产的产权安排、制度变迁与立法选择　330

　　第一节　我国文化与自然遗产的产权与制度安排：历史、现状及问题　330
　　第二节　我国文化与自然遗产专项立法的建构　347

第十一章▶中国犯罪率决定因素的法经济学：实证研究　360

　　第一节　惩罚和严打对犯罪的威慑效应：基于中国数据的实证研究　360
　　第二节　宏观经济因素与中国的犯罪率——1978～2005年的实证研究　375

参考文献　393

Contents

Chapter 1　Introduction　　1

    1.1　All institutional economics are economics on rights　　1

    1.2　Core of reforms of Chinese economic systems is property-rights reform　　12

    1.3　Structure and main content of this book　　14

Chapter 2　Research of system of *On Capital* from property-rights and their change　　17

    2.1　Remark of relevant literatures　　18

    2.2　Definition of "Property rights" and Karl Marx's discussion　　24

    2.3　Reading of *On Capital* from property-rights　　30

    2.4　Base of three classes of capitalism: explanation based on the logical system of *On Capital*　　46

    2.5　Conclusions and the farther research　　48

Chapter 3　Comparing Marxism property-rights theories and modern property-rights theories　　50

    3.1　Comparing theoretical system　　50

    3.2　Comparing methodology　　67

Chapter 4　Institution, institutional change and economic growth　　86

    4.1　Institution and economic growth: theoretical analysis　　86

4. 2   Institution and economic growth: a theoretical model   99

4. 3   influence on agriculture economic growth of Chinese land property-rights   113

Chapter 5   Property-rights structure, corporate governance structure and the problems of Chinese corporate governance   128

5. 1   Property-rights structure and corporate governance   129

5. 2   Chinese firm's corporate governance   139

5. 3   Commercial bank's corporate governance   156

Chapter 6   Structure of new state-owned assets management system: Adjustment of provincial stated-owned economy and college and university's operating state-owned assets management system   166

6. 1   Strategic stated-owned economy and new state-owned assets management system   166

6. 2   college and university's operating state-owned assets management system   179

Chapter 7   Chinese rural economic institution and land property-rights institution   214

7. 1   "Institutional poverty trap" of Chinese farmers   214

7. 2   Choice affect of land institution on production technology   226

7. 3   Conflicts of equity and efficiency: the dilemma and way out of system of contracting in farmland   233

7. 4   Chinese property-rights of rural house site: present situation, performance and innovative path   244

Chapter 8   The analysis of the change of Chinese rural medical security system   256

8. 1   Related analysis of the property rights system, economic system and medical security system   257

8. 2   The historical change and the characteristics of rural medical security system in our country   265

8.3　The analysis of the source of the disintegration and the difficulty in instauration and reconstruction of the cooperative medical treatment system　276

Chapter 9　The reform of Chinese compulsory education financing system　289

9.1　Resource and management of Chinese compulsory education expenditure　289

9.2　Improvement and building of Chinese compulsory education financing system　316

Chapter 10　Property rights allocation, institutional change and legal choice of Chinese cultural and natural heritage　330

10.1　Property rights allocation and institutions of Chinese cultural and natural heritage: history, present situation and problem　330

10.2　Legal choice of Chinese cultural and natural heritage　347

Chapter 11　Law and economics of factors on crime rate in China: an empirical study　360

11.1　The influence of punishment on crime: an empirical research of deterrent theory in China　360

11.2　Macro socioeconomic factors and crime rate in China: empirical study based on date from 1978 to 2005　375

References　393

第一章

导　言

中国改革开放以来进行的经济体制改革本质上是产权改革。对产权理论的讨论，既有现代产权理论，也有马克思主义产权理论。但是，无论是马克思主义产权理论还是现代产权理论，都无法解释和解决中国经济体制改革的所有问题。我们对马克思主义产权理论和现代产权理论进行了系统深入的研究，对二者进行了比较，并且结合中国实际，提出了一些新的理论命题。我们认为，所有的制度经济学都是关于权利的经济学，都是产权经济学，因此产权经济学也就是制度经济学。对马克思主义产权理论和现代产权理论的研究，也就是对制度经济学的系统研究。本章从分析制度经济学与产权经济学的关系入手，为系统研究马克思主义产权理论和现代产权理论并进行比较作铺垫；然后阐述中国经济体制改革的核心是产权改革，为后面分析中国产权制度改革作铺垫。

第一节　所有的制度经济学都是关于权利的经济学

目前，一说到制度经济学，人们联想到最多的就是新制度经济学。这是因为新制度经济学在近三四十年间逐渐成为"显学"的缘故。那么，制度经济学到底包括哪些经济学流派呢？我们可以把制度经济学的发展划分为两条大的主线：一条是：空想社会主义的制度批判和构想——马克思经济学和马克思主义经济学——东欧经济学——中国等社会主义国家的经济学家对经济体制改革的探索；

另一条是：德国历史学派——以凡勃伦、康芒斯为代表的老制度学派——以加尔布雷斯为代表的"新"制度经济学——以科斯等为代表的新（古典）制度经济学（产权经济学、交易成本经济学、新经济史学、公共选择理论、法经济学等）。当然，制度经济学的发展比上述划分要复杂和丰富得多。还有另一些经济学家，虽然难以明显地归于上述两条主线，例如缪尔达尔、舒尔茨、格鲁奇、佩鲁（区域经济学）等，但也与制度经济学有着或多或少的联系。此外，制度经济学还包括青木昌彦的比较制度分析、阿玛蒂亚·森的福利与贫困经济学、哈耶克的演进经济学、发展经济学的制度理论和熊彼特的创新理论等等。我们认为，所有的制度经济学实质上都是关于权利的经济学。

一、所有的制度都是关于产权的制度

以上各个制度经济学的分支或领域虽然不尽相同，但都有着共同研究对象——制度本身的产生、演变以及制度与经济活动的关系，或倾向于制度与分配，或倾向于制度与经济增长、资源配置。而且，事实上，所有的制度都是关于产权的制度。制度经济学家们从不同的角度给制度下过了许多种定义[①]，这里只想指出一个事实——这些定义都存在着基本的共识，即制度是界定、调整人们之间经济权利关系或经济利益的规则。产权，无论是狭义上，还是广义上，都说明制度经济学就是产权经济学。狭义的产权，是指有形资产的一组权利；广义的产权，是指一个人或其他人受益或受损的权利（德姆塞茨，1994），也就是所有对特定主体有益或阻止受损的权利。那么，无论是经济的、政治的、法律的，还有什么有形、无形的权利不与损益相关呢？从而还有什么样的制度不是关于产权的制度呢？从而还有什么样的制度经济学不是关于产权的经济学呢？

经济制度是关于经济活动或经济行为的规则，或者说是人们的经济关系的制度化（黄少安，1995）。这里的"经济活动"或"经济关系"相当于马克思主义经济学中广义的"生产关系"，但是，如果把经济制度定义为"生产关系的总和"[②]意味着经济关系等于经济制度或经济规则。其实二者是不同的。人类社会的经济活动包括生产活动（人与自然或物的关系，这里的生产是广义的，包括以劳动力的生产为内容的消费活动，它也是人与物的关系）和交易活动（人与

[①] 凡勃伦、康芒斯、舒尔茨、诺斯等都对制度有所定义，其中，诺斯的论述最多。作者无意把各家的定义逐一介绍或评论，那样做是没有意义的，而且只能使读者感到厌烦。所以，对于制度的定义在此不再赘述，详见黄少安：《产权经济学导论》，经济科学出版社 2004 年版，第 78~86 页。

[②] 《中国大百科全书·经济学》第 2 卷，中国大百科全书出版社 1988 年版，第 811 页。

人之间以权能和利益为内容的交往关系，也就是以权利为内容的交往关系)[①]，因而经济制度也就是各种生产制度和交易制度的总和。需要指出的是：经济制度是特定社会制度体系中的核心部分，它决定其他制度的特征；对经济关系的制度化并不限于经济手段，经济制度并不等于经济关系的具体内容，即各种生产和交易。依靠法律、行政、道德等手段建立起的经济活动的规则，还是属于经济制度。经济活动的法律化和行政化等都是经济关系制度化的途径或方式。

关于政治制度，实际上是政治集团或官员个人之间权、责、利的界定制度。如果把政治舞台看成一个市场，把政治家和官员假定为经济人，就看得更清楚。布坎南等的公共选择理论就是如此。根据经济人假定，政治家和官员也是一直努力使自身利益最大化的理性人，他们承担的社会功能只是他们实现个人目标的手段。因此，没有哪一种权力（power）不伴随着利益，官员和政治家手中的权力就意味着他们掌握着某种权利（right）。好的政治制度就是合理分配这种权利（power and right），实现权利的均衡和相互制衡。

至于法律制度，总是先有交易，后有法律制度。人们设立法律制度的目的在于创造交易秩序和减少交易中的不确定性，从而降低交易成本（诺斯，中译本，1991）。人与人之间关系或交易的制度化是界定人与人之间的责、权、利，就连法律的婚姻制度也是如此。

二、两大主线上的制度经济学本质上都是研究产权安排或者说是以产权为核心而展开的

制度经济学家都是围绕产权制度这个核心来展开他们的制度分析、构建其制度经济学体系的。

第一，凡勃伦（社会心理学派）揭示了资本主义的社会经济发展与产权制度安排之间的矛盾（即生产力与生产关系的矛盾），即"机器利用"与"企业经营"之间的矛盾。他认为产权过度集中掌握在"有闲阶级"即金融垄断资本家手中是不合理的，造成巨大浪费和社会不平等，阻碍经济增长；随着生产技术的进步，权利应该从这些"既得利益者"手里转移到"技术人员委员会"手里（凡勃伦，1921）。这就揭示了权利的不合理安排与经济发展和社会公正的关系

---

① 这种分类与马克思的生产、交换、分配、消费四个环节的划分不矛盾。因为狭义的生产和分配、交换都是人与人之间的关系。狭义的生产关系是生产活动中的管理与被管理、组织和协作的关系。但是生产活动和交易活动的划分除了包含了人与人的关系外，还包括了人与物的关系，因而对人类经济活动的概括更全面和准确一些。当然，人与人的关系（不是与物的关系）的制度，即交易规则是分析重点，马克思主义经济学也是如此。

及权利转移或再分配与经济发展的关系。凡勃伦认为，人们在新制度下要获得更多的权利或物质利益就必须改变原有的习惯和观念。制度演变的速度和顺利程度取决于新制度对于不同社会成员的物质利益或权利的相关度。

第二，康芒斯作为早期制度经济学社会法律学派的主要代表，更是直接从法律角度分析产权。他认为，法律及其调整是界定和调整不同个人之间的权利关系的，是一种集体行动（康芒斯，1934），它约束个人的权利及相关行动，决定其他制度、决定生产发展；经济关系的本质是"交易"，因而经济研究的基本单位是"交易"，它包括"冲突依存和秩序"。而"交易"的本质是权利的交易或合法控制权的转移。因为各自都有自己的权利，各自不同，所以交易必有冲突（利益冲突），又因为必须交易，所以各自又相互依存。因为有冲突，所以需要法律这种集体行动才构建权利关系的秩序或交易的秩序。康芒斯对于交易的划分（买卖的、管理的和限额的交易），实际上还揭示了在"交易"中出现的"无形财产"的权利，即脱离物质资产的产权。总之，在康芒斯看来，制度经济学就是所有权经济学，或者说所有权是制度经济学的基础。从康芒斯这里，可以得出推论，有交易就必定有权利关系的分配。事实上，这已是制度经济学的共识。

至于米契尔等经验统计学派，把制度研究与"商业循环"（经济周期）的统计结合起来，论证统计检验是说明制度演进的主要依据，也就是用经验统计资料来验证产权安排与经济增长、经济周期波动之间的关系。

第三，美国新旧制度经济学之间的处于过渡阶段的制度学派的代表人物艾尔斯、伯利、米恩斯等，其制度研究也是围绕产权展开的。艾尔斯侧重于分析制度与技术进步、经济增长的关系。认为不合理的制度总是阻碍技术进步、经济增长、人们富裕的因素。技术进步与制度之间是矛盾的，技术进步决定制度变迁，制度也影响技术进步。而他所谓的制度，尽管含义十分不明确，但基本的制度是指直接的财产权利制度以及与这些权利相关的制度安排，他所谓的"社会价值"也是指财产、自由、民主等各方面的权利。二者实际上都是关于"权利"的分析。伯利、米恩斯等人则是从社会和企业结构角度分析了资本主义经济问题，直接考察资本主义产权关系的变化。通过分析股份公司的产生和发展，他认为资本主义的产权关系发生了革命，并由此引发了其他方面的变化。产权关系的变化主要表现为：所有权的分散取代所有权的集中，所有权与管理权分离，公司权力由资本家手里转移到经理手中（伯利、米恩斯，1933）。伯利和米恩斯把经济制度微观化为企业制度，具体化为权利结构，这也为现在的新制度经济学的委托—代理理论提供了命题。

第四，加尔布雷斯在《丰裕社会》（1958）、《新工业国》（1967）、《经济学和公共目标》（1973）中主要对权力和权力分配，集团利益和不同集团的利益冲突以及经济的不同组织结构进行了分析。"抗衡力量"理论,实际上是分析工会、合作经济组织等如何与垄断组织抗衡,争取权利的问题。"丰裕社会"理论的主要内容:收入均等化、社会福利、充分就业、经济安全等,都是分析"权利"的,是研究产权如何分配、如何分享、劳动者就业权利、拥有经济安全权利的问题。"新工业国"理论也是分析以成熟公司为基础的工业系统发生了权利转移——从资本家转向"专家组合",并由此导致企业目标根本性变化、生产者主权取代消费者主权等等。

缪尔达尔主要研究发达国家内部权利不平等及其基础,以及发展中国家或不发达国家的贫困化问题及发达国家与不发达国家之间的不平等问题,得出的结论是需要制度改革,即权利结构的重新安排,包括政治权利和经济权利的重新安排。

第五,马克思主义经济学,特别是马克思经济学,更是典型的以财产权利制度分析为核心的经济学,其研究对象是生产关系及其发展规律,其实就是以产权制度为核心的经济制度及其演变规律。主要是批判资本主义产权制度即资本家私有制。劳动价值论是整个理论体系的基础,其实也是一个预设的价值判断——既然价值(包括剩余价值)是劳动创造的,那么,应该归劳动者所有,这里已经隐含了产权分配的一个依据,同时隐含了资本主义分配的不合理性。剩余价值理论是分析资本家阶级内部的产权分配问题。积累和经济危机理论,即是认为:由于产权分配的不合理以及这种不合理的积累和加剧,必然打破资本主义经济运行的均衡。绝大多数消费者即工人阶级因为贫困的积累,使购买力不足或有效需求不足,使再生产的条件不能具备,从而出现生产过剩的危机。而只要私有产权制度不消除,危机就不会消除,因此,必须消灭私有产权,建立公有产权。当然还有更具体的产权结构分析,例如企业制度的演变就是因技术变迁导致的企业产权结构演变、劳动力产权的分析等。

三、主线之外的其他制度经济学也没有脱离产权分析,或是把产权或权利当作研究的出发点

前面说过,制度经济学除了两大主线外,还包括青木昌彦的比较制度分析、阿玛蒂亚·森的福利与贫困经济学、哈耶克的演进经济学、发展经济学的制度理论、熊彼特的创新理论等等。这些制度经济学也没有脱离产权分析,或是把产权或权利当作出发点,围绕产权或权利展开的。

第一,青木昌彦的比较制度分析没有脱离权利而另辟蹊径,尽管他试图用博弈论构建制度经济理论的研究框架。按照他的说法,比较制度分析是对现行的各种制度进行比较分析。不过,其核心还是制度分析。青木将制度分析的单位确定

为域（domain），即参与者参与博弈的行动集合。将域分为共用资源、交易（经济交换）、组织、社会交换、政体和一般性组织领域六个部分。在共用资源域主要分析习俗性产权的产生和社区规范的形成，交易域又可具体分为金融交易域、劳动交易域、供应域和产品市场域等；组织域与交易域不同的地方在于存在中心参与人，参与者有选择博弈行为的自由；在组织和交易域之间的中间状态还存在一种组织场的一般组织域，组织的建立高度依赖于人力资本的投资；政治域包含一个中心的代理人政府。可以看出，青木昌彦引入了博弈论的方法并创建一些新的概念，但他所研究的内容并没有脱离制度经济学关于产权或权利的研究。

第二，阿玛蒂亚·森的福利和贫困理论说到底都是围绕权利而展开的。传统理论一直把贫困看作为人们低收入的结果，而在森看来，贫困不仅仅是贫困人口收入低的问题，贫困还意味着贫困人口缺少获取和享有正常生活的能力，或者说贫困的真正含义是贫困人口创造收入能力和机会的贫困，其根本性的原因是他们获取收入的能力受到剥夺以及机会的丧失，即缺乏实质自由。疾病、人力资本的不足、社会保障系统的软弱无力、社会歧视等都是造成人们丧失实质自由的不可忽视的因素。关于大饥荒问题的分析，森认为，在一个社会所确立的获取和控制食物的合法手段中，权利是最为重要的。饥荒往往是社会中一部分人食物获取权利的失效。在一个市场经济中，人们可以自己直接生产食物，也可以用物品或服务通过交换间接地获得食物，也就是说人们具有食物获取的生产权利，还具有食物获取的交换权利。森指出，许多国家发生饥荒的原因可能不在于自然灾害，而在于农民没有进行自由交易的权利。

第三，产权或权利是哈耶克演进理论的基石。自由秩序或自发秩序是哈耶克演进理论的核心范畴。他一直认为，制度的生发和演进是一个自发的演化过程，制度不是理性设计的结果，是无数代中无数个人互动和博弈的动态过程。这种"自发秩序"要得以形成，必须以个人主义和个人自由为前提和条件，需要作为个体的人的选择和行动，也就是要赋予个人自由的权利。他说：

"……如果保持每个人都是自由的，那么他们取得的成就往往会超出个人理性所能设计或预见到的结果。"[①]

哈耶克的理论体系中，自由并不是可任意选择的行动，这种选择是功利主义选择。人们想得到自由、正义和平等，就必须承认人与人之间看不见的边界，在边界内每个人的自由都获得保障。人与人之间的边界是个人对财产的权利，只有财产权利得以明晰，才能有对个人自由和他人自由的尊重。可以说，不先界定权利，无以谈自由。

---

① 哈耶克：《个人主义与经济秩序》，北京经济学院出版社1989年版，第11页。

第四，发展经济学的制度理论无不与权利息息相关。发展经济学的制度理论舍弃无制度背景的纯粹经济分析，注重新制度学派方法的应用，从制度角度来探寻经济发展成败的根源。许多发展经济学家认识到，要解决发展中国家的问题，不应只关注资本积累、技术引进、产业结构优化、人口控制等纯经济因素，而更应该关注制度因素对经济发展的促进或障碍作用，比如拉坦（Ruttan，V.）和速水（Hayami，S.）从诱致性技术变迁扩展到诱致性制度变迁，尝试着构建了使资源、文化、禀赋和制度作用内生化的经济发展模式。诱致性制度变迁不正是为满足变迁主体自身获得更大的权能和利益而发生的吗？不也意味着一定的权利制度的改变吗？发展经济学制度理论还主张更多地考察政治市场的特性、政治偏好与经济决策的关系、寻租和各种非生产性活动对经济绩效的影响等。例如，格鲁奇侧重于比较不同经济制度与经济绩效之间的关系，实质上是分析不同的权利制度与经济增长和发展的关系。发展经济学的制度理论实质上是结合制度分析的观念和新古典方法论，把制度理论与经济发展理论融为一体。

第五，熊彼特的创新理论认为，社会经济的发展是由"创新"引起的，而"创新者"是那些预见到潜在利益，敢于冒风险，能首次把新发明引入经济活动的企业家。换个角度来说，熊彼特创新理论强调生产技术和生产方法的变革，重视制度变迁与制度创新的作用。熊彼特强调了"变动"（变迁）和"发展"的观点，并且认为"创新"是一个"内在因素"。这种观点直接影响了制度变迁与制度创新理论的形成。因此，从本质上说，熊彼特的创新理论还是以产权或权利变动为出发点的。

综上所述，以上所有的制度经济学流派，都是以产权制度研究为核心的。正如阿尔钦（Alchian，1967）所说：

"本质上，经济学是研究稀缺资源的产权……一个社会中的稀缺资源分配是指将权利在资源使用中进行分配……（而且）经济学问题，也就是价格如何被决定的问题，其实就是产权应该如何界定和交换以及有什么样的条件下的问题。"[①]

四、以科斯等为代表的新制度经济学就是产权经济学

（一）他们的所有理论都是产权理论或为分析产权服务的

卢瑟福（Malcolm Rutherford，中译本，1999）指出，新制度经济学包括不同

[①] Alchian, A. A. 1967. "Price and Society". Occasional Papers. No. 17. Westminster：Institute of Economic Affairs. 转引自：埃里克·弗鲁博顿和鲁道夫·芮切特：《新制度经济学：一个交易费用分析范式》，上海三联书店、上海人民出版社2006年版，第97页。

的类别：一类反映在关于产权在促进经济效率中的作用和关于法和经济学之间关系的分析等研究中；另一类则关注公共选择理论，包括寻租、利益集团、投票规则和宪政经济学的分析；第三类考察组织，其中有委托代理理论以及对交易成本在解释企业组织和行为方面的关注；博弈论者分析了其他一些侧面，其中有些人采用博弈论主要是为了给既定制度条件下的行为建模，而另外一些人则更加雄心勃勃地试图用博弈论来解释社会制度本身的演变，诺斯的制度经济史将这些类别结合了起来。德勒巴克和奈（Drobak and Nye）认为，贴上"新制度主义者"标签的学者关注四个领域：交易成本和产权、政治经济学和公共选择、数量经济史、认知和意识形态以及路径依赖的作用。德勒巴克和奈曾说：

"新制度经济学与其说是一个明确的学派，倒不如说是一个植根于现存经济理论和学说的特定共识集合；"[①]

也像克莱因所定义的那样：

"新制度经济学是为了理解社会、政治和商业生活中的制度而集经济学、法学、组织理论、政治学、社会学和人类学等各学科于一体的企业。"[②]

尽管新制度经济学理论庞大、繁杂，但它的所有理论都是产权理论或是为分析产权服务的，主要表现在：第一，以交易成本方法分析产权制度。产权起源论、企业理论（包括委托—代理理论）、制度变迁理论等都是以交易成本理论为分析工具；第二，其产权分析倾向于产权与经济增长、资源配置的关系。新经济史学（制度变迁理论）就是如此；第三，几个理论构件都是分析产权的。产权经济学、交易成本经济学（包括契约经济学和委托代理理论）、立宪经济学（公共选择理论）、法经济学和新经济史学等分支都是产权理论；第四，现代新制度经济学，都有意识或无意识地承认或这样做：以产权为核心。从巴泽尔的《产权的经济分析》一书中可以看出：所有的社会制度都被视为产权制度，所有的交易都被视为产权交易，被置于产权框架内研究。

（二）为什么还有不同的名称或不同的划分呢？

除自身的名称外，新制度经济学还有产权经济学、所有权经济学、新自由主义经济学、法经济学、新政治经济学、交易费用经济学等其他称谓。这些名称应该说并不相互矛盾，但相互之间需要沟通。从纵向上看，新制度经济学是新古典经济学和老制度经济学共同演变而来。以科斯为代表的新制度（西方产权）学派承袭了新古典经济学的研究方法，以自利经济人的假定为前提，对自由市场经

[①] 德勒巴克、奈著，张宇燕等译：《新制度经济学前沿》，经济科学出版社 2003 年版，第 1 页。
[②] Klein, Peter G. *New Institutional Economics*. University of Georgia, 1999.

济赖以存在的制度基础进行分析，认为通过产权的合理界定和交易成本的校准，可以实现产出最大化或成本最小化，使资源配置最有效率。新制度学派的这一效率原则已对西方法学和法律裁决产生了很大的影响。从横向上看，新制度经济学是新自由主义经济学（微观）的一个组成部分，也是经济学帝国主义的一种表现。

1. 称为"产权经济学"、"所有权经济学"或"现代产权经济学"。这几个名称是关于新制度经济学早期的称谓。"产权经济学"是比较贴切的，因为以科斯、阿尔钦、德姆塞茨等人为代表的经济学家就是从产权结构或产权制度研究资源配置效率的，研究如何通过界定、变更产权安排，创造或维持一个交易费用较低、从而效率较高的产权制度。"所有权经济学"可能只是中国学者才有的称呼。这可能是翻译上的原因造成的。产权（property rights）在英语里，除了有"产权"含义之外，也有"所有权、所有物"，因而也有了"所有权经济学"之称谓。不过这种说法容易产生歧义①，好在它已经淡出了人们的观念。"现代产权经济学"可以说是"产权经济学"的拓展。在威廉姆森命名的"新制度经济学"这一称谓还没广泛传播或深入经济学家头脑中之前，"产权经济学"已经由专门研究产权拓展到了研究产权的相关领域。以示和早期的"产权经济学"有别，人们称其为"现代产权经济学"。事实上，所谓的"现代产权经济学"就是新制度经济学，因此，这个名称也逐渐被"新制度经济学"这个名称所取代。

2. 称为法经济学。广义上，法经济学研究经济关系与法律的相关性，还包括狭义上的含义；狭义上，是指以经济学方法来分析立法和司法等。这是因为产权的界定、保护、调整，产权制度的建立和变革，无不和法律密切相关，尤其是以科斯为代表的新制度经济学，深受康芒斯的社会法律学派的影响，而且还有一个相对独立的新制度经济的分支——以交易成本方法分析法律制度。这实质上是一样的，因为法律，无论什么法律、更不用说财产法了，都是界定和调整权利的规则。

3. 称为"新政治经济学"，是因为产权经济学是属于政治经济学。政治经济学并非像中国现阶段一些非经济学专业的人所理解的那样——被政治左右或为政治服务的经济学，也不是政治学和经济学的融合，而是指：分析经济问题至少不把经济制度、政治制度和法律制度排除在分析范围以外的经济学，也就是包含制度分析的经济学。新制度经济学相对于新古典经济学而言，恢复了古典经济学联系政治法律制度分析经济问题的传统。"新政治经济学"有时专指布坎南为代表的以经济分析方法分析政治领域的经济学，但在广义上，指包括各种制度经济学及一些与其他社会科学交叉的经济学。因此，新制度经济学也可称为"新政治

---

① 黄少安：《产权经济学导论》，经济科学出版社2004年版，第2页。

经济学"。

4. "交易费用经济学"或"交易成本经济学"的称呼实质上是抓住新制度经济学最核心的内容或最核心的范畴来命名。新制度经济学的全部分支或理论内容都建立在"交易费用学说"的基础之上,或者说,都是这一学说的运用。称为"交易费用经济学"或"交易成本经济学"就是以其最重要和最显著的标志来命名。

5. "新自由主义经济学",确切地说是属于"新自由主义经济学",这并没有错。广义上,凡是以"经济人"为基础,把经济人、成本收益原则作为工具或方法的现代经济学流派,都在"新自由主义经济学"之列。新制度经济学的方法论是多种主义的融合,其中之一就是坚持逻辑实证主义方法论,把传统微观经济学的边际均衡分析方法和制度分析方法结合起来,创立了交易费用范畴,因此,它属于广义上的"新自由主义经济学"。这也是它与其他制度经济学不同之处之一。

综上所述,我们认为,之所以有不同名称或不同划分:一是因为对制度经济学和新制度经济学的实质缺乏理解;二是因为一言从或人云亦云,对不严肃的划分不深究,跟着笼统使用一些概念。

(三) 新制度经济学与其他经济学的主要联系和区别[①]

1. 与老制度经济学(凡勃伦、康芒斯、加尔布雷斯的制度经济学)的联系和区别

总体上,二者有某种相同或联系:新老制度经济学都重视制度分析和研究;新制度经济学与老制度经济学有着明显的渊源关系,特别是与康芒斯的社会法律学派有着直接的、更多的渊源。当然也有区别:老制度经济学研究主题呈多元化,变幻莫测,而新制度经济学研究主题单一化,单一地、确定地研究资源配置、研究产权安排与经济增长的关系;研究方法上,新制度经济学独创了交易成本分析方法或采用正统经济学的方法,而老制度经济学相对来说没有规范统一的方法;新制度经济学属于自由主义而非国家干预主义,老制度经济学具有一定的国家干预主义倾向。

从理论逻辑体系(逻辑起点、起点范畴、核心范畴、逻辑主线和理论构件)上看,二者也有一定的区别和联系。[②] 老制度经济学的逻辑起点是对"有闲阶

[①] 限于篇幅,这里只从新制度经济学与其他相关经济学的理论研究主题、方法论和逻辑体系等方面的主要联系和区别作一简要总结,深入比较请参见黄少安(1995,1996,1999,2004,2006)。

[②] 黄少安、张卫国:《新老制度经济学理论体系的比较》,载于《江海学刊》2006年,第6期。

级"产生和存在原因的分析,起点范畴是"本能"和"习惯",核心范畴是"制度",逻辑主线是"对资本主义经济制度的分析";新制度经济学逻辑起点是对企业性质和存在原因的分析,"企业"是起点范畴,"交易"和"交易成本"是其核心范畴,逻辑主线是交易成本分析方法。理论构件上,老制度经济学是一个制度分析的"保护伞",若一定要找出理论体系核心的话,应该是凡勃伦的"制度演化"思想;新制度经济学是一个"共识集合",一个"集众多学科于一体的企业",交易成本理论是其整个理论体系的核心。

2. 与马克思主义经济学的联系和区别

二者有着结构相似的理论逻辑体系,新制度经济学的理论逻辑体系不再重述,马克思主义经济学的逻辑起点是商品分析,起点范畴是商品;核心范畴是资本和剩余价值;理论逻辑主线是对剩余价值的分析;由多个理论构件组成完整的理论体系,其中剩余价值理论是核心。二者理论逻辑体系结构上是相似的,这也正是各自都能成为一个理论体系的基础。更重要的是新制度经济学和马克思主义经济学都注重制度分析,都注重技术进步、经济运行与产权安排的关系,都注意到了意识形态对产权制度的影响,也都注重历史分析,在基本方法论上新制度经济学还从马克思主义经济学那里得到了一些借鉴。例如,诺斯早期的产权理论和国家理论把制度作为分析对象,分析制度的产生、发展和变迁,揭示制度的动态性和历史性,与马克思对人类社会经济制度产生、演变规律的分析,在方法论上有相似之处。我们明显可以看出诺斯受到了历史唯物主义框架的深刻影响,试图把马克思的理论与新古典分析相结合,尽管结果并不能令人满意。诺斯还看到了用新古典的分析方法来分析制度的脆弱性,又把意识形态理论纳入制度分析之中,而其理论并没有走出马克思的意识形态理论框架太远。

二者的区别主要表现在:方法论上,科斯等人以个人主义方法论为基础,以微观分析为主,采取的是交易成本比较分析的方法。马克思以历史唯物主义方法论为基础,以整体分析为主,采用的是个人分析和阶级分析相结合的方法;二者对一些重大问题的结论也不同,例如:技术进步与制度变迁的关系。新制度经济学的结论是:制度决定技术,进而决定经济增长,而马克思主义经济学的结论是:技术通过提高劳动生产率,导致生产力的提高,而生产力最终决定生产关系(制度)。最后,二者的研究域不同,新制度经济学是在微观经济学范围内,马克思主义总体上是综观的;

3. 与正统经济学的联系和区别

传统经济学是指古典政治经济学和新古典经济学,因此,这里所说的正统经济学是指从古典政治经济学到新古典经济学,进而到新古典综合等占主导地位的嫡系经济学。正统经济学中的"显学"就是主流经济学。新制度经济学和正统经济学的联系和区别主要表现在：

联系：研究主题上二者是一样的，都研究资源配置和经济增长；研究方法上，总体上是一致的，都是成本—收益比较方法；分析起点都是以个人行为分析为基点。因此可以说，新制度经济学属于正统经济学。

区别：二者具体的研究方法不同。尽管二者总体上都采用成本—收益方法，事实上新制度经济学对成本—收益方法进行了创新，也就是引用了交易成本，采用的是交易成本分析方法。具体的研究方法不同还表现在二者对历史分析方法的不同处理上。正统经济学中，只有古典经济学注重历史分析，现代的正统经济学已经不再注重，而在新制度经济学中历史分析的方法又有所体现，如诺斯的制度变迁理论；二者在研究主题的切入点上也是不同的。正统经济学对于资源配置和经济增长的研究主要分析传统变量，如土地、劳动、资本和技术等。新制度经济学从制度角度分析资源配置和经济增长，注重制度，把制度作为影响资源配置和经济增长的一个内生变量。

从根本上说，新制度经济学属于正统经济学的扩展，这是与其他制度经济学的最大区别，也是它近三四十年间得到正统经济学的认可，逐步成为"显学"的原因之一。所以，它是不同于凡勃伦的旧制度学派的新制度学派，也不同于加尔布雷斯的新制度经济学派（neo-institutionalism），是另一种含义上的"新"制度学派（new institutional economics），是名副其实的新制度经济学。

基于本节所阐述的所有制度都是关于权利的制度，都是关于产权的制度，所有的制度经济学都是产权经济学。因此，本书中产权经济学和制度经济学是相同的，制度经济学的所有理论也就都是产权理论。

第二节 中国经济体制改革的核心是产权改革

几乎每一项经济体制的核心内容都是产权或与产权高度相关，因此，中国的经济体制改革核心是产权改革。直接属于产权改革的主要有：

1. 宏观的所有制结构改革。 即公有制以外的所有制的发展以及不同所有制数量比例的调整。因为所有制性质由财产的归属权（狭义的所有权）状况决定，允许和鼓励非公有制的发展、对公有制做数量和布局的调整，实质上就是所有权（狭义）宏观结构的改革。这一方面的改革，尽管还会有数量的变动，但是，作为基本格局和作为数量变动的机制，已经形成。所以可以说，这方面的改革已经基本到位。

2. 所有制深层结构或实现形式的改革。即特定所有制、更具体到特定所有者的财产（主要是生产资料）如何与别的生产要素结合和组织起来，从而保值和增值的形式。由于在现代社会中，绝大多数生产资料是以企业为载体而存在和运作的，因而企业制度或组织形式实质上就是所有制的深层结构或实现形式。对这一方面的改革，我们认识上已经清楚了，任何一种所有制的实现形式都可能是多元的，多种所有制可能共用同一种组织形式。而且已经基本达成共识：股份制是主要的实现形式。无论是股份制、承包制、合伙制等，实质上都是依靠特定的契约来界定所有者、经营者、劳动者以及其他利益相关者权利和义务，涉及产权的分离组合，因而实质上都是产权改革。在实践中，这一方面的改革进展很大，但是还没有到位，还需要深化，特别是国有企业的股份制改造。

3. 国有企业产权改革。虽然所有制深层结构改革也包括国有企业的制度变革，但是，迄今为止（今后就不一定了），国有企业的产权改革是我国产权改革和整个经济体制改革的核心。它涉及的内容太多、影响太大，与众多主体的责权利高度相关。我们现在还不能说这一项改革已经基本完成，但是可以肯定地说，对改革必要性、方向、目标、思路的认识已经清楚了，而且已经取得实质性的重大突破，离改革目标不远了。

4. 国有资产管理体制改革。国有资产管理也就是国家作为财产所有者之一，如何在市场经济条件下，使自己的财产（包括经营性的和非经营性的财产）保值、增值，其实质是国有资产的产权管理。十六大已经确定了新型国有资产管理体制的基本原则，但是这一方面的改革还没有到位，而且改革任务还很艰巨。

5. 集体企业产权改革。以前人们主要是关注国有企业产权改革，对集体企业的产权问题没有太在意。就产权改革本身来说，可能比国有企业更复杂。现实中的集体企业，有真的，有假的（单纯戴"红帽子"）。也有真假难分的和所有权主体不明确的。党的十六届三中全会的决定中已经明确提出，以产权改革为重点深化集体企业改革，这是非常正确的。

6. 农村土地制度改革。毫无疑问，土地制度改革的实质是土地产权改革，无论是土地家庭联产承包制还是现在的土地经营权流转，以及可能的进一步其他形式的改革，都是如此。应该说，家庭联产承包制，是中国产权改革的巨大成功，但是，它不等于土地产权制度改革的终结，还需要适应新的情况进一步创新土地制度。

此外还有税费制度、社会保障体制、教育和科技体制等方面的改革，虽然不直接属于产权改革，但是都是因为单一的公有产权变成了多种产权、公有产权本身的具体形式也发生了变化，才要求对这些体制进行改革。

随着产权改革的深入和产权格局的变化，将会对整个社会的经济、政治各个方面产生重大影响。首先，收入分配体制、分配依据和分配格局已经并将继续发生重大变化。因为产权不仅意味着收入，而且意味着获取收入的手段或依据。其次，影响资源配置。资源配置包含两重含义：一是实物资源的空间布局（流量和流向）；二是对资源产权的分配。从某种意义上说，资源产权的配置比资源实体本身的配置更重要，对优化资源配置的影响更大。再次，影响对国民经济的宏观调控，包括调控对象及其重点、调控手段等，都会发生重大影响。最后，必然会影响政治体制。马克思主义的基本原理之一就是经济基础决定上层建筑。产权关系变了，与市场经济接轨了，政治体制肯定也要相应改革，以便与市场经济体制适应。我们现在对这些影响还缺乏深入的理论研究，在实践中也还缺乏经验。

第三节 本书的结构框架和主要内容

本书包括十一章的内容：

第一章 导言。本章首先论证了所有的制度都是关于权利的制度，所有的制度经济学都是关于权利的经济学、都是产权经济学；然后论证了中国经济体制改革的核心是产权改革，为从产权角度分析中国改革实践奠定基础。

第二章 产权制度及其演变维度的《资本论》体系研究。主要是系统阐述马克思主义经济学的产权理论，包括产权的内涵与马克思对产权的论述，产权视角的《资本论》解读，阶级划分的产权依据等。

第三章 马克思主义产权理论与现代西方产权理论的比较研究。主要是对这两大理论在理论体系和方法论两大方面比较，理论体系的比较包括逻辑起点和起点范畴的比较、核心范畴的比较、理论主线的比较、理论构件的比较；方法论的比较从基本方法论、构建理论体系的方法和技术性方法三个层次进行比较。从理论体系和方法论两大方面比较，可以揭示它们的理论差别，为新理论命题的提出和分析中国改革实践奠定基础。

第四章 制度、制度变迁与经济增长。第一节是对制度与经济增长关系的理论分析，讨论了制度影响增长的内在机制，收入分配影响经济增长的机理，对阿西莫格鲁等人（Acemoglu et al.）的实证研究成果进行了阐述，论证了制度与经济增长到底谁决定谁的问题；第二节提出了引入制度的内生经济增长模型，分析了引入制度后的均衡点和均衡增长路径以及均衡点的稳定性和向均衡收敛的速度等；第三节运用计量经济学等分析工具对中国大陆1949～1978年农业生产效率的实证研究，表明了土地产权制度对农业经济增长的影响，验证了制度影响经济增长的命题。

第五章　产权结构、公司治理结构与中国的公司治理问题。第一节对现有的公司治理理论进行了批判，对剩余索取权、剩余控制权等概念和理论进行了批判性分析，对利益相关者理论和共同治理理论进行了批判，对当前中国公司治理理论中一些经常被混淆、阐述不清楚的概念进行了分析，指出了公司治理的本质，指明其与企业管理、治理公司等存在本质差别，分析公司治理主体的条件等；第二节是中国的公司治理问题，明确了中国转轨时期公司治理的特征，并采用上市公司数据对中国管理层股权激励的决定因素进行了实证分析；第三节是政府参与商业银行公司治理的理论基础研究，指出了商业银行的特殊性以及存款人的"准股东"假说，表明政府参与商业银行公司治理实际上是代表存款人"准股东"，这就形成了存款人、政府和银行之间的三方博弈。

第六章　国有资产管理体制改革与新型国有资产管理体制构建。本章集中于两个方面：一是省属国有经济的战略性调整和国有资产管理体制的构建；二是高校经营性国有资产的管理体制问题。在第一节中，从省属国有经济战略性调整的理论依据、政策依据、基本原则和总体思路入手，提出了构建以国有经济进退机制为核心的省级国有资产管理体制；第二节是对高校经营性国有资产的概念入手，分析了我国高校经营性国有资产的现状，高校经营性国有资产管理的特殊性与一般性，针对高校经营性资产办的企业提出了总体的改革思路和战略。

第七章　中国农村经济制度与土地产权制度。本章从中国农民的"制度性贫困陷阱"出发，分析了农村经济制度的历史关联和共时关联问题，指出其中的核心是农村土地产权制度；接着通过构建一个模型对家庭联产承包制对生产技术的选择效应进行了分析，表明了承包制并非最有效率，然后从公平和效率两个角度，分析了当前农村土地承包制的困境，指出这一制度既没有实现效率，也没有实现公平的目标，进而提出了改革的思路；最后对中国农村宅基地的产权制度进行了分析，指出了当前制度变迁的决定因素和创新的可能路径。

第八章　中国农村医疗保障体制变迁研究。本章首先从产权制度、经济体制与医疗保障体制的相关性入手，实证分析了不同时期的医疗保障制度都是与当时的产权制度和经济体制密切相关的；接着对农村医疗保障制度的历史变迁与特殊性进行了分析；最后从六个方面分析了农村合作医疗制度解体及难以恢复与重建的根源。

第九章　中国义务教育财政体制改革。本章从义务教育经费来源与管理入手，分析了中国义务教育经费多渠道筹资制度的形成以及财政预算管理制度外义务教育筹资存在的问题，对中国制度内义务教育经费进行了定量分析，指出中国义务教育经费不足的根源在于财政努力程度不够；接着提出了中国义务教育财政体制改革的思路，认为应该形成以中央财政投入为单一渠道的义务教育财政制度，并对其中具体的支付制度和经费预算管理制度进行了设计。

第十章　中国文化与自然遗产的产权安排、制度变迁与立法选择。本章对文化和自然遗产的产权保护和制度安排进行分析，首先分析了归属意义和使用意义上的产权与制度安排，指出了现有产权与制度安排存在的问题，进而提出了文化与自然遗产立法的问题；接着对文化与自然遗产专项立法的建构进行了分析，提出了使用意义上的产权安排决策机制，并提出了争议解决机制和监督预防机制的设计。

第十一章　中国犯罪率决定因素的法经济学：实证研究。本章采用计量方法对中国犯罪率的决定因素进行实证研究，第一节是计量分析惩罚对犯罪的威慑效应；第二节研究宏观经济对犯罪率的影响，包括经济发展水平、收入差距、受教育程度、贫困、城市化等对犯罪率的影响，并阐述了其中的机理。

第二章

产权制度及其演变维度的《资本论》体系研究

经济学研究产权，除一些基本概念的界定外，其核心的内容，也是其理论要义，无非：一是产权安排与资源配置效率，具体归结为宏观层面的产权与经济增长以及微观层面的产权安排与社会福利（福利最大化或损失最小化）；二是为收入分配寻找依据，寻找合法性来源；这两个方面也就是从效率和公正（正义）去研究产权的。还有一种诉求就是：希望找到能实现公正和效率的产权制度。马克思就是通过揭示他所处的资本主义时代的私有产权制度与公正、经济增长运行的关系，去寻找实现二者统一的产权制度。至于他是否找到了、找到的是否可行，是另一个问题。脱离了这两层意义的产权研究，至少在经济学领域是没有意义的。

有一点需要注意：在马克思主义经济学中，尽管实质上的重点是研究产权与经济增长、收入分配这个核心内容，但是，并不重点关注、甚至不关注有关产权的一些基本概念，用到一些概念时，常常没有界定，法学和经济学概念常常交替使用（马克思本科是学法律的），所以，对马克思产权理论的研究，从一些基本概念层面上展开，就没有意义，没有抓住重点，无论肯定或否定，都没有构成对马克思产权理论的实质性判断，甚至构成误判，变成咬文嚼字的游戏。国内有一些产权理论研究成果，就表现出类似倾向。

本章尝试从产权视角对《资本论》进行重新审视和解读，从原著中进一步挖掘马克思主义产权理论的精髓，以期丰富和深化马克思主义经济学产权理论的研究。

第一节 相关文献综述

一、已有马克思主义产权理论及其相关研究

在国外，提到产权理论，就是指以科斯 1937 年的经典论文《企业的性质》和 1960 年的《社会成本问题》作为发端，迅速发展于 20 世纪 50～60 年代之后的现代西方产权理论。① 现代西方产权经济学的主要理论基础是交易费用理论，是从企业理论开始分析产权问题的，分析工具主要是新古典经济学。就这一点而言，现代西方产权理论与马克思主义产权理论有很大不同。现代西方产权经济学代表人物中有些人虽然关注马克思主义经济学，也受其影响，但很少有学者专门研究马克思的产权理论，更少有真正客观的评价。诺斯也许是一个特例。他曾赞誉："在详细描述长期变迁的各种现存理论中，马克思的分析框架是最具说服力的，这恰恰是因为它包括了新古典分析框架所遗漏的所有因素：制度、产权、国家和意识形态……这是一个根本性的贡献。"② 另一个特例是佩乔维奇（Pejovich, S.）。他曾指出，"第一个拥有产权理论的人是马克思。"③ 霍奇逊（Hodgson, G.）也重申了这一点④。但这种呼声并没有引起上述其他代表人物的过多注意。这可能是因为他们与马克思所崇尚的哲学基础，即基本方法论不同所致。倒是现代西方产权经济学的圈外人士对马克思主义经济学不乏中肯的意见。海尔布隆纳（Heilbroner, R. L.）不得不承认马克思对制度分析的科学性。他说："对马克思关于资本主义是什么的分析，我所持的态度更多是肯定的，不管这种分析在说明资本主义将变成什么方面有什么问题。这个从简单商品开始对资本主义制度的社会分析，我认为是我们所曾见到过的最值得注意和最发人深省的敏锐

---

① 主要代表人物有科斯（Coase, R. H.）、诺斯（North, D. C.）、阿尔钦（Alchian, A.）、德姆塞茨（Demsetz, H.）、威廉姆森（Williamson, O.）、巴泽尔（Barzel, Y.）、格罗斯曼（Grossman, S.）、哈特（Hart, O.）等。
② 诺斯：《经济史中的结构和变迁》，上海三联书店、上海人民出版社 1991 年版，第 68 页。
③ Pejovich, S., "Karl Marx, Property Rights School and the Process of Social Change", Kyklos, Vol. 35 (3), 1982, pp. 383–397.
④ 他指出，"强调产权并不是新观点。正如'产权'经济学家佩乔维奇（1982）所指出的，马克思是较早强调产权关系作用的理论家之一。"参见霍奇逊：《现代制度主义经济学宣言》，北京大学出版社 1993 年版，第 176 页。

思维之一,我常把它同柏拉图和弗洛伊德的学说相比,它是当之无愧的。这种分析的洞察能力是马克思主义所特有的,也许是最突出和最不朽的成就。它使我们对可能完全无法理解的社会能够有所理解,使我们能够认识到我们是什么,而这是认识到我们可能成为什么的必要的前提。"① 里昂惕夫(Leontief, W.)也曾说:"在试图做出任何解释以前,如果一个人想要了解资本主义企业的利润和工资实际上是什么,那么,他从三卷《资本论》可以得到的信息,会比他在十期《美国统计普查》、一打有关当代经济制度的教科书,甚至我还敢说,再加上凡勃伦(Thorstein Veblen)的所有论文集当中可以找到的信息都更真实,也更有用。"② 遗憾的是,海尔布隆纳和里昂惕夫不是产权经济学家,他们不是从产权角度给出的评价。事实上,不要说海尔布隆纳所认为的"资本主义制度的分析"其核心是产权制度分析,甚至里昂惕夫所提到的"资本主义企业的利润和工资"实质上就是个关于产权的收入分配功能的问题(本章第三节将做详细的论述)。

在国内,自从20世纪70年代末80年代初,许多经济学家开始研究产权理论(包括马克思主义产权理论和现代西方产权理论)。这主要是因为当时中国开始了经济体制改革,中国产权改革问题需要产权理论的指导。因此,在国内,无论是关于马克思主义产权理论的研究,还是关于西方产权理论的研究,基本上都是围绕着中国产权改革的实践而展开的。国内关于马克思主义产权理论的研究大体可分为三个方面:一是挖掘、研究马克思主义经济学中的产权理论;二是以马克思主义产权理论为基础,构建社会主义产权经济理论,(或结合西方产权理论)解释中国产权改革;三是马克思主义产权理论与现代西方产权理论的比较研究。事实上,第一、第二方面研究也都或多或少地伴随着比较,只是没有专门进行。有时,这三方面研究也是相互交织在一起的。

(一) 挖掘、研究马克思主义经济学中的产权理论

一些学者重新诠释了马克思有关财产、财产权利和所有权的论述,使其与产权理论接轨(这也为马克思主义产权理论与现代西方产权理论的比较奠定了基础)。黄少安(1995,2004)认为,马克思使用的"财产"并不是指作为产权客体的、具有独立于主体意志的财产,而是等同于"产权"或"产权"关系。也就是说,马克思是使用"财产"或"财产关系"来表述产权意义的。吴宣恭、黄少安等(2000)进一步论证了此观点。他们还指出,马克思使用的"财产"、

---

① 海尔布隆纳:《马克思主义:赞成和反对》,中国社会科学院情报研究所,1982年。

② Leontief, W., "The Significance of Marxian Economics for Present-day-Theory", American Economic Review, XXVIII, Mar. 1938.

"所有权"概念和目前流行的"产权"概念在国人看来表述上不同或有不严格之处，也许是由于外语词汇的多义性，加之翻译的原因所造成的。只要略为仔细地研究马克思使用"财产"或"所有权"的语境，就可看出，"财产"不仅是指财产这种物或客体，多数场合指的就是产权关系；马克思所说的"所有权"在广义上就是产权[①]。

除开重新诠释马克思有关"产权"的论述，学者们还从各个方面挖掘和研究马克思主义经济学中的产权理论，将马克思主义产权理论的外延不断扩大。许多学者就马克思关于产权的起源、产权的内涵、产权的结构与功能、产权或产权制度与所有制的关系、产权各权能的分离和重组以及产权与人权的关系的分析展开了研究，例如，黄少安（1995，1998，2004）、吴易风（1995）、尹焕三（1996）、杨秋宝（1998）、吴宣恭和黄少安等（2000）以及丁任重、杨惠玲（2005）等等。黄少安（1996，1999）还深入研究了马克思主义产权理论的方法论和理论体系构成，相似地，林岗、张宇（2000）分析了马克思主义产权理论的范式；杨波（2006）从基础、微观、中观和宏观四个层面也论述了马克思产权理论的系统结构。继黄少安（1995，2004）之后，刘灿、武建奇（2005）对马克思主义产权理论关于"交易费用"的思想进一步进行了阐述。此外，一些学者还对所谓的"劳动力产权"的概念、范畴和实现条件等问题提出了他们的看法或观点[②]，例如，姚先国、郭继强（1996，2001），王天雨（1997），叶正茂、洪远朋（2001），刘炳福（2001），范省伟、白永秀（2003），王珏（2004），陆春燕、张作云（2005）。

（二）立足马克思主义产权理论，解释和指导中国产权改革实践

吴宣恭早在1982年就发表了《生产资料的所有、占有、支配、使用关系》的论文，实际上阐明了生产资料产权的不同权能；他1985年的论文《三种占有方式和所有权经营权的适当分开》，阐明了公司治理中的两权分离问题。这些研究的一个重要理论基础就是马克思主义产权理论，可以看作是采用马克思主义产权理论研究产权改革问题的早期重要成果。

刘诗白（1993）的著作《产权新论》对"财产"、"产权"、"财产权"等定

---

① 这一点，在本章第二部分中有更详细的阐述。

② 劳动力产权不是新观点，其实马克思已经分析过这个问题，他所说的劳动力所有权（广义上）就是劳动力产权。学者们用"劳动力产权"替换"劳动力所有权"这个概念并加以分析，这对丰富和发展马克思主义产权理论有积极的一面。不过，极个别学者不但没有真正理解产权的内涵，也没有读懂《资本论》，误以为劳动力产权是他们继马克思之后的新创造或创新，而且在具体的表述和逻辑上都存在着某些错误。

义、构建社会主义产权理论、经济改革与产权改革等基本问题进行了深入研究；1998年的《主体产权论》，对产权经济学的基本问题、中国产权制度改革、国有资产管理等理论问题再次进行了深入研究。吴宣恭于1994年、1995年在《中国社会科学》分别发表了论文《股份公司的产权关系、运行机制和作用》和《论法人财产权》，阐明了现代公司中的产权问题；2002年和2006年，他还运用马克思主义产权理论分别对"产权、价值和分配的关系"和"企业的本质"做了精辟的分析。吴易风（1995）的论文《马克思的产权理论与国有企业产权改革》，从对马克思的产权理论评价、财产权的法律形式、财产权的历史形式和财产权的权利统一与分离四个方面研究了马克思的产权理论，并提出坚持利用马克思主义产权理论指导中国产权改革，他认为，西方产权理论研究的是私有产权，西方学者所说的产权明晰化是指私有产权的明晰化，用西方产权理论来指导我国的国有企业改革完全是理论上的误导（这种观点在他的其他几篇文章中也有所体现①）。此后，牛增福（1997）、李炳炎（2005）等先后撰文也对马克思主义产权理论进行了思考，批判了西方产权理论，并坚持一定要用马克思主义产权理论来指导我国产权改革实践。

（三）马克思主义产权理论与现代西方产权理论的比较研究

黄少安的《产权经济学导论》（1995）是国内第一部系统研究西方产权经济学基本理论、并与马克思主义产权理论比较的专著，重点强调了对西方产权理论的批判性研究以及与马克思主义产权理论的比较与沟通，并就方法论和理论体系（逻辑起点、起点范畴、核心范畴、逻辑主线和理论构件等）对二者进行了比较研究（黄少安，1999）。吴宣恭（1999）则从研究目的与对象、研究方法、理论基础、产权制度变革的原因动力条件、产权制度变迁效果评价、产权客体与主体、产权的结构与体系这七个方面对马克思主义产权理论和现代西方产权理论进行了比较。在上述的研究基础上，吴宣恭、黄少安等（2000）进一步对两种产权理论作了比较，系统地发掘和整理了马克思的产权理论，肯定了马克思主义产权理论的科学意义，并就如何在坚持马克思主义产权理论的指导作用的前提下正确借鉴西方产权理论提出了具体的建议。

林岗、张宇（2000）对两种产权理论也做了比较分析。他们认为二者的根本区别在于：研究产权问题是坚持个体主义的方法还是坚持整体主义的方法；是经济关系决定法权关系还是法权关系决定经济关系；产权关系是一种交易关系还是一种生产关系；财产权利是一种自然权利还是一种历史权利；等等。此后，林

---

① 可参见他的论文《西方产权理论和我国产权问题》（1994）等。

岗、刘元春（2001）又从制度变迁道路、制度起源与本质、社会经济发展与制度变迁动力等方面对马克思的制度理论与诺斯的制度理论在逻辑和事实两个方面进行了比较和检验①。

关于马克思主义产权理论的研究还有很多，但是它们基本上没有脱离上述的研究范围，基本上也没有更多的创新，其观点和上述研究成果大体相似，这里不再赘述。

二、国内对《资本论》研究的现状②

《资本论》是一本划时代的巨著，集中体现了马克思主义经济学的思想精髓，可以说，是马克思主义的百科全书。国内理论界对《资本论》的相关研究非常丰富，可以说深入或渗透到《资本论》的各个角落、方方面面。从《资本论》中某一个概念的含义，到具体问题的论述，直到马克思主义经济学整个理论体系的构建，都进行了深入分析和研究，或用以批判资本主义的弊端，或用以指导我国社会主义建设。总体看来，以往的相关研究主要是围绕着马克思主义经济学基本原理来进行的，"劳动价值论"、"资本主义发展规律"和"马克思主义经济学理论体系"等是研究中的重头戏。这些研究有一个特点，即以辩论为主。例如，20世纪50~60年代，80年代、90年代和21世纪初，理论界分别展开了几次关于"劳动价值论"的大讨论。当前，就马克思主义经济学与西方经济学在中国的学术地位问题，马克思主义经济学能否与时俱进、指导我国社会主义改革与实践等问题的争论，也带有上述性质。

无论怎样，时代在发展，科学技术日新月异，生产力在进步。为适应生产力的发展，资本主义生产关系和生产方式有了巨大改变。同时，我国社会主义建设、改革与发展也取得了长足的进步。国内理论界对《资本论》研究的目的发生了变化——由过去的以对资本主义的批判为主，向以指导我国社会主义改革与

---

① 这两篇文章的共同观点是：虽然马克思主义产权理论与现代西方产权理论存在着形式上的相似性，现代西方产权理论在一定程度上可以为我们所借鉴，但是从根本上看，马克思主义制度理论与新制度经济学这两种范式是建立在完全不同的世界观和价值观基础上的，具有不同的方法、概念和理论逻辑。他们认为，从总体上看，马克思主义的制度理论与新制度经济学相比，在逻辑上更加严密，更符合历史事实。

② 国内有关《资本论》的研究文献可谓是浩如烟海。举一个简单的例子。截至2007年1月4日16时，我们从中国期刊全文数据库中检索，仅在核心期刊类、"经济政治与法律"库中，1994~2006年，以《资本论》为主题的论文有936篇；以"劳动价值论"为主题的论文有1 751篇；以"剩余价值"为主题的论文有600篇（当然，这三个主题中的文章有一定的重复）。这仅仅是世纪交替12年间的论文情况，还不包括各种专著和教材，而且这三个主题不能列尽关于《资本论》的全部研究。毫无疑问，我们无法综述到每一篇文章（也没有这个必要），这里只大体上总结一下这方面研究的脉络或趋势。

实践为主转变；对《资本论》研究的内容和方向也发生了悄然变化，在注重研究马克思主义经济学原理的同时，还注重或更多地挖掘、研究（从逻辑上推导）马克思关于现代社会的表述，尝试突破或发展马克思劳动价值论（尽管这一点存在着很大争议），尝试扩大"生产劳动"的外延，注重研究《资本论》中有所涉及，但没有充分论述的领域或马克思写作《资本论》时无法预见的新情况和新问题。围绕着《资本论》，有关"科学技术"、"人力资本"、"经济全球化"、"现代资本主义经济关系"、"中国特色的社会主义市场经济"以及"马克思主义经济学体系的创新"等方面的著作和论文相继出版或发表。例如洪银兴（2005）的《〈资本论〉的现代解析》，对马克思的经济思想进行了深入、系统的挖掘和研究，特别是专门挖掘了有关马克思建设新社会的理论和思想。前面所综述的对马克思主义产权理论的研究也属于变化之一，而且从传统的《资本论》研究转向此研究方向的学者逐渐增多。不过，有些学者由于各种原因（例如，刚刚从其他领域转向产权理论的研究）对"产权"的外延和内涵还不甚了解，在研究马克思产权理论或运用马克思主义产权理论分析问题时，还存在着概念表述或深层逻辑的错误。

  这一系列转变也产生或面临着新的问题。随着现代社会经济关系、经济运行日趋复杂，加之西方经济学理论和方法的引入，有的学者开始回避马克思主义经济学或否定其对现代社会的指导作用，更多的学者在为马克思主义经济学正名的同时，提倡发展马克思主义经济学或超越马克思主义经济学。这也就引发了前面所提及的马克思主义经济学与西方经济学在中国的学术地位问题，马克思主义经济学能否与时俱进、指导我国社会主义改革与实践等问题的争论。

  综观已有马克思主义产权理论的研究和国内《资本论》研究的现状，我们可以看出，在科学技术突飞猛进的今天，在世界政治格局发生重大变化的新环境下，在经济全球化、一体化新的时代背景下，学者们渴望发展马克思主义经济学，尝试发展马克思主义经济学。前面说过，发展需要新的方法、新的视角，要有理论创新、方法创新。这并不是说，只要有新的方法、新的视角，发展了新的领域就算是创新了。发展马克思主义经济学一个基本的原则是立足马克思主义经济学基本原理，立足《资本论》，否则就像是空中楼阁，根基都没有，谈何发展。所以只有立足马克思主义经济学原理，从现代社会经济发展角度，有可能真正地发展马克思主义经济学。这就又回到了问题的起点，发展马克思主义经济学有必要系统地、深入地学习、挖掘和研究马克思的经济思想以及马克思主义经济学原理，有必要从马克思、恩格斯经典著作中寻找答案，重点之一是《资本论》。目前，就马克思主义产权理论而言，虽然相关研究较多，但是除少数与西方产权理论系统的比较研究著作外，其大多数研究是分散的，还少有将《资本论》和马克思主义产权理论系统地、全方位地结合在一起的研究。此外，国内学者在对待马克思主义产权理论和现代西方产权理论的态度上，也存在着一定的分歧。我们认为，马克思主义产权理论有科学贡献，但也存在缺陷或不足；现代西方产权经济学（新制度经济学）的存在必然有其合理性，我们需要批判地接受、汲取其中的合理成分，发展马克思主义产权理论。当然，关于二者的比较是题外话，超出了本章的讨论范围，无需再多展开。

深入挖掘和研究马克思主义产权理论要立足于马克思主义经济学原理，其目的是解释和指导我国的产权制度改革。中国经济体制改革的实质或核心是产权改革，或者与产权改革密切相关，现代西方产权理论虽然的确为我国改革提供了一些启发，但是也确实没有为我们的产权改革实践提供足够的理论支撑，我们已有的改革实践，许多它是没能解释的。所以，深入挖掘和研究马克思主义产权理论不仅对于丰富和发展马克思主义经济学有着重要意义，还有助于思考现实的产权改革问题，为进一步改革提供更加科学的理论依据，为我国社会主义产权改革实践指明方向。同时，我们认为，产权视角下的《资本论》解读不应停留在马克思对一些关于权利的论述片断上（马克思对有关权利的概念使用，有时也是随意性的），还应从三卷的逻辑整体上把握马克思主义产权理论思想，从《资本论》总的理论体系中，从《资本论》所说明或揭示的问题中解读。

第二节 "产权"的内涵与马克思对"产权"的论述

国内文献在使用产权这个概念时，有很大的随意性，有时甚至在同一篇文章中使用的概念也不统一，这很容易使人产生误解。对产权中具体权利束的划分也没有统一的标准，有些文献的表述很不严格。有的不加区分地把经营权同财产权、所有权并列起来，有的把索取权、收益权等同占有权、支配权以及使用权并列起来，有的还把继承权同上述权利并列起来，可见对产权概念的表述非常混乱。这里有必要加以说明。

一、产权的含义与内涵

现代西方产权经济学所指的产权是因物的存在而产生的权利。德姆塞茨说："一组产权常附着于一项物品或劳务。"[①] 这说明产权经济学把产权与产权载体或附着物——财产区分开了。再比如科斯所指出的：当一个人拥有通过他人土地的

[①] 德姆塞茨：《关于产权的理论》，载科斯等：《财产权利与制度变迁》，上海三联书店1991年版。

通行权时，他可以说他拥有一项产权。从这个意义上就很好理解德姆塞茨所讲的"所谓产权，意指使自己或他人受益或受损的权利"①。因此，"产权不是关于人与物之间的关系，而是指由于物的存在和使用而引起的人们之间一些被认可的行为性关系"②，也就是说，"人们（主体）围绕或通过财产（客体）而形成的经济权利关系；其直观形式是人对物的关系，实质上都是产权主体之间的关系"③。但是有一点需要强调，离开了财产，就无所谓产权了。

产权大体等同于财产权利，可以说是人们围绕一定财产发生和形成的责、权、利关系。产权不是单项的权利，而是一组权利束或一个权利体系。产权一般可分为四大项：狭义的所有权④（归属权，ownership）、占有权（possession）、支配权（disposition）和使用权（use）。**下文中如不特别说明，"所有权"是指狭义的所有权**。从理论上分析，产权的每一项权利都可以分离和独立出来。其中，归属权即归谁所有是这一组权利中最根本的权利，其主体的状况决定产权关系的性质，而产权关系的性质是特定所有制性质在具体产权关系中的体现。归属权决定其他三项权利，但是不能取代和包含它们。当特定财产的四项权利处于完整或不分离状态时，又可统称为广义的所有权。理论上，广义所有权就是产权。需要指出的是：这四项权利的划分只具有一般意义，其中任何一项都可能有各自的、具体的、可变化的存在形式，因而其权能和利益都可能划分得更细。但是更具体的划分并不否定这四项权利的一般性，任何具体的形式大都可以归类于这"四权"之中。例如，经营权其实是产权四项权利分离后，除去所有权（归属权）的占有权、支配权和使用权的再次组合。既然产权是由许许多多的权利组成的权利体系，而且它们既可以结合在一起，归一个主体去行使，也可能互相分离，由不同主体行使，理论上或原则上，以同一客体对象的各种产权进行分离时，必须严格规定各自的边界，否则就会出现互相侵犯权利的行为，引起产权关系的混乱，这就出现了产权明晰的问题。事实上，在当今社会的现实生活中，经常出现各种产权分离的情况，而且各种产权，特别是具有外部性的财产的使用权的边界很难界定，从而降低了产权激励的功能，导致经济效率下降。从这个意义上说，所谓的科斯第二定理，即在交易费用大于零的世界里，不同的权利界定，会带来不同效率的资源配置是成立的。还需要指出，对财产的任何权利都由两部

---

① 德姆塞茨：《关于产权的理论》，载科斯等：《财产权利与制度变迁》，上海三联书店1991年版。
② 弗鲁博顿和佩乔维奇（Furubotn and Pejovich, S.）：《产权与经济理论：近期文献的一个综述》，载科斯等：《财产权利与制度变迁》，上海三联书店1991年中文版。
③ 黄少安：《产权经济学导论》，经济科学出版社2004年版，第65页。
④ 注意，在大陆法系中，"所有权"是一个独立于财产权利之下的概念，它包括占有、使用、处分（支配）和收益四项权能。实际上它相当于产权中的"狭义所有权"。再注意，"权能"和"权利"的区分。产权是由"权利"束构成的。大陆法中，"所有权"之下不再包括权利，而是"权能"。

分基本内容——权能和利益构成，所谓权能就是权利主体对财产的权力（power）、职能或作用；产权的利益，是指产权对产权主体的效用或带来的好处[①]。产权的各项权利中，权能和利益互相依存，内在统一。利益是权能的目的，有权为了有利；虽然不是所有的利益都是通过权力行使获得的，可能有意外的收益，权力是获得利益的手段之一，一般来讲，有权就会有利。同时，就产权的利益而言，有权才能有利。也就是说，任何产权在利益上的实现，都要求其主体行使相应的职能。不通过权能的行使而获得利益的产权是不存在的，即使获得了利益，它也不是产权收益。反过来，利益又是使一定权能成为产权内容的条件。尽管具体的权能行使的过程中，可能会有利益损失现象，但这只是利益实现度问题，并不否定理论上界定的"权能行使必须有利益"，有利才算有权，单纯的权能不构成产权，无利益的产权是不存在的。因此，一些经济学文献中常常把"收益权"或类似的概念与所有权、占有权等并列，是不确切的。按照刚才的理解，"收益权"不是一项独立的产权，"收益"是任何一项产权中应有的内容，不能与其他权项并列。他们之所以提到产权中包括"收益权"，可能是受大陆法系中"所有权"有"占有、处分、使用和收益"权能的划分的影响。

产权经济学更多地要侧重产权经济意义的内涵，虽然提到权利，我们不得不从法律上寻找依据，但经济意义上的产权和法律意义上的产权还是有区别的[②]。严格来说，不要套用法律（尤其是大陆法，因为产权是英美法系中概念）的权利概念去解释产权。例如，有的学者受到法律术语的影响而认为，产权还包括不可侵犯权。这在产权理论的表述上相当不确切。不可侵犯即排他，这是产权的一个基本属性，而不能单独成为一项产权。不过，由于现代社会财产法趋于完备，现实中绝大多数的产权关系都已经上升到法律层面，产权的界定、保护也依赖于法律，加之我国法律属于大陆法系，在研究产权时，使用一些大陆法用语（如物权、债权等）却是不得而为之。只要从经济学角度出发，有选择地加以区分，可以近似地把法律上的产权状况等同于现实中的产权状况。如果是这样，并不影响人们对现实产权关系的认识和产权关系的处理、安排。

二、马克思对"产权"的表述

《资本论》中文版中没有出现过"产权"这个词，使国内很多学者忽视了马克思主义经济学中的产权分析。事实上，中文版中没有这个词，并不代表马克思

---

① 具体见黄少安：《产权经济学导论》，经济科学出版社2004年版；吴宣恭、黄少安等：《产权理论比较——马克思主义与现代西方产权学派》，经济科学出版社2000年版。

② 黄少安：《产权经济学导论》，经济科学出版社2004年版，第69～76页。

主义经济学没有产权理论，而且这个词（property rights）在莫斯科1887年和芝加哥1906年出版的《资本论》两个英文版中都出现过①。中文版中相应的地方则把它翻译为所有权，即《资本论》第一卷，第643页中"尽管每一个单独考察的交换行为仍遵循交换规律，但占有方式却会发生根本的变革，而这丝毫不触犯与商品生产相适应的所有权"（着重号由笔者注）。当然，property rights也是后人翻译成英语的，马克思在《资本论》德文原版中使用的是德语eigentum（这个词既有"财产"之意，也有"财产权利"之意）。马克思多次使用了这个概念，它在《资本论》的两个英文版中还大都以property出现，而非property rights。而中文版中对应的是"财产"和"财产关系"这一概念。通过对照中英文版，我们还发现，中文版中常出现的土地所有权在这两个英文版本中同样的位置有时用landed property，有时用property in land。所以，《资本论》中文版中没有出现过"产权"一词，而存在着"财产"或"所有权"同"产权"在表述和理解上不一致或含混的现象，的确可能是由于外语词汇的多义性，加之翻译的原因所造成的。那么，是不是说马克思使用了"财产"、"财产关系"或"所有权"这些概念并加以论述就等同马克思拥有了和现代西方产权经济学一致或相似的产权理论呢？从某种意义上说，这没有错，但关键要看如何理解，如何看待马克思拥有了产权理论。

如何正确理解马克思所说的"财产"和"财产关系"是挖掘和研究马克思主义产权理论的一个重要前提。讨论和研究产权，自然离不开财产。惯性地，我们会想到法律对财产的定义。在大陆法系（civil law），"原则上，一个人的财产（eigentum）是由这个人所有的具有金钱价值的各种权利的总体构成的"②，财产"只是一个对人所有的全部权利综合标志"③，而在英美法系（common law），财产（property）是"某人凭借着一种完全排他的、对外在物的请求或行使的权利"④，也就是说，"财产"等同于"产权"或"财产权利"。就"财产"概念而

---

① 这两个英文版都由Samuel Moore和Edward Aveling翻译，莫斯科版译自《资本论》德文第四版，芝加哥版译自《资本论》德文第三版，参见：*Capital*, *Vol. I. Party VII. The Accumulation of Capital*, Progress Publishers, Moscow, USSR, 1887; *Capital*: *A Critique of Political Economy*, *Vol. I. The Process of Capitalist Production*, Chicago: Charles H. Kerr and Co., 1906.

② 卡尔·拉伦茨：《德国民法通论》（上册），法律出版社2003年版，第410页。

③ 卡尔·拉伦茨：《德国民法通论》（上册），法律出版社2003年版，第414页。

④ 布莱克斯通：《英国法律评论》，商务印书馆1985年版，第2页。其实，property在英语中还有有形或无形的物的含义，即指权利的客体。我国大多数人理解的"财产"是有别于"人"的一个客体，而把"权利"理解为附着在客体上，却又有别于这个客体的抽象的东西，所以国人看来，财产和财产权利是两个不同的概念；而英美国家对于财产的客体和主体也是有区分的，只不过都使用property，区分可能在该词语具体使用的语境。可能由于文化背景的差异，国人自然体会不到他们的区分，或者误解他们的区分。不过就产权经济学而言，国人的理解是有道理的。既然欧美人能很好地区分property什么时候当作"财产"解释，什么时候当作"财产权利"或"产权"解释，就没有必要使用property rights这个词了。

言，在法律和经济上的使用意义也是有差异的，可以说，形似，而非神似。英美法系的"财产"通常等同于财产权利（产权），而大陆法系"财产"的含义是多变的，或者说是不严格的。它尝试将有形财产（有体物）与财产权利分开，但在很多情况下仍然没有真正区分开来。拉伦茨（Karl Larenz）对《德国民法典》中提到的财产解释说："财产是一个综合体，即各种权利的总和，并和特定的人相联系，而这个人就是财产的持有人。……只有权利属于财产，所有具有金钱价值的权利才属于财产。"① 这就出现了物和对物的持有相提并论的问题。他指出，当我们列举诸如地产、动产等财产时，就意味着对地产的所有权、对动产的所有权等。这里的问题是既然财产本身也是权利，大陆法系中权利的客体是什么？按照拉伦茨的说法，权利客体使用于两种意义②：一是指支配权或利用权的标的（第一顺位的权利客体）；二是指权利主体可以通过法律行为予以处分的标的（第二顺位的权利客体）。第二顺位的权利客体是权利和法律关系。例如，属于某人的有体物和无体物是第一顺位的权利客体，而存在于这个物之上的所有权，作为处分的标的（可以处分的对象）则是第二顺位的权利客体。"从严格意义上说，人们应把上述情况的处分说是对物的所有权的处分，而不是对这个物的处分"③。这就说明，大陆法系中，"财产"有三种含义：第一，财产可以指有金钱价值的第一顺位的权利客体。它等于有体物或无体物，或者说有形财产，无形财产。这种解释显然是将财产主体与财产即客体区分开来的。而且它反映了商品经济社会的特征，强调"有金钱价值"。其实，财产的一般性质之一，应该是对人们有用，即使用价值。有用之物才可能成为人们的占有对象。第二，认为财产是指人们对物享有的所有权。这一含义强调的是：财产必须是有主物，没有主体的物不是财产。换句话说，没有纳入人们占有东西不可能成为财产。但是这一含义隐含着两个缺陷：一是把财产视为一种对物的所有权，事实上，这又同英美法一样，把财产等同于"产权"。法律意义上，物要成为人们设置所有权的对象时才成为其财产，然而在经济意义上，财产虽然和所有权联系在一起，但并不等于说财产就是所有权；二是把对财产的权利与对财产的事实上的占有对立起来。财产与没有权力归属的物是不同的，后者不是财产。但是什么才是"权利归属"呢？法律上，事实上的占有可能不表示权利归属，而在经济上，对财产的权利首先必须是事实，然后才可能（也不一定）得到法律认可和保护。因此，如果按照"财产就是所有权"的说法，事实上被占有的物就是财产，它只是没有法律上的权利界定和认可，但并不等于事实上没有权利归属的物。第三，认为财产可

---

① 卡尔·拉伦茨：《德国民法通论》（上册），法律出版社2003年版，第410页。
② 卡尔·拉伦茨：《德国民法通论》（上册），法律出版社2003年版，第378页。
③ 卡尔·拉伦茨：《德国民法通论》（上册），法律出版社2003年版，第378页。

以指物和权利的总和,依此推理,所有权不过是财产大概念的一个分概念,产权只是众多财产中的一种。言外之意,还有非权利的财产。而第二种含义说财产是一种所有权,这就产生了矛盾和混乱。可见,两大法系里,对"财产"概念都缺乏统一而严格的界定。英美法系里把财产等同于产权显然是不妥当的。大陆法系里似乎力求把二者区分开来,但是也时而把财产混同于产权,或者说没有把财产真正与产权分开。财产首先是物(也可以是无形的),物必须成为人们设置权利的对象,才成为财产,经济意义上,"必须成为人们设置权利的对象",并不等于"必须成为法律界定的权利",也不等于"必须成为法律界定的对象才成为财产"。法律对权利界定必然涉及财产,但是财产不是法律创造的,财产的变化不是法律决定,其数量的增加和形态变化是独立于法律而变化的,它是人们生产活动的结果。

因此,这又回到了前面所说的"不要从法律上来理解'财产'和'产权'"的问题。首先,不能把英美法系和大陆法系对财产的解释相混淆,尽管二者都相似地把财产理解为权利,更不能把它们关于权利的概念混成一谈。众所周知,英美法是判例法,而大陆法是成文法,二者在法律思维、法律表现形式、法学体系、法律概念等方面都存在着巨大的差异。例如,大陆法系就没有"产权"这一词汇,没有这个概念。其次,最好不要套用法律上关于"财产"及其相关权能的概念来替代经济上关于产权及其权利束中的具体权利的概念(如果非要用法律概念来套用经济概念上的产权,一定要解释清楚)。无论是在英美法系中,还是在大陆法系中,"财产"从某种意义上都等于经济意义上的"产权"。有人可能会觉得,这不是很好吗?但是法律意义的"财产"和"财产权利"没有严格的分离,先有权利,才能称得上财产,而经济意义上的"财产"是完全可与"财产权利"(产权)分离的,是产权的客体(可以是有形的或无形的物)[①]。再强调一遍,脱离了财产,称不上产权。

马克思对产权的表述、对产权关系的分析使用"财产"或"财产关系",因此从产权经济学的角度看似是存在着表述不确切或不严格之处。例如,他说:"财产最初无非意味着这样一种关系:人把他的生产的自然条件看做是属于他的,看做是自己的,看做是与他自身的存在一起产生前提。"[②] 这和上段中所说的大陆法系的法律上对"财产"的解释很相似,显然,将"财产"这种"物"

[①] 作为财产必须同时具备四个条件:第一,必须是独立或相对独立于主体(人或人的群体)的意志而存在的对象;第二,必须是能够被人们所拥有的对象,即必须能够为人们所控制和利用;第三,必须对人具有使用价值,即必须有用,无用的东西不可能成为财产;第四,必须具有稀缺性。请参见黄少安:《产权经济学导论》,经济科学出版社 2004 年版,第 57~58 页。

[②] 《马克思恩格斯全集》第 46 卷(上册),人民出版社 1979 年版,第 491 页。

等同于"人对物的关系"。但仔细推敲，这里隐含着对二者的区分。这段话有"人"与"他的生产和自然条件"用词，"生产的自然条件"也就是物，是独立于人这个主体的客观存在的。人对物的关系就是财产关系，只不过马克思把这种"财产关系"等同于财产，这与马克思早年曾在波恩大学和柏林大学攻读法律，深受德国民法影响有关。当然，马克思只是理论表述上不确切，并不是他对"物"与"人对物的关系"分不清，例如，他又曾以极其相似的语言指出土地所有权这个"人对物的关系"不是"物"。他说："土地所有权的前提是，一些人垄断一定量的土地，把它作为排斥其他一切人的、只服从自己个人意志的领域。"① 此外，马克思特别强调对物的关系与对人的关系的区分（例如，认为资本不是物，而是建立在物的基础上的人与人的关系），他在《资本论》中还经常使用到产权的几项权利概念，所有权、占有权和使用权等。**应该说，马克思已经意识到了财产与人对财产的权利关系有所不同，从而拥有产权理论。**马克思之所以使用"财产"、"财产关系"来表述产权意义，关键是他深受法律文献的影响，而且大陆法中没有像"产权"（property rights）这种具有高度概括意义上的概念②。

第三节 《资本论》的产权视角解读

劳动价值论的真正目的或诉求在于：寻找或论证财富或收入分配的合法性依据或批判当时资本主义分配制度的不合理性和资本本身来源的非合法性。资本和其他财富性都是劳动创造的，劳动者应该获得它，社会都应该倡导劳动才能创造更多财富。产权机器收益的配置应该以劳动为依据。这是马克思经济学最基本的也是明着亮出来的价值判断——经济学和经济学家是有价值判断的，只不过承认或不承认而已，承认有价值判断不等于就不能进行实证分析，马克思就是在此前提下进行实证分析。

对劳动力所有权和使用权的分析很重要，劳动力产权（使用权）交易的社

---

① 马克思：《资本论》第 3 卷，人民出版社 1975 年版，第 695 页。
② 拉伦茨指出，如果财产是一个处分行为的客体，人们可以通过一个单一的行为来对属于这个客体的所有的权利进行处分，那么，为了使这个"总的处分权"的客体被看做为一个统一处分的客体来认识，人们就必须假设一个高于各个具体权利——这些具体权利的总和构成这个财产——但又存在于这些权利之中的、对财产的权利来说是一个整体的权利，这样一来，这个权利就属于第三顺位的权利客体。《德国民法典》中似乎没有像上面所提到的那种说法的权利，也即一个作为整体的对财产的统一的权利的规定。见《德国民法通论》，法律出版社 2003 年版，第 412~413 页。

会条件、交易的平等（形式平等）与使用过程的不平等（实质不平等）、劳动力价值（工资）与劳动力使用所创造的价值之间的差额等。劳动力所有者与资本家的签约也就是组织成了企业，出卖了劳动力使用权也就失去了对劳动力使用的控制权，怎么使用成了资本家的权利，也是不完全合同。劳动力和资本的私有以及对它们的相互承认是交易的前提。

一、《资本论》的逻辑主线：剩余价值的生产、流通和分配

在以产权视角考察《资本论》之前，有必要回顾一下《资本论》的结构、写作目的和逻辑主线。《资本论》分为四卷，前三卷是理论部分，第四卷是历史文献部分。一般而言，《资本论》常常指前三卷，即"资本的生产过程"、"资本的流通过程"和"资本主义生产的总过程"。《资本论》的最终目的是为充分揭示资本主义生产方式的经济规律。这种规律表现在资本家无偿占有雇佣工人的剩余劳动，而工人只能维持在最基本的生活资料消费水平上，一方面是少数资本家大量财富的积累，另一方面绝大多数无产阶级贫困的积累，这将导致社会上消费者购买力不足，即有效需求不足，再生产的条件不能具备，从而出现生产过剩，使资本主义经济危机不可避免。马克思科学地论证了资本主义生产资料私人占有与生产劳动社会化之间的矛盾是资本主义的基本矛盾，是不可调和的矛盾，从而揭示了资本主义必然走向灭亡的规律。

在整个《资本论》的理论体系中，可以说是关于资本的研究贯穿始终，也可以说是关于剩余价值的研究贯穿始终，资本的生产过程就是剩余价值的生产过程；资本主义生产的总过程也就是剩余价值的分配过程。马克思将"资本"定义为"能带来剩余价值的价值"①，即资本的本质就是不断获取剩余价值。反过来说，资本要增殖，必须要能够带来剩余价值，资本的关系实质上就是剩余价值的关系，对资本的研究必须以对剩余价值的研究为核心。而剩余价值是什么呢？马克思从价值开始分析，揭示出剩余价值是工人的剩余劳动创造的价值。剩余价值是怎样被生产出来、怎样实现、怎样被分配到各个资本家阶层手中的呢？《资本论》由此展开，形成许多相关的、具体的概念。所以，《资本论》从头到尾，"整本书都是以剩余价值为中心的"②，要么从不同角度研究剩余价值，要么为研

---

① 参见：《资本论》（第1卷），人民出版社1975年版，第172页；《马克思恩格斯全集》中文第二版第32卷，人民出版社1972年版，第19页。
② 《马克思恩格斯选集》（第3卷），人民出版社1972年版，第252页。

究剩余价值服务，要么以对剩余价值的研究为基础去研究、解释别的问题。从这个意义上讲，《资本论》体系的逻辑主线就是"对剩余价值或资本增殖的分析"，或者说，剩余价值理论是贯穿整个体系的主线。从总体框架看，第一卷研究资本如何增殖或剩余价值如何产生；第二卷研究剩余价值如何实现，即研究资本如何通过流通使其增殖部分得以实现；第三卷研究剩余价值如何在不同的资本家阶层之间分配；第四卷研究剩余价值理论的演变史。不同卷、篇、章中的具体理论，也都贯穿这一主线。例如，第一卷第一篇，虽然表面上看是分析了商品和货币，但正是在对商品及商品转化成货币的论述过程中，建立了劳动价值论，而劳动价值论服务于剩余价值理论，是其基础。价值是劳动创造的，劳动决定价值，那么后面关于剩余价值的研究及相关的判断就有了基础，有了依据，剩余价值只不过是价值的一个部分，这一部分也是由劳动创造的，是由工人劳动中的一部分即剩余劳动创造的。又如所谓资本积累，实质上是剩余价值转化为资本或转化为获取剩余价值的手段。因此，资本积累理论实质上还是剩余价值理论的组成部分。再如，第三卷中"利润分为利息和企业主收入"、"超额利润转化为地租"两篇实质上说明了剩余价值的各种表现形式，"各种收入及其源泉"这一篇指出了资本主义社会的各种收入实际上都是雇佣工人的劳动所创造的价值转化而来的，除开工人的工资（劳动力价值），这体现剩余价值在不同剥削集团之间的分配关系。

因此，可以说，《资本论》的逻辑主线是剩余价值的生产、流通和分配，其论述过程是以劳动价值论为基础，以剩余价值理论为核心，从抽象到具体，从本质到现象，层层推进的。我们下面的分析表明剩余价值理论的主线也是一条关于产权分析的主线。

二、产权理论一直贯穿于《资本论》体系始终，或剩余价值理论为主线的逻辑体系无处不包含着产权问题

《资本论》逻辑体系中蕴涵着丰富的产权理论，围绕着剩余价值，通过对资本生产、流通和再生产的分析把产权及其分离与组合以及由此带来的收益等问题解释得很清楚。马克思在《1844年经济学哲学手稿》第一手稿第二部分的"资本的利润"标题下曾把资本定义为"对别人劳动产品的私有权"、"对劳动及其产品的支配权"[1]。麦克莱伦（David Mclellan）在《马克思传》中也提到这一点[2]。事实上，整个手稿就是三卷本《资本论》系列草稿的第一部分，后经过很

---

[1] 马克思：《1844年经济学哲学手稿》，人民出版社1979年版，第17~18页。
[2] 麦克莱伦：《马克思传》，中国人民大学出版社2006年版，第112页。

多修改，1867年以《资本论》第一卷问世。这说明，马克思早期是以现在意义上的产权范畴来考察资本的。在《资本论》中，虽然马克思实际上用了"剩余价值"来定义"资本"（这可能与剩余价值更能量化地说明资本家的剥削程度有关），但我们仍然能找到大量有关产权的痕迹。剩余价值的产生前提是生产资料所有权与雇佣工人的分离，进而导致雇佣工人劳动力所有权和使用权的分离，这使资本家无偿占有工人剩余劳动有了可能。剩余价值的分配更是和产权息息相关，货币资本家和土地所有者之所以能获得利息和地租，就是因为货币资本家具有生息资本的所有权，而土地所有者具有土地的所有权。因此，无论是"资本"，还是"剩余价值"，都是"资本家"及土地所有者有关权利的化身，都是资本主义生产关系的载体，或者说是资本主义制度的载体。所以，对"资本"和"剩余价值"的分析也就是对资本主义经济制度、具体地说是对资本产权制度的分析。

（一）"资本的生产过程"或"剩余价值的生产"实质上是围绕着产权问题展开分析的

既然资本是"能带来剩余价值的价值"，对剩余价值的研究就是对资本的研究，剩余价值体现的关系就是资本的关系，资本的生产过程实质是资本家剥削雇佣工人所创造的剩余价值的过程，而剩余价值的产生实质上是个劳动力产权分离的结果问题。

作为整个体系的逻辑起点，第一卷的第一篇"商品和货币"分析商品或从商品到货币的转化。这一篇是为第二篇中劳动力成为商品和稍后出现的剩余价值及其各种问题的论述打下了基础。事实上，第一篇第二章"交换过程"中开篇就提到了产权问题。马克思说："商品不能自己到市场去，不能自己去交换。因此，我们必须找寻它的监护人，商品所有者。……为了使这些物作为商品彼此发生关系，商品监护人必须作为有自己的意志体现在这些物中的人彼此发生关系，因此，一方只有符合另一方的意志，就是说每一方只有通过双方共同一致的意志行为，才能让渡自己的商品，占有别人的商品。可见，他们必须彼此承认对方是私有者。这种具有契约形式的（不管这种契约是不是用法律固定下来的）法权关系，是一种反映着经济关系的意志关系。这种法权关系或意志关系的内容是由这种经济关系本身决定的。"[①] 马克思这段话有这样几层含义：一是商品的买卖或交换是商品所有者对商品所有权的让渡，即产权可交易；二是这种让渡是建立在产权私有的基础之上的，即产权具有排他性；三是产权的让渡是以等价交换为

---

① 马克思：《资本论》（第1卷），人民出版社1975年版，第102页。

原则的；四是产权本身是客观的经济关系，法律关系只是这种经济关系的意志体现。这就为劳动力成为商品所涉及的劳动力所有权和使用权的分离，雇佣工人将自己的劳动力使用权让渡给资本家提供了理论依据①。

这里值得一提的是，马克思在论述产权的让渡时特别指出，产权关系不是人与物的关系，从本质上说，是人与人之间的关系。他说："W—G。商品的第一形态变化或卖。商品价值从商品体跳到金体上，像我在别处说过的，是商品的惊险的跳跃。这个跳跃如果不成功，摔坏的不是商品，但一定是商品所有者。"② 这也就是说，产权是人们围绕或通过商品（财产客体）而形成的经济权利关系；其直观形式是人对物的关系，实质上都是产权主体之间的关系。

前面说过，剩余价值的产生前提是生产资料所有权与雇佣工人的分离，进而导致雇佣工人劳动力所有权和使用权的分离，那么劳动力所有权和使用权是如何分离的呢？关键是劳动力成为商品。劳动力这种商品的买卖和普通商品的买卖有所不同，普通商品的买卖出让的是该商品的所有权，而劳动力的买卖出让的是一定时间内的劳动力占有权、支配权和使用权。马克思说："他（工人）必须始终让买者只是在一定期限内暂时支配他的劳动力，使用他的劳动力，就是说，他在让渡自己的劳动力时不放弃自己对它的所有权。……他作为人，必须总是把自己的劳动力当作自己的财产，从而当作自己的商品。"③ 劳动力成为商品的有两个条件。一是"劳动力所有者要把劳动力当作商品出卖，他就必须能够支配它，从而必须是自己的劳动能力、自己人身的自由的所有者。劳动力所有者和货币所有者在市场上相遇，彼此作为身份平等的商品所有者发生关系，所不同的只是一个是买者，一个是卖者，因此双方是在法律上平等的人"；二是"劳动力所有者没有可能出卖有自己的劳动物化在内的商品，而不得不把只存在于他的活的身体中的劳动力本身当作商品出卖"④。工人与资本家的契约只是形式上的平等，"劳动力的买和卖是在流通领域或商品交换领域的界限以内进行的，这个领域确实是天赋人权的真正乐园。那里占统治地位的只是自由、平等、所有权和边沁"⑤。但是，从工人"进入资本家的工场时起，他的劳动力的使用价值，即劳动力的使用，劳动，就属于资本家了"⑥，也就是说，一进入生产场所，这种自由平等

---

① 雇佣工人让渡给资本家的只是劳动力使用权，如果连劳动力所有权也让渡了，工人就变成了奴隶，这不符合资本主义貌似平等交换的原则。马克思曾指出，"他要是把劳动力一下子全部卖光，他就出卖了自己，就从自由人变成奴隶，从商品所有者变成商品"。(《资本论》第1卷，第190页)
② 马克思：《资本论》（第1卷），人民出版社1975年版，第124页。
③ 马克思：《资本论》（第1卷），人民出版社1975年版，第190页。
④ 马克思：《资本论》（第1卷），人民出版社1975年版，第190页。
⑤ 马克思：《资本论》（第1卷），人民出版社1975年版，第199页。
⑥ 马克思：《资本论》（第1卷），人民出版社1975年版，第210页。

的外衣就被剥去，工人不得不在资本家监督指挥下劳动，这不是协议的，而是资本家通过劳动力获得了工作时间内的劳动力的占有、支配和使用权，进而资本家通过延长必要劳动时间或提高劳动生产率等手段榨取到了工人创造的剩余价值。**所以，剩余价值之所以能产生，归根结底，生产资料与劳动者分离所导致的劳动力产权分离的结果**。这样，马克思通过对商品的买卖和劳动力这种特殊商品的买卖以及剩余价值的生产的分析，把产权的几个属性——排他性、可交易性、可分解（离）性、行为性等清晰地表达出来。

在接下来的第三、四、五篇中，为了更好地阐述资本家的剥削程度等，马克思主要论述的是绝对和相对剩余价值生产的方式或手段以及剩余价值率的计算方法或技术上的问题。第六篇第十七章"劳动力的价值或价格转化为工资"实际上是一个产权问题。尽管工资不能补偿工人所有的必要劳动，剩余劳动被资本家无偿占有，但是为什么资本家要付给工人工资呢？传统的解释可能认为这是因为工人将自身的劳动力当作商品卖给资本家所换取的，我们认为这种解释只能说对了一半，买与卖只是形式上的，更深层次的原因在于，工人作为劳动力的所有者具有自身劳动力的所有权，他让渡的只是一定时间内的使用权，让渡使用权（例如劳动力的买卖）所取得一定的收益（诚然，这个收益不是他全部的劳动所得），是工人劳动力所有权收益（这是产权所固有的利益[①]）的一个表现形式，换句话说，劳动力所有权收益转化成了让渡劳动力使用权所带来的收益，后者表现为劳动力价格，即工资。如果劳动力所有权不能给工人带来收益，工人作为自由人是不会让渡劳动力使用权的[②]。就产权而言，劳动力所有权收益同生息资本家借贷出生息资本而取得利息（生息资本家实际上是出让了生息资本的使用权）、土地所有者出让土地使用权取得地租性质上是一样的。既然工资是所有权收益的外在表现形式之一，是不是财产所有权的收益总是比对财产占有、支配和使用的收益少？这很难测量。不过，马克思的一个隐含假设是，资本家总是尽可能地把劳动力所有权的收益，即工资压低到只能解决工人自身生活和繁衍的临界点上。这就说明保护产权非常重要。和资本家相比，雇佣工人总是在社会的最底层，而各种资本家以及大地主相互之间也出现随所有权、占有权、支配权和使用

[①] 如果抛开价值判断，从产权角度来看，对于任何人而言，具有了生产资料的所有权，同时具有一定时间内的劳动力使用权，这两种产权同样会给他带来一定收益。这是产权内在的、固有的本质特征。马克思应该看到了这一点。回到价值判断，马克思认为在资本主义社会里是资本家，而不是雇佣工人具有这两种权利，资本家成为不劳而获的剥削者，因此马克思坚决反对资本主义私有制，提倡生产资料归全民所有。这是符合产权理论的。如果每个人都拥有生产资料所有权，同时还拥有自身的劳动力使用权（此时劳动力产权没有分离），那么他所有的劳动都将转化为自己收益。

[②] 这一点和奴隶社会中的奴隶不一样。奴隶主并不付给奴隶工资，是因为奴隶不具有自身劳动力的所有权，他无权享有这部分收益。

权分离带来的收益分配问题，谁能瓜分剩余价值更多，要看他们的谈判能力。

第七篇"资本的积累过程"特别涉及到了产权问题。通过上面的分析，我们知道，剩余价值的产生是归根结底是由于资本家不仅拥有生产资料的所有权，还具有了雇佣工人的劳动力使用权，而资本的积累是"把剩余价值再转化成资本"，也就是资本再生产的过程，那么，这里的两个产权主体还是资本家和雇佣工人。因为"资本主义生产过程在本身的进行中，再生产出劳动力和劳动条件的分离。这样，它就再生产出剥削工人的条件，并使之永久化。它不断迫使工人为了生活而出卖自己的劳动力，同时不断使资本家能够为了发财致富而购买劳动力……可见，把资本主义生产过程联系起来考察，或作为再生产过程来考察，它不仅生产商品，不仅生产剩余价值，而且还生产和再生产资本关系本身：一方面是资本家，另一方面是雇佣工人"①。第七篇第二十二章马克思专门阐述了商品所有权规律变为资本主义占有规律。商品的买卖，即商品所有权的让渡在最初必须保证商品所有者的权利是平等的，"同一所有权，在产品归生产者所有，生产者用等价物交换等价物，只能靠自己劳动致富的初期，是有效的"，"货币最初转化为资本，是完完全全符合商品生产的经济规律以及由此产生的所有权的"②。但是一旦劳动力由工人自己作为商品自由出卖，情况就发生了改变，"雇佣工人则由看不见的线系在自己的所有者手里"③。这条线是什么？为什么会有看不见的线？再换句话说，工人为什么要为资本家劳动呢？这条看不见的线其实就是资本主义生产资料私有制。资本、土地、设备被资本家占有，工人除了劳动力外一无所有，不得不出卖劳动力为资本家劳动。反过来，通过劳动力的买卖，资本家就获得工人劳动力的使用权，从而使工人不得不对资本家唯命是从。对于资本家而言，拥有了劳动力的使用权，就等于具有了无酬劳动的所有权④。马克思指出："所有权（指无酬劳动的所有权——笔者注）对于资本家来说，表现为占有别人无酬劳动或产品的权利，而对于工人来说，则表现为不能占有自己的产品。所有权和劳动的分离，成了似乎是一个以它们的同一性为出发点的规律的必然结果。"⑤ 资本积累的过程，即剩余

---

① 马克思：《资本论》（第1卷），人民出版社1975年版，第633~634页。
② 马克思：《资本论》（第1卷），人民出版社1975年版，第643页。
③ 马克思：《资本论》（第1卷），人民出版社1975年版，第629页。
④ 第七篇中，马克思对产权的分析在表述上存在着不确切之处，或者说有很大的随意性。例如，"资本在它认为必要的时候，就通过强制的法律来实现对自由工人的所有权"（第629页）；"这些地方毫无掩饰地表明了资本对劳动力的所有权"（第630页）等。这里马克思想要表达的是资本对自由工人劳动力所有权占有的欲望，或者可以说，资本对劳动的所有权。资本家拥有了生产资料所有权，从而在一定时间内拥有了工人劳动力的占有、支配和使用权，但绝不等于资本家拥有雇佣工人的劳动力所有权，因为工人的劳动力所有权在他自己手中。虽然表述上存在不确切之处，但马克思对资本主义占有规律的分析过程毫无疑问是正确的。
⑤ 马克思：《资本论》（第1卷），人民出版社1975年版，第640页。

价值越是转化成资本投入到再生产，一方面，资本家越是不断地重新占有工人的无酬劳动，不断地榨取新的剩余价值，积累更多的财富；另一方面，工人越是不能占有自己的产品，积累更多的贫困。这是一个不断循环的过程，使资本家"对过去无酬劳动的所有权，成为现今以日益扩大的规模占有活的无酬劳动的唯一条件"①。从而，"商品生产按自己本身内在的规律越是发展成为资本主义生产，商品生产的所有权规律也就越是转变为资本主义的占有规律"②。因此，资本的积累，一方面是资本家财富的积累，另一方面是雇佣工人贫困的积累，说到底和产权息息相关。资本主义生产资料所有权和土地所有权分别掌握在少数资本家和大地主手中，即通常所说的资本主义生产资料私有制是问题的根源。

那么，资本主义生产方式下生产资料所有权是如何掌握在资本家手中呢？马克思在第二篇"货币转化成资本"中曾说："自然界不是一方面造成货币所有者或商品所有者，而另一方面造成只是自己劳动力的所有者。这种关系既不是自然史上的关系，也不是一切历史时期所共有的社会关系。它本身显然是已往历史发展的结果，是许多次经济变革的产物，是一系列陈旧的社会生产形态灭亡的产物。"③ 乍一看，马克思把货币或商品所有者（资本家）和劳动力所有者（雇佣工人）说成历史发展的产物，把他们看成外生变量，看成了剩余价值产生的既定前提。其实不然，马克思在第七篇第二十四章中给出了答案，阐述了原始积累的秘密。所谓原始积累不过是生产资料所有权被剥夺的过程，表现在生产资料和生产者分离。马克思指出，"所谓原始积累只不过是生产者和生产资料分离的历史过程。这个过程所以表现为'原始的'，因为它形成资本及与之相适应的生产方式的前史。"④ 这里马克思以英国为例论述了雇佣工人（包括农业和工业）、大地主、租地农场主（后发展成农业资本家）和工业资本家形成的过程。这一过程首先表现在大封建主利用强权对农村居民土地的剥夺。"大封建主，通过把农民从土地（农民对土地享有和封建主一样的封建权利）上赶走，夺去他们的公有地的办法，造成了人数更多得无比的无产阶级"⑤。土地所有权的剥夺，一方面产生流浪者，但是强权势力并没有就此罢休，"十五世纪末以来惩治被剥夺者的血腥立法"，使流浪者不得不充当了产业后备军；而另一方面则产生了大地主阶级。同时，"商品市场的这种两极分化，造成了资本主义生产的基本条件。资本关系以劳动者和劳动实现条件的所有权之间的分离为前提。资本主义生产一旦站稳脚跟，它就不仅保持这种分离，而且以

---

① 马克思：《资本论》（第1卷），人民出版社1975年版，第638~639页。
② 马克思：《资本论》（第1卷），人民出版社1975年版，第643页。
③ 马克思：《资本论》（第1卷），人民出版社1975年版，第192页。
④ 马克思：《资本论》（第1卷），人民出版社1975年版，第783页。
⑤ 马克思：《资本论》（第1卷），人民出版社1975年版，第786页。

不断扩大的规模再生产这种分离。因此,创造资本关系的过程,只能是劳动者和他的劳动条件的所有权分离的过程,这个过程一方面使社会的生活资料和生产资料转化为资本,另一方面使直接生产者转化为雇佣工人"①。再来看一下租地农场主。马克思说:"在英国,最初形式的租地农场主是本身也是农奴的管事……在十四世纪下半叶,管事被由地主供给种籽、牲畜和农具的租地农民所代替。"②虽然这种租地农民的地位同农民没有多大的区别,但大封建主剥夺了农民的土地,使他们有了剥削更多雇佣劳动的机会。不久,他们就成为分成农、半租地农场主。他们开始筹集农业资本的一部分,而其余部分则由地主提供。双方按合同规定的比例分配总产品。但"这种形式在英国很快就消失了,代之而起的是真正的租地农场主,他靠使用雇佣工人来增殖自己的资本,并把剩余产品的一部分以货币或实物的形式作为地租交给地主"③,这样,租地农场主就变成了农业资本家。工业资本家产生的首要条件是农业反作用于工业,形成了工业市场。但工业资本家不是像租地农场主那样逐渐地产生的。马克思并不否认,有些小行会师傅和更多的独立小手工业者,甚至雇佣工人,变成了小资本家,并且由于逐渐扩大对雇佣劳动的剥削和相应的积累,成为不折不扣的资本家。"但是这种方法的蜗牛爬行的进度,无论如何也不能适应十五世纪末各种大发现所造成的新世界市场的贸易需求。"④ 工业资本的原始积累更是殖民、扩张等暴力掠夺的结果,"殖民制度、国债、重税、保护关税制度、商业战争等等——所有这些真正工场手工业时期的嫩芽,在大工业的幼年时期都大大地成长起来了"⑤。马克思一针见血地指出,资本的原始积累"只是意味着直接生产者的被剥夺,即以自己劳动为基础的私有制的解体"⑥,因此,一句话,资本家和土地所有者在资本主义生产方式下的生产资料所有权和土地所有权是靠暴力从广大农民和城市小手工业者手中无情掠夺过来的。

综上所述,资本从原始积累开始到资本的生产,进而到资本的再生产实质上都是基于产权问题展开的。

(二)剩余价值的流通是一、三卷(各自产权问题分析)之间的一个必不可少的衔接和过渡

如果孤立地看,"资本的积累过程"是《资本论》第一卷的结束,它是资本

---

① 马克思:《资本论》(第1卷),人民出版社1975年版,第782页。
② 马克思:《资本论》(第1卷),人民出版社1975年版,第811页。
③ 马克思:《资本论》(第1卷),人民出版社1975年版,第811页。
④ 马克思:《资本论》(第1卷),人民出版社1975年版,第818页。
⑤ 马克思:《资本论》(第1卷),人民出版社1975年版,第826页。
⑥ 马克思:《资本论》(第1卷),人民出版社1975年版,第829页。

运动的理论分析终点,如马克思所说的"第一卷已经一个完整的部分"①。但终点往往又是新的起点,《资本论》第二卷就是顺延第一卷对资本生产过程的分析转到对资本流通过程的分析上来。

第二卷"资本的流通过程"也可以说是剩余价值的流通或实现。这一卷中的确没有明显的有关产权问题的阐述。不过,第二卷可以说是为研究剩余价值而服务的。例如,它研究了资本周转对资本价值增殖的影响。资本周转速度的快慢,对剩余价值的生产和实现具有直接的影响。在同样多的预付资本的情况下,资本周转速度越快,带来的剩余价值越多。这也是剩余价值再生产的问题。资本的本质是不断带来剩余价值,也就意味着它在不断运动中,所以资本可以是生产资本、商品资本和货币资本。由于三种资本的循环运动是相互依存、依次运行和相互制约的,它们的交互就构成社会总资本的运动。马克思说:"资本的循环也包括剩余价值的流通","各个单个资本的循环是互相交错的,是互为前提、互为条件的,而且正是在这种交错中形成社会总资本的运动"②。在社会总资本的运动中,流通作为生产与再生产之间的连接过程,起着重要的桥梁作用。这些就是资本流通的规律。这样,马克思通过对第一卷中关于"剩余价值的生产"和对第二卷关于"资本周转"以及"社会总资本的再生产和流通"的考察,完成了资本积累和剩余价值生产与再生产的论述。这为第三卷剩余价值分配规律的考察提供了必要前提。此外,马克思在第二卷中多次论述了信用制度的发展。他说:"资本家随着货币的积累,把货币作为有息的活期存款存入银行,这就是属于信用范围的问题。"③ 这里传达这样的信息,即信用有可能是随着资本的不断积累,财富增多而不断发展起来的④。他还发现资本周转本身会使相当部分货币资本处于游离资本状态,他认为:"由单纯的周转运动这一机构游离出来的货币资本(还有由固定资本依次流回而形成的货币资本,以及在每个劳动过程中可变资本所需的货币资本),只要信用制度发展起来,必然会起重要的作用,同时也必然是信用制度的基础之一。"⑤ 虽然没有明确说明信用制度是如何形成的,但马克思指出:"资本主义生产按它现在的规模,没有信用制度(甚至只是从这

---

① 《马克思恩格斯〈资本论〉书信集》,人民出版社 1976 年版,第 284 页。
② 马克思:《资本论》(第 2 卷),人民出版社 1975 年版,第 391~392 页。
③ 马克思:《资本论》(第 2 卷),人民出版社 1975 年版,第 137 页。
④ 马克思《资本论》第三卷第五篇关于"信用和虚拟资本"的分析中继续说,"随着商业和只是着眼于流通而进行生产的资本主义生产方式的发展,信用制度的这个自然基础也在扩大、普遍化和发展","信用制度的另一方面与货币经营业的发展联系在一起,而在资本主义生产中,货币经营业的发展又自然会和商品经营业的发展齐头并进"。参见马克思:《资本论》(第 3 卷),人民出版社 1975 年版,第 450~453 页。
⑤ 马克思:《资本论》(第 2 卷),人民出版社 1975 年版,第 313 页。

个观点来看），只有金属流通，能否存在。显然，不能存在。"① 这也就是说，信用制度在资本主义生产方式下已经成熟。事实上，信用制度的产生为资本所有权与支配、使用权的分离提供了条件，资本所有权和使用权的分离又是资本生息的前提，而资本生息等有关产权分离导致利益分配的论述是《资本论》第三卷的内容。马克思在第三卷中大量分析了货币借贷、土地和工厂租赁及企业主委托专门的经理人经营企业的关系，论述了不同情况的产权分离。所以，马克思多次论述了信用制度，不仅是因为资本流通过程本身中出现的问题，还有可能是为第三卷中的产权分析打下伏笔。从《资本论》整个逻辑体系来看，第二卷在第三卷中具有承上启下的作用，使对资本的生产过程分析过渡到剩余价值分配和资本主义总的生产过程中来，那么，就整个体系中的产权分析而言，它也是第一、第三卷之间各自产权问题分析的一个必不可少的衔接和过渡。

（三）剩余价值的分配规律本身就是一个产权分离及其收益的问题

第二卷"资本的流通过程"为第三卷的论述做了准备工作，而第三卷前三篇"剩余价值转化为利润和剩余价值率转化为利润率"、"利润转化为平均利润"和"利润率趋向下降的规律"又是为论述剩余价值分配过程中的各种转化形式——利息、企业主收入和地租等做了铺垫。马克思在第一卷第七篇中曾说："生产剩余价值即直接从工人身上榨取无酬劳动并把它固定在商品上的资本家，是剩余价值的第一个占有者，但绝不是剩余价值的最后所有者。以后他还必须同在整个社会生产中执行其他职能的资本家，同土地所有者等等，共同瓜分剩余价值。因此，剩余价值分为各个不同的部分。它的各部分归不同类的人所有，并具有不同的、互相独立的形式，如利润、利息、商业利润、地租等等。剩余价值的这些转化形式要在第三卷里才来研究。"② 而第三卷就是要"揭示和说明资本运动过程作为整体考察时所产生的各种具体形式"③。所以，恩格斯曾说，《资本论》"第三卷所阐述的就是剩余价值的分配规律"④。

剩余价值在资产阶级中间分配，本身就是一个产权分离及其收益的问题。马克思指出："如果产品的一部分不转化为资本，它的另一部分就不会采取工资、利润和地租的形式。……资本（包括作为资本的对立物的土地所有权）本身已经以这样一种分配为前提：劳动者被剥夺了劳动条件，这些条件集中在少数个人手中，另外一些个人独占土地所有权，总之，就是在论原始积累的那一部分

---

① 马克思：《资本论》（第 2 卷），人民出版社 1975 年版，第 384 页。
② 马克思：《资本论》（第 1 卷），人民出版社 1975 年版，第 619 页。
③ 马克思：《资本论》（第 3 卷），人民出版社 1975 年版，第 29 页。
④ 《马克思恩格斯全集》（第 22 卷），人民出版社 1965 年版，第 511 页。

（第 1 卷第 24 章）已经说明过的全部关系。但是，这种分配完全不同于人们把分配关系和生产关系对立起来，赋予它以一种历史性质时所理解的分配关系。人们用这种分配关系来表示对产品中归个人消费的部分的各种索取权。"①

马克思在分析完剩余价值转化成利润，利润再转化成平均利润后②，分析了利润在生息资本家和产业资本家之间的分配，即利润分为利息和企业主收入。生息资本是资本主义信用制度高度发展的产物。资本之所以能生息，关键一点，货币作为资本同劳动力一样也变成了商品，而信用制度保证了资本的使用权可以让渡给他人③。这里马克思深入分析了产权的分离问题。他指出："资本主义生产本身已经使那种完全同资本所有权分离的指挥劳动比比皆是。因此，这种指挥劳动就无须资本家亲自担任了。"④ 这也就是说，随着社会化大生产的发展，支配和使用权同所有权分离开来，进而组成了经营或管理权。马克思进一步说："与信用事业一起发展的股份企业，一般地说也有一种趋势，就是使这种管理劳动作为一种职能越来越同自有资本或借入资本的所有权相分离。"⑤ 进而，马克思认为："利息不外是一部分利润的特别名称，特别项目；执行职能的资本不能把这部分利润装进自己的腰包，而必须把它支付给资本的所有者。很清楚，100 镑的所有权，使其所有者有权把利息，把他的资本生产的利润的一定部分，据为己有⑥，……货币资本家在把借贷资本的支配权移交给产业资本家的时间内，就把货币作为资本的这种使用价值——生产平均利润的能力——让渡给产业资本家。"⑦ 这里马克思假定产业资本家（职能资本家）为资本的非所有者，那么，代表资本所有权的是贷出者即货币资本家，这就是说，同一资本，在生息资本家手里作为所有权的资本，它转到产业资本家手里便作为使用权的资本。资本只有在使用时，去雇佣劳动工人才能带来剩余价值，而作为拥有资本所有权的生息资本家则有权分割这些剩余价值，这些分割而来的一部分剩余价值就是利息，产业资本家则"不是从他对资本的所有权中，而是从资本同它只是作为无所作为的所有权而存在的规定性相对立的职能中，得出他对企业主收入的要求权，从而得

---

① 马克思：《资本论》（第 3 卷），人民出版社 1975 年版，第 994 页。
② 其中，商业资本因执行实现商品价值与剩余价值的职能而参与利润平均化，所以出现了与产业利润相并列的商业利润。这是剩余价值在资本家之间的第一次分配。
③ 在这里，马克思还驳斥了利息是资本的价格的说法。他说："利息是资本的价格这种说法，从一开始就是完全不合理的。"（《资本论》（第 3 卷），人民出版社 1975 年版，第 397 页）。原因很简单，利息表现为由于货币的支配和使用权让渡出去的收益。而价格是商品完整的所有权让渡出去的收益。
④ 马克思：《资本论》（第 3 卷），人民出版社 1975 年版，第 435 页。
⑤ 马克思：《资本论》（第 3 卷），人民出版社 1975 年版，第 436 页。
⑥ 马克思：《资本论》（第 3 卷），人民出版社 1975 年版，第 378 页。
⑦ 马克思：《资本论》（第 3 卷），人民出版社 1975 年版，第 393 页。

出企业主收入本身"①，所以企业主收入是付完利息之后所保留的利润。这是因为资本所有权和生产资料所有权在资本主义生产方式下（或只能在这种生产方式下）具有绝对地或优先获得收益的功能，利息把单纯的资本所有权表现为占有别人劳动产品的手段。进一步分析，即使是集货币资本家和产业资本家于一身的资本家，在获得利润时也会表现为利息和企业主收入这两方面。只不过是二者都归他一人所有。马克思说："资本的使用者，即使是用自有的资本从事经营，也具有双重身份，即资本的单纯所有者和资本的使用者；他的资本本身，就其提供的利润范畴来说，也分成资本所有权，即处在生产过程以外的、本身提供利息的资本，和处在生产过程以内的、由于在过程中活动而提供企业主收入的资本。"②所以，剩余价值转化为平均利润，平均利润又分割为利息和企业主收入是产权作用的结果。

地租是剩余价值最终分配的另一种表现形式。从表面上看，地租是作为租地农场主的资本家，为了得到在这个特殊生产场所使用自己资本的许可，在一定期限内按契约规定支付给土地所有者即他所使用土地的所有者一个货币额，就像货币资本的借入者要支付一定利息一样。从产权的角度来看，地租实际是以土地所有权的存在为前提的。但是"单纯法律上的土地所有权，不会为土地所有者创造任何地租"③，这种所有权使土地所有者有权不让别人去经营他的土地，直到经济关系能使土地的利用给他提供一个余额。因此，地租是为取得土地的使用权支付给土地所有者的租金的表现形式，也就是"土地所有权在经济上借以实现即增殖价值的形式"④。在土地所有者那里，"土地所有权本身已经产生地租"⑤。而且，土租和利息不同，不只是因为它是超额利润（如果不是超额利润，就成了平均利润，这样地租就消失了），还因为它是土地所有权特有的直接经济实现，它的本质是由土地所有权决定的。因此，资本主义地租是土地所有者凭借所拥有的土地所有权，获取土地通过投入劳动所创造的剩余产品的一部分非劳动收入。

地租和单纯的剩余价值还有所不同。马克思区分了级差地租和绝对地租。级差地租是指自然力的作用下节约出的剩余（即超额利润），它不是雇佣工人的必要劳动和剩余劳动的成果，但它也要以土地所有权的存在为前提，否则这些剩余就流入了农业资本家的口袋。马克思列举含有瀑布的土地说："瀑布的土地所有

---

① 马克思：《资本论》（第3卷），人民出版社1975年版，第426页。
② 马克思：《资本论》（第3卷），人民出版社1975年版，第423页。
③ 马克思：《资本论》（第3卷），人民出版社1975年版，第853页。
④ 马克思：《资本论》（第3卷），人民出版社1975年版，第698页。
⑤ 马克思：《资本论》（第3卷），人民出版社1975年版，第851页。

权本身，对于剩余价值（利润）部分的创造，从而对于借助瀑布生产的商品的价格的创造，没有任何关系。即使没有土地所有权，例如，即使瀑布所在的土地是作为无主的土地由工厂主来利用，这种超额利润也会存在。所以，土地所有权并不创造那个转化为超额利润的价值部分，而只是使土地所有者，即瀑布的所有者，有可能把这个超额利润从工厂主的口袋里拿过来装进自己的口袋。它不是使这个超额利润创造出来的原因，而是使它转化为地租形式的原因，也就是使这一部分利润或这一部分商品价格被土地或瀑布的所有者占有的原因。"① 绝对地租则是借以土地所有权所要求分得的部分剩余价值，"在任何情况下，……绝对地租，都只是农业剩余价值的一部分，都只是这个剩余价值到地租的转化，都只是土地所有者对这个剩余价值的攫取"②。所以，马克思曾指出："在研究地租时，有三个妨碍我们进行分析的主要错误应当避免。"③ 其中之一就是"一切地租都是剩余价值，是剩余劳动的产物"④。但"不论地租有什么独特的形式，它的一切类型有一个共同点：地租的占有是土地所有权借以实现的经济形式，而地租又是以土地所有权，以某些个人对某些地块的所有权为前提"⑤。这个前提也就决定了地租的特征，即"土地所有者只是坐享剩余产品和剩余价值中一个不断增大的份额。……随着农产品发展为价值（商品）的条件和它们的价值借以实现的条件的发展，土地所有权的权力也就发展起来，使它可以从这个不费它一点气力就创造出来的价值中占有一个日益增大的部分，剩余价值中一个日益增大的部分也就转化为地租"⑥。

资本主义地租是描述资本主义生产关系的一幅完整的图画。马克思说："在这里我们看到了构成现代社会骨架的三个并存的而又互相对立的阶级——雇佣工人、产业资本家、土地所有者。"⑦ 农业雇佣工人所创造的剩余价值要得以实现，资本不仅仅在农业再生产中流通，还要在工业及其他产业中流通，农产品要和其他商品交换。农业资本有机构成比社会资本平均构成低，致使农产品的价值高于生产价格，从而形成超额利润。从深层次看，整个社会的剩余价值是产业雇佣工人（包括农业和工业等）创造的。这些剩余价值一部分被产业资本家（包括农业和工业等）以平均利润的形式占为己有（货币资本家所得的利息已包含在其中），超过平均利润的部分，只是表现为被农业资本家作为租用土地的报酬，以

---

① 马克思：《资本论》（第3卷），人民出版社1975年版，第729页。
② 马克思：《资本论》（第3卷），人民出版社1975年版，第861页。
③ 马克思：《资本论》（第3卷），人民出版社1975年版，第715页。
④ 马克思：《资本论》（第3卷），人民出版社1975年版，第715页。
⑤ 马克思：《资本论》（第3卷），人民出版社1975年版，第714页。
⑥ 马克思：《资本论》（第3卷），人民出版社1975年版，第720页。
⑦ 马克思：《资本论》（第3卷），人民出版社1975年版，第698页。

地租的形式交给土地所有者。地租不仅包括农业雇佣工人创造的剩余价值，还包括其他产业雇佣工人创造的剩余价值，只不过，后者的量在地租所占比重较小，而在其他产业内基本平均化了。可见，地租既体现了土地所有者和各种产业资本家共同剥削雇佣工人的关系，还体现土地所有者与各种产业资本家在分割剩余价值上的关系，即资本主义生产方式下的产权关系。这些产权关系实际上正是产权收入分配功能的表现。

在研究了地租之后，剩余价值理论的分析过程就基本结束了，所以，《资本论》第三卷最后一篇"各种收入及其源泉"的任务和内容就是对《资本论》一至三卷的内容作全面的概括和总结。马克思总结道：

"土地所有权、资本和雇佣劳动，就从下述意义上的收入源泉，即资本以利润的形式使资本家吸取他从劳动中榨取的剩余价值的一部分，土地的垄断以地租的形式使土地所有者吸取剩余价值的另一部分，劳动以工资的形式使工人取得最后一个可供支配的价值部分这种意义上的源泉，也就是从这种作为媒介使价值的一部分转化为利润形式，第二部分转化为地租形式，第三部分转化为工资形式的源泉，转化成了真正的源泉，这个源泉本身产生出这几个价值部分和这几个价值部分借以存在或可以转化成的那些有关产品部分，因而是产生出产品价值本身的最后源泉。"①

他接着说：

"在论述资本主义生产方式甚至商品生产的最简单的范畴时，在论述商品和货币时，我们已经指出了一种神秘性质，它把在生产中以财富的各种物质要素作为承担者的社会关系，变成这些物本身的属性（商品），并且更直截了当地把生产关系本身变成物（货币）。一切已经有商品生产和货币流通的社会形态，都有这种颠倒。但是，在资本主义生产方式下和在资本这个资本主义生产方式的占统治的范畴、起决定作用的生产关系下，这种着了魔的颠倒的世界就会更厉害得多地发展起来。如果我们**首先**在直接生产过程中考察资本，把它看作是剩余劳动的吸取者，那末，这种关系还是非常简单的，实际的联系会强使这个过程的承担者即资本家本身接受，并且还被他们意识到。为了工作日的界限而进行的激烈斗争，有力地证明了这一点……随着相对剩余价值在真正的独特的资本主义生产方式下的发展……生产力以及劳动在直接劳动过程中的社会联系，都好像由劳动转移到资本身上了。因此，资本已经变成了一种非常神秘的东西，因为劳动的一切社会生产力，都好像不为劳动本身所有，而为资本所有，都好像是从资本自身生长出来的力量。**然后**流通过程插进来了。资本甚至农业资本的一切部分，都会随

---

① 马克思：《资本论》（第3卷），人民出版社1975年版，第934页。

着这种独特的资本主义生产方式的发展,被卷入流通过程的物质变换和形式变换中去……在这个领域中,通过这些偶然性来为自己开辟道路并调节着这些偶然性的内部规律,只有在对这些偶然性进行大量概括的基础上才能看到……**此外,现实的生产过程,作为直接生产过程和流通过程的统一,又产生出种种新的形式,在这些形式中,内部联系的线索越来越消失,各种生产关系越来越互相独立,各种价值组成部分越来越硬化为互相独立的形式**"①(引文中着重号为笔者所加,黑体部分为笔者设置)。

能够把生产中以财富的各种物质要素作为承担者的社会关系的神秘性质是什么呢?是产权。资本家与工人之间为了工作日的界限而进行的斗争,就是要极力运用所占有的劳动力使用权。资本主义生产方式下的产权关系使资本变成了神秘的东西,使社会生产力看似为资本所有,在资本的生产和流通统一的过程中,使各种价值组成部分越来越硬化为互相独立的形式,而产权在发挥作用之后,又隐藏了起来,表现出来的只是庸俗经济学所说的工资、利润和地租。马克思的这一大段论述清晰地告诉我们,通过对资本的生产、流通、生产与流通的统一这三方面依次地考察,在资本主义生产方式下,起决定作用的神秘性质——产权,已不再神秘。而正是这三方面构成了《资本论》的三卷结构。因此,《资本论》所研究的不仅是剩余价值和资本,更根本的内容是产权。《资本论》有两条主线,一明一暗,明是资本和剩余价值理论,暗是其中蕴涵的产权理论。

至此,我们可以看到一条清晰的产权主线,把商品的所有权平等交换到资本主义占有,再到资本主义收入分配的规律贯穿起来。从商品平等交换(普通商品是所有权的让渡,劳动力买卖是劳动力使用权的让渡),到生产中的不平等(工人劳动创造劳动力价值外,还创造剩余价值;资本家凭借劳动力使用权不劳动,榨取剩余价值),同时,这一过程中货币资本家与职能资本家分离(当资本积累达到一定程度,信用制度使资本成为商品,资本所有权与支配、使用权分离),再到价值的实现(商品等价交换,转化成货币),最后到一部分消费(首先是分配,劳动力价值转化为工资,即工人凭劳动力所有权获得工资;剩余价值转化为利息、企业主收入和地租,即货币资本家凭借资本所有权获得利息,土地所有者凭借土地所有权获得地租,产业资本家取得最后剩余的利润),一部分积累,投入再生产。依次循环。所以,如果说《资本论》是以剩余价值理论贯穿其始终,那么马克思产权理论也一直伴随在其中。剩余价值的产生、实现和分配与产权息息相关,实质上是关于产权的占有、支配和使用以及伴随而来的收益的问题。

---

① 马克思:《资本论》(第3卷),人民出版社1975年版,第934~936页。

第四节 资本主义三大阶级划分的依据：基于《资本论》产权逻辑体系的解释

《资本论》第三卷第五十二章，也就是最后一章，专门论述了阶级。但是手稿中断，没有写完。虽然没有写完，但阶级是马克思主义经济学很重要的一个概念。总体而言，马克思在不到两页的手稿中传达了几点信息：第一，"雇佣工人、资本家和土地所有者，形成建立在资本主义生产方式基础上的现代社会的三大阶级"；第二，资本主义生产方式的经常趋势和发展规律是生产资料越来越同劳动分离，分散的生产资料被集中起来，"劳动转化为雇佣劳动，生产资料转化为资本"，为适应这种趋势，土地所有权同资本和劳动相分离，"一切土地所有权都转化为适应于资本主义生产方式的土地所有权形式"；第三，要解决什么事情形成了阶级，会由另外一个问题的解答而得到解答，即什么事情使雇佣工人、资本家、土地所有者成为社会三大阶级？马克思指出，不是工资、利润和地租，也不是社会分工。但具体是什么，马克思没有说完，手稿就此中断了。

马克思在此章的第一句话是："单纯劳动力的所有者、资本的所有者和土地的所有者，他们各自的收入源泉是工资、利润和地租。也就是说，雇佣工人、资本家和土地所有者，形成建立在资本主义生产方式基础上的现代社会的三大阶级。"[①] 乍一看来，三大阶级划分的依据"好像就是收入和收入源泉的同一性"，凡是靠工资生活的属于一个阶级，靠利润生活的属于另一个阶级，靠地租生活的再属于另外一个阶级，也就是说，不同收入来源的人们属于不同的阶级。但是，"从这个观点来看，例如，医生和官吏也形成两个阶级了，因为他们属于两个不同的社会集团，其中每个集团的成员的收入都来自同一源泉"[②]。所以阶级不能以收入源泉来划分。马克思认为，形成三大阶级的也不是分工，如果是这样，"对于社会分工在工人、资本家和土地所有者中间造成的利益和地位的无止境的划分。例如，土地所有者分成葡萄园所有者、农场所有者、森林所有者、矿山所有者、渔场所有者，也同样可以这样说了"[③]。那么，这个划分依据是什么呢？

确定资本主义三大阶级划分的依据，要从它们形成的历史过程中寻找答案。通过前文对《资本论》理论体系的重新解读，我们知道，《资本论》从头到尾都

---

① 马克思：《资本论》（第3卷），人民出版社1975年版，第1000页。
② 马克思：《资本论》（第3卷），人民出版社1975年版，第1000页。
③ 马克思：《资本论》（第3卷），人民出版社1975年版，第1001页。

没有离开产权问题,而关于三个阶级形成的论述更是和产权有关。资本主义前夜,大封建主强权剥夺了农民的土地所有权,剥夺者变成了资本主义土地所有者,掌握了土地所有权,被剥夺者变成了流浪者,除了劳动力之外,一无所有,成为资本主义产业后备军,成为潜在的或实际的资本主义雇佣工人;租用农场主通过资本积累变成了农业资本家,而工业资本家最初也是通过强取豪夺以及殖民等手段获得生产资料所有权后,再经过资本积累形成的。从而,无论是农业资本家,还是工业资本家都掌握资本的所有权。先忽略土地所有者,我们看到,雇佣工人和资本家是生产资料同劳动分离,分散的生产资料大量集中的产物。雇佣工人和产业后备军没有任何生产资料,不可能拥有生产资料的所有权,而资本家则相反,拥有生产资料所有权,也就拥有了资本的所有权。这样看来,从是否拥有生产资料所有权的角度,总体上把雇佣工人和资本家划分成两个阶级是行得通的。不过,这里还有一个问题。"劳动资料也包括土地"[1],那么,从某种意义上讲,土地所有者也拥有生产资料所有权。如果单凭是否拥有生产资料所有权来划分阶级,土地所有者就要归为资本家阶级里了。那么,资本主义社会应该有两大阶级——无产阶级和有产阶级,而为什么马克思划分为三大阶级呢?马克思虽然认为,劳动资料也包括土地,但在他看来,土地和其他生产劳动资料或是它们的代表(资本)是有区别的。他曾说:"资本在历史上起初到处是以货币形式,作为货币财产,作为商人资本和高利贷资本,与地产相对立。"[2] 尽管资本与土地都作为财产,马克思把二者对立起来可能源于大陆法系中财产的动产与不动产之分,这也源于他早年攻读法律,谙熟德国民法的缘故。他原定六册的写作计划中前三册就是"资本"、"地产"和"雇佣劳动"。在《〈政治经济学批判〉序言》中,马克思还写道:"我考察资产阶级经济制度是按照以下的次序:资本、土地所有制、雇佣劳动;国家、对外贸易、世界市场。在前三项下,我研究现代资产阶级社会分成的三大阶级的生活条件……"[3] 因此,在马克思看来,资本与土地是独立的两个事物。随着资本主义生产方式的发展,土地所有权同资本所有权更加分离开来而独立。资本所有权是掌握资本家手中,土地所有权掌握在土地所有者手中,而资本和土地是两类财产,马克思还是通过是否拥有所有权,只不过这里是对不同类财产所拥有的所有权,把资本家阶级和土地所有者(大地主阶级)

---

[1] 马克思:《哥达纲领批判》,见《马克思恩格斯选集》(第3卷),人民出版社1994年版,第301页。原文是:"在现代社会中,劳动资料为土地所有者和资本家所垄断(地产的垄断甚至是资本垄断的基础)。无论是前一个或者后一个垄断者阶级,国际章程在有关条文中都没有提到。它谈到的是'劳动资料即生活源泉的垄断'。'生活源泉'这一补充语充分表明,劳动资料也包括土地。"

[2] 马克思:《资本论》(第1卷),人民出版社1975年版,第167页。

[3] 马克思:《〈政治经济学批判〉序言》,载《马克思恩格斯选集》(第2卷),人民出版社1994年版,第31页。

划分开来①。这样，在资本主义社会里，不拥有任何生产资料所有权的雇佣工人构成了一个阶级，拥有资本所有权的资本家构成了另一个阶级，拥有土地所有权的土地所有者构成了与前两类不同的另一个阶级。因此，我们认为，把资本主义三大阶级划分的东西是产权，更确切地说，是资本和土地的所有权。事实上，这一点也是符合《资本论》整体的产权逻辑体系的。反过来，从产权的角度来理解资本主义三大阶级的划分是对马克思产权理论的支撑。

第五节 结论和进一步的研究

《资本论》蕴涵着丰富的产权理论。与其说《资本论》其研究对象是生产关系及其发展规律，不如说是以产权制度为核心的经济制度及其演变规律，主要是批判资本主义产权制度即资本家私有制。本章是围绕着剩余价值以产权为主线对《资本论》的一个纵向分析。我们认为，剩余价值的产生、实现和分配与产权息息相关，实质上是关于产权的占有、支配和使用以及伴随而来的收益的问题。如果从横向来看，《资本论》理论体系的各个部分也没有离开产权问题。劳动价值论是整个理论体系的基础，其实也是一个预设的价值判断——既然价值（包括剩余价值）是劳动创造的，那么，应该归劳动者所有，这里已经隐含了产权分配的一个依据，同时隐含了资本主义分配的不合理性。剩余价值理论是分析资本家阶级内部的产权分配问题。积累和经济危机理论，即是认为：由于产权分配的不合理以及这种不合理的积累和加剧，必然打破资本主义经济运行的均衡。因为绝大多数消费者即工人阶级因为贫困的积累，使购买力不足或有效需求不足，致使经济危机出现。而只要私有产权制度不消除，危机就不会消除，因此，马克思认为必须消灭私有产权，建立公有产权。而像所谓的工资理论、商品理论或货币理论等要么也是以产权分析为基础，要么是为剩余价值理论服务，这就又归结为产权问题或包含产权问题。因此，《资本论》有两条主线，一明一暗，明是资本和剩余价值理论，暗是其中蕴涵的产权理论。

当然，以上结论只是对《资本论》的产权视角解读所体现出的马克思主义产权理论的一个框架或逻辑线索。许多具体的产权关系和产权制度也在《资本论》中或明或暗地大量论述过，例如：国家与产权，意识形态与产权；技术

---

① 需要注意的是资本家阶级和土地所有者严格来讲不属于同一阶级，但他们都有一个共性，即不劳而获，马克思正是基于这一点在《哥达纲领批判》中批驳了拉萨尔为土地所有者辩护的观点。也正是这一点，人们常常说资本主义主要矛盾是无产阶级和资产阶级的矛盾。

（生产力）决定（制度）论；产权制度的构建或演进；人力资本产权与公司治理结构；企业产权理论与企业制度演变；产权与人权关系；产权制度的效率评价——宏观和微观，长期和短期；所有制、产权与企业制度的关系；非劳动创造的财产价格和产权的理论等，其至还包含了"交易费用"的思想。如果再次对比马克思产权理论和科斯在《社会成本问题》中对产权的分析，我们可以发现，除开二人所分析的具体事例，单纯就事例中所蕴涵产权问题而言，二人的分析是相似的。其实，从某种意义上说，很大程度上都是关于所有权已经界定清晰的情况下，使用权如何配置的问题，或围绕着占有、支配和使用权所引发的问题。在科斯那里，糖果商对机器的所有权是明确的，但他在使用过程中制造噪音，影响了牙医，硫酸氨制造商对自己工厂拥有绝对的所有权，但他在生产过程中，排放气体，影响了草席制造商，等等；在马克思这里，雇佣工人拥有自身劳动力的所有权是无可争议，但资本家在使用劳动力过程中，却把剩余劳动占为己有，资本家拥有资本的所有权，但在资本运营中却使雇佣工人只能积累贫困。这说明，马克思产权理论和西方产权理论对产权的理解基本是一致的，即产权不是人与财产的关系，体现的是围绕财产的人与人之间的关系。沿着这个思路出发，科斯所言"交易成本为正的情况下，合法权利初始界定会对经济制度运行的效率产生影响"与马克思在剩余价值理论中所阐明的"不劳动者凭借财产所有权瓜分剩余劳动所创造的价值"实质相同。可以说，马克思举了一个具体的例证，科斯表达的是宽泛的观点。这对我国目前的产权改革仍然围绕着国有还是民有的问题而争论不休，还停留在所有权界定给谁这个初级阶段上是一个有益的触动。我国的产权改革的确急需产权理论来指导。当然，以上这些都需要另文论述，也是进一步研究的问题和方向。

罗宾斯（Lionel Robbins）曾说："若某些现象常常同时出现，则表明有问题需要加以解答，但不能认为这本身包含着因果关系。"[①] 本章就是尝试求解《资本论》中马克思关于产权论述的前后因果关系。如果说，其他学者通过引证马克思对产权论述的某些片段来挖掘马克思主义产权理论是对《资本论》中马克思产权理论的"抽样检查"，希望本章是为进一步"实证分析"前的一个"模型设定"。

[①] 莱昂内尔·罗宾斯：《经济科学的性质与意义》，商务印书馆2000年版，第63页。

第三章

马克思主义产权理论与现代西方产权理论的比较研究

上一章主要阐述了马克思主义产权理论,本章从理论体系和方法论两个方面比较马克思主义产权理论与现代西方产权理论,同时讨论旧制度经济学的理论体系和方法论。从理论体系方面的比较,不是不同理论组成部分的比较,而主要是能够体现理论体系总体面貌几个方面内容的比较,包括逻辑起点和起点范畴、核心范畴、理论主线、理论体系构件等,因为能够把握不同理论这几个方面的特征,也就能够将不同理论体系的异同体现出来了。经济学方法论是分层次的,可以分为哲学基础或哲学意义上的方法论(即基本方法论)、经济学的思维原理和方法、经济学的技术方法三个层次。

第一节 理论体系的比较

本节对不同产权理论之理论体系的比较,不会涉及不同理论组成部分的具体内容,而只是对能够体现理论体系总体面貌的几个方面,包括逻辑起点、核心范畴、理论主线、主要的理论组成部分等进行比较。

一、逻辑起点和起点范畴的比较

任何经济学理论体系都有其逻辑起点和相应的起点范畴或概念。当然逻辑起点前面还有相应的基本的假设前提。不过，一般不把前提视为逻辑起点，因为基本假设，一般是人格假设和环境假设，有些是明确的，有些是暗含的，也不是只出现和作用于起点，往往是整个理论体系中都体现出来。而且，它是与基本方法论密切联系的，有些甚至就属于基本方法论。也正因为如此，所以才是作用于整个理论体系的。

（一）马克思主义产权理论的逻辑起点

马克思《资本论》的体系也就是资本产权的理论体系的逻辑起点是商品理论，起点范畴是"商品"。既不是资本，也不是产权。当然，作为《资本论》逻辑起点的"商品"是资本主义的商品，不是前资本主义社会存在过的商品。之所以从商品开始构建庞大的资本理论体系，是由马克思的抽象法、从抽象到具体的叙述方法决定的，必须从最抽象、最一般、也最简单的对象开始。马克思经过认真、全面、深入的研究后，即经过从具体到抽象的研究过程以后，认为"商品"是整个资本生产关系最一般的形式，"商品"范畴是资本主义经济关系的最一般的范畴。可见马克思不是随意安排的。《资本论》开头就说："资本主义生产方式占统治地位的社会财富，表现为'庞大的商品堆积'，单个的商品表现为这种财富的元素形式。因此，我们的研究就从商品分析开始。"[①] 后来，列宁在《谈谈辩证法问题》一文中也说道："马克思在《资本论》中首先分析资产阶级社会（商品社会）里最简单、最普遍、最基本、最平凡、碰到过亿万次的关系——商品交换。这一分析从这个最简单的现象中（从资产阶级社会的这个'细胞'中）揭示出现代社会的一切矛盾（或一切矛盾的胚芽）。往后的叙述向我们表明这些矛盾和这个社会的发展。在这个社会的各个部分的总和中，从这个社会的开始到终结的发展既是生产，又是运动。"[②] 列宁的表述把为什么将商品分析作为逻辑起点以及商品分析与后面的整个资本主义社会的矛盾分析的关系说得更加清楚。商品分析作为逻辑起点，既符合马克思的方法论，也符合马克思研究主体和对象的客观要求。可以说，这一逻辑起点的确定，很大程度已经决定了马克思理论体系构建的成功。如果从国家、民族、利润、地租、价格等具体生动的现实出发，也许就不会有成功的资本理论体系了。

这种理论的逻辑起点也是与资本主义生产关系的历史演变顺序一致的。商品既是马克思的资本理论体系的逻辑起点，也是资本关系发展、演变的现实起点。资本并非一开始就表现为资本，最初表现为商品，商品转化货币，货币增殖才转

[①] 马克思：《资本论》（第一卷），人民出版社1972年版，第47页。
[②] 《列宁选集》（第二卷），人民出版社1972年版，第712~713页。

化为资本。资本主义的占有规律也是由商品所有权规律演变而来的。所以,商品关系是资本关系历史演变的现实起点。

对商品的分析,作为逻辑起点,并非简单的起步,而是包含着丰富而十分重要的内容。分别分析了商品的二重性,以及决定商品二重性的劳动二重性,特别是揭示了蕴含在商品中的矛盾:使用价值与价值的矛盾、具体劳动与抽象劳动的矛盾、私人劳动与社会劳动的矛盾。实际上,科学的劳动价值论在商品分析中已经建立起来了,而且资本的一切矛盾,已经在商品分析得到了初步揭示。前面的几对矛盾就是资本内在矛盾的胚芽,也是以后那些矛盾的最抽象和最一般的形式,其根源也已显示出来——资本主义私有制。

(二) 老制度经济学的逻辑起点

众所周知,凡勃伦开创了制度分析,奠定了制度学派的基础。那么,笼统地说,凡勃伦理论的逻辑起点和起点范畴是老制度经济学理论体系的逻辑起点和起点范畴。然而,具体说来,老制度经济学理论体系框架比较松散,虽然老制度经济学家都受到凡勃伦不同程度的影响,但他们各自实际的逻辑起点和起点范畴又有所不同。这里,对凡勃伦、康芒斯和加尔布雷斯三个主要代表人物的实际逻辑起点和起点范畴加以分析。

我们认为,凡勃伦理论的逻辑起点是对"有闲阶级"产生和存在原因的分析,也就是对"本能"和"习惯"的分析,起点范畴是"本能"和"习惯"。"本能"是从心理学派借鉴过来的,而这里的"习惯",是指"非深思熟虑和自我驱使地采用从前行为模式的倾向,是在重复的情境中自保持的和没有思考的行为"[1],而非由理性选择导致的那种惯行。按照凡勃伦的理解,既然"习惯"出自人的本能,研究"习惯"就不得不涉及"本能"。凡勃伦在其第一部著作《有闲阶级论》的原序中开篇便说:

"本书的主旨在于讨论作为现代生活中一个经济因素的有闲阶级的地位和价值,但要把讨论严格地限制在这样标明的范围以内是办不到的。因此关于制度的起源和演进以及一般不列入经济学范围以内的一些社会生活特征,这里也不得不给以相当的注意。"[2]

在《有闲阶级论》的第一章绪言中,在考察了野蛮时代、未开化时代和未开化的较高阶段的风俗、习惯和文化特征后,凡勃伦认为,有闲阶级的产生最初

---

[1] Hodgson, Geoffrey, "The Approach of Institutional Economics", *Journal of Economic Literature*, 36 (1), March 1998.

[2] 凡勃伦著,蔡受百译:《有闲阶级论》,商务印书馆1981年版,第3页。

表现在业务分化上和生活习惯上，业务分化和生活习惯产生了身份的差别和歧视性乃至阶级区分。因此，凡勃伦把阶级的产生说成是人们生活习惯转变的结果。这里可以看出，凡勃伦是通过对"有闲阶级"这种现象的分析，主要阐述了由"本能"和"习惯"所导致的制度的演变和发展，进而扩展到对现代资本主义的经济制度的分析。凡勃伦的后续著作则主要是对资本主义相关制度的分析。因此，凡勃伦是将"本能"和"习惯"作为其研究制度的起点的。

这里，制度分析不是凡勃伦的逻辑起点，虽然凡勃伦论述了制度的由来、发展和演变，但是制度分析并不只出现和作用于其理论起点上，在他的整个理论体系中都体现出来，贯穿了其始终。这一点，我们在老制度经济学派的核心范畴中进一步探讨。

康芒斯在凡勃伦的基础上，对制度的解释进行了新的尝试，其理论的实际逻辑起点是对集体行动的分析，起点范畴也是一对，即"集体行动"和"交易"。他对制度的定义，"集体行动控制个体行动"[①]，就很好地体现了这一点。康芒斯的制度研究是从放弃正统经济学"理性经济人"假设，也就是考察"集体行动"开始，因为他认为，正统经济学所假定理性的个人在竞争的市场中几乎扮演着很机械的角色，他说：

"交易是一个经济学、物理学、伦理学、法律学和政治学的相聚之处。一次交易就是一个观察单位，它明确地包含了所有这些方面，……在资源有限和充满机械力量的世界上，这样的个人行为同国家的集体行为、政治、工商业、劳动、家庭和其他集体行动也许是适合的，也许是不适合的。"[②]

因此，他在《制度经济学》中开门见山地说：

"我的观点根据于我参加集体活动的经验，从这些活动中，我在这里得出一种关于集体行动在控制个人方面所起的作用的理论。……在这第一章特别是关于意外事故和失业问题的一节中，我要叙述参加集体行动的经过。"[③]

而考察"集体行动"，就不得不提到"交易"这个概念。那么，"集体行动"和"交易"有什么联系呢？康芒斯把交易分为"买卖的"、"管理的"和"限额的"三种，而"这三种类型的交易在一起成为经济研究上的一个较大单位，……这叫做'运行中的机构'"[④]，有一些"业务规则"使得这种机构运转不停，也就是经济的运转，而经济运转过程中就会出现集体行动与个人行动的冲

---

① 康芒斯著，于树生译：《制度经济学》（上册），商务印书馆1962年版，第87页。
② Commons, John R., *Legal Foundations of Capitalism*, New York：Macmillan, 1924, p.5. 转引自：晏智杰：《西方经济学说史教程》，北京大学出版社2002年版，第435页。
③ 康芒斯著，于树生译：《制度经济学》（上册），商务印书馆1962年版，第7页。
④ 康芒斯著，于树生译：《制度经济学》（上册），商务印书馆1962年版，第86页。

突。他同时认为，20世纪是集体行动的时代，社会生活的普遍现象是集体行动而非个人行动；"集体行动的种类和范围甚广，从无组织的习俗到那许多有组织的所谓'运行中的机构'，例如家庭、公司、控股公司、同业协会、工会、联邦准备银行、'联合事业的集团'以及国家。大家所共有的原则或多或少是个体行动受集体行动的控制"①。这样，通过对"集体行动"和"交易"的解释分析，他自然而然地转向秩序、法律等制度范畴。

加尔布雷思则根据凡勃伦的"技术决定论"，提出了自己独特的"技术发展的必然性"理论。他的理论体系逻辑起点是对科学技术发展的分析，起点范畴是技术。20世纪60年代下半期后，资本主义国家一方面科技技术日新月异，经济迅速发展，另一方面，生产过剩的经济危机更加频繁，社会矛盾愈来愈尖锐，改革制度的呼声日益高涨，但凯恩斯主义仍然忽视经济、社会、政治和文化等方面的制度因素，不考虑技术进步整个制度演化的作用。很明显，这已经不能适应由于科学技术革命产生的新情况，因此加尔布雷斯说，凯恩斯经济学在解释资产阶级社会的根本问题和矛盾方面已经破产，解决不了当代资本主义各种复杂的经济问题，必须在新方法的基础上创立"真正的政治经济学"。但此时，加尔布雷斯更多地谈及当代资本主义的新现象，把技术革命作为研究的起点，提出了新的改良主义的理论。他认为："在研究复杂的经济变化时，由其内在自发力量推动的技术发展，是全部分析的出发点。"② 也就是说，新技术的利用不止是一个重要的特征，而且是决定所有其他变化性质的决定性因素，是经济研究的出发点。他在《经济学和公共目标》中也强调："可以用来作为叙述全部发展过程的一个出发点的是技术和它的甚至更加重要的对应者——组织。"③ 在《新工业国》和《经济学和公共目标》中，加尔布雷斯突出了科学技术革命作用，论述了所谓的"新社会主义"。从加尔布雷斯的"丰裕社会"、"新工业国"和"新社会主义"等都是从"技术发展的必然性"作为出发点和理论基础的。

（三）现代西方产权理论的逻辑起点

现代西方产权经济学的逻辑起点和起点范畴是什么呢？对企业性质和存在原因的分析是整个理论体系的逻辑起点，"企业"是起点范畴。虽然现代西方产权经济学的内容在不断增加，也有一个比较严密的逻辑体系，有一批杰出经济学家

---

① 康芒斯，于树生译：《制度经济学》（上册），商务印书馆1962年版，第87页。
② 加尔布雷思：《新工业国》；转引自：傅殷才：《加尔布雷思》，经济科学出版社1985年版，第138页。
③ 加尔布雷思：《经济学和公共目标》，商务印书馆1980年版，第44页；转引自：傅殷才：《加尔布雷思》，经济科学出版社1985年版，第139页。

做出了理论贡献，但是无论理论体系怎么完善或变化，却都是建立在交易费用理论基础之上的。科斯教授无疑是这一理论的奠基者和最大贡献者。实际上，科斯教授创立交易成本理论的逻辑起点和起点范畴也就是整个现代西方产权经济学的逻辑起点和起点范畴。

"企业"是一种组织，是市场经济中的主要的微观主体或经济细胞，正统微观经济学对企业的研究构成了其厂商理论。但它是把企业视为一个既定的主体，一个既定的存在，一个与其他个体一样的最大化者来看待的，分析的是企业如何行为。至于企业的本质到底是什么？为什么会产生？企业内部的组织结构如何？正统经济学是不予重视的，或者说不去深入研究它。而科斯教授则不同。其经过理论的构建，就是从探讨企业的本质及产生的原因开始的。当然与马克思不同，马克思把商品分析作为构建理论的逻辑起点，而"商品"本身是马克思从纷繁的现实中抽象出来的，是一个逻辑归纳的过程。"商品"能够作为逻辑起点，是因为在此之前有一个从现实到理论、从具体到抽象的研究过程。而科斯把企业作为逻辑起点，却没有这一过程。"企业"并不是对现实的抽象，即使是一定程度的抽象，也不是科斯有意识的研究和抽象而来的。而是看到另一些更普遍、更一般的事实，在逻辑思考过程中推演而至企业问题研究的。他看到了在专业化分工基础上普遍存在的市场交易，却同时还看到了企业的存在或企业内部交易的存在。于是他在思考：为什么有市场交易，还会有企业的存在？为什么所有的交易不都在市场完成？或者说，为什么市场价格机制可以配置资源，还需要企业家的协调来配置资源？于是他不是揪住"交易"这一最普遍、最一般的经济现象（不等于不重视这一问题），而是转向深入探索"企业到底是什么"、"企业为什么存在"、"企业规模为什么会变动"等问题，其整个理论体系的构建也就从此开始了。

现代西方产权经济学的核心是交易成本理论，"交易"是其对经济活动分析的基本单元，又是现实经济活动中最普遍、最一般的活动，为什么科斯不把它作为逻辑起点？不直接从对"交易"的分析开始？为什么"交易"不是起点范畴？如果是这样的话，与马克思的理论确有非常值得比较的地方，甚至会让人推导出"异曲同工"。因为马克思把"商品分析"作为逻辑起点，而"商品"是资本主义社会的财富的最一般、最抽象、最普遍的存在形式，是细胞，是从财富或静物角度去抽象。而"交易"是人们经济活动的最普遍、最一般、最抽象的形式，是从"活动"或"过程"角度或者"动态"的角度去抽象。很难说二者有高低、优劣之分。也许还有人对笔者的判断——对现代产权经济学逻辑起点的判断表示怀疑，认为本来就是从"交易"开始的。可是事实就是从企业开始的，我们判断并没有错。而且没有因为不从"交易"开始分析就影响了其理论体系的构建。当然，现代产权经济学把"企业分析"作为逻辑起点，从其分析的内容来看，是明显不同于正统经济学中关于厂商理论的,尽管它的企业理论成为正统经济学企业理论的重大发展或补充。后者只分析厂商与市场及不同厂商之间的关系,而且是以厂商行为分析为基点的。而前者不仅分析企业与市场的关系,更重要的是分析企业内部的组织。

可以说,现代产权经济学把"企业分析"作为逻辑起点,把"企业"作为起点范畴,是很成功的。完全符合其理论体系构建的需要。"企业分析"成为整个理论体系构建的一个切入点,当然首先是交易成本理论的切入点。科斯从此切入,这是一种逻辑推演的切入。进入了其交易成本的分析。对企业本质、产生及规模变动原因的逻辑追问,直接引出了"交易成本"的存在,从而直接修正或否定了正统经济学的"零交易成本假设",也开始了交易成本理论的构建。"交易成本"理论是整个现代产权经济学的基础,就像马克思的劳动价值论一样。后面的分析也确实是围绕着各种各样的交易及其成本而展开的。但是逻辑起点却是企业,从分析企业开始进入交易及其成本的分析。既然可以进行市场交易或可以靠市场价格机制配置资源,却同时存在企业,需要企业家的协调、权威配置资源,说明两种交易方式是可比较、选择的,市场交易不一定在任何情况下都是最优的或最有效的。因为市场本身是有代价的,即存在交易成本。为什么不是所有交易都纳入企业内部呢?因为企业内部交易也是有成本的。这些交易成本的产生是有原因的。于是在二者之间就有选择的必要,企业规模与市场规模就有一个边际均衡点。这样就已经进入了交易方式或交易规则的选择问题,也就是制度选择问题了。实际上,科斯在分析"企业本质"、"企业存在及规模变动原因"等问题时,已经将"交易成本理论"的基本框架建立起来了,以后的其他产权经济学无非是在做两个方面的工作,要么是补充和完善交易成本理论,要么是将这一理论作为分析工具,运用到其他具体的领域。建立"交易成本理论"也正是以"企业分析"作为逻辑起点的目的。逻辑起点的选择是否合适,直接关系到以后重要的、核心的理论阐释是否成功,但是它本身并不是或不一定需要是核心理论。从这个意义上说,"逻辑起点"的选择具有"技巧"性质,正像马克思以"商品分析"作为逻辑起点,在对商品的分析中基本上建立了劳动价值理论一样。科斯从"企业分析"入手,在对企业的分析过程中,基本上建立了"交易成本理论"。因此,也可以说,二者确有"异曲同工"之妙。

二、核心范畴的比较

(一)马克思主义产权理论的核心范畴

马克思经济学的核心范畴到底是什么?有些人认为是"资本",因为《资本论》就是关于资本的理论。"资本"无疑是核心范畴；有些人认为是"剩余价值"，因为"剩余价值理论"是马克思经济学的核心，核心理论的最主要范畴，当然就是整个理论体系中的核心范畴。应该说，两种观点都很有道理，不过笔者认为二者并不是对立的。马克思经济学的核心范畴并非非此即彼，而是一对范畴，即"资本"和"剩余价值"。因为这两个范畴本质上是一个范畴。二者的内含在本质上没有差别。马克思给"资本"的定义是"能够带来剩余价值的价值"，即带来剩余价值是资本的本质。

对剩余价值的研究就是对资本的研究，剩余价值体现的关系就是资本的关系，剩余价值的权利就是资本的权利，关于剩余价值的制度安排就是关于资本的制度安排。反过来说，资本必须要增殖，必须能够带来剩余价值，资本的关系实质上就是剩余价值的关系，对资本的研究必须以对剩余价值的研究为核心。在整个《资本论》的理论体系中，可以说是关于资本的研究贯穿始终，也可以说是关于剩余价值的研究贯穿始终，资本的生产过程就是剩余价值的生产过程；资本主义生产的总过程也就是剩余价值的分配过程。马克思实际上是用"剩余价值"来定义"资本"的，资本的本质就是不断获取剩余价值。而剩余价值是什么呢？从价值开始分析，揭示出剩余价值是工人的剩余劳动创造的价值。剩余价值是怎样被生产出来、怎样实现、怎样被分配到各个资本家阶层手中的呢？由此展开，形成许多相关的、具体的概念。无论是"资本"还是"剩余价值"都是"资本家"的化身，都是资本主义生产关系的载体，或者说是资本主义制度的载体。所以对"资本"和"剩余价值"的分析也就是对资本主义经济制度、具体地说是对资本产权制度的分析。

（二）老制度经济学的核心范畴

尽管老制度经济学家的实际逻辑起点各不相同，但他们的核心范畴还是基本相同的，即"制度"，只不过他们建立核心范畴的手段不同而已。凡勃伦从本能和习惯入手，结合了心理学派和达尔文进化论，认为制度是人类本能与外在客观因素相互制约所形成的和广泛存在的思想习惯；康芒斯从交易的角度，认为现实社会中存在着三种交易方式，即买卖性的、管理性的和配额性的。有了交易，便会有冲突，这就需要建立秩序来协调，也就是由"集体行动控制个体行动"的制度；加尔布雷斯没有定义过制度的概念，主要是继承了凡勃伦的基本思想。

凡勃伦在《有闲阶级论》中指出：

"制度必须随着环境的变化而变化，因为就其性质而言它就是对这类环境引起的刺激发生反应时的一种习惯方式。而这些制度的发展也就是社会的发展。制度实质上就是个人或社会对有关的某些关系或某些作用的一般思想习惯；而生活方式所构成的是，在某一时期或社会发展的某一阶段通行的制度的综合，因此从心理学的方面来说，可以概括地把它说成是一种流行的精神态度或一种流行的生活理论。"①

在他看来，本能是天赋的，思想和习惯是逐渐形成的，所以制度的本质是不变的，制度有一个历史进化过程，但改变的只是制度的具体形式。也就是说，制度的形态是相对的，是生存竞争和淘汰适应过程的结果。人类作业的本能（instinct of workmanship）和对生产性劳动歧视性习惯导致了两种制度的产生：一种是物质生活的生产技术或物质生活的工具供给；一种是财产所有权或金钱关系的制度，即技术—礼仪二分法。凡勃伦认为，技术产生了一套特定的产权、社会与经济结构、某些思想习惯，即礼仪；礼仪在它们的发展过程中与人类相结合，而且在一种给定的技术中被放大，因此礼仪也会对技术产生或是阻碍或者是促进的冲击作用。由于在长期中以人类的发明能力和人类随意的好奇心为基础的技术是动态的，那么，礼仪制度只能暂时地约束技术制度。在长期中，技术制度将决定社会和经济的关系。在资本主义社会中，技术和礼仪的具体形式是"机器利用"和"企业经营"。"机器利用"引导出工厂制度、大规模生产、信用制度等一系列与工业革命相关的制度变革，其目的是无限制的商品生产。"企业经营"则通过资本的投资，对商品生产和流通的全部过程进行组织控制，其目的与"机器利用"不同，不是产量最大化，而是企业利润的最大化。凡勃伦在《工程师与价格制度》中认为，现代资本主义基本上是一种价格制度，价格不是生产的问题，而是经营的问题，因而"企业经营"居主导地位，现代资本主义的特征是"企业经营"统治着"机器利用"。

康芒斯的"制度"范畴还是通过"交易"和"集体行动"构建的。他认为三种交易构成的经济运转包含着三种最基本的社会关系，即冲突、依存和秩序。在众多社会集团之间广泛存在着利益的冲突，然而冲突的各方又是相互依存的，这种相互冲突和相互依存要得到协调，就需要秩序，即通过集体行动为冲突各方建立一个行动规则，使交易各方处于协调之中。这里，制度很大程度上被视为正式和非正式冲突解决过程的结果，成功的标准在于制度是否产生了解决冲突的"合理价值"或"切合实际的相互关系"。

加尔布雷斯早期受到各派经济学家的影响（包括凡勃伦的影响，但受凯恩斯的影响比较大），采用结构分析方法来分析资本主义经济制度。在《美国资本主义：抗衡力量的概念》一书中，他认为美国经济中形成了各种"抗衡力量"，垄断势力受到了"抗衡力量"的抵制，不可能任意地为所欲为。在《丰裕社会》

---

① 凡勃伦著，蔡受百译：《有闲阶级论》，商务印书馆1981年版，第139页。

和《新工业国》中，他采取了凡勃伦的手法，即一方面把资本主义制度说成是最好的制度，但另一方面也承认这一制度仍然有缺陷，是不完善的，并且对它进行了批评。后期的加尔布雷斯在"抗衡力量"和"二元结构"基础上，主要针对技术革命进行了分析，提出了"技术发展必然性"理论，其理论核心范畴还是制度。

（三）现代西方产权理论的核心范畴

现代西方产权经济学的核心范畴是什么呢？是"制度"吗？是"产权"吗？都不是，虽然称之为"新制度经济学"或"产权经济学"，但是核心范畴都不直接是"制度"或"产权"，它们只是分析对象或客体，需要建立起一套范畴来分析它们。这一套范畴中的核心范畴也是一对，而不是一个，就是"交易"和"交易成本"。"交易"是从康芝斯那里移植而来的，被现代西方产权经济学作为其理论的最基本的分析单元。"交易"是人们的经济活动的最普遍、最一般、最抽象的形式，任何活动都是交易。不同的活动也就是不同的交易活动，交易的规则就构成制度。制定特定制度或交易规则的成本以及人们在此规则下从事交易活动的成本就构成"交易成本"，或者叫做该制度的运行费用。"交易"与"交易成本"在理论中的地位与马克思理论中"资本"与"剩余价值"的地位差不多。几乎其他所有范畴都是围绕它们展开的，或者由此派生出来的。但是"交易"与"交易成本"的关系不同于"资本"与"剩余价值"的关系。虽然都是对人与人之间的关系的抽象，但是二者的抽象度不同。"资本"和"剩余价值"是特指资本主义的生产关系，在马克思看来，只有在资本主义社会才有所谓的"资本"和"剩余价值"。而"交易"与"交易成本"却不限于某种社会制度，而是适用于所有社会的。任何经济活动都是交易，任何交易都有代价，尽管它的分析重点是市场制度与企业制度，但是并不限于此，而且也没有进一步扩大分析范围的限制。因此，可以说"资本"和"剩余价值"具有特殊性，而"交易"和"交易成本"具有一般性。而且，"交易成本"并不是"交易"的本质，不是以"交易成本"去定义"交易"。"交易"是人们从事的活动，"交易成本"是在活动中消耗的资源或代价。"交易成本"只是揭示了"交易"中有成本这一事实而已。不能说"交易"的本质就是"交易成本"，或者就是支付交易成本或获取什么。而对"资本"和"剩余价值"是可以说：资本是能够带来剩余价值的价值，能够带来剩余价值的价值或东西是资本。可见，"交易"和"交易成本"本质上是两个范畴，只不过交易成本是因为交易而存在的，具有共性，分析交易成本不可能不分析不同交易。所以，在现代产权经济学中同时成为了核心范畴。

三、理论主线的比较

所谓理论主线是指贯穿一个理论体系的逻辑主线。它将各个理论构件或组成部分串成一个整体。能够成为"理论体系",必有一定的一条或一条以上的逻辑主线,否则,各个理论构件就是一堆散件,相互之间没有联系,因而不成其"理论体系"。

(一) 马克思主义产权理论的理论主线

《资本论》体系的逻辑主线是"对剩余价值或资本增殖的分析",或者说,剩余价值理论是贯穿整个体系的主线。整个《资本论》,从头到尾,都以剩余价值的分析为核心,要么从不同角度研究剩余价值,要么为研究剩余价值服务,要么以对剩余价值的研究为基础去研究、解释别的问题。从总体框架看,第一卷研究资本如何增殖或剩余价值如何产生;第二卷研究剩余价值如何实现,即研究资本如何通过流通、使其增殖部分得以实现;第三卷研究剩余价值如何在不同的资本家阶层之间分配;第四卷研究剩余价值理论的演变史。不同卷、篇、章中的具体理论,也都贯穿这一主线。例如,第一卷第一篇,作为整个体系的逻辑起点,分析商品或从商品到货币的转化。这一篇中建立了劳动价值论,而劳动价值论是服务于剩余价值理论,是其基础。价值是劳动创造的,劳动决定价值,那么后面关于剩余价值的研究及相关的判断就有了基础,有了依据,剩余价值只不过是价值的一个部分,这一部分也是由劳动创造的,是由工人劳动中的一部分即剩余劳动创造的。又如所谓资本积累,实质上是剩余价值转化为资本或转化为获取剩余价值的手段,因此,资本积累理论实质上还是剩余价值理论组成部分。

(二) 老制度经济学的理论主线

老制度经济学的逻辑主线是对资本主义社会生产关系的分析,也就是对资本主义经济制度的分析,或简称"制度分析"。要理解这条主线,有必要回顾一下老制度经济学产生的时代背景。老制度主义形成于19世纪末20世纪初,这一时期美国已完成了由自由资本主义向垄断资本主义的转变,垄断组织完全统治了最重要的工业部门。垄断资本家为了追求高额利润,残酷剥削工人,不断排挤中小资本家,美国成了贫富极为悬殊的国家[①]。一方面,无论是在美国大城市里,还

[①] 1914年,占美国全国人口2%的少数富翁,拥有全国60%的财产,而占人口65%的劳动群众,在国家财富总额中仅占有5%。参见:傅殷才:《加尔布雷思》,经济科学出版社1985年版,第117页。

是在广大乡村中，存在着可怕的失业和贫困现象；另一方面富翁们游手好闲，成为有闲阶级，却过着空前未有的奢侈生活。因而，资本主义社会固有的矛盾尖锐化，工人阶级反垄断资本的斗争日益激烈。同时，中小资产阶级也因受垄断组织的压迫、排挤而不满，要求改变这种状况。注重制度分析和强调制度在经济发展中的作用，批判资本主义经济制度的美国制度主义就是在这样的历史背景下出现的。对资本主义经济制度的分析这条主线从此贯穿了老制度学派的始终。

与正统经济学不同，老制度学派并不认为资本主义是一种天然合理、尽善尽美的制度，而承认它存在着缺陷，因而他们对垄断资本主义的弊端进行了揭露和批判。正如上面讨论过的，凡勃伦从"有闲阶级"存在的原因入手，认为制度的变迁及制度演进决定社会的发展，而社会的发展只有演进，而无突变。在他看来，经济学的任务是研究制度进化的积累过程，资本主义的主要矛盾和弊端在于其进化积累的制度结构本身，即"机器利用"和"企业经营"。归根结底是社会心理习惯的不同造成的，而资本主义社会就是在这种矛盾中演进的；康芒斯受到凡勃伦的影响并有所突破，重视和强调法律制度对社会经济制度的演变所起的决定性作用。他曾说，制度经济学就是要以集体行动为研究的起点和对象，对现代资本主义做出新的解释。而在他那里，"集体行动"正是"制度"的表现形式。康芒斯还认为，制度是人类社会经济演化的动力，现实的"经济制度"只不过是心理现象的反映和体现，在现代社会中有效的协调方式主要有三种，即经济的、法律的和伦理的调节，起决定作用的是法律关系；资本主义是法律制度所促成的经济制度进化的结果，本质上是一种法律制度，其矛盾就要通过法律调节，以"集体行动控制个体行动"；在加尔布雷斯看来，制度的演进和权力的转移都与生产要素的更迭有关，而生产要素的更迭归根到底是由于技术发展的必然性。他把这种情况称为"技术的命令"。他认为，在资本主义社会，由于科学技术革命，产生了"专家组合"掌权的大公司，这就为"计划经济"、"全民福利国家"和"阶级冲突的消除"建立了经济基础。在他看来，经济演进的整个过程和经济生活的一切方面都是由技术的发展决定的。和凡勃伦相比，加尔布雷斯更加紧密地结合资本主义实际问题，更加强调国家调节经济，突出科学技术革命以改良和挽救资本主义。总之，老制度经济学是围绕着"制度分析"展开的，更多的是对资本主义经济制度的批评，当然其中也包括对正统经济学的批评。

以上可以看出，"制度分析"是方法意义上的主线，也是思想意义的主线，而非理论内容上的主线。它是抽象的，是一种思想。在伴随着老制度经济学的发展的同时，它一直都没有脱离凡勃伦的制度演化的思想，尽管这种思想在其中是若隐若现的。可以说，老制度经济学或多或少是以凡勃伦的制度演化思想为指向的。

（三）现代西方产权理论的理论主线

现代西方产权经济学的理论主线是"交易成本分析"，或者说交易成本理论是贯穿其理论体系中任何一个组成部分的，是其灵魂。也正因为有交易成本理论，不同产权经济学家或现代产权经济学内部的不同流派才有了一个共同的支柱、共同的工具，从而也才可以成为一个某种意义上的体系。交易成本理论是整个产权经济学的一个基础，是大家共同遵守的方法，不管各自研究的具体对象如何，具体角度如何，都是用交易成本比较的方法。对产权（确切的是"私有产权"）的起源，是用交易成本去解释；对企业与市场的选择及不同产权制度的选择等，是以交易成本的比较为依据的；对任何特定场合的权、责、利的划分或法律界定，要考虑交易成本；对企业制度的历史纵向考察和现代公司治理结构的横向比较，也以交易成本作为分析工具；对立法过程及法律制度效率的分析，以交易成本理论为基础；对制度的均衡与非均衡、稳定与变迁、变迁的动力、变迁的方式等的研究，都立足于交易成本理论。也正因为如此直接把现代西方产权经济学称为交易成本经济学。

"交易成本分析"也是方法意义上的主线。因为"交易成本"并非是每个理论构件的实际内容，而是其中的方法或工具。虽然现代西方产权理论体系中的确有一个相对独立的交易成本理论，揭示了"交易成本"的内涵、外延、影响交易成本变动的原因以及它和产权安排、资源配置的关系等等，但这不表明其他理论的内容本身是交易成本理论。其他理论是把"交易成本分析"作为一种分析方法，在不同领域中取得的不同成果或构建的不同理论假说。它们之间的共性就是采用了交易成本分析方法。

（四）对不同理论逻辑主线的比较

显然，现代西方产权经济学与马克思的经济学都有一条鲜明的逻辑主线。二者的逻辑主线都起到了作为理论体系灵魂或把理论构件之间联系起来的作用。但是二者的逻辑主线还是不同的或有差异的。这里所说的"不同"不是说，各自有一条不同的主线，而是指两条主线各自在其理论体系中发生作用的方式或把理论构件联系起来的方式是有差异。剩余价值理论是作为任何理论构件的内核而存在的，它是任何一个理论组成部分的实质，从一定意义上说，任何一个部分都是剩余价值理论，至少是为了说明剩余价值的某个侧面或者为之服务。例如，劳动价值论是为剩余价值理论奠基的，揭示商品价值的源泉，其真正的目的在于揭示剩余价值的源泉，劳动价值论也完全起到了这一作用；对资本生产过程的考察，实质上是研究剩余价值生产的理论；对资本的循环、周转，对资本再生产的分析，是为了研究剩余价值实现的规律，这都是在"起点"上所揭示的使用价值与价值、私人劳动与社会劳动之间的矛盾的解决途径，必须通过流通，才能解决这些矛盾，才能使资本的增殖部分最终转化为资本家的所得，才能重新开始资本的增殖过程；对利润、地租等的分析，是在对资本主义生产总过程的分析中完成的，利润、地租等只不过是剩余价值的具体形态、转化形态而已，是不同资本家阶层分享剩余价值的形式……所以，剩余价值理论作为逻辑主线，完全是内在的，是作为不同理论构件的内容实质而存在的，从一定意义上可以说，《资本论》的任何一个理论组成部分，都是关于资本增殖或剩余价值的理论。但是"交易成本"在现代西方产权经济学中并不是上述意义上的逻辑主线。它并非每个理论构件的实际内容，而是其中的方法或工具。也就是说，每个理论组成部分，都是运用交易成本分析方法去分析不同具体对象的结果。例如，分析企业内部治理结构，构建了企业产权理论；分析制度变迁，构建了制度变迁理论；等等。虽然整个理论体系中，有一个相对独立的"交易成本理论"或"交易成本假说"，其中揭示了"交易成本"的内涵、外延、产生的原因，产权安排、资源配置效率的关系等；但是不能说其他理论假说的内容本身实质上都是交易成本理论，只能说，其他部分是用"交易成本"分析作为一种分析方法、开创不同研究领域所取得的不同成果，或不同的理论假说。它们之间的共同点或联系主线就是共同的交易成本分析方法。所以马克思经济学中的"剩余价值分析"是理论内容上的主线，而现代西方产权经济学中的"交易成本分析"是方法意义上的主线。虽然二者都起到逻辑主线的作用，但却是不同意义的逻辑主线。可以用一个比喻：马克思经济学中的各个理论构件因剩余价值理论分析而成为一个体系，是一体化的，就像是一个纵向一体化的企业集团，不同子公司处于同一产品的不同生产经营环节上，但是各自都是围绕这一产品进行生产经营的；现代西方产权经济学的不同理论构件因为交易成本分析而一体化，就像一个横向联合而成的企业集团，不同子公司的生产经营内容并不相同，只是采用了同样的企业经营管理和组织模式，是用相同的生产经营方法生产出不同的产品。在马克思的经济体系中，不同理论组成部分之间有着内容上的联系，是研究同一对象的不同方面，从不同角度研究，把这一对象的不同方面研究完了，研究客体也就解释清楚了，也就不需要再增加理论构件了。从这意义上，马克思的经济学体系是一个完整的、也可以说是一个封闭的体系，别的什么理论都不再需要加进去，加进去都没地方安置，显得多余，这是由其研究对象界区及内容上的内在逻辑决定的。而现代西方产权经济学由于是运用交易成本方法研究不同对象，每研究一个具体对象就可能构建一个假说，增加一个理论构件，因而理论构件的增加是不受理论内容内在逻辑的限制的，理论构件的"清单"可以不断延长，因为其研究对象没有界区，可以研究不同的制度，如资本主义制度、封建制度、企业制度、法律制度、具体的契约等。

从这个意义上说，现代西方产权经济学是一个开放的、不可能完整的体系——因为总是有增加一个分析对象，从而增加一个理论构件的可能。就像现代西方产权经济学是正统经济学对外扩张的一个结果一样。现代西方产权经济学中的交易成本分析方法也具有"帝国主义性质"。

四、主要理论构件的比较

（一）马克思主义产权理论的理论构件

马克思的经济学体系，到底由哪几个部分组成，或者说有哪几个理论构件，因为有不同的划分角度，因而也有差异。大体上有两种划分，一种是按《资本论》的四卷逻辑顺序，分成剩余价值生产理论（第一卷），剩余价值流通或实现理论（第二卷），剩余价值分配或分割理论（第三卷）和剩余价值理论史（第四卷）；另一种划分则超越四卷的先后顺序，划分为：劳动价值理论、剩余价值理论、再生产理论、资本积累理论、经济周期和经济危机理论。有些学者主张把资本循环和周转理论也作为一个相对独立的组成部分，两种划分都能成立，而且一点也不矛盾，只不过前一种划分按照《资本论》本身篇章结构的顺序划分，而且确实既体现"剩余价值分析"这个逻辑主线，又把从不同角度对剩余价值的研究、从而构成的有各自重点内容的理论构件划分得很明确。但是，由于这种划分特别突出了剩余价值理论这个核心，从表面上、直观上淡化了其他理论构件，例如，劳动价值论、再生产理论、经济危机理论等。不过这种淡化仅仅是"表面上的、直观上的"，不是实质上的。因为劳动价值论被视为与剩余价值生产理论是同一个理论，承认剩余价值产生或来源于工人的生产性劳动，其前提就是承认劳动创造价值。因此，劳动价值论被包含在剩余价值生产理论之中了。而其他的理论，无非是通过对剩余价值的生产、流通和分配而建立起来的。第二种划分，是超越于《资本论》四卷的先后顺序的，每个理论构件都可能存在于不同的卷、篇甚至章节之中。例如，劳动价值论的最后完成，并不限于第一卷，生产价格理论是劳动价值论的重要组成部分，而它是在第三卷中完成的。没有从价值到生产价格转化的理论，劳动价值论就不完整；再生产理论在第一、第二卷中都有专门章节研究，第二卷中还有两处，分别在分析单个资本循环和社会总资本的再生产和流通时论述，当然，是从不同角度或侧重面研究再生产。但是它们都构成再生产理论的内容；而且，劳动价值论、剩余价值论、再生产理论、资本积累理论、经济危机理论,虽然是在《资本论》各卷中各有侧重、分工,但是却都在第一卷中大体形成了。因此,也就可以说,《资本论》第一卷已经是整个《资本论》的缩影或精要本。

不过超越《资本论》四卷顺序而对理论构件的划分,确实与第一种划分不矛盾,并不排斥剩余价值理论这个核心和主线,实际上还是沿着这个主线划分的。这是因为:劳动价值论是剩余价值理论的基础,剩余价值论是核心,但是围绕这个核心展开分析、衍生出其他理论来,而这些衍生出来的理论又同样还是以对剩余价值的分析为基础或依据的。资本积累理论实际上是剩余价值资本化的理论,积累的目的是为了获取更多的剩余价值;再生产理论实际上是揭示单个资本和社会总资本在实现剩余价值过程中的矛盾,从而为经济周期理论和经济危机理论及资本主义制度必然灭亡的结论埋下了伏笔;经济周期和经济危机理论,即是基于对剩余价值在生产、流通和分配过程中的矛盾的分析而建立的。以上的分析也揭示了不同理论构件之间的内在联系。无论哪种划分,剩余价值理论都是核心,不同组成部分之间的联系纽带都是对剩余价值的分析或围绕剩余价值展开分析。不同理论组成部分是一个有机整体,其中的逻辑联系严密、不可分。如果去掉其中任何一个构件,整个体系就不完整。这是由逻辑主线和研究对象的整体性决定的。

(二) 老制度经济学的理论构件

克莱因(1999)承认老制度经济学家是一个分散、多元的群体,同时也肯定了这个群体的研究工作反映了几个的共同主题:1. 关注集体行动,而非个人行动;2. 偏好演化的分析方法,而非机械静止的分析方法;3. 强调经验观察,而非演绎推理。事实上,克莱因所说的共同主题只是方法论意义上的,老制度经济学家们的理论远非如此,它们相互间既独立,又有联系,综合在一起,可以认为是老制度经济学的总体理论构成。

就老制度经济学的总体理论构成而言,除了凡勃伦、康芒斯和加尔布雷斯以外,还应包括米契尔、伯利和米恩斯、缪尔达尔等代表人物的研究领域。凡勃伦着重于从社会心理和习俗角度去分析制度,把制度的发展看做思想习惯演进的结果,也有人称他的理论为"社会心理学派";康芒斯强调从法律角度研究制度演进,他的理论也被称作"社会法律学派";米契尔把制度研究与"商业循环"(经济周期)的统计结合起来,论证统计检验是说明制度演进的主要依据,他的研究又被称作制度的"经验统计学派";伯利和米恩斯则从社会和企业结构角度分析了资本主义经济问题,把经济制度微观化为企业制度,具体化为权利结构;加尔布雷斯继承了凡勃伦的心理分析,更多地从制度方面或结构方面论证技术在资本主义社会中的作用,提出"技术发展必然性"理论和"国家干预论";缪尔达尔注重制度的动态分析,提出了"循环积累因果联系"理论。总体而言,老制度经济学的理论体系的主要组成部分包括:1. 凡勃伦的制度演化理论和所谓的"技术决定论";2. 康芒斯的"法律调和论";3. 米契尔的"商业循环论";4. 加尔布雷斯的"抗衡力量"理论、"技术发展必然性"理论和"国家干预论";5. 缪尔达尔的"循环积累因果联系"理论等。

可见,"(老)制度经济学是一个保护伞,在其下聚集了很多有意义的并且富有创造性的思想。作为一种独立的研究思潮,这个'学派'主要由对于新古典经济学尖锐批判的研究原则所构成"[①],它在理论内容方面具有以下特点:1. 与新古典经济学不同,老制度经济学不认为资本主义是一种天然合理、尽善尽美的制度,承认它存在缺陷;2. 以历史的、心理的和法律的因素来解释制度,把制度看做一种广泛存在的社会习惯;3. 以相对的和进化的观点,动态地解释社会经济的发展和制度的演变;4. 极力主张国家对经济进行干预,强调政府在调节和管理经济中的作用;5. 在后续发展中,发展出各种制度分析方法,包括结构分析方法、历史分析方法、社会文化分析方法等[②]。

(三) 现代西方产权理论的理论构件

现代西方产权经济学由哪几个理论构件组成呢?确实也没有定论。不过"交易成本理论"肯定是其中的最主要、最核心的部分。除此之外,从已有的发展来看,笔者认为还包括以下几个部分:1. 产权起源理论,确切地说是私有产权起源理论。分析人们为什么要建立私有产权,其中又有几种不同的起源假说。2. 企业产权理论。分析企业与外部投资者的产权关系、经营者与所有者的权利配置以及企业内部的治理结构或权利分配,既有企业制度历史分析,也有现代企业制度比较分析。这一分析过程,现代博弈论和信息经济学也被作为分析工具使用。3. 制度比较与选择理论,以所谓的"科斯定理"为核心,通过揭示产权安排、交易成本高低与资源配置效率之间的内在关系,从而提供了一个制度选择标准。4. 制度变迁理论,实质上是制度动态选择理论。主要研究谁、为什么、怎样实施制度变迁。5. 法律经济学,即以交易成本方法对法制进行经济学分析,即进行成本、效率的分析,具体就是用交易成本比较方法讨论法制的效率问题。也有人认为还包含契约理论。我们不认为它是一个相对独立的组成部分,因为产权经济学所涉及的任何意义的制度或交易规则或交易方式,都是不同形式的契约,

---

① 小罗伯特·B·埃克伦德、罗伯特·F·赫伯特:《经济理论和方法史》(第四版),中国人民大学出版社 2001 年版,第 368 页。

② 姚开建:《经济学说史》,中国人民大学出版社 2003 年版,第 277 页。

制度就是契约。因此，契约理论不是独立的组成部分。也许有人认为，理论组成部分中，大多数都不以"产权"冠名，而且，一些学者也对不同内容分别有不同称谓，如产权学派、交易成本学派、新制度学派等。在此，为什么把交易费用理论、制度变迁理论、法经济学等都统称为"现代西方产权经济学"的理论构件，而且使用"现代西方产权经济学"这正是笔者要说明的一个问题。确实有不同名称，如新制度经济学、交易费用经济学等。而笔者认为，尽管各个名称都有一定道理，都在一定意义上能成立，但是都不如"产权经济学"恰当，它能涵盖所有的内容。所有制度都是产权的制度，都是界定、保护和调整产权的，所有制度经济学，都是关于权利的经济学。从凡勃伦到科斯是这样，从空想社会主义者到马克思，也是这样。"产权"是什么？狭义地说，是关于有形资产的一组权利；广义地说，就是所有对特定主体有益或阻止受损的权利。那么，无论经济的、政治的、法律的、有形的、无形的权利不与利益相关呢？从而还有什么样的制度不是关于产权的制度呢？从而还有什么样的制度经济学不是产权经济学呢？因此，把交易成本理论、制度变迁理论等，都视为现代西方产权经济学的理论组成部分是完全成立的。交易成本是产权制度的成本，制度变迁也就是产权制度的变迁，是产权关系的调整。当然，因为前面所说到的理论体系的"开放性"，理论构件的数量可能还会因交易成本方法的对外扩张而增加。

总之，马克思经济学系，与现代西方产权经济学，作为两个制度经济学体系，在逻辑起点、核心范畴、理论主线和理论体系构成几个方面，都有各自的特点，当然也有相同或相近的地方。都有自己的逻辑起点、核心范畴、理论主线和不同的理论构件。这一点是共同的，这也正是各自都能成为一个理论体系的基础。但是各自有不同的逻辑起点、核心范畴、理论主线和理论构件。马克思经济学的逻辑起点是商品分析，起点范畴是商品；核心范畴是资本和剩余价值；理论主线是对剩余价值的分析；由多个理论构件组成完整的理论体系，其中剩余价值理论是核心。现代西方产权经济学的逻辑起点是企业分析，企业是起点范畴；核心范畴是交易和交易成本；理论主线是交易成本分析方法；由多个理论构件组成，其中交易成本理论是核心。

需要说明的是，这一章进行的是理论体系的比较，不是具体理论内容的比较，因此只能是总体性的，不可能、也没必要对每个具体理论进行详细比较研究。

第二节 基本方法论比较

马克·布劳格在《经济学方法论》前言中将经济学方法论理解为"经济学

所运用的科学哲学"①。黄少安（1995，2004）认为，对经济学方法论的全面分析，还是以全面考察不同层次的方法及其联系为佳，因为经济学的方法论是具有层次性的：1. 经济学的哲学基础或哲学意义上的方法论，是最高和最抽象层次的经济学方法论，即基本方法论。它是哲学思潮或哲学方法论在经济学家意识中的体现；2. 经济学的思维原理和方法，或者说，是经济学家从事理论研究、构建理论体系的方法，如归纳和演绎、规范分析和实证分析、动态分析和静态分析、制度分析方法等；3. 经济学的技术方法，即为了使经济学理论精确化、趋于完善，而对特定研究对象所采用的具有技术性的具体方法，如数学方法、统计方法、个案研究方法、边际分析方法等。

一、基本方法论的比较

经济学的技术方法与经济学的思维原理和哲学基础不同，一般不产生或影响经济理论中的思想或观点，它的选择、运用和创新只是服务于对经济学思想和理论的说明、论证和精确化。一种方法可以为多种理论研究所运用，反过来，一种理论可以使用多种方法。一般说来，哲学基础决定思维方法和技术方法，经济学不同流派的差异主要体现在基本方法论上。

（一）马克思主义产权经济学：辩证唯物主义和历史唯物主义的统一

马克思经济学的基本方法论是辩证唯物主义和历史唯物主义。这一哲学方法论，当然不是天上掉下来的，也不是自然进化而成的。一方面，取决于马克思、恩格斯对以往经济学方法论和更广泛的哲学思潮的有意识地研究和批判，包括对黑格尔和费尔巴哈的辩证法和唯物主义的研究和批判，创立了与唯心辩证法不同的唯物辩证法和与"直观的唯物主义"不同的"实践的唯物主义"，即强调唯物主义必须建立在对社会本身及其内部矛盾的解剖、理解的基础之上。所谓唯物史观或历史唯物主义，就是以辩证唯物主义的观点去分析、理解人类社会的历史演变。所以我们一般说马克思主义经济学基本方法论为唯物史观，这与称"辩证唯物主义和历史唯物主义"是不矛盾的。历史唯物主义中同样包含了辩证唯物主义的"对立统一、量变质变和否定之否定"的规律。人类社会制度及其演变正是遵循这些规律。另一方面，是马克思、恩格斯在实践（是指观察、研究人

---

① 马克·布劳格：《经济学方法论》，商务印书馆1992年版。

类社会的研究的实践）中提炼出来的。也就是说，上述方法论是边研究、边创立的。在批判以往方法论的同时，运用新方法去研究或重新研究、解剖"市民社会"即资本主义社会。这一方法论的创立，在 19 世纪 40 年代中期就已经完成了。以这一时期他们的《巴黎笔记》、《黑格尔法哲学批判》、《关于费尔巴哈的提纲》、《德意志意识形态》、《共产党宣言》和《雇用劳动与资本》等著作中的阐述为标志。当然，在此之前的作为方法论的"历史唯物主义"是创立时期，也是探索时期，具有"试验"、"假设"的性质。而从此以后，特别是《资本论》创立以后，这种方法就是被有意识地一贯地运用了。《资本论》的创立，既是成功地运用了这一方法，又证明了这一方法的科学性和有效性。唯物史观和剩余价值理论被认为是马克思的两个最重要的发现。其实，应该说，首先有第一个发现才可能有第二个发现。前者是发现后者的方法论或工具。马克思是历史唯物主义这一方法论的创立者，又是它的最先成功的运用者。他运用这一方法，对资本主义经济制度即资本的私有产权制度的产生、发展及由它决定的其他方面的制度变化进行了考察、分析，写就了其经济学巨著《资本论》，创立了以剩余价值理论为核心的关于资本的理论，实质上是关于资本产权的理论。

"历史唯物主义"这一基本方法论到底是什么含义或包括什么内容呢？一般地概括为：生产力决定生产关系，经济基础决定上层建筑，生产关系反作用于生产力，上层建筑也反作用于经济基础。生产关系、上层建筑的变化都是由客观规律决定的，具有必然性，最终的决定因素是生产力，人类社会的不同历史时期，生产力发展状况不同，生产关系和支配分配关系的规律也不同。马克思自己在《政治经济学批判》一书的《序言》中有明确表述："人们在自己生活的社会生产中发生一定的、必然的、不以他们的意志为转移的关系，即同他们的物质生产力的一定发展阶段相适合的生产关系。这些生产关系的总和构成社会的经济结构，即有法律和政治的上层建筑竖立其上并有一定的社会意识形态与之相适应的现实基础。物质生活的生产方式制约着整个社会生活、政治生活和精神生活的过程。不是人们的意识决定人们的存在，相反，是人们的社会存在决定人们的意识。社会的物质生产力发展到一定阶段，便同它们一直在其中活动的现存生产关系或财产关系（这只是生产关系的法律用语）发生矛盾。于是这些生产关系便由生产力的发展形式变成生产力的桎梏。那时，社会革命的时代就到来了。随着经济基础的变革、全部庞大的上层建筑也或慢或快地发生变革。……无论哪一种社会形态，在它们所能容纳的全部生产力发挥出来以前，是决不会灭亡的；而新的更高的生产关系，在它存在的物质条件在旧社会的胎胞里成熟以前，是决不会出现的。所以人类始终只提出自己能够解决的任务，因为只要仔细考察就可以发现，任务本身，只有在解决它的物质条件已经存在或者至少在形成过程中的时候，才会产生。"①

马克思的基本方法论，虽然具有普遍意义，但是马克思主要研究工作是对资本主义制度的实证分析，分析的是资本的私有产权制度的产生、发展和消亡过程。尽管他晚期也致力于所谓"广义政治经济学"的构建，把研究对象扩展到整个人类社会的各种制度，但是代表马克思经济学成就的是关于资本的理论，或关于资本产权的理论。整个理论体系的结论就是资本主义私有产权制度发展到一定程度后，必然会变得既无效率，也不公平，因此，必然为社会主义公有产权制度所取代。至于社会主义公有产权制度及其他方面的制度，马克思没有，也不可能描绘、论证得清晰和充分，但是，按照其理论，他对资本主义的私有产权制度产生、发展、消亡的规律却是揭示得淋漓尽致的。我们不得不叹服马克思在理论逻辑论证上的充分有力，而且，我们也不得不承认马克思时代的资本主义私有制已经灭亡或不存在或被扬弃的事实，我们再也找不到马克思所批判的那个资本主义了，只是到底是通过暴力革命还是别的途径而消亡的，是另一个值得再探讨的问题，但是它已经不是一个很重要的问题了。

以下我们可以粗线条地揭示马克思经济理论中所体现的辩证唯物主义和历史唯物主义这一基本方法论。无论对整个资本主义经济制度，直到整个人类社会经济制度，还是对某项具体制度的看法或研究态度；无论是马克思的整个经济学体系，还是某个具体的理论假说，都一贯地体现了辩证唯物主义和历史唯物主义的方法论。例如，对整个资本主义的私有产权制度，马克思既充分地论证了其产生的必然性和进步意义，肯定了在这一制度框架内人类生产力的巨大进步，又通过严密的逻辑推理和经验事实证明了它发展到一定阶段后对生产力的阻碍作用，从而走向消亡的必然性。其从产生到走向消亡，是一个产生发展、自我否定、自我扬弃过程，即否定之否定过程。而这一过程又不是短期内突然完成的，有一个累积过程。只有资本主义的生产力发展即量的积累到一定限度，生产力与资本主义私有制的矛盾积累到一定程度，变得不可调和时，才会消亡。这就是所谓的量变质变规律。整个资本主义生产方式是一个矛盾体，充满着各个层次、各个方面的矛盾，例如：商品价值与使用价值的矛盾、抽象劳动与具体劳动的矛盾、社会劳动与私人劳动的矛盾、价值与价格和生产价格的矛盾等等，其中生产力发展与资本主义私有制的矛盾是主要矛盾，是一切矛盾的根源，矛盾运动是推动社会制度变迁的动力。当然不是说社会制度变迁是没有主体的自然进化，而是有主体的，不过马克思认为这个主体是不同的阶级，而不是单个个人。个人是归属于阶

---

① 《马克思恩格斯全集》（第13卷），人民出版社1962年版，第8~9页。

级的，阶级是矛盾的主体，因此也是推动社会变革的主体。阶级作为主体行动，是为了维护或争取本阶级的利益。个人必然、也必须融入阶级之中才能实现自己的利益。马克思在《资本论》中分析资本主义企业制度的演变是服务于相对剩余价值生产理论的。在他看来，是因为生产技术、生产工具这些生产力因素的变化导致了企业制度的变迁；后来恩格斯在《家庭私有制和国家的起源》这一著作中对私有产权制度的产生和演变、对国家产生的原因及国家的作用的分析，充分体现了辩证唯物主义和历史唯物主义的方法论。总之，在马克思的眼里，其经济学的研究对象被视为一个矛盾体，被辩证地加以考察和研究。当然，从根本上说，这是由研究对象本身的客观属性决定的。不是因为采取了某种方法，而改变或塑造了客观事实。这种观察和研究现实的方法论，必然充分地体现在构建的理论之中。

（二）老制度经济学：从历史主义到进化主义、实用主义和整体主义

由于旧制度经济学是一个相对比较松散的理论体系，为了更好地阐述老制度经济学基本方法论的全貌，我们分阶段介绍其基本方法论特征。

1. 凡勃伦、康芒斯为代表的制度学派——历史主义、本能主义、进化主义、实用主义、集体主义和整体主义的融合

该学派的主要代表人物包括凡勃伦、米契尔、康芒斯等。作为一个在研究方法和分析范式上具有相对独立性的制度分析学派，它并没有形成单一的定义明确或彼此统一的思想和方法论主体，也不具有明确统一的研究纲领。

毫无疑问，德国历史学派的经济认识论思想是老制度学派思想渊源之一，老制度学派把社会经济的历史相对性具体化为经济制度持续演化论，提出经济学应从经济制度进化的途向来探讨某一历史时期和某一经济体系的各种经济问题。同时老制度学派是以"本能主义"心理学、达尔文的进化论作为哲学基础，并把实用主义拿来作为其批判新古典理性主义的武器。与边沁的"苦乐主义"——功利主义不同，本能主义强调本能在人类行为动机中的作用，认为人类的意志活动包括崇高的道德行为都仅仅导源于本能的冲动，而本能是与生俱来的。凡勃伦把本能引入经济学领域，强调经济制度是人类利用天然环境以满足自己需要形成的社会习惯。他认为，社会习惯是在为达到人类行为最终目的而做出努力的行动中逐渐形成的，而人的最终目的又恰恰是由本能决定的。因此，本能是人类制度的根基。凡勃伦关于制度的定义——所谓制度就是"广泛存在的社会习惯"，直接源自实用主义大师皮尔斯的所谓"思想的全部功能就是产生行为习惯"。

受本能主义和实用主义的影响，凡勃伦对新古典的经济人假设的理性主义和抽象人性论给予了最强烈的讥讽①，他认为，对社会经济生活和制度起决定作用的本能分为三类：父母的天性、工作的本能和闲散的好奇心。凡勃伦依据进化论和新的心理学提出人性是演进的，是与文化交互作用的产物，换句话说，本能是以过去几代人的经验为基础的，所以它要受制于习惯的发展并由习惯而修正，即要由制度所修正。凡勃伦否认在经济生活中存在永恒不变的自然秩序，因为制度是不断进化的；他否定个体主义方法，强调集体行动的重要性，认为制度是社会经济发展的决定因素；他强调外部的刺激才是行为的主要决定因素，即认为体现人类本能的思想习惯并不是固定不变的。凡勃伦还把制度的演化比作生物界的优胜劣汰，认为其就是人类思想和习惯的自然淘汰过程，以进化论来说明制度的演化过程，进而认为制度的发展只有渐变而没有突变。

凡勃伦的《有闲阶级论》（1899）、《企业论》（1904）等为制度经济学的发展奠定了基础，建立以研究制度演进过程为基本内容的经济理论，主张从制度或结构上来改革资本主义。因此，老制度经济学在本能主义、进化主义和实用主义的基础上融入了整体主义的基本方法论。凡勃伦区分了两种不同的制度（后经艾尔斯发展和修正），即技术—礼仪二分法。在资本主义社会中，两种制度的具体形式是"机器利用"和"企业经营"。机器利用引导出工厂制度、大规模生产、信用制度等一系列与工业革命相关的制度变革，其目的是无限制的商品生产。"企业经营"则通过资本的投资，对商品生产和流通的全部过程进行组织控制，其目的与"机器利用"不同，不是产量最大化，而是企业利润的最大化。由于机器利用和企业经营服务的不同目的，凡勃伦认为，二者之间的矛盾是资本主义社会一切矛盾和弊端的根源。

凡勃伦所开创的制度分析，在康芒斯那里得到进一步发展。康芒斯看到，正统经济学没有把利益的冲突和集体的行动这些社会关系考虑到经济学中，他在《制度经济学》中指出：

"集体的行动，和个人的行动一样，始终是有的；可是从亚当·斯密到二十

---

① 凡勃伦批评道："享乐主义关于人的概念是：人是快乐与痛苦的迅速的计算者，他像一个处于刺激的冲动之下的对幸福充满渴望的均质的球体一样来回振荡，刺激的冲动使他在这个区域内来回旋转，但是保持完好无损。他既没有前因也没有后果。他是一个独立的、确定的人类数据，并且处于稳定的均衡中，除非撞击力的冲击使他向某一方向或另一方向发生位移。由于在自然空间中自我强加的力量，他会按照他自己的精神之轴对称地旋转，直到力量的平行四边形征服了他，于是他就沿着合力的方向运动，当这种冲击力被耗尽的时候。他就会静止下来，就像以前一样作为一个充满渴望的独立的球体。从精神上来说，享乐主义的人并不是一个原动力，他也不是生活过程的场所，除非他屈从于外在的与他不同的环境强加给他的一系列变更。" Veblen, *The Place of Science in Modern Civilization and other Essays*, New York: Heubsch, 1919, p.193. 转引自：布鲁著，焦国华等译：《经济思想史》（原书第6版），机械工业出版社2003年版。

世纪,它一直被排斥或是忽视了,除了作为对工会的攻击或是作为有关伦理学或公共政策的附带文章。现在的问题不是创造一种不同的经济学——制度经济学——和以前的各派学说脱离关系,而怎样肯定各种方式的集体行动在经济理论中应得的地位。"①

康芒斯认为,约翰·洛克的经验论是一种个人的认识论和价值论,只有在个人的认识中,才能把个人之间的认识的影响忽略不计,也就是说,洛克首创了个人主义和理性主义的观念,其思想是当时正统经济学的源头,这便造成了当时经济学理论忽视或排斥"集体行动"的问题。康芒斯认为皮尔斯的实用主义方法是从自然科学中得来的,是科学的实用主义,适用于经济交易和机构,他说:"……休谟是个人主义者和感觉论者,皮尔斯的研究范围是自然科学。到了杜威,我们才发现皮尔斯被扩充到伦理学;到了制度经济学,我们才发现它扩充到交易、'运行中的机构'和'合理的价值'。"②

康芒斯看到了现实生活中人与人之间关系的基本原则,即冲突、依存和秩序,也就是交易。从整体主义出发,他把交易区别为"买卖的交易、管理的交易和限额的交易",并把"运行中的机构"(从无组织的习俗到有组织的机构,如家庭、公司、行会、法院、工会乃至国家等)的运作看作是一种交易关系,这就需要制度为各方建立一个行动规则,使交易各方处于协调之中。从交易的概念出发,个人的决策就不再是纯理性的动作,而是受集体行动决定的个人决策了。康芒斯对制度的定义体现出了集体主义的方法论:"……我们可以把制度解释为'集体行动控制个体行动'。"③ 康芒斯把制度视为正式和非正式冲突解决过程的结果,成功的标准在于制度是否产生了解决冲突的"合理价值"或"切合实际的相互关系"。因此,他强调经济的、法律的和伦理的作用,把资本主义的产生归功于法律制度,认为资本主义制度本质上是一种法律制度,因为它完全以所有权为基础。

2. 艾尔斯、伯利和米恩斯为代表的过渡期——实用主义的继承、从整体主义向个体主义转变

从制度学派的发展过程上看,20世纪30~40年代,是从凡勃伦等到加尔布雷斯之间的过渡阶段,即所谓的传统制度经济学向"新"制度经济学过渡的阶段。主要继承者是艾尔斯、伯利和米恩斯(G. C. Means)等。此阶段常被人们所忽视,其实这一过渡期可谓是制度经济学的重大突破,这一阶段继承了凡勃伦传统和实用主义,初显制度学派个体主义(个人主义)的萌芽。

---

① 康芒斯著,于树生译:《制度经济学》(上册),商务印书馆1962年版,第12页。
② 康芒斯著,于树生译:《制度经济学》(上册),商务印书馆1962年版,第188页。
③ 康芒斯著,于树生译:《制度经济学》(上册),商务印书馆1962年版,第87页。

艾尔斯继承了凡勃伦传统，但有所不同。他认为，文化是一个整体范畴，经济是一个文化过程，个人只不过是这个过程的参与者。将经济视为文化过程，就是将经济视为整体、视为动态过程来理解。这种思想是对凡勃伦以及实用主义的继承，同时又更加明确了经济的文化含义。在杜威的实用主义（工具主义）导向下，艾尔斯赞同对资本主义进行实用主义的、自由的修正，但拒绝社会主义和法西斯主义，因此他支持将修正性的经济计划和管制作为缓解资本主义过剩的手段。

伯利和米恩斯则在《现代公司和私有财产》（1933）中从社会和企业结构角度分析了资本主义经济问题，把经济制度微观化为企业制度，具体化为权利结构。伯利和米恩斯为制度经济学从注重整体分析转向个体分析奠定了基础。他们认为，美国企业大多数股权分散，企业控制权实际上掌握在经理层手中，这就造成了所有权和控制权分离。伯利和米恩斯揭示了现代企业内部结构特征，也为新制度经济学的委托—代理理论提供了命题。但很快地，个体主义的初显被加尔布雷斯"新"制度经济学整体主义和演进主义的影响淹没了。

3. 加尔布雷斯、缪尔达尔代表的"新"制度经济学——实用主义、整体主义和演进主义

1936年《就业、利息和货币通论》的出版，标志着新的主流经济学——"凯恩斯主义"的出现，老制度主义便很快衰落下去了。但第二次世界大战过后，经济发展迅猛，经济危机也爆发得更加频繁，社会问题日益尖锐，种种严重的社会问题又让当时所谓的主流经济学难以做出令人信服的解释和提出有效的解决办法。因此，在"新"的历史条件下，承袭了老制度主义的思想传统的"新"制度经济学发展了凡勃伦的传统，用制度结构分析方法，对新古典经济学进行批评，"吸引了社会科学家和公众读者的注意力"[①]。主要代表人物是加尔布雷斯和缪尔达尔等。

在詹姆斯、皮尔斯和杜威等人发展起来的实用主义哲学思想，特别是杜威的社会实用主义的影响下，"新"制度经济学更倾向于达尔文的进化论和后续的社会达尔文主义。同时，"新"制度经济学把注意的重心从理性抉择的个人或厂商又转移到社会整体上来，反对个人理性的先验假定。他们认为，把现代经济生活当作一个整体来观察才能更清楚地了解它。这样，经济研究就不能先研究各构成要素然后再加总。正如加尔布雷斯在《新工业国》中指出的那样：

"把现代经济生活当作一个整体观察时，才能理清楚地了解它"，"专门化固

[①] 小罗伯特·B·埃克伦德、罗伯特·F·赫伯特著，杨玉生、张凤林等译：《经济理论和方法史》（第四版），中国人民大学出版社2001年版，第364页。

然是方便的，但这是错误的根源"①。

因此，"新"制度经济学主张整体和演进的研究方法，认为首先应关注的是整体（制度和结构），而不是个体（个人、家庭和企业），应关注动态的演进过程而不是静止的横断面。加尔布雷斯和缪尔达尔等认为经济学所讲的整体是由相辅相成或相互抵触的部分组成的，整体要大于部分之和，社会是一个演化的过程，社会的进步就是技术不断克服制度的阻力，以及二者的相互适应，而主流经济学静止、机械和均衡的分析方法只能研究市场社会经济关系的外表，无力解释不同利益集团的紧张关系与冲突以及由此发生的社会变化。加尔布雷斯在《丰裕社会》（1958）、《新工业国》（1967）、《经济学和公共目标》（1973）中主要对权力和权力分配，集团利益和不同集团的利益冲突以及经济的不同组织结构进行了分析。通过对资本主义社会矛盾的分析，加尔布雷斯探究了这种社会存在种种弊端的原因，建立了"抗衡力量"——"二元结构"理论模式，并提出了社会改良的政策主张——建立"新社会主义"。

缪尔达尔则在《美国的两难困境：黑人问题和现代民主》（1944）中，提出"循环积累因果联系"理论，以替代静态均衡的分析。该理论精辟地分析了经济、社会和制度现象的内在依赖性。他指出，白人对黑人的歧视与黑人的物质文化水平低下这两个因素互为因果并相互强化，从而使黑人问题成为美国的困境。缪尔达尔进一步指出，循环积累因果联系还存在着"扩展效果"，即 A 的发展使 B 的状况不断改善和"回荡效果"，即 A 的发展使 B 的状况不断恶化。

可以说，老制度经济学从历史主义到本能主义、进化主义、实用主义和整体主义，从进化主义、整体主义到个体主义萌芽，又从个体主义萌芽转向整体主义，是多种主义的融合，而实用主义一直贯穿其始终，最终以整体主义为主，注重演进的研究方法而完结（不过，近年来它的新发展——演化经济学正日益为人们所关注）。

（三）现代西方产权经济学：制度主义、个人主义、功利主义和自由主义的融合、历史和辩证唯物主义的影响及进化主义的回归

科斯的《企业的性质》和《社会成本问题》首次提出了交易费用的思想，经过西蒙、阿罗、阿尔钦、德姆塞茨、威廉姆森和诺斯等经济学家的努力，新制度经济学逐渐得到正统经济学的认可，进而和老制度经济学的距离越来越远。运用新古典经济学的逻辑和方法，侧重从微观角度研究制度的构成、运行以及制度在经济生活中的作用，是新制度经济学的显著特征。因此，有人称之为新古

---

① 加尔布雷斯：《新工业国》，波士顿1971年版，第6页。

典制度经济学。和先前三个阶段不同，新制度经济学坚持逻辑实证主义方法论，把传统微观经济学的边际均衡分析方法与制度分析方法结合起来，并以资源配置为主题，改变了其他制度经济学主题变幻不定的状况。而最重要的创新在于它创立了"交易费用"范畴，并使之成为核心范畴（黄少安，1995，2004）。

新制度经济学应用范围之广，使之迅速演变出众多分支，研究领域从早期的产权和交易成本研究向委托代理、制度变迁（包括动态博弈制度分析）、政治学、社会学、法学、心理学和生物学等多领域拓展。由于分支众多，新制度经济学趋向复杂，但它们有一个共同的特征，就是对老制度经济学制度分析的不满（都抱怨老制度经济学的分析缺乏系统理论支撑）。尽管科斯等否认与老制度经济学有任何渊源，但在经济思想史中，从老制度经济学到新制度经济学的发展主线还是清晰可见，也就是说，新制度经济学还是继承或保留了制度分析（制度主义）这一理论方法的[1]。如果将其基本方法论综合在一起来看，其核心更是多种主义的融合，包括制度主义、个人主义、功利主义、自由主义以及当代科学哲学的一些流派，甚至历史唯物主义和辩证唯物主义及其他哲学思想也在一定程度上影响了新制度经济学，而近年来演化经济学（新制度经济学的分支之一）又有了回归进化主义的倾向。

洛克曾提出，人对自己的身体享有自然赋予的所有权，也就是说，"个人的天赋权利"不损害别人，也不得受别人损害。正如康芒斯所认识到的那样，洛克创立了个人主义观念，为功利主义和自由主义奠定了思想基础。边沁的功利主义伦理哲学和之后的自由主义也都和个人主义有关，亚当·斯密的自由主义经济学体系，则真正地把三者融为一体，进而延续至新古典经济学。新制度经济学继承了老制度经济学的制度分析方法，从逻辑上意味着它与新古典经济学个体主义方法论的矛盾，意味着对新古典经济学个人主义方法论的某种扬弃。因为制度分析方法是从制度结构出发分析人类行为的，认为个人的偏好和目的受制于制度，特别是产权制度，它不是分析的既定前提，而是分析对象。制度本身虽然不是单个行为主体，但它是约束个人行为的，因而具有整体性的意义。同时，一些产权经济学家也表示了对个人主义哲学基础的不满。科斯和诺斯都对个人功利主义和单一经济人人格假设提出批评（这种批评是在一定限度内的），并对包括"利他主义"因素的复杂的人格结构有所关注，这表明功利主义哲学对其的影响已不如对正统经济学的影响之大。

---

[1] 黄少安、张卫国：《新老制度经济学理论体系的比较》，载于《江海学刊》2006年，第6期，第53~60页。

但是尽管新制度经济学试图突破个人功利主义的局限，他们的基本方法论仍然是个人主义、功利主义和自由主义为主的[①]。一方面，新制度经济学并没有在非个体主义方法论上真正地有所作为。例如，新制度经济学关于组织的委托代理理论也关注"由有限信息和组织内部的目标冲突所引发的问题"，但在相关的模型分析中保留了理性主义的自利以及每个人都有极强的"经验和认知能力"这一假定。这样，委托代理问题的复杂模型又回到了个人主义和功利主义，而这种依赖在新制度经济学的其他分支中也随处可见；另一方面，新制度经济学尽管对经济人的基本假设有所补充，但整个理论并未脱离经济人的人格假设，而这一假设本身就是以功利主义为基础的。新制度经济学还极力推崇市场自由竞争，反对国家干预，甚至把制度和国家纳入了市场自由竞争的轨道，从这个意义上讲，新制度经济学对自由主义的推崇比其他自由主义经济学更彻底。

新制度经济学是在不断吸收众家之长而发展的。在坚持个人主义、功利主义和自由主义的同时，它还受到马克思唯物主义的影响。诺斯早期的产权理论和国家理论把制度作为分析对象，分析制度的产生、发展和变迁，揭示制度的动态性和历史性，与马克思对人类社会经济制度产生、演变规律的分析，在方法论上有相似之处。我们明显可以看出诺斯受到了历史唯物主义框架的深刻影响，试图把马克思的理论与新古典分析相结合，尽管结果并不能令人满意。诺斯看到了用新古典的分析方法来分析制度的脆弱性，又把意识形态理论纳入制度分析之中，而其理论并没有走出马克思的意识形态理论框架太远。这里或许存在着两方面的原因：一方面，马克思主义哲学对于分析人类经济制度来说，具有根本的科学性，马克思主义经济学本身具有广泛而深远的影响力。诺斯曾赞誉，

"在详细描述长期变迁的各种现存理论中，马克思的分析框架是最具说服力的，这恰恰是因为它包括了新古典分析框架所遗漏的所有因素：制度、产权、国家和意识形态。……这是一个根本性的贡献。"[②]

另一方面，制度经济学基本上是在批判正统经济学的过程中发展起来的，尽管它们也批判马克思主义经济学，但也认识到马克思主义对正统经济学的批判性，有时也借助或借鉴这种批判武器（黄少安，1995，2004）。

另外需要注意的趋势是，近年来，随着认识心理学、社会学及当代神经生理学与经济学的互动，新制度经济学分支中制度演化的分析重新引起人们的关注。它从门格尔、米塞斯、哈耶克、纳尔森和温特那里可以追溯到凡勃伦传统和达尔文的进化论，都试图用非形式化的方法，通过以客观主义的知识观为基础，来强

[①] 黄少安（1996，1999，1995，2004）在"现代产权经济学的基本方法论"、"马克思主义经济学与现代西方产权经济学的方法论比较"和《产权经济学导论》等文章和著作中多次论述了这一点。

[②] 诺斯：《经济史中的结构和变迁》，上海三联书店、上海人民出版社1991年版，第68页。

调社会秩序体系的复杂性，从而赋予社会秩序的结构过程以重要的理论意义。它强调制度如同生物进化一样，是自发生成的，它既超越了本能的局限性，也超出了理性能力的范围，从本质上说，制度更多的是对环境的适应。值得注意的是，诺斯经历了新古典框架下的制度分析到制度的路径依赖和意识形态理论转变之后，他近年来的研究方向正通过对共享心智模型①、学习过程、认知心理等进一步考察向制度演化的阵营靠拢。这些都应该算是进化（演化）主义的回归。但是需要注意的是，这并不意味着在理论上要倒退至凡勃伦的起点，而是通过对演进理论的回顾，来说明这种方法论转变的意义，找到目前制度演化分析有待探索和发展的方向。正如马克·布劳格所说：

"经济学方法论不可能告诉我们，在所有这些相互抗衡的研究框架中，在未来的岁月中哪一个最可能对经济系统运行的重要知识做出贡献。方法论能够做的是，提供接受或反对某种研究框架的准绳，制定帮助我们区分鱼目和珍珠的标准。"②

二、构建理论体系的方法及技术性方法的比较

经济学家从事理论研究、构建理论体系的方法很大程度上受到经济学基本方法论的影响。无论是马克思主义产权经济理论、老制度经济学还是现代西方产权理论都是如此。

（一）马克思主义产权理论：归纳与演绎的统一、分析与综合的统一、抽象与具体的统一、逻辑与历史的统一、实证与规范的统一

马克思称自己的方法为分析法，即矛盾分析法，也就是把唯物辩证法这一基本方法论在《资本论》中具体化为辩证逻辑方法。这种辩证逻辑方法是一个方法体系：归纳与演绎的统一，分析与综合的统一，抽象与具体的统一，逻辑与历史的统一，实证与规范的统一。当然，首先是制度分析法，即分析资本主义私有产权制度与生产力发展之间的关系，分析其矛盾运动。其他一切方法都服从于这一方法，也服从于这一矛盾分析，这是马克思经济学作为制度经济学的标志。

---

① "心智模型"理论源于心理学。邓兆和诺斯（Denzau & North, 1994）将这个概念引入到经济学中，认为"心智模型最好可以理解为意识所做出的最终预测，或者是指在得到环境的反馈之前，意识对环境所形成的预期"。详见：C. Mantzavinos, Douglass C. North and Syed Shariq, "Learning, Institutions, and Economic Performance". *Perspectives on Politics*, Vol. 2, No. 1, 2004.

② 马克·布劳格：《经济学方法论》，商务印书馆1992年版。

归纳和演绎是两种逻辑思维方法，马克思并没有将二者对立起来，用一种而放弃另一种，而是将两种方法结合起来，服务于他的研究和理论体系构建。也只有将二者结合起来，才可能创立科学而比较完善的理论。古典经济学的杰出代表尽管由于对抽象法的运用而对经济科学的发展做出了杰出贡献，但是他们因为在方法论上，要么重视归纳而忽视演绎，例如：威廉·配第，要么重视演绎而忽视归纳，例如：魁奈，这就使其理论体系难免有重要缺乏，概念体系不完备，因而不能全面认识和解释客观对象。马克思则不同。所谓归纳、演绎，无非是两种推理形式，而推理是概念的运动形式或途径，没有推理，概念之间则失去了联系，变成一堆散件。当然，首先必须建立概念。概念是对现实的抽象或概括——如果是这样，概念的运动即推理、判断也就是对现实的描述或认识，它与现实之间是统一的。所谓归纳，无非是从具体的概念到抽象的概念的运动，是收敛性的。所谓演绎，无非是抽象的概念到具体的概念的运动，是发散性的。人们要想全面、正确地认识客观现实，常常需要这两种思维、两种推理，大体上是全面观察、占有充分的材料，形成不同的具体概念，在此基础上归纳、抽象，然后再演绎。当然，这种顺序不是绝对的。考察马克思的《资本论》的体系，确实是从一些最抽象的概念和或明或暗的假设开始的，建立的是一个演绎体系。但是这只是理论体系的表述形式，并不等于理论的推理形式只有演绎，构建这一体系的第一步是大量的观察、抽象和归纳，应该说，在叙述这一理论体系之前，整个理论体系很大程度上已经通过归纳完成了。没有归纳，就没有作为理论体系逻辑起点的最一般的概念及后面的具体的概念。

分析与综合统一的方法，在马克思的理论体系构建过程中占有十分重要的地位，甚至是主要方法。它是由客观对象分为部分和整体及相互之间的关系决定的。分析的方法对对象的不同组成部分分别进行深入的研究，往往需要假定或抽象其他部分或因素为既定不变。而综合的方法则是把不同的组成部分作为有机整体加以考察和研究。综合并非是众多的分析的代数和，如果是这样，综合实际上就不必要了，因为整体不等于部分的代数和或堆积。就好像树木与森林的关系，没有对树木的分析，就不可能认识森林，但是并不等于只要分析了树木就认识了森林。森林虽然由树木组成，而其生态、功能却不等于每棵树木的相加。因此，分析与综合是两种必要的思维或研究方法，综合不是"分析"的加总。马克思经济学充分体现了两种方法的完美结合。他总是先通过对对象的具体组成部分进行分析、抽象，形成具体概念，然后通过综合，复制出理性的具体，统一的具体，揭示各种具体现象之间的内在联系或规律。整个《资本论》的体系，就是一个由分析到综合的体系。第一卷、第二卷分别分析资本或剩余价值的生产过程和流通过程，第三卷又是综合研究资本主义生产的总过程即把生产和流通综合起来研究。在第一、二、三卷内部甚至具体到某个理论假说体现了从分析到综合、分析与综合相结合的方法。例如：先分别分析绝对剩余价值的生产和相对剩余价值的生产，然后把二者综合起来研究；对商品也是先分别分析价值和使用价值，再把商品综合为价值和使用价值的统一体；对资本循环和周转的研究，也是从分析到综合；再生产理论，也是先分析简单再生产和扩大再生产，再综合研究再生产过程……

所谓抽象与具体相统一的方法，是指研究现实和理论的方法与叙述、构建理论体系的方法不同，分别采用由抽象到具体和由具体到抽象的方法，但是二者又是统一的、互补的。其实，两种方法或两种思维方式是同一种方法，即矛盾分析法，只是作为研究的方法和叙述的方法在形式上的不同。马克思首先观察研究纷繁复杂的现实，占有大量的实际材料。如何才能把握复杂现实的本质呢？如何才能把现实上升为理论呢？需要抽象，需要上升为概念。所以，研究现实必须是从具体到抽象，这一过程包括两层含义，第一，把众多具体的现实或现象抽象为具体的概念。第二，再从众多具体概念中抽象出一般的概念。完成了第二层抽象后，对客观对象的本质就已经有了准确认识了，对规律已经掌握了。也就是说，理论研究已经完成了，理论已经存在于头脑之中了。但是，理论不能只存在于头脑之中，如果这样，就不能实现理论研究的目的——解释和指导现实。必须采用一定的形式，选择一定的逻辑顺序把理论表述或叙述出来。对于后者，马克思采用的方法是由抽象到具体的方法，即按照由简单、抽象到复杂、具体的逻辑顺序构建理论体系。从最简单、最抽象，也就是最本质、最一般的东西开始，逐渐地展开，把对客观对象的认识，用理论化的语言复制出来。这一过程是一个逐渐使理论接近现实的过程。因为高度抽象的理论虽然是现实的本质的东西，但是，好像是远离现实。有了这一过程，就会拉近理论与现实的距离——当然不是完全回到现实，而是以更具体、更接近现实的概念来描绘现实。更为重要的是，有了这一逐渐具体的过程，使人们认识到理论确实是现实的反映，即使最抽象的理论也是来源于现实的。整个《资本论》中的商品及其价值，劳动价值论等都是通过对现实的大量的观察抽象出来的，它们作为理论体系的逻辑起点和基础，整个理论体系就是以此为起点和基础建立起来的。后面的价格、生产价格、利润、平均利润、剩余价值的各种形式等，都是相对具体的概念和理论，它们更能直观地再现资本运动的现实。

所谓逻辑与历史的统一，作为方法论特征，应该包括两层含义：第一，马克思的经济学，特别是《资本论》的体系，既是合乎逻辑的，又是符合资本主义发展的历史顺序的。整个《资本论》的体系，是由简单、抽象到复杂、具体的逻辑演绎体系。这一体系的逻辑顺序也与资本主义发展的历史过程大体一致。例如：第一、二、三卷分别研究资本的生产过程、流通过程和资本主义生产总过程，这种逻辑顺序与资本主义社会发展的历史顺序是一致的；第一卷先研究商品，然后货币，然后资本，然后现代土地所有制，这种逻辑顺序也是与资本主义的发展历史一致的。先有商品和商品交换，然后产生货币，资本首先表现为货币，货币增值才是资本，先有商品所有权规律，然后才有资本占有规律。现代土地所有制即资本主义的土地所有制并不是资本主义以前的土地所有制的重复，而是由资本决定的，资本主义的地租是资本的派生物。……不过，逻辑与历史的统一，是方法论意义上的统一，不是二者的完全一一对应。理论逻辑上的安排需要摆脱历史偶然性和具体细节的干扰。因此，逻辑与历史的一致是总体趋势的一致，与历史必然性的一致。第二层含义的统一，是逻辑推演与历史考察相结合，即既注重逻辑推理，又注重历史分析方法。通过对历史过程的实证分析来揭示规律性的东西，也证实逻辑结论。马克思是非常注重历史考察的，整个《资本论》就是对资本产权制度产生、发展、消亡的历史过程的研究；其中的许多篇章都是如此，例如，对相对剩余价值生产的发展历史的考察；也有对理论发展历史的深入研究，这也是一种历史分析方法，例如：对剩余价值理论史的研究。

规范分析方法与实证分析方法的统一，是马克思经济学在方法论上的重要特征之一，不像现代许多经济学那样再三标榜自己只采用实证分析方法，以示其理论的客观性、公正性。其实，可能有些经济学家误解了方法论上的"实证"与"规范"。以为"实证经济学"的方法就是或只有实证的方法，用实证方法建立的经济学就一定是科学的、客观的。"规范分析"带有价值判断和选择，包括对方法本身的判断和选择，对现实的价值判断，对理论的价值判断。其实任何经济学家都不可能没有规范或价值判断，只是有些经济学家不承认或没有意识到，有些经济学家把价值判断推到了极端偏见或理想化的程度。明智而客观的经济学家是明确自己的价值判断，在此前提下，以其特有的方法和角度对经济现实进行客观描述。马克思的经济学体系确实是一个实证的理论体系，是以对资本主义经济制度的实证分析为基础的。其研究方法无疑是以实证分析方法为主。但是，同样运用了规范方法，其理论中同样有规范。例如：作为整个理论体系基础的劳动价值论，既是实证的，又是规范的。财富在商品经济条件下表现为价值，财富是劳动创造的，所以价值是劳动创造的。劳动创造并决定价值，这是一种价值判断。因为其他一些经济学家并不如此认为，有的认为效用决定价值，有的认为生产要素决定价值。劳动创造财富，这是事实，是客观的，而劳动是否决定价值、价值到底是什么，这些都可能有不同判断。更加重要的价值判断是：劳动创造的价值应该归劳动者所有，而不应该归资本家所有。这是马克思揭示资本私有产权制度的剥削性质、揭示其必然被取代的基础。只不过马克思并没有使自己的价值判断流于口号、宣言或感情的宣泄，而是通过实际考察得出了资本私有产权、资本占有劳动者创造的价值是不合理、低效率的结论，并通过建立一个严密的实证的理论体系来充分证明这一结论。

还可以从其他角度对马克思经济学的方法论进行考察，例如：马克思理论中，体现了动态分析与静态分析的结合。就整个研究对象而言，马克思是视之为动态的、变化的客体，对资本主义制度作动态考察，揭示其从产生、发展到消亡的过程。在具体的考察和理论构建中，既有动态方法，也有静态方法。例如：对商品二重性、劳动二重性等，采用静态剖析；对资本的循环和周转，既有动态分析，又有静态分析。考察任何一个企业任何一个时点上的资本结构，资本总是并存于三种形态之上，这种资本不同形态及其比例的分析，是静态的。但是三种形态又是不断转化的，比例也是可变的和需要调整，也就是资本是不断循环和周转的。这就是动态分析；又如再生产理论，简单再生产是静态分析，扩大再生产是动态分析。

在马克思的理论中，并没有严格分为宏观经济学和微观经济学，但是仍然包含这两部分内容，相应也有宏观分析方法和微观分析方法。不过，由于马克思主要运用历史唯物主义对整个资本主义制度的历史演变规律进行研究，因此，这种制度分析更多地具有宏观性，虽然也涉及资本家、工人等主体，但是他们都是作为阶级出现的，并没有用一套很严格的分析方法去分析单个主体的行为，并没有分析单个主体为什么、如何参与或推动制度创新或变迁。因此，微观分析方法在马克思理论中不占主要地位，运用不多。当然不是说不分析客观对象的微观方面。

（二）现代西方产权理论：演绎、实证、微观分析

我们知道，科斯的《企业的性质》和《社会成本问题》首次提出了交易费用的思想，经过西蒙、阿罗、阿尔钦、德姆塞茨、威廉姆森和诺斯等经济学家的努力，现代产权经济学得到了正统经济学的认可，进而和旧制度经济学的距离越来越远。运用新古典经济学的逻辑和理论方法，侧重从微观角度研究制度的构成、运行以及制度在经济生活中的作用，是现代西方产权经济学的显著特征。

在证伪主义的影响下，现代西方产权经济学主要遵循的是演绎主义的方法论，其理论体系是一个逻辑演绎体系，严格地按照：先确定理论假设前提，建立一批概念，进行逻辑推理，得出结论，然后接受事实的检验。所谓证伪主义方法论，并不意味着其理论假说一定要被证伪，而是强调这一假说具有可证伪的性质。当很多的事实都证实理论假说正确，或不能推翻它时，只是说明还没有被证伪，还没有到被新假说取代的时候，不是说不具有可证伪性。现代西方产权理论

显然是一个可证伪的体系，也许人们会觉得其概念、假设也是从现实中归纳出来的，也运用了归纳的方法。例如："交易成本大于零"这一假设，概括了现实中处处存在交易成本这一现实。其实，这是一种误解，交易成本大于零的假设、经济人假设等，都不是对现实归纳的结果。以"交易成本大于零"这一最重要、最关键的假设为例，现在看来，它确实符合现实。虽然有现实基础，产权经济学家不可能不看到交易成本的客观存在。但是科斯建立这一概念、确定这一假设时，并不是因为他正视现实中的交易成本、对处处存在交易成本这一现象的归纳，而是通过纯逻辑推理推演出来的。只不过它正好与现实相符而已。用科斯自己的话说，是通过一些"稀奇古怪的思路"建立了"交易成本"概念。实际上就是通过逻辑演绎推断出来的。他在观察现实时，不是观察交易成本的存在，而是观察到了有市场交易的同时，还有企业内部交易与之并存，而且企业规模还会变动、会扩大，又不会无限扩大。他在思考：这是为什么？逻辑地推出，市场交易有成本，企业内部交易也有成本。而正统经济学假设市场交易无成本是不能成立的。于是他的理论应该在交易成本大于零的假设前提下展开。所以，就像正统经济学假设交易成本等于零，不是基于对现实的归纳（正统经济学不可能连市场交易有代价的事实都看不见，只是视而不见而已）一样，现代产权经济学假设交易成本大于零，也不是或不需要对现实加以归纳。在整个研究和理论构建中，现代产权经济学基本不采用归纳的方法，而只采用演绎的方法。这与马克思经济学是不同的。另外，现代产权经济学在分析与综合两种方法之间，只注重分析的方法。综合的方法很少被运用，或者很少成功地进行综合。尽管它研究的是制度，也研究制度的历史演进，却总是运用其既定的理论对客观对象进行一部分一部分的研究，由此导致不同的理论组成部分，如产权起源理论、企业制度变迁理论等等，但是这些不同的组成部分之间，只有靠"方法"联系起来，很少能把不同部分作为有机整体加以综合研究，揭示它们之间的内在联系。整个理论体系呈发散状态，可以扩展到不同领域从而形成不同的理论分支，但是没有综合研究不同对象之间内在联系的理论。虽然不能说现代西方产权经济学没有现实基础（任何能够称为理论的东西，根本上都是现实的反映），但是从方法论意义上看，它的理论体系确实不太注重从现实的具体到理论的抽象，而注重从抽象到具体，即用理论去解释现实，用具体的经验事实来检验理论，如果被证伪，就放弃或修改理论。其理论是在一系列预设前提下，通过概念运动、演绎而成的。这一点不同于马克思的经济学。马克思同时注重从具体到抽象，再从抽象到具体，或者说从实践到理论，再从理论到现实。而且，现代西方产权经济学的从抽象到具体还不同于马克思的从抽象到具体。前者强调用理论去解释单个的现实或现实的不同部分。而后者除开有解释现实的含义外，从理论体系上更强调理论本身的结构从抽象到具体，或者说，使理论本身的面貌逐渐地接近"现实"的面貌。这里的"现实"虽然不是直观现实的完全复制，但是现实的基本状态，是一个综合的现实，让人感到理论就是描述现实的，而不仅仅是解释一个一个的现实现象的。

现代西方产权经济学是一个演绎逻辑体系，其理论构建不存在逻辑顺序与历史进程一致的问题，他们从来也就没有考虑过这一点，也不需要关注。所以，从方法上它不像马克思那样是逻辑演绎顺序与历史顺序一致。但是，这不等于说它不重视、没有进行历史分析。它也同样运用其构建的理论去解释或考察历史，例如：考察企业制度的演变史，考察西方世界经济兴衰与制度变迁的历史，从而对经济史给予新的理论解释。不过，这不是理论本身所体现的逻辑分析与历史分析的两种方法的统一，而是用逻辑方法构建的理论去解释历史。

强调自己的理论是实证的理论，运用的是实证的分析方法，以强调其理论是科学、是实证的科学，这是现代西方产权经济学的一个特点。按照逻辑实证主义的界定，它也确实基本上属于实证经济学，其理论具有可证伪性，不排斥事实检验。但是从理论构建的方法论意义上看，并不像他们自己宣称的那样，只有实证分析方法，没有规范分析方法。其实，实证经济学的方法中并非只有实证分析方法。也并不能说，只要运用了规范分析方法，就不可能建立实证经济学了。现代西方产权经济学接受逻辑主义的科学哲学，也就是认可科学方法和科学标准的一元论，这本身就是方法论上的规范，是规范的方法论者。在具体的理论中，也有明显的、甚至带有意识形态偏见的价值判断。例如：他们对待马克思经济学的偏见；又如张五常等经济学家对私有产权制度的偏好，经不起事实检验，或者很容易被证伪，并非完全是对客观现实的实证描述。

现代西方产权经济学只有微观分析方法，它对产权制度的分析，都是立足于单个主体的行为分析的，是用经济人的行为、相互的博弈来解释制度的稳定与变迁，解释制度与经济增长、资源配置关系。因此，它属于微观经济学范围，这一点与马克思经济学是不一样的。也可能是优于马克思经济学的地方，因为这一方法的运用使对制度的均衡与非均衡、稳定与变迁、制度比较的解释立足于利益关系基础上。不过对制度的分析是静态与动态相结合，既有制度的静态比较，比较不同制度的效率高低即交易成本高低，又有动态选择即制度变迁理论，比较的是变迁的交易成本及潜在的收益。

从以上的比较中可以看出，马克思经济学与现代西方产权经济学，在研究和构建理论体系的方法方面，既有相同或接近的地方，又有差异。总体上说，马克思经济学的方法要更丰富一些。有些方法上的差异是由哲学基础不同决定的。

至于具体的技术性方法，可以进行比较，不过只是比较谁用了什么方法、用的程度如何、是否成功等。这些方法上的相同或差异，不会导致二者思想、理论框架上的差异，或者，即使有差异，也不是因为它们的不同而造成。所以，在此不把这个层次的方法论作为比较的重点。例如：数学的方法，马克思经济学中用了，现代西方产权经济学也用了，二者用得都不多。边际增量分析方法，本来是数学方面，但是现代西方产权经济学也只是有这种思想，在一些地方使用这个概念，表达了可以用这一数学方法进行分析的意思，或者指明了一个可细化的方向，迄今为止的理论，并没有具体的边际分析的数学模型。统计方法，二者都使用，都充分利用统计资料。个案分析方法，二者也都使用，不过对成本—收益比较的方法，现代西方产权经济学倒是普遍运用，而且用得淋漓尽致。它把这一方法具体化为交易成本比较方法，几乎用到了每一个具体的研究领域和理论假说上。这是其这个层次的方法论特色。由于这一方法，对制度的分析也变得具体，可操作了。当然，成本—收益比较方法是一个技术性方法，但是它是有直接的哲学基础的，在基本方法论层次上，就是个人主义、功利主义和自由主义。也正因为有这样的哲学基础，成本—收益比较方法才在具体层次上得到普遍运用。

第四章

制度、制度变迁与经济增长

制度对经济增长的影响作用已经越来越被人们所认识到。两个自然资源和文化背景完全相同的国家,如第二次世界大战之后的民主德国和联邦德国,会因为制度的不同而取得完全不同的增长绩效。实行了适宜制度的国家,会获得持续的财富增长和积累,而不幸实行了不适宜制度的国家,则会陷入贫困、饥荒之中难以自拔。

我们对制度与经济增长的关系进行了深入研究,考察了制度影响经济增长的内在机理和收入分配制度影响经济增长的原因,结合计量经济史学对制度与经济增长到底谁决定谁的问题进行了分析;建立了一个引入制度的内生增长模型,分析制度对经济增长的影响;对中国大陆1949~1978年土地产权制度对农业经济增长的影响进行了实证研究,表明了制度对经济增长的影响。

本章分为三节:第一节是制度与经济增长关系的理论考察;第二节是引入制度的内生经济增长模型;第三节是对中国大陆1949~1978年土地产权制度对农业经济增长的实证研究。

第一节 制度与经济增长:理论分析

本节主要是对制度与经济增长的关系进行理论分析,讨论制度影响经济增长的内在机理、收入分配影响经济增长的内在机理,以及结合计量经济学史的最新研究成果探讨制度与经济增长之间的关系。

一、制度影响经济增长的内在机制：一般理论

亚当·斯密以来，经济学家从劳动分工、要素积累、技术进步等方面来解释经济增长，而所有这些作为经济增长解释变量的因素都会受到特定制度的影响。不同制度下，劳动分工的范围、要素积累水平以及技术进步能力会存在不同，并最终影响到经济增长水平。典型如在三八线划定初期的韩国与朝鲜，它们具有完全相同的要素禀赋和文化、教育背景，但半个世纪中不同制度环境下的发展却导致经济绩效的巨大差异。制度对经济增长作用的机理，主要表现在：

（一）制度影响劳动分工的水平

亚当·斯密把劳动分工作为经济增长的源头，并指出分工会受到市场范围的限制。在一个狭小的市场内，比如一个人口稀少的村落里，养活不了一个专业的裁缝、酿酒师，人们只能依靠自己生产才能获得这些商品。随着市场范围的扩大，分工趋于深入，生产效率提高。但是市场扩大和分工深入的过程，不可避免地会受到制度的影响。主要表现在：

1. 不同的制度下分工和交换活动的交易费用不同。许多国家通过法律来规范人们的商业活动，并有相对完善的货币、金融及市场交易制度，这使得陌生人之间的交易很容易展开。而另一些国家，却缺乏这样的制度，人们之间的交易活动只能限制在熟人网络里，而无法形成匿名市场，结果分工和交易的范围被大大限制。传统国家的工业化需要自由迁徙制度、匿名金融市场制度、自由要素市场制度保障，但这些制度在许多发展中国家都是很难具备的。许多国家奉行自由贸易制度，很少对贸易进行限制，并且通过建立和加入经济一体化组织来减少贸易成本，这些国家的法律和制度就有利于将分工扩展到更大的范围，而另外一些国家则推行严厉的贸易保护制度，将分工和交换的范围限制在国内。甚至有些国家，国内市场也存在着严重的分割，分工和交易只能在狭小的市场范围内进行。根据希罗多德的《历史》中的描绘，在没有政府、制度甚至没有宗教或语言的情况下，受贸易利益的吸引，人们也能够进行交易，出于自身利益的考虑，人们会对自身行为进行约束，避免欺诈，以防止丧失未来的贸易机会。但是如果仅仅基于交易双方的自我约束力，而缺乏法律制度和法院来保障合约执行，诸如借贷之类的长期交易将难以实现。为了实现所有来自贸易的收益，就需要一整套法律制度和政治秩序，以便强化契约、保护财产权、执行抵押协议、发展有限责任公司，并且培育出一个使信贷和投资更具有流动性的持久而广泛的资本市场。只有

这样，社会才能获得那些产生于复杂贸易和长期贸易的收益，而不是仅仅获得通过人们的自我约束就能实现的简单贸易中的收益，需要复杂分工和合作的生产活动才能进行。

2. 不同的制度下人们参与分工的收益不同。人们之所以愿意参与分工和交易，是因为分工给他们带来了收益。通过分工和交换，他们发现自己获得的财富增加了而不是减少了。如果在特定的制度下，分工不是增加而是减少他们的收入，他们就会从分工中退出。在中国的计划经济时期，国家通过工农业"剪刀差"来增加工业积累，工业制成品的价格被抬高，农产品价格被压低，农民以农产品交换工业制成品时会遭受严重的损失。因此，在整个计划经济时期，农村经济几乎退回到了自给自足的自然状态下，除了必需的工业制成品——如药品和奢侈品（手表、自行车等），农民家庭绝大多数的生活用品都是自己生产。

（二）制度影响资本投入和积累水平

制度影响资本投入和积累水平，从而持续地影响经济增长。人们投入资本进行生产，是因为对利润的预期。不同的制度下，对财产的保护程度不同，人们关于投资收益的预期不同，因此投资水平和社会产出水平也就不同。产权保护与经济增长一直是新制度经济学中最重要的话题。早在《国富论》第二篇第一章中，亚当·斯密就写道：

"在一切生活比较安定的国家里，有常识的人，无不愿用可供他使用的资财来求目前享乐，或求未来利润……一个人如果不把他所能支配的一切资财（不管是自有的或借入的）用于这些用途之一，说他不是疯狂，我是不能相信的。如果不幸，国家专制，君主暴虐，人民财产随时有受侵害的危险，那么，人民往往把资财的大部分藏匿起来。这样，当他们所时时刻刻提防的灾难临头的时候，他们就可随时把它带往安全地方。据说，在土耳其，在印度，并且我相信在亚洲其他各国，都常有这种事情。在封建暴虐时代，我国似乎也有过这种情形。"

在专制政体下，君主可以随意地逮捕国民、没收财产，或者征收不可能忍受的赋税，都会导致人们不敢投资，经济增长就会出于停滞之中。布拉德福特·德龙和安德烈·施莱弗对欧洲工业革命前800年欧洲经济史的考察从经验上验证了专制政府与低经济增长之间存在相关关系。他们发现专制主义政府的出现与否对欧洲城市发展的历史和分布有巨大的影响，如果西欧在1050~1650年没有遭受专制统治，工业革命会更早发生，而专制政体在意大利和西班牙等地区的兴起，以及在荷兰和英格兰的衰败，则是导致欧洲文明的重心于1800年由地中海转向英吉利海峡和大西洋的决定因素。

要素投入水平的降低，不但会影响到当期产出，而且会由于要素积累水平的降低而持续地影响到经济增长水平。

（三）制度影响人力资本的投资和积累水平

1. 不同制度下，劳动力的投入水平不同。制度具有激励作用，不同制度对劳动者的激励程度不同，不但导致劳动力的投入水平不同，而且也导致其他物质要素的产出效率不同。物质要素必须和一定的劳动力结合在一起才能够进行生产。而劳动要素与物质相比，具有监督困难的特征。当君主掠夺财产的时候，人们会窖藏白银，把物质资本隐藏起来，当制度缺乏对劳动者的激励的时候，劳动者也会把人力资本隐藏起来，通过偷懒、怠工等方式来减少实际投入，从而导致所有要素的产出率下降。例如在奴隶制下，由于奴隶不能占有自己的劳动成果，因此奴隶常常用怠工、装病的方法来逃避劳动，即使奴隶主的皮鞭也不能真正解决问题。那些从事复杂管理活动的奴隶，对他们的监督更加困难，他们是把全部的聪明才智投入工作还是敷衍了事，奴隶主根本观察不到，一些奴隶主为了鼓励他们投入更多的人力资本，允许他们占有自己的一部分劳动成果，致使一些奴隶逐渐地积累了财富，并能够为自己赎身。在这种情况下，奴隶制向自由民的转化，不是强制的结果，而是奴隶主出于两种制度下不同产出率比较的结果。在计划经济时期的农村，由于生产资料和劳动产出全部归集体所有，农民不管是偷懒还是勤奋劳作，所获得的收入是一样，这样就鼓励了偷懒，致使农村产出率过低。1978年实行包产到户后，农民以家庭为单位在自己的土地上生产，占有自己的劳动成果，这无疑鼓励了他们进行更多的劳动投入，结果带来了土地和其他生产要素回报率的上升。所以我们观察到，中国农村包产到户前后，同样的土地、同样的技术水平、同样的人口，农业产出水平却发生了天翻地覆的变化。

2. 不同制度下，教育和人力资本投资水平不同。在一个民主国家，在宪政约束以及选举影响下，政府在政策制度，特别是在公共财政支出上，需要维护公众的利益和权利，实行义务教育、建立社会保障体系成为政府公共政策必不可少的内容，这些措施提高了一国劳动力的健康、教育水平，使本国劳动力以及其他要素的产出水平上升。相反，一个专制国家里，经济政策的制度和公共财政支出，通常是为了满足统治者（集团）自身的利益，统治者为了满足自己的收入、声望以及政治野心等，往往会将税收应用于个人消费、军事投资、大型工程，而很少顾及公共利益，致使社会公众的教育、健康投资不足，影响了人力资本水平。另外，一个民主的市场经济国家，通常不会进行意识形态控制，而允许社会保留多元化的思想、观念，并从法律上保障公民言论自由的权利。思想自由带来了创造力，从无数人头脑中迸发出来的知识和创新观点带来了整个社会知识水平和技术进步能力的提高。而在一个专制国家里，统治者为了减少社会思想多样化所带来的摩擦和冲突，通常需要控制意识形态，管制言论，并按照单一的意识形态标准来教育大众，思想自由被扼杀导致社会创新能力不足。

（四）制度影响生产要素的流向

不同制度会导致生产要素在不同部门间的边际报酬不同，影响资源在部门间的配置。在同样要素积累水平下，一个国家的生产要素主要流向生产部门还是非生产性部门，会使经济增长水平产生根本差异。

1. 制度决定了资源配置者、主导者。在一个规范的市场经济国家里，生产要素会按照边际报酬的高低依次配置到各个部门，直至这些部门要素边际报酬趋同，这种情况下社会产出效率和福利水平达到最优。同时，在规范的民主政治下，政府调集资源的能力受到限制。政府仅以税收的形式来征集和再分配一部分资源，用于国防、警察、法律、教育、道路等公共开支。但在一个没有市场经济的专制国家里，统治者有权力支配全部社会资源。一旦统治者将这些资源用于非生产领域，则会造成对社会生产的破坏。极端的计划经济虽然在历史上存在的时间不长，但已成为人类经济增长史上的惨剧。

2. 制度影响到一个社会的寻租程度。在经济管制越强，市场配置资源能力越差的国家里，寻租越严重。管制所创造的租金会吸引人们花费时间和精力并投入资源进行寻租活动。随着寻租活动的增加，用于生产的资源减少，社会产出水平会下降，最后社会陷入一种高寻租、低产出的均衡，相反，那些实行自由经济并从法律上来保障这种制度的国家，则有可能实现另一种均衡，即高产出、低投入的均衡。最终实行不同制度的国家，被锁定在不同的均衡状态中，贫者愈贫而富者愈富。

3. 制度影响人力资本的流向。当统治者以权力来配置资源的时候，生产要素，尤其是人力资本会不可避免地被分配到与权力有关的领域中去，按照与权力中心的距离来分配。在落后的国家中，有才能的人不会选择作企业家，而是加入到政府、军队、宗教组织或者其他与权力有关的职业中，因为这些部门能够提供更高的回报。中国封建集权社会中，做官是所有人的梦想，所谓"学而优则仕"。知识分子被吸引到科举制中，与科举考试有关的四书五经知识成为他们关注的唯一对象，而与生产和商业有关的知识则成为社会的末流文化，不能吸引知识分子投入其中，整个社会科技知识供给不足，不能产生技术进步。许多学者认为近代中国生产技术的落后很大程度上与此有关。

（五）制度影响人们解决冲突的方式

在稀缺性的约束下，社会既是一个资源配置的系统，更是一个由稀缺性引发的冲突解决系统。不同的制度规定了人们解决冲突的不同方式，从而影响到经济增长的成果能否被保持。经济增长中积累的物质财富经常会因为战争、暴乱等原因而毁于一旦——财富的创造尽管十分艰难，但其破坏却相对容易得多。战争和冲突的发生在很大程度上与一个国家的制度有关。

比如，一个国家如果宪法规定公民有选择自治或者独立的权利，那么在种族和民族矛盾严重时，特定地区的公民就可以通过全民公决来决定是否从该国中脱离出来独立，相反，如果缺乏这样的制度，则通常就会发生内战和武装冲突。

二、收入分配制度对经济增长的影响

收入分配制度会对经济增长产生影响，因为经济增长所创造的财富最终总是要在社会成员之间进行分配，而不同的收入分配制度对经济具有不同的作用。好的分配制度能够带来持续的经济增长，而不合理的分配制度不但会使现有的财富被损耗掉，而且会阻碍长期的增长。

（一）社会财富是怎样分配出去的？

1. 财富分配的两个阶段

在一个规范的市场经济和民主政治国家中，社会财富的分配由两个阶段构成：第一个阶段，是生产过程中的分配，也就是人们常说的"初次分配"，由市场和价格机制按照要素自动分配财富。第二个阶段，是国家（政府）以转移支付的方式将税收分配给特定的群体，也就是人们常说的"再分配"。可以用图4-1表示。

在第一个阶段的分配中，劳动、资本、土地等生产要素在价格机制的作用下，分别获得工资、利润和租金等收入，国家也获得了税收。由于国家为社会生产贡献了法律和秩序等制度要素，因此也可以看作是按要素获取收入的一方。这一阶段的分配，是在复杂的经济系统中自动完成的，没有具体的主导者，国家仅是作为制度要素的所有者分享财富的一方，而不是整个活动的主导者。第二个阶段的分配，则完全由国家主导，国家将前一阶段获取的税收再以转移支付的形式向特定基层分配出去，如救济穷人、减少收入差距，开办公共教育，进行特定目的的公共投资等，这样经济增长中的全部财富就落实到相应的社会成员身上。

以上描述了一种财富分配的理想状态，现实中的分配制度常常偏离这种理想状态。

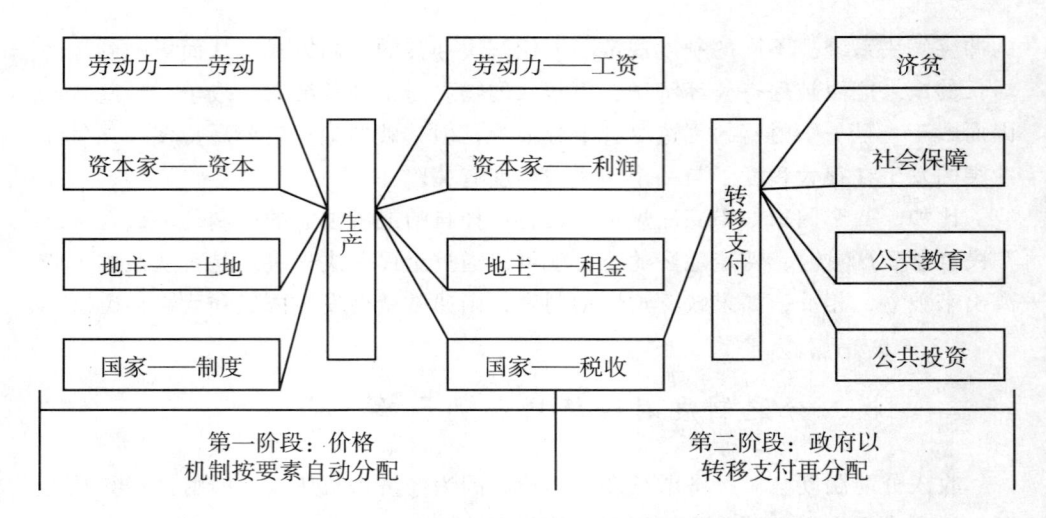

```
劳动力——劳动        劳动力——工资              济贫

资本家——资本   生  资本家——利润   转        社会保障
                 产              移
地主——土地          地主——租金     支        公共教育
                                 付
国家——制度          国家——税收              公共投资

   第一阶段：价格              第二阶段：政府以
 机制按要素自动分配              转移支付再分配
```

图 4-1 市场经济条件下的社会财富分配过程

2. 第一阶段分配中的偏离

在市场经济条件下，财富由价格机制自动分配到要素所有者手中，这种自发形成的分配机制能在瞬间完成无数的分配活动，具有人为的分配机制所无法比拟的优势。对市场经济的干预的破坏，必然会改变财富的分配格局，并且增加分配成本，降低生产效率。破坏和干预市场经济的情况，常见的有：

（1）计划经济。在计划经济条件下，社会生产、分配和交换都在国家统一计划安排下进行，从自上而下的层层指标分配到排队、票证，每一件商品的分配都耗费巨大的资源。这些资源不会带来产出，而是带来无偿的消耗。因此计划经济的贫困，不仅仅在于由于缺乏生产激励而导致的经济增长不足，还在于有限的经济增长成果被过多地消耗于分配过程。

其实，在人类文明的演进过程中，社会财富分配制度不外乎两种：一是市场经济制度，二是等级制度，后一种情况下，财富是由一个最高的权威自上而下按地位、出身等标准向全体社会成员分配。如农奴制下，领主自上而下分配食物及生活用品给农奴。在当前许多落后国家里，这两种形式的分配则同时存在，这些国家已经存在市场经济，但尚不健全，有大量的财富仍然是通过等级制来分配的。与市场相比，等级制分配制度，不仅具有高昂的分配成本，而且与权力控制和人身依附密不可分，因为权力控制保障了最高权威对财富的控制，而人身依附对于确定社会成员的身份并以此分配财富也是必不可少的。市场经济和资本主义制度在欧洲产生之后，很快战胜了原来的封建等级制，废除了人身依附制，确立了社会成员间自由、平等的关系。而未出现市场经济制度的国家，则无不与贫困、专制和人身控制相伴。从这一点来看，计划经济的出现，可以说是人类文明的一次大倒退。

（2）垄断管制。20世纪中国及前苏联国家走向转型之后，计划经济这样的极端反市场制度已经很少见。但在市场经济的大前提下，许多国家仍然存在着种种干预市场经济的做法，典型的是国家限制特定产业的进入，形成管制垄断，为特定利益集团谋求垄断租金。垄断带来商品价格提高、商品供给减少、服务水平下降，使得消费者的利益被剥夺。管制垄断实际上相当于一种转移支付行为，政府通过管制将消费者的利益转移给了特定集团。但是与转移支付相比，垄断会带来生产扭曲，因此对经济增长具有抑制作用。

（3）贸易保护政策。贸易保护政策同样具有分配效应。贸易保护政策会造成进口国生产者剩余的增加和消费者剩余的减少，相当于将消费者的收入转移给了生产者。

（4）价格管制。特定时期物价的上涨会给特定群体带来压力，政府通常通过价格管制来进行收入转移，如通过房价、物价限制和最低工资法案来为劳工阶层争取利益。但这种做法负面的影响非常大：价格管制使生产者减少供给，消费者增加需求，供需之间的缺口加大，带来排队、黑市、政府执法成本上升等一系列消极反应。

3. 第二阶段的偏离

一个规范政府应该把转移支付和再分配范围限制在最小，国家仅参与市场不能进行的分配活动如救济穷人、保护野生动物、建立军队、发展公共教育、维持法律、警察和基本政府功能的运转等，而不会任意扩大其再分配职能。但是现实中，政府通常会扩大税收和公共品供给范围，强化财政集权，造成严重的资源浪费。

（1）政府公共品供应范围过广，造成无效率。国家通过征税来供应公共品会受到征税成本和公共品供应成本的限制。当边际征税成本和公共品供给成本的上升，政府供给公共品逐渐变得无效。在许多国家都可以观察到公共服务部门的低效率现象。这促使许多国家对公共服务部门进行改革，将原由政府提供的许多服务，如铁路、民航、医院等，转为私人经营。私有化改革和竞争的引入提高了这些部门的效率，同时减少了政府的税收负担。

（2）推行财政集权，提高了财政体制运行成本。对于一个大国来讲，保持适度的财政分权，可以减少转移支付的范围，减少财政体制运转成本，并提高公共品供给效率。这是因为：一是分权机制下，地方政府直接将税收用于地方开支而不用先上交中央财政然后再由中央财政以转移支付的形式下拨回来，从而降低收支成本；二是财政分权，可以使地方政府有更多的资源用于公共开支，与中央政府相比，地方政府更了解地方公共品的需求状况，在公共品的供应上会更有效率；三是财政集权下过多的转移支付导致下级政府和部门严重的寻租活动，社会资源被浪费。因此，从许多国家或地区从法律上规定中央政府和地方政府的财政权力边界，并限制各级政府的征税范围，以防止无效率的再分配活动发生。

（3）政府不履行基本的再分配职能。规范的民主政治下，政府会将税收用于社会公众的利益，并利用转移支付来减少收入差距，弥补第一阶段分配的不足，如缩小收入差距，提高公共利益。而在缺乏民主政治约束的情况下，税收可能会被用于各种与公共利益无关的用途，比如被各级官僚贪污、浪费、建造政绩工程、转移给特定利益集团等。这不但造成社会资源的浪费，而且使得国家职能不能正常履行，使长期经济增长失去制度保障。

政府的再分配活动是由一个国家的政治制度所决定的。对无效率的再分配的限制，需要通过政治改革才能够进行。

（二）收入分配制度如何影响经济增长？

1. 理论解释

（1）马克思主义经济学。马克思主义经济学承袭了古典经济学的劳动价值论，从成本角度来理解价值（价格），认为劳动是价值的唯一源泉，资本是生产的核心要素。工资（劳动力的价格）由生活费用或其他生存费用所决定，是外生给定的，生产中创造的剩余，即利润，被资本方占有，剩余率决定了下一期的投资量。从产期来看，劳动者仅能得到维持基本生活费用的工资，越来越贫困，而资本家则不断获取剩余用于扩大再生产。贫困使工人丧失购买力，产品卖不出去，扩大再生产被迫中断，经济危机产生。最终，收入分配上的不公平，导致资本主义扩大再生产无法顺利完成，资本主义制度会在经济危机的打击下走向灭亡。

马克思主义经济学对收入分配制度经济增长机制进行了深入研究，它关于收入分配矛盾会导致资本主义灭亡的预言虽然与历史经验并不相符，但其收入分配矛盾会破坏长期经济增长的思想对后来的经济学家却产生了重要的影响。

（2）新古典经济学。新古典经济学较少关注收入分配问题，认为在完全竞争的市场中，收入可以在生产过程中按要素自动分配。在古典经济学的生产函数中，所有的生产要素都是平等的，资本可以雇佣劳动，劳动也可以雇佣资本，各种生产要素的报酬由其边际产出率决定。要素收入份额等于要素价格与要素数量的乘积。但是在市场存在垄断的情况下，垄断方获得的报酬大于其边际产出，而竞争方获得的报酬则小于其边际产出。垄断方占有了一部分剩余。政府的经济管制措施，如保护贸易政策可以形成垄断，从而向特定了群体或集团分配了收入。

新古典贸易理论中有两个常用模型描述了这种分配过程：第一是赫克歇尔—

俄林—萨缪尔森（Heckscher-Ohlin-Samuelson，H-O-S）模型（要素禀赋理论）。它假定长期内所有的生产要素（资本和劳动力）在部门间是可以自由流动的。在这种条件下，自由贸易将会使商品和生产要素的价格均等化，由于一国出口那些生产中密集使用本国丰富要素的商品，而进口那些生产中密集使用本国稀缺要素的商品，自由贸易将导致丰富生产要素的实际收入提高，而使稀缺生产要素的收入下降。因此，对进口商品征收关税将阻止本国稀缺生产要素的实际收入下跌。这就是"斯托尔帕—萨缪尔森（Stolper-Samuelson）定理"。在这一模型中，贸易对收入的影响是按照生产要素来划分的。例如假如一国出口资本密集型商品，进口劳动密集型商品，自由贸易会使劳动力阶层收入减少，使资本家收入提高，因而劳动力阶层将支持对进口品征收保护性关税，而资本家则持相反态度。

第二是琼斯—尼瑞（Jones-Neary）模型，即特殊要素模型。它假定在短期内资本作为不同部门的特殊生产要素，在各部门间是不流动的，而劳动力作为共同生产要素在各部门之间自由流动。在这种情况下，自由贸易会降低进口竞争部门的资本边际生产力，使该部门资本的收入减少。而在出口部门，自由贸易会提高资本的边际生产力，使该部门资本的收入增加。对于公共生产要素的实际收入，自由贸易的影响是不确定的，它取决于劳动者的消费偏好构成。在这个模型中，贸易对收入分配的影响是按部门划分的。仍然假如一国出口资本密集型商品，进口劳动密集型商品，自由贸易将提高生产资本密集型产品的部门的收入，而降低生产劳动密集型产品的部门的收入。保护贸易政策可以阻止生产劳动密集型产品的部门收入的减少，因而这一部门会支持保护贸易政策，而生产资本密集型产品的部门态度正好相反。实证中，经验数据和材料似乎更支持特殊要素模型，即国家贸易对收入的分配是按部门划分的。

从长期来看，贸易保护主义抑制了竞争，造成生产的低效率和社会福利的流失，影响了经济增长。

（3）新政治经济学。20世纪中期兴起的新政治经济学开始关注收入分配对经济增长的影响。奥德·加勒（Oded Galor）和约瑟夫·左拉（Joseph Zeira）在1993年发表的论文《收入分配和宏观经济学》中指出，"收入和财富分配是非常重要的，他们在短期和长期内都会影响产出、投入以及某些外生变量的调节方式……"[①] 收入分配在经济增长的各个方面都发挥着重要的作用。随后，有大量的经验研究证实初始的不平等，如初始收入、教育水平、物质资本及人力资本拥有量等，与较低的经济增长间高度相关。从而引发了更多的经济学来探讨

---

① Oded Galor and J. Zeira, "Income Distribution and Macroeconomics", Review of Economics Studies, 60, 35–52, January, 1993.

收入分配制度对经济增长的影响。

2. 作用机制

收入分配制度会影响经济增长。在分配的第一阶段，这种影响主要体现了分配政策（制度）对市场经济和自由竞争所造成的扭曲和破坏。政府为了特定的分配目的而管制经济，包括设立垄断、进行贸易保护，甚至在社会公正的目标下实行计划经济完全取消市场，最终使得经济增长遭到破坏。而在分配的第二阶段中，政府通过转移支付，向特定阶层进行收入再分配，减少收入差距，对于一个国家的长期经济增长则是不可缺少的。这些再分配措施通常包括：建立社会保障体系，包括最低生活保障，失业保险，医疗保险，针对穷人的住房补贴，覆盖全社会的义务教育制度，使得穷人的孩子有机会获得发展的能力，等等。

（1）收入差距加大会提高产权保护成本。随着贫困人口的增加和他们的贫困程度的加剧，对有产者财产保护的难度会上升。在一个财产不安全的国家里，与产权相关的生产激励就会减退，会发生财产藏匿、过度消费、资本外逃等现象，经济进一步增长的动力减弱。在一个收入差距过大的国家里，通常存在着严重的犯罪行为和暴力冲突，影响产权安全。因为穷人教育缺乏，人力资本投资不足，在合法的劳动市场上就业机会会相对减少，通过犯罪获得财产的激励上升。劳动被过多的配置到犯罪领域而不是生产领域。同时，随着不同阶层间收入差距的拉大，他们之间的隔阂和对立情绪会变得日益严重，一个阶层会逐渐丧失理解和关心另一个阶层的动力和能力，这最终会引发社会冲突、暴乱甚至起义和内战，破坏经济增长。这种情况在工业革命初期的英国、德国都曾发生过，当时两个国家发生了众多的工人农民起义、捣毁机器、破坏厂房等各种的冲突事件，最终促使政府进行改革，建立起了现代社会保障制度，这种制度被大多数的发达国家所效仿。英国及各国的经验表明，政府以公共支出来增加穷人收益，缩小收入差距，为经济增长创造良好的环境，使得穷人和富人都从中获利。

（2）收入差距加大会减少社会人力资本积累。表现在：一是严重的收入差距导致众多的人口无法接受教育和培训，人力资本积累减少，而后者正是一个国家经济增长最重要的源头，政府通过公共教育机制来向穷人分配教育权力，可以导致社会人力资本水平的总体提升；二是穷人缺乏储蓄，无法通过储蓄和投资来保障自己老年后的生活，只有依赖子女，这使得他们对于生育的偏好特别强烈。可以观察到，大多数落后国家的人口出生率都远远高于发达国家。过多的生育带来更多的贫困的缺乏教育的人口，社会人力资本水平进一步下降，同时人均占有的其他资源量也都下降。如果政府通过社会保障机制来安排穷人老年后的生活，会降低生育偏好，导致人口出生率下降。随着人口出生率的降低，单位儿童享受的家庭养育、教育费用上升，人力资本水平上升。

（3）收入差距加大会导致政权不稳定。一个国家的贫困人口受教育水平限制，通常缺乏有效的政治权力表达方式，他们的利益很难获得国家法律制度的维护，这导致他们更严重的贫困程度和政治权力缺失。阿玛蒂亚·森曾经指出，穷人的贫困在于权力的缺失。他考察印度、孟加拉国历史上的饥荒现象时发现，饥荒产生的原因不是食物短缺，而是穷人缺乏食物获取权[①]。这一观点被中国1958～1961年大饥荒的经验所证实。林毅夫通过研究发现，这次大饥荒产生的主要原因是国家的农产品统供统销制度使得农民没有权力食用粮食[②]。当一个国家之中存在大量的缺乏政治权力的贫困人口时，国家政权会处于一种不稳定状态中。贫困的大多数无法通过正常的政治权力表达来诉求利益，很可能会通过暴力来反抗现有政权，而执政者的竞争对手也会利用贫困人口的不满来达到推翻现有政府的目的。政府通过公共教育和其他再分配措施来培养和提高穷人表达政治权力的能力，对于保持国家政治稳定维持长期经济增长具有重要的作用。

三、制度与经济增长：谁决定谁？

制度对经济增长的促进作用，不但需要在机理上做出解释，而且需要被历史经验所证实。20世纪五六十年代在美国兴起的计量经济史对检验"制度促进经济增长"这一命题作出了重要的贡献。

计量经济史早期代表人物诺斯在关于海洋运输效率的研究中，通过间接计量分析说明了1600～1850年之间海洋运输效率的变化应归因于制度因素（包括海运组织形式、海盗减少）而不是技术进步[③]。福格尔则用反事实计量法研究了美国奴隶制的效率，得出了奴隶制仍然有效率的结论[④]。近期研究则以阿西莫格鲁为代表。阿西莫格鲁等人研究了前殖民地的收入逆转的现象，从中发现了产权保护制度对经济增长的重要作用[⑤]。产权保护制度可以社会的经济增长突破资源的限制，将贫乏的地区变成富饶的国度，而缺乏产权保护的国家，曾经的富饶会逐

---

① Sen, Amartya K., *Poverty and Famine*, Oxford, U.K., Clarendon Press, 1981.
② 林毅夫：《食物供应量、食物获取权与中国1959～1961年的饥荒》，载于《再论制度、技术与中国农业发展》，北京大学出版社2000年版。
③ North, Douglass C, 1968, "Sources of productivity change in ocean shipping 1600-1850", *Journal of Economic Political Economy*, Vol. 76, pp. 953-970.
④ Fogel, R. W., and S. Engerman, 1974, *Time on the Cross: The Economics of American Negro Slavery*. New York: Little Brown and Company.
⑤ Acemoglu, Doron, Simon Johenson and James A. Robinson, 2002 "Reversal of Fortune: Geography and Institutions in the Making of the Modern World Income Distribution", Quarterly Journal of Economics, 118, 1231-1294.

步被贫困所替代,丰富的资源之于社会中的大多数来讲,不是上帝的礼物而是上帝的"诅咒"。西方殖民统治开始时期,即公元1500年左右时,曾经富有的国家,如印度、墨西哥等,如今均陷入贫困、落后的状态,而那时的穷国,如加拿大、美国,如今均极为富有。这一现象引起许多经济学家的关注,有人认为是气候原因造成的,原来富裕的地区随着气候的变化不在适合农业的发展,也有的认为是资源禀赋问题,这些地区缺乏工业革命所需要的煤、铁资源。阿西莫格鲁从产权制度的变化上找出了原因。15世纪后期,西方列强在殖民地的扩张导致这些国家原有的社会组织和制度发生了根本的改变。在当时的贫穷地区,殖民者建立起了私有产权制度,为范围广泛的社会成员提供产权保护,而在当时的富裕地区,他们却建立起或保留了原有的掠夺性制度,少数精英有权力从社会中抽租和掠夺。这是因为当时的贫穷地区,人口稀少,吸引并且能够容纳大量西方移民进入其中,他们在这里建立起了同他们原来的国家同样的制度。在富裕地区,当地大量的财富和人口使掠夺性制度对西方殖民者而言更有利可图,他们以此为手段从当地大肆掠夺财富,如强迫当地居民在矿厂或种植园劳动,或接管原有的税收、贿赂渠道,对当地居民征收高额税收。制度上的差异导致了不同国家经济增长的不同,并由于路径依赖效应,在长期的历史进程中持续地发挥着作用直至今日。

对于为什么收入逆转发生在18世纪末19世纪初,阿西莫格鲁解释如下:制度的作用在这一时期尤为重要。制度的差异决定了不同的国家是否能够参与工业革命,而工业革命恰巧就是确定国家间贫富差异的分水岭。工业革命之前,投资机会集中于农业,不同制度所导致的经济绩效差异可能并不明显,因为掌握权力的少数精英自己投资农业并雇佣其他人口从事劳动,也能实现产出的增长。工业革命时期情况发生改变,工业化要求广泛的社会人口,如众多的中产阶级、发明家、小持股人而不仅仅是少数精英参与到投资中来,尤其是要求有才能的企业家的出现。建立了私人产权制度的社会,因为能够激励私人投资而搭上了工业革命的快车,从而获得了快速的经济增长,而少数精英统治的社会,却由于缺乏投资而丧失机会。这是因为,首先,统治精英不一定拥有企业家才能进行投资,而统治集团之外的拥有企业家才能的人由于掠夺型制度下缺乏产权保护而不愿意参与投资;其次,当新的工业化投资使统治集团外部而不是其自身获利的时候,统治集团会想方设法阻碍投资,尤其是当他们担心新技术的使用会威胁到自身的政治权力时。阿西莫格鲁对上述观点进行了经验检验,结果显示工业化机会与好的制度之间存在显著正相关。

在阿西莫格鲁等人以历史数据验证"制度决定经济增长"这一命题时,另外的经济学家也用历史数据验证了另一个相反的命题"经济增长决定制度"。关于制度与经济增长的关系,经济理论中始终存在两种对立的观点:制度决定论和增长决定论。前者认为保护私人产权、限制政府权力的制度是长期经济增长的先决条件,离开了对私人产权的保护,投资缺乏激励,与经济增长密切相关的人力资本和物质资本的积累便不可能发生。这种观点可追溯到亚当·斯密和孟德鸠斯的早期古典自由主义思想,后经诺斯、布坎南、塔洛克、德龙和施莱弗等人阐述,形成了"制度至关重要"(Institution matters)基本命题。近期则以前文所提的阿西莫格鲁的研究最具代表性。后一种观点认为经济增长是由物质资本和人力资本的积累而启动的,好的制度是教育和财富增长的结果而不是其原因,其思想源头可追溯到亚里士多德。立普塞特(Lipset)对此解释为受过教育的人更容易通过谈判和投票来解决冲突,在缺乏教育的社会中,制度不可能通过法庭和公民权的行使来安排。近期支持这一观点的代表是格雷瑟(Gleaser)[①]。对制度与经济增长关系的不同理解,直接关系到转型国家改革路径的选择和认同:增长决定论可以导出自边际展开的渐进式变革思路,而制度决定论却要求必须将改革直接推向政治、经济制度的深层。转型国家在改革路径上的两难选择,在很大程度上与这种谁也无法说服谁的理论分歧有关。

  计量分析的结果似乎很难确定制度与经济增长间的关系。这是因为制度和经济增长(技术)是两个相对较大的谱系,其间存在着各种层级的制度类型和增长类型,笼统地说谁决定谁是不科学的。在某些层级上,制度可能是起决定性作用的,在另一些层级上经济增长可能是起决定性作用的。此外,制度和经济增长中的创新和扩散还受制于行动者认知状态。而后者往往又取决于行动者所处的局部历史文化场景。因此,制度和经济增长的关系在不同的时空场景中也可能不同。在某种场景下,制度可能决定经济增长,而在另一种场景下,经济增长则可能决定了制度变迁。因此,我们不能笼统地谈论制度和经济增长的关系,必须将其置于不同层级类型和不同时空场景下进行研究。

第二节 制度与经济增长:一个理论模型

  目前,经济学家主要用三类理论解释经济增长:新古典增长理论、内生增长理论和制度变迁理论。哈罗德—多马模型(Harrod,1939;Domar,1946)就是

---

① Glaeser, Edward L., Rafael la Porta, Florencio Lopez-de-Silanes, and Andrei Shleifer, "Do Institution Cause Growth". Journal of Economic Growth, 2004, 9 (3): 271-303.

典型的以劳动和资本作为促进增长的两种因素而构建的一个经济增长模型。新古典增长理论以资本积累为核心，以资本边际产出递减为基本假设，为增长问题的研究提供了基本的分析框架。但由于资本的边际产出递减导致经济中不存在长期增长，索洛（Solow，1956）摒弃了资本和劳动不可替代的假设，但是仍然将资本和劳动视为外生的变量。卡斯和库普曼斯（Cass and Koopmans，1965）在拉姆齐（Ramsey，1928）消费者最优模型的基础上创立了储蓄率内生化经济增长模型。卢卡斯（Lucas，1988）继承宇泽弘文（Uzawa，1965）的基本思想，但他放弃了 Uzawa 模型将生产部门区分为实物生产部门和生产知识的教育部门两个部门的做法，而是假定每一个生产者用一定比例的时间来从事实物生产，用另外的时间从事人力资本建设，建立了 Uzawa – Lucas 内生经济增长模型，得出均衡经济增长率等于人均人力资本水平的增长率。

通常，制度[①]被新古典经济学家忽视或看作是运行和经济发展的既定前提。自从 20 世纪 70 年代中期以来，随着新制度经济学派的兴起，他们对于技术革命、经济增长乃至国家的兴衰都有了新的解释。诺斯在《制度、制度变迁与经济绩效》写道："19 世纪的美国经济，为经济增长提供了一个有利的环境。是什么使得环境变得有利……事实上，正是制度矩阵的有效特征，形成了一个对组织的生产活动及其技能与知识的发展给以报偿的经济和政治环境。"新制度经济学派以大量的现实研究为依据而提出了"制度至关重要（Institution Matters）"（Acemoglu et al.，2002，2004）的命题——有利于创新的制度安排，才是推动社会进步和技术创新的主要力量，而经济制度的演变被认为是人们为降低生产的交易成本所做的努力。因此，制度的内生化研究成为一种必然。新制度经济学采用正统的新古典经济学的成本收益分析来研究制度变迁，其基本观点是：制度也是一个稀缺要素，当经济增长中存在制度"瓶颈"时，制度变迁会带来经济的增长（诺斯，1994）。

现实中的一些证据也表明，制度对解释国际收入差异是相当重要的。一个最有说明力的证据是分裂国家的发展过程（奥尔森，1996）的比较。在第二次世界大战后的大部分时间里，德国和朝鲜各自被分裂为两个国家。这些国家的各个分离部分之间在分裂前具有极其类似的气候、自然资源、实物资本和人力资本的初始水平，以及对待工作、节俭和创业的文化态度等等。但是，他们的制度差别是相当大的：民主德国、朝鲜是计划经济，而联邦德国、韩国是相对自由的市场

---

① 按照新制度经济学的解释，制度被定义为规范人的行为规则，有正式制度与非正式制度之分。正式制度是法律、法规、政策、规章等制度确定的，新制度经济学认为它是人们可以选择和改变的内生的变量；非正式制度主要包括风俗、习惯、意识形态等，它们是不随意改变的自然内在逻辑作用的事物。

经济。这些市场经济比计划经济明显更为成功①。而当今世界上，穷国愈穷、富国愈富并且贫富差距越来越大，毫无疑问，这必然影响世界和平与发展。对于中国，虽然市场化制度变迁所取得了举世公认的成就，创造了人类历史上的一个经济增长的奇迹，但其改革中各省之间也呈现出与世界类似的地区发展不平衡问题。这些归根到底是经济增长过程中的经济收敛问题，即是否存在经济发展"趋同"。

既然制度变迁对经济增长至关重要，那么制度通过何种机制来影响经济增长呢？又什么因素影响制度的变迁呢？这无疑是一个制度内生化问题，也是人们最关心的问题。国外学者主要是通过计量分析方法来定量分析制度的绩效，近年来，随着计量经济史学的发展，制度的计量研究已经成为制度经济学实证研究的热点和难点（黄少安，2007）。杨小凯（1991）和贝克尔（1992）复兴了斯密的劳动分工能导致内生增长的思想，试图将劳动分工的"规模收益递增"与"协调分工的成本"这两个因素的演变纳入经济增长的内生变量来研究。邹薇、庄子银（1996）把分工作为一种生产性的基本制度安排，探索了长期经济增长的微观机制。黄少安等（2005）通过对中国大陆1949~1978年土地产权制度对农业生产效率影响的分析，证明了"所有权农民私有、合作或适度统一经营"是相对较好的制度。因为这种制度能较大程度地激励各生产要素的投入，使得土地和劳动等要素的利用率提高，从而使农业总产值高速、稳定增长。刘小玄（2003）认为竞争和产权制度对中国经济增长有重要的影响。樊刚等（2003）指出市场化和经济体制改革是我国经济增长起着决定性的作用。李富强等（2008）通过计量得出产权制度变革是我国现阶段经济增长的最主要的动力。

埃契和皮拉洛萨（Eicher and Peĺalosa，2003）、托奈尔（Tornell，1997）等研究了内生制度与经济增长问题。在埃契和皮拉洛萨（2003）中以从事制度方面的人多少作为内生制度质量（质量的高低反映人们回报的多少）。在托奈尔（1997）新古典经济增长模型中，从共有财产与私有财产之间相互转换的角度研究了产权内生的问题。本节从制度是经济增长的第四个基本要素的命题②出发将资本、劳动、技术以及制度纳入内生经济增长模型，考虑制度质量水平与经济增长的宏观机制角度引出制度影响因子③对经济增长过程中的均衡点存在性、稳定性和长期平衡增长率的正负以及收敛速度作出了更为详细的分析，并且得到一些

---

① 如1990年德国统一时，联邦德国的人均平均产出约为民主德国的2.5倍。韩国由于实行好的保护产权的制度在1980年人均平均收入是1 589美元，而朝鲜仅有768美元。
② 奥斯特罗姆、菲尼和皮希特（1996）也曾指出，制度是经济增长的第四个因素，不发达国家经济发展缓慢有着其深层次的制度原因。
③ 国内学者如刘红等对制度的影响因子作过分析。

良好的结果,使得模型更有现实的解释力。

一、模型框架

模型假设整个社会的禀赋为 L(0) 单位劳动、K(0) 单位资本、技术以及单位制度的存量分别为 A(0) 和 I(0)。社会计划者的目标是在劳动力增长率为外生的条件下,考虑当前的制度和技术对经济的影响因子,合理地配置资源以实现经济主体的效用最大化。

(一) 最终产品生产函数

考虑一个代表性的生产单一产品的产商,其生产函数满足新古典生产函数的基本假设,一般来说,t 期资本用 $K(t)$ 表示,t 期劳动用 $L(t)$ 表示,生产函数为:$Y(t)=F[K(t),L(t)]=K^{\alpha}(t)L^{1-\alpha}(t)$,其中 $0<\alpha<1$。它具有以下性质:(1) $F[K(t),L(t)]$ 有连续的一阶和二阶导数;(2) 各要素的边际产出大于 0 且递减;(3) 规模报酬不变;(4) 为了剔除角点解,方程满足 Inada 条件。

除此之外,我们对模型作出如下假设:

假设 1:影响制度变迁因素很多,从微观角度来看有技术、人力资本以及制度本身等。波罗(Borro,1990)和格拉泽(Glaser et al.,2004)指出政治制度并非是在人类社会的初始阶段就有的,而是技术进步、教育发展和经济增长发展到一定阶段的产物。马克思制度变迁理论主要是从宏观的长期的角度研究人类社会制度的变迁,在本质上它是一个经济发展决定制度变迁的宏观动态整体制度变迁理论。从一定意义上说,第一,经济增长必然要求制度变迁。在经济得到发展后,社会上的新生利益集团必然要求从制度安排、宪法秩序上保护自己既得的利益;同时为了使自己代表的经济连续得到发展,必然对具有效率的权利进行界定,必然对社会的激励机制、竞争机制进行规定,进而改变制度结构推动体制变革。第二,经济增长对制度变迁提供经济条件。第三,经济增长不断对制度变迁提出新的要求。经济不断发展,不断对权利界定、激励机制、资源配置机制提出新的需求。为简单起见,在本节模型中,我们依据马克思制度变迁理论学说,制度变迁是经济增长的内在要求同时也是经济增长的结果,而暂时忽略其他因素。江曙霞等(2006)通过构建制度的动态演进方程,对中国的制度演进进行了动态的考察,得出对经济增长效率的追求是中国经济制度演进的核心推动力为此假设提供了佐证。

假设 2:制度的变迁过程实际是制度生产和实施的过程,不可否认在此过程中必不可少的消耗人力、物力,财力,并且它同时受到当前的物质资源的约束,不管是人力还是物力，都可以用资本来衡量。因此，我们把制度变迁的成本纳入到资本消耗中，这个假定是比较合理的。

假设3：制度也是一种稀缺的资源要素，如同技术、知识、物质资源、人力资源一样，它是人类智慧的结晶，一种好的制度，不是天生、从来就有的，而是在汇集了人类的各种财富基础上人们选择的结果。从人类历史的角度，它在人类的历史长河中，历经了原始社会制度、奴隶制度、封建制度、资本主义制度、社会主义制度等从低级到高级的制度变迁，而同时人类从原始状态走向了现代文明。青木昌彦（1998）认为至少有六个理由让我们相信，制度是均衡导向的（the equilibrium-oriented）或是内生的博弈规则。博弈均衡的制度分析方法从内生的角度分析制度的起源与实施问题，这种方法清晰地揭露了制度的双重性质：制度既是参与人持续不断的战略互动的产物，同时又稳定地独立于个体参与人的行动选择。

从制度对经济增长的作用机制[①]来看，一是制度促进人们增加对各种资本的投资，加快技术进步的进程；二是制度通过优化资源的配置，提高了资源的使用效率。这种资源的使用效率的提高不是单个资源的效率的加总，从一定程度上讲，它不是人力和物质资源本身的效率，而是作为稀缺资源的制度所对经济增长发挥的效率，就如同技术改变了人们使用生产的工具的形式和功能，提高人们的劳动技能而促进了经济增长。制度作为一种对资源的配置规则，通过对资源的使用用途改变（作为生产使用或是消遣使用）、资源之间的优化配置以及基于人类长远利益的考虑资源使用和各方利益的协调对经济增长所起的长期可持续地促进作用不是人力资本、物质资本以及技术所能替代的[②]。诺斯（1968）给出了制度创新可以提高生产率的证据，他以1600~1850年间的海洋运输业为研究对象，探究了海洋运输业生产率提高的原因，研究表明样本区间内海洋运输业并没有重大技术进步，其生产效率的显著提高来源于经济组织和市场制度的改善。因此制度这一稀缺资源就如同技术、物质和人力资本一样作为第四个对经济增长促进的不可或缺要素不可避免要纳入到生长函数中，这与达龙·阿西莫格鲁（Daron Acemoglu, 2004）所认为的制度是经济增长的基本要素是一致的。斯科特（Skott, 1999）的模型也提供了佐证。在其模型中，制度特征向量进入到均衡产

[①] 其作用机制也可以从在没有制度情况下来说明，因为在缺乏制度的条件下，由于人们的行为是随机的、偶然的，唯一的尺度是个人的好恶和利益。显然，如果每个人都凭个人好恶和利益行事，即使拥有各种物质和人力资源，社会也会陷入混乱和无序，如布罗姆利说："没有社会秩序，一个社会就不可能运转。制度安排或工作规则形成了社会秩序，并使社会运转和生存。"

[②] 在现实中的例子很多，比如说，并不是每个人都能得到相同受教育的机会。由于高昂的教育费用门槛和出生的环境等原因，有些很聪明人的才智就很可能得不到开发和使用，而这可以通过制度上合理的安排来解决。

出的生产函数中[①]。

制度是多维度的，而且不同的制度对经济增长的作用是不一样的，因此制度对资源优化配置所起的作用也是一个复杂的系统，其间各种制度作用对经济增长存在着互补性，随着时间的推移和环境的变化，一种制度实施过程对经济增长的边际效率递减，即一种制度对经济增长的作用会减少或为零，此时必须有一种新的制度来适应新的环境，从而保持制度对经济增长的连续性。正是由于不同的制度对经济增长的作用是不同的，所以对于一个国家来说，制度质量高低无疑是影响经济增长的一个重要的方面，可认为是制度对经济增长的影响因子。正如一个国家采用不同水平的技术对经济增长的促进作用不同，一个国家采用不同制度质量水平所导致的结果也是不一样的，因此，制度质量的水平无疑是制度对经济增长的一个合适的代理变量，而制度影响因子是制度质量水平的一种度量。对于制度质量水平，Knack 和 Keefer（1995）、Easterly 和 Levine（1996）、Art Kraay，Pablo Zoido-Lobaton 和 Daniel Kaufmman（1999）对此进行了深入研究[②]。

我们在假设 1 和假设 3 中，没有考虑制度与技术进步的关系是基于黄少安教授（2007）所说的"制度与技术是两个相对较大的谱系，其间存在着各种类层

[①] 一国的均衡制度演进路径 $y_{i,t}^*$ 可以表示为：$y_{i,t}^* = at + f_i(X_t)$。其中，$y_{i,t}^*$ 表示为国家 i 在 t 时期的均衡产出水平的对数，$a \geq 0$ 代表外生的技术进步变量，X_t 表示用于刻画制度的特征性向量，$f_i(.)$ 函数用来表示制度特征向量对 i 国均衡产出的影响。

[②] Easterly 和 Levine（1996）在 Knack 和 Keefer（1995）研究的基础上建构了一个制度质量指数（index of institutionalquality）。他们的研究成果为后来的经济学家对于制度与经济绩效关系的研究提供了一个重要的分析工具。Knack 和 Keefer 认为，一国制度质量的高低主要体现在一国政府的治理（governnance）水平上，因此他们基于对这样四个与政府治理有关的方面的测度来说明制度质量的：①官僚机构的质量（quality of the bureaucracy），指政府行政服务的水平与效率以及行政人员的培训与招募方式；②法律规则（rule of law），指是否有健全的政治制度，强有力的法律体系以及政治权力的平稳交替；③侵占的风险（risk of expropriation），指政府对私人财产的保护力度，私人财产被没收和国有化的风险；④政府当局对合同或债务的拒绝承认（repudiation of contracts by government），指政府的公信度。而 Easterly 和 Levine 把这些指数综合转换成为一个 1~10 的系数，数值越高代表制度的质量越好。但是许多学者在应用这一工具从不同的角度进行制度绩效的实证性考察过程中，也注意到这一单一指标存在的问题，并根据不同国家和地区的特点做了一定的修正。比如 Easterly 和 Levine（1996）在对非洲国家的比较研究中就意识到非洲国家种族和语言文字的多样性对于非洲国家经济发展的影响作用，并建构了种族—语言分化指数（ethnol-inquistic fractionalization index），以此作为制度质量指数的补充，比较分析非洲国家的制度绩效。而 Dani Rotrik（1997）在使用制度质量指数对东亚国家进行比较研究时，根据东亚地区的特点，加入了初始收入状态（initial income）和初始教育状态（initialeducation）作为补充，并且通过这三个变量较好地解释了该地区的制度绩效。世界银行的学者 Art Kraay，Pablo Zoido-Lobaton 和 Daniel Kaufmman 在 1999 年提出总治理指数（the aggregate governance index），用以度量一个社会的制度质量。他们意识到，要用总治理指数来度量制度质量，必须假定不可观测的制度变量与可观测的治理变量之间存在着线性关系，这样，就把不可观测的制度变量变成了可观测的治理变量。这个总指数是由三个指数组成的：游戏规则（the rules of game）、政府的有效性（government effectiveness）和腐败（graft）；每一个指数又以一些可量化的指标构成。这样，这个指标体系就为考察制度绩效提供了一个有力的工具。

级的制度类型和技术类型，笼统地说谁决定谁是不科学的。在某些层级上，制度可能是起决定作用的，而在另一些层级上技术可能是起着决定作用的……因此，不能笼统地谈论制度与技术的关系，必须将其置于不同层级类型和不同时空场景下进行研究"。因此，我们避开技术进步与制度之间复杂关系的纠缠，就二者对经济增长的共同点来分别刻画技术、制度与经济增长之间的关系。

假设 4 劳动力增长率外生的。

假设 5 在分析制度与经济增长时，采用黄少安（2000）关于制度实施过程中边际效率是递减的假设。

根据假设 1 并吸收斯科特（1999）的模型思想，设 $I(t) = B(t)Y^{\beta}(t)$ 其中 I 为制度质量水平，β 是制度影响因子，$1 - B(t)$ 是制度实施所造成损失效率，不同时期 t 内 $B(t)$ 是不同的，为简单处理设 $B(t) = B$（为 0 和 1 之间常数）。

根据假设 2，资本积累方程为：

$$\dot{K}(t) = Y(t) - C(t) - \delta_1 K(t) - \delta_2 K(t) \tag{4.1}$$

其中 δ_1，δ_2 分别为 t 期资本折旧消耗和由于制度实施所带来的资本损耗。

根据 Arrow（1962）、Romer（1986）"干中学"，t 期技术 $A(t) = D(t)K^{\gamma}(t)$ 其中 $D(t)$ 是 t 期的技术转化效率，γ 是技术影响因子，为处理方便，令 $D(t) = D$（为 0 和 1 之间常数）。

生产函数可以表示：

$$Y(t) = F[K(t), N(t)] \tag{4.2}$$

其中 t 为时间，$Y(t)$ 为总产出，$K(t)$ 为资本存量，$N(t)$ 为有效劳动[①]，满足如下定义：

$$N(t) = I(t) \times A(t) \times L(t) \tag{4.3}$$

其中 $I(t)$ 为制度变量，$A(t)$ 为技术进步变量，$L(t)$ 为劳动。

根据假设 4，可以得到：

$$\dot{L}(t) = nL(t) \tag{4.4}$$

结合假设 1、假设 3，我们可以得到：$I(t) \times A(t) = BDY^{\beta}K^{\gamma}$ (4.5)

其中 γ 为制度因子，β 为技术因子，$\gamma + \beta$ 的取值范围是由制度变迁变量和技术进步变量的边际产量大于 0 且递减决定的（假设 5）。

人均有效资本可以表示为 $k(t) = \dfrac{K(t)}{I(t) \times A(t) \times L(t)}$ (4.6)

[①] 制度变迁和技术进步对经济增长的影响主要通过影响劳动来表现，即制度变迁和技术进步表现为哈罗德中性。之所以假设为哈罗德中性一是保持稳定增长的可能性，二是制度产生和实施是与人离不开的。制度和技术变量同劳动变量有效结合在一起时的劳动，称为有效劳动。

将（4.2）式代入（4.1）式，可得 $Y = F[K, IAL]$，根据生产函数规模不变的齐次性有：

$$Y = F[K, IAL] = I*A*L*F\left[\frac{K}{IAL}, 1\right] = IALf(k) = K^{\alpha}(IAL)^{1-\alpha} \quad (4.7)$$

（二）效用函数

假设消费者的效用函数为 $U(C) = \dfrac{C^{1-\theta}-1}{1-\theta}$，其中 $\theta > 0$ 为相对风险厌恶系数，$\dfrac{1}{\theta}$ 为跨期消费的替代弹性。消费者的目标是效用最大化，即 $\max\int_{0}^{\infty}e^{-\rho t}U(C)\mathrm{d}t$

其中 $\rho > 0$ 为时间偏好或为折现因子。

二、经济均衡点存在性和均衡增长路径分析

设现值哈密顿函数：$H = U(C) + m(Y - C - \delta_1 K - \delta_2 K)$，其中，$m$ 可看作 $K(t)$ 的影子价格。

由一阶条件得出：$\dfrac{\partial H}{\partial C} = 0$，即 $C^{-\theta} = m$，两边取对数求导，得到：

$$-\theta g_C = g_m \quad (4.8)$$

$\dfrac{\partial H}{\partial C} = \rho m - \dot{m}$，可得

$$g_m = \rho - \frac{\alpha + \gamma(1-\alpha)}{1 - \beta(1-\alpha)}\frac{Y}{K} + \delta_1 + \delta_2 \quad (4.9)$$

令 $k = \dfrac{K}{IAL}$，$c = \dfrac{C}{K}$，有：$g_K = g_I + g_A + g_L + g_k$

则 $g_Y = (1-\alpha)(g_I + g_A + g_L) + \alpha g_K = g_I + g_a + \alpha g_k + g_L \quad (4.10)$

由（4.5）式可得 $g_I + g_A = \gamma g_K + \beta g_Y$

结合（4.10）式有 $g_I + g_A = \dfrac{(\gamma + \alpha\beta)g_k + (\gamma + \beta)g_L}{1 - \gamma - \beta}$

又因为（4.7）式有：$\dfrac{Y}{K} = \dfrac{K^{\alpha}(IAL)^{1-\alpha}}{K} = k^{\alpha-1} \quad (4.11)$

由（4.1）和（4.9）及（4.11）式有：$g_K = k^{\alpha-1} - c - \delta_1 - \delta_2 \quad (4.12)$

$$g_m + \rho + \delta_1 + \delta_2 - \frac{\alpha + \gamma(1-\alpha)}{1 - \beta(1-\alpha)}k^{\alpha-1} \quad (4.13)$$

故

$$g_k = g_K - g_I - g_L - g_A = k^{\alpha-1} - c - \delta_1 + \delta_2 - \frac{(\gamma+\beta)n}{1-\gamma-\beta} - \frac{(\gamma+\alpha\beta)}{1-\gamma-\beta}g_k - n$$

即
$$\frac{\dot{k}}{k} = g_k = W\left(k^{\alpha-1} - c - \delta_1 - \delta_2 - \frac{n}{1-\gamma-\beta}\right) \qquad (4.14)$$

其中 $W = \frac{1-\gamma-\beta}{1+\beta(\alpha-1)}$

$$\frac{\dot{c}}{c} = g_c = g_C - g_K = \left(\frac{T}{\theta} - 1\right)k^{\alpha-1} + c + \left(1 - \frac{1}{\theta}\right)(\delta_1 + \delta_2) - \frac{\rho}{\theta} \qquad (4.15)$$

其中 $T = \frac{\alpha + \gamma(1-\alpha)}{1+\beta(\alpha-1)}$

因为（4.14）式和（4.15）式构成关于 (k, c) 的二维微分系统，令 $g_c = g_k = 0$，即 $\dot{k} = \dot{c} = 0$

得均衡值
$$\begin{cases} k^* = \left[\dfrac{T(1-\beta-\gamma)}{(\delta_1+\delta_2+\rho)(1-\beta-\gamma)+n\theta}\right]^{\frac{1}{1-\alpha}} \\ c^* = \left(\dfrac{1}{T} - 1\right)(\delta_1+\delta_2) + \dfrac{\rho}{T} + \left(\dfrac{\theta}{T} - 1\right)\dfrac{n}{(1-\beta-\gamma)} \end{cases} \qquad (4.16)$$

其中 α 是产量对资本的弹性，而 θ 是相对风险厌恶系数，可取 $\theta > 1$。

由（4.16）式，可以得到命题 1

命题 1：当 $\gamma + \beta > 1$ 时，存在 c^* 和 k^* 小于 0 的可能，从而无法一定得到经济系统的正稳定均衡点；当 $0 < \gamma + \beta < 1$ 时，可得 $c^* > 0$；$k^* > 0$，由此可知，经济增长的均衡点 (k^*, c^*) 一定存在（如图 4-2 所示）。

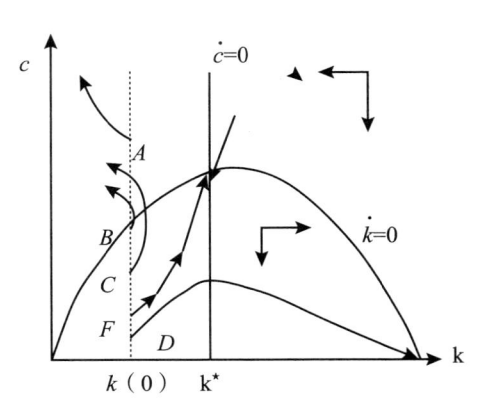

图 4-2 c 与 k 关于 c 的各种初始值的行为

下面分析参数 β，γ，δ_2，n 的变化对经济增长中的稳定均衡点影响：

讨论（1） 当时间偏好 ρ 增大其他参数不变（以下讨论单个或两个参数都是其他参数保持不变），$0 < \beta + \gamma < 1$ 时，表明在人们注重现在的消费，从而 C 增

大，在 Y 一定的情况下，能够用来投资的资本就会减少，从而 K 会减少，导致均衡时人均有效资本 k^* 减小，而消费资本比 c^* 增大；反之，时间偏好 ρ 减小，表明人们在消费者效用最大化的前提下，增加投资，减少当前的消费，导致均衡时人均有效资本 k^* 增大，而消费资本比 c^* 减小。

讨论（2） 当劳动增长率 n 增大，$0<\beta+\gamma<1$ 时，由于人口增长过快导致人均有效资本 k^* 减小，而消费资本比 c^* 增大。

讨论（3） 当 δ_2 减小，$0<\beta+\gamma<1$ 时，表明制度实施的成本降低，从而可以节约一部分本来用于生产制度的社会资金用来投资，使得 K 增大，因此人均有效资本 k^* 增大；由于 C 不发生变化，所以使得消费资本比 c^* 减小。

讨论（4） 当制度影响因子即 β 都增大时（$0<\beta+\gamma<1$），在不考虑人口增长或者人口增长率很小的条件下，人均有效资本 k^* 增加，表明良好的制度变迁减少了未来的不确定性，降低了交易费用，使得人们对未来产生良好的预期，加大了人均有效资本的投资。在产出分配到投资和消费的过程中，相对投资来说人们会在消费中分配更多一些，这样消费资本比 c^* 就会减少，如图 4-3 所示。

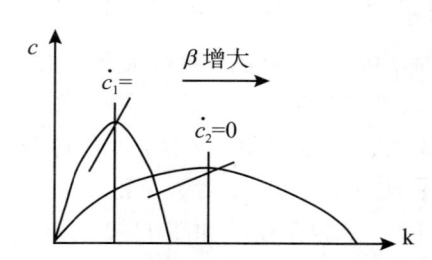

图 4-3　制度变迁对均衡状态的影响

在均衡点处，有增长率[①]

$$g_Y = g_K = g_C = g_I + g_A + g_L = \frac{(\beta+\gamma)n}{1-\beta-\gamma} + n = \frac{n}{1-\beta-\gamma}$$

讨论参数 n，β，γ 对长远经济增长率 g_Y 的影响。

讨论（5） 当劳动增长率 n 增大时，由于 β 和 γ 不变，则长远经济增长率 g_Y 和 n 成正比例关系，随着 n 的增大而增大，即在技术和制度不发生变化时，长远经济增长率 g_Y 依赖于劳动增长率。

讨论（6） 当技术因子 γ 增大时，长远经济增长率 g_Y 随着技术因子 γ 增大

[①] 因为经济行为一旦已收敛于 E 点，它便等同于处在平衡增长路径上的索洛经济的行为。但是在索洛模型中，是充分高的外生的储蓄率引致经济到达一个平衡路径（不考虑相同的制度因素），该路径的性质为：存在一些可行的选择，他们设计到在每时刻更高的消费。相反，在拉姆赛模型中，储蓄是由作为家庭的社会计划者推出，该家庭的效用依存于消费，并且不存在外部性。结果，使得经济在每个时点上获得较高消费水平的路径。

而增大，表明在制度因子 β 保持不变以及劳动增长率外生的情况下，技术进步会推动经济增长率的增加，验证技术决定论。

讨论（7） 当制度因子 β 增大时，长远经济增长率 g_Y 随着制度因子 β 增大而增大，表明在技术因子 γ 保持不变以及劳动增长率外生的情况下，制度促进经济增长率的增加，验证了制度决定论。

讨论（8） 当技术因子 γ 保持不变而随着制度因子 β 增大以至于 $1-\beta-\gamma<0$ 时，长远经济增长率为负，说明超越社会发展阶段的制度安排或一种掠夺的制度会造成经济长期负增长，比如：新中国成立初期超越社会主义初级阶段的人民公社制度就曾延缓我国农村经济的发展，黄少安等（2005）对此作过实证分析。

人均产出增长率

$$g_{Y/L}=g_Y-g_L=\frac{(\beta+\gamma)n}{1-\beta-\gamma}+n-n=\frac{(\beta+\gamma)n}{1-\beta-\gamma} \quad \text{其中} \ 0<\beta+\gamma<1$$

讨论（9） 当技术因子 γ 增大时，人均产出增长率 $g_{Y/L}$ 随着技术因子 γ 增大而增大，表明在制度因子 β 保持不变以及劳动增长率外生的情况下，技术进步会推动人均产出增长率的增加；当制度因子 β 增大时，人均产出增长率 $g_{Y/L}$ 随着制度因子 β 增大而增大，表明在技术因子 γ 保持不变以及劳动增长率外生的情况下，制度变迁促进人均平均产出增长率 $g_{Y/L}$ 的增加。当技术因子 γ 保持不变而随着制度因子 β 增大以至于 $1-\beta-\gamma<0$ 时，人均经济增长率为负。

由讨论（4.7）、（4.8）和（4.9），可以得到命题 2：

命题 2：无论是经济平衡增长率还是人均产出增长率，在技术影响因子 γ 一定的情况下，当 $0<\beta+\gamma<1$ 时，β 为与技术发展水平相适应的制度，即好的制度质量水平；当 $1-\beta-\gamma<0$ 时，β 为与技术发展水平不相适应的制度，即不好的制度质量水平。这表明，制度必须放置于一定的技术背景下才能判断其优劣，我们不能单纯地说哪种制度比其他的制度更优。

三、均衡点稳定性及收敛速度分析

令 $x=(k,c)^T$，则（4.14）式和（4.15）式组成一个 2 维的经济自治系统 H：$\dot{x}=f(x)$。由以上分析知 $x^*=(k^*,c^*)^T$ 是经济自治系统 H 的均衡点。

令 $\dot{x}=M(x-x^*)$，矩阵 $M=(m_{ij})=Df(x^*)=\left[\dfrac{\partial f_i(x^*)}{\partial x_j}\right]$ 视为 f 在 x^* 的 Jacobi 矩阵。

计算有 $m_{11}=W(\alpha-1)(k^*)^{\alpha-1}$，$m_{12}=-Wk^*$，$m_{21}=\left(\dfrac{T}{\theta}-1\right)(\alpha-1)c^*(k^*)^{\alpha-2}$，$m_{22}=c^*$

令

$$\Delta = m_{11}m_{22} - m_{12}m_{21} = (\alpha-1)(k^*)^{\alpha-1}c^* + k^*\left(\frac{T}{\theta}-1\right)(\alpha-1)c^*(k^*)^{\alpha-2}$$

$$= W\frac{T}{\theta}(\alpha-1)c^*(k^*)^{\alpha-1}$$

$$\lambda_1 = \frac{m_{11}+m_{22}+\sqrt{(m_{11}+m_{22})^2-4\Delta}}{2}, \lambda_2 = \frac{m_{11}+m_{22}-\sqrt{(m_{11}+m_{22})^2-4\Delta}}{2}$$

当 $0 < \beta+\gamma < 1$ 时，则 $\Delta < 0$ 故 $\lambda_2 < 0$。由此，可知经济系统存在鞍轨稳定均衡点[①]。经济系统可以由初始点 (k_0, c_0) 沿着 AA 直线（此时 $\lambda_2 < 0$）收敛于稳定均衡点 (k^*, c^*)（如图4-4所示）；当 $\beta+\gamma > 1$ 时，则 $\Delta < 0$ 故 $\lambda_1 > 0$, $\lambda_2 > 0$，均衡点 (k^*, c^*) 是不稳定的均衡点。此时对于一个经济系统，任何微小的扰动都导致一个不可恢复的破坏（如图4-5所示）。

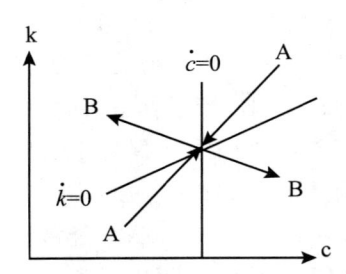

图4-4 线性化稳定均衡点

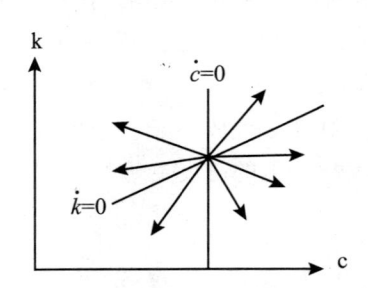

图4-5 线性化不稳定均衡点

由此，我们可以得到命题3：

命题3：对于经济均衡点的稳定性，在技术影响因子 γ 一定时，当 $0 < \beta+\gamma < 1$，制度影响因子 β 反映好的制度质量；而当 $1-\beta-\gamma < 0$，制度影响因子 β 反映不好的制度质量。好与坏的制度质量对经济系统的均衡点稳定性影响是不

---

① 由动力系统知识，均衡点在邻近动态性质的考察转化为对 Jacobi 矩阵的代数分类。

同的。

在现实生活中,一个国家从经济的初始点到达经济均衡点需要多长的时间? 当生产函数是相同时,也就是一个穷国或地区如何尽快地赶上富国的问题,即收敛速度,这是人们普遍关心的问题,影响到世界的和平与发展以及一个国家地区和谐发展。当经济系统不存在稳定均衡点时,讨论收敛速度将不具有任何经济意义,因此,以下部分的分析均是在 $0 < \beta + \gamma < 1$ 的条件下进行的。

由以上动态分析有: $y(t) - y^* \approx e^{\lambda_2 t}(y_0 - y^*)$ (4.17)

其中 y^*,y_0,$y(t)$ 分别表示均衡人均有效产量,初始人均有效产量,t 期人均有效产量。

则由 (4.17) 式可知,一个国家经济 $y(t)$ 发展到达距离最优人均有效产量 y^* 均衡点的中点时所用的时间即半程期 t_h(以此来表示收敛的速度)约为: $e^{\lambda_2 t_h} = \frac{1}{2}$ 即

$$t_h = -\frac{\ln 2}{\lambda_2} = \frac{\ln 4}{\sqrt{(m_{11}+m_{22})^2 - 4\Delta} - (m_{11}+m_{22})}$$

代入 Δ 的值有

$$t_h = \frac{\ln 4}{\sqrt{(m_{11}+m_{22})^2 - 4\frac{T}{\theta}m_{11}m_{22}} - m_{11} - m_{22}}$$

对 t_h 关于 β 求导,可得命题 4:

命题 4:当 t_h 满足 (4.18) 式时,

$$\frac{T(1-\alpha)}{\theta[\alpha+\gamma(1-\alpha)]}(\delta_1+\delta_2+\rho)(m_{11}-m_{22}) +$$

$$\left[(m_{11}+m_{22}) - \sqrt{(m_{11}+m_{22})^2 - 4\frac{T}{\theta}m_{22}m_{11}} - 2\frac{T}{\theta}m_{11}\right]\left[\frac{(\theta-1)n}{[1-(\beta+\gamma)]^2}\right] > 0$$
(4.18)

当制度影响因子 β 增大时,会导致 $\sqrt{(m_{11}+m_{22})^2 - 4\frac{T}{\theta}m_{22}m_{11}} - (m_{11}+m_{22})$ 增大,从而 t_h 会减小。

表明当制度影响因子 β 增大时会形成制度与经济增长的良好互动,即好的制度推动了经济增长,反过来经济增长又形成了较高的制度水平,从而导致了半程期 t_h 的减少,说明制度影响因子 β 增大可使穷国或穷的地区赶上富国或富裕的地区的速度加快,也可使经济系统从外来经济冲击导致对均衡的偏离往均衡路径上收敛的速度加快。

四、结论与进一步研究的方向

通过分析制度和制度变迁对经济增长的影响,我们得出了以下结论:

第一,当制度因子 β 增大时,经济系统可以形成制度与经济增长之间的良好互动,从而在技术因子 γ 保持不变以及劳动增长率外生的情况下,长远经济增长率 g_Y 和人均平均产出增长率 $g_{Y/L}$ 会增大,表明好的制度可以促进经济增长率的增加,验证了制度对于经济增长至关重要的结论。

第二,分析了经济增长过程中经济均衡点的稳定性,即在 $0 < \beta + \gamma < 1$ 时,一国经济能经受住外界经济冲击而不偏离均衡点,得出了良好的制度可使经济系统能经受外界冲击并沿着 AA 直线趋向均衡点的结论;而当 $\beta + \gamma > 1$ 时,可能无法得到经济系统的一个正稳定均衡点,即便存在经济均衡点,此均衡点也是极不稳定的,任何微小的扰动都导致经济系统的一个不可恢复的破坏,由于此时经济增长率为负值,因而可致使富国变穷、穷国更穷。

这从一定程度上可以解释前殖民地的相对贫富状况的逆转现象。正如阿西莫格鲁等(2002)所言,殖民者在美国、加拿大、澳大利亚、新西兰、中国香港和新加坡等地建立了良好的私有财产制度,而在其他许多国家,他们建立和继承的则是掠夺制度,以便直接获取资源,发展种植业和采矿业,或者征收税款,正是殖民者所实施的不同制度导致了财富的逆转。而逆转发生在 19 世纪的工业化时代,使得我们有理由相信,在进入工业化时代以后,制度上的差异会发生更大的作用[①]。

第三,本节还对现实生活中的穷国如何赶上富国,从经济收敛性方面对表示时间长短的半程期作出了分析,得出了良好的制度变迁和技术进步会导致了半程期缩短的结论。因此,经济贫困的国家可以通过制度变迁和技术进步获得"后发优势",赶上或超过富有的国家,比如 18 世纪的欧洲国家就依靠良好的社会制度把科学技术上的进步转变为能够推进经济发展的工业革命,而历经康乾盛世的大清王朝却由于没有提供一个良好私人产权保护的制度而逐渐衰落。

但是,后发优势并非所有贫穷国家都可以获得,一个国家经济的超越必须具有一个先决的条件,那就是制度先行(斯蒂芬·哈格德,2004;班纳森等,2005)。晚清时期中国和其他一些亚洲国家之所以贫穷落后,关键在于缺乏一定的社会、政治和法律前提——简言之,缺乏一定的制度。在这些国家,统治者们在其疆域内没有吸引和留住优秀人才的动力,从而没有形成培育那些聚集资本和对企业有吸引力的制度(琼斯,1981,1987),并且制度发展的不足也使技术成

---

① 这是因为 $0 < \beta + \gamma < 1$ 时,当 β,γ 增大时,平衡增长率越大。

果无法顺利的积累和转化，从而经济不能赶超西欧国家。而日本则依靠明治维新的变法活动对社会制度进行了变革，从而在晚清时期逐渐发展为列强之一。杨小凯先生的"先发优势"理论（萨克斯，吴和杨，2000）就是此种机理。

第三节　中国土地产权制度对农业经济增长的影响
——对 1949～1978 年中国大陆农业生产效率的实证研究

自 1949 年以来，中国大陆的农业发展很快，但是道路曲折。据统计，1950～1978 年的 29 年间，农业总产值年增长在 10% 以上的有 5 年，负增长的也有 5 年。[①] 这种起伏，可能与劳动力、土地、化肥、役畜和农业机械等生产性投入有关，也可能与对农村财政投入、工农业产品价格差等政策因素有关。更重要的是，受到其间以土地产权制度为主的农业生产经营制度变迁的影响。本节试图对 1949～1978 年影响农业产出的各种投入和政策因素进行分析，进而分析出土地产权制度对农业产出的作用。我们力图尽量准确地定量分析，但是需要克服两个困难：一是 1949～1978 年有关统计数据的缺失，有关该期限内中国大陆农业生产效率的研究资料也比较少；二是土地制度对农业产出的影响虽然客观存在，但是不能直接度量，从而难以对土地制度的效率做出精确评价。

从理论上说，土地产权制度会从两个方面影响土地产出。一是直接影响，即土地产权安排对人们的激励不同，从而影响人们投入生产的人力、物力和财力；二是间接影响，是指在不同的产权制度下，即使投入相同数量的劳动力、生产资料等，也会有不同的产出。这是因为在不同的产权制度下，人们劳动的积极性以及使用生产资料的效率是不同的。我们把以农村土地产权制度为主的农业生产经营制度变迁作为主线，可以根据普遍现象或总体特征，大体上将 1949～1978 年分为以下几个典型阶段（每一个阶段都可能有更小的阶段，或者有上一个或下一个阶段的少量现象或特征存在，对此，本节不再做具体划分和分析）：1949～1952 年实施以"耕者有其田"为目标的土地改革，"土地改革"后的土地产权制度是土地分散私有、分散经营。它不同于"土地改革"前的"地主集中私有、农民在地主一定的统一规划和支配下分散租佃经营"；1953～1958 年实行所谓的对农业的社会主义改造阶段。开始是政府引导、农民自愿参加的互助合作阶段，产权制度还是"所有权农民私有、合作或适度统一经营"，后来在政府的强制

---

① 李德彬、林顺宝等：《新中国农村经济纪事》，北京大学出版社 1989 年版，第 1 页。

下，基本上实行了"土地集体所有、集体统一经营"；1959~1962年实施强制性人民公社化阶段，即土地变成了更大范围内的公有——人民公社统一所有，公社统一经营；1963~1978年实行所谓的"三级所有、队为基础"，也就是划小了公有的单位——由公社所有变为大多数耕地为生产小队所有，同时划小了经营单位——生产小队统一经营。

本节先对这一时间跨度内的农业生产效率分四个阶段进行计量回归，并对结果进行说明。在定量分析的基础上得出结论，并且说明受到的启示。

一、1949~1978年农业生产效率的计量分析

在下面的分析中使用的数据，包括中国大陆31个省、市、自治区中的28个在1949~1978年间的常规投入，如劳动力、土地、化肥、役畜和农业机械，以及农业产出数据。[①] 此外，还包括产业政策导向因素，如支持农业生产和事业的财政支出数量、农产品收购价格指数、农村工业品零售价格指数等政策变量。由于无法得到各省、市、自治区各时期能够代表农村土地产权制度变迁的数据，本节在计量中没有将其作为一个自变量进行处理。关于资料具体出处和调整、换算的详细情况在文章附录中给出，这里仅列出数据处理的主要过程和结果。根据上文描述的中国大陆农村经济发展的阶段性，下面的分析也按如下四个时间段进行，即1949~1952年、1953~1958年、1959~1962年、1963~1978年。

本节中，农业产出使用的是农业总产值（y），主要是粮食和经济作物的产值，与之相近的一个概念本节也将用到，即农林牧渔业总产值（y_1），是指包括农业总产值（y）在内的农业、林业、牧业和渔业的合并值。

投入数据中包括四种：土地、劳动、化肥、役畜和农业机械。土地（l）使用的是农作物总播种面积，而非粮食面积，因为农业产出中使用的农业总产值，主要是粮食和经济作物的产值，而并非仅是粮食作物的产值，这样可使土地投入和产出的衡量对象一致。

劳动（lab^*）指的是在粮食和经济作物等种植业中的劳动者人数，而这个数据无法直接得到，本节根据乡村从业人员（lab）的数量进行了换算。乡村从业人员中包括在种植业、动物饲养、渔业、林业等生产中的劳动者人数，为了得

[①] 数据主要来自国家统计局国民经济综合统计司编《新中国五十年统计资料汇编》，其中包括中国大陆最新区划的31个省、市、自治区的数据，港、澳、台除外。由于重庆市划为直辖市时间较晚，并不在本节考察的时间跨度内，另外海南省和四川省由于个别重要数据不全（如缺失农业产值的连续时间序列，也没有可以用来换算的相应的指数等指标，即使予以估计也将带来较大误差），所以本节所用数据不包括这3个省份的数据。

到种植业部门中的劳动力估计，乡村从业人员按农作物产出占农业总产出的价值份额，即按农业总产值（y）占农林牧渔业总产值（y_1）的份额，进行了加权。这样可使劳动投入和产出衡量的对象一致。

化肥（fer）指的是化肥施用量（折纯量），由于各个时期化肥使用量数据的缺失，本节结合各省市自治区化肥产量和本地区化肥施用的变化规律，运用相应的方法对化肥施用量进行了换算。

役畜（m_1）和农业机械（m_2）中，本节将两者换算为一个变量。役畜数是参照每年底大牲畜头数来取得的，这是由于在1978年以前，中国大陆主要省份用于直接消费的大牲畜头数，与用于耕作的役畜数相比比较小，可以忽略不计。当然个别省份情况比较特殊，所以做了特别处理。农业机械投入是以农业机械总动力来衡量的，这个数据可以直接获得，部分缺失的数据，根据中国大陆在1970年以后才真正推进农业机械化的实际，并结合各省份已有的数据进行了换算。役畜的单位是头，根据每头役畜为0.7马力的标准，将其换算为马力数，一马力相当于0.735千瓦，这样一头大牲畜相当于0.5145千瓦的农业机械动力数。① 将役畜和农业机械的单位统一起来，并作为一个变量引入分析中去。

产业政策导向因素，如支持农业生产和事业的财政数量（f）、农产品收购价格指数（p_r）、农村工业品零售价格指数（p_i）等政策变量，均可以从资料中获得。其中，支持农业生产和事业的财政数量，是指地方财政支出中支持农业生产和事业的数量，它是一个年度中用于本省份农业生产和事业发展的各种支付的归并值，包括中央对地方农业的支付。农产品收购价格指数、农村工业品零售价格指数被引入，主要用来反映国家制定的农业产业政策，体现在农民出售农产品和购入用于农业生产的工业品的价格上，对农业生产效率的影响。

表4-1　　　　　　　　　　　　计量分析结果

时间段	实际使用样本数	自变量	系数	标准差	t统计量	拟合优度
1949~1952年	23	log（lab*）	0.593205	0.11341	5.230618	0.849675
		log（l）	0.009341	0.064632	0.144523	
		log（fer）	0.184946	0.08636	2.141565	
		log（m*）	0.109153	0.215963	0.505422	
		pr/pi	-0.254912	1.991934	-0.127972	
		f	5.74E-04	0.000254	2.261936	

---

① 这种换算比例由国家统计局建议采用，见于林毅夫：《制度、技术与中国农业发展》，上海三联书店1994年版，第100页。

续表

时间段	实际使用样本数	自变量	系数	标准差	t统计量	拟合优度
1953~1958年	108	log（lab*）	0.416578	0.046538	8.951291	0.924572
		log（l）	0.495332	0.054408	9.103957	
		log（fer）	0.056266	0.014357	3.919111	
		log（m*）	-0.061845	0.052979	-1.167346	
		pr/pi	-0.002304	0.004507	-0.511141	
		f	-0.001498	0.009039	-0.165725	
1959~1962年	71	log（lab*）	0.333023	0.061052	5.454745	0.931377
		log（l）	0.726971	0.088576	8.207314	
		log（fer）	0.04085	0.019124	2.136091	
		log（m*）	-0.093044	0.068238	-1.363529	
		pr/pi	0.282672	0.317963	0.889012	
		f	-1.16E-05	5.90E-06	-1.960133	
1963~1978年	283	log（lab*）	0.401274	0.053463	7.505689	0.815814
		log（l）	0.33529	0.063465	5.283109	
		log（fer）	0.085368	0.019602	4.355059	
		log（m*）	0.032055	0.05136	0.624128	
		pr/pi	0.24374	0.823944	0.295821	
		f	9.08E-06	4.69E-06	1.936153	

关于表4-1的说明：

1. 本节类似于生产函数法设定方程，用面板数据法（panel data）进行回归。具体回归方程为：

$$\log y = \beta_1 + \beta_2 \log lab \cdot y/y_1 + \beta_3 \log l + \beta_4 \log fer$$
$$+ \beta_5 \log(m_2 + 0.5145 m_1) + \beta_6 p_r/p_i + \beta_7 f$$

2. lab^* 代表 $lab \cdot y/y_1$ 是劳动投入量；l 表示土地投入量；fer 表示化肥使用量；m^* 代表 $m_2 + 0.5145 m_1$，是大牲畜和农业机械以万千瓦为单位加总后的数值；p_r/p_i 表示农产品价格收购指数与农村工业品零售价格指数的比值；f 表示财政支持农业数目。

3. 各回归 R^2 均较高。说明回归拟合较好。

4. 在所有的回归中，变量 p_r/p_i 均未通过90%的显著性检验，表明该变量对产出影响很小。这可能是因为在计划经济下，价格引导资源配置的作用很小。

5. 在所有的回归中，变量 $\log(m^*)$ 均未通过90%的显著性检验，表明该变量对产出影响很小。这可能是因为在数据换算中，用年底大牲畜头数代表役畜数存在误差，在将其与农业机械总动力加总后，由于农业机械总动力部分数据的不准确，将这种误差放大了。另一种可能是，在1953～1978年经历的三种农作制度，即对农业的社会主义改造、强制性人民公社化、生产小队体制，虽然从统一经营的意义上看，更有利于相对大型机械的使用，集体也可能更有能力购置机械，但是可能不利于农业中农业机械积极作用的发挥，机械的利用率低或者说对提高产出的作用有限。而1949～1952年实施土地改革阶段，虽然是明确的土地等生产资料私有制，但由于役畜和农业机械的使用均相对较少，对产出影响不大，造成了其未通过显著性检验。

6. 在1949～1952年的回归中，作为变量的土地投入量，其影响的显著性不高，表明在这个时间段中土地投入对产出影响很小，但在其他年份的回归中，这个变量对产出的影响却很大，这有两个可能：（1）真实的情况就是这样的；（2）1949～1952年数据不足，回归不准确。后者可能性更大。

7. 可以看出，影响产出的最主要的因素是土地、劳动、化肥使用量。另外，财政支持农业数也是影响产出的一个因素。

8. 四个时间段比较来看。若不考虑1949～1952年，1963～1978年化肥使用量的产出弹性最大；1953～1958年次之，1959～1962年最小。1959～1962年，土地投入的产出弹性最大；1953～1958年次之；1963～1978年土地投入的产出弹性最小。1953～1978年，劳动投入的产出弹性基本上保持稳定，但1953～1958年产出弹性最大。1953～1962年，财政支持农业数对产出的影响不显著，但1963～1978年，这一变量的影响增加很大。

9. 若不考虑1949～1952年中数据不足带来的问题，在这个时间段中，劳动投入的产出弹性在四个时间段中最大。

10. 另外，经过计算，结果说明人力资本引发的劳动力投入变动对产出的影响极小，在回归分析中可以不考虑人力资本因素对结果影响。

表4－2　　　　　　　　　回归中常数项大小

时间段	常数项大小	标准差	t统计量
1949～1952年	－1.355412	2.24642	－0.603365
1953～1958年	－3.393609	0.993053	－3.417347
1959～1962年	－2.948864	0.880577	－3.348784
1963～1978年	－2.948864	0.880577	－3.348784

对表 4-2 的说明：除了 1949~1952 年的常数项不能通过 90% 的 t 检验以外，其余可以通过检验。

下面的表 4-3 是相应年份和变量的全国数据，由于资料中给出的数据不全，其中的斜体字为估计数值（估计方法与附录中相同），加粗字体为 1949~1952 年、1953~1958 年、1959~1962 年和 1963~1978 年四个时间段中，数据较全的典型点数据，本节将在下面的分析中使用这些数据，配合前面的计量结果进行进一步讨论。

表 4-3　　　　　　　　相应年份和变量的全国数据

年份	农业总产值（亿元）	劳动（万人）	土地（千公顷）	化肥（万吨）	动力（万千瓦）	指数比值	财政支持（亿元）
1950	329.81	17 268	113 861.37	3.0	3 378.31	1	1.99
1951	360.73	16 393	123 823.05	5.6	3 638.37	1.0853	3.67
1952	**395.95**	**15 669**	**141 256**	**7.8**	**3 951.87**	**1.0221**	**2.69**
1953	438.039	15 984	144 035	10.0	4 173.45	1.1055	2.99
1954	442.28	15 780	147 925	14.6	4 447.89	1.0128	3.98
1955	475.35	16 142	151 081	17.9	4 594.54	0.9734	5.82
1956	504.29	16 555	159 173	26.0	4 614.11	1.0404	7.70
1957	**443.93**	**17 002**	**157 244**	**37.3**	**4 433.54**	**1.0375**	**7.99**
1958	467.90	17 609	151 995	54.6	4 113.6	1.0282	9.34
1959	410.87	17 182	142 405	53.8	4 180.3	1.0089	22.05
1960	387.08	16 738	150 575	66.2	4 277.37	1.3628	33.73
1961	473.47	17 155	143 214	44.8	4 205.26	1.6617	31.01
1962	**494.65**	**18 103**	**140 229**	**63.0**	**4 368.79**	**0.9512**	**19.29**

为了便于观察和分析，可以依据表 4-3 计算出不同时间段、也就是不同产权状态下的要素投入增长率和农业产出增长率，列为表 4-4。

表 4-4　　　　不同时间段的年平均要素增长率和产出增长率

时间段（产权状态）	要素投入增长率（%）	总产出增长率（%）
1949~1952 年	土地：14.94；化肥：183.33；动力：9.15；劳动：-4.06	13.81
1953~1958 年	土地：1.11；化肥：89.20；动力：0.29 劳动：2.03	1.36 其中 1954~1956 年为 6.15

续表

时间段（产权状态）	要素投入增长率（%）	总产出增长率（%）
1959~1962 年 （以 1958 年为基期）	土地：-5.00；化肥：4.30； 动力：3.50；劳动：-2.00	-5.60
1963~1978 年	土地：0.47；化肥：49.84； 动力：17.27；劳动：2.09	7.03

对表 4-3 和表 4-4 的分析：

1949~1952 年农业总产值出现迅猛增长，年平均增长率达到 13.81%。土地投入、化肥施用量和农业动力投入有较大幅度提高，年平均增长率分别达到 14.94%、183.33% 和 9.15%。但劳动投入以年均 4.06% 的速度下降了 2 173 万人。投入农业的劳动力减少可能与当时的战争和支援战争占用大量人力有关。化肥和农业机械（1952 年仅为 18 万千瓦，只相当于当年动力总数的 0.04%）等投入绝对数量十分小。还有一点需要重视：此期间国民经济、包括农业，具有明显的恢复性质，从长期战争和动乱时期转入经济建设。因此，无论是要素投入的增加还是产值的增长，都是恢复性的，与相应的产权制度相关度不可高估。

1953~1958 年的情况是比较复杂的，应该还可以分为不同的更小的阶段。1953~1955 年，尤其是 1954 年以前，互助合作运动基本上是在政府引导下自愿进行，即使土地统一经营，所有权还明确是农民的，主要以股权形式存在，还有土地报酬，农民的积极性还是比较高的。1955 年下半年，开始正式取消土地报酬——等于正式宣布土地公有。应该承认，后一阶段人为地强制性地将以土地为主的生产资料划为公有，出现了一些农民宰杀役畜、出工不出力等现象，这些一定程度上会影响生产要素投入的积极性和投入要素例如劳动的利用率，从表 4-3 中看出：1957 年劳动投入增加、土地投入略有减少、动力投入下降，产值减少，说明了上述判断。我们肯定的是前期的制度安排。这一阶段投入要素激励程度一定的下降不是前期农民私有、适度统一经营的制度造成的。当然，也不完全是后期的否定农民土地私有权造成的。经过几年恢复性增长后，可用于增加的要素已经很有限，带有技术性的要素又很缺乏，即使公有化，也还没有能力大量投入，再加上国家的工业化开始明显占用更多资源，包括劳动力。但是，总体上看，这一时期农业总产值和各生产要素投入均稳定增长（尽管都不是很快），农业总产值年平均增长率达 1.36%，其中 1954~1956 年的年均增长率达到 6.15%，劳动、土地、化肥和动力年均增长 2.03%、1.11%、89.20% 和 0.29%，土地和农业动力投入仅在 1958 年稍有下降（因为大规模"工业化"）。只有化肥和农业机械（1957 年仅为 121 万千瓦，只相当于当年动力数的 2.73%）

等技术因素投入绝对数量上相对落后。农业总产值增长速度不高，除开一些要素增长速度下降外，很大程度上是因为前几年高速增长使产值的基数已经较大，而农业技术却没有突破。而且，即使要素增加速度和产出增加速度不是很快，不等于投入和产出的比率不高。

再强调一点：我们肯定的是这一阶段前期的土地产权制度安排。

1959~1962年农业总产值出现大幅波动，可以看出1959年和1960年农业总产值锐减，分别比上年下降12.19%和5.80%，1961年虽有好转，但只是比1958年稍有提高（另外一种说法是农业总产值在1959年、1960年和1961年分别下降了14%、12%和2.5%）。表4-4将1959~1962年各项数据4年和的平均数，以1958年值为基期，进行的跨时期间的一个比较，可以看出1959~1962年4年劳动力平均比1958年减少2.00%，土地年平均投入比1958年减少5.00%，化肥年均增加4.30%，农业动力年均增加3.50%。农业产出年均下降5.60%。但是，如果依据表4-3中1959~1962年的数据，可以计算出：农业总产值还是表现出年均6.80%的增长，劳动、化肥和动力年均增长1.79%、5.70%和1.50%，土地投入年均下降0.51%。这种增长是1959年比1958年巨大滑坡、从而基数很低情况下的较高恢复性增长率。这几年的年均增长率与1958年或1953~1958年的平均增长率比较，才能客观地反映1959~1962年制度条件下的投入和产出增长情况。

显而易见，伴随着人民公社化运动（产权的"一大二公"）的是严重的农业危机。劳动力和投入农业生产的劳动力都减少（大量非正常死亡、因饥饿不能劳动或外出盲目流动），土地大量抛荒。作为当时农业动力投入主要内容的役畜数量下降（1959~1962年分别为7 912万头、7 336万头、6 949万头、7 020万头）。化肥施用量也出现大幅度波动，往年迅速增长的态势已经趋缓。这种现象的出现，可以说与自然灾害有关，但更多的是产权制度的人为变化——人为提高公有化程度的影响。可以肯定的是，1959~1962年的投入和产值都下滑是1957~1958年人为公有化的结果。

与之相应，1959年、1960年和1961年支持农业生产和事业的财政数量（f）出现大幅上扬，农产品收购价格指数（p_r）上升，并拉大了与农村工业品零售价格指数（p_i）的差距。这是在国民经济困难时期财政对农村、农业和农民救灾性的政策。从前面的计量分析结果可知，前者对农业生产的回升有效，后者可能无效。

1963~1978年农业总产值和要素投入增长相对平稳。农业总产值年均增长7.03%，化肥、农业动力和财政支持的年增长率分别为49.84%、17.27%和16.45%，要远大于劳动和土地的年均增长率2.09%和0.47%，其中农业动力投入的增加主要源于农业机械化的推广。和前面三个阶段相比，在劳动和土地增长较小的情况下（在一倍的增幅以下），化肥、农业动力和财政支持的数量却增长了数倍。这一阶段的土地产权制度是在经历了经济严重挫折后调整过的"三级所有、队为基础"。在该制度下，可以看出，土地和劳动力投入虽然仍在增长，但是远远赶不上化肥和农业动力的增长速度。我们可以认定：在这种制度下，有利于农业机械的推广和运用——因为是大集体，既有能力（相对于分散私有）购置农业机械，也便于使用机械（相对分散经营）。但是，有一点很明确：农业机械和化肥投入数倍的增长，远远没有换取农业产值应有的增长，至少可以说，这些投入在当时的产权制度下利用率很低。

为了比较相同或可比较的生产要素投入情况下，各时间段相应土地制度下的产出情况，可利用已经求得的4个回归方程（每时间段一个，包括各自的常数项），分别将表4-3中4个典型点（分别采自4个时间段中）：1952年、1957年、1962年和1965年的各投入要素和政策变量数值，分别代入4个回归方程中，得出16个农业总产值数量。也就是假定分别把1952年、1957年、1962年和1965年的投入要素分别投入4个阶段不同的产权制度下，观察产值，然后对不同制度作比较和评价。这种方法类似于反历史事实计量法（新经济史学的方法）。下面的表4-5是检验和比较的结果。

表4-5　　　　　　　　　　检验和比较结果　　　　　　　　　单位：亿元

变量数据年份	1949~1952年产值	1953~1958年产值	1959~1962年产值	1963~1978年产值
1952	451.0029（2）	749.7113（4）	735.2309（3）	160.5456（1）
1957	634.2008（2）	893.2454（4）	870.6044（3）	196.5526（1）
1962	729.9758（2）	892.2668（4）	835.5664（3）	202.8685（1）
1965	933.6129（3）	987.5138（4）	908.4271（2）	230.9645（1）
权数和	9	16	11	4

关于表4-5的说明：

1. 应该对所有年度的数据加以检验，之所以只选择表4-5中4个年度的数据，是因为其余年度数据缺乏，有一些是估计的，如果全部使用，会增加不准确性。

2. 作为回归结果的农业总产值，和表4-3中相应时间段内实际产值有差异是正常的，因为求解回归方程时使用的数据是省际数据，表4-3中的农业总产值是全国的数据。

3. 表中括号内的数值，是根据波德（Borda）计算法①，按各行数据大小，分别赋予一个权数，如产值最大赋予4，较大赋予3，较小赋予2，最小赋予1。最后一行是各时间段纵向的权数之和。

4. 由于1949~1952年的回归中存在部分未能通过检验的误差，所以其排序和权数也会有一定误差。其余时间段的估计和赋值相对比较准确。

从表4-5中可以看出，在投入相同的生产要素和政策要素下，不同阶段上的土地产权制度不同，从而农业产出不同。按综合得分来看，在投入相同的生产要素和政策要素下，1953~1958年的农业总产值最大，1963~1978年最小，1959~1962年和1949~1952年居中。这里体现了不同土地产权制度对农业增长的影响。

需要说明：借用这种方法，只能大体说明问题，大体显示了制度优劣，不具有准确性。

通过以上的大致比较，发现1963~1978年间的产权制度比1958~1962年间的产权制度还要差（相对于农业增长而言），人们可能觉得不可信或不好理解。其实也是可以解释和理解的。因为"公社统一所有、统一经营"真正存在和发挥作用的时间极短，1958~1962年，特别是1959~1962年，已经是特殊的时期了，既不是"公社统一所有、统一经营"的制度（因为实际上已经不起作用），也不是"三级所有、队为基础"，反映的要素投入和产值变化情况不完全是"公社统一所有、统一经营"下的情况。但是，1959~1962年的状况又确实是1957~1958年制度的结果（制度的不良作用也有一个时滞），因而在上面分段时，把这几年归为一段，即"公社统一所有、统一经营"。

二、结论和启示

以中国大陆1949~1978年土地产权制度与农业生产要素投入和农业产出的相关性为研究对象，通过计量和统计分析，**可以得出以下结论：**

1. 不同阶段的不同产权制度，对人们投入土地、劳动、化肥等生产要素的激励程度确实不同（剔出了一些该剔除的因素以后得到的结论）。这是直接影响。

2. 如果投入相同的或者可比的生产要素，在不同的产权制度下，要素的利用率不同。这是间接影响。

---

① 这是让·夏尔·波德（Jean-Charles de Borda）于1781年提出的一种表达偏好强度的方法。可参见乔·B·史蒂文斯：《集体选择经济学》，上海三联书店、上海人民出版社1999年版，第199页。

3. 综合考察和分析各时间段不同土地产权制度对农业的直接和间接影响，可以认为："所有权农民私有、合作或适度统一经营"是相对较好的制度。因为在这种制度下，能较大程度地激励各生产要素的投入，单位土地和劳动等要素对产出的贡献率也较高，从而使农业总产值高速而稳定增长。

通过以上对历史的分析，引发了我们多方面的思考。对我们思考中国农村土地制度现状和演变方向的启示如下：

中国土地制度与经济增长和发展的相关性，是非常值得研究的。1949年或者更早一些至今的中国大陆土地制度的变化，就非常具有研究的理论和实际意义。这种研究现在不是多了、透了，而是不够。本节只是在数据不太全面的情况下对1949～1978年间不同土地产权制度对农业经济增长的影响进行了计量分析。但这种有限的研究对认识我国土地产权的历史、现状和思考土地产权制度进一步变革还是有重要启示的。历史上的"农民分散私有、分散经营"制度曾经短期内使要素投入及其利用率都有大幅提高。以保留农民土地私有权、自愿合作开始的合作化运动，却以土地公有（确切地说是公社所有）、公社统一经营结束，从非常有利于要素投入和农业增长开始，到使农业陷入危机结束。人们可能会作如下假设：如果合作化运动一直在保留农民所有权和自愿前提下进行，可能是一个理想的制度演进路径。但是历史不能假设。"三级所有、队为基础"的产权安排已经是危机后不得不做出的"退让"了，这个时期平均的农业总产值增长率并不低，可是，要素投入后的利用率却很低，中国人民在较高的年增长率背景下一直未能解决温饱问题。

家庭承包制的"集体统一所有、农民家庭分散经营"是大陆农村土地产权制度的重大创新，其短期的重大作用已经被事实证明。但是其局限性在20世纪80年代中后期已经显现。它与1949～1952年的制度有类似：都是分散经营，农民都有了属于自己的土地产权。但是不同的是：那时农民有所有权，而家庭承包制下农民没有（尽管农民可能一定程度上有所有权幻觉，也确实在一定程度上有了所有权的权能和收益）。对这种产权矛盾或模糊的状况，黄少安曾经在1995年的一篇文章中有所揭示和解释——农民没有所有权，却能拿承包的土地入股、获得土地股权、分享股权收益，当时把这种情况称为"准土地股权"（黄少安，1995）。值得重视的是，20世纪80年代中后期开始的农业中的股份合作制确实类似20世纪50年代的股份合作制（1953～1958年间的前期）。只是80年代的农民没有法律和实际上的完全的土地所有权。

2003年实施的《中国农村土地承包法》赋予承包地以物权保护、允许转让，是否还是介于有无所有权之间？给农民一个不完整的土地所有权或有一定的所有权幻觉和现实，是否是现阶段可行的产权安排（中国特色的农业土地产权制度)？如果农民拥有现有土地的全部所有权，是否可行、有何利弊？对于这些问题，是需要认真研究后才能给出答案的。可能需要重大的理论创新。面对现实政策操作层面提出建议时，更加需要慎重。不过我们有理由认为（历史也可以告诉我们）：保留所有权（哪怕是不完整的所有权或非真正意义上的所有权），实行自愿前提下的适度统一经营，走上股份制或股份合作制的农场式经营，可能是中国农业土地产权制度和农业经营组织形式的理想而可行的变革方向。

本节附录

A：关于农业总产值（y）的换算。农业总产值是本节计量中的一个重要变量，在国家统计局国民经济综合统计司编《新中国五十年统计资料汇编》中，河北省、内蒙古自治区、广东省和广西壮族自治区4个省份中缺失了1949~1978年的农业总产值的数据，北京市缺失了1949~1956年、辽宁省和上海市缺失了1949~1951年、福建省缺失了1949年、湖北缺失了1966~1969年和1974~1978年、海南省缺失了1949~1969年、西藏自治区缺失了1949~1958年的农业总产值的数据。个别省份也缺失了农林牧渔业总产值（y1）的部分数据。由于资料中已经给出了缺失数据年份的相应农业总产值的指数值，所以本节在分析中对部分重要的农业总产值数据，根据相应指数进行了换算。但是由于资料中所给农业总产值和指数指标间，进行换算也会存在误差（据有关统计部门的解释，是国家对各省份数据宏观调整的结果），所以本节对部分缺失的农业总产值，进行了尽可能少的换算。对估算后误差较大的样本点，在尽量不影响计量分析的情况下予以舍弃。

B：关于化肥施用量（单位：万吨）的换算。对于各省份某个时期缺失的化肥使用量数据，本节结合相应年份全国化肥施用量、全国化肥产量，以及各省、市、自治区化肥产量和本地区化肥施用量的变化规律，运用相应的方法对化肥施用量进行了换算。全国化肥施用量、全国化肥产量的有关数据和分析如表4-6所示。

表4-6　　　　　　1949~1978年全国化肥产量、用量

年份	1949	1950	1951	1952	1953	1954	1955	1956	1957	1958
全国化肥产量	0.6	1.5	2.8	3.9	5.0	6.7	7.9	11.1	15.1	19.4
全国化肥用量				7.8					37.3	54.6
用量/产量	2.0	2.0	2.0	2.0	2.09	2.18	2.27	2.34	2.47	2.81

续表

年份	1949	1950	1951	1952	1953	1954	1955	1956	1957	1958
今年用量/去年用量		2.5	1.87	1.39	1.28	1.34	1.18	1.41	1.36	1.46

年份	1959	1960	1961	1962	1963	1964	1965	1966	1967	1968
全国化肥产量	26.6	40.5	29.7	46.4	64.8	100.8	172.6	240.9	164.1	110
全国化肥用量	53.8	66.2	44.8	63.0	104.3	129.0	194.2			
用量/产量	2.02	1.63	1.51	1.36	1.61	1.28	1.13	1.19	1.25	1.31
今年用量/去年用量	0.99	1.23	0.68	1.41	1.66	1.24	1.51	1.40	0.68	0.67

年份	1969	1970	1971	1972	1973	1974	1975	1976	1977	1978
全国化肥产量	174.9	243.5	299.4	370.1	459.2	422.2	524.7	524.0	723.8	869.3
全国化肥用量		351.2	364.7	420.7	511.1	485.8	536.9	582.8	648.0	884.0
用量/产量	1.37	1.44	1.22	1.14	1.11	1.15	1.02	1.11	0.90	1.02
今年用量/去年用量	1.59	1.39	1.04	1.15	1.21	0.95	1.11	1.09	1.11	1.36

表中所列数据中全国化肥产量和用量均来自国家统计局国民经济综合统计司编《新中国五十年统计资料汇编》，个别化肥施用量数据缺失，使部分"用量/产量"和"今年用量/去年用量"数值需要估算。对各省份化肥施用量进行的估算，主要依据其当年的化肥产量，尽量保持各个省份数据的有效性。在这个前提下，同时对有部分化肥施用量点数据的情况，根据其省份化肥施用量已有数据的规律进行了折算；对化肥施用量无典型点数据、且数据序列缺失较多的情况，主要依据全国化肥施用量的部分规律进行了折算。

C：关于农业机械总动力的估算。表4-7对国家统计局国民经济综合统计司编《新中国五十年统计资料汇编》中，给出的全国农业机械总动力（单位：万千瓦）、年底大牲畜头数（单位：万头）数据进行了计算（仅有典型点数据，并没有完整的时间序列数据）。其中农业机械总动力/年底大牲畜头数的比值，是根据一头大牲畜相当于0.7马力（1马力相当于0.735千瓦）来换算的，这样一头大牲畜相当于0.5145千瓦的农业机械动力数。这种换算比例由国家统计局建议采用，见于林毅夫著《制度、技术与中国农业发展》，第100页，上海三联书店1994年11月第1版。

表 4-7

年份	1952	1957	1962	1965	1970	1975	1978
农业机械总动力	18	121	757	1 099	2 165	7 479	11 750
年底大牲畜头数	7 646	8 382	7 020	8 421	9 436	9 689	9 389
农业机械总动力/年底大牲畜头数	0.0458%	2.8%	20.96%	25.4%	44.6%	150.0%	243.2%

本节在计量分析中，将年底大牲畜头数近似估计为当年的役畜数，并将农业机械总动力与之归并在一起，作为生产性投入进行计算。从表 4-7 中，可以看出 1952 年的农业机械总动力数相对于年底大牲畜头数，是可以忽略不计的，中国大陆农业机械化的推广主要是在 1970 年以后展开的。因此，对部分省份缺失的 1952 年农业机械总动力数，本节将其数值估算为 0（实际情况也确实如此，个别省份拥有的 1949～1952 年农业机械总动力的数据，数量级十分小）。考虑到农业机械是一种耐耗品，不会因一次性投入而消失，所以参照全国增长的趋势，各省份的农业机械总动力也会出现持续增长的趋势。因此，对于拥有较多典型点数据的省份，本节对其缺失的农业机械总动力数值直接进行了估算。对于缺失农业机械总动力数据较多的省份，考虑到资料中给出的全国相关数据也是点数据的情况，所以又根据表 4-8 进行了换算。

表 4-8

年份	1957	1962	1965	1970	1975	1978
全国农业机械总动力（单位：万千瓦）	121	757	1 099	2 165	7 479	11 750
全国农作物总播种面积（单位：千公顷）	157 244	140 229	143 291	143 487	149 545	150 104

说明：个别省份数据的换算用如下方法：先用省际农作物播种面积除以全国农作物总播种面积，得到一个百分比，再用全国农业机械总动力乘以这个百分比。在得到各省市自治区上述相应年份的农业机械总动力点数据后，根据原来已有的部分数据，换算得到其他数值。

D：关于乡村从业人员数据的换算。国家统计局国民经济综合统计司编《新中国五十年统计资料汇编》中，有部分省份的乡村从业人员数据缺失，由于在 1949～1978 年间中国大陆乡村中的第二产业和第三产业并不发达（中国大陆的乡镇企业和农村服务产业主要是在 1978 年改革开放以后才发展起来的），乡村从业人员主要指的是乡村在第一产业中从业的人员，所以从业人员按照产业划分，第一产业中从业人员数量十分接近乡村从业人员数。对于部分省份缺失的乡村从业人员数据，本节用第一产业从业人员进行了近似替代。个别省份还出现了上述两个连续数据均缺失、只有乡村从业人员或第一产业从业人员点数据的情况，本节用各省份农业年底总人口的增长比率作为依据，推算出了相应年份的乡村从业人员的数值。

E：关于农作物总播种面积的换算。湖北省、河北省和浙江省等3个省份缺失了部分农作物总播种面积的数据，本节根据各省同年的粮食面积的变化率为依据，对部分农作物总播种面积进行了换算。

第五章

产权结构、公司治理结构与中国的公司治理问题

公司治理问题的讨论至少可以追溯到亚当·斯密在《国富论》中对股份公司代理问题的论述。20世纪30年代,美国经济学家贝利和米音斯(Berle and Means,1932)开创了公司治理理论的先河,他们在对大量的实证材料进行分析的基础上,发现现代公司的所有权和控制权发生了分离,控制权从所有者手中转移到管理者手中,而公司的管理者常常追求个人利益的最大化,而非股东利益的最大化,所以应该强调股东的利益,实现股东对经营者的监督制衡。从此,特别是在20世纪80年代以后,公司治理问题受到理论界越来越多的关注和重视。在公司治理理论的发展过程中,逐渐产生了以股东利益至上为基础的单边治理和以利益相关者为核心的共同治理两种代表性的治理理论。

在中国,改革开放之后,随着国有企业改革的进行和深入,公司治理问题日益凸显,公司治理理论也成为中国经济学界的一个热点问题。然而,关于公司治理的讨论和理论表述相当混乱,就连对"公司治理"这个最基本的概念也具有不同的理解。本章主要是对现有的公司治理理论进行分析和批判,明确了公司治理、公司治理结构及与其相关的一些概念,提出了公司治理主体的条件;然后结合中国转轨时期的特征分析中国企业的公司治理问题,并对中国上市公司管理层股权激励的决定因素进行了实证研究;最后讨论了政府参与商业银行公司治理的理论依据问题。

第一节 产权结构与公司治理

与公司治理问题密切相关的是企业产权或企业产权结构问题。对企业产权的考察包括相互联系的四个方面：1. 企业是谁的，即企业所有权（最终归属权）主体是谁。通俗地说，就是回答"谁投资办的企业、谁是企业的老板"。企业所有者可以是一个，也可以是多个，所有者可以是自然人，也可以是法人或其他组织。对于企业来说，有一个所有权结构问题。2. 作为一个法律意义上的主体——法人财产权问题。作为法人，企业拥有哪些产权，这反映企业与所有者之间的权利分配关系，我们经常讨论的所有权与经营权分离或所有权与控制权分离，就属于这一领域的问题，主要是指，所有者允许企业可以使用以及可以怎样使用哪些资产，企业可以在哪些时间、哪些范围内使用这些资产，企业经营收益如何在所有者和经营者之间分配等等。3. 企业内部的产权配置问题。因为企业是一个虚拟的法人主体，本身没有行为能力，其所拥有的产权要落到企业内部的各个具体机构和人员。4. 除开所有者以外的其他哪些主体与企业利益相关、这些利益相关者与企业利益如何相关、相关度以及他们对企业活动的影响。

公司治理是一个与企业产权高度相关但不等同的问题。治理与被治理关系肯定与产权关系相关，是由产权关系决定的。但是，企业产权关系不等于公司治理关系。企业都有产权关系，但是，不是所有的企业都有治理问题；公司治理也不等于企业管理，有其特定含义；公司治理也不是对公司的治理或治理公司，对公司经营有影响不等于就是对公司的治理。与公司治理相关的一些产权概念，例如，剩余索取权、控制权、剩余控制权等，似乎用得很多却又含义不确切，不是经典概念却又常当作经典概念在使用。公司治理和公司治理结构、治理主体和客体、公司治理问题何以产生、公司治理模式的历史演变及其规律、现代公司的治理模式比较及其演变趋势、产权配置与公司治理等问题，就成为公司治理理论主要的具体探索对象。

一、公司治理问题的出现

众所周知，企业制度从古典到现代的转变，经历了业主制、合伙制和公司制的发展过程。

业主制（sole proprietorship）是企业制度中的最早存在形式，业主制企业具有的特点有：企业归业主所有，企业剩余归业主所有；业主自己控制企业，拥有完全的自主权；业主对企业负债承担无限责任。在业主制形式下，公司治理无关紧要，或者说公司治理问题是不会被提出来的。原因在于：由于业主对企业完全控制，从而企业各级员工都可以被指挥去从事对业主最有利的事情，这时只存在企业管理，业主不会提出治理问题；由于业主承担无限责任，每个员工的努力和其他的各种成本都可以得到补偿，从而对企业活动的结果毫不关心而只管执行命令，因而员工也不会提出治理要求。这样，在业主制的企业形式下，既不需要治理结构去激励员工的积极性，也不需要治理结构去解决争端，从而不存在公司治理问题。

合伙制企业（partnership）是由两个或多个出资人联合组成的企业。在合伙制企业中，企业归出资人共同所有，共同管理，并分享企业剩余或亏损，对企业债务承担完全责任。在基本特征上合伙制与业主制企业并无本质的区别，唯一的区别就是出资人由一人变成多人，这样治理问题有可能会产生，因为出资人中的一方可能会为了自己的利益而做出损害另一方的行为。但是，由于出资人对企业共同管理，当另一方做出损害自己的行为时，一方可以很快的发现并采取措施，并且各个出资人之间一般都具有亲戚、朋友或老乡等人脉关系，这在一定程度上也减少了欺骗行为，从而合伙制企业也不需要公司治理。

公司制企业（corporation）是现代经济生活中主要的企业存在形式。与上述两种企业形式相比，公司制企业在长期的发展过程中，逐渐形成了下面的四个重要特征：第一，公司是一个独立于出资者的自然人形式的经济、法律实体；第二，股份可以自由转让；第三，出资人承担有限责任；第四，所有权和经营权分离。正是由于存在这些特征，才使得治理问题得以产生，并成为现代公司的焦点和核心，原因是：由于所有权和经营权分离，代理人不一定会按照委托人利益最大化原则行事，并且由于信息不对称，委托人不能观察到代理人的所有行为，从而不能维护自己的利益，就会提出治理的要求。

哈特（Hart, 1995）认为，代理问题和契约的不完备性是公司治理问题存在的两个必要条件。我们认为这种说法是有问题的，一是代理问题和契约的不完备性不是同一层面上的问题，二者不能作为并列的必要条件；二是完备契约在现实中是不存在的（科斯, 1937），所以契约的不完备性就成为一种既定的事实，而不应该作为问题出现的必要条件；三是在信息不对称这个既定事实下，所有权和经营权分离使得治理问题一定会出现，从而代理问题是公司治理问题存在的充分条件；四是代理问题也不是必要条件，因为出资人只承担有限责任使得其他责任承担者也产生了对其限制的要求从而也会引起公司治理问题。我们认为，"公司治理"问题的出现是既有原因又有前提条件的。原因是信息不对称，信息不对称使得委托人和代理人之间不能签订一个完全契约，即便能够签订也会由于成本太高而望而却步，从而需要一套治理结构来对代理人实施激励和约束。而引起公司治理问题的前提是所有权与经营权分离或出资人只承担有限责任，两者只具其一就可以引起公司治理问题。如果两权合一，并且出资人承担无限责任，是不存在治理问题的。

二、公司治理理论及其批判

以股东利益至上为基础的单边治理理论认为，企业是股东的企业，股东拥有企业的全部所有权，企业的目的是股东利益最大化，从而主张"资本雇佣劳动"即物质资本主导治理模式的稳定性和合理性。其代表人物主要有施莱费尔、维什尼、泰勒尔（Shleifer, Vishny and Tirole et al.）。例如，施莱费尔和维什尼（1997）认为公司治理的问题是如何保证向公司所提供资金的供给者能够从投资中获得收益；泰勒尔（2001）认为公司治理的标准定义为对股东利益的保护。单边治理的理论依据是现代企业理论和委托—代理理论。由科斯开创的企业理论回答了为什么企业必须按照股东利益最大化目标经营的问题，比如：阿尔钦和德姆塞茨（Alchian and Demsetz, 1972）从团队生产的监督差别角度解释了最优的契约形式是由监察者拥有古典企业的剩余索取权，从而为资本家得到企业利润提供了证据；格罗斯曼和哈特（Grossman and Hart, 1986）、哈特和穆尔（Hart and Moore, 1990）从资产专用性和不完全契约的角度证明了由于物质资本的专有性和不可证实性使得物质资本的所有者应该掌握企业的所有权（即剩余控制权）；詹森和麦克林（Jensen and Meckling, 1976）、法玛和詹森（Fama and Jensen, 1983）分别从代理成本角度、风险分担和决策程序角度证实了企业为股东所有并为股东利益最大化经营的合理性。可见，企业理论的成熟和完善为股东利益至上的观点提供了最强有力的理论支持。而委托—代理理论则为如何进行公司治理即治理机制的构建提供了理论上的支持，它主要研究委托人如何设计激励—约束机制使代理人努力工作。

与传统的股东至上的理论不同的是，利益相关者共同治理理论认为公司是一个责任主体，在一定程度上还必须承担社会的责任，企业追求的不能仅仅限于最大化股东利益，而且也要考虑其社会价值方面。任何一个企业的发展都离不开各种利益相关者的投入或参与，当这些利益相关者在企业中注入了一定的专用性投资后，他们或是分担了一定的企业经营风险，或是为企业的经营活动付出了代价，就应该参与治理并分享公司控制权和剩余索取权。利益相关者理论的代表人物主要有布莱尔（Blair）、波特（Porter）等。

（一）剩余索取权理论批判

剩余索取权理论认为谁承担剩余索取权，就承担了剩余风险，从而具有对企业进行治理的权力，并认为企业所有者是剩余索取权的天然拥有者，占有剩余的动机促使所有者关心企业的生产经营。所有者追求的是剩余最大，而经营者追求的是自身报酬最优，在给定企业收益的情况下，二者的利益相互侵蚀使得所有者产生对经营者治理的需要来保护自己的利益。

剩余索取权理论原本是作为分配理论出现的，这可以从其历史渊源及其理论定位上考证。剩余索取权理论可以直接追溯到18世纪末法国庸俗政治经济学的鼻祖萨伊。萨伊认为，劳动、资本和土地是商品生产的三个要素，是其价值的源泉，每一个生产要素的所有者都应得到他们各自创造的收入，即工人得到工资、资本家得到利息[1]、土地所有者得到地租。若当事人行为和企业的产出均可测，可以依据各个要素所有者的贡献来给予这些当事人应该得到的收入，这样，企业生产分配效率达到最优，帕累托最优分配均衡实现。但是，由于信息不对称，主体行为不可测、产出不可测或二者均不可测成为现实世界的主要特征，人们无法准确地判定企业所有未来可能出现的状态以及各种状态下各要素所有者的贡献，这样就不能按照要素的贡献进行分配，最优帕累托分配均衡无法实现。剩余索取权理论认为，在这种情况下，就必须让某一类或几类人承担剩余索取权，并且由不同的人承担带来的效率也不一样。股东利益至上理论认为，企业产权安排和产出效率以及物资资本更高的偿付能力（张维迎，1996）等原因决定了资本提供者有占有企业剩余的可能。

但是，用剩余索取权理论来指导公司治理是有缺陷的，我们认为主要表现在以下三个方面：

1. "剩余索取权"本身不是一个好的概念。在詹森和麦克林（1976）的契约分析框架中，他们用剩余索取权来定义企业所有权和投资者权力，指的是对企业收入在扣除掉所有的固定的合同支出（如成本、固定工资、利息等）的余额要求权。但是，剩余收入往往是多方分享，特别是在新经济[2]背景下，不单只有投资者，其他人比如经理人员甚至普通员工也参与剩余收入的分配，从而也具有剩余索取权。这使得在很多情况下谁是剩余索取者是不清楚的，比如在两方都获

---

[1] 由于萨伊区分了利息和企业主收入，因而利润这个范畴事实上已不存在，他认为利息是资本所有者的收入，而企业主收入则是对企业家的事业心、才干、冒险精神等的报酬，即企业家本人的工资。因为在萨伊的分析中，资本家只是债权人，不承担企业经营的风险，这样他就光把利息这份固定收入分给了资本家，而没有让资本家获得风险报酬。

[2] 新经济是指以高科技、信息、网络、知识为主要组成部分和重要增长动力的高速发展的经济。

得一个变化收入的前提下，我们不能说一方是另一方的剩余收入索取者。其实，哈特（Hart，1995）就曾对剩余索取权的概念进行过批评，因此他转而用剩余控制权来定义投资者的权力。

2. 将本来作为分配理论的剩余索取权理论用在公司治理理论上也存在着重大的问题。剩余索取权的分配理论属性使得其研究范围狭窄，它只能将企业收入分配者纳入研究范围，而将那些不参加分配但是有可能参与公司治理的主体排除在外。

3. 显然，剩余索取权理论不是将实际中是否获得剩余收入作为判断是否具有剩余索取权的标准，因为现实中不仅仅是股东获得剩余收入，那么怎么判断谁具有剩余索取权呢？该理论没有回答。剩余索取权理论没有提出一个在现实中如何判断谁具有剩余索取权的方法，只是有一个股东先天就应该获得剩余索取权的先验假设，这样，该理论便无法从现实中检验，我们认为这是其最大的一个理论缺陷。

综上所述，剩余索取权理论的缺陷使得运用它来指导公司治理实践面临着很多问题，但是该理论认为由于股东承担剩余收入从而承担风险才会有治理要求的思路却是对的。

（二）剩余控制权理论批判

在完全的契约条件下，是不存在剩余的控制权的，因为这时所有的权利都能通过契约得到界定，都有主体。剩余控制权理论（格罗斯曼和哈特，1986；哈特和穆尔，1990）认为，正是由于契约是不完全的，使得不可能在初始合同中对所有的或然事件及其对策都做出详尽可行的规定，这就需要有人拥有"剩余索取权"，以便在那些未被初始合同规定的或然事件出现时做出相应的决策。那么，如何将这些不同的控制权在外部投资者和经理人之间进行有效的分配呢？该理论认为，这种权力天然地归非人力资本所有者所有，物质资本所有权是这种权力的来源（哈特，1995）。在这种理论的指导下，将股东作为公司治理的主体就合情合理了。

但是，该理论比剩余索取权理论存在着更多的问题，表现在以下几个方面：

1. 剩余控制权理论的前提是不完全契约理论，但是契约在多大程度上是不完全的呢？哈特等人认为合同的不完全性主要来源于相关变量的第三方不可证实性，但是泰勒尔（1999）就深刻地认识到合同当事人所真正关心的并不是具体的或然事件本身，而是或然事件对支付的影响，并且只有当两种或然事件对支付的影响无法被区分时，才会影响契约的完全性，这样就削弱了不完全契约理论的基础。博弈理论也证明了在多次重复博弈而非一次静态博弈时，契约相关变量的不可证实性对当事人行为的影响也会削弱。因此，抽象地谈论契约绝对意义上的不完全性是没有意义的，剩余控制权理论还没有一个坚实的理论基础。

2. "剩余控制权"概念也存在问题，其内涵和外延十分模糊。本来"剩余控制权"是指"可以按照任何不与先前的合同、惯例或法律相违背的方式决定资产所有用途的权力"（哈特，1995），但是，由于现实中很多治理的权力已经在合同中作了规定，所以在很多文献中，剩余控制权和控制权经常混用，就连哈特和穆尔（1999）自己也不得不承认"事实上我们并不区分合同规定的控制权和剩余控制权，而且事实上剩余控制权等同于完全控制权"。

3. 同剩余索取权理论一样，剩余控制权理论的"资本强权观"也只是一个先验性的假设，其存在条件和适用范围从来都没有被认真考察过。该理论认为物质资本所有权是这种权力的来源，但是不能回答人力资本的所有权为什么不能带来这种权力，拉詹和津加莱斯（Rajan and Zingales，2001）就不无怀疑的指出"对任何关键性资源的控制权都是权力的一个来源"。并且，很多学者也意识到这种抽象意义上的"剩余控制权"没有意义，从而转向了研究那些拥有信息和知识优势的代理人对企业资源的实际控制权，比如艾金和泰勒尔（1997）等就认为应该在名义与实际的控制权之间划出清晰的界限。具有讽刺意味的是，哈特和穆尔（1999）也不得不放弃他们一贯坚持的资本强权观，强调创意是实际权力的来源。

4. 剩余控制权理论存在的内部逻辑不一致的矛盾。在格罗斯曼和哈特（1986）、哈特和穆尔（1990）等模型中，投资者天然拥有剩余控制权，但是这是建立在当事人不受财富约束的条件上的，一旦放弃这个不现实的假设，投资者的天然的剩余控制权就可以转移给无资产的企业经营者。比如艾金和博尔顿（1992）就得出了"控制权相机转移"的结论，认为在企业经营状态好时企业家应获得控制权，反之投资者应获得控制权。这其实已经否定了"股东至上的单边治理结构"的传统观念。

5. 控制权概念与治理概念的内涵不一致。控制权中不但包括治理的权力也包括管理的权力，将二者统一起来研究不会得出任何对治理有意义的结论，最终的结论只能是控制权在企业中的分配的多元性，即多方占有控制权。

另外，一些学者的认识，特别是在某些基本概念或理论上，也存在着模糊和逻辑推理上的混乱。比如：有人认为剩余索取权与剩余控制权相对应的，这明显是错误的，剩余索取权不会也没有必要与剩余控制权相对应；还有人认为，公司的目标和治理的目标应该是一致的，这也是错误的观点。可以看出，剩余控制权理论仍然存在很多的问题需要解决，但是其认为股东是最后的风险承担者，就应该获得控制敲竹杠风险的权力（张维迎，1996），这种思路是值得肯定的。

（三）利益相关者共同治理理论批判

以布莱尔为代表的学者认为，并不是只有股东承担剩余风险，工人、债权人、供应商都可能是剩余风险的承担者。

以职工为例，有数据表明在大型公司里，特别是某些既定的产业中，拥有相同技巧和职工的工人所得到的工资和收入要高于小的业主式企业里工人的收入。工人多得的这部分收入实际上就是对团队生产所形成的剩余收益的分享。而分享剩余收益也就意味着承担剩余风险。

在对公司目标即股东利益最大化的观点进行批评的基础上，布莱尔首先提出公司的目标应该是公司创造财富最大化（wealth maximization），而要实现这个目标，公司必须重视所有相关利益者的利益，这就是相关利益者理论。相关利益者是指已经为公司贡献了关系专用性资产（relationship-specific asset）的人或集团。关系专用性资产是指价值依赖于公司价值的那部分资产，这部分资产一旦改做他用，其价值就会降低，因此，投入公司的这部分资产是处于风险状态的，一般来说，为激励专用性资产进入公司，需要给予其一定的剩余收益。

利益相关者理论认为，并不是只有股东投入的股本才是专用性资产，职工、债权人甚至是供应商、用户投入公司的资产都可能是关系专用性的。以布莱尔为代表的学者特别强调人力资本的专用性，他们认为，当工人受雇于同一雇主超过一定时间后，就会积累有价值的公司专用化技能。他们做出此结论的依据主要是如下三点：第一，工人的长期工资的提高要明显高于他们自己所预期的、仅仅是由一般性技能的改善而提高的工资。第二，职位变换比率（不管是解雇还是辞职引起的）要明显低于平均水平。第三，辞退那些工龄很长的工人其成本很高。人力资本的专用性表明其所有者需要承担公司的剩余风险。

而现实中也有大量的案例支持利益相关者理论的某些结论。从实际来说，20世纪80年代以来大型公司越来越多地从事一些与股东利益最大化目标无直接联系的活动，例如资助大学或研究机构的研究项目，向社会公益项目捐款等等。这表明公司已经是一个"社会存在概念"而不仅仅是为股东利益而存在，公司是为所有相关利益者服务的。

利益相关者理论认为，共同治理理论只不过是相关利益者理论的一个简单推论。因为最有效率的控制权安排形式是让那些承担使用资产所带来的风险的那些集团掌握该资产的控制权。相关利益者的资产都是处于风险状态的，因此他们应该分享企业的控制权。他们指出，应该设计一定的契约安排和治理制度来分配给所有的相关利益者一定的企业控制权，即所有的相关利益者都应该参与公司治理，这就是共同治理理论。以布莱尔为代表的学者提出，当职工和其他利益相关者的专用化投资实际上处于风险状态时，作为所有者，他们的权利和义务应该通过回报系统、组织形式和其他安排来具体化，从而使公司全部有实质意义的资产处于风险承担者的控制之下，这些控制责任的分配是与不同集团所拥有的资产利益大小相对应的。如果企业的所有参与者都在进行专用性投资的同时也都拥有与他们的公司专用性投资成比例的股权，他们将拥有一致的利益，可以联合选举董事会成员。

然而，利益相关者理论和共同治理理论也存在问题，我们可以对此提出质疑：

1. 公司治理是否有主体？如果有主体和客体，那么，依据共同治理理论，所有利益相关者都是治理主体，那么治理客体是谁？谁治理谁？

2. 公司作为不同要素所有者的契约联结，是否所有的签约者或利益相关者的实质性地位都是平等的？不同生产要素的稀缺性或相对重要性是否一样？我们认为：现实中仍然是资本本位。在公司治理结构中，资本所有者仍然是处于主导地位。高素质的管理者或经营者及科技人员，确实相对重要性已经非常高，在公司中的作用越来越大。因而在公司治理中的地位需要或已经发生改变。但是有一个重要的现象必须给予重点关注：不管人力价值有多大，必须转化为像物质资本一样的股本，即使人力资本股本化，人力资本所有者作为公司的股东，才改变了其在公司治理结构中单纯作为人力所有者的地位。这说明：第一，在现有治理结构中已经解决了人力所有者因为人力要素相对重要性提高所要求的治理主体地位问题；第二，由于人力要素逃避风险的可能性大，因此，必须转化为物质资本，才能成为公司所有者和治理主体。

3. 如果说利益相关者都参与公司治理，那么如何界定"利益相关"和"利益相关度"？债权人、供应商等与公司利益相关，那么政府机构和官员与公司（没有政府投资的公司）难道利益不相关？全球所有的人难道不直接或间接地与任何一个国家的任何一个公司利益相关？美国总统于中国某一个公司难道一定利益不相关？其实只是相关度和相关形式的差异。如果只要利益相关就参与公司治理，实际上公司将无法治理。如果说，只有相关度高的主体参与治理，这个"度"在哪里？怎么确定？

4. 利益相关者分享公司的收益和承担相应的风险，不一定是"剩余受益"和"剩余风险"。债权人、供应商、劳动者等利益相关者得到的收益不是剩余收益，承担的风险不是剩余风险。例如债权人，之所以把钱借给公司，是为了获取利息，这个收益是确定的。承担的风险是可能收不回贷款，这个也是事先知道的、合同中写明了的。所谓"剩余收益"是指企业在付清了所有合同中明确规定的支付后的、事先不能确定数量大小的那部分收益，是公司利润做了各项扣除的部分。它是不确定的，甚至可能为负，这就是风险，这部分风险只有股东（包括人力资本入股的股东）承担。也只有这类主体才是公司治理的主体。利益相关理论和共同治理理论在讨论"剩余收益"和"剩余风险"时，实际上已经改变了这一概念的含义。

5. 认为每个利益相关者都为公司贡献了关系专用性资产，是一个过于绝对化的判断，实际上是把"关系专用性"泛化了。不排除公司一般员工的技能的专用性和特殊供应商和用户的关系专用性。但是对于绝大多数利益相关者来说，这种专用性是很弱的，几乎可以忽略不计，不足以成为参与公司治理的依据。而且，有关系专用性的利益相关者，其专用性程度不同，如果都参与公司治理、分享公司剩余收益和分担剩余风险，几乎是不可能的事情。因为测算专用性程度和专用性资产的数量将产生巨大的成本；对于绝大多数公司经营管理者即人力价值大的劳动者来说，其实人力资本使用价值的通用性远远大于其专用性。在一个公司干得出色的管理者在别的公司也常常干得出色，被别的公司给予更高报酬的可能性也更大。只有那些破产或经营不善或有别的丑闻的公司经理，在离开某公司的时候才贬值。这恰恰不是说明了其人力资本的专用性，而是说明了其人力资本价值本来就不大。

6. 如果由"利益相关"推出"共同治理"，那么，与公司利益相关的主体没法确定有多少，即使确定了，也不会是一个小数。如果他们都参与公司治理，不知道该如何构建公司治理结构，按什么原则确定他们参与公司治理的限度或权利。这个治理结构的组织成本也许是非常大的，难以保证公司运作给利益相关者带来更大的利益。实际上"共同治理"从经济学意义上是不可实施的。

可以认为，与"公司利益相关者"不等于"公司治理者"，"对公司治理和治理结构有影响"也不等于就是"参与公司治理"；如果利益相关者都参与公司治理，公司将没法治理，公司治理结构也就成了无边界的结构。我们关注到了美国等西方国家公司治理结构的改善，但是那仍然是在现有的治理结构框架的改善，是要求在公司治理结构中更多地注重股东以外的利益相关者的利益，而不是让他们参与公司治理。贝利（Berle）和米塞斯（Means）指出："你不得不强调公司是为股东利益而存在的，直到你可以向某些人提出一项明确的、理智的、可实施的计划时。"这一说法对股东存在的价值的判断过于绝对，但是对利益相关者共同参与公司治理的理论却是一个提醒。

三、公司治理的几个概念性问题探析

对于公司治理的一些基本问题，比如到底什么是公司治理、为什么会有公司治理问题、谁应该是公司治理的主体和客体，国内学者并未达成一致的看法。根据前面对公司治理理论的分析和批判，我们对关于公司治理的几个概念性问题做出回答。

公司治理是有特定含义的。所谓公司治理，是在公司的所有权和经营权分离、所有者和经营者（即委托人和代理人）之间信息不对称前提下，委托人对代理人的激励与约束。所谓公司治理结构，就是为了寻求委托人与代理人激励相容的一种机制设计。必须明确，公司治理的本质是公司的所有者对代理者的激励与约束。

公司治理问题产生的前提有两个：一是所有权与经营权分离，在不分离的企业里，不存在治理问题。二是委托人与代理人的信息不对称，一般情况下，代理人占有信息优势，从而有道德风险和逆向选择行为的可能。如果信息完全对称，就没有必要治理，因为市场就可以进行优化选择，公司所有者就像在超市购物一样选择经营者。

还有几个容易混淆的概念需要说清楚。第一，公司治理不等于治理公司。公司治理是有特定含义的。公司治理的主体是公司的所有者，客体是公司的经营者，治理的目的是要实现激励相容，让经营者为了自己也为了所有者努力工作。而治理公司是公司以外的政府、行业协会等组织对公司的管理和约束。公司是需要治理的，国家可以依靠法律、政策等手段规制和引导公司行为。但是，这不是公司治理，而是政府等外在主体对公司的治理。治理公司的是政府等外在于公司的主体，治理的客体是公司。治理的目的是使公司依法经营、符合国家的产业政策和客观上与社会公众利益和社会进步方向一致。第二，对公司行为施加影响不等于公司治理。有些可能是对公司的治理，有些可能不是对公司的治理，只是有影响而已。第三，公司治理不等于企业管理。有企业就有管理。企业管理设计产供销各个环节和人财物及信息各个方面，管理手段也是多元化的，管理者与被管理者的身份可以是双重的——部门经理相对于员工是管理者，而相对于总经理是被管理者，管理的对象有人也有物。而公司治理却不是这样。第四，与公司利益相关者不一定都是公司的管理者，更不一定是公司治理主体。

四、公司治理主体的条件

我们认为，参与公司治理的主体必须满足两个条件：

一是这种风险必须是该企业的经营风险。众所周知，保险公司的一项财产保险承担了某个企业的汽车财产的风险，但是该保险公司不能由此向上追溯对该企业的公司治理的要求权；承担一个分公司经营风险的主体不能向上追溯对该公司集团的治理要求权。我们把这种满足治理主体要求的风险特性称为风险在空间上的不可上溯性。风险在空间上的不可上溯性要求只有承担公司的经营风险的单位或个人才有可能成为该公司的治理主体。

二是这种风险必须是最终风险。虽然很多主体都面临企业经营的风险，但是他们在时间维度上是分先后的，当企业经营出现问题时，都是股东最先承担风险，股东承担不了的再由债权人、员工等其他主体承担，这样，当企业正常运行时，只有股东是真正的风险承担者，其他主体都是潜在的风险承担者，他们并不真正承担风险或者承担的风险已经被某种风险报酬所弥补，从而没有资格称为治理主体，只有承担最终风险的主体（包括股东，不一定只有股东）才有资格成为治理主体。我们把这种满足治理主体要求的风险特性称为风险在时间上的不可上溯性。风险在时间上的不可上溯性要求只有承担最终风险的单位或个人才有可能成为该公司的治理主体。

综合这两方面的要求，可以得知，只有承担公司最终经营风险的单位或个人才是公司的治理主体。其实，我们提出的新标准已经改变了传统的股东至上的理论，因为我们并不先验地认为只有股东才有资格进行公司治理，而是按照是否承担公司最终经营风险这个标准来判断。如果的确只有股东承担公司的最终经营风险，那么股东就是至上的；如果还有其他主体和股东一起承担公司的最终经营风险，那么股东便和其他主体一起作为公司治理主体进行公司治理。而且，我们提出的新标准也没有像利益相关者理论那样将公司治理主体的范围无限扩大到利益相关者，从而陷进了一个无法界定范围和程度的境地。另外，新标准相对于剩余索取权和剩余控制权理论来说具有很多优点：一是概念内涵比较清晰，并且判断标准可以观察，从而能从现实中对该理论进行检验；二是不需要依赖不完全契约理论；三是不存在内部逻辑不一致的问题；等等。这样新标准就弥补了剩余索取权、剩余控制权和利益相关者理论的缺陷。

第二节 中国的公司治理问题

前面明确了公司治理和公司治理结构等概念，结合中国处于经济转轨时期的特征，本节讨论了中国转轨时期的公司治理特征，并对中国企业管理层股权激励的决定因素进行了实证分析。

一、中国转轨时期公司治理的特征

（一）中国企业公司治理的转轨特征

中国经济体制改革的核心是企业改革，主要是国有企业改革。国有企业的改革，开始基本上是按"两权分离"的思路进行，后来除开继续"两权分离"改革外，增加了"国有资产战略性重组、并从一些领域和企业退出"。没有退出的当然不可能再由国家直接经营，要"两权分离"，也需要把相应企业改成股份制，国家控股或参股；退出来转让给非国有主体的资产，同样不可能（至少大部分不可能）"两权合一"，同样需要"两权分离"，因为毕竟已经是在社会化大生产的背景下。绝大多数的私营经济经过一定的发展后，也逐步越过了业主式企业阶段，过渡到以"两权分离"为特征的公司制企业。很显然，它们都面临公司治理问题。看起来都是因为委托代理和信息不对称这种一般原因导致的具有共性的治理问题，实际上，除开共性外，还有其特殊性——转轨时期的特性，主要表现在：第一，国有资产管理的市场化体制不健全，导致国有资产产权主体的不确定，从而导致委托人的不确定，以及多层次的委托—代理层次、而且代理层次不确定问题；第二，国有资产管理的法律、政策不完善；第三，国有资产的进退机制不健全；第四，企业家市场发育不够、从而企业领导人产生的行政化；第五，企业内部多种管理制度不健全；第六，人们的观念还没有适应市场经济。这样，无论是委托人还是代理人，角色都不确定，激励和约束就困难了。更何况我们对多种激励和约束的手段和方法，都还在学习、探索、实验的过程之中。

（二）我国目前公司治理结构在法律规定、机构设置和实际运作上的不一致或矛盾，是必须予以重视和解决的

从《公司法》的规定看，我国公司治理结构是借鉴欧洲大陆模式，既有董事会，又有监事会，是二元治理结构。而从公司的机构设置看，是多元治理模式，既有董事会、监事会，还有党委会、职代会、工会等，后来又引入了英美公司的独立董事制度；从公司的实际运作看，是一元治理结构，而且这种"一元治理结构"被推上了极端的集权化，即"内部人控制"。可见，我国的公司治理结构还没有定型，实际上还在英美模式与欧洲大陆模式之间、现代公司治理结构与国有企业原来的治理结构之中徘徊和选择。这种选择过程在一定意义上说是必然的，但是在这一过程中容易出现治而不理的现象。因此，应该尽量缩短这一过程。应该在比较、借鉴的基础上，结合中国的实际，确定相对最优的治理结构模式。

（三）"外部人内部化"加剧了"内部人控制"

更多的人已经关注到了我国公司治理中存在的比较严重的"内部人控制"问题，即企业内部的经营者权力过大，通过多种手段危害国家利益和中小股东的利益，甚至使公司陷入困境却无法追究其责任。其实，比"内部人控制"更严重而又与"内部人控制"密切相关的问题是"外部人内部化"。所谓"外部人"是指与企业相关但是不在"企业经营者"行列或者按规定不在"企业经营者"行列的人。他们是一般股东以外的国有股权代表、党政机关的少数官员、原来行业主管部门改牌而来的行业性总公司的管理者等。所谓"外部人内部化"就是这些"外部人"因为能通过实施一定权力而能直接或间接地从公司中收益，从而与公司经营者串谋。公司经营者也乐于"收买"他们，与之串谋，共同损害国有资产和其他股东利益，同时加剧公司治理结构混乱，加剧"内部人控制"。这种现象虽然是少数，但是确实很恶劣，对公司治理的危害甚大。中国现在的企业制度处于变革之中，公司治理结构并不定型。

（四）从目前公司经营业绩状况及公司行为状况看，与国家是否控股并没有必然联系

包括上市公司和非上市公司，经营业绩好的公司中有些是国家控股，有些是国家参股的，有些是没有国家股的。经营不善的公司中，国家既不参股也不控股的比例也不少；从公司行为是否合法的情况看，与是否国家控股或参股也没有必然联系。违法经营和操作的公司中，各种所有权占主体的都有。这说明，在经济体制转轨时期，由于各种制度的不完善，公司都可能钻政策和法律的空子，而与公司的所有权没有直接的必然的高相关性。由此我们引出"如何认识国有股减持"问题。

（五）国有股减持的目的是多重的，减持本身是一个系统工程

人们可能较多地看到了公司的国有股"一股独大"影响公司治理结构的完善，从而认为减持国有股是完善公司治理结构的必要条件，也把完善公司治理结构作为减持国有股的目的。我们应该承认，在众多的公司中，确实是国有股"一股独大"，从而实质上政企难分，确实不利于公司治理结构完善。但是前面已经指出：由于国有股的股权代表不确定，而且作为外部人"内部化"才导致严重的"内部人控制"的问题，并非有国有股或国家控股，就必然导致严重的治理问题。我们需要减持国有股，目的不只是为完善公司治理结构创造条件（这是重要目的之一），还有收缩国有资本的投资规模、优化投资的产业结构和地区结构、为社会保障筹措资金、完善资本市场等目的。国有股不只是一个减持问题，有退还有进，关键是形成一个进退有序、有方的机制。当然，目前主要的问题是怎样"退"。从国有资产目前的数量及其分布情况看，从国民经济发展和国有资产运作的需要出发，国有股一定要减持，其他形式存在的国有资产也会较大幅度地退出。从总体上说，这种"退出"是有助于公司治理结构完善的，但是对于不同的具体公司来说，既不是充分条件，也不是必要条件。

国有股减持涉及面太广，因而具体工作是十分复杂的，需要从策略上和技术上认真研究。从理论上说，减持的渠道或方式是多元的，但是，在什么时机采用什么方法或不同方法的组合，需要专家和政策制定者们相机抉择。总体思路应该是"多渠道、少批量、公开化（或市场化）、不渲染"。什么渠道或方式在什么时候可用就用。有些方式在国外好用，而在中国的目前阶段就不能用或不好用，例如 MBO 方式，在资本市场不完善、相关法律制度不完善、企业家市场不存在或不完善的情况下，就不能用。不能把太多的国有股减持集中在某一种方式上和某一时点或某个短时期上，应该是分散在不同方式、不同时点上，以减轻资本市场的压力。不管什么方式都必须是公开的市场化运作，以维护公平和保证效率。所谓"不渲染"就是不要人为地宣传、造舆论，该怎么做就怎么做。否则，会凭空增加国有股减持给各个方面的压力。

二、中国上市公司管理层股权激励的决定因素研究

（一）问题的提出

在对公司治理问题的研究中，最受关注的问题是管理层股权激励（包括管理层持股与股票期权）问题。对这个问题的研究主要是围绕着两个方面进行：一是管理层股权激励水平与公司绩效的关系；二是对其决定因素的研究，包括哪些因素决定了管理层股权激励水平以及怎样决定。按照传统的代理理论，对这两个方面的逻辑关系我们可用图 5-1 来表示：

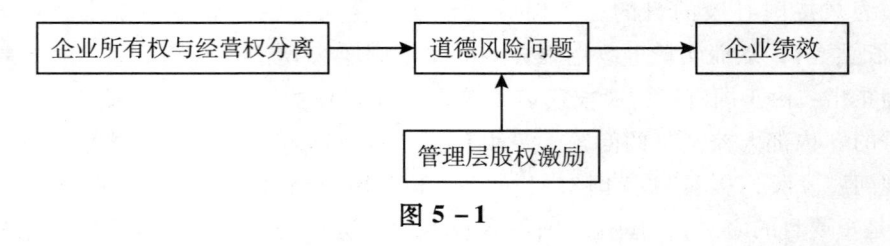

```
企业所有权与经营权分离 → 道德风险问题 → 企业绩效
                              ↑
                        管理层股权激励
```

图 5-1

如图 5-1 所示，企业所有权与经营权的分离造成了道德风险问题，这对企业的绩效会产生负面影响，显然道德风险问题处于这个过程的中心地位。而管理

层股权激励是克服道德风险问题的一种手段,因此首先它会影响企业绩效[1],这是一个方面;同时,企业所有权与经营权分离时的企业环境或企业特性(firm characteristic)决定了道德风险的程度,从而也就决定了作为克服道德风险手段的股权激励的最优水平,这是第二个方面。

国外学者对第一个方面进行了大量的实证分析,结果是仅有少量文献认为管理层股权激励与业绩不相关(洛德尔和马丁,1997;西梅伯格,1999),大部分研究都得出了前者影响后者的结论[2](迈赫兰,1995;默克等,1988;麦康诺和瑟韦斯,1990;赫马林和威斯巴赫,1991),这为代理理论提供了实证上的支持。国内学者在这方面也做了大量的工作,但与国外研究结果不同的是,使用我国企业相关数据的实证检验却得出了二者基本不相关的结论:有的支持二者不相关(袁国良、王怀芳和刘明,2000;魏刚,2000),也有的认为仅仅是微弱相关(刘国亮和王加胜,2000)[3]。一般认为这是由于我国国有股一股独大从而导致的公司治理结构混乱造成的。

近年来,对第二个方面即管理层股权激励[4]决定因素的研究成为了一个热点。我们认为,对这个方面的分析可进一步分为两个层次:一是管理层股权激励是否存在一个最优水平;二是在肯定最优水平存在性的前提下,分析是哪些因素决定了这个水平,决定方式是怎样的。

对于股权激励最优水平是否存在的问题,科尔和格威(Core and Guay, 1999)的实证分析结果给出了肯定的回答,并且公司是不断通过授予新的股权薪酬来修正现实水平以使其更靠近最优水平的。当然,人们更关心的是第二层次的决定因素问题,已有的研究已经发现了企业规模(firm size)、经营风险(firm risk)、成长机会(growth opportunity)、自由现金流(free cash flow)、管理层任期(managerial tenure)等刻画企业特性的变量,并且得出了它们与管理层股权

---

[1] 有少数文献认为不是股权激励影响业绩,而是业绩影响股权激励(科尔,1996)或者二者互相决定(钟和普鲁伊特,1996)。但由于现有研究大都是从代理理论出发进行分析,因此,我们暂不考虑其他的两种情形。也就是说,我们这里分析的管理层股权激励与业绩的关系主要是指前者是否以及如何决定后者。

[2] 对于管理层股权激励如何影响业绩则有着诸多不同意见:迈赫兰(1995)发现二者呈线性关系,默克等(1988)则发现是分段线性关系,而麦康诺与瑟韦斯(1990)的实证结果是两者为倒"U"型的关系。与以上皆不同,赫马林和威斯巴赫(1991)通过分析142个NYSE的公司数据发现两者呈一种复杂的曲线关系。

[3] 他们大都使用单一线性方程构建模型,而且有的不设控制变量,这在一定程度上影响着结果的可信性。

[4] 股权激励包括两个方面的含义,一是水平,二是结构。对于管理层股权激励的现有研究集中探讨了第一个方面,因此我们这里主要介绍对激励水平与企业特性关系的文献,当然,也有文献比较深入的分析了股权激励结构的决定因素,比如詹森(1986)等。

激励最优水平的关系。我们下面分别对这些因素进行阐述。

首先，对于企业规模，德姆塞茨和莱恩（1985）认为，给定公司的要素和产品市场，就存在最优的公司规模和管理者股权水平，如果前者是较大的，那么与之相应的后者也应是较高的。史密斯和瓦茨（1992）则相信较大的公司需要更有才能的管理者，他们应有更高的股权薪酬。在管理者效用函数具有递减的绝对风险厌恶和不变的相对风险厌恶的典型假设下，西梅伯格等（1999）通过实证分析发现，CEO 的股权激励水平以递减的比率随公司规模增长。而科尔和格威（1999）使用股票市价的对数代表公司规模的分析结果，则比较好的支持了西梅伯格等（1999）的结论。

对于公司风险这个因素，德姆塞茨和莱恩（1985）假设在不确定性较大或噪声较大的环境中运营的公司有较高的监督成本，而在这样的环境中经营的公司将表现出较高的股权集中，管理者的风险厌恶意味着其股权水平将以一个递减的比率随噪声增长。科尔和格威（1999）以市场模型[①]的回归残差的标准差测度企业的非系统性风险（idiosyncratic risk），并用特殊风险代表增加监督成本的噪声，他们的结果验证了这个变量与股权激励水平之间的凹关系，即股权激励水平以一个递减的比率随噪声增长。

通过扩展德姆塞茨和莱恩（1985）的结果，随后的研究者识别并检验了决定管理者股权激励水平的其他因素。史密斯和瓦茨（1992）预期增长机会（growth opportunity）使股东或外部董事对管理者行为的评价更困难。但是，借助于股票期权或限制性股票等基于股权的薪酬形式，以此激励管理者最大化股东价值可以降低监督成本，也就是说，他们认为增长机会与股权激励的水平之间应该是正相关关系。盖维（Gaver, 1993）、迈赫兰（1995）以及西梅伯格等（1999）则以实证分析说明了增长机会与 CEO 股权激励之间确实存在一个正相关关系，为这个假说提供了支持。科尔和格威（1999）使用资产的账面价值与市场价值的比率代表增长机会，同样得出了较高增长机会的公司也有相应较高的股权激励水平的结论。

对于自由现金流，詹森（1986）认为，高自由现金流所造成的代理问题可以用较高的股权激励水平来减轻，通俗来讲，就是说如果一个公司自由使用的现金比较多，那么管理层谋取私利的可能性就更强，因此需要给予其更高的股权激励水平以防止损害公司利益事情的出现。佩利亚（Palia, 1998）和西梅伯格等（1999）发现了营业收入（作为自由现金流的一个代表）与管理者股权之间的一个正相关关系。在科尔和格威（1999）的实证研究中，如果公司资产的账面价值与市场价值的比率（book to market ratio）小于 1（代表低增长机会），那么他们将

---

① 这个市场模型指的是资本资产定价公式（CAPM），具体可见科尔和格威（1999）。

自由现金流测度为（营业收入－普通股和优先股的股利）总资产的三年平均值，借此验证了管理者股权与自由现金流对于有低增长机会的公司而言是正相关的。

最后，迭彻和斯隆（Dechow and Sloan，1991）认为，随着 CEO 临近退休，时界问题（horizon problem）变得比较重要，即管理层的任期越接近结束，越有可能"以权谋私"。此时增加股权激励可以在一定程度上抵消其影响，这样，管理层股权激励水平与其任期间便可能存在一个正相关关系。科尔和格威（1999）使用 CEO 任期的对数代表潜在的时界问题，验证了 CEO 的任期与股权激励水平之间的正相关关系。

总结上面的分析，管理层股权激励的最优水平与企业规模、经营风险、成长机会、自由现金流、管理层任期等企业特性变量应该是正相关关系，我们用表 5－1 来描述：

表 5－1　　　　管理层股权激励最优水平的决定因素及其关系

	企业规模 （Firm size）	经营风险 （Firm risk）	成长机会 （Growth opportunity）	自由现金流 （Free cash flow）	管理层任期 （Managerial tenure）
管理层股权激励最优水平	＋	＋	＋	＋	＋

注：表中"＋"号表示显著正相关。

总结上述国外的相关文献，我们发现：国外的研究无论从理论还是实证上都说明最优股权激励水平与上述诸因素是呈正相关关系的。那么，我国管理层股权激励水平是否也是由这些因素决定的？它们之间的关系是否与国外的研究结果一致？如果不是的话是由什么原因造成的呢？我们发现，对这方面的研究国内基本上没有。因此，我们利用我国沪深两市上市公司的数据对管理层股权激励水平与企业规模、企业风险、自由现金流、成长机会和管理层任期等企业特性的关系进行实证分析，以求深化对管理层股权激励问题的研究。

（二）计量模型、变量测度与研究方法

根据上面的分析，对管理层股权激励水平的决定因素，我们也主要选取企业规模、企业风险、自由现金流、成长机会和管理层任期，另外，为了说明我国不同行业管理层[①]股权激励水平的差异，我们引入了 17 个行业控制变量，计量模

---

① 这里所说的高级管理层是指公司董事会成员、总经理、总裁、副总经理、副总裁、财务总监、总工程师、总经济师、总农艺师、董事会秘书和监事会成员。

型为经典的线性回归模型：

$$Equity\_incentives = \beta_0 + \beta_1 \log(Market\ value\ of\ equity) + \beta_2 \log(firm\ risk)$$
$$+ \beta_3 Book\text{-}to\text{-}market + \beta_4 Managerial\ tenure$$
$$+ \beta_5 Free\text{-}cash\text{-}flow + \sum_{i=6}^{23} \beta_i IND_i + \varepsilon \qquad (5.1)$$

因变量 Equity_incentives 代表管理层股权激励水平，对它的测度，国内、国外的研究是大相径庭。国内的研究一般都是选取了管理层持股占公司总股本的比例作为管理层人员股权激励水平的代表变量，而国外对管理层股权激励水平的测度方式有两种：一种将其表示为公司股票价格变化1%时管理层的股票和期权价值的变化，这在西梅伯格等（1999）中使用过；另一种是指詹森和摩菲（1990）使用的，即当公司价值变化一美元时管理层股票和期权价值的变化。这两种测度方式是源于两种不同的对管理层激励动力来源的假设：前面一种认为是经理对公司的价值所有权，后面一种则认为是经理对公司的比例所有权。近来有许多研究，比如豪布里希（1994）、霍尔和利布曼（1998）、贝克和霍尔（1998）等讨论了这两种测度的相对优缺点，其中贝克和霍尔（1998）认为哪种测度方式更合理取决于经理人行为怎样影响公司价值的假设，如果假设经理人行为主要影响公司的价值回报，那么应该使用经理对公司的比例所有权进行分析；如果假设经理人的行为主要影响公司的比例回报，则经理对公司的价值所有权就是应该选取的测度。

由于采用公司价值变化时获得的不同企业的管理层股权激励水平值过小，从而很难看出他们之间的差距，因此我们采用第一种，即将股权激励水平表示为公司股票价格变化1%时管理层的股票和期权价值的变化。另外，注意到我国管理层股权激励的形式几乎全部是持股而无股票期权，对股权激励水平的计算方式如下：

$$Equity\_incentives = 管理层持股数 \times 股票价格 \times 1\% \qquad (5.2)$$

对于公司规模的测度，几乎所有的研究（史密斯和瓦茨，1992；西梅伯格等，1999；科尔和格威，1999）都是使用公司股权的市值来表示，因此，遵循这种方法，对公司规模的测度我们同样使用股权市值来表示。另外，我们知道我国的股权结构比较复杂，包括流通股与非流通股。我们这里使用总股本来衡量公司规模，原因在于管理层持有的股票中有很多都是非流通股[①]，因此有：

$$Market\ value\ of\ equity = 公司总股本 \times 股票价格 \qquad (5.3)$$

对于公司风险的测度，如前所述，很多学者根据经典的资本资产定价公式

[①] 我们用流通股市值代表公司规模进行了回归分析，发现并不影响这里的实证结果。

（CAPM）为基础的市场模型，采用其回归残差的标准差作为风险或者监督噪声的测度。然而我们知道，我国上市公司投机性过强，股票价格的波动通常无法反映真实的公司风险，因此，我们使用了企业最近三年主营业务收入的方差来衡量公司风险，同时为了消除企业经营规模的影响，应将这个方差再除以最近一年的主营业务收入，即：

$$firm\ risk = 公司近三年主营业务收入的方差 \div 最近一年的主营业务收入 \quad (5.4)$$

按照科尔和格威（1999）的方法，对成长机会，我们以公司资产的账面价值与市场价值的比率表示，资产的市场价值即为公司股权市值，而账面价值以所有者权益计，因此：

$$Book\text{-}to\text{-}market = 公司股权市值 \div 所有者权益 \quad (5.5)$$

需要特别注意的是，这里的变量 $Book\text{-}to\text{-}market$ 与实际意义上的成长机会是相反的关系，即 $Book\text{-}to\text{-}market$ 越小，公司成长机会越高；反之越低。

对于自由现金流，我们使用营业现金收入减去投资现金支出作为代表，即：

$$Free\text{-}cash\text{-}flow = 营业现金收入 - 投资现金支出 \quad (5.6)$$

对于管理层任期，我们以持有公司股票的管理人员的平均任职时间为标准。

最后是行业控制变量的设置，我们按照魏刚（2000）的方法将所有上市公司的行业分为了18个，回归模型③中的 IND_i，$i = 6$，7，…，23 即是行业虚拟变量，分别代表着高科技行业（β_6）[①]、金融业（β_7）、房地产业（β_8）、电子业（β_9）、公用事业（β_{10}）、建材业（β_{11}）、制药业（β_{12}）、家电业（β_{13}）、综合行业（β_{14}）、农业（β_{15}）、商业（β_{16}）、食品业（β_{17}）、交通运输及相关设备制造业（β_{18}）、机械制造（β）、冶金（β_{20}）、纺织（β_{21}）、化工（β_{22}）和造纸业（β_{23}）。

前面已对计量模型及相关的变量测度做出了详细说明，最后我们需要对研究方法进行简单阐述。首先，我们使用的计量方法是常用的普通最小二乘法（OLS）。其次，我们猜测国有股一股独大是造成我国管理层股权激励水平不合理的重要因素之一，因此，我们将所有样本分成三块来分析：一是国有股[②]比例超过30%的上市公司；二是国有股比例低于30%的上市公司；三是将所有上市公司合在一起。通过比较这三块样本的管理层股权激励水平与决定因素的关系，我们可得到国有股是如何影响股权激励水平的信息③。

---

① 括号里是相应的系数变量。
② 我国的国有股包括国家股和国有法人股。
③ 之所以不采用将国有股作为变量或者将国有股是否超过30%作为一个虚拟变量的原因在于，那样做只能说明国有股与管理层股权激励水平的关系，而不能说明其对诸如企业规模、企业风险、自由现金流、成长机会和管理层任期等企业特性变量的影响。

(三) 样本的选取与数据的描述

我们以 2004 年 4 月 30 日公布年报的 1 080 家沪深 A 股上市公司为样本，不过做了一些剔除。考虑到被 *ST 与 PT 的公司很多只是忙着进行重组而不能正常经营，无法反映管理层活动与企业的经营状况，我们剔除了被 ST、*ST 与 PT 的 49 家企业；同时，在测度公司风险时剔除了 12 家没有 2002 年或者 2001 年年报数据的企业[①]；最后还有 000979_科苑集团、600019_宝钢股份因没有公布管理层持股而去掉。剩余样本 1 017 个。我们首先对相关数据作统计性的描述：

第一，关于样本企业国有股比例的特点。

据前所述，我们将样本以国有股占总股本比例 30% 为界，划分为两大块。另外，按照在不同交易所上市分为沪市与深市，具体可见表 5-2：

表 5-2　　　　　　上市公司样本按国有股比例分类的统计

股权比例 股市	国有股高于 30% 的公司数	国有股低于 30% 的公司数	合计
上海证券交易所	447	241	688
深圳证券交易所	210	119	329
合计	657	360	1 017

数据来源：对所有样本企业 2003 年年报数据的整理。

由表 5-2 可见，无论是分沪深两市来看，还是总体分析，国有股比例在现阶段仍旧是非常大的，国有股比例超过 30% 的公司数目大概是低于 30% 企业数目的两倍。

第二，样本企业管理层股权激励的特点。

根据样本公司的数据，虽然我国近年来逐步采取了股票期权的激励方式，但对管理层股权激励的方式仍旧是以简单的持股为主，并且管理层零持股的企业比例仍不在少数，对此的分析见表 5-3：

表 5-3　　　　　　对上市公司样本管理层持股的分析

股权比例 是否零持股	国有股高于 30% 的公司数	国有股低于 30% 的公司数	合计
管理层零持股	229	88	317
管理层持股大于零	428	272	700
合计	657	360	1 017

[①] 600435_北方天鸟，600640_中卫国脉，600677_航天通信，600650_锦江投资，600772_石油龙昌，000725_京东方，000727_华东科技，600219_南山实业，600239_红河光明，600330_天通股份，600250_南纺股份，600036_招商银行。

根据表 5-3，总体来看，管理层零持股的上市公司占总样本的比例为 31.17%，这个比例显然是非常高的；同时，国有股高于 30% 的上市公司中管理层零持股的比例为 34.86%，而国有股低于 30% 的上市公司中这个比例为 24.44%，显然，这意味着在国有股比例较高的上市公司中，零持股现象显著；最后，与魏刚（1998）对 1998 年上市公司分析中得到的管理层人员 40.88% 的零持股比例相比，我们对 2003 年上市公司调查得到的 31.17% 的比例，说明我国上市公司对管理层的股权激励面正在初步扩大。

最后，我们根据数据的特点对上部分中变量的测度做出简单说明。由计量模型可看到，涉及的数据包括了公司总股本、股票价格、管理层持股数、主营业务收入、所有者权益、营业现金收入、投资现金支出和管理层任期等。考虑到方便以及只要单个变量的单位统一就不会对回归结果造成影响，公司总股本、管理层持股数、主营业务收入、营业现金收入、投资现金支出我们都以万为单位；对于股票价格我们则选取 2003 年 12 月 31 日的收盘价为标准①；最后，为减小误差，我们将营业现金收入减去投资现金支出得到的自由现金流再除以 10 000，不采用对数形式来减小误差的原因是自由现金流可能为负。

（四） 计量结果及理论解释

企业规模、企业风险、自由现金流、成长机会和管理层任期是否与最优的激励水平一致？我们按照回归模型（1）首先对相关变量进行统计性描述，然后再给出计量结果并加以解释，得到我们的结论。

1. 相关变量的统计性描述

根据回归模型（1），因变量为管理层股权激励水平 Equity_incentives，涉及的自变量包括公司市值的对数 log（Market value of equity）、公司风险的对数 log（firm risk）、代表成长机会的资产账面市价比 Book-to-market、管理层平均任期 Managerial tenure、自由现金流 Free-cash-flow 与 18 个行业虚拟变量 IND_i，$i = 6$，7，…，23。对它们的统计性描述如下，需要说明的是，虽然我们的研究方法是分国有股比例高于和低于 30% 来分别进行回归分析，但是我们这里只就总体样本对相关变量进行统计性描述，因为我们期望得到的是关于我国上市公司管理层股权激励的总体水平与各个决定因素之间的关系。

---

① 600712_南宁百货，000058_深赛格用 2003 年 12 月 30 日的收盘价，600281_太化股份用了 2003 年 12 月 26 日的收盘价，600843_上工股份用了 2003 年 12 月 29 日的收盘价。

表5－4 管理层股权激励决定因素回归模型的相关变量统计表

表5－4－1：描述性统计

变量	均值	中值	标准差	最大值	最小值
Equity_incentives	9.448801	0.130861	86.58854	1442.635	0.000000
log（Market value of equity）	21.48872	21.30011	0.961670	31.34610	19.70719
log（firm risk）	9.555071	8.440950	4.106882	35.80604	-2.099472
Book-to-market	0.418136	0.404458	0.168899	1.139289	$3.00E-05$
Managerial tenure	3.094415	3.000000	1.239322	20.00000	1.000000
Free-cash-flow	28.72423	6.840000	226.9728	4696.330	-156.0200

表5－4－2：相关系数矩阵（Correlation Matrix）

log（Market value of equity）	1.0000				
log（firm risk）	0.0885	1.0000			
Book-to-market	-0.1908	0.0533	1.0000		
Managerial tenure	0.0540	0.1721	0.0429	1.0000	
Free-cash-flow	0.2637	0.0551	-0.0214	0.0028	1.0000

注：本表包括两个分表，表5－4－1是变量的描述性统计，而表5－4－2则是各解释变量的协方差矩阵。

2. 计量结果

如前所述，我们按照国有股比例高于30%的上市公司、低于30%的上市公司及全部上市公司三个样本范围按照计量模型（1）利用OLS法进行计量，所得结果如下：

表5－5 管理层股权激励决定因素的计量结果

变量	国有股比例高于30%的上市公司样本	国有股比例低于30%的上市公司样本	全部样本
C	3.961227 （0.203926）	-159.8922 （-0.588336）	60.37261 （0.770518）
log（Market value of equity）	-0.029976 （-0.040552）	9.898850 （0.783606）	-1.739441 （-0.494507）
log（firm risk）	-0.070586 （-0.422788）	-2.549005 *** （-1.205234）	-0.839619 *** （-1.127673）

续表

变量	国有股比例高于30%的上市公司样本	国有股比例低于30%的上市公司样本	全部样本
$Book-to-market$	-4.212439 (-0.980509)	-59.34946*** (-1.215183)	-28.27081** (-1.536430)
$Managerial\ tenure$	0.101699 (0.179243)	0.321199 (0.049350)	-0.252925 (-0.103249)
$Free\text{-}cash\text{-}flow$	$-1.35E-08$ (-0.047001)	$-1.46E-06$ (-0.238248)	$-9.52E-08$ (-0.065226)
IND_6	19.29086* (1.835634)	41.22749 (0.971882)	31.13715** (1.507304)
IND_7	-1.347061 (-0.09939)	-10.88556 (-0.126631)	0.206593 (-0.005477)
IND_8	-0.304472 (-0.028752)	8.883807 (-0.181687)	-0.012908 (-0.000580)
IND_9	-0.232416 (-0.022539)	105.7004* (2.428940)	46.77435* (2.322789)
IND_{10}	-0.699478 (-0.069316)	-9.850569 (-0.169143)	-1.362929 (-0.070698)
IND_{11}	-0.500384 (-0.067417)	294.6858* (3.528051)	43.60625* (1.785403)
IND_{12}	-1.105084 (-0.106641)	73.49815** (1.557695)	26.35528*** (1.258856)
IND_{13}	-0.356476 (-0.028568)	8.657406 (0.122027)	7.543943 (0.230097)
IND_{14}	-0.027827 (-0.002645)	-0.590088 (-0.034579)	-0.782175 (-0.076751)
IND_{15}	1.252248 (0.116867)	4.306068 (0.064577)	1.245341 (0.049108)
IND_{16}	-0.450373 (-0.045295)	1.456156 (0.035489)	-1.851475 (-0.099733)
IND_{17}	-0.649449 (-0.062583)	38.86247 (0.747697)	11.57268 (0.533392)

续表

变量	国有股比例高于30%的上市公司样本	国有股比例低于30%的上市公司样本	全部样本
IND_{18}	-0.873252 (-0.087789)	-4.031914 (-0.090107)	-1.425550 (-0.076817)
IND_{19}	-0.854469 (-0.084926)	512006 (0.163421)	0.077474 (0.004259)
IND_{20}	-0.523180 (-0.051602)	-3.402117 (-0.054098)	0.685888 (0.034073)
IND_{21}	-0.091418 (-0.008428)	-2.575729 (-0.048811)	-0.986946 (-0.040919)
IND_{22}	-0.166356 (-0.016668)	31.53949 (0.846659)	9.714213 (0.556840)
IND_{23}	-0.379046 (-0.034455)	-2.609287 (-0.036974)	-1.736648 (-0.063381)
样本个数	657	360	1 017
R^2	0.047245	0.085030	0.029228
调整的 R^2	0.012572	0.022398	0.006720

注：表中括号外面的值为变量的系数，而括号内的值为对应变量的 t 值；* 号表示在 0.05 的水平上显著，** 号表示在 0.1 的水平上显著，*** 号表示在 0.15 的水平上显著。

分析表 5-5 的回归结果，我们发现我国管理层股权激励水平的决定因素存在下几个特点：

第一，管理层股权激励水平与公司规模、管理层任期和自由现金流三个最优股权激励水平的决定因素无关。很显然，不论是国有股比例高于或低于 30% 的样本公司，还是总体样本，我国上市公司管理层股权激励的水平与代表公司规模、管理层任期和自由现金流的三个变量 log（Market value of equity）、Managerial tenure 和 Free-cash-flow 都没有显著性关系。

第二，管理层股权激励水平与公司风险是负相关关系，这与最优股权激励水平与公司风险应是正相关的一般结论相反。表中代表公司风险的变量 log（firm risk）的系数通过了 0.15 的显著性水平，并且其系数为负。值得注意的是：这种负相关关系不存在于国有股比例低于 30% 的上市公司样本中，而存在于国有股比例高于 30% 的样本公司与全体样本公司中。说明国有股比例较高企业的管理层是否持股以及持股比例与企业风险无关，从而持股的管理层个人也无须承担风险。

第三，管理层股权激励水平与成长机会是正相关的，这符合最优股权激励水平的性质。

我们的计量结果支持了股权激励水平与成长机会正相关的关系，并且，这种正相关关系不存在于国有股比例低于 30% 的上市公司样本中，而存在于国有股比例高于 30% 的样本公司与全体样本公司中。这说明国有股的存在使得在决定公司发展方向及措施上策略比较容易集中，从而公司有一个比较好的发展机会，因而在设置股权激励水平时在与成长机会关系方面具有相对优势。

第四，从不同行业来看，国有股高于 30% 的样本公司中只有高科技这一个行业的管理层股权激励水平比较显著，而在总体样本中高科技、电子、建材和制药 4 个行业都是显著的。这说明在国有股比例较高的公司中，对人力资本的重视不够，管理层股权激励水平不合理。

第五，不论是在哪个样本范围下，表示回归拟合程度的 R^2 与调整的 R^2 都非常小，从我们列出的自变量来解释因变量即管理层股权激励水平是远远不够的，原因可能是我国管理层股权激励水平的设置与这些因素关系不大，因此，这又进一步地说明了我国管理层股权激励水平的不合理。

我们用下面的表 5-8 来总结管理层股权激励决定因素的实证结果，表示出最优的股权激励水平与各决定因素的关系及我国上市公司管理层股权激励水平与各决定因素间的关系：

表 5-6　　　我国管理层股权激励水平与决定因素的
关系同最优股权激励水平的对照表

样本＼决定因素	公司规模	公司风险	成长机会	管理层任期	自由现金流
我国国有股高于 30% 的样本	无关	无关	无关	无关	无关
我国国有股低于 30% 的样本	无关	负相关	正相关	无关	无关
我国上市公司全部样本	无关	负相关	正相关	无关	无关
最优的股权激励水平	正相关	正相关	正相关	正相关	正相关

注：其中，"无关"、"负相关"以及"正相关"指的是在某行所代表的样本中，管理层股权激励水平与各决定因素之间的关系。

3. 对计量结果的理论解释

从上面对计量结果的分析中可看出：除了与成长机会的关系外，我国上市公司管理层股权激励水平与其他最优水平的决定因素之间要么是不相关，如与公司规模、管理层任期和自由现金流的关系，要么是相反，如与公司风险的关系；而且，国有股比例越高的上市公司中问题越严重。显然这与代理理论及国外的研究结果是大相径庭的，那么是什么原因造成了这种状况呢？

首先，也是最根本的原因在于，与国外不同，我国上市公司管理层股权激励的设置采取的是一种非市场化的方式。众所周知，我国的上市公司大部分是由以前的国有企业改制而来的，企业的管理层不是在经理人市场上通过市场化的聘任方式，而是由行政指派的办法组成的。这种方式在制定管理层的薪酬，尤其是股权激励水平上必然同样会导致一种非市场化的方法。因此我们对我国上市公司股权激励决定因素的实证结果，与研究市场化方式决定股权激励水平的国外公司的结论的不同，就很容易理解了。

其次，导致我们的实证结果与国外不同的直接原因有两个：一是我国上市公司特殊的股权结构所造成的"内部人控制"问题；二是黄少安（2004）中提出的"外部人内部化"问题。"内部人控制"的概念最早是由美国斯坦福大学教授青木昌彦在研究前苏联及东欧国家的企业公司化过程中提出的，是指管理层和（或）工人掌握了企业非人力资产的剩余控制权从而为自己谋私利的现象。可以看出，"内部人控制"主要是由于股东对管理层的监督不力造成的，是一个普遍存在的问题，虽然其形成的具体原因在不同国家是不同的：在美国是由于股权的分散，在日本是由于法人持股，而在我国则是因为国有股出资人的缺失。后来，黄少安（2004）根据我国特殊的股权结构提出了"外部人内部化"的概念，具体来说，在我国，作为国有股主体的国家是通过委托国有股代表（以前是经贸委及国资局，现在则是国资委）来行使权力的，而国有股代表在选择管理层时大多数是通过直接任命甚至是由国有股代表中的某些人直接担当，这样，国有股代表中的某些人便能通过实施一定权力甚至是担任企业的管理者而直接或间接的从公司中获取收益，从而会与公司经营者即管理层串谋，共同损害国有资产和其他股东的利益，这就是"外部人内部化"问题。此外，国有股代表只是国有股代理人的事实使得其与管理层串谋的可能性更大，进一步加剧了这个问题。

我们可用图5-2来表示我国企业的"内部人控制"及"外部人内部化"问题：

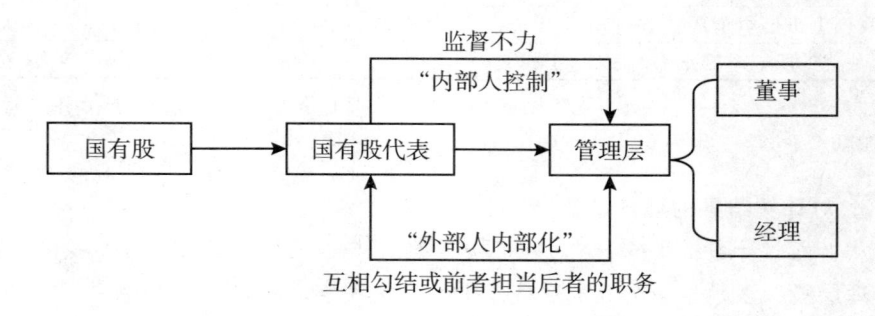

图 5-2 "内部人控制"与"外部人内部化"

如图 5-2 所示，在我国国家作为国有股的主体委托一种称作国有股代表的个体来行使股东应有的权力,而国有股代表则选择公司的管理层包括董事及经理等负责公司的经营。由图 5-2 及前面的分析可知,"内部人控制"由于是股东对管理层监督不力造成的,因而是现代企业的一个普遍问题,而"外部人内部化"却根源于我国特殊的股权结构所造成的国有股代表与管理层共谋,是我国企业所特有的。

现在回到我们的计量结果与代理理论及国外研究结果无关的问题上。我们认为,依据自己的利益来设置公司的股权激励水平显然是管理层谋取私利的一种手段,而"内部人控制"恰好创造了这种手段实施的可能性。国有出资人缺失的我国与股权过于分散的美国"内部人控制"的严重程度是不同的,前者要强于后者。原因在于出资人缺失造成的是无人监督,而股权过于分散造成的只是监督不力,前者显然要比后者更严重。因此,"内部人控制"虽然在国外没有造成管理层股权激励不恰当,但在我国却不是没有可能的。因此,我国上市公司特殊的股权结构所造成的"内部人控制"问题,可能是导致我们结论与国外不同的一个原因。

更重要的是,当存在"外部人内部化"问题时,损害公司利益的股权激励方案(不是最优水平的方案),由于与管理层串谋甚至自身就是管理层的国有股代表的作用而通过。并且国有股比例越高,与管理层串谋的国有股代表的权力就越大,因而两者串谋设置的股权激励水平就越偏离最有利于企业的水平。这恰好解释了为什么国外的实证结果与代理理论相符合,而我们的计量结果却与之大相径庭、而且国有股比例越高问题越严重的现象。因此,"外部人内部化"相对于"内部人控制"可更好地解释我们的实证结果。

总的来说,代理理论关于股权激励的分析暗含了一个市场完善的假设,即其前提是:管理层是由市场机制产生的;股权激励水平由全体股东按照市场化方式投票决定。而在我国特殊的"内部人控制"尤其是"外部人内部化"的公司治理结构中,管理层与监督层是一体的,而且都不是通过市场产生的,管理者和监督者都"享受"股权激励——例如代表国有股的董事长、代表国家监督的党委书记等,都被股权"激励"。管理层股权激励水平部分地、甚至是全部地决定于一种非市场化设置机制——管理层自身、甚至是管理层与国有股代表串谋决定。近年来上市公司中层出不穷的假账事件、管理层违法犯罪事件、非法集资事件等,充分说明了这一点[①]。

[①] 2004 年 12 月份我国三大石化公司之一的中航油因高管投机期货而巨额亏损,年末蓝筹股伊利股份(600887)的 5 名高管被正式拘捕。不仅如此,到笔者完稿时的 2005 年新年伊始的第 19 天,又有包括开开实业(600272)、三毛派神(000779)、东方创业(600278)、浙江东方(600120)、东北高速(600003)和山东巨力(000880)这 6 家上市公司共 7 名高管人员因涉案被公安机关立案调查。

（五）小结

这里从决定因素的角度、利用我国上市公司的数据对我国管理层股权激励进行了实证分析，得出了与代理理论及国外研究不相符合的结论。我们认为，非市场化的管理层激励决定方式是造成这种状况的根本原因，而直接原因则是"内部人控制"，尤其是黄少安（2004）提出的我国企业公司治理结构中的"外部人内部化"问题。综合来看，本研究与以往的研究具有以下几点不同或创新：

第一，与国内以往只关注管理层股权激励与企业绩效的关系不同，本书利用我国上市公司的数据从管理层股权激励与各决定因素的关系这个角度进行了实证分析，填补了国内这方面研究的空白。

第二，我们对管理层股权激励水平采取了更加可靠的度量方法，这与仅仅采用管理层持股占公司股本比例的简单度量方法的大部分文献不同。

最后，我们通过对黄少安（2004）所提出的"外部人内部化"问题的深入分析解释了我们的计量结果，指出了我国管理层股权激励水平不合理性的根本原因。

第三节　商业银行的公司治理

一、问题的提出：政府为什么参与商业银行的公司治理

当研究商业银行的公司治理问题时，商业银行自身具有的特殊性使其公司治理行为表现出了一些与众不同的地方，它要求政府或相关机构也要参与其公司治理，这似乎偏离了股东至上的理论。不仅仅是商业银行，很多金融机构比如保险公司等都具有像商业银行这样的特殊性，这就要求我们必须重视这个问题。学者们要么用利益相关者理论，要么用公共治理理论对此进行了解释。但是利益相关者理论由于自身具有的缺陷使其不能解释和指导公司治理实践，具体的分析参见我们前面对利益相关者理论和共同治理理论的批判。如果用公共治理理论来解释的话，那么为什么银行业要比其他行业监管更严呢？难道仅仅一句依靠银行业的特殊性就能搪塞这些问题吗？仅仅是因为银行的脆弱性吗？这里通过分析政府与存款人之间事实上建立的隐性或显性契约来解释政府或相关机构参与商业银行公司治理的现象，证明了这种治理行为不是公共治理，而是标准的公司治理，并且这种治理行为其实也没有偏离股东至上理论。

众所周知,在商业银行治理中政府有可能是以两种身份出现的,一是作为所有者,二是作为实现公共职能的"管理者"。如果政府作为所有者,那么政府当然可以参与银行治理,这点没有任何悬念。而商业银行公司治理的特殊性是由第二种角色引起的。本书把政府持有商业银行股份这一情况排除在外,仅仅考虑政府以"管理者"身份对商业银行的治理行为,比如:政府或相关机构对私有或民营银行进行的治理行为。

对商业银行公司治理的研究主要有三个方面的创新:一是提出了存款人"准股东"身份的理论,解决了目前理论界对存款人身份认识不足的问题;二是通过政府和存款人之间建立的委托—代理关系来解释政府参与商业银行公司治理的特殊现象,圆满地解决了政府参与银行公司治理与"股东至上"理论相违背的问题;三是提出目前我国银监局以管理者身份对商业银行进行治理其实包含了公共治理和代表存款人利益进行治理两种行为,必须对二者进行严格明晰地划分,从理论上解决了政府难以把握对商业银行监管的严格程度的问题。

二、商业银行的特殊性分析及其对公司治理理论的影响

与其他行业相比,银行业表现出以下几个方面的行业特殊性:一是资本结构的特殊性;二是危机时受到公共救助的特征;三是信息不对称现象严重;四是存在严格的行业管制和监管。

首先,商业银行的资本结构相对于一般的公司来说有着一定的特殊性,它具有非常高的资产负债比,其营运资金大部分来自于存款人,而自有资本金所占比重偏低,按照巴塞尔协议的规定,商业银行资本充足率为8%既可满足要求。股东依靠如此低的投入就独揽公司治理权显然会损害其他主体的利益。

其次,商业银行具有在危机时受到公共救助的特征。各个国家一般都有针对商业银行的各种隐含的或者明确的存款保险制度,承诺一旦银行出现问题,政府或者保险机构就必须要对商业银行进行接管或赔付,并且政府还是商业银行的最后贷款人,承担当其资金流动性不足时对其进行注资的责任,而普通的公司以股东的自有资本对公司付有限责任,国家或政府不对其进行注资或承诺救助。这样,最后贷款人制度和存款保险制度使得政府或其他机构承担了股东经营不当的风险,从而如果将他们排除出治理者的范围也是不恰当的。

再其次,商业银行和其他公司相比,其信息不对称现象更加严重。一方面,信贷市场为不完全信息市场,商业银行会遇到由于信息非对称分布而导致的逆向选择和道德风险问题。另一方面,银行贷款采用的是非市场化的一对一的合同交易方式,针对不同借款对象的信用状况,每笔贷款的利率水平、期限和偿还方式

也是不同的，因此，银行贷款资产的交易是非标准化的合同交易，正是这种非标准化导致了银行资产交易的非透明性，使得银行外部股东、债权人和存款人与银行之间信息不对称的程度较一般企业更为严重。严重的信息不对称现象使得外部投资者和管理者之间的代理成本更高，分散的股东和债权人对管理者的监督更难做到，管理者和大股东更容易利用其对公司的控制权为自己牟利。

最后，银行业是被严格管制和监管的行业。由于银行在金融体系中的特殊地位和作用，银行一旦发生危机将具有极强的负外部效应，从而银行业成为受到最为严格管制和监管的行业。世界各国一般都存在着对商业银行的行业准入、参股限制、经营行为等方面严格的管制和监管。这些管制和监管构成了商业银行治理行为的重要组成部分。

不同国家的商业银行治理模式尽管不尽相同，但是，银行的自身特征和社会功能决定了政府治理的不可或缺性，使得政府在商业银行的治理中一直占有重要的地位。但是按照传统的公司治理理论，只有拥有"最后剩余索取权"的股东才有资格做公司治理的主体，而政府或其他机构是没有资格作为公司治理主体的，因此，很多学者据此认为传统的公司治理理论所主张的只有股东才有资格进行公司治理的观点站不住脚。但是，商业银行的特殊性使得其公司治理真的偏离了"股东至上"的单边治理理论了吗？

三、存款人的真实身份——"准股东"

我们的解释是从分析存款人的真实身份属性开始的。

很多人都人认为，存款人是商业银行的债权人而不是股东。表面上看，的确是这样，因为存款人具有债权人的三大基本特性：一是优先偿付，当商业银行发生经营危机时，存款人优先于股东获得偿付；二是存款具有一个有限的期限，可以赎回，不像股票那样只能通过转让收回资金；三是获取固定回报且不参与公司经营决策，存款人的回报即利息率是固定的，不会随商业银行经营情况的差异而有所改变，并且存款人也不参与商业银行经营决策。但是，商业银行的特殊性使得存款人的这三个特征都是虚假的。

先来看第一个特征，存款人真是优先偿付的吗？在没有政府承诺赔付或存款保险制度下，银行股东虽然承诺存款人的利益在破产时优先考虑，但是由于他们的自有资本在整个银行的运营资本中所占比重偏低，银行营运资金大部分来自于存款人，一旦银行破产或发生危机，股东的承诺就变成了空话，仅仅依靠他们少得可怜的资本份额是没有办法来优先考虑存款人利益的，即使他们非常希望对存款人优先赔付。因此，在赔付次序上存款人事实上并没有优先，而是和股东一起承担了商业银行的剩余风险。

再来看第二个特征。对于单笔的存款来说，的确具有一个有限的期限，可以赎回，但是商业银行是经营货币的，只要它正常运营，其存款会源源不断，不像普通公司那样要靠自有资金来支付债券，而是将到期支取的存款转让给后来的存款人。因此，从整个商业银行的情况来看，无数笔的存款汇聚成一条永不间断的资金流，从而实际上使存款具有和股票一样的没有期限、不能赎回只能转让的特征。

再来看第三个特征。根据剩余索取权理论，存款人事实上和股东一起承担了银行的剩余风险，那么就应该拥有剩余索取权即分享银行利润，并且要参与商业银行的经营决策，但是为什么存款人却只能获得固定的回报，并且不参与商业银行的经营决策呢？原因主要在于两方面：一是存款人由于自身的风险承受能力较弱，不愿意接受这种剩余索取权，存款人存款的目的是储蓄和保值，他们只关心资金的安全，并不在意是不是能够获得银行良好经营的业绩报酬，也不愿意承担银行经营危机的风险，因此，如果银行把剩余索取权赋给存款人的话，估计没有人愿意把钱存入这种银行；二是存款人也没有能力行使这种剩余索取权，即便把这种权利赋给他们，他们事实上也会放弃，因为银行的负债主要是通过小额负债构成的，即使是企业存款，单一企业的存款占银行总存款的比率也非常低，银行债权人往往处于分散的状态，由众多的中小存款人构成，而中小存款人没有时间、精力和专门的技能来监督对银行资金的运用，所以他们也没有能力行使这种剩余索取权，来参与商业银行的经营决策。所以从这两条原因看，存款人虽然承担剩余风险但是并不分享剩余也是正常的，他们不是不能享有剩余索取权，而是其放弃的。

本来这三个特征中有一个是虚假的，就可以怀疑存款人的债权人身份，但是存款人在这三方面都表现出事实上具有和股东一样的特征，这就使我们有充足的理由相信：商业银行的存款人不是银行的债权人，他们具有和股东相同的特征，他们的真实身份是银行的准股东！

在商业银行治理研究中，存款人的"准股东"身份是我们与学界其他人最重要的区别。我们首次提出这个理论的目的是强烈呼吁社会各界恢复对存款人的真实身份的判断，赋给存款人相应的权利和义务。

四、存款人与政府之间的委托—代理：一个三方博弈模型

通过以上的分析，可以发现，在只有商业银行和存款人两方交易的情况下，

存款人的义务和权利是不对称的，他们承担了股东身份的风险，却没有能力也不愿意行使作为股东的权利。如果说在这种情况下，存款人能够把这项权利和义务都转移出去，自己只获取稳定的收益，并且让其他的人或机构来替自己参与商业银行的治理，存款人应该是求之不得的。那么，谁会来这么接受存款人的这项权利和义务呢？答案是政府。

对于政府来说，由于商业银行在国民经济中的特殊地位以及特殊的资本结构，使得商业银行破产后对一国经济的负面影响是其他任何行业、任何企业的破产所不能比拟的，但是政府却又不能关闭商业银行，因为商业银行的运作可以带给他们巨大的收益，比如经济增长、直接和间接的税收增加、经济安全等，这样政府就有参与银行经营决策即公司治理的愿望和要求，并且政府不像分散的存款人那样，其自身也有这种能力。但是，如果仅凭政府自己的身份，它是无权进行商业银行公司治理的，如果它和存款人之间达成一种委托代理关系，替存款人行使这种权力，就可以顺理成章地解释为什么政府有权参与商业银行公司治理了。并且在现实中也确实存在政府和存款人之间的隐性或显性的契约，说明二者的确存在着一种委托—代理关系。利息税或许就是因为政府代表存款人对商业银行进行了治理而获得的存款人的报酬，但是我们认为政府绝不是仅仅因为存款人的利息税才有动力参与商业银行公司治理的。

各个国家一般都存在各种各样的隐性或显性的存款保险制度，这项制度承诺当银行遇到危机时，由政府或相关机构来为银行兜底，负责存款人的资金安全问题，存款人从而不会受到损失。这样，各种存款保险制度就相当于政府或相关机构与存款人之间签订的一种契约，存款人将公司治理的权力交给了政府，作为报酬，政府为存款人承担资金安全的风险。这种契约安排，存款人和政府都是乐意的，其实，商业银行也是乐意的。这样就可以对政府或相关机构有权参与银行的公司治理提供一个解释，原因就是存款人将自己的权利转让给了政府或相关机构。

但是这里面有一个问题需要解释，那就是在存款人和政府或相关机构之间存在了这种委托—代理关系之后，政府或相关机构就和股东一起承担了商业银行经营的剩余风险，政府或相关机构虽然接纳了公司治理的权利，但是为什么不接纳分享银行盈利的这项权利呢？我们认为原因主要在于三方面：一是存款人不会答应，存款人将钱存入银行不是想获得商业银行经营的利润，主要目的是资金的储蓄和保管；二是根据第一个原因，如果政府接受了银行经营利润分享权利的话，那么只能是自己享用，这就要求它们从自己的腰包里掏出固定的利息支付给存款人，但是，事实上政府与存款人订立契约的原因主要是想获得治理的权利，而对分享商业银行经营利润不感兴趣，因为银行给政府带来的间接收益要远远超过这种剩余收入的直接收益，只要银行能稳当的经营，政府就谢天谢地了，它怎么还奢望能分享利润呢？从而政府放弃了对利润分享的要求，并且股东也不会反对政府的这种放弃；三是即便政府或相关机构想要求分享商业银行的利润，它们和股东的具体分享比例也是很难计算的，并且由于信息不对称现象在执行起来也存在着很大的问题。所以，政府和相关机构作为商业银行的准股东——存款人的委托代表只享用治理权力并不分享银行利润也是正常的一种现象，与剩余索取权理论并不违背。

下面通过建立一个三方博弈的模型将上面文字部分的叙述数理化，即证明政府、银行股东和存款人三方之间都倾向于选择存款人将自己的公司治理权力转让给政府并且让存款人接纳一个固定的报酬形式这种状态模式。这样就证明了存款人和政府之间的这种委托—代理关系存在的天然合理性，也就说明了为什么政府具有参与商业银行治理的权力。

假定社会里存在三种类型的经济主体：存款人、商业银行股东、政府。存款人的个数为 L，银行股东和政府的个数都是一个。第 j 个存款人在该银行里存入的资金量为 w_j，$j = 1，2，\cdots，L$。每个经济主体都有四个策略可以选择，分别是：政府参与银行治理且存款人获取利润分成、政府参与银行治理且存款人获取固定利息、政府不参与银行治理且存款人获取利润分成、政府不参与银行治理且存款人获取固定利息。并且还假定，任何经济主体都没有超市场的力量，即不能强迫其他主体的行为。这样，存款人是获得利润分成还是获得固定利息必须要三方都同意才可行，但是政府是否参与银行治理只要存款人和政府两者同意就可以实行，而不需要银行股东也同意。这是因为存款人是银行的"准股东"，他们对银行的治理权力也是天赋给资本的，银行股东无权剥夺他们的这种权力。

假定政府参与商业银行公司治理时，银行倒闭的概率为 P_1，政府不参与商业银行公司治理时，银行倒闭的概率为 P_2，且 $0 \leq P_1 < P_2 \leq 1$。一旦银行倒闭，如果不是存款人获得固定利息且政府参与银行治理这种情况，存款人的资金便不能收回。假定三方的效用函数 $U(\cdot)$ 都是单调递增的函数，且存款人风险厌恶。

假定银行股东并不占有存款人拥有的货币所能给银行带来的收益，则对于每单位货币来说：

$$1 + r_i = (1 - P_i) \times (1 + R) + P_i \times 0 \quad (*)$$

其中，$i = 1、2$，分别表示政府参与治理和不参与治理两种状态；R 为在银行正常经营时每单位货币的利润率；r_i 为存款人每单位货币从银行获得的固定回报。

因为 $P_1 < P_2$，由式子（*）可知，$r_1 > r_2$。

下面我们分析一下三方的策略选择：

1. 存款人

对于存款人 j 来说，四种策略的报酬函数带给他的效用分别为：

$U_1 = U$（政府参与治理，存款人获取利润分成）$= (1 - P_1) \times U_j[w_j \times (1 + R)] + P_1 \times U_j[0]$；

$U_2 = U$（政府参与治理，存款人获取固定利息）$= U_j[w_j \times (1 + r_1)]$；

$U_3 = U$（政府不参与治理，存款人获取利润分成）$= (1 - P_2) \times U_j[w_j \times (1 + R)] + P_2 \times U_j[0]$；

$U_4 = U$（政府不参与治理，存款人获取固定利息）$= (1 - P_2) \times U_j[w_j \times (1 + r_2)] + P_2 \times U_j(0)$。

因为 $r_1 > r_2$ 且 $U(\cdot)$ 单调递增，所以 $U_2 > U_j[w_j \times (1 + r_2)] > U_4$。由于存款人为风险厌恶者，且 $1 + r_1 = (1 - P_1) \times (1 + R) + P_1 \times 0$，所以可得 $U_2 > U_1$。因为 $w_j \times (1 + r_2) < w_j \times (1 + R)$，所以，$U_4 > U_3$。由此可知，$U_2$ 是四个效用中最大的，那么对于存款人 j 来说，策略（政府参与治理，存款人获取固定利息）为他的优势策略。同理，不管政府和银行股东怎么选择，所有的存款人都会选择政府参与治理且存款人获取固定利息策略。

2. 银行股东

假定银行股东的自有资金为 w'，银行里的存款为 $w = \sum_{j=1}^{L} w_j$，w_j 为第 j 个存款人的存款金额。

对于银行股东来说，四种策略的报酬函数分别为：

$U_1 = U$（政府参与治理，存款人获取利润分成）$= (1 - P_1) \times U[w' \times (1 + R)] + P_1 \times U[0]$

$U_2 = U$（政府参与治理，存款人获取固定利息）$= (1 - P_1) \times U[(w' + w) \times (1 + R) - w(1 + r_1)] + P_1 \times U[0]$；

将式子（*）代入 U_2，可得

$U_2 = (1 - P_1) \times U[w' \times (1 + R) + w \times P_1 \times (1 + R)] + P_1 \times U[0]$；

$U_3 = U$（政府不参与治理，存款人获取利润分成）$= (1 - P_2) \times U[w' \times (1 + R)] + P_2 \times U[0]$

$U_4 = U$（政府不参与治理，存款人获取固定利息）$= (1 - P_2) \times U[(w' + w) \times (1 + R) - w(1 + r_2)] + P_2 \times U[0] = (1 - P_2) \times U[w' \times (1 + R) + w \times P_2 \times (1 + R)] + P_2 \times U[0]$

因为 $U(\cdot)$ 是单调递增的函数，可以看出，$U_2 > U_1$ 且 $U_4 > U_3$。我们不能再从假定中推导出更进一步的关系，但是可以看出，无论是不是政府参与银行治理，银行股东都希望存款人获得固定利息。

3. 政府

政府参与银行经营决策的成本相对于银行给它带来的收益或损失来说都是可

以忽略不计的，所以假定该项成本为 0。如果政府承诺在银行倒闭时对存款人的资金安全负责，这时政府虽然付出了银行倒闭时要支付给存款人相应的固定利息和本金的代价，但是这有利于社会的稳定和经济的平滑发展，而在不承诺赔付时，虽然少支付了固定利息和本金的成本，但是银行倒闭对政府的危害更大，因此，假定在政府承诺赔付和不承诺赔付时，银行倒闭带给政府的收益分别为 $-M$ 和 $-M'$；那么 $M' > M$。如果银行正常经营的话，则政府的收益为 N，且银行倒闭的危害大于银行不倒闭带给政府的收益，那么，$M' > M > N > 0$。且假定政府的效用函数 $U(\cdot)$ 为奇函数。

对于政府来说，四种策略的报酬函数分别为：

$U_1 = U$（政府参与治理，存款人获取利润分成）$= (1 - P_1) \times U[N] + P_1 \times U[-M'] = (1 - P_1) \times U[N] - P_1 \times U[M']$

$U_2 = U$（政府参与治理，存款人获取固定利息）$= (1 - P_1) \times U[N] + P_1 \times U[-M] = (1 - P_1) \times U[N] - P_1 \times U[M]$

$U_3 = U$（政府不参与治理，存款人获取利润分成）$= (1 - P_2) \times U[N] + P_2 \times U[-M'] = (1 - P_2) \times U[N] - P_2 \times U[M']$

$U_4 = U$（政府不参与治理，存款人获取固定利息）$= (1 - P_2) \times U[N] + P_2 \times U[-M'] = (1 - P_2) \times U[N] - P_2 \times U[M']$

由于 $U(\cdot)$ 为单调递增的函数，所以，对于政府来说，$U(M') > U(M)$。又因为 $0 \leq P_1 < P_2 \leq 1$，可以得知：$U_2 > U_1 > U_3 = U_4$。那么，无论其他主体选择什么状态，政府肯定会倾向于选择政府参与治理且存款人获取固定利息策略，即策略（政府参与治理，存款人获取固定利息）为他的优势策略。

综合三方经济主体的情况可知，存款人获取固定利息的策略为三方共同的优势策略，政府参与治理的策略则是存款人和政府两方的优势策略，但是又因为银行股东对政府参与银行治理没有发言权，所以该博弈模型存在一个均衡，它的均衡策略为（政府参与治理，存款人获取固定利息）。这样，政府参与银行治理并且存款人获得固定利息就是追逐自利的各方经济主体自然而然的选择结果，证明了存款人和政府之间的委托—代理关系存在的合理性和稳定性。

五、几点讨论

通过分析，我们发现存款人其实真正的身份并不是商业银行的债权人，而是具有和股东一样的特征，从而成为商业银行的"准股东"，这样存款人就有了对商业银行进行治理的权力。但是由于存款人自身的偏好以及客观状况的限制，他们没有自己行使这项权力，而是通过与政府或相关机构之间订立一个委托—代理关系的契约，将自己的对商业银行进行治理的权力转交给了政府，由政府或相关机构代表他们对商业银行进行治理。并且通过建立模型，可以发现三方主体最终的均衡策略为政府参与治理且存款人获取固定利息，证明了这种委托—代理关系的稳定性和合理性。很明显，政府或相关机构对商业银行的公司治理其实并没有偏离"股东至上"的公司治理理论。

可以看出，不能用公共治理理论来解释政府对商业银行的治理行为，因为政府对商业银行治理要比公共治理严格很多，政府对商业银行的公共治理职能在我国是通过银监局来实现的。这里所主张的"政府对商业银行的公司治理"是指：1. 在法律上，要明确存款人的"准股东"身份、存款人和银行股东一样具有对商业银行公司治理的权力以及政府代表存款人行使这种权力。2. 政府授权银监局、相关机构、新成立机构单独或共同对商业银行进行公司治理，具体的治理权力可以依据"合理、有效、明晰"的原则进行分配。在我国，这种权力被授权给银监局，而财政部和国资委行使作为国有出资人对商业银行的治理权力。这样，这种代表存款人对银行进行治理的权力和公共治理的权力在我国都是由银监局来行使的。我们并不是要反对把这种权力赋给银监局，而是要求银监局的这两种职能必须能够清楚地分开、辨明，而不能混在一起。3. 通过这种授权关系，银监局除了享有通常意义上的监管权之外，还应享有一定的高级人事建议与审核权、财务审查与知晓权、财务统筹管理与审核权、重大经营决策权以及根据特殊环境需要而采取特殊调查权等。目前，我国政府对银行业虽然按照国际惯例实行了严格的监管，即便这种监管行为由于朦胧地认识到商业银行的脆弱性而较一般行业严格，比如市场准入、高级管理人员的任职核准等，但是由于理论上一直对"存款人"的身份认识不够，使得无论在理论上还是实务上都对"政府代表存款人拥有对商业银行公司治理权力"认识不足、权力行使不够。4. 地方银监局在国家银监局的指导下，享有一定银行治理的权力。

我们这种观点与以往的观点有本质的区别，因为以往的学者大部分都是从"公共治理"的角度看待政府或相关机构对商业银行的公司治理权力，而没有考虑到由于银行业的特殊性，存款人具有了"准股东"的身份，这样政府对商业银行的公司治理便不再只有公共治理那么简单。

虽然1995年颁布的《中华人民共和国商业银行法》和2003年颁布的《中华人民共和国银行业监督管理法》都对商业银行的监管和存款人的保护都作了明确的规定，但是我们认为这还不够，还要在法律上明确政府代表存款人参与商业银行公司治理，并授权银监局及下属机构行使这项权力。这样做不仅可以保证"政府参与商业银行治理"法理的统一和一致，而且还可以从根本上弥补商业银行公司治理结构的缺陷，提高商业银行的经营效率，保证全民的利益。目前，虽然理论界和实务界都同意银行的自身特征和社会功能决定了政府治理不可或缺性的看法，并且都同意要对商业银行严格监管，但是对于政府对商业银行监管的度一直没有一个很好的把握，主要原因就是因为没有认清政府对商业银行公司治理的本质和权力来源是什么，本研究弥补了这方面的理论缺陷。本研究将政府以管理者的身份对商业银行公司治理权力的来源分为公共治理和代表存款人"准股东"的公司治理两个独立的方面，这样，对于政府的公共治理方面来说，可以套用通行的其他行业的公共治理规则，而对于政府代表存款人来对银行行使治理权力方面来说，则可以参照股东的标准来执行，即不能大于股东的权力，从而解决了政府对商业银行监管的严格程度问题。

必须注意，政府代表存款人对商业银行进行治理会导致"政企不分"、"政资不分"的问题。按照前面提出的将政府对商业银行公司治理权力明确地三分，即财政部和国资委行使出资人的治理权、银监局行使公共管理权和代表存款人对银行的治理权、公共治理权和代理公司治理权也要分清，这样做并不能解决商业银行"政企不分"、"政资不分"的问题。因为，这种做法只是在机构上进行了职能的隔离，使政府机构间或机构内部具有一定的专业化分工，但事实上并没有真正对政府权力和企业权力进行了隔离，政府行政权力依然可以通过人事任免、资源约束等途径干预银监局代表存款人利益的职能。这样，我们初步考虑，可以将全国人大的因素引进商业银行的治理体系中来，将有利于我们寻找到真正解决"政企不分"问题的思路，比如：可以将银监局代表存款人对商业银行治理的这种权力对全国人大负责，而公共治理的行为对政府负责，但是公共治理的权力要和其他行业一样，不能扩大。

第六章

新型国有资产管理体制的构建

——省属国有经济调整与高校经营性国有资产管理体制探讨

本章讨论国有资产管理体制问题。我们不想涉及所有类型、所有层次的国有资产管理体制的问题,而是集中讨论两类国有资产:一是省属国有资产,涉及省属国有经济的调整和国有资产管理体制的构建;二是高校经营性国有资产管理体制问题。

本章分为两节。第一节讨论省属国有经济战略性调整的基本依据、原则和思路,提出通过构建国有经济的进退机制、完善新型国有资产管理体制;第二节以高校企业为分析对象,讨论高校经营性国有资产的一般性和特殊性,提出高校企业改革的思路。

第一节 省属国有经济战略性调整与新型国有资产管理体制构建

国有资产可以划分为不同的层次,中央级国有资产和省属国有资产。由于它们承担的经济职能等不同,改革的方式也有差别。在本节中,我们专门讨论省属国有经济的战略性调整与新型国有资产管理体制的构建问题。

一、省属国有经济战略性调整的依据

（一）理论依据——国有经济在经济体系中的职能

对于国有经济的发展和调整，已有理论研究已经给出以下基本结论：

1. 领域：缩小所参与范围，退出竞争性领域，集中于基础性、公共领域；
2. 目标或方向：提高国有经济对整个国民经济的控制力、影响力和带动力；
3. 组织形式或存在载体：以股份制为基本形式，建立现代企业制度；
4. 管理体制：以建立完善、高效的国有资产出资人制度为核心。

这些结论已经基本上被现有政策所认可和采纳。

需要进一步明确的是，国有经济在整个经济结构中的定位和功能，尤其是在中国这样一个转轨加发展的国家中，国有经济到底如何定位？

从世界范围内来看，几乎所有的经济体系都是混合经济，所不同的只是私有经济和国有经济比例和结构而已。也就是说，国有经济的存在是一个普遍的经济现象——因为国有经济是社会某些职能的最佳承担者，如果不是由国家来投资承担，这些只能就会缺失，或者社会将为之付出更大的成本。因此，在中国，尽管目前国有经济需要从大多数竞争性领域退出，要缩小比例，但是无论现在和将来，必然存在一定比例的国有经济。我们需要讨论、研究和确定的是：到底哪些职能必须和最适合由国有经济来承担呢？

根据既有研究和实践，我们将国有经济承担的职能大体归为以下几个方面：建立和完善市场制度即提供制度这种公共产品；提供其他的公共产品或准公共产品；保障经济稳定和安全；引领工业化和承担高风险；促进区域经济的稳定与发展——对于大国的地方政府这种职能是存在。当然，国家的经济职能是动态的。国有经济的职能从而规模、领域等也是动态的。

1. 建立和完善市场制度

市场虽然有着自我起源、自我发展的能力，但是不仅在市场发育过程中有着规则、制度确认的要求，而且在制度竞争和制度互补的作用下社会需要加速市场的发育进程。对于中国这样的转轨国家来说，市场建设和规范是转型过程中面临的首要问题。我们必须依靠国家的力量来推动市场化的进程。国家在构建市场制度时，不仅是立法、定规则和当裁判——这些都需要国家投入资源，但是不形成经济实体，也不形成国有资产；还有一些具体市场的培育和市场基础设施的建设，不仅需要国家投资，而且会形成经济实体，形成国有经济或国有资产，在资本市场、经理市场、技术市场的建设以及市场信用担保等方面，我们都看到国有经济的作用。其实，国家的这些作为，既是提供具体服务，也是在建立和完善市场，是在提供制度这种公共产品。

2. 提供公共产品或准公共产品

理论上将整个社会的经济物品划分为公共产品、准公共产品和私人物品三种。除开上面提及的制度这种特殊公共产品外，还有许多其他的公共产品。由于公共产品及准公共产品具有消费排他成本高、收益独占性弱的特征，市场机制难以实现公共产品和准公共产品的最优供给。也就是说在公共产品及准公共产品的供给上存在着市场失灵。因此，需要引入与市场具有截然不同运作机制的政府来完成公共产品和准公共产品的供给。

3. 保障经济稳定和安全

国家保障经济稳定和安全有多种手段，重要手段之一就是经济手段，重要的经济手段之一就是在一定限度内建立和保持国有经济。一般来说，适度的国有经济——国有企业或非一般企业性的经济组织，对于充分就业、平抑经济波动和物价稳定作用是巨大的；国有资本进入并控制那些对经济起着基础、支撑作用的行业和企业，例如军工、造币、金融、矿产与能源、粮食等行业，对一国经济安全是必要的。

4. 引领工业化和承担高风险

不同的国家政府或一个国家政府的不同阶段，在经济发展中起的作用常常有差异，但是，已有的经验表明：任何国家在工业化的初期和中期都积极推动和领导工业化，对于后发的或赶超型的工业化国家来说，国家的作用更大。中国就是一个后发的正在赶超的工业化过程中的国家。国家推动工业化的重要手段之一就是对一些能够引导工业化、对国民经济和国家竞争力有支撑作用的产业投资从而形成国有经济。国家另一个重要职责就是投资进行科技研究和开发，投资高科技产业。因为它是高风险的，又往往投资巨大，私人往往不愿意投资，但是对于一个国家经济的发展和竞争力来说，又是必须的和至关重要的。

5. 促进区域经济的稳定与发展——对于大国的地方政府这种职能是客观需要的

不同国家的国情不同，地方政府的职能有差异，但是都有一定的经济职能。经济职能的强弱、具体内容和执行职能的具体方式等，都会有差异。不同国家的政府实际上是有竞争的，因而有一个政府竞争力问题。在一个国家内部的地方政府之间，也存在适度竞争，竞争的最重要的内容就是经济实力——这是有益的。政府竞争力的重要指标之一就是领导和控制国民经济的能力和经济实力，这二者都需要适度的地方政府所有的国有经济作为支撑。同时，对国有经济"度"的把握和对国有经济的管理能力，也是地方政府竞争力的重要指标。

对于像中国这样的大国来说，一个省，无论人口、经济总量等，就相当于一个中等国家，其经济体系往往比一些中小国家还完备，地方政府必然会承担重要的经济职能。除开在本地区从宏观上领导、引导和控制经济运行和发展外，中央政府的宏观经济战略也很大程度上靠地方政府、特别是省级政府去实施。实现经济职能的重要手段或途径就是发展和保持一定的属于地方政府所有的国有经济。当然，是在服从中央政府总的战略前提下，根据地方经济的实际情况和基于地方政府的地位和职能，确定国有经济的规模、领域等。地方政府所有的国有经济主要是对地方经济起控制作用、支撑作用、带动作用，提升地方经济的整体竞争力。至于宏观经济稳定、经济安全等，主要是中央所属国有经济的功能。

就目前中国的地方政府，特别是省级政府来说，全国总体而言，都面临国有经济战略性调整问题，国有资本都需要从竞争性领域大量退出而同时进入一些重点的关键的领域。当然，不同的省的经济结构不同，在全国的经济地位不同，因此，调整的具体内容和任务会有差异。

（二）政策依据：中央的大政方针

中共十四届三中全会提出"建立适应市场经济要求，建立适应市场经济要求，产权清晰、权责明确、政企分开、管理科学的现代企业制度"，国有企业的股份制改造成为主要的改革方向。党的十五届四中全会做出了《关于国有企业改革和发展若干重大问题的决定》，进一步明确提出"公司制是现代企业制度的一种有效组织形式"，认可了国有企业股份制改革取得的成绩，提出了推进国有企业改革和发展必须坚持的十条方针。在国有中小企业改革取得突破性进展的情况下，党的十六大提出"按照建立现代企业制度的要求，国有大中型企业继续实行规范的公司制改革，完善法人治理结构"，"进一步探索公有制特别是国有制的多种有效实现形式，大力推进企业的体制、技术和管理创新"。

1995年中央明确提出要对国有经济布局进行战略性、结构性调整。强调要"着眼于搞好整个国有经济，抓好大的，放活小的"，"坚持有进有退，有所为有所不为"的原则对国有经济布局进行调整。党的十五届四中全会的《关于国有企业改革和发展若干重大问题的决定》也将国有经济布局调整作为一项重要任务，提出"着眼于搞好整个国有经济，推进国有资产合理流动和重组，调整国有经济布局和结构，积极发展大型企业和企业集团，放开搞活中小企业"。"国有经济需要控制的行业和领域主要包括：涉及国家安全的行业、自然垄断行业、提供重要公共产品和服务的行业以及支柱产业和高新技术产业中的重要骨干企业"。认为，在社会主义市场经济条件下，国有经济在国民经济中的主导作用主要体现在控制力上，体现在对整个社会经济发展的支撑、引导和带动上。党的十六大报告指出：必须毫不动摇地巩固和发展公有经济，继续调整国有经济的布局和结构，改革国有资产管理体制。特别提出"除少数必须由国家独资经营的企业外，积极推行股份制，发展混合所有制经济。实行投资主体多元化，重要的企业由国家控股"，"通过市场和政策引导，发展具有国际竞争力的大公司大企业集团。进一步放开搞活国有中小企业"。党的十六届三中全会进一步提出，完善国有资本有进有退、合理流动的机制，进一步推动国有资本更多地投向关系国家安全和国民经济命脉的重要行业和关键领域，增强国有经济的控制力。

二、调整的基本原则

（一）服务于提高国有经济的"三力"——"控制力、影响力和带动力"

省属国有经济战略性调整，与中央所属国有经济调整一样，不是以具体的产业选择、企业规模大小和数量的多少作为基准，而是强调国有经济最终对经济体系产生的作用。

省属国有经济控制的范围应该小于中央所属国有经济的控制范围。因为中央已经基本上控制了整个国民经济的命脉、保障了经济安全，在各个省及省以下，就基本上不再存在经济命脉不能控制、经济不安全的问题了。可以说，对于省属国有经济来说，更多的是注重对本地区经济的影响力和带动力。不是现在看来大的好的企业留下，小的差的退出。

（二）以提升区域内经济整体竞争水平为目标

省属国有经济的战略调整应当坚持服务于本省区域内经济发展大局为基本出发点，以提升区域内经济整体竞争力为目标。尤其是在处理国有经济与私有经济的比例和领域所在方面，不是刻板地进行产业和领域区分，而是根据二者的综合效率进行判断。在领域选择上，国有经济的效率高就继续加大投入力度促进其进一步发展，私有经济效率高就重点让私有经济发展。并且国有经济与私有经济之间并不是截然对立的，如果二者结合效率更高，就采取混合所有的方式。总之是根据各种经济成分的效率来判断和取舍其领域。因此，在竞争性领域已经被证明具有更高经营效率的国有企业也没有必要强行退出，在公用、基础设施领域，如果引入私有经济的竞争更有利于经营效率的提高，就引入私有经济。

（三）进退并重、短期以退为主

从长期来看，国有经济必然是有进有退，但在短期内主要是以退为主，因为对于多数省份，国有经济的总量和分布范围太广。

（四）做大做强并重、短期以做强为主

国有经济必须要做大做强，但在短期内应主要是做强，因为目前多数省份是国有经济规模太大、分布面太广，而且相当多的国有资产本身的运营效率不高。

（五）坚决果断退出与渐进稳妥实施相结合

退出要稳妥，要处理好相关问题，不能为退出而退出，但是不能借故无限期拖延，必须有一个大体的时间表。

（六）市场化与政府推动相结合原则

所谓市场化，就是国有经济的进退都必须公开化，按照市场原则操作，例如在股票市场和产权市场上公开交易国有资本。要引入竞争机制，避免黑色和灰色交易。但是，又必须发挥政府的作用。政府肯定而且必须介入国有产权交易，问题是，在充分发挥政府作用的同时，如何约束和规范政府的行为，使之不缺位、不错位、不越位。"规范"政府行为的含义——明确行为主体、合理界定不同主体的职能边界和责任、合理规定行为空间和行为方式、明确越位和缺位的处理方式和责任追究制度等。

至少在两个方面政府的作用是必然的和必需的：一是政府必须认识到调整国有经济的必要，在行动上，决定国有资产的退与进。政府是所有者（代表），进退的决定权在它，这是法定的。二是我们的市场还在建立和完善过程中，市场的法律、法规和各种操作规则的建立和完善离不开政府。也就是说，我们需要政府来建立市场，推动市场化进程。否则，国有经济战略性调整的任务难以完成。

三、调整的总体思路

（一）在行业分类和职能分类的基础上，确定保留、退出和进入的清单

目前主要是确定保留和退出的清单；该退的坚决退、可退可不退的坚决退，并解决好遗留问题，找好退路；该留的坚决留，找好留处，并寻找好的经营管理机制；该进的努力进，找好进路，相机进入。

（二）主要依靠股票市场和产权实现国有资本的进退

根据不同的国有资产或者国有资产所处的不同领域、不同企业，采取不同的退出途径或渠道或方式。但是必须是公开的、市场化的。对处于上市公司的国有股的部分减持或全部退出，采取多批次、少批量、不宣传的策略——因为股市太敏感、风险太大、可能引发社会震荡的可能性大；对于非上市企业的国有资产，全部进入产权交易所公开交易。

（三）把国有资本的进退与培育和完善资本市场结合起来

因为国有资本是在资本市场还没有完善的情况下，通过市场退出，所有退出行为如果规范，就是对资本市场的规范，就是对其他市场主体行为的示范，就是对市场本身的培育。特别是对除开股票市场以外的资本市场的培育和规范。

（四）把国有资本的进退，特别是退出与企业的改制、改组、完善治理结构结合起来

退出不是简单的国有资本数量的变化，本身就是改革。在改革时期，企业的改制、改组就是国有资本进退的具体途径。公司治理结构的不完善与国有股的数量是密切相关的，因此，必须把国有股的进退与完善公司治理结构结合起来。

（五）把国有资本的退出与进入与提升产业水平、优化产业结构和整个国民经济结构结合起来

国有资本的进退和分布的调整，是提升产业水平、实现产业升级的重要措施，特别是国有资本退出一些领域后，再进入一些"三力"强的领域，必然提升产业水平；国有资本目前存在的领域太多，一定意义上是国家管制太多，退出意味着管制的放松，意味着产业组织的变化；国有经济的退出，国有经济的结构将变化，从而分配体制和方式、宏观管理的体制、对象和方法等，都会改变，因此必须有相应的配套改革和对策。

四、构建国有经济进退机制和完善国有资产管理体制

所谓构建国有经济进退机制，就是建立或选择国有资本退出和进入的途径或渠道或形式。该退出怎么退出，选择什么方式或渠道？如何处理相关问题？要进

入的话，怎么进？通过什么渠道进或采取什么形式投资？

退了以后剩下的和以后投资形成的国有资产怎么管理？这是需要完善的体制做保证的，因此，我们也会研究国有资产管理体制问题。

（一）国有资产存量如何退出？

有些国有资产是要从整个行业或产业全部退出，有些是从产业或行业部分退出；有些是从一个企业全部退出国有资本，有些是从一个企业部分退出国有资本。但是无论怎样，都必须是公开和合法的渠道。资产的处置要市场化。国有资产退出的可选途径或形式：

1. 市场化的出售或卖是退出的第一途径

存量的国有资产退出的主要形式肯定是在市场上出售或卖。怎么卖？不同角度可以做不同区分。例如：企业作为一个整体卖，即卖企业，卖企业的部分资产，卖企业的有形资产或无形资产，卖股权，卖债权；又例如：卖给外商，卖给私人，卖给别的法人等。其实这些都不是最重要的问题。最重要的是以下问题：

谁决定卖？卖了以后的收益归谁？收益怎么处置或用来干什么？怎样既要卖出去又要防止国有资产流失？在什么市场上卖？

省属国有资产出卖。当然省政府决定。问题是政府哪个部门决定？是否已经很明确了？是国资委还是财政？是否还有别的主管部门实际上决定？

卖了以后的收益应该先归到国资委，然后再分配。无非是用于再投资——归国资委管理；用于社会保障——进相应的基金会；作为财政收入——归于财政部门。

至于既要卖出去，又要防止国有资产流失。除开对正确认识"流失"和"不流失"外，政府"出卖国有资产"怎么做、管什么，对于是否能够最大限度地维护国有资产，是很重要的。政府应该管两头——开头决定是否卖、卖给谁；后头是把卖的收益管好用好。至于卖的过程，由市场去决定。政府不要、也不可能去管具体的成交价格，价格是由市场供求关系决定，只要是市场公开卖，无论价格多少，与评估价格差多少，都是合理的。政府不管价格，但是要管市场规则、价格形成机制、中介行业的行为规则。

至于在什么市场上出卖？就是两个市场——股票市场和产权市场。

对于公开上市的公司来说，国有资本的退出途径是单一的，就是通过股票市场出让国有股。但是在这个单一渠道内的出让，却因为我国股票市场曾经的认为分割、股市的特殊敏感性而充满困难和风险。操作时需要策略和技巧。前面论述原则时，已经说过，建议采取多批次、少批量、不宣传的策略。也就是小步快跑、在不声不响（不是私下）、不引起震动的情况下减持国有股。

对于多数非公开上市企业和非企业组织的国有资产来说，国有资产的出卖必须进入合法规范的产权交易所或交易中心。产权市场是具有中国特色的资本市场的一个重要组成部分，目前正在建立和完善中。全国各地都有产权交易所或中心，政府对它们也应该进行改革——因为很多都是政府投资组建的，应该把它建成全国统一市场。国有资产可以任意选择合法规范的交易所或交易中心。

2. 优先股安排、资产租赁是退出的第二途径

当收购者没有能力全部收购欲出售的国有资产或者必须保留一部分国有资产时，可以采取优先股的做法。优先股要求的是固定的红利回报，不要求参与企业决策。但是在企业财务控制上有较为严格的限制，以防止资产被不当使用和转移。

当所售国有企业没有净资产时，特别是那些在政府承担了安置职工的责任后也没有净资产可以出售的国有企业，在财务上已经是进入了破产状态。但是如果企业的存续价值大于破产价值，或者现有资产中还有部分可以使用的资产，可以采取租赁的方式进行处理。方案是由政府承担安置职工的相关支付，债务暂不偿还，将有关资产对外租赁由租金作为偿还债务的来源。

3. 非市场化的国有资产出让也是国有企业改制过程中可以采用的途径之一

所谓非市场化出让，是指在国有企业改成股份制企业时，把国有资产评估折价以后，送给职工和管理者一些股份，或者低价卖给他们一些股份，使他们成为股东。这样做也是有道理的特别使对一些国有中小企业，本来企业资产主要是职工积累的，他们通过这种途径成为股东，可以解决几个方面的问题——企业改制了、企业的激励机制问题解决了、职工队伍稳定了。

4. 关闭也是一些国有企业或机构退出，从而是国有资产退出的可选途径之一

这种形式，主要针对那些不能出卖或卖不出去、又不能合法破产、也没有存在价值、甚至继续存在有害无益的官办公司或经营性机构。

关闭本身可以是政府行为，但是关闭后的资产处置要市场化。

5. 以改制促退出是国有资产从未改制的国有企业中退出的重要途径

所谓"改制"，主要是对国有企业进行股份制改造，引入别的投资者，国有资本部分或全部退出。国有企业是只有一个投资者——政府的企业，是国有独资企业。对于既不能关闭、国有资本又必须退出的国有企业来说，必须改制。把企业的股份制改造与国有资本的退出结合起来。股份制改造过程中要以引进战略投资者为工作重点，除非国家有明确的法律和政策规定不允许引入。有些企业，改制初始，国有资本就可以占较小比例，改制后还可以继续减少国有股。还可以只拿出少部分资产参加股份制改造，其余的可以在改制的同时出售。还有一些国有企业，特别是中小企业，改制初始，就可以把国有资产折价后全部卖或送给职

工，或者卖给其他投资者，不在保留国有资本，既改制初始就全部退出。

当然，在实践中还有其他途径，还可以探索其他途径。例如：管理层收购等，在规范的前提下，都可以成为国有资本退出的途径。

6. 破产是最后途径

破产是最后的退出选择。当国有企业已经严重资不抵债，在经济上缺乏存续价值，且破产不会波及社会稳定时，国有企业才可以采取破产的方式。此时，作为产权投入的国有资产在法律上已经不复存在。但是作为不良债权存在的国有资产还存在，并且破产财产依然有经济价值，因此同样需要进行保护。破产操作中更需要关注的是破产国有企业的职工安置问题。目前相关政策规定破产财产优先支付职工安置费用，但在很多情况下破产财产不足以支付全部的安置补偿要求，还需要政府安排相应的财力进行补偿。正在讨论的新的《破产法》，还没有确认破产清偿时的劳动债权优先地位。但是职工的优先安置和补偿是肯定的。

（二）如何处理相关问题？

国有企业的改革和国有资本的退出，很多情况下都会面临两个大问题——人员和债务。其他问题几乎都是由这两个问题引起的，或者与之密切相关。这两个问题处理如何，既关系改革和退出的效率，也影响公平和稳定。当然，我们还要关注国有资产流失问题。

1. 拟出让的国有资产或产权的瑕疵如何处理

拟出让的国有产权相当多的是有瑕疵的产权——涉及对职工的各种补偿和就业以及其他债务和遗留问题，例如，政府赋予的土地使用权、特许经营权，以及政府相关部门在企业中的隐形利益。这些权利（权力）中有相当部分处于不明确的状态中。主要是职工补偿和就业。首先是要明晰和度量瑕疵、明确权利和责任。然后研究政府该如何做。职工补偿和可能的失业救济等（也就是国有产权的瑕疵）是必须要解决的问题（否则社会成本无穷大），这是讨论问题的前提。在这个前提下，政府出让国有产权时，理论上有两种选择：

第一种是：政府去掉所有瑕疵，让国有产权完全与其他产权一样定价交易。政府从出让收入中拿出足够资金作为社会保障资金或后面要论及的"改制基金"，其中就有一部分用于解决职工补偿和可能的失业救济问题。

第二种是：将职工补偿和去掉其他瑕疵所需资金从所要出让的企业的净资产中扣除，即从出让价格中扣除（打折），并留在企业——或者转化为职工的股份，或者以挂账形式形成职工债权。

这样做有两个问题：一是如果购买者不履行义务怎么办？二是如果职工要求现金补偿，但是因为是资产折算，购买者即使想支付也会因为流动性等问题而无法支付，这时应该怎么办？政府来承担去除的成本（或者由政府具体实施）应该是外部性最小的安排，因为由企业承担的话，企业总有方式来转嫁成本。可见两种方式意味着政府采取两种不同行为，不仅对转让价格有直接和重大影响，而且，更为重要的是：对问题的解决以及解决问题的成本有更大影响。

我们倾向于政府承担其责任，把产权瑕疵去掉，即把一些遗留问题纳入社会化渠道解决，使国有产权以可比的对象接受评估，然后出售。政府把出售所得收入的相当部分用于社会保障资金的来源，包括用来处理国有资产出让后有关职工补偿和失业救济等问题。这是完全符合国有资产转让目的的。从短期看，有利于国有产权的转让和产权市场的正常运作，也有利于保障职工的权利；从长远看，有利于产权重组后的企业或资产有效运转。

2. 相关的国有资产处置

（1）省属国有企业改制时，对无法收回的债权和淘汰报废处理的资产损失，由企业根据中介机构的落实情况、专业技术和司法等有关部门提供的证明资料，经主管部门审核，报省财政部门批准后，可从企业净资产中核销。核销的应收账款移交省有关部门、单位或资产经营公司继续追收，最大限度减少损失。

（2）省属国有企业划拨土地的处置权、收益权归省政府。土地处置方式和程序等按国家和省有关规定执行，由省国土资源管理部门具体负责。破产企业原使用划拨土地的变现资金优先用于安置职工。对资不抵债企业实施整体出售、兼并的，可将其部分划拨土地资产价款、国家出资形成的矿业权价款与其他国有资产一并充抵企业负债，购买方或兼并方对剩余的土地使用权享有优先受让权或优先承租权。

（3）将省属国有企业自办的普通中小学校、公安、消防、居委会等社会职能单位所占用的资产及人员分离出来，移交当地政府管理。

（4）省属企业国有资产按规定扣除有关费用后的剩余部分，凡全部购买、一次性付清价款并安置全部职工的，给予价格优惠，具体优惠比例由省属国有企业改革领导小组办公室研究确定。对一次性付清价款确有困难的，可采取分期付款方式，但首期付款不得低于总价款的50%，其余价款由受让方提供合法担保，并在首期付款之日起1年内付清。

3. 设立改制基金用于处理职工安置和不良资产问题

现有政策要求首先用改制企业的资产变现所得来支付职工安置费用，但是我们已经指出还有许多企业的资产状况已经难以担当这个责任。为保障改制的平稳进行和职工得到应有的补偿，政府应当承担起这个责任，设立专项基金在改制企业资产不足时用以安置职工。同时不良资产的核销也需要政府给予支持，专项基金也可以起到这方面的作用。当然，"改制基金"是在现有的保障基金中单列专门账户还是作为独立基金存在,可以讨论。不同的选择不影响问题的解决。

4. 人员分流安置和劳动关系调整

(1) 省属国有企业中符合内部退养条件的职工,在企业改制时,经本人申请,按规定办理内部退养手续。内部退养职工从改制时到符合法定退休条件办理退休手续期间的生活费、社会保险费,从企业净资产中扣除,由改制企业负责发放和按规定缴纳。对实行企业内部退养的职工不支付经济补偿金。

(2) 自谋职业的职工,领取一次性经济补偿金后,可自行到社会保险经办机构按规定办理社会保险接续手续,或委托劳动保障部门职业介绍机构代办;到新的用人单位就业的,由用人单位办理保险接续手续。

(3) 因工负伤或患职业病并经县级以上劳动鉴定委员会鉴定为 1~10 级的伤残职工,原则上由改制企业按照国家和省有关规定负责管理或安置。企业破产的,在破产清算时优先拨付依法应由单位支付的工伤保险待遇费用和基本医疗保险费。其中,经鉴定伤残等级达到 1~4 级工伤职工的工伤保险待遇费用预留至当地平均期望寿命,并移交当地社会保险经办机构,由该机构负责发放;伤残等级达到 5~10 级的,其一次性工伤待遇可按国家和省有关规定办理。

(4) 20 世纪 60 年代精减下放人员、供养遗属的生活费,经主管部门同意、劳动保障部门审核,从企业净资产中扣除,由改制企业按规定发放。

(5) 简化社会保险关系接续程序,方便职工以个人身份参保缴费。对分流人员通过多种灵活形式再就业的,可依托街道(乡镇)劳动保障工作机构或公共职业介绍机构代理社会保险关系。对分流人员未再就业的,社会保险机构保留其社会保险关系,达到法定退休年龄时,按规定享受养老保险待遇。

(6) 建立企业自主用工、劳动者自主择业的新型劳动关系。改制为非国有企业(国有资本全部退出或国有参股)的,给原企业国有身份职工支付经济补偿金,并解除原劳动合同,职工不再具有国有企业职工身份。改制后仍为国有企业(国有独资或国有控股)的,变更职工劳动合同,不支付经济补偿金。对未与改制后企业签订劳动合同的职工支付经济补偿金。职工与改制企业重新签订或变更劳动合同的期限应不少于原劳动合同未履行的期限。

(7) 经济补偿金支付标准,依据有关规定,按职工在国有企业的工作年限,每满 1 年给予改制前企业正常经营情况下职工个人前 12 个月的月平均工资计算。职工个人月平均工资低于企业月平均工资的,按企业月平均工资计算;职工个人月平均工资高于企业月平均工资 3 倍以上的,原则上按 3 倍计算。经职工本人同意,改制企业可将经济补偿金转为职工入股的股金。省属国有企业建立新型劳动关系实施办法由省劳动保障部门负责制定。

(8) 省属国有企业改制后,职工档案由改制企业统一存放管理,也可移交当地人事、劳动保障部门职业介绍机构统一存放管理。破产企业的职工档案由企业主管部门会同破产清算组移交当地劳动保障部门职业介绍机构管理，并由职业介绍机构代办各项社会保险业务。

(三) 建立省属国有资产流动机制

1. 单纯化资产责任，尽量向纯粹的股权投资转化

国有资产流动不畅的一个重要原因是国有资产担负着过多的责任，这些责任使国有资产难以成为标准化的可交易的产权单位，即使在形式上达到要求，实质上依然存在诸多交易障碍。我们在研究中曾将国有资产的这种状态称为"有瑕疵的国有产权"，也就是说影响国有产权价值不仅有着与其他产权共有的经济价值因素，更有着其他产权没有的基于对国有企业职工、对政府而产生的责任。正是后者构成了国有产权交易的最大障碍。因此，构建国有资产流动机制的基础性工作就是单纯化国有资产责任，至少将对国有企业职工的责任从国有产权的定价中去除出去，并且尽量将能够明晰且去除的对政府的责任去除出去，尽量向纯粹的股权投资转化，使国有产权与其他性质的企业产权在定价和交易上没有多大差异。

2. 充分利用股票市场

尽管中国的股票市场还有着许多不足，但这是目前流动性最强的企业产权交易市场，因此构建国有资产流动机制要尽量利用股票市场。鼓励优质企业加快境内上市步伐。完善上市培育机制，建立和完善上市资源储备机制。注重利用现有上市公司的融资优势，鼓励优质资产向这些企业集聚，带动资源的优化配置，推动产业升级和结构调整。积极探索境外上市渠道，与金融中介密切合作探索新的融资渠道。

3. 充分利用产权市场

国资委要求国有产权交易必须在选定的产权交易所进行。省级国资委应积极与省内产权交易所、上海、北京、天津等大型交易所的合作力度，充分利用产权交易所提供的交易平台，推动省属国有企业产权的流转，实现资本组合和产权定价的市场化。

4. 建立国有资本经营预算机制

根据省级经济发展战略规划、国资委国有资产战略调整规划以及年度工作目标，建立国有资产经营预算机制，确定各个年度需要出售的产权数量、需要投入的领域和数量等指标，使国有资产的流动在源头上就呈现出有序进行的特征，而不是都集中在短时间内竞争性处理。

5. 利用外部力量加强对流动机制的探索和支持

正因为国资委在建立流动机制是存在诸多约束，并且国资委在资本运作、企业控制等多个方面也需要进一步进行能力加强，所以建议国资委充分利用外部力量来共同完成所承担的职责。专业研究机构、高等院校的有关专家、金融中介等都是可以依托的力量，利用专家的知识和经验，共同探索如何在约束条件下建立通畅的国有资产流动机制。

第二节 高校经营性国有资产管理体制

随着市场经济取向改革的不断深入，中国高校（不包括民办学校）也逐步按市场经济要求进行全方位的改革。改革高校所属的资产，首先就必须对有关资产和产权的一些基本理论问题加以界定，包括资产分类标准、不同经济制度背景下国有资产的功能定位、作用边界的确定，国有资产管理所面临的特殊的委托代理问题等方面。

我国的高等学府基本上由国家创办，高校资产存量所有权也应该归属国家。然而，处于高校中的国有资产也有一个管理问题。高校用占有、使用的国有非经营性资产投入校办企业后，它在经济上不再是一个仅仅接受国家财政拨款的单位，而是兼有部分的投资者角色，代表国家部分地完成国有资产投资经营的职能。高校代表国家投资的这些国有资产可以划分为经营性国有资产和非经营性国有资产。

一、国有资产的分类与高校经营性国有资产

（一）国有资产的分类

国有资产可以分为经营性国有资产、非经营性国有资产和资源性国有资产三大类。经营性国有资产是指用于各类企业的生产经营活动中、以追求利润为主要目的的国有资产，它广泛分布在三大产业中，用于从事产品的生产、流通和服务等。该类资产由于具有营利性，因此一般由不同的主体进行代理经营，经营者自主经营、自负盈亏并承担国有资产保值增值的义务。经营方式具有多样性，有直接经营、间接经营、股份经营、委托经营、承包经营和租赁经营等。

非经营性国有资产是指用于行政、公益服务事业以及没有启用的国有资产

等。该类资产处于非经营性的领域，不直接创造物质财富，也不以追求利润为主要目的。它的资金来源一般是国家财政拨款，占用单位的使用一般是无偿的，由于非经营性资产不具有营利性，它的存在主要是为行政机关和事业单位的正常工作提供物质条件，因此私人投资一般不介入。它的使用原则是保全、合理、节约、有效，而不是以增值为目的。非经营性资产主要包括：国家机关、人民团体以及类似机构使用的非经营性国有资产；科学、教育、卫生、体育以及类似机构使用的非经营性国有资产；直接提供公共使用的国有资产以及没有启用的国有资产等。

资源性国有资产是指根据国家法律规定，其所有权属于国家的各种自然资源，它包括国有土地、矿藏、海洋、水流、森林、山岭、草原、荒地、滩涂等。该类资产一般不采用价值形态反映其数量关系，而具体采用土地使用权、采矿权、租借保存权等形式表现所有关系。

（二）高校国有资产的分类

根据上述分类原则，由于高校是教育单位，其资金来源主要是国家的财政拨款，高校作为占用单位对该项资产的使用是无偿的，因此高校的资产应当属于非经营性的国有资产。然而，目前国家投入到高校的国有资产具有特殊性。高校现有资产并非纯粹非经营性资产，它具有复杂的结构。我们有必要对高校现有资产进行分类，它包括经营性资产和非经营性资产。

（三）高校经营性国有资产

高校经营性国有资产主要是指高校在特殊历史背景下投资创办的校办企业，以及正在或将要实施后勤社会化改革所形成或转化而来的后勤类公司的资产。它是在市场经济背景下产生的一种特殊的经济现象。当初，高校为了增加其收入来源、转化科技成果、推动产学研相结合以及缓解职工就业压力等原因，投资兴办企业，这些校办企业处于生产经营领域、以追求利润为目的。此时，高校用占有、使用的国有非经营性资产投入校办企业，在经济上不再是一个仅仅接受国家财政拨款的单位，而是兼有部分的投资者角色，代表国家部分地完成国有资产投资经营的职能，因此所形成的高校拥有产权的资产应当属于经营性国有资产。此外，高校在市场经济背景下必须进行的后勤社会化改革中也分离出相当一部分以盈利为目的的企业化运营的实体，有些甚至已经成立独立的公司。校办企业及由后勤集团改革分离出来的校属企业因为都是以盈利为目的、企业化运营的实体，我们将它们统称为校办企业，正是本课题研究的"高校经营性国有资产管理"的对象。

下面我们就对高校经营性国有资产管理的对象——校办企业进行分类，以方便下文的分析。分类的目的在于有针对性的进行分类管理，做到有的放矢。总体而言，高校经营性资产不包括后勤集团的其他资产，主要是原来一般性企业的资产，此外包括从后勤集团改革中分离出来的经营性企业。按照学校的出资方式可以分为：全资企业、控股企业、参股企业、零出资的挂靠企业及未能确认出资的模糊产权的企业；按照与学校关系密切程度可区分为高校资源密集型企业、单纯挂靠企业等。其中一些校办企业虽然在资金上是零出资，甚至没有什么技术关系，但由于这些企业挂靠或借用学校名誉，相当于学校用其名誉作为无形资产投入企业，在获得企业回馈给学校的权利的同时，同样要承担责任与风险。

因此，高校投资于校办企业形成的是公有产权，从而国家与高校之间存在两方面的经济关系：一方面是国家与高校在资产所有者与资产占有、使用者之间的关系；另一方面是学校与企业在投资者与经营者之间的关系，从而形成了两个层次的委托代理链条。从产权的变化角度来看，既发生了资产所有权与占有、使用权之间的分离，又发生了资产的占有权与经营权的分离。高校经营性国有资产改革必然对上述两种关系造成冲击。那么我们改革高校经营性国有资产的意义，目标何在呢？我们可以比照国有企业改革寻找答案。

当前我国国有企业改革的重点在于产权重组和产权置换，建立产权清晰、多元化的国有企业，形成国有独资企业、国有控股企业和国有参股企业并存的国有企业的新格局。这同样也适用于高校中的校办企业改革。无论是哪种类型的国有企业，其国有资产中所蕴含的公共产权属性是不容置疑的。国有资产的公共产权属性决定了国有企业的委托代理与非国有企业的委托代理存在着巨大的差异性，西方以私有产权为基础建立起来的委托代理理论不能完全适用于我国国有资产经营的委托代理。只有研究公共产权对委托代理的影响，理顺国有企业的委托代理关系，才能从根本上解决国有企业包括校办企业的委托代理问题。

二、运用产权理论和委托代理理论分析国有资产的经营管理问题

（一）国有资产的产权特征

公有产权主体是由不同的个人成员组成的，但是这些成员个人不是彼此分开的独立的产权主体，只是公有产权的组成分子。作为个人，他们是独立的；作为产权主体，他们是非独立的。因此，在公有范围内，成员都是财产的共同主人、

公有财产每个人都有平等的一份，从而不具有排他性。但这并不意味着公有产权没有排他性。只要存在多元的产权主体，不同主体间的物质利益就不可能等同，利益上的分立成为必然，从而具有相互间的排他性。虽然公有产权内部不同构成分子之间不具有排他性，但是不同的公有主体之间，公有主体与私有主体之间肯定具有排他关系。而且，公有产权作为一个整体是排斥任何一个成员个人侵占、分割公有产权的。西方国家的国有资产不等于各个私人资本家的资产，相互间是排他的；社会主义社会里，国家作为产权主体代表全民拥有产权，但是这种产权既不是集体的，也不是成员个人的，在全体人民的整体与集体和个人之间存在着排他关系——要阻止个人化公为私。不同的集体（包括企业）作为独立产权主体，相互间是排他的，在他内部，集体主体对个人也有排他关系，要阻止个人对集体财产的任意占夺①。

（二）委托代理理论以及国有资产委托代理关系的特殊性

委托代理理论将企业所有者和经营者之间的关系描述为委托与代理关系，物质资本所有者是委托人，将资产的经营管理权委托给具有经营能力的人力资本的所有者，而经营者作为资产的代理人，负有资产保值增值的责任。双方在信用关系的基础上签订委托代理合约，规定各自的权利、责任和义务。委托代理关系就是人们交易过程中的合约关系，在这种合约关系下，为了使双方的利益关系得到协调，委托人希望设计一种合约机制授权给代理人从事某种活动，并要求代理人为委托人的利益行动。但是根据理性经济人的假设，代理人在完成委托人交给的任务过程中要追求自身利益的最大化，由于委托人与代理人效用函数的不一致性及信息的非对称性，就可能产生"逆向选择"和"道德风险"，即代理人利用自己的信息优势，采取旨在谋求自身效用最大化却可能损害委托人利益的机会主义行为。委托人为使预期效用最大化，就需通过订立合约来监控代理人的行为，从而产生代理成本，所谓代理成本是指委托人与代理人之间由于信息占有的不对称性导致的资本效率损失以及前者对后者的监督费用支出。它具体包括委托人的监控费、代理人的担保费以及由代理人的决策与使委托人利益最大化的最优决策之间存在的差异所导致的剩余损失（Jensen and Meckling, 1976）。委托代理关系存在的基础应该是代理收益大于代理成本，因此研究委托代理理论，关键是如何设计一个最优化的激励约束机制，实现激励相容，从而降低代理成本。

国有资产的经营管理面临特殊的委托代理关系，即存在着双重多层次委托代

---

① 黄少安：《产权经济学导论》，山东人民出版社1995年版，第136页。

理关系，即初始所有者与代理所有者之间的委托代理关系及代理所有者与代理经营者之间的委托代理关系。政府作为联系双重体系的"关键人"，它既是初始委托人的代理人，又是最终代理人的委托人。因此，国有资产的经营管理存在一个很长的委托代理关系链：全民（初始所有者）——中央政府（代理所有者）——地方政府（代理所有者）——国有资产管理机构（代理所有者）——国有企业（代理经营者）。

在委托代理制度下，由于委托人和代理人之间存在激励不相容、信息不对称、责任不对等，以及委托代理契约本身的不完全，代理风险是普遍存在的，但是我国国有资产的经营中有一个冗长的代理链，因此使得代理问题尤其严重。首先，委托人缺乏激励去监督代理人的行为，导致监督的无效率。因为一方面委托人监督代理人的成本随着代理链条的延长而增加，另一方面，不同层级委托人的权利和义务随着代理链条的延长而逐步被稀释，由于他们不是剩余的直接索取者，从而不能等比例和直接地从他们的监督活动中获益，监督成本与收益的非对称性表明监督活动具有明显的外部性，结果导致委托人没有动力去监督代理人的活动，因此纵容了代理人损害委托人利益的行为。其次，国有企业内部存在"所有者缺位"问题，国有企业的投资者完全游离于企业之外，导致"用手投票"的机制失灵，经营者缺乏内部约束。从外部市场看，由于国有股不能上市流通，股票市场也不能对经营者的行为进行有效约束，导致"用脚投票"机制的失灵。最后，国有资产的经营者一般由政府行政任命，缺少真正的企业家，使得国有资产的经营缺乏效率，不能使其有效地保值增值。

国有资产委托代理关系的特殊性决定了它不仅存在代理人风险，还存在一种特殊的风险——委托人风险。中间委托人不是出资人，不拥有资产的收益权，也不承担资产经营的风险，但拥有国家授予的国有资产的管理权力，因此造成它的有权无责，委托人风险不仅表现在监督过程中的偷懒，还表现在利用手中的廉价投票权进行"设租"和"寻租"，与代理人共同截留或侵占本应属于国家的剩余，造成国有资产的流失。委托人的道德风险一方面通过示范效应强化了代理人原有的机会主义倾向，另一方面降低了代理人的违约成本，使得无人为国有资产的保值增值任务负责，侵害了"初始委托人"的根本利益。

根据上述的理论分析，我们知道，在公有产权制度客观存在的基础上，实现公有产权效率的最大化是我们进行国有企业改革，同时也是高校校办企业改革的关键所在。然而，在校办企业国有资产的经营管理中形成了较长的委托—代理链条，导致责任层层递减。在全民所有制下，全体人民的整体与任何单个个人之间存在排他性，单个个人对应属于自己的那份财产没有独立支配权，对校办企业初始的关心度不高。另一方面，财产的实际支配权掌握在校办企业领导手中，而校办企业领导又是通过各种选举、委派任命环节产生。校办企业主管部门对校办企业的关心及监控程度很低。此外，校方作为国有资产出资者所有权分由学校内不同的部门行使，使校办企业产生了多头委托—代理，高校内的各个部门分别承担了管理国有资产和主要经营者的权力，从而造成校办企业所有者虚拟化，缺乏对校办企业中国有资产的关心者和监督者。又由于校办企业经营管理关系中具有垄断性，缺乏市场机制，对校办企业经营者的约束出现弱化，机会主义倾向增强，校办企业国有资产的安全得不到充分维护。

三、我国高校国有资产的现状

中国高等学校的校办企业是中国教育体系中一个独特的现象，其成立和发展有其特殊的历史背景。时至今日，高校这部分经营性的资产已经发展到一定的规模，涌现出一些全国知名的企业，如北大方正、清华同方、北大高科、清华紫光等。发展校企的思路也从改革初期的弥补教育经费不足，到现在提出的高校科技产业是国家创新体系中的重要组成部分，这中间的变化也反映了我国经济政治体制的变迁。

（一）成立背景

新中国成立以来，中国的教育事业取得了迅速发展。但随着人口的膨胀，教育与社会经济的发展日益失衡。在计划经济条件下，教育经费的投入一直由国家财政支出，但是因为当时经济总体发展缓慢，财政收入总量小，教育的战略地位还未引起重视，又缺乏其他筹措教育经费的渠道，因此教育经费出现匮乏。到改革开放后相当长的一段时间内，由于脑体倒挂现象的存在以及过于追求经济目标的冲动，我国教育办学遇到了更大的困难：学校办学条件差，办学经费严重不足，教师待遇长期维持在较低水平，甚至长年拖欠教师工资。随着改革开放的深入，教育的重要性日益突出。党的十四大明确提出要把教育摆在优先发展的战略地位。为了实现这一战略任务，国务院于1993年印发的《中国教育改革和发展纲要》提出要逐步建立以国家财政拨款为主，辅之以征收用于教育的税费、校办产业收入、社会捐资集资和设立教育基金等多种渠道筹措教育经费的体制。表6-1反映了这种资金筹措体制。在国务院的精神指导下，原来没有创办企业的高校也纷纷利用自身的资源，或独资、或与外部投资者合作，办起了各种企业。至此，早在改革初期就已创立的校办产业终于获得正名。据不完全统计，1997年，全国校办产业和勤工俭学、社会服务收入用于教育的支出总计已达99亿元。同年，全国高校上缴学校的费用就已经达到了15.80亿元，至2001年，已增长至18.42亿元。

表 6-1　　　　1998~2001 年普通高校教育经费来源构成　　　　单位：亿元

年份	1998	1999	2000	2001
1. 总计	544.8	704.2	904.4	1 166.6
比例（%）	100.0	100.0	100.0	100.0
2. 财政性教育经费	342.6	429.5	512.7	613.3
比例（%）	62.9	61.0	56.7	52.6
3. 学校自筹收入	202.2	274.7	391.7	553.3
比例（%）	37.1	39.0	43.3	47.4

资料来源：教育部财务司历年教育经费统计资料。

可以说，全国高校企业已经具备一定规模，上缴学校的费用达到相当的数量，其筹措教育经费的功能得到一定的体现。另外，作为高校素质教育计划的一部分，校办企业在当时也承担着为教师学生提供劳动实习场地的重要功能。即使在今天，这个功能仍然很重要。根据教育部科技发展中心的调查，2001 年度高校校办企业接纳学生实习人数达 10.78 万人次，累计工时 668.15 万小时。此外校办企业还参与了硕士、博士的培养工作，2001 年度参与培养硕士 2 054 名；博士 752 名[①]。

然而，随着经济的发展，校企的作用已不仅仅是为学校提供资金或充当素质教育的基地。由于上学收费、鼓励捐资助学、社会办学、科研成果有偿转让等多管齐下，高校的经费来源越来越充裕，通过校办企业来筹集办学经费越来越失去其必要性。但是，校办企业同时也获得了另外一种职能。

改革开放以来，"科教兴国"越来越成为政府和各阶层人士的共识。随着竞争的日益加剧，技术创新的重要性更加突显，从而也要求科技成果转换周期的尽可能缩短。这一切使得研究—发展—生产成为完整的创新链，也使得研究和生产的差别日益缩小。现代科学技术发展的这种新特点，要求高等学校不仅要积极开展科学研究，而且要大力促使科学研究的成果转化成产品或商品。而在我国这一重要的转化科技成果的过程则主要是由校办企业这一新生事物完成的。这是因为，当时整个社会尚未形成有利于发展高技术产业的宏观环境，一些配套机制，如风险投资机制、知识产权保护体系等还没有建立起来，再加上当时无论是国有企业还是民营企业，绝大多数都以生产型和贸易型为主，因此发展对人、财、物等条件要求颇高的高新技术产业明显存在先天不足。相对其他企业来说，校办企业具有将科技转化为生产力的天然优势。它一方面与高校紧密相联，可以更快更

---

① 教育部科技发展中心网站，网址 http://www.cer.net，2003 年 6 月 13 日。

容易地接触到新的研究成果，从而更好更快地把科研成果转化为商品。另一方面，它本身是企业，可以有效结合高校的技术优势与市场信息，促进大学和社会的联系，克服大学自身的惰性，促使其按社会需要进行改革。1999年，国务院正式批准教育部《面向21世纪教育振兴行动计划》，提出实施"高校高新技术产业化工程"，带动国家高新技术产业的发展。正是在这种环境下，校办企业肩负着新的使命，迎来了又一次的发展契机。迄今为止，我国已经出现了以北大方正、清华紫光、东大阿派为代表的两千多家校办科技产业，其经营收入以平均高于15%的速度增长。

（二）现状

近几年来高校企业发展迅速。根据2001年度全国普通高校校办产业的统计结果，全国参加统计工作的32个省、区、市的575所普通高校中，校办企业销售收入超过1亿元的学校共计82所，过10亿元的学校有12所，实现利润总额48.51亿元，其中11个省市高校校办企业实现利润总额突破亿元。2001年全国高校实现销售收入607.48亿元；高校校办产业回报学校18.42亿元，增长率近10%；向国家缴纳税费28.80亿元，增长率为13.30%；全年为社会创造的净利润和缴纳的各种税费总计为64.43亿元，增长率为4.83%。从这些数据可以看出，目前校办企业无论从企业数量、资产规模还是销售收入来看都已经具备相当的规模，由此也看出改革所涉及的资产存量和增量将是非常大的。

从经营性质来看，从事工业生产的校办企业为1 830个，占36.32%；从事商贸的校企746个，占14.80%；从事其他经营方式的校企2 463个，占48.88%。从投资性质来看，学校独资企业4 227个，占企业总数的83.89%；国内联营企业718个，占14.25%；外资合营企业94个，占1.86%。从对企业隶属管理关系上看，由学校管理的企业为4 059个，占80.55%；由校内院、系、所管理的企业980个，占19.45%。

上述情况为截至2001年高校企业的总体概况，下面我们将从校企的数目、经营收益等多个方面对校企的现状进行分析：

1. 高校企业的数目逐年减少

据教育部科技发展中心统计，1997年高校企业数为6 634个，1998年下降为5 928个，下降百分点为10.6，1999年全国参加统计工作的29个省、市、自治区高校企业数为5 444个，2000年高校企业数为5 451个，2001年有全国32个省、自治区、直辖市、新疆生产建设兵团参加了统计工作，高校企业数为5 039个。虽然统计数据的口径有所差异，但从总体上来说，高校企业的数目是呈递减发展趋势的。

表6-2　　　　2000年全国校办产业经济效益前十位的省市　　　单位：百万元

序号	地区	企业数	企业收入总额	利润总额	纳税总额
1	北京	568	20 081.86	1 665.46	762.72
2	上海	655	5 382.68	595.80	373.29
3	江苏	561	2 756.15	208.34	149.67
4	天津	254	2 618.52	347.32	101.81

2. 校企的质量明显上升

虽然从企业数量来看，校办企业的规模从1997年到2001年期间一直处于下降的趋势，但是其总资产和净资产却平均以38.6%的速度增长，这说明我国校办企业的质量在明显上升。同时，资产的营运能力、盈利能力也在上升。从1997年至2001年，高校企业的销售收入、利润总额、净利润、上交税金和上交学校费用都是逐年增加的。具体情况如表6-3所示。

表6-3　　　　1997~2001年度全国高校企业生产经营数据对照表

单位：亿元

年度	销售收入	利润总额	净利润	上交税金	上交学校费用
1997	295.54	27.20	23.22	12.30	15.80
1998	315.62	25.88	22.62	13.49	15.00
1999	379.03	30.53	25.90	15.68	15.99
2000	484.55	45.64	36.04	25.42	16.85
2001	607.48	48.51	35.63	28.80	18.42

3. 高校企业地区发展不平衡

1997年全国高校企业销售收入排在前五位的为：北京（89.42亿元）、上海（22.86亿元）、江苏（7.84亿元）、天津（6.39亿元）、四川（6.08亿元），共计销售收入132.59亿元，占全国高等学校校办产业总销售收入的71.72%。1999年29个省、市、自治区高校企业销售收入排在前五位的省市是：北京（146.93亿元）、上海（40.23亿元）、江苏（24.69亿元）、辽宁（18.20亿元）、广东（15.98亿元），共计销售收入246.04亿元，占全国高校校办产业总销售收入的64.91%。2001年销售收入排在前五位的省市是：北京（261.85亿元）、上海（59.71亿元）、天津（32.60亿元）、江苏（32.52亿元）、辽宁（32.46亿元），该五省、市销售收入共计419.14亿元，占全国高校校办产业销售收入总额的

69.00%。数据表明,高校企业业绩较好的一般集中在中部和东部省份,这一方面与我国各地区经济发展程度的差异是一致的(见表6-4),另一方面校企的发展还与所在的高校密切相关,2001年销售收入过10亿元的学校有12所,分别是北京大学、清华大学、东北大学、哈尔滨工业大学、上海交通大学、南开大学、西安交通大学、复旦大学、天津大学、同济大学、石油大学(华东)和浙江大学。北大、清华等综合排名靠前、科研教学实力较强的高校,其校办企业的业绩也较好,调查表明,清华和北大的校企资产在全国高校企业资产中占了一半。2002年年底,清华科技产业销售收入达115亿元,占全国高校科技产业销售总收入的21%;实现利润6.4亿元,占全国高校的25%;缴纳税金5亿元,占全国高校的20%;总资产178亿元,占全国高校的19%。

表6-4　　　　1997~2001年度全国高校科技企业生产经营情况　　　单位:亿元

年度	销售收入	利润总额	净利润	上交税金	上交学校费用
1997	184.87	18.20	15.83	6.87	6.84
1998	214.97	17.70	15.84	8.31	6.58
1999	267.31	21.56	18.04	10.96	13.92
2000	368.12	35.43	28.03	18.79	8.46
2001	452.26	31.88	24.29	20.47	7.88

4. 校企的资产状况表明校企的负债率呈逐年下降的趋势,但按财务管理衡量一般企业的标准看,其负债率仍很高

1997年全国高等学校科技型企业2 564个,注册资金为47.49亿元,资产总额200.06亿元(其中流动资产135.18亿元),负债114.32亿元,所有者权益为85.74亿元,负债率57.14%。1999年高校的5 444个校办企业的注册资金为129.99亿元,学校投入资本金132.84亿元,资产总额490.74亿元,负债254.79亿元,所有者权益为235.51亿元,总资产负债率为51.92%。其中,科技型企业2 137个,注册资本金为78.43亿元,学校实际投入资本金82.71亿元,资产总额347.34亿元,负债178.67亿元,所有者权益为168.22亿元,负债率51.44%。2001年度高校的5 039个校办企业的注册资金总额为232.51亿元,资产总额956.33亿元,负债475.07亿元,所有者权益481.26亿元(比2000年增加114.13亿元,增长率为31.09%)。全国高校校办企业的资产负债率为49.68%,较2000年略有下降。在全国5 039个校办企业中,其中1 993个科技型企业的注册资本金为174.22亿元,全国高校科技型企业的资产总额为745.56亿元,负债364.79亿元,所有者权益380.77亿元(比2000年增加79.70亿元,增长率为 26.47%)。全国高校科技型企业的资产负债率为 48.93%,较 2000 年有所上升。

5. 因为高校办企业的一个重要任务就是转化科技成果,所以,这里有必要把高校科技企业单独拿出来进行分析,以便全面准确的认识高校科技企业的现状

(1) 科技企业的数目在减少,且占校办企业总数的比例较低。

1997 年高校科技企业数为 2 564 个,1998 年下降为 2 355 个,下降 8%。1999 年全国参加统计工作的 29 个省、市、自治区高校科技企业数为 2 137 个,2000 年高校科技企业数为 2 097 个,2001 年有全国 32 个省、自治区、直辖市、新疆生产建设兵团参加了统计工作,高校科技企业数为 1 993 个。

(2) 高校科技企业的质量明显在上升。

1997 年至 2001 年五年之间的数据表明,科技企业的销售收入,利润总额,净利润,上交税金和上交学校费用并没有随科技企业数目的减少而降低,反而是逐年上升的,而且销售收入占同年高校企业销售收入的比例远远高于高校科技企业数目占同年高校企业数目的比例,利润总额、净利润、上交税金和上交学校费用的比例情况与销售收入的比例情况一致,这充分说明高校科技企业的质量在逐年提高。

表 6-5　　1997~2001 年高校科技企业与高校企业生产经营对照表

单位:%

年度	科技企业数/校企总数	销售收入科技企业总额/企业总额	利润总额科技企业总额/企业总额	净利润科技企业总额/企业总额	上交税金科技企业总额/企业总额	上交学校费用科技企业总额/企业总额
1997	38.6	62.6	66.9	68.2	55.9	43.3
1998	42.7	68.1	68.4	70.0	61.6	43.9
1999	39.3	70.5	70.6	69.7	39.9	87.1
2000	38.5	75.9	77.6	77.8	73.9	51.3
2001	39.6	74.4	65.7	68.2	71.1	42.8

(3) 与其他行业的校企相比,高校科技企业发展速度较快。

自 1998 年改革以来,高校企业销售收入平均增幅在 24.43%,利润总额增幅在 24.58%。其中高科技企业获利所占比重达 71.32%。由此可见,我国高校校办企业正朝着高新技术的方向发展,其相对于其他企业的优势也在逐步发挥。这也是由校办企业自身的特点所决定的。

表 6－6　　　　1997～2001 年全国高校企业部分效益指标　　　单位：%

时间	高科技企业数所占比重	校办企业资产增长率	校办企业销售收入增长率	高科技企业销售收入所占比重	利润总额增长率	高科技企业利润总额所占比重
1997	38.65	—	28.74	62.55	28.00	66.91
1998	39.73		6.79	68.11	－4.85	68.39
1999	39.25	36.04	20.09	70.52	17.97	70.62
2000	38.47	50.03	27.84	75.97	49.49	77.63
2001	39.55	29.89	25.37	74.45	6.29	65.72

资料来源：2001 年度全国普通高校校办产业统计报告。

6. 高校企业人员状况

2001 年末高校产业在册职工人数共计 23.76 万人，其中有科技人员 8.09 万人，占校企人员总数的 34.04%（具有高级职称的人数为 21 863 人、具有中级职称的人数为 33 892 人）。全年职工工资总额 36.94 亿元（人均月工资为 1 340.52 元）[①]。其中，北京、辽宁、上海、江苏、湖北、湖南、广东、重庆、山东、四川等省市的科技人员比例占到 35% 以上，高级职称人数所占比例也比较高。这是与这些企业的学校背景有密切联系的，而且也与校企主要集中在科技行业有关系。

7. 高校企业的现代企业制度不完善，表现为产权不清晰、权责不明确、校企不分开、管理不科学

这种状态严重阻碍了学校和企业两方面的发展。一方面，由于全民所有制企业，包括"二全民"企业，投资主体单一，都是高校办、高校经营，但是这种体制导致负盈不负亏，巨大的债务包袱让高校背着，高校承担着无限连带责任。再加上日常经营中的抵押、担保、技术转让等交易关系，以及高校名称被无偿占用等问题，出了事儿，高校往往稀里糊涂地被推上被告席。高校因校办企业的债务纠纷、产品质量问题、挂靠关系及校名被侵占而输掉的官司高达数十起，搞得校领导们异常头痛。另一方面，对企业来说，产权不清晰，权责不明确使得企业经营不按市场规律运作，"赚钱多少与企业无关，亏损多少由学校买单"，企业缺少竞争和创新精神，缺少市场观念，作决策、作计划、定指标时往往脱离市场、脱离实际，不重视人才，不重视对资本的积累，单纯把上交多少作为衡量企业政绩的标准。由于校企不分开、管理不科学，企业实际工作经常遇到多管齐下

---

① 资料来源：教育部科技发展中心《2001 年度全国普通高校校办产业统计报告》。

的情况，一些很简单的事情，需要左请示右请示，左审批右审批，这使得工作效率大打折扣；企业干部职工的编制属于学校的事业编制，而且一般企业都缺少激励和约束机制，如此，企业干部职工既没有压力，也没有动力，干多干少一个样，干好干坏一个样；论资排辈、大锅饭的分配制度，也使人们工作缺少积极性和创造性，更不可能吸引到优秀的人才。

8. 高校企业改制困难重重

校企进行彻底的改制要牵涉到许多方面，包括如何对校企存量和增量资产进行处理，如何清理学校和企业的关系，如何建立学校的投入和撤出机制，等等。其中难中之难的事情就是如何处理校企的存量和增量资产。相当部分校企在成立时出资是不到位的，或者借款，或者抽逃，或者挂靠，或者以校名持干股，由于原始档案资料的缺失和人员的流动，当初是借款还是出资，是挂靠还是合作，是职务成果还是个人发明，学校无形资产能否持干股，这些问题谁也说不清楚。就是由于这些说不清的问题，改制在处理存量资产时就要颇费周折，校企中的国有资产没有了准确的衡量标准，又怎么谈对国有资产的增值保值问题。校企从无到有，从小到大，艰辛的创业成果不是哪一个人的功劳，也不是哪一种技术的功劳，如此一来，改制要把企业增量资产量化为股份，也将是非常困难的事情。

（三）高校办企业的利弊分析

校办企业从无到有、从自发产生到规范发展、从零星出现到迅速增长再到相对稳定，到目前形成了这样一种特殊的、具有一定规模的资产存量。纵观迄今为止的整个发展历程，高校办企业有其积极的一面，也有其消极的一面。从其成立背景来看，校企的出现有其历史原因，而且也发挥了一定的作用。在随后的发展阶段里，校企数量、规模迅速增长，其宗旨也渐渐脱离原来的目的，不再单纯服务、从属于学校，而是成为具有独立人格、追逐经济利益的市场主体。如果校企是纯粹意义上的市场主体，我们则没有对它进行专门研究的必要，但正因为其与高校之间的这种特殊关系，使得其在产权关系、人事管理、经营体制甚至经营宗旨等各方面都具有自身的特殊性，并产生了一些亟待解决的特有的问题。如果我们要为这一部分资产未来的发展规划、管理模式等制定一个可行的方案，就必须首先对其正反两方面的作用进行梳理，比较其成本与收益，对其地位进行合理的定位。从高校自身的角度出发，我们也要分析校办企业应如何改革才能适应高校发展的要求，从而为规范企业和高校之间的关系提供分析基础。应该指出的是，正反两方面影响都不是绝对的，不能截然说这方面便是积极影响，那方面便是消极影响。

1. 关于弥补办学经费

我们对高校办企业的利弊分析主要着眼于对高校自身的影响。校企的发展是与高校本身的发展历程分不开的，因此在各个时期校企也发挥了不同的作用。在成立初期，校办企业的主要作用便是弥补高校办学经费的不足。从表6－1可以看出，学校办学经费中有30%~40%是自筹的，而其中又有相当一部分是校企上缴的利润。再以上海地区的统计数据为例。从1996年至2000年，上海高校企业共上缴学校利润8.92亿元，如果再累计企业缴纳使用学校资源的费用和承担企业中学校在编人员的工资及单位缴纳的养老金、住房公积金、医疗保险金和待业保险金等"四金"，则超过高教经费总支出的10%。这些都反映了校企在这方面的作用。但是，如前所述，随着经济的发展，上学收费、鼓励捐资助学、社会办学、科研成果有偿转让等措施多管齐下，再加上国家对高等教育的重视，高校的经费越来越充裕，通过校办企业来筹集办学经费越来越失去其必要性。更重要的是，高校和企业在活动范围、性质、文化理念各方面存在本质的区别，以一方支持另一方可能会导致"双输"的局面。一方面，学校具有公益性，企业对利润的追逐难以避免地会与学校的理念、宗旨发生冲突，而高校和企业在人事、资产等多方面均存在交叉，因此必然对高校的办学产生消极的影响；另一方面，校企是企业，逐利性是其基本特征，而其与高校之间的从属关系又限制了其扩大再生产，在经营管理方面也受到较多的制约。要解决这个问题，必须理清高校与企业之间的关系，下文将继续论述。

2. 关于促进科研成果的转化

高校办企业的另一个重要作用是促进高校科研成果的转化，这在20世纪后期显得尤为明显。如前所述，当时整个社会尚未形成有利于发展高技术产业的宏观环境，相应的配套机制还没有建立起来，再加上当时无论是国有企业还是民营企业，绝大多数都以生产型和贸易型为主，因此发展对人、财、物等条件要求颇高的高新技术产业明显存在先天不足。相对其他企业来说，校办企业具有将科技转化为生产力的天然优势。它一方面可以从高校更快更容易地接触到新的研究成果，另一方面也可以有效结合企业与高校的技术优势与市场信息，促进大学和社会的联系，克服大学自身的惰性，促使其按社会需要进行改革，更好地发挥高校的作用。仍以上海地区为例。统计至1999年11月，上海高校企业中有市、区认定的高新技术企业50家，累计获得市科技成果转化项目96项，获得国家、省（市）、部级新产品119个。从这些数据来看，促进成果转化确实是一项重要的作用。在目前有关高校该不该继续办企业的争论中，这项功能也成了校企支持者的重要砝码。

这里有一个问题必须区分清楚，就是科研开发与成果转化。这是两个不同的概念，或者说是一项科研成果转变成为现实的生产力所要经过的两个阶段。科研开发是第一阶段，出了成果之后，如新技术、新方法、新产品等，再把它通过各种方式，如兴办企业，投放到生产中去，把它转变为现实的生产力，这便是第二阶段的成果转化。可以说，高等学校在这两个阶段都能有所作为。

虽然我们说校企的重要功能之一是促进科研成果的转化，但是对于第一阶段的工作也不能忽视。目前高校的科研实力在各种研究机构中应该算是最好的，研究成果的数量也名列前茅。特别是在我国加入世界贸易组织以后，高等教育市场的竞争将更加激烈，从而对高等学校的科研实力提出更高的要求，而这也相应会有更多的科研成果需要转化。因此兴办校办企业，确实是一个可供选择的办法。但是如前所述，要发挥成果转化的功能，必须首先有现实的科研成果，否则便是"无米之炊"。换句话说，并不是所有的高校都适合兴办校企，促进科研成果转化的。对于科研实力较弱，没有成果可供转化的高校，便没有必要办企业了。但是校企规模能够在几年内迅速增长，其背后肯定有其他利益驱动。这点我们后面再分析。

进一步分析，不同层次、不同类型的高校，在科研开发中也应各有侧重。例如，有侧重搞基础研究的，有侧重搞应用研究的，有侧重搞技术开发的，等等，并不是所有的科研活动都有可供转化的成果。而且，对于中国这样一个发展中的人口大国，以占世界公共教育经费的2%，支撑着世界最大的教育体系，培养占世界受学历教育总人数的20%左右，又处于高等教育向"大众化"阶段发展的情况下，由于教育经费紧缺，对于那些刚创办的学校来讲，应集中精力搞好教学，然后再创造条件开展适合于本校情况的科学研究或技术开发，所以还谈不上科研开发和成果转化，更谈不上办企业了。

关于第二阶段的成果转化功能，虽然我们不能忽视校企在这方面实际发挥的作用，但它还是存在一些问题的。有科研成果并不意味着能够转化，许多校办企业对科技成果转化的艰巨性估计不足。实际上，学校的许多科技发明与成果转化相距甚远。很多校办企业都是几十万元资本的小型公司，他们进行科技成果转化并不容易。而且，有科技成果也并不意味着必须通过办企业转化，美国高校的科研成果大多交由外部的企业去开发利用，这样不但有利于形成各自的分工，提高效率，而且能为学校最大限度地创造利润。更重要的是，将科研成果交由外部的企业去转化，避免了高校与企业之间在产权、人事、管理上的交叉重叠，大大降低了学校的风险。另外必须指出的是，在许多情况下，校企对本校的科研成果具有一种"垄断的"使用权，也就是说，局外人很难获得这些成果。由于校企多为学校的科研人员创办，而科研人员对经营企业并不具有更大的优势，因而这种垄断权由于缺乏竞争而不利于提高科研成果的转化效率。但是，科研成果转化的社会化需要一定的配套设施,在目前我国知识产权交易及其专门市场尚不发达的条件下,校办企业便直接充当了成果转化的角色。可以预见,随着相关市场的发展完善,校企的这一功能会逐渐消退。

利用校企成功转化科研成果后也存在一些问题。高校企业的创办者大多数是科研成果的作者,他们从教学、科研岗位走向生产经营管理岗位,这是科技成果产业化的需要,也是高校发挥社会服务功能的发展趋势造就出来的一批企业"英雄"。由于发明者总有一种创业冲动去实现自身发明的潜在价值,并且通过利用科研成果创办起来的企业主要是围绕特定技术发展起来的,所以这种模式往往走向极端,形成了有一项成果就要创办一家企业的思维定势。这种情况导致了高校企业规模小、数量多;而且,高校的其他科技成果无法持续不断地为已创办的校企提供技术支持,无法成为这些企业的研发中心或技术基地,使得高校和企业之间的有机联结点出现断裂。

从这些分析来看,校办企业促进科研成果转化的功能在目前的条件下具有一定的存在意义,但是其作用正在变小。更重要的是,从高校的功能和宗旨来说,高校主要是从事教学和科研以及延伸教学、科研优势。高校办企业的愿望或许是好的,但实际上却是无视其功能和优势的,结果并不理想。专业分工是必需的,各种专业合作也是必需的,守着"大而全、小而全"的自给自足的小作坊模式不变,实质上就是守着低效率和低效益不变。通过兴办高校企业来实现高校科技成果产业化的思路必须进行调整。

3. 关于分流学校人员,增加就业

校企的又一重要作用便是分流学校人员,增加就业。校企的员工大部分都是从学校直接转过去的,这使得学校中能够而且愿意从事科技成果产业化和生产经营的人员,可以尽其用,尽其才,从而支持了高等学校综合改革的开展。根据1999年的专项调查,在高校企业就职的学校各类人员有9 445人,高校企业承担了这些学校在编人员的工资额12 703万元,占企业工资总额的84.17%,缴纳单位部分的"四金"(养老、医疗保险金、公积金、失业金)2 502万元,占单位部分"四金"总额的70.92%。可以说,校企发挥了一定的作用。但是,正是因为校企与高校之间在人事上的这种重叠关系才加重了校、企不分的弊病。方正集团的原高层管理者祝剑秋在接受记者采访时说,在企业里最累的便是处理头绪复杂的管理关系,尤其是与北大校方的关系。这点便反映了校办企业在人事、管理方面存在的问题。而且,许多人员还具有双重身份,在企业和高校领两份薪水,许多企业人员还享受学校的医疗、住房等福利待遇。这种双重身份导致的问题使得学校与企业脱钩困难重重,加重了校企改革的难度,下文还将论述。如果从企业的角度来看,除了创业人员外,校企接受的高校分流人员多为冗员,其存在对企业也是不利的。

4. 关于教学实习和科研试验基地

校办企业承担了教学实习和科研试验的任务，成为高校教学实习和科研试验的基地之一。根据上面的数据，2001 年度高校校办企业接纳学生实习人数达 10.78 万人次，累计工时 668.15 万小时。此外校办企业还参与了硕士、博士的培养工作，2001 年度参与培养硕士 2 054 名、博士 752 名。2000 年，上海地区的情况是，高校企业接纳学生实习累计 4.2 万人次，实习工时为 147 万小时，参与培养硕士研究生 453 人，博士研究生 195 人。这些数据表明了校企仍然承担了一部分教学实习和科研试验的职能，为学校建立面向社会的教育体系起了促进作用。但同样的问题也存在，即由此造成校、企之间关系复杂化，人员身份双重化。而且，这个职能也不是兴办企业的主要目的。

5. 企业给学校带来的经营风险

校办企业给学校带来的经营风险是不言而喻的。这种风险根源于高校与企业之间的从属关系。高校本来具有公益性质，不参与经营活动，但其利用自有资产创办企业，成为股东、老板，因此经营风险自然会产生。许多校企投资主体单一，使得高校承担着巨大的债务包袱。再加上日常经营中的抵押、担保、技术转让等交易关系，以及高校名称被无偿占用等问题，一旦发生纠纷，高校往往被列为被告。这些纠纷不但使高校背上经济负担，而且严重影响学校正常的教学科研，"喧宾夺主"。更为严重的是，许多高校在企业创办时没有明确界定产权，从而进一步加重了学校的风险。这可以说是经营风险产生的内部原因。相当部分校企在成立时的出资不到位，或者借款，或者抽逃，或者挂靠，或者以校名持"干股"，由于原始档案资料的缺失和人员的流动，当初是借款还是出资，是挂靠还是合作，是职务成果还是个人发明，学校无形资产能否持干股，等等，这些问题已经无法查究。再加上校企经营中对学校的资产占用问题、技术合作与开发问题、人头费问题、收益分配问题、"内部人"控制问题、资产折旧问题、呆坏账处理问题等，产权问题非常复杂。这种情况使得出现纠纷时，企业和高校往往彼此推脱责任，而由于学校是最终的股东，因此仍然要承担这部分风险。

四、高校经营性国有资产管理的特殊性与一般性分析

（一）高校经营性国有资产管理的一般性与特殊性

国家体改办和教育部于 2001 年 10 月颁发的《关于北京大学清华大学规范校

办企业管理体制试点指导意见》所指导的校办企业是指除校办实习工厂、农场、出版社、招待所以外的科技型企业和经营性企业。在此处，沿袭该指导办法的划分，来讨论高校经营性国有资产管理的一般性与特殊性。

1. 高校经营性国有资产的性质（一般性与特殊性）

（1）一般性。

高校经营性国有资产的本质还是国有资产，因此，它具备国有资产的相应性质。

第一，国有资产所体现出的国有产权具有唯一性。国有产权是指国家依法享有国有资产的排他性权利。我国宪法规定国家是国有资产的唯一所有权主体，并禁止任何组织或个人用任何手段侵占或损害国有资产的行为。由于国家主权者是一个抽象的概念，因此，由国家权力执行机构的政府代理国家行使国有产权。高校经营性国有资产则相应的由高校代理国家行使国有产权。

第二，国有资产在市场经济下的一个很重要的任务是保值增值。党的十六大报告中指出："继续探索有效的国有资产经营体制和方式。各级政府要严格执行国有资产管理法律法规，坚持政企分开，实行所有权和经营权分离，使企业自主经营，自负盈亏，实现国有资产保值增值。"保值增值并不意味着将所有的企业做大做强，它对有的企业而言是这样的，但是对一部分企业而言，可能退出市场或者估价转让则能够避免更大的损失，也是国有资产保值增值的一条容易让人忽视的途径。

第三，国有资产的实际产权主体（不是法律上的归属）虚置，直接造成了国有资产管理链条上的切割和断裂。有人决策却无人负责，收益没有保障；管人的不管事，不管资产；管事、管资产的管不了人；管资产的是多个部门，而且各自不仅不知道怎么管资产，相互之间还存在利益矛盾和摩擦。对高校经营性国有资产而言，这个特点尤为突出。大部分高校校企并未进入国资委管辖的196个企业。校办企业名义上应该归口于国家政府部门的教育部。但是教育部的科技发展中心高校产业处只是一个行政性单位，具有审批管理功能，但不具有资产处置权。在高校这个管理层面上，大多数高校里均设立了资产管理处、计财处、产业处，这些部门都能在某个程度上对校办企业进行管理。于是必然存在各部门责任不清，资产、人事、财务分权管理，同时各部门之间的行政等级关系以及事业单位的编制也造成各部门对企业事务进行处理时的矛盾。

（2）特殊性。

第一，高校校办企业资产并不完全等同于国有资产，二者有着一些差异。国有资产是指产权属于国家所有的一切财产，是国家依据法律取得，或由于资金投入、资产收益、接受馈赠而取得的资产。而我国高校校办企业则是主要依靠学校和职工的积累发展起来的，最初的目的就是弥补教育经费的不足，以及为学生提供实习场所等。高校不得使用国拨教育经费、科研代管费、基本建设费、专项拨款等预算内资金及用于学生和教职员工的各项基金作为经营性投资。因此，与其说高校经营性资产是国有资产，不如说因为高校是国有资产，高校经营性资产天然就具有了国有资产的属性。从这个意义上来说，高校经营性资产的产生本身就是国有资产的一种增值。

第二，高校经营性国有资产中，无形资产占了相当的比重，要远远超过一般意义上的国有资产中无形资产的比重。无形资产比例过大使得大多数高校企业呈现出资产负债率偏高，抗风险能力差的特点。一方面，学校容易利用无形资产对企业进行干预；另一方面，企业也容易以学校为依托动辄贷款，不思进取。这样一来又加深了企业和学校之间难以摆脱的行政管理关系。从另外一个方面讲，无形资产比重高（特别是在高新科技型企业中）也造成了高校经营性国有资产估价上的困难和不稳定，从而给国有资产的保值增值增加了难度。

第三，高校经营性国有资产较之一般性国有资产，具有较小的市场压力和更大的退路，这也是导致为数不少的校办企业效益低、应有优势不突出的原因之一。由于历史原因，大部分高校与校办企业是"父子"关系、"爷孙"关系，高校以行政方式管理校办企业，学校要对企业承担无限责任，这是众多国有企业无法企及的一个背景资源。北大网络经济研究中心在对中关村所有校办企业进行拉网式调研后，完成了一份题为《中关村校办企业现状与问题研究》的报告。报告得出两个综合性结论：校办企业比其他企业的效益更低，主营业务收入、销售利润、税费总额和出口额都比其他企业明显偏低；校办企业的研发水平较其他企业并不突出，技术创新不具优势，人均研发投入、人均专利数、新产品收入比其他企业反而更低。

第四，高校经营性国有资产较之于一般性国有资产，涉及的人事关系更为复杂，与上级主管机构的关联也更为紧密。校办企业与学校的"父子"关系、"爷孙"关系一方面使企业的人力资源素质普遍高于一般企业；但另一方面，校办企业雇员还有很多为主办单位的在册人员，人事关系没有完全分开，约束与激励机制难以有效实施。由于企业与学校关系过紧，学校对企业干预过多，企业自主管理、自主经营、自我发展受到很大制约。另一方面，校办企业不是独立法人，其雇员尤其是管理人员大多是主办单位的在册人员，人事关系没有完全分开，约束与激励机制难以有效实施。企业也容易以学校为依托动辄贷款，不思进取。校办企业还存在效率低下，市场运作能力低的弊端。由于企业与学校有扯不清的关系，往往导致人浮于事；而出身科研队伍的管理人员，其市场运作能力又往往偏低，导致企业销售水平低，存货水平偏高。

（二）校企改革的难点

2001年12月，中国高校校办产业协会受教育部科技发展中心委托成立调研小组开展"高校全资企业改制、建立现代企业制度"专题调研工作。据调研结果表明：劳动人事关系是校企改制最困难的问题。其次是资产明晰、产权划分，而无形资产评估、债务清偿和各种改制阻力难度相当，接下来是增值股权分配，而非经营性资产转经营性资产和税收政策并不突出。

据调查数据显示，要解决这些问题都存在不小的困难。在劳动人事关系问题上，甚至有高达19.7%的答卷选择了"无法解决、不应改变"的选项。同时，多数人认为校企职工是改制中可能遇到的最大阻力。另外，税收政策上曾尝到甜头的校办企业还希望能继续保留一些优惠税收政策，只有少数愿意与其他企业一致。

2003年清华改制时也称，"人事编制的问题处理起来比较复杂，这也是校企改制的普遍难题。这里面有感情的因素，也有利益的问题。"在清华企业集团总部内，事业编制的员工，主要是清华大学派驻的高层管理人员、部分教师和技术骨干。

2002年，在全国部分高校科技处产业处长会议上，教育部科技司谢焕忠司长在总结发言中指出，校企改制的五个难点，一是清产核资，尤其是经营性资产的剥离；二是规范现有企业，对不再保留的校办企业的关停并转；三是推出机制的实现和退出时机的把握；四是奖励制度，特别是股权奖励政策；五是试点政策的落实。

还有一种观点认为，高校改制的最大阻力可能来自于学校领导。主要源于，一是企业做大后学校无法管理和控制；二是不能正视企业走向市场应承担的风险；三是改制后学校不能向企业任意要求回报，收取费用；四是关停转并的企业负债如何分摊以及职工的编制安排问题。

结合我们对校企改革理论上的探讨及实践上的调查，我们认为，校企改革的难点主要体现在校企的定位、产权的明晰以及资产的管理体系、规范及退出机制、激励—约束制度的重新建立、人事制度的改革等。

1. 校企的定位

在我国，校办企业的最初建立是为了解决教育资金的不足。随后的发展，校办企业的功能逐渐增多，如为学校正常运转提供后勤保障，为学生提供认知社会、认知生产的基地，为学校、院系甚至少数专家教授提供挣钱补贴机会，把学校的科技成果转换为现实的生产力等等。

但随着我国经济的发展，社会主义市场经济体制的逐步建立，校办企业的许多弊端也逐渐凸显出来，如校企不分，资产管理混乱等等。从某种意义上来说，校办企业是一种国有企业，因此，它具有国有企业的缺点。但是它又是一种特殊的国有企业。特别是，它的创办主体或者说依附主体是高校。高校和企业是两种截然不同的社会组织。真正的企业应该是"经济人"，在市场上通过成本收益分析，追求自身价值最大化。而高校的行为并不完全由成本收益决定。我国的《教育法》指出，"高等教育的任务是培养具有创新精神和实践能力的高级专门人才，发展科学技术文化，促进社会主义现代化建设。"而高校完成高等教育任务的行为更类似于一种提供公共物品的行为，并不能单纯为了利益而行动。因此，校企改革面临的首要问题就是，像高校这样的一种组织是否可以办企业？也就是校办企业这种事物是否应该存在。如果存在的话，它又为什么而存在？它的定位应该是什么？

这是校企改革一个最基本的问题。对此，理论界也有不同的声音。有的人认为，高校和企业存在着理念上的根本冲突，做学问和搞经营也很难同时搞好。例如浙江大学校长潘云鹤认为，"大学是以科学教育、知识传播和社会智囊为使命，而绝不是什么都有、什么都管。学校的环境和教师的特点就决定了学校只适合搞教学科研，企业只能交给社会"，"学校还要为校企亏损及其他问题承担经济和法律责任，风险巨大"。著名经济学家吴敬琏也反对高校和科研院所办企业。他认为对于已经存在的校办企业，必须走改制的道路，最终"实现校企、院企、所企分离，把大专院校和科研院所的附属企业分拆出去，成为独立的企业"。

但是，主流的观点仍然认为校办企业应该办下去，但是要改革其弊端，使其成为真正的市场主体。而校企与其他企业最大的不同就在于它们与高校的联系上。高校是一个人才济济的地方，它所产生的科技成果，需要进入市场才能发挥效益。而校企作为连接高校与市场之间的桥梁，其作为科技成果"孵化器"的功能是其他企业无可比拟的。因此，我们认为，校企如果要存在下去，其定位应该是作为高校科技成果转化的"孵化器"。找准这个定位，校企的改制应该以此为目标。

而在这个定位的基础上，首先要对高校的校办企业进行分类，将不具有以及不能改造为"孵化器"的企业关停并转。而重点扶植具有"孵化器"以及能够转为"孵化器"的企业，对它们进行改制，培养成为真正的市场主体。

2. 校企经营的战略重点

高校具有技术、人才、信息的优势，因此校办企业应该是知识创新、推动科学技术成果向现实生产力转化的重要力量。高校不应分散精力、财力去发展单纯谋利的低层次的商贸型与生活服务型企业，而应扬长避短，集中优势，以科技产业为主，尤其是以知识密集型、技术密集型为主。从国外的实际情况来看，高校科学衍生企业主要分布在第三产业，尤其是信息产业，第二产业很少，第一产业几乎没有。从技术方面看，高校产业主要是以技术周期短、技术密级较高、以技术服务为主要业务的高新技术企业居多。各高校应加大对校办科技企业的资产重组力度，以此作为突破点，实现校办科技企业经济布局战略性调整和科技企业战略性改组。对那些亏损企业，经考核确属无法扭转局面，也实无发展前途的，则应果断进行资产清理，歇业注销。对一些规模小、效益差、作坊式的企业，包括一些盈利微薄、风险暗伏的"鸡肋企业"，则应动员其实施资产重组。以其存量资产，或项目、技术、市场，入股投资学校相关科技企业，原企业予以关闭注销。对学校参股企业中盈利不高、鞭长莫及的，则设法转让股权，返回投资，投入到科技含量高、前景效益好的高新技术产业中去。通过对校办科技企业国有资产重组，进一步调整经营结构，增强资本控制，以谋求及培育新的经济增长点。其次，抓好一些企业的剥离工作。具体可通过"卖、并、划"等方式实现企业民营化。如对校办企业中商贸型、生活服务型企业，根据企业具体情况，经资产评估，扣除债务，全部或部分卖给企业职工。通过转让产权，让职工持股经营，达到机制转换，人员分流，以解决长期困扰校办产业资产关系不清，责任不明，富余人员不易安排等难题。同时，校办企业也可以集中精力、财力、人力，发展本校特色的科技产业。

另外，校办企业往往存在着资金短缺，规模小，抗风险能力差，现代化管理程度低，市场营销开拓能力较弱等特点，给产业运作带来了一定的困难。高校产业拥有技术、人才、信息的优势，但同时相当多的从业人员不熟悉市场情况，市场观念也比较薄弱，研究课题的选择和科技开发的项目还存在与市场脱节的问题，项目选择的随意性伴生着很大的市场风险。只有以市场和社会需求为导向，开发出适销对路的商品（包括信息类软商品），高校产业才会有强劲的竞争力，才能持续快速发展。这个市场既包括国内市场也包括国外市场，既包括已开发的市场，也包括需要培育的潜在的待开拓的市场。为此，高校产业必须从观念上、技术上、管理上进行创新，必须改变传统思维方式和习惯做法，深入市场、了解市场、预测市场，以市场和社会需求为导向，实施技术开发和成果转化。发展高校产业要重视规律和市场导向，有市场、有优势则为，无市场、无优势则不为；有市场、无优势，或者有优势、无市场也都不可为。因此，在发展高校产业时，应对高校产业所掌握的大量技术与丰富成果进行筛选，力求选择市场占有率预计较多，发展前景广阔、技术含量较高、附加值较大的技术和成果，集中力量，搞好成果转化和市场开发。

3. 产权的明晰、资产管理关系的重塑

校企与高校的联系是一柄"双刃剑"。一方面，它可以为校企提供技术、人才、资金的支持。另一方面，鉴于高校与企业的不同，它们之间的利益冲突也成为校企发展的桎梏。校企不分，企业产权不清晰，是校办企业一切弊端的根源。

这种产权不清晰在微观上，体现在高校对校办企业的管理十分混乱。校办企业改革之前，我国各高校对校办企业的管理处在割据状态。尤其是对校办企业内的资产，根据不同的资产由不同的部门管理。资产管理处对学校拥有的实验室、设备资产以及房产等非经营性资产进行一般性管理，主要是对学校国有资产的一个静态把握和评估。而产业处则承担着对各个产权主体的管理和协调工作，特别是对校办企业及企业集团等经营性资产的管理，代表了校方对经营性资产的直接管理和领导。也就是说，产业处是对学校所有资产收益的一个动态管理和监督。两个部门都负有国有资产的保值增值的任务。校办企业直接隶属于学校，学校也直接对校办企业承担无限连带责任。这种多头管理看似对各种资产的管理进行了明确的界定，但实际上却造成了各个部门只按自己的利益行事，对利益相互争取，对责任相互推诿的现象，无法将企业视为一个整体进行管理。另一方面，在一些权利边界上，又存在无人管理的现象。因此，许多高校在对其国有资产进行登记时，发现存在校办企业无偿占用学校资产的现象。

而从宏观上，校办资产的处置权依然不明晰。校办企业是学校创立或控股的，但是学校的资产，尤其是初始资产又来源于国家，而教育部下的科技发展中心高校产业处只是一个行政性单位，具有审批管理功能，但不具有资产处置权。大部分高校校企又未进入国资委管辖的196个企业。这种向上追溯，使得企业的产权失去了主体。

企业产权清晰是法律地位清晰与现实运行过程清晰的统一。然而，目前国有企业产权在法律地位上是明确的，但在现实运行过程中并不明晰。而产权制度的真正明晰，前提是政府与企业的关系需要"界定清楚"。"界定清楚"，要点包括：政府不再是资源配置的主体，即使是政府配置的资源，也必须通过市场方式，如土地通过拍卖，公共建设项目通过招标，政府消费则依靠政府采购；政府不再是企业制度的设计者，企业制度由企业自主掌握；商务产品的投资主体应该是企业；政府对企业的行政管理关系实行备案制而不是审批制；政府和企业是建立在法律基础上的两大活动主体，前者依法管理，后者依法经营，等等。目前来讲，具有指导意义的是在58号文中规定学校对管理国有资产承担保值责任，并对经营性国有资产行使出资人权利。

校办企业想要明晰产权，首先需要从根源上清产核资，将国家、高校、企业的资产区分清楚，特别是学校的经营性资产与非经营性资产更应该划分清楚。

而这个过程的难处在于三个方面，一是清产核资必然会牵扯到国家、高校及高校里各个部门、企业之间的利益。这些利益冲突应该如何调节。在这一过程中需要保护国有资产不流失，而且还要尊重出资人。二是存量资产如何切割，增量资产如何规范。许多发展较好的校办企业，可能建立之初只从学校得到了很少的资金，其日后的投入都是自己的积累。那么这个资产应该如何划分？三是无形资产的估价。高校校办企业的重组和改制产权划分难，一方面高校科技企业中无形资产所占比重较大，且种类繁多、极具复杂性，给明晰产权带来很大困难。另一方面学校投入时所存在的没有资金投入或投资不实的普遍问题。校办企业的投资成立很少是学校把国家的教育经费拿出来填补办企业，而是大多靠学校和员工的积累，其中有相当的一部分属于无形资产，这使得产权划分问题的解决将会比较困难。目前，有形资产的处理应以政府出台了一系列国有资产管理的法律法规中的产权界定和资产评估为依据。但无形资产，特别是工业产权和非专利技术的产权界定和评估争议较大。无形资产的评估和作价国家尚未形成一套可行的法规及政策，造成转制过程中无形资产评估、作价、产权明晰的空白。例如，如何评估高校校名的价值。许多的校办企业可能并没有从学校那里获得什么有形的财产和投入，甚至在管理上也与企业毫无干系，而仅仅是挂靠了学校的名字。那么在这样的企业中，如何确定高校的利益？其次，高校投入企业的科技成果，在评估转股时如何划分学校、企业以及发明人之间的利益。建议建立和完善有关法规，以保证在高校经营性国有资产管理体制改革中防止国有资产的流失。

　　清产核资之后，明晰资产的产权，在股权的改制中可能要吸收社会资本入股，高校可能担心失去控股权，而无法做到投资的多元化，给完善法人治理结构造成困难。

　　如何在这个基础上重塑资产管理关系，也是改制的一个难点。理论上，校企的改制一般都按照国有企业改革的框架实施，在学校的层面成立资产管理委员会或类似委员会职能的集团，以资产为纽带，负责国有资产的管理、投资和营运。但在实际操作中，还需要解决委员会的机构设置，委员会与校企之间的权利如何界定和划分，委员会对校企的管理方式、校企与校企之间又是一种什么样的关系等一系列问题。这种新的资产管理体制必须能保证高校和企业分开，起到"防火墙"的作用。如果这些问题解决不好，那么高校和企业的关系很可能又走回改制前的状态中，改制就功亏一篑了。

　　为此，只有通过明晰校办企业产权关系，理顺校办企业管理体制，完善校办企业各项管理制度，建立以资本为纽带，产权清晰、权责明确、校企分开、管理科学的现代企业制度，使校办企业成为承担有限责任、自主经营、自负盈亏、照章纳税的市场主体，并对国有资产承担保值增值责任。依法保护学校合法权益，有效规避校办企业经营风险。

总体指导是明晰的，校企改制有其特殊性，因此不能完全照搬国企的改革方法。而且每个学校也有自己的特殊性，不能完全一概而论。

以清华大学的改制为例。2003年10月20日荣泳霖召开新闻发布会，宣告清华校企改制已经完成，12月18日，清华控股有限公司正式挂牌。这一改制从2002年4月开始，清华用了一年多的时间摸清了自己的家底。以2001年12月31日为基准日，清华大学确定拥有的所有者权益总额为27.21亿元。经主管部门批准，将其全部划转到清华大学企业集团，并完成了国有资产的产权登记手续。同时，清华对全校42家独资或"联营"的公司全部进行撤并或改制，其中6家进行股份制改造，其余的36家全部撤销。更实质的工作是校企进一步分开。据介绍，经过一年多的工作，清华事业和企业的资产、账目和管理体制已经分开；在企业兼职的学校领导干部已经逐步退出；企业与学校在地域上已经彻底分离；在企业工作的事业编制人员的分离，也按照《实施方案》逐步实施。最重要的是，取消企业名称中的"清华"冠名。

4. 规范完善退出机制

退出机制主要指两个方面：一是改制过程中，从一些不符合校企定位的企业中退出；二是指改制完成后，在校企的发展过程中，如何从完成"孵化器"功能中的校企退出。

校企改制，并不是所有的校企都要改制。高校应该从不符合校企定位的企业，以及亏损严重，没有科技含量的企业里坚决退出。但这种退出由于牵扯的利益比较复杂，因而比较困难。不仅要考虑国有资产不流失，还要考虑企业的人事关系、员工的利益等等。许多的呆坏账，人员分流需要妥善处理。因此，退出应该考虑多种退出方式，学校退出并不意味着企业一定要关闭，可以把企业推向社会，交给社会来管理。其次，在退出中应该考虑员工的利益，是否应该给予员工一定的补偿，以减轻退出的阻碍。

对那些发展较好的企业，由于企业与学校有各自的文化和运转方式，为保证企业的正常发展，同时也是端正高校从事科技产业化的思想态度，学校不必刻意去办超大型的企业，企业成为社会型企业后，应让它们自主发展，学校不应控制或干预。学校的长处是技术和人才，通过吸引社会资本和企业的加入，弥补资金、经营、管理、市场的不足，各方把资源组合起来共同推动高科技产业的发展。在学校股权不断缩小的过程中，退出股权获得的回报再孵化下一个科技成果。高校应像培养学生一样孵化高科技企业和培养高科技企业家，并不断向社会输送，企业从社会获得更多的资源后，逐渐发展壮大，与学校建立研发基地，又拨入经费支持学校的科学研究，形成一个良性发展的产学研链条。学校应以国家的经济利益为重，与社会形成一个大循环，不断推动地区、国家的科技实力。同时，学校较少的技术股权便于管理，风险很低，不影响学校的教学与科研。这样，于国、于民、于校都有利。但是如何在适当的时机采取适当的方式退出是一个难点，退出时如何保证高校应得的利益、非股份制的校办企业如何退出等都是需要解决的问题。而且这个问题的解决还依赖于配套的改革措施，如国有股的减持、产权交易的发展等。

复旦大学高新技术产业的基本模式是：学校自行孵化——寻求社会资金——实现扩张转化——进入资本市场，在整个过程中，学校主要对企业进行技术支撑，从第二、三、四步中，学校从撤出的股权中获得经济利益。比如复旦光华信息科技股份有限公司是基于复旦大学网络与信息工程中心的技术，与上海电信合作成立，注册资金1亿元，复旦大学主要以技术入股，占24％的股权，公司成立一年半后，在引进战略投资者时，复旦以1∶3的价格退出7％的股权，获得现金2 100万元。

5. 激励—约束制度的建立

校办企业一般与高科技企业相联系。的确，校企的优势应该是科技程度高，有充分的人才资源，研发能力强。但有调查显示，我国许多校办企业在这些方面的优势反而不明显。这里一个重要的原因就是校企的激励—约束制度不完善。很多的发明成果创造出效益之后，发明人却得不到相应的回报。另一方面，许多创业人员、管理人员在为学校、企业创造了巨大利润的同时，也没有得到相应的回报。而且校企改革所涉及的人事改革的一个重要方面是取消双重编制，这又会使许多人不可避免的失去一部分利益。新的激励—约束制度需要解决这些问题。但是许多有利的办法，如股票期权、职务发明入股、职工持股等，涉及国有资产，其股权比例如何确定，一方面需要不损害国家、学校的地位，另一方面还要起到积极的激励—约束作用。清华大学的改制中，有关股票期权、员工持股的方案一直未能出台，可见其难度。

6. 人事制度的改革

企业改制涉及的人员问题，其产生和现状与企业创办的背景和过程密切相关。校办企业的核心是高校利用智力、人才、科技、信息等优势，转化科技成果从而产生经济效益和社会效益，他们中的大多数是校办科技企业。

这些企业在初创期，往往由学校指派法定代表人和负责人，调配管理人员和技术骨干。法定代表人一般由校方领导或院系领导兼任，企业负责人按学校管理干部进行管理，他们中的多数人原本就是学校管理干部，已定为处级或科级，是"服从分配"而去的；另一部分属于提拔上来的管理干部，被安排到企业从事管理工作。例如，财务人员大部分是学校财务部门的派出人员。开发、生产、销售人员也大多是学校职工，而且是那些被认为具有经营头脑的人才被安排到企业工作。

到了成长期，企业开始盈利，学校就把企业作为分流富余人员的场所，实行以利养人。这时，企业不论是否需要，都应当为学校安置人员作出贡献。所安置的人员是学校职工，其工资、福利待遇不能减少，因而导致企业人员的负担加重。

总之，高校科技企业现有人员大致由三部分构成：一部分是由学校安排而来的管理干部和技术骨干，还包括一定数量的其他人员，这部分约占70%以上；一部分是学校职工在企业成长期或发展期自愿到企业中来的；还有一部分是企业从社会上聘用的有关人员。从人员构成上看，高校科技企业已经是学校整体工作岗位的组成部分。

校办企业与高校天然的联系，使大部分的校办企业都存在人事上的双重编制。校办企业的人员，特别是管理人员、科技人员，一方面是企业的员工，纳入企业编制，另一方面还担任学校的职务，或者是学校的领导、教授、科研人员等，又按照事业编制。

而校企改制必然要触及这种双重编制的现象，大部分的人只能拥有一种编制。这无可避免的要损害一些人的利益。因此受到的阻力比较大。因此，人事制度改革要与激励—约束制度相结合，使那些贡献大的员工仍然能得到相应的报酬。

在高校产业人事安排上，还有一个突出的问题是缺少一个职业企业家的形成机制。现代市场经济客观上要求掌握娴熟的管理技能和超常决策能力的专业人员来经营和管理企业。这种以企业作为终身追求的靠企业发展来获得自己的社会价值和社会地位的人才，便是职业企业家。职业企业家把自身与企业利益融为一体，决定着企业的生存和发展，是企业创新的核心。在旧体制下建立起来的高校产业，有很多是由高校组织人事部门来任命经理人员的。这些人员不仅没有改变高校事业部门成员的身份，而且还有相应的行政级别，依然享受原来的待遇。因而他们的行为取向必然表现出多面性。作为经营者，他有尽力经营好企业的责任；作为行政管理人员、职位的晋升是他的奋斗目标，在这样多重目标的矛盾冲突中，他们很难将经营管理高校产业作为终身的事业和职业来追求。

其实，综观校企改制的上述几点，所谓难点其实就在于，如何协调国家、学校、企业以及员工的利益。换句话说，也就是改制的成本由谁来承担，怎样在不同的利益主体之间分担。如果能处理好这种利益关系，那么校企改革的成功也就为时不远了。

五、高校经营性资产办企业的总体思路和战略

按照国家"统一所有,分级管理"的原则,学校的校办企业应该归学校所有。因此,学校要依据相关的法律法规,结合本校具体的情况,设立新的管理机制。

(一) 高校经营性资产办企业的总体思路与目标

以市场与效益为导向、以科研成果为基础、以科技成果产业化为目标,建立以资本为纽带,产权清晰、权责明确、校企分开、管理科学的现代企业制度,使校办企业成为承担有限责任,自主经营、自负盈亏的市场主体。

同时逐步建立和完善学校在创办高科技企业中的投入与撤出机制,保护学校合法权益,有效规避校办企业经营风险。使学校正常的教学、科研与校办企业经营走上良性循环的道路,促进教学、科研和校办企业的健康发展。

(二) 原则

参照体改办、教育部发布的《关于北京大学清华大学规范校办企业管理体制试点指导意见》,我们认为具体原则如下:

1. 改制要以上述目标为导向,改制方案在实行前要有关各方达成共识。
2. 确保学校国有资产安全、学校正当权益不受侵害,在促进教学和科研事业健康发展的前提下,兼顾校办企业及校企人员的合理利益要求。
3. 确保学校能够有效实行出资人的职责,享有所有者权益,权利、义务和责任相统一,管资产和管人、管事相结合。
4. 确保学校能够规避校办企业的运营风险,构建资产的良性循环机制,保证产、学、研能够实现良性互动、健康发展。
5. 学校的非经营性资产应主要围绕转化学校科技成果、孵化高新技术企业,不得投资经营与本校技术成果转化的非科技型企业。
6. 全面性与重要性相结合。对于难点问题要集思广益。
7. 改制过程中既要有明确规范目标,又要有具体的施计划和步骤,制定详细的操作方案,稳步推进。

(三) 体制

学校在清产核资,明确经营性资产与非经营性资产的基础上,构建新的校办企业领导管理体制。

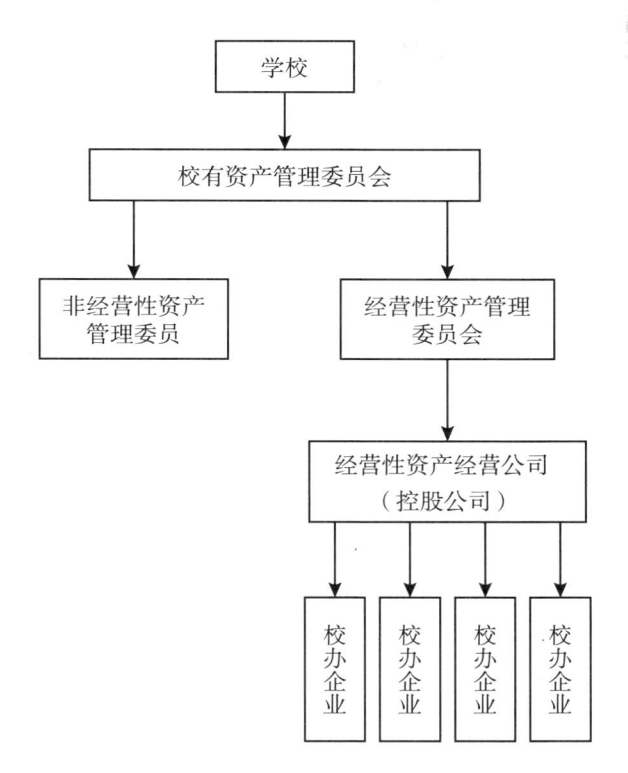

```
                    ┌──────┐
                    │ 学校 │
                    └───┬──┘
                        ↓
              ┌──────────────────┐
              │ 校有资产管理委员会 │
              └────┬─────────┬───┘
                   ↓         ↓
         ┌──────────────┐ ┌──────────────┐
         │ 非经营性资产 │ │ 经营性资产管理 │
         │ 管理委员   │ │   委员会     │
         └──────────────┘ └──────┬───────┘
                                 ↓
                      ┌────────────────┐
                      │ 经营性资产经营公司 │
                      │   （控股公司）   │
                      └────────┬───────┘
                 ┌──────┬──────┼──────┬──────┐
                 ↓      ↓      ↓      ↓
              ┌────┐ ┌────┐ ┌────┐ ┌────┐
              │校办│ │校办│ │校办│ │校办│
              │企业│ │企业│ │企业│ │企业│
              └────┘ └────┘ └────┘ └────┘
```

图 6-1　校办企业领导管理体制

学校成立一个校有资产管理委员会，校有资产管理委员会要对国家和学校负责。该委员会的主要职责是对学校资产，包括经营性资产和非经营性资产进行管理。通过这种体制设置，实现校企分开。

由于经营性资产与非经营性资产的管理方式不同，在学校明晰了经营性资产与非经营性资产的基础上，该委员会下设经营性资产管理委员会和非经营性资产管理委员会。这两个委员会分别按照不同的管理体制对下属的资产进行管理，确保经营性资产与非经营性资产分别建账、分开管理。对于非经营性资产与经营性资产之间相互转化的问题，如学校将闲置、富余及孵化高新技术企业确需的非经营性资产转为经营性资产等问题，则要由两个委员会共同协商，由总资产管理委员会决定。

经营性资产管理委员会作为学校的代表，对所管理的国有资产承担资产保值责任，并对经营性国有资产行使出资人权力，但不具体从事、也不干预企业的正常经营活动。而是通过下设经营性资产经营公司，统一持有校办企业及学校对外投资的股权，负责经营、监督和管理，并承担相应的保值增值责任。

经营性资产管理委员会是学校与经营性资产之间的"防火墙"，它的主要责任是代表学校，负责向资产经营公司派出董事会成员；与资产经营公司签订经营性国有资产保值增值的责任书；审定资产经营公司重大投资决策和利润分配方案；审定涉及经营性国有资产变动的重大事项；对资产经营公司的经营的活动、执行国家关于国有资产与财务的管理规定情况进行监督；依据资产经营公司的经营状况，组织设置资产经营公司的薪酬体系，决定资产经营公司薪酬分配方案。同时，学校以投入到经营性资产经营公司的财产为限承担有限责任。经营性资产经营公司实行独立核算、自主经营、自负盈亏。

经营性资产经营公司可以根据学校的具体情况，新建成立或者从现有校办企业中选择一个具有一定规模的全资企业，改建而成。经营性资产经营公司的设立必须遵循以下原则。

1. 该公司必须要按照现代企业制度的要求，建立规范的产权关系和法人治理结构

经营公司必须建立现代企业制度，"产权清晰、权责明确、校企分开、管理科学"，规范公司之类结构，建立股东会、董事会、监事会"三会"制度。若该公司为学校的全资子公司，则其股东会即为经营性资产管理委员会。公司要建立科学民主的决策程序以及有效的激励和约束机制，按照现代企业制度的要求规范运营和管理。

2. 采用市场化、企业化而非行政性的方式对下属的校办企业进行管理

该经营公司类似于资产管理公司或者金融控股公司，根据具体情况，以控股为主，其他方式为辅，对下属的校办企业进行管理。也可以根据经营性资产规模、校办企业的特点、行业等的具体情况，设立子公司分别进行管理。

首先，完善董事、监事派出制度，加大对派出董事、监事的考核与约束。经营公司对下属企业的管理由派出的董事、监事实现。通过明确责任、确定目标、规范程序、强化考核、责任追究等办法，确保集团派出的董事、监事认真履行职责，卓有成效地开展工作。

其次，合理确定经营公司母、子公司之间、企业授权层次之间的管理权限及统分程度，根据现代企业制度运作机理，企业运作的核心是自上而下逐级适当授权与科学管理，在授权层次以内，逐级分解经营目标，建立起分工明确，权责到位，管理有章，奖罚有序的梯度责任体系，形成既有利于强化母公司的宏观调控，又有利于增强子公司微观活力的运行机制。

最后，经营公司在管理中要注意防范、控制、规避经营风险。通过健全内控机制、完善风险责任制度和建立风险预警系统等措施，防风险于未然。尤其在融资与投资项目的选择要充分衡量其风险程度。同时建立严格的决策机制、责任追究制度，凡属产业集团的重大决策，必须责任明确，记录在案，对于决策失误造成损失的责任人，应给予相应的惩戒；对决策正确取得良好效益的决策人，给予一定的奖励或鼓励；公司派出的董事、监事滥用职权、玩忽职守，造成资产损失的，须承担经济或法律责任。

3. 经营公司后，要根据具体情况，建立完善的投资、激励、人事以及退出机制

（1）投资体制。

①经营公司的投资活动应主要围绕转化学校科技成果、孵化高新技术企业进行，一般不得投资经营与本校技术成果转化的非科技型企业。

②经营公司成立之后，学校将经营性资产无偿划归到经营公司。此后学校所进行的投资，都必须经过经营公司，由经营公司市场化运作，而学校所属院、系及其他下属单位不得再以任何形式从事投资经营活动。

③学校投入科技成果、其他资产或者经营公司购买学校的科技成果应当采取市场化的交易方法，做到规范、公平、公正。

（2）激励—约束机制。

有关的激励—约束机制的建立必须在完善的公司治理结构以及国有资产保值增值目标的基础上。激励—约束机制除了公司治理中的激励与约束外，还包括薪酬体制和业绩评价体制。其中薪酬体制应该建立在业绩评价之上。

资产管理委员会应该建立科学的业绩评价体系，合理的评估企业管理者的业绩。业绩评价的重心应在于实现企业战略经营目标，把业绩评价纳入企业经营管理的全过程。通过业绩评价体系的建立，使企业的战略目标转化为阶段性的、具体的、可操作的并为大多数人所理解的目标，并将这些目标转化为具体的评价指标内容，以便不同管理者明确自己的责任。

业绩评价体系应实现财务指标与非财务指标的有机结合，以体现企业的长期发展优势。通常财务指标由于其数据太依赖财务报表而具有滞后性，非财务指标诸如客户层面、职员层面和内部经营过程层面等指标，大多反映企业的发展趋势，因此业绩评价指标除了关注经济效益和生产效率以外，还应充分注意外部因素诸如客户满意度、企业产品的市场占有率、技术创新和管理创新等方面因素。

业绩评价体系应更重视创新业绩的评价，形成企业持续不断的核心竞争能力。校办企业最大的优势就在于它依托学校所形成的创新能力。创新是校办企业核心竞争力形成和继续保持的关键因素。因此，创新业绩评价是企业业绩评价的一项重要内容。

在建立了科学的业绩考核体系的基础上，可以采取灵活的薪酬和激励机制。如：

①经营者年薪制。经营公司及其下属企业可试行年薪制的分配方式，其年薪收入应当同企业经营业绩、经营难度、经营风险紧密挂钩。年薪制是以年度为单位确定企业管理者收益报酬的激励方式。其实质是要把经营管理者的利益从员工

的利益中分离出来，形成与主管部门确定的经营目标直接挂钩的分配机制。年薪一般包括基本年薪和风险或效益年薪两部分。基本年薪可以按月发放，风险或效益年薪则根据目标完成情况发放。经营性资产管理委员会根据对经营者确定的经营目标，年终对经营者进行全面评价，坚持先审计后兑现的原则，如未完成经营目标，则不能领取风险或效益年薪。如果经营者未持有本企业的股份，为避免经营者的短期行为，还可以将年薪制和股权激励相结合，按股份领取年薪。

实行年薪制以后，经营管理者的一些职务消费、非货币化消费等应受到限制或逐步取消，以避免经理人员大肆挥霍公款或获取其他"灰色收入"的现象。

②上市公司的股票期权。校有的上市公司，可以在国家规定的范围内，设计合理的股票期权激励制度。国内外的成功经验都已证明股权激励机制是调动管理人员和企业职工积极性的最有效制度。办法是让企业的管理人员和职工持有股份，对有重要贡献的人员奖励一部分股份，将经营者的利益与企业利益"捆绑"起来；同时规定经营者在任期内不得转让其手中握有的本公司的股权，这样可促使校办企业经营者更加关注校办企业资产的增值和企业的长远发展，避免经营者对校办企业的短期行为。让企业的管理人员和职工持股不仅是最有效的激励机制，也是最有效的约束机制，它能最大程度的提高企业的管理人员和职工的积极性。

③科技人员以职务发明入股时，进行股权奖励。为了鼓励科技人员以专有技术或科技成果投资入股，可以在国家规定的范围内实行股权奖励。而对发展高新技术企业中作出重大贡献的少数技术、科研人员和经营管理人员，可结合企业改制，从企业最近几年国有资产净的优惠价格有偿出售给个人。

④非上市的校办企业可以考虑在适当的时候采用职工持股奖励的办法。

⑤职位激励。经营公司以及下属的校办企业中管理人员的职务应按照市场化的方式竞争上岗。管理者应该能够按照其业绩升职或降职。避免"终身制"和职业的"身份制"，避免能上不能下、能进不能出的现象，强化公平竞争的激励机制。

一方面对经营管理好、成绩显著、贡献突出的经营者能够升职委以重任；一方面对经营业绩差的，予以降职免职或解聘。这些都能增强目标激励的效能和消除职工的不公平感，对企业管理人员产生较大的激励作用，将收到良好的效果。

（3）人事制度。

该经营公司的经营人员原则上不得在学校兼有其他与经营性资产无关的职务或者经营公司任职的学校工作人员，如继续担任学校行政领导职务的，不得在公司收取经济报酬，严格禁止学校党政领导干部在资产经营公司下属企业兼职。

也就是说，经营公司应当成为人事编制的"防火墙"，通过经营公司，学校和校办企业的人事管理要相互分开，校办企业不再出现事业编制与企业编制共存的现象。

经营性资产管理委员会向经营公司董事会派驻的代表必须是企业家，而不是学校的干部。

同时，鼓励学校科研、教学人员向企业流动。但是由学校进入企业的人员，原则上应调出学校，劳动人事关系转入企业，并与企业依法签订劳动合同，同时终止与原学校的劳动人事关系。从进入企业之日起，由企业交纳相应的社会保险费。执行企业职工的基本养老保险制度，单位和个人按规定缴纳基本养老保险费，建立基本养老保险个人账户，原有的工作年限视同缴费年限，退休时按企业办法计发基本养老金。参加失业保险、医疗保险按国家有关规定执行。

如果对确因特殊需要而保留学校事单位身份的个别专业技术人员，经学校批准，可以在企业任职，同时由学校保留人事劳动关系；但在企业任职期间，不再享受学校的工资福利待遇，改按企业工资福利待遇的规定执行。

如果企业根据技术研究、开发活动的需要，向学校借用有关的科研、教学人员，必须与学校签订借用协议，明确借用期限及责、权、利关系，借用期一般不超过两年。借用期内被借用人的劳动人事关系仍保留在学校，其工资福利待遇由借用双方自行商定，并在协议中明确。

（4）退出机制。

由于校办企业定位在科技成果产业的功能上，因此，在适当的时候需要退出。

对于上市的校办公司，可以通过规范的渠道转让持有的上市公司国有股权。

对于非上市的校办企业，经学校审核批准，经营公司可以整体出售或部分转让非上市企业资产或股权。转让时，应进行严格的资产评估，防止国有资产流失。

此外，对于经营出现困难的企业也要及时采取产权交易、清算破产等方式退出。学校仅按出资份额承担有限责任。

六、几点建议

虽然校企改革困难重重，但对校企存在的利弊进行比较，我们可以得出这样的结论：在现代社会主义市场经济中，校企有存在的必要性。我们的结论不仅是理论分析的结果，而且也源于政策的支持。2003年由科技部、教育部召开的第二次大学科技园工作会议指出："校办产业不是要不要办的问题，而是如何发展壮大的问题；高校产业要遵循'积极发展、规范管理、改革创新'的原则，努力开创大学科技产业的新局面。在全面建设小康社会的进程中，一流大学和高水平大学应抓住这个千载难逢的重要发展机遇,大力发展高新技术产业,兴办大学科技园。这是中国高水平大学建设的一项创举,符合我国国情,富有鲜明的中国特色和时代特征,是中国高水平大学跨越发展的优势所在。"所以,对于校企改革来说,只能进不能退。那么在改革进程中,怎样改才能达到较好的效果?

(一) 明确产权关系

国有企业改革自 20 世纪 80 年代开始,经历了十四届三中全会提出的国有资产实行"国家统一所有、政府分级监管、企业自主经营"的现代企业制度改革;党的十五届四中全会提出"国家所有、分级管理、分工监督、授权经营"的国有资产管理体制十六字方针,党的十六大提出整理并进而明确中央和地方政府的出资人所有权。2003 年 11 月国务院国有资产监督管理委员会发布的《关于规范国有企业改制工作的意见》提出,"国有企业改制,必须对企业各类资产、负债进行全面认真的清查,做到账、卡、物、现金等齐全、准确、一致。要按照'谁投资、谁所有、谁受益'的原则,核实和界定国有资本金及其权益,其中国有企业借贷资金形成的净资产必须界定为国有资产。企业改制中涉及资产损失认定与处理的,必须按有关规定履行批准程序。改制企业法定代表人和财务负责人对清产核资结果的真实性、准确性负责。"校企改革应按"谁投资、谁所有、谁受益"的原则清产核资,明确产权关系。

(二) 建立"三层次"经营性国有资产管理体制

国有资产管理体制可以分"三层次"和"两层次"模式,"三层次"模式的管理体系是:国有资本所有权行使机构——资产管理控股公司——直接经营的企业;"两层次"模式的管理体系是:国有资产所有权行使机构——大型国有企业。

与国有资产管理相比,高等院校的经营性资产管理有其一般性和特殊性。我们建议高等院校应选择"三层次"的资产管理体制,成立专门的资产管理公司代表学校行使出资人的权利,负责学校经营性资产的增值保值,原因有三点:(1) 学校的性质决定了其办产业的优势,不是管理和营销,而是品牌、人才和科技优势,而且校办产业资产一般涉足多个行业领域,数量多,情况复杂,故需要有专门的资产管理公司来管理学校的经营性资产。(2) 多年来,校办产业对学校在弥补办学经费、促进科研成果转化、分流学校人员增加就业、提供教学实习科研基地等方面做了很大的贡献,但同时也给学校带了很多负面作用,如增添了学校的债务包袱,增加了学校的经营风险、无偿占有学校资源等,如果成立资产管理公司代表学校管理资产,那么学校和学校企业的关系就转变为股权关系,学校将不再直接对企业的经营状况负责，而是每年按出资的多少得到回报。

目前，清华和北大的经营性国有资产经过改制后建立的管理体系模式都属于"三层次"模式。在这个模式中，第二层次的公司，即控股公司，其功能定位是否恰当及其运营状况，是决定这个三层次模式功效的关键环节，因此要加强对控股公司的管理。

1. 学校经营性国有资产应追求单一的资本回报或财务指标，故控股公司的职责就应锁定于资产的增值保值，而不再具有行政方面的权利和义务。

2. 应对控股公司的类型进行定位，以便于管理。控股公司根据其来源、业务及资产特点可分为两种类型：股权资产管理型公司和战略管理型公司，前者主要资产是其持股公司的股份，主要业务是对其持股公司进行资本产权和股权管理，是股权管理型或财务控制型控股公司，后者是对持股公司不仅进行财务控制，而且进行战略控制，是战略控制型控股公司。高等院校的资产控股公司，由于具有品牌、人才和科技优势，故其定位应偏向于战略管理型公司，也就是说，学校的资产控股公司对校企不仅应该进行财务控制，更应该为企业提供高科技技术资源，市场信息资源，从战略上管理企业。

3. 根据控股公司的战略目标和相应责任确定考核指标。财务考核指标拟主要考核现金收入而不是约束力较小的资产保值增值指标，可以引入经济附加值指标。

（三）建立有效的公司治理结构

多年来，校企的业绩整体来看不是很好，是有一定的历史和社会的原因，但根本原因是因为没有有效的公司治理结构。控股公司有必要设立董事会，健全董事和董事会制度。设计合理的董事结构，董事中要有一定比例的外部独立董事，董事要有任期。必须明确董事责任。董事受托责任要条文化，包括要求董事工作诚信勤勉、谨慎小心；禁止资产混淆不清或为达到个人目的利用内部信息等等。建立董事会程序和董事定期自我评定制度。董事会实行董事会集体决策制度，对董事长和董事的任命需要经过董事会的选举程序。学校的经营性资产管理部门可向控股公司派出代表，以董事身份参与公司决策，并行使出资人的相关权利，也可向控股公司派出监事；控股公司的经理层对公司董事会负责，按照董事会的授权，在公司集团内部层层分解落实经营目标，依法对下属企业进行管理并行使出资人的权利。

第七章

中国农村经济制度与土地产权制度

中国农村、农业、农民"三农"问题，引起了社会的广泛关注。我们通过分析农村经济制度的历时关联和共时关联，揭示了中国农民的"制度性贫困陷阱"的根源，分析了解决这一问题的思路。在农村经济制度中，处于核心地位的是农村的土地产权制度。在中国改革开放之后实行的家庭联产承包责任制以及2003年3月1日实行的《农村土地承包法》虽然对解决农村的土地产权制度问题具有重要价值，但是存在一定的缺陷，本章第二节从制度与技术的关系，讨论了农村土地产权制度对农业技术的选择效应，第三节从公平和效率的角度分析了《农村土地承包法》的困境。本章第四节对农村宅基地的产权制度问题进行了讨论。

第一节 中国农民的"制度性贫困陷阱"
—— 对农村经济制度的历时关联和共时关联分析

一、中国农民的"制度性贫困陷阱"：问题的提出

"三农"问题是一个制度问题，农民的贫困主要是制度性贫困。人类的欲望要受三个基本约束条件的限制：一是资源约束，二是能力约束，三是制度约束。

前两个约束条件决定人的物理活动边界（生产力约束），最后一个条件则决定人的社会活动边界（权利约束）。制度本质上是一系列权利的集合，它制约了人的选择范围，减少了人类活动的不确定性，但同时也减小了人的可能的选择范围，这构成制度的机会成本。一个人实现不同生活方式的能力，我们称之为可行能力（阿马蒂亚·森，2002）。人所以贫困是因为他不能实现社会上多数人所能实现的生活方式，这与他的资源禀赋、能力禀赋有关，更与他面临的制度约束有关。权利的不公平分配可能使部分人的可行能力遭到过度剥夺，因而陷入贫困，这就是"制度性贫困"。由于一些制度之间存在着互补性，即某个域（参与人行动集合的总和）实行的制度通过改变其他域的制度参数而影响其他域参与人的决策，我们认为它们是互相关联的。存在制度互补性的情况下，跨域的均衡制度安排可能是次优的（青木昌彦，2001）。制度的关联使现存制度增加耐久性和惰性，而处于制度环境中的个体无法通过自身的努力改变境况。我国的农民不仅面临制度性贫困，而且导致农民贫困的制度安排是互相关联扭结在一起的，这使农民深陷"制度性贫困陷阱"中。

对于如何解决"三农"问题，以下三点人们是有共识的：一是农业最终要走产业化经营之路——规模经济一定要实现；二是农民问题要靠大量的农民脱离农业来解决——大量劳动力的转移不可避免；三是农村要走城镇化之路。只有如此，农民的收入才能提高，"三农"问题才能解决，中国农业才有出路。但是目前的制度安排在不同程度地阻碍这三个目标的实现，而且制度之间的共时关联使得制度变革不能单兵突进，制度的历时关联（时间上的联系）又使我们不能忽视历史选择的影响。对农村经济制度之间的历时性关联和共时性关联进行分析，有助于我们增强对农村各项制度配套改革的重要性和制度变革复杂性的认识，选择正确的制度变革路径。农村经济制度以及与之相关的制度是多方面、多层次的，本节重点分析现行农村土地制度、粮食购销体制、税费制度、户籍制度之间的制度关联。

图7-1是各项制度关联的汇总（包括制度的历时关联和共时关联），可以使我们对农民面临的"制度性贫困"和三农问题的成因有个总体上的了解，后面将分别对农村经济制度的历时关联和共时关联进行分析。

二、对农村经济制度的历时关联分析

中国城乡分割的两元结构为什么会形成？主要原因是历史上的计划经济制度安排一方面造成了农业相对于工业的低回报，另一方面阻碍了生产要素的自由流动（包括资本和劳动力），最终造成城乡分割，直接的后果是农民的平均收入水

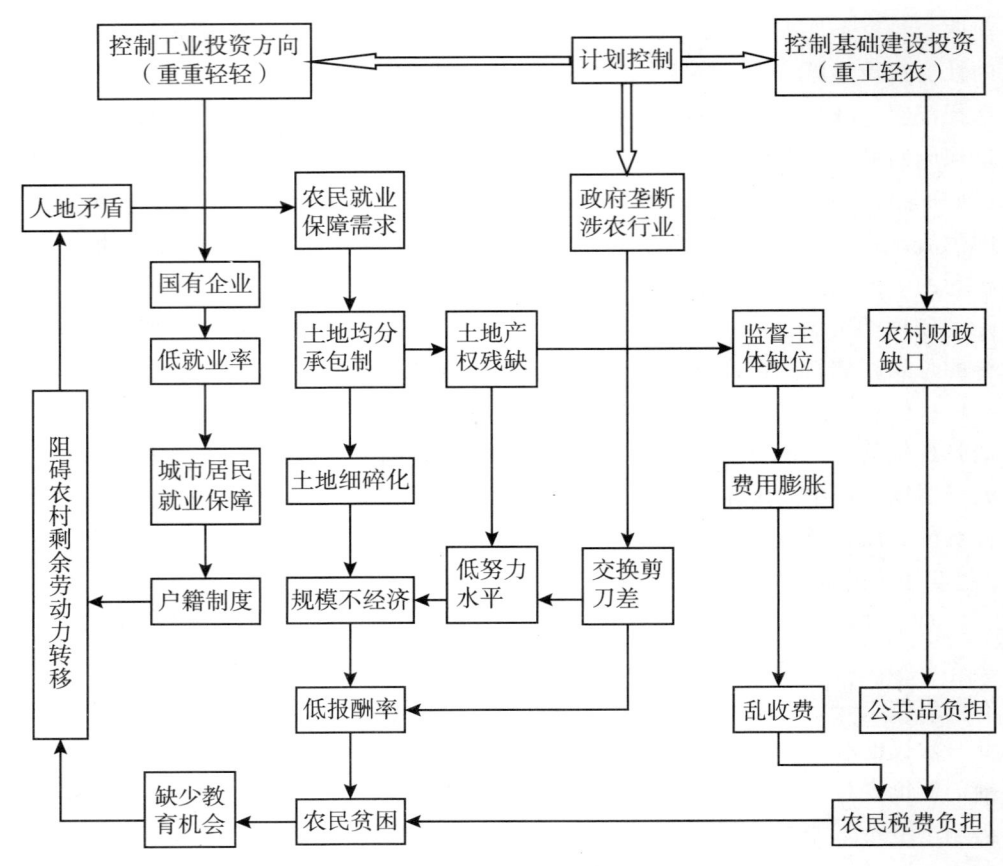

图 7-1 "三农"问题的制度关联反馈图

平远远低于城市居民。由于农民个体的努力无法摆脱不公平制度约束造成的不利地位，因而陷入制度性贫困。这些制度安排在计划经济时期形成，在市场经济时期由于制度的历时关联作用，农民在博弈中的不利地位并没有根本改变，因而城乡分割不仅没能消失，而且在市场经济变革中进一步形成了"三农"问题。我们分三个阶段考察：第一个阶段是完全计划经济时期；经济体制改革（1978年）后至确定实行市场经济为第二阶段，是计划与市场相结合时期；决定实行市场经济至今为第三阶段，是市场经济完善期。

计划经济时期，政府对生产经营活动的控制是通过无所不包的指令性计划进行的，但在宏观上行政干预（控制）主要通过三条线进行：第一条线是国家对工业投资的控制，政府控制工业积累的速度、投向；投资的对象主要是国有企业（或者新建国有企业），投资地域主要是城市，产业政策则是优先发展重工业（重视重工业的发展，轻视轻工业的发展）。发展重工业需要大量的资本积累，因此政府采取了压低工人工资水平（仅够最低生活保障）和抽取农业剩余的做法进行工业资本的原始积累。除税收渠道外，主要是利用计划价格的工农业剪刀差，把农业剩余抽到工业。一方面重工业是资本密集型工业，它本身对就业增加的贡献较低；另一方面计划投资与市场需求脱节，造成投资严重低效率，使得城市的隐性失业也非常严重。在这种情况下，户籍制度就成了自然的政策选择，它可以把农民束缚于土地上——避免农民逃避工业的剥夺，同时避免农村剩余劳动力到城市竞争就业岗位，减轻城市就业压力。由于计划经济条件下，国有企业的投资违反了比较优势原理，优先发展资本密集的重工业，使得工业吸纳就业有限。而且由于存在产权问题、治理问题，国有企业效率低下，使得资本积累缓慢，新增就业岗位少。两个因素造成国有企业虽有大量冗员，仍不能满足城市青年就业，所以需要知识青年上山下乡，目的是把城市的显性失业变为农村的隐性失业，劳动力已经严重过剩的农村反而成为吸纳城市无业人口的蓄水池。

第二条线是政府对农产品价格的控制。政府垄断涉农行业和直接规定工农业产品的交换价格，以实现通过剪刀差抽农补工的目的。由于整个工业化政策是向城市倾斜，所以对于基础建设投资也是重工轻农（第三条线），这使得农村的基础设施投资、文化教育的投资都远远落后于城市，农村财政缺口就转化为农民的长期负担。

在第二阶段，农村实行了"包产到户"、"土地使用权承包"，城市实行价格双轨制，并逐步走向工业品价格的市场化。此阶段对国有企业的投资仍是政府拉动经济增长的主要手段，而向国有企业投资的资本产出率较低，这使得它对有效就业增长贡献较小。由于重工业化的政策倾向和国有资本的投资体制，使许多国有企业从建立起就没有比较优势，加上国有企业自身体制原因导致的管理低效率，在完成原始积累后，企业仍无法生存下去，需要农业继续输血，这是导致国家垄断涉农行业的深层原因。工农业剪刀差的继续存在，使城乡鸿沟越来越深——对比台湾的工业化经验，它起飞的初期也是农业向工业输血，但台湾的工业化是民间主导，按比较优势发展工业，所以很快就放松了对农业的压榨，转而反哺农业。

国家垄断涉农行业的直接原因是为了实现价格控制。国有企业的低效率使工人工资仍处于低水平，所以在放开农产品价格后，城市居民无法承受粮食等价格的上涨，政府只好给予大量的粮食补贴，使得财政无法承受，政府就以控制农产品价格波动为名垄断农产品贸易，实际是以剪刀差贴补财政。历史上粮食价格曾几次放开，政府又几次收回，表面上是为了保护城乡居民的利益，实际是让农民为国有企业的低效率买单。

第三阶段由于国有企业的效率依然低下，非国有企业仍受到形式各样的政策歧视，导致资本的利用效率低，现实的就业机会远低于潜在的就业机会。这使得地方政府依然有动力维持在涉农领域的政府垄断，维持城乡分割的户籍制度。

（国有）企业低效率——新增就业机会少——保障城市居民就业——户籍制度（就业歧视）——减少农村劳动力转移这个链条，这是户籍制度诞生的历史原因，由于制度的历时关联作用，旧的因素在新条件下仍然继续起作用。今天，虽然情况发生了一些变化，但仍有一些维护户籍制度的因素在起作用：许多城市仍有大量低效率的国有企业，不断产生下岗工人，存在再就业压力；许多领域尚对民营资本进入存在歧视，限制投资，也就限制了就业；政府垄断和管制仍很普遍，在减少就业机会的同时也降低了整体的资本运营效率。所以，消除户籍障碍、就业歧视政策的关键不在于是否取消这些行政命令，而是企业的效率高低。否则，就是取消了户籍制度，因城市的企业不能创造足够多的就业机会，农村劳动力的转移也不可能实现（城市投资环境好，企业竞争力强的城市对待户籍制度比较开明，也说明了这个问题）。

纵观三个阶段，违反比较优势原理进行投资和国有企业的低治理水平导致资本利用低效率是城乡分割的根本原因。这首先由行政权力替代市场（表现为政府办企业）引起，以更多的行政权力替代市场结束——控制劳动力流动，控制农产品价格。"三农"问题产生的过程就是一个行政权力代替经济权利的过程，这个过程同时也是经济效率下降的过程。户籍制度和土地制度通过把农民束缚于土地，以农民的贫困缓解城市的矛盾，这使城乡分割在中国长期存在，并且鸿沟逐渐扩大。如果详细审视当时的财税体制、金融制度、教育体制（教育体制对农民的歧视实际上是限制农民由此进城的数量），都是围绕这一政策服务的。违反经济规律以行政权力代替市场，是"三农"问题产生的根源。行政权力介入扭曲了农村土地市场、农产品市场、农村金融市场、劳动力市场，产生了多个自我增强的恶性循环链，要打破恶性循环步入良性循环，就必须消除这种扭曲。解决"三农"问题必须走市场化之路，而进行制度变革重要的就是要打破旧制度之间的关联。

三、对农村经济制度的共时关联分析

目前农村经济制度已处于不断的变革之中，例如粮食统购统销制度正在发生变化，趋势是归还农民的种植权，另外户籍制度改革、农村税费改革等都在进行中，但本部分主要是分析旧制度安排之间的共时关联性，从而揭示产生"制度性贫困陷阱"的逻辑链条和制度关联导致的惰性，以及今后应如何利用制度的互补性推动变革，所以仍以传统的制度安排为分析对象。

（一）农村土地承包制度

农村土地的集体所有制以及按人口平均分配土地使用权的家庭承包制，都是

一种在"人多地少"和工业不发达的条件下，为实现低水平就业保障而产生的制度安排。

但是土地不断均分的制度安排不可避免地导致土地的细碎化，从而导致规模不经济。农用地细碎化的直接原因是人地矛盾，一方面是耕地面积的绝对减少，另一方面是农业人口的绝对增加。人口的不断增加和我国农村土地集体所有的产权制度相结合，使得土地在不断平均分配的过程中趋于细碎化。

土地细碎化提高了使用机械的物质费用，降低了粮食生产的劳动生产率、土地生产率和成本产值率（王秀清、苏旭霞，2002）。土地细碎化导致的边际报酬递减是农民增产不增收的重要原因。土地细碎化使得农业产出的增加主要依靠化肥、良种、农药、农膜等物质投入，使边际报酬递减的情况愈演愈烈。在整个20世纪90年代，农民家庭经营费用的现金支出增长幅度为334.2%，而农民人均纯收入的增长幅度为328.3%。1999~2001年农民人均纯收入仅增长了7%，而家庭经营费用支出竟增长了24%。边际报酬递减现象使农民家庭的生产费用增长快于生产增长，从而成为农民家庭直接的减收因素（王建，2002）。所以在土地细碎化导致规模不经济的前提下，通过增加农业科技投入，只能使农业生产成本增加，并使农业内部的劳动力剩余情况更加严重，而农民的贫困状况不会从根本上得到缓解。

这产生了第一个反馈环：农民就业保障需求——土地均分家庭承包制——土地细碎化——规模不经济——低报酬率——农民贫困——农民就业保障需求。

由于集体土地的不断重新分配，农民的土地使用权是不稳定的，因而导致农民缺少对土地长期投资的积极性。姚洋的研究结果显示，地权的稳定性对农户的长期投资具有显著的推动作用，由地权不稳定所导致的长期投资的减少，必然会导致土地质量的下降，影响中国农业的可持续发展（姚洋，1998）。事实上，中国农地质量的下降实际上已经到了非常严重的地步。而土地质量的下降，又进一步降低土地的报酬率。

这形成了第二个反馈环：土地均分承包制——土地产权残缺——缺少长期行为——低努力程度（低投资水平）——低报酬率——农民贫困——农民就业保障需求——土地均分承包制。

这两个反馈环使得农民对土地的保障需求在农地不断均分的过程中，不是削弱而是加强了，而土地作为生产资料的价值则是不断下降的。农民在这种制度安排下不可能通过增加对土地的投资而使自己的境况得到根本改善。而农民的贫困和教育制度的不公平（例如大学的实际录取线城市低于农村、农村义务教育普及程度不足、基础教育经费负担不公平等），使得农民缺乏受教育的机会，这又阻碍了农村剩余劳动力的转移。农村剩余劳动力转移难，反过来又加剧了人地矛盾,强化了农地的就业保障作用。但是土地报酬率的不断下降,最终会使土地失去这一作用。

(二) 农产品购销体制

我国对农产品的购销管理有很深的官营垄断的传统,初衷是平抑物价,保护农民的利益。但分散的农民在面对垄断集团时,力量是悬殊的,垄断集团的逐利本性,使得它们在向农民购买时支付垄断低价,出售时卖出垄断高价。农民在与这些垄断利益集团打交道时,没有讨价还价的权利。虽然国家实行农产品保护价收购政策,但农民的利益更多地是受到了损害而不是受到了保护,因为大多数情况下国家收购价低于市场价。另外,在低价出售农产品的同时,农民必须花高价购买农业生产资料。1990~1993年,国家采取了很多政策措施,使粮食收购价格提高了9.8%,但生产资料价格却上涨了28.5%。1997~2000年,农产品收购价格指数逐年下降,其下降速度高于生产资料价格下降速度,使工农业产品价格"剪刀差"更加扩大[①]。

政府垄断农业生产资料的供应、农产品储运销售和加工、农业金融、保险等,不仅使农民在交换时受到剥夺,也使农民无法通过自组织进入这些具有规模收益的领域,因而无法分享规模经济的好处。农民的贫困与盈利领域被政府垄断控制直接相关。

垄断利益集团在利益驱使下,往往用行政权力代替经济权利,不仅强买强卖甚至强迫农民生产某一种农作物,部分农民失去了交易自由权和种植自由权。

农村出现的"橘子事件"、"蒜薹事件"、"大棚事件"等都与农民失去生产或贸易的自由权有关。

人们所以会充分利用个人知识、搜集信息、用最有效率的方法进行生产,是由于个人的选择会影响结果。政府垄断从外部决定了农民的收入水平,相应地农民生产、投资的积极性就大大下降。土地使用权的价值与农民的自由权利紧密相关,政府垄断抵消了土地制度保护农民土地使用权的努力。

这就是第三个反馈环的传导路径:政府行政干预——政府垄断涉农行业、控制农产品价格——交换剪刀差(农民预期收入不确定)——农民贫困。需要注意的是政府垄断涉农行业导致农民贫困有两个影响渠道,一个是使农民预期收入不确定,因而产生低努力程度,导致低报酬率,另外是交换剪刀差直接对农民剥夺导致贫困。

---

① 国家统计局:《2001年中国统计年鉴》,中国统计出版社2001年版。

（三）农村财税体制

农民负担主要由以下两个方面的因素造成：

首先是国家对农村、农业的投入不足，农民被强制提供过多的公共品，例如，基础建设、教育经费等——这是农民负担重的直接原因。对制度的历时关联分析揭示了这种现象形成的历史原因。分税制改革后，农村地方上财权与事权不对称，使得地方政府有理由向农民伸手，在农民和地方政府信息不对称的情况下，基层组织就可能"搭便车"乱收费，隐匿和曲解中央政策。目前全国接受义务教育总人数约为1.9亿人，有70%在农村，县乡两级政府要负担近70%的义务教育开支，许多乡镇光负担教师工资就占其财政总开支的60%以上。与此同时，县乡两级政府财政供养人员占到了全国的71%，但其财政收入却只有全国财政总收入的21%。在我国义务教育经费总量中，政府财政预算内拨款所占的比重维持在50%~60%之间，剩下的40%~50%的经费是通过捐款、集资、摊派、教育费附加和学杂费等形式，由农民、企业和受教育者负担[①]。政府对基础教育的忽视，不仅直接增加农民负担，也限制了农民劳动素质的提高，这又直接阻碍了农村剩余劳动力的转移。

但是，解决税费负担最困难的在于克服土地产权残缺造成的监督者缺位——农民负担不断加重的深层原因。市场经济中政府的主要职责是界定产权和保护产权，充当最后的仲裁人，但对财产的监护要靠具体的所有者来执行。农村的土地是集体所有，没有明确的自然人所有者，全村的人包括未出生的婴儿，将嫁娶的人都是所有者。农民最主要的财产是土地使用权，而它的归属又是不明确的，在调查中我们发现，农民对于分给自己的承包地是比较关心的，但对未分配的集体所有的土地则关心不多。《土地承包法》规定农村集体经济组织预留的机动地不超过本集体耕地总面积的5%，实际上农民很难监督村干部，使之服从这一规定，也很难有效监督村干部在土地方面的腐败行为。这可以用交易费用和"搭便车"理论来解释，由于集体产权的所有人很多，谈判费用随人数的增加而迅速增加，要达成多数一致的意见需要花费较高的交易费用，同时维护集体产权的收益由全体所有者分享，存在"搭便车"的激励，因而对集体利益的关注就比较弱。农村有一句俗语叫做："大锅里擤鼻涕，咱能摊多点？"形象说明了即便是农民遭受了损失，只要这损失是由大家承担的，个人就没有站出来制止的激励。

基层组织同时也是下一轮土地承包、土地调整的执行人（村级组织）或监

[①] 冯兴元、魏志梅、刘会苏：《农村税费改革及其配套改革问题研究》，载于《税务研究》2002年，第10期。

督人（乡镇），事实上拥有了发包方的权利（名义发包人是村民集体），农民处于弱势地位。土地产权残缺导致农民的利益不明晰，有效监督主体缺位，因而基层组织费用的非正常膨胀就难以受到有效抑制，对村、乡镇组织都是如此。反过来，土地产权不明晰又使得农民的利益容易被侵害，调查中发现有的基层组织向农民征收宅基地占用费，以规划为名强制拆迁，从中转嫁负担，把农民的土地低买高卖，截留土地增值收益，以及所谓"权利田"等问题，"土地腐败"已到了非常严重的地步——农村土地产权不明晰是根本原因。

政府的监管链条只对纳入预算的正常的组织开支有效，由于信息不对称，上级政府对基层组织非正常的组织费用膨胀的约束是无效的。国家财税管理体制造成的基层政权的财政缺口，的确增加了农民的负担，但是地方政府财权与事权不对称——财政缺口——税费负担——农民贫困，只是问题的表层。单纯消除财政缺口并不能管住基层组织乱收费的手，由于农村有一部分利益是缺乏监护的，它一定会利用自己的有利条件去获取，在自己的小团体内再分配。这才是农民负担不断加重的根源，而合法的应弥补财政缺口成了乱收费的掩护。农民就业保障需求——土地均分承包制——产权残缺——监督主体缺位——非正常基层组织费用膨胀——税费负担——农民贫困——农民就业保障需求，这个环很容易被大家忽视。但是由于制度之间的关联，土地制度安排对参与人的影响必然改变参与人在税费负担博弈过程中的策略空间，从而使农民在博弈过程中处于弱势地位。据报道，在实行费改税的一些地区出现了增加农民负担的新途径，农民的整体负担不但没有下降，反而上升[①]。

（四）户籍制度

户籍制度是阻碍劳动力流动的主要的政策壁垒，它是造成城乡二元结构的原因。推进我国城市化进程有两个支点，一是大城市的发展，二是小城镇的建设，这其中又以农民的自由流动为纽带。

劳动力流动在缩小城乡差异、促进农民增收方面具有显著作用。农村剩余劳动力向外转移，实现转移的农村劳动力及其家庭可以增加收入，外出打工增加的收入，又使得农民可以购买化肥、农药等投入品，提高土地的产出，同时，因减少了剩余劳动力，在家务农的劳动力的边际生产力也得到了提高。根据劳动人事部的统计数字：2002 年，农民外出务工总收入约 5 278 亿元，其中，约有 3 274 亿元返回了农村，接近于当年中央政府对农村地区的全部财政投入。据输出农村劳动力最多的四川、安徽、河南、江西、湖南等省的统计，每年农民工汇回家乡的钱，都在

---

① 《警惕加重农民负担新动向》，中经网，2003 年 1 月 21 日。

200亿元以上，相当于这些省份的年财政收入。输出农村剩余劳动力，已经成为西部和中部地区获得经济建设资金、逐步缩小和东部地区的经济差距的有效渠道①。

然而，在大量农民自发流向城镇的过程中，许多外来民工却遭受到不公正的待遇，许多城市对外来人口仍然采取歧视政策和限制性措施，这在一定程度上阻碍了农村人口向城镇的转移。据调查，有超过80％的民工在城里承担着脏、苦、险、差的工作，但他们在为城市发展作出贡献的同时，却又不得不面对低收入、高消费的巨大压力。绝大多数农民在城里难以扎根，不得不成为候鸟式的"迁徙人"或"城市边缘人"。户籍制度和与之紧密联系的歧视性的城市劳动就业制度和社会保障制度构成了阻碍劳动力流动的制度壁垒。显性的劳动力转移壁垒有城市增容指标、增容费、就业行业限制等，另外农民工还要面对许多隐性的壁垒，如对受教育程度的硬性要求、子女入学难、赡养老人难等。许多在城市打工多年的农民工最后仍不得不回流农村，城市难以逾越的高门槛是重要原因。

户籍制度对劳动力流动的阻碍不仅仅是城乡之间，也阻碍了农村不同区域之间的劳动力流动。由于区域经济发展、人口分布的不均衡，不同地域农民的人均土地占有量差距很大，土地的报酬率也不相同，有的地区土地出现了大面积撂荒，而有的地方农民在失去土地后由于没有其他技能而失去了谋生手段。但是我国的土地承包制度是和户籍制度连结在一起的，只有户籍在本村的农民拥有集体土地的承包权和分得宅基地的权利，不同地域的农民很难实现长期的劳动力流动。人地矛盾——农民就业保障需求——土地均分承包制——户籍制度——阻碍劳动力流动——人地矛盾加剧，形成了一个恶性循环，人多地少的矛盾本来要靠剩余劳动力的转移来解决，但是户籍制度和土地制度为了解决眼前的就业矛盾反而阻碍了劳动力流动，结果是长期人地矛盾的加剧。

四、农村经济制度变革的互动分析

制度之间的关联使得"动人"、"动地"、"减负"之间紧密相关。

如果农村"动人"不"动地"，由于贫困和户籍制度的阻碍，劳动力流动是有限的。另外由于农民没有土地的所有权，农民对土地的承包经营权是有条件的，例如《农村土地承包法》第二十六条规定："承包期内，承包方全家迁入设区的市，转为非农业户口的，应当将承包的耕地和草地交回发包方。承包方不交回的，发包方可以收回承包的耕地和草地。"农民不能通过转让土地筹集进入城

---

① 《假如没有民工，城市将会怎样？——1亿进城农民成为推动经济发展的新兴力量》，中国农业信息网，2003年9月5日。

市发展的资金,一方面使农民难以越过城市的门槛,另一方面承包权与农民身份的联系也使到城里打工的农民不敢放弃自己的农民身份。农村土地承包制度在向农民提供有限就业保障(就业是不充分的,大量的剩余劳动力处于隐性失业状态)的同时,也把农民束缚于土地、阻碍劳动力转移、阻碍了城镇化进程。另外,"动人"需要城市的发展,如果不"动地",城市的发展空间从何而来?但是土地制度不改革,农民仅拥有土地的使用权,在城市化的进程中农民很难获得土地增值收益。例如,浦东开发时向当地农民征一亩粮田补偿 2.3 万元,一亩菜地补偿 2.8 万元,另外再投入六七万元完成"七通一平"工程等出让给开发商时已高达二三十万元一亩。据陈锡文先生估算,计划经济时代的工农业"剪刀差"让农民付出了 6 000 亿~8 000 亿元,而改革开放以来通过低价征用农民的土地,最少使农民蒙受了 2 万亿元的损失,农民成了城市化进程中的严重受损者。

反过来,如果"动地"不"动人",那么会有大量农民流离失所,成为无业游民,陷入极端贫困,"动地"必须和"动人"相协调,但如果不"减负",农民就没有力量离开土地。实现劳动力转移需要一定的初始投资,如职业培训、信息搜寻、交通费用、进入城市的门槛、启动资金等,农民在离开土地前必须积累一定的剩余,这是前提条件。但是由于农地细碎化、规模不经济、剪刀差等原因,农业的报酬率很低,农民的剩余非常有限,使得农民对土地保障作用的依赖加深,这又增加了动地的风险。根据我们对山东省部分县的调查,87.2% 的受访农民认为自己经营土地的收益状况只是微利或保本,还有 7.3% 的人认为是赔钱。但是如果不"动人",人多地少的矛盾不缓解,农业报酬率仍旧低下,农民的收入不会有大的提高。如图 7-2 所示,三者构成了相互作用的"铁三角"。

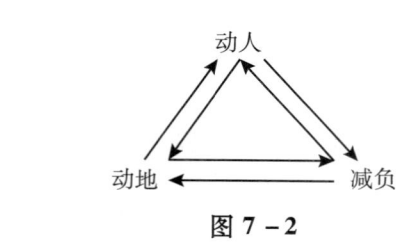

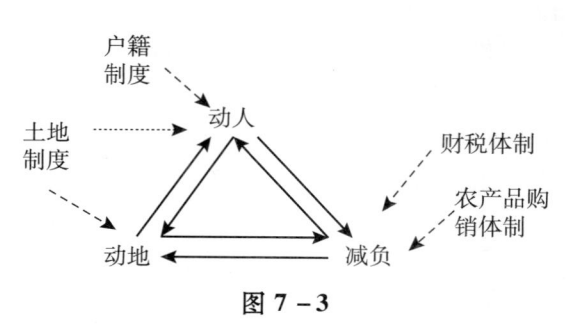

图 7-2

图 7-3

土地制度、农产品购销制度、财税体制、户籍制度，这四项制度安排与"人多地少"的国情相结合，构成了一个难解的结。要打破导致农民陷入贫困的"制度陷阱"，就需要系统地改革这四项制度。"动地"需要改革土地制度，使土地资源能够流动起来。"动人"首先要改革户籍制度，打破城乡之间的政策壁垒，以及教育制度的改革。教育体制改革既可以使农民"减负"，也可以促进农民素质提高——有利于提高农业的劳动生产率和促进劳动力转移，财税体制改革则有利于减轻农民负担。农产品购销制度的改革有利于调动农民的生产积极性和减轻农民负担。这四项制度改革之间的相互关系如图7-3所示，由于"动人"、"减负"、"动地"不能孤立地进行，所以打破"铁三角"的关键是各项制度的变革要互动配合。

打破"铁三角"还需要一个关键的外部条件——非农产业的迅速发展。只有工业、第三产业迅速发展，创造足够多的就业机会，农村剩余劳动力的转移才可能完成。这就要求政府进一步减少政策壁垒，建立一个公平竞争的市场环境，保护个人财产所有权，发展非国有经济，创造更多的就业机会。提高企业效率、增强产业竞争力与创造更多的就业机会是一致的。有人提出增加劳动力转移的快捷途径是多建国有企业，这是"掩耳盗铃"的做法。考察户籍制度产生的历史，国有企业低效率是重要原因，只有建立在企业竞争力提高基础上的就业才是稳定的劳动力转移，否则只是把农村的隐性失业变为国有企业的隐性失业。

五、农村经济制度变革的路径选择

由于长期违反市场规律用行政手段推进工业化，结果造成城乡分割，并最终形成"三农"问题——实质上是制度扭曲的结果。所以农村经济制度变革的方向就是打破这些扭曲的制度关联，建立符合市场经济规律的制度关联——农村经济制度变革的方向是市场化，让市场成为资源配置的主导力量。制度关联提醒我们改革需要配套，一项制度变革的迟滞会影响到其他制度的变革，如果得不到其他制度的支持，单一的制度变革难以收到成效。但是变革制度需要消耗一定的资源，而资源是稀缺的，并且由于制度的互补性，一项制度变革会产生对其他制度变革的需求，从而减少制度变迁的阻力。所以有必要根据中国的实际情况，寻找制度变革的突破点，以较少的资源耗费和政治风险取得较大的制度变迁收益，制度变革的路径选择非常重要。

从图7-1可以看出，土地制度在制度的关联中处于核心的地位，问题的最终解决需要农村土地制度的根本性变革。但是在目前人多地少、土地主要承担就业保障职能的情况下，土地制度却难以作为突破点。那么突破点在哪里呢？现有的制度是传统制度安排经过制度的历时关联演进而来,所以应选择其存在的历史原因已被削弱的制度作为突破点——它与其他制度的互补性最弱。随着市场经济改革的深化,依据比较优势原理建立起的大量民营企业崛起,大幅度提升了资本的效率,使得非农产业对劳动力的需求不断增长,这使得旧体制下为政府低效率投资机制买单的户籍制度成为四项制度中互补性最弱的一环。通过改革户籍制度(包括消除就业歧视、社会保障歧视政策)建立统一的劳动力市场,一方面可以维持工业的低成本竞争力,另一方面可以通过劳动力的转移缓解农村人地矛盾,为土地流动和集中创造条件。农村剩余劳动力的转移还有助于提高农村人均收入水平,缩小城乡差距。

其次是改革农村财税体制、精简农村基层政权、严控乱收费乱摊派,使农民负担相对公平,能够有一定的剩余进行生产投资或人力资本投资,因为农民在缺乏剩余积累和社会保障的情况下很难离开土地。同时推进农产品购销制度改革,消除政府在涉农领域的垄断,还利于民,还自由权于民;对农产品实施WTO允许的"绿箱政策",增强产业竞争力;同时用期货、政府采购补贴等办法控制农产品价格波动、维护国家粮食安全。对农村实施统一的社会保障,解放土地的保障职能,恢复生产资料职能,然后可以对土地制度进行根本性的变革——取消承包制,打破土地均分承包制——土地细碎化——规模不经济——低报酬率——农民贫困这个基本反馈环。这并不意味着在此之前土地制度就完全不需要改革,为了促进劳动力的转移和保护农民的种植自由权,应该严格保护农民的土地使用权和土地增值的受益权。但是土地制度变革的最终目标是让农民自己拥有土地的占有、使用、受益、转让、抵押、继承的各项权利。只有通过建立明晰的排他性的土地产权,才能真正保护所有者的权益,鼓励所有者进行长期投资,更有效益地利用土地,才能降低交易成本、促进土地适度集中、提高规模经济水平,最终建立现代化的农业。至此,农民才能彻底摆脱"制度性贫困陷阱",解决"三农"问题。

第二节　农地制度对生产技术的选择效应

——对承包经营农户技术选择偏好的经济分析

20世纪80年代初我国在农村推行的家庭联产承包责任制,让农民获得了土地经营权,成为土地剩余的占有者,极大地调动了农民的生产积极性,它是20多年来农村经济增长和结构变化的主要制度基础。但是,土地承包制无疑具有局限性，实际工作者和专家都有所认识和研究，如农地集体所有制引出的成员权，导致土地不断重新分配，引发地权的不稳定性（周其仁、刘守英，1988）。有一些研究探讨了农民的土地权利与投资激励、土地产出率之间的关系，如地权残缺对土地产出率的影响（姚洋，1998），土地产权对农民投资激励的影响（贝斯利、蒂莫西，1995；李、郭，斯科特·罗兹尔、洛兰、勃兰特，1998），地权稳定性、土地流转对农民投资、土壤肥力的影响（俞海等，2003）。有一些文章探讨了技术变化对提高农业生产率的重要作用（黄，技昆和斯科特·罗兹尔，1996）。但是，也有研究表明，小的土地规模将会阻碍现代农业生产技术的采用，这又与土地制度有关（万广华、程恩江，1996；徐晓松，斯科特·R·杰弗里，1998），土地细碎化提高了使用机械的物质费用，降低了粮食生产的劳动生产率、土地生产率和成本产值率（王秀清、苏旭霞，2002）。

上述研究揭示了两个既是逻辑的也是现实的事实：一是土地经营权的不稳定性直接影响农民的土地投资方式、投资规模，进而影响产出率；二是土地经营权高度分散性导致土地细碎化，不利于一些具有规模效应的现代农业技术的推广、应用，进而影响生产率。为减少土地制度对投资的不利影响，治理措施主要是延长承包期，保护农民的承包经营权不受侵犯，以激励农民增加长期投资。针对土地制度造成的第二个不利影响，治理措施主要是鼓励土地流转、允许农民以承包经营权入股，即在家庭承包经营责任制的基础上，通过经营权股权化或准股权化，将分散的经营权再适度集中起来，以适合于现代农业的发展（黄少安，1995）。上述两个治理思路，在2002年8月29日九届全国人大常委会第29次会议通过、2003年3月1日颁布实施的《中华人民共和国农村土地承包法》中都得到了体现。

本节主要是在已有的研究基础上，揭示土地制度对生产技术的间接选择效应。农民的生产经营活动无疑是理性的经济行为，为了生产经营，需要投入资本、劳动和技术等。当技术需要购买时，实际上也就是投入资本。当技术以各种基础设施或设备为载体时，对这些设施或设备的选择和投入，也就是对相应技术的选择和投入。农地承包制对于广大农户来说是外生的、刚性的，农民在这一制度约束下，对不同的投入品及其组合，肯定有一个选择。农地制度通过影响农户的生产和投资决策，从而间接"选择"了技术，本节称之为制度对技术的"选择效应"。按照马克思主义经济学的基本原理，把代表性工具作为技术的载体，又把代表性工具作为生产力水平的标志，从较长的历史时期看，是技术决定或选择制度（所有制和企业制度等），技术是外生的。而本节从短期考察，揭示的是，在给定的制度条件下，技术的选择由制度决定，至少制度影响技术的选择。这符合新制度经济学的原理。

由于它主要由承包制导致的投资外部性引起,所以不可能在承包制框架内,通过土地流转或经营权股权化予以消除,这一点与土地细碎化问题有根本不同。本节的分析表明稳定土地使用权的努力在规模不变技术条件下的效果是有限的,如果要建立一个现代化的农业,农地产权明晰问题是不可能回避的。

一、承包制下家庭经营农户的投资决策与技术选择偏好

对财产的广义的所有权——包括归属权、占有权、支配权和使用权;它是人们(主体)围绕着财产(客体)而形成的经济权利关系;……理论上也把占有、支配和使用权统称为"经营权"(黄少安,1995)。土地归属权决定了地租的占有,农地的集体所有决定了承包经营农户不可能获得地租收益,只能获得土地的经营收益。在同一块土地上连续投资而提高的劳动生产率带来的利润在承包期内归农户,但是期满后集体可以通过收回经营权把这部分收益收归己有,在下一轮发包时就构成地租的一部分(即级差地租Ⅱ)。土地所有者与经营者对级差地租Ⅱ的争夺是集体所有权与农户承包经营权冲突的主要原因。能够自我实施的制度,必须是包括实施者在内的博弈参与人之间策略互动的博弈均衡(青木昌彦,2001)。由于承包制使农户的长期投资收益面临溢出风险,理性的农户必然要调整自己的投资行为,使自己的投资能在一定期间内收回,并且尽量减少创造级差地租Ⅱ。

(一) 一个投资回收模型:生产技术、土地承包期限与投资水平

假设一个农民新获得一块土地的经营权,期限为 t 年,他准备对土地进行一次长期投资(包括农田基本建设、购置机械设备、品种改良等成本不能通过当年收入弥补的投资),增加土地的产出,使自己的长期收益最大化。他预期的投资回报率为 i,由于承包期为 t 年,他必须在 t 年内收回投资,他的最优化决策就变成最优投资水平的决策。假定劳动与资本总按固定比例组合,长期投资与产量的关系用函数 $Q = AK^\beta$ 表示,Q 为产量,K 为投资量,$\beta > 1$ 时规模报酬递增,A、β 为常数,A 为技术参数,$0 < \beta < 1$ 时规模报酬递减,$\beta = 1$ 时规模报酬不变,假定产品价格为 P,每年净现金流量为 $Y = QP = AK^\beta P$,则为在 t 年内收回投资,其投资量 K 需满足的条件为:

首先以 i 为贴现率计算每年的净现金流量 NCF,K 需满足以下条件才能在 t 年内收回:

$$K = AK^\beta P/(1+i) + AK^\beta P/(1+i)^2 + \cdots + AK^\beta P/(1+i)^t = \sum AK^\beta P/(1+i)^t \quad (7.2.1)$$

当 β≠1 时，解得：

$$K = \{PA[1 - 1/(1+i)^t]/i\}^{\frac{1}{1-\beta}} \quad (7.2.2)$$

当 β=1 时，根据式（7.2.1）可以得出：

$$PA[1 - 1/(1+i)^t] = i$$

$$A = \frac{i}{p\left[1 - \frac{1}{(1+i)^t}\right]} \quad (7.2.3)$$

下面比较承包期限长短对长期投资水平的影响，在 β≠1 时进行讨论。

假设承包期分别为 t_1，t_2 年且 $t_1 < t_2$，经营者为在承包期内收回投资，减少投资的外部性，假定生产函数不变，需要根据承包期限的长短调整其投资量，下面比较 K_1 和 K_2 的大小（假定 K_1，$K_2 > 1$）[①]：

根据（7.2.2）式可得

$$\frac{\ln K_1}{\ln K_2} = \frac{\ln\{PA[1 - \frac{1}{(1+i)^{t_1}}]/i\}}{\ln\{PA[1 - \frac{1}{(1+i)^{t_2}}]/i\}} \quad (7.2.4)$$

根据函数的单调性最终可推知 $K_1 < K_2$。

因此，承包制下采用规模经济技术的农户长期投资函数的时间分布特征，如图 7-4 所示。

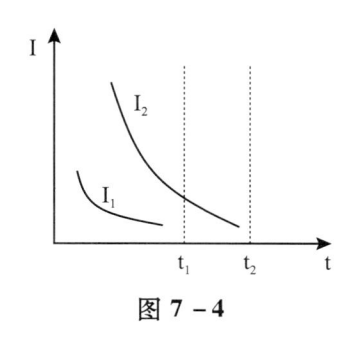

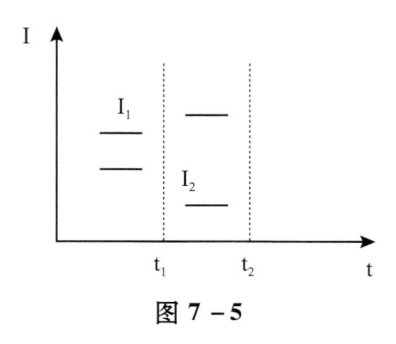

图 7-4

图 7-5

I 为每年进行的长期投入，t 为年份，t_1、t_2 为土地承包期限，承包期 t_2 长于 t_1，其总投资水平 I_2 也要高于 I_1，在给定承包期限上增加稳定地权的努力，只是通过调整人们的预期使实际投资曲线接近于 I_1。进一步激励农户增加投资需要延长承包期限到 t_2，但是无法避免投资伴随承包期临近而逐渐下降，这种下降对固定投资较高、规模经济显著的产业更明显。

---

① 这个假定是为了数学上的严格，保证 lnK > 0，这样在分析单调性的过程中，不等式变换得以简化。这在经济上意味着投资至少要超过 1 元钱，是符合现实的。

当 β = 1 时即规模经济不变时，根据式（7.2.3），表明在生产函数规模报酬不变的情况下，投资水平与土地的使用期限无关，或者说规模收益不变的生产技术应用于承包土地，其溢出效应不显著，投资分布是随机的，如图 7-5 所示。

（二）承包制下农户的技术选择偏好

首先衡量承包制带来的外部性大小。当投资者拥有土地的所有权时，投资的外部性实现了内部化，使用期限相当于 t 趋向于无穷大。对（7.2.2）式取极限，当 t→∞ 时，K（ownership）为投资者拥有土地所有权时意愿的投资水平（简称 Ko），Ko = (PA/i)$^{[1/(1-β)]}$，Kt 为承包期限为 t 年时意愿的投资水平。根据函数的单调性可知 Ko > Kt，只要承包期限是有限的，经营者的投资水平都会低于 Ko，以 η 表示两种制度安排的投资差异率，π 表示每年的收入差异率：

当 β ≠ 1 时

$$\eta = (Ko - Kt)/Ko$$

$$\pi = [APK^{β}o - APK^{β}t]/APK^{β}o = (K^{β}o - K^{β}t)/K^{β}o$$

当 β = 1 时，η = 0，π = 0

差异率反映了农户为减少投资外部性所付出的代价。差异率的大小与承包期限和生产的规模经济水平相关，承包期限越短、规模经济水平越高，差异率越大。由于使用规模经济的技术在地权不稳定时，投资溢出的风险较大，而规模不变的技术风险为 0（农户可以调整投资的时间分布回避地权变动风险，见图 7-5），所以农户在相同获利水平下会优先选择规模不变的技术，规避投资的外部性风险。

二、土地流转过程中承包经营农户的技术选择偏好

下面进一步分析土地流转过程中，承包经营农户的长期投资与技术选择偏好。

假设一农户准备通过土地承包经营权流转耕种更多的土地，搜寻交易对象、相关信息、谈判、确保对方履约等需要花费一定的时间和资源，这些称之为交易费用，假设为 C（C>0），新增土地面积与原来土地相同，其他假设与前面一致，原来地块的投资规模与承包期限为 K_1，t_1，新地块为 K_2，t_2，如果农户要在新旧地块的投资收益率 i 相同，则比较前后投资需满足的条件：

令 $f(K) = K + C\ f(t) = \sum AK^{β}P/(1+i)^{t} = AK^{β}P[1 - 1/(1+i)^{t}]/i$

在原地块投资时 C=0，当 $f(K_1) = f(t_1)$ 时，

若 β ≠ 1，则 $K_1 = \{PA[1 - 1/(1+i)^{t_1}]/i\}^{\frac{1}{1-β}}$

若 $\beta = 1$，则 $t_1 = \dfrac{\ln\left(\dfrac{AP}{AP-i}\right)}{\ln(1+i)}$ （7.2.5）

在新地块投资时，$C > 0$，若 $\beta \neq 1$ 则

$$f(K_2) = K_2 + C \quad f(t_2) = \sum AK_2^\beta P/(1+i)^{t2} = AK_2^\beta P[1 - 1/(1+i)^{t2}]/i$$

函数 $f(K_2)$ 与 $f(t_2)$ 的交点即为所求，根据函数的单调性可知

当 $K_2 > k_1$ 时，$t_2 > t_1$

若 $\beta = 1$ 则

$$K_2 + C = \sum AK_2^\beta P/(1+i)^{t2}，\text{解得 } K_2 = \dfrac{ic}{AP[1-(1+i)^{-t2}]-i}$$

（7.2.6）

使 $t_1 = t_2$，则将式（7.2.5）代入式（7.2.6），则 K_2 有解。

当 $\beta = 1$ 时，如图 7-6 所示，交点 M 为在原来地块需投入的资本 K_1，交点 N 为在新地块达到收益率 i 时需要的投资水平 K_2，两者之差 $K_2 - K_1$ 是摊销交易费用必须追加的生产性投资，$t_1 = t_2$ 说明使用规模不变的技术，可以在原承包期内实现投资调整。

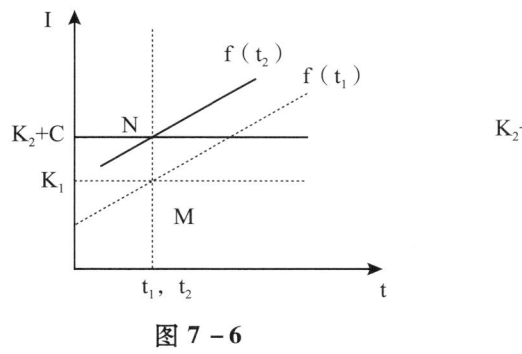

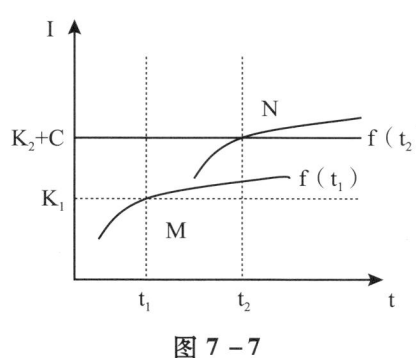

图 7-6

图 7-7

当 $\beta \neq 1$ 时，情况见图 7-7（严格讲当 $0 < \beta < 1$ 时，$f(t)$ 形状如图 7-7 所示，当 $\beta > 1$ 时 $f(t)$ 的形状是凸的，其他性质相同，不再另外图示），对于新投资地块，此时摊销交易费用也必须追加投资，增量为 $K_2 - K_1$，根据前面证明的函数单调性可知，在 $\beta \neq 1$ 时，若 $K_2 > K_1$，则有 $t_2 > t_1$。由于投资是规模经济的，当增加投资额后，需要有更长的投资回收期。这说明若使用规模经济技术，农户不能在原承包期内通过调整投资额摊销交易费用，如果投资者降低投入水平，这将使投资收益率低于原来的地块 i。在土地流转过程中，投资的外部性是由承包期限的时间刚性约束造成的，它对规模经济技术的影响比较显著，因而不利于规模经济技术的推广，对于规模不变的技术则阻力较小。由于土地流转要花费交易

费用，相当于农户要增加非生产性的固定投入，承包制的选择效应比农户耕种自己的承包地要显著。

三、农地制度的选择效应与技术变迁

从上面的分析可以看出，尽管规模经济和规模不变的生产技术能够提供相当的回报水平（技术上），但是规模经济技术在承包制刚性期限约束下，产生投资外部性的风险较大，这使得农户优先选择规模不变的生产技术。制度对技术的选择效应的实质是制度安排改变了技术使用者的风险分布。如果只从技术角度分析投入产出，很容易假设农户采用任何技术都是风险中性的。本节通过制度—技术的比较分析推翻了这一假设，在承包制下，农户使用不同技术面临的风险并不相同，因而产生一定的技术选择偏好。

速水佑次郎和弗农·拉坦的研究表明欠发达国家的农业具有规模收益不变的特征，而发达国家的农业规模收益递增；并且与发达国家相比，欠发达国家由于非农业部门对劳动力吸收能力不足，农业劳动力呈现绝对增加，技术开发的努力被引向节约土地，而且欠发达国家的土地节约技术是规模中性的。一个国家需要根据市场价格信号开发农业技术，以促进相对丰富的要素替代相对稀缺要素的能力，这样该国的农业才能健康发展（速水佑次郎、弗农·拉坦，2000）。

我国农业的生产函数和技术特征与速水佑次郎和弗农·拉坦指出的欠发达国家很相似，使农业产出增加的技术主要是高产作物品种、高效化肥、农药等，这些都是高度可分的，因而是规模中性的。实证研究也表明我国农业生产中的规模经济不会显著地异于1这个值，如玉米的规模经济指数为1.169（大于1表示规模经济为正，小于1表示规模经济为负），晚籼稻为0.967、冬小麦为1.107、早籼稻为0.985、薯类为0.904（万广华、程恩江，1996）。我国的农业现代化过程就是一个沿着一定的方向进行要素替代，逐步实现规模经济的过程。但是土地制度对技术的选择效应将会影响技术变革的路径，甚至在一定程度上阻碍人们通过技术进步改变要素相对价格、提升资源禀赋的努力，需要引起充分重视。

四、结论和启示

本节通过分析承包制下农户的投资决策过程，揭示了承包制与规模不变的技术自适应，而阻碍规模经济技术的应用。土地制度对技术产生选择效应的主要原因是，规模经济的技术在承包制下容易产生投资的外部性，并且对于规模经济水平越高的产业，承包制导致的投资外部性越大。在规模不变技术条件下，投资不容易产生外部性，但是延长承包期并不能显著激励农民加大长期投入、提升规模经济水平。

这对今后的农地制度改革有以下启示：

首先，农业生产是一个广阔的领域（种植、林业、牧业、养殖业、渔业等），它们的一个共同特点是需要占用土地，并且投资与土地不可分。粮食生产是重要的，但不是农业的全部，目前的土地制度以耕地为中心，对不同产业间差异考虑得不够，这不可避免地造成效率的损失。农村土地制度需要有更高的灵活性，适应不同产业的情况。例如四荒资源、林地的经营等需要大量的初始投资，投资回收期较长，只延长承包期的作用是有限的。早在18世纪英国的经济学家阿瑟·扬就说过："保障一个人对一块不毛之地的所有权，他会把它变成花园；与他订立租用花园九年的合同，他会使它变为不毛之地。"原因是所有权使投资者可以获得完全的投资收益，减少了溢出效应。只有所有者（集体）向承包经营者让度更多的所有权权能和利益（如永佃权、转让、继承权等），才能激励投资者采用规模经济的技术，实现资源配置的最优化。

在我国现有人均粮食耕地面积小、基本采用规模不变生产技术的条件下，承包制对生产率的不利影响较小。通过土地流转和土地经营权股权化，能够在一定程度上缓解经营权分散带来的土地细碎化问题，但是由于承包期限的刚性约束仍然存在，土地制度对技术的选择效应依旧发挥作用，长期将会阻碍农村产业结构的调整。在承包制框架内进行的制度变迁所释放的生产力，是有一定限度的。速水佑次郎和菊池正夫对菲律宾70年代农业社区的研究表明，资源禀赋变化和技术变革对土地占有权和劳动关系的制度变革需求存在相互作用（速水佑次郎、菊池正夫，1980）。这说明土地制度的变迁在农业现代化的过程中是不可避免的，需要注意的是变革的时机和方式。

第三节　公平与效率的冲突：农村土地承包制的困境与出路

20世纪80年代初我国在农村推行的家庭联产承包责任制，使农民获得了有限的土地权利，制度变革释放出巨大的生产力，它是20多年来农村经济增长和结构变化的主要制度基础。但是，一些新的矛盾随着经济发展逐渐产生、激化，显示出社会对进一步制度创新的强烈需求。一是部分农民承包土地的权利被基层政权以各种理由侵犯，失去了生存保障，直接影响到社会的稳定。二是土地的细碎化和掠夺性使用，使土地的产出率逐渐下降。于 2003 年 3 月 1 日正式施行的《农村土地承包法》（下面简称为《承包法》）立足于承包制两权分离的框架（农地的集体所有权、农户的土地承包经营权），试图通过对土地承包经营权实行物权保护，实现"公平与效率"，即：一方面保障农民承包土地的权利，坚持承包经营权在集体范围内的平均分配原则；另一方面，通过以下法律措施以提高土地的生产效率：1. 法定土地承包有较长期限（视不同情况分别有 30 年、50 年、70 年），而且不能更改，同时严格限制土地的调整；2. 提高土地承包经营权的排他性，给予物权保护；3. 允许并促进土地承包经营权的流转。以期稳定承包者的预期、激励在土地方面进行长期投资，同时促进土地的优化配置和集中经营，提高生产的规模经济水平。

本节从分析农民真实拥有的土地权利入手，结合《承包法》的立法目标、具体条款进行分析，证明在承包制两权分离的框架下，对承包经营权施加物权保护，不可能获得土地利用的"公平与效率"。产权明晰是对农民土地权利的最有力保障，《承包法》意图在维持农地产权不清晰的状态下实现"公平与效率"。政府应当承担起农村社会保障的责任，解脱土地的保障职能。

一、农民拥有的土地权利：名义与真实不一致，而且不确定

农民对自己应该拥有多少土地权利并没有话语权。自 20 世纪 50 年代集体化消灭了农民的私人土地所有权以后，农民的土地权利就一直是国家"给予"的。至于给予什么和多少权利则服从于国家的政治和经济目标——主要是城市化和工业化目标。即使法律给予农民的土地权利，也不一定就是农民实际拥有的权利，还只是名义上的，而实际上农民拥有的土地权利是不确定的，名义与真实之间存在着明显的差距。即使已经实施的《承包法》赋予农民的一些权利，一部分也只是名义上的，没法落实或行使。

（一）农地所有权的不确定性以及法律规定与实际权属的不一致性

农村土地的所有权主体在法律上就是不明确的。按《宪法》规定，农村土地归集体经济组织所有；《民法通则》中规定农村土地所有权归行政村，而村属于乡（镇）政府的派出机构。《土地管理法》中规定："集体所有的土地按法律属于村民集体所有，由村农业生产合作社等农业集体经济组织或村民委员会经营管理。"《承包法》则规定，"农民集体所有的土地依法属于村民集体所有的，由村集体经济组织或者村民委员会发包"。但是按法律规定，"村民委员会"是一个多功能的社区自治组织，并不具备作为产权主体的法人资格，"农

村集体经济组织"又是非单一的、多种形式的，现实中只能找到所谓"集体"的成员，并没有对应的唯一"组织"，所以农村土地存在着所有权主体缺位的问题。

以上说明的是法律规定上，所有权主体不确定，不过还是规定属于"农民集体"，只不过到底"哪个集体"或"什么组织代表集体"，在法律上不明确。实际运作中，哪个集体也不是、至少不完全是所有权行使者。各级政府（中央、省、市、县、乡、村——实际上也是一级准政府）通过控制或限制农民对土地的处置权和交易权（这些都是所有权的基本内容），而实际上瓜分了土地所有权的大部分，并且上级政府比下级政府拥有更大的处置权，前者规定后者实际的处置权限。政府还可以通过立法，在别的法律条款里扩大别的权利去否定或侵蚀所有权，例如，由于国家实行土地用途管制制度，农村土地转用于非农业建设需要经过政府的审批。农民被剥夺了土地的交易权利，只能把土地卖给政府，由后者转卖①，已经通过的《中华人民共和国物权法》仍然维持这一规定。表面上这是为保护耕地，公权对私权进行干预，实质上是政府夺走了农民的部分土地所有权权能，并获得了行使权能带来的收益（各级政府部门按权限大小分享控制租）②。同样，所有者也没有选择使用者、调整农地使用期限的权利，农地的分配原则、调整方式、期限等都是《承包法》规定了的，贯彻的是政府的意志，不是所有者（即使是"模糊的集体所有者"）的意志。

（二）农地使用权的不确定性

由于农地所有权存在不确定性，多元主体都会利用拥有的支配权，行使权能，获取收益，农地的使用权也始终处于不稳定的状态。农地必须按人口均分承包，而农村人口会因为生死、婚嫁、城乡流动等因素而变化，这就必然造成农地使用权不确定和经常变动，即使《承包法》规定承包期限，也不能阻止这种具有充分经济理由的要求。更何况这种变动对政府有利。它可以是农村人口都有小块土地，政府可以不出钱或极少出钱，依靠土地就实现了农村的基本的社会保障。政府尤其是地方政府，利用土地所有权的不明晰（从而也就没有一个主体有动力和能力站出来真正维护所有权），可以以城市发展需要为名廉价征用农民

---

① 现实中已经有一些突破，如广东酝酿的涉及农村集体土地流转的改革，将允许批准为建设用地用途的集体土地进入市场，而且决定其流转方式的权力由国土资源部门转移到村集体。但是征地的补偿标准仍是由政府统一规定的，而且出让者的权利也不掌握在农民手里，它是由村集体代理行使的，农民仍处于弱势地位。具体消息可见 http：//finance.sina.com.cn 2002 年 11 月 21 日 广州日报大洋网。

② 据陈锡文先生估算，计划经济时代的工农业"剪刀差"让农民付出了 6 000 亿～8 000 亿元，而改革开放以来通过低价征用农民的土地，最少使农民蒙受了 2 万亿元的损失，这也是导致农民贫困的制度性原因之一。

土地，获取土地增值收益①。村级组织则利用手中的农地调整、宅基地分配、机动地管理等权力，寻求"控制租"。这些权能行使的客体都指向土地，在农地所有权主体多元化的情况下，农民很难获得稳定的农地使用权。

除去农地所有权不确定这一根本原因外，《承包法》为了追求"公平"和"效率"的统一（实际上冲突），也在第二十七条规定，在承包期内，因自然灾害严重损毁承包地等特殊情形对个别农户之间的承包地需要调整的，经本集体经济组织成员的村民会议三分之二以上成员或者三分之二以上村民代表的同意，报上级主管部门批准后，可以调整土地。这使得在承包期以内，农民的农地使用权也是不稳定的。

承包经营权是在一定期限内使用农地的权利，对承包权的调整应该由所有者作出，《承包法》试图用法律的手段限制农地的调整，这本身是对集体所有权的又一次干涉。对农民土地使用权的保护陷入了"悖论"：公权对私权（集体所有权）的干预是为了保护私权（使用权）？但是《承包法》减少的只是集体组织调整农地的权利，不能阻止其他多元主体利用公权侵犯农民的土地使用权，因为只有人格化的私权才能真正约束公权。跳出这一循环的唯一途径，从长期和根本上，是明晰农村土地产权，还农民以土地所有权。

（三）物权保护的不完全性

物权是指自然人、法人直接支配不动产或者动产的权利。《民法》对物权法规定的基本原则之一是"保护物权"，即"权利人享有的物权，受法律保护，任何人不得侵犯"。由于农地的所有权主体在法律上是缺位的，实际的所有权主体又是多元的，对集体所有权施加物权保护非常困难。更重要的是，农地的均分承包政策与物权的排他性原则是直接冲突的。

政府维持农地的集体所有制直接对承包经营权施加物权保护，能否收到希望的效果呢？土地承包经营权是依据承包合同获得的在一定期限内的农地使用权，本质上是债权，通过债权物权化可以增强使用权的排他性。但是农民并没有获得土地的所有权，"承包土地的权利或资格"本身不能够转让，对土地权利的分配权——对农地的最终支配权仍然由政府控制，所有权主体多元化格局没有改变。农民只是获得了在一定期限内使用承包地的受益权（用益物权，即他物权）。由于没有土地的最终归属权，农民只能获得土地的使用收益，而不能获得土地的增值收益，因而农民面临着投资的外部性风险。

---

① 例如浦东开发时向当地农民征一亩粮田补偿2.3万元，一亩菜地补偿2.8万元，另外再投入六七万元完成"七通一平"工程，等出让给开发商时已高达二三十万元一亩。

进一步分析，《承包法》对农民承包经营权的物权保护也是不充分的。物权是由法律公示的权利，权利是确定的，具有绝对的排他性，而债权是约定的，权利配置取决于参与双方的谈判。但是《承包法》第二十七条关于承包地调整的规定及土地是否可以调整，可由双方在承包合同中约定的条款，在一定程度上降低了承包经营权的物权属性，恢复了以前的债权属性，即权利是由谈判各方讨价还价的能力决定的——这无疑违反了物权保护的基本原则，后果是增加了农地经营过程中的不确定性。

农民也没有农地交易权，农地流转的权利也是有限的。《承包法》的第二十六条规定，承包期内承包方全家迁入设区的市，转为非农业户口的，应当将承包地交回发包方。承包方不交回的，发包方可以收回承包地。这说明农地使用权并不是一个独立存在的经济权利，它以权利拥有者保持一定的身份特征为前提。这增加了农地使用权的不确定性：第一，按《承包法》的规定迁入中小城镇居住的农户可以继续保留承包土地的权利，但是市和中小城镇的划分只是一个行政概念，在城市化进程中这种划分无疑是不断变化的，而且对农户而言是不可控的，甚至是不可预知的。第二，在农地使用权发生流转后，后来的经营者是否要承担最初的土地承包者身份改变造成的不确定性风险。从法律实践的角度看，这也是难以操作的。行政权力对经济权利的直接干预，不仅削弱了农民在土地流转中的主体地位，也与物权保护的原则相违背。

另外，按《承包法》的规定，通过家庭承包获得的土地承包经营权不能用于抵押，没有抵押权的物权无疑是不完整的。取消抵押权的主要原因是担心部分农民会因此失去土地经营权，影响社会的稳定。但是这意味着公权通过干预私权，推卸了政府所应该承担的社会保障责任。

《承包法》希望从两个方面提高土地的使用效率：一是鼓励农民对土地进行长期投资；二是通过允许承包经营权的有偿转让，促进农地的流转集中，从而获得规模经济，实现土地与人力资本的优化匹配。但是在农地所有权不确定、使用权不确定的情况下实施物权保护，无疑是把楼房建筑在了沙滩上。其作为法律的作用是有限度的。

二、农民与制度的博弈：对农户土地经营行为的分析

能够自我实施的制度，必须是包括实施者在内的博弈参与人之间策略互动的博弈均衡（青木昌彦，2001）。《承包法》甚至中国农村的整个制度安排，农民都甚少有发言权。对农村土地立法的实质不是农民为自己立法，而是城市为农民立法，政府为农民立法。因而这个法律并不构成一个策略均衡，它只是政府的一

个行动策略,而农民将采取自己的策略与政府的制度进行博弈。由于农地产权安排使农民的长期投资面临外部性风险和经营的不确定性风险,理性的农户必然要调整自己的投资行为,使自己的投资能在一定期间内收回,来规避这两种风险。前面已经揭示了农民对土地权利的状况——这是农民行为选择的约束条件。农民将不是根据名义上拥有的土地权利,而是根据拥有的实际的土地权利采取行为,主要是进行投资选择。根据第二节中建立的投资回收模型,我们进行分析。

根据第二节中的公式(7.2.2),我们可以得出农户每年实现的净现金流量为:

$$Y = QP = AK^{\beta}P = i^{\frac{-\beta}{1-\beta}}(AP)^{\frac{1}{1-\beta}}[1 - \frac{1}{(1+i)^t}]^{\frac{\beta}{1-\beta}} \quad (7.3.1)$$

根据公式(7.2.4)得出的 $K_1 < K_2$ 和公式(7.3.1),$y_1 = AK_1^{\beta}P \quad y_2 = AK_2^{\beta}P$

因为幂函数 $y = x^a$ 当 $a > 0$ 时函数单调递增,根据 $\beta > 0$,我们进一步可推知 $y_1 < y_2$。

以上分析说明,在生产函数是非规模收益不变的情况下,投资者意愿的投资量与土地的使用期限长短相关,使用期限长则投资量高,反之则低。相应地投资者获得的净现金流也与土地的使用期限长短相关,使用期限长则年度收入流高,反之则低。

如果投资者拥有土地的所有权,且土地市场是完全竞争的,在他不想经营土地时(比如到城市工作)可以自由转让土地,价格是公平的——他对于土地投资的未来收益可以折现,反映到土地价格上。投资者投资的外部性(在承包制时存在)实现了内部化,使用期限对他长期投资决策的影响相当于 t 趋向于无穷大:

对(7.2.2)式取极限,当 $t \to \infty$ 时,K(ownership)为投资者拥有土地所有权时意愿的投资水平(简称 Ko),$Ko = (PA/i)^{[1/(1-\beta)]}$,Kt 为承包期限为 t 年时意愿的投资水平。根据函数的单调性可知 Ko > Kt,只要承包期限是有限的,经营者的投资水平都会低于 Ko,以 η_1 表示两种制度安排的投资差异率,π_1 表示每年的收入差异率:

$$\eta_1 = (Ko - Kt)/Ko \quad (7.3.2)$$

$$\pi_1 = [APK^{\beta}o - APK^{\beta}t]/APK^{\beta}o = (K^{\beta}o - K^{\beta}t)/K^{\beta}o \quad (7.3.3)$$

由于农民对承包地进行的投资可能产生外部性,农民的理性行为是不进行在承包期内不能收回的投资。所以农民意愿的投资水平低于理想状态 Ko,导致收入水平也低于潜在的产出能力,这是部分学者建议给予农民永佃权的原因。

需要强调的是上述结论的前提是投入产出存在规模效应,式(7.2.3)说明在生产函数规模报酬不变的情况下,投资水平与土地的使用期限无关,或者说规模收益不变的生产技术应用于承包土地,其溢出效应不显著。

（一）模型的修正：包含预期的投资回收模型

我们在这里对第二节中提出的投资回收模型进行修正，引入预期因素。

《土地承包法》在第二十条规定，耕地的承包期是三十年，草地的承包期为三十年至五十年，林地的承包期为三十年至七十年。在第二十七条规定，承包期内发包方不得调整承包地，如果调整需得三分之二以上多数同意，并且"承包合同中约定不得调整的，按照其约定"。承包法意图通过稳定土地的使用权诱导农户增加长期投入，达到 Kt 的投入水平和 Yt 的收入水平（t 为承包年份），虽然相比 Ko 仍有差距，但如果该目标能顺利实现，投入水平相比原来土地调整频繁时会有较大的提高。这一政策目标能否顺利实现呢？

首先，农民关于农地调整的历史经验使他们形成了关于土地调整的预期。当土地调整成为农民的预期，多数的同意不是调整土地的障碍，而是使土地调整成为一种稳定的制度安排，并进一步增强人们对调地的预期。而土地使用权的不确定性和物权保护的不完全性则降低了农地产权的排他性，这增加了农户长期投资的风险，农民必须对风险进行评估，通过调整投资把风险控制在可承受的范围内。另外，承包经营权的身份属性（与农业户口相联系）也增加了投资风险。虽然承包法规定，承包期内承包方交回或者发包方依法收回承包地时，承包方对其在承包地上投入而提高土地生产能力的，有权获得相应补偿。由于不存在一个土地市场，补偿价格实际是无法客观确定的，对土地的长期投资得不到充分补偿的可能性很高。

这三个因素导致农户对土地使用权稳定的预期要低于《承包法》的规定，投入水平也会远低于 K_{30}、K_{50}、K_{70}（t＝30、50、70 年时的投入水平）。假定农民的长期投资是规模经济的，以 Te 表示农民预期可以稳定经营土地的年份，Ke 为根据预期进行的投资，代入式（7.2.2）得到

$$Ke = [PA/i - PA/i(1+i)^{Te}] \wedge [1/(1-\beta)] \quad (\beta \neq 1) \quad (7.3.4)$$

以 Kt 表示人们相信承包期内严格不调地时的投入，以 η_2 表示 Kt 和 Ke 的投资差异率，π_2 表示两种情况下的收入差异率，得出

$$\eta_2 = (Kt - Ke)/Kt \quad (7.3.5)$$

$$\pi_2 = [APK^\beta t - APK^\beta e]/APK^\beta t = (K^\beta t - K^\beta e)/K^\beta t \quad (7.3.6)$$

毫无疑问根据预期进行的长期投入 Ke 要低于 Kt（承包期稳定不变时），更要低于 Ko（投资者拥有土地所有权时），收入水平也是如此。这是为什么《土地承包法》力图增强人们对土地制度稳定预期，但制度安排的内在冲突使这一目标难以充分实现的原因。

（二）承包制下农户长期投资函数的分布特征及其影响

模型一只是分析了农地经营者的一次长期投资决策，在生产过程中这样的决策要不断重复进行。暂不考虑合同执行中的不确定性，土地使用权的使用期限随着到期日的日益临近越来越短，为避免投资的外部性，经营者对土地的长期投资必然越来越少。所以延长承包期限虽有利于提高整个承包期内农民对土地的投入，但却无法避免投资伴随承包期临近而逐渐下降。这种下降对固定投资较高、规模经济显著的行业更明显。

农户的这种行为会大大降低资源的利用效率，使整个社会福利水平下降，包括他自己的收入水平也要下降。但农户的这种策略行为在承包制下却是充分理性的。

以林地的承包为例，农户在承包林地的早期可以栽种经济价值较高且生长周期较长的树种，在承包期过半以后就要栽种速成林，在快要到期的几年里（如果没有把握继续获得承包权），理性的做法是只砍树、不植树。对于发包方来说，如果农户对林地的投资尚有剩余可以夺取，发包方讨价还价的能力增强，它可以通过收回土地转包或抬高下一轮的承包费获取这种剩余。双方博弈的结果是，承包方在承包到期前利用剩余控制权进行掠夺性的开发，发包方则允许承包方续包。具体可见图7-8的博弈树。

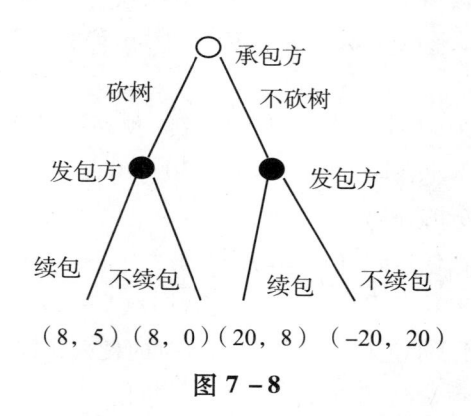

```
              承包方
         砍树 /    \ 不砍树
          发包方    发包方
         /   \      /    \
       续包 不续包 续包  不续包
      (8,5)(8,0)(20,8) (-20,20)
```

图7-8

如果双方是合作的，理想的状况是承包方不砍树，发包方允许承包方续包，社会总报酬为28，是四个支付向量中总报酬最多的（长期投资带来的价值增加）。但是如果发包方发现承包方没有砍树，它的占优策略是不续包，这样它可以获得全部的剩余20，承包方预计到这一点，必然选择砍树，而发包方选择续包。最终支付承包方为8，发包方为5，总报酬是13，远小于合作博弈的报酬28，但非合作动态博弈的结果，（砍树，续包）才是唯一的子博弈精炼纳什均衡解。早在18世纪英国的经济学家阿瑟·扬就说过:"保障一个人对一块不毛之地的所有权,他会把它变成花园;与他订立租用花园九年的合同,他会使它变为不毛之地。"这两个例子都说明一个道理——所有权是重要的,是不可能通过其他制度安排来替代的。

土地承包制框架下的这种投资行为特点也影响农地的流转①。虽然《承包法》保护土地承包经营权的流转,但由于伴随每次流转使用期限相应缩短,投资越容易产生外部性,因而投资水平渐低,从土地获得的收益也相应减少。由于土地使用权的流转要花费一部分交易费用,可以预见随着承包到期日的临近,土地流转会渐趋于停滞。这可以看作是产权不明晰导致交易费用上升、交易效率下降的一个例证,这个例子也说明交易费用不一定是在现实世界发生的费用,因为人们预期到将会发生较高的交易费用时,就会改变自己的行为,避免这些成本。

(三) 一个推论:制度与技术的互相选择模型

速水佑次郎和弗农·拉坦的研究表明欠发达国家的农业具有规模收益不变的特征,而发达国家的农业规模收益递增;并且与发达国家相比,欠发达国家由于非农业部门对劳动力吸收能力不足,农业劳动力呈现绝对增加,技术开发的努力被引向节约土地,而且欠发达国家的土地节约技术是规模中性的(速水佑次郎、弗农·拉坦,2000)。我国农业的生产函数和技术特征与速水佑次郎和弗农·拉坦指出的欠发达国家很相似,使农业产出增加的技术主要是高产作物品种、高效化肥、农药等,这些都是高度可分的,因而是规模中性的。那么究竟是规模中性的生产技术选择了土地承包制度,还是制度安排选择了与自己相适应的技术?

从式(7.2.3) $PA[1-1/(1+i)^t]=i$ 还可以看出,在生产函数规模报酬不变时,如果P和i是外生给定的,投资回收期只与A有关,而与投资规模无关。当生产函数具有规模经济效应时,则投资规模与承包期限相关。结合前面的分析,我们可以得出一个推论:规模经济的生产技术在土地承包制度安排下,低于其潜在的生产力水平,而规模中性的生产技术与土地承包制度则是相互适应的。

这是由于当土地有一定使用期限时,采用规模经济的技术容易产生投资的外部性,如果减少外部性就需降低投资水平,以便在期限内收回投资,这样,规模收益就低于技术所能够提供的水平。农业中应用的规模经济技术一般来自于工业,其定价包含了工业的平均利润率,土地承包制度安排使规模经济的技术不能

---

① 山东寿光利用"公司+基地+农户"和"反租倒包"模式促进土地使用权的流转和集中,实现蔬菜生产的规模经济,农民的收入水平普遍提高。但这种模式只适用于蔬菜、花卉、水果等产业,难以普遍推广,因为这类产品投资回收周期较短。对于投资回收周期较长的项目,土地产权制度的进一步创新就显得很必要。

完全发挥其作用，那么规模经济的技术对农业而言就太昂贵了。竞争选择的结果，规模中性的技术在承包制的农业中更容易得到采用。

那么土地使用期限与规模不变的生产函数间有没有更深层的关系呢？假定 i 和 P 外生给定，根据式（7.2.3）可知要在 t 年内收回投资，必须选择合适的 A，也就是选择不同的生产函数（β=1）。在此假定 A 是可选择的，生产函数 Q = AK，收入函数 y = PQ = PAK，如果 $t_1 < t_2$，我们进一步比较 A_1 和 A_2 的关系。由指数函数的单调性可知，$(1+i)^{t_1} < (1+i)^{t_2}$，进一步可知 $1 - 1/(1+i)^{t_1} < 1 - 1/(1+i)^{t_2}$，由于 y = 1/x 是单调递减的，根据式（7.2.3）可推知 $A_1 > A_2$。因为 dQ/dK = A，dy/dk = AP，这意味着随着土地使用期限的延长，资本的边际产量下降。此时收益率 i 保持不变，说明单位产品的边际贡献提高。该模型说明对于规模报酬不变的生产函数，土地使用期限越长，使单位产品价值含量提高的生产技术更易得到采用，期限越短，使产量提高的生产技术更易得到采用。随着承包期限的延长，农民将会更多地种植高经济价值的作物而不是高产的作物，而高价值的作物一般是低产量的，这对我国一贯强调产量的统计传统是一个挑战。由于我国人多地少的矛盾，农业研发部门主要研究的是提高产量的技术，目前一些增产不增收的技术在农民那儿受到了冷落，不是农民落后或宣传不到位，而是因为它们不符合农民需求，这提醒研发部门要把注意力从提高作物产量转到提高作物经济价值上来。

承包制与生产技术之间的互相选择机制是非常复杂的。对于规模报酬不变的生产技术，承包期延长对农民加大投入并无刺激作用，但是影响种植作物的选择（偏好高价值作物）。同时，延长承包期有利于规模经济技术应用于种植业，诱导农民增加投入，不过承包制总体来说不利于规模经济技术的推广。

农业生产是一个广阔的领域（种植、林业、牧业、养殖业、渔业等），它们的一个共同特点是需要占用土地，并且投资与土地不可分。粮食生产是重要的，但不是农业的全部，目前的土地制度以耕地为中心，对不同产业间差异考虑得很不够，这不可避免地造成效率的损失。加入 WTO 后，调整农业产业结构是提高农业竞争力的必由之路，调整一方面是发挥比较优势，另一方面就是提高规模经济水平。由于越是适用规模经济技术的产业在承包制下受到的束缚越大，农村产业结构调整必然是困难的。农村土地制度需要有更高的灵活性，适应不同产业的情况。例如四荒资源、林地的经营等需要大量的初始投资，投资回收期较长，需要给予完全的土地所有权，保障其转让、继承的权利，这样才能实现资源配置的最优化。

三、"公平与效率"冲突的实质：农地流转的困境

《承包法》试图通过在集体内平均分配土地承包经营权实现"公平"，但是

所谓的"公平"只能是相对的,并且实现"公平"和"效率"的手段是直接冲突的。土地承包经营权分配的"平等"只是对农村集体经济组织内部而言,不同集体经济组织的农民所能承包的土地数量、质量并不相同。农村土地的集体所有者,不仅包括现在的集体经济组织成员,还包括将迁入的人员、将出生的人员,其成员是变动的、不确定的,维持农地分配的公平,就需要频繁地调整土地。为了获得土地利用的效率,《承包法》不得不限制在承包期内调整农地,但是对于没有承包到土地的农民或因外界不可抗力失去土地的农民来说则是不公平的,实际上难以限制。农地均分承包的制度安排只追求起点的相对平等(在集体经济组织内部),而希望通过稳定承包经营权获得过程的效率(承包期内)。但是土地的均分承包是以产权不清晰为前提,以破坏产权的排他性为代价的。"效率"则需要通过清晰界定产权、增强排他性来实现,两者是冲突的。

《承包法》表现出的"公平与效率"的矛盾只是一个表象,实质是农业与工业之间的矛盾,是农村大量的剩余劳动力供给和工业有限的吸纳能力之间的矛盾。土地均分承包的制度安排,主要是为了保障农民的普遍就业(隐性失业),把过剩的劳动力束缚于农村,实现社会的稳定。每个人都有工作的权利和免于饥饿的权利,这是基本的人权,为公民提供必要的社会保障是政府义不容辞的责任。但是通过把农民的生产资料(主要是土地)不断平均分配来实现农民的就业保障,使得政府把自己的责任推卸到由农民自己承担,对农民而言是不公平的。

农村土地一旦承担保障功能,土地流转就陷入了两难困境。土地的规模经营需要农地的适度流转集中,但是土地的流转又会使农民失去保障(至少在流转期内)。这种矛盾的心理也反映到法律条款的制定上,一方面《承包法》保障农户使用权流转的主体地位,但另一方面给予农民的土地物权是有限的,农民通过家庭承包获得的土地没有交易权和抵押权。这使得农民失去了两个重要的资金融通渠道,这既不利于农户调整生产结构、布局,也不利于农民进城。可以预料,在农村社会保障体制建立以前,土地流转造成的社会风险将大大阻碍土地的流转。

但是《承包法》为把土地流转造成的社会不稳定风险控制在一定程度之内,采取的是增加流转的交易成本的做法(包括在流转程序上设置障碍、减少农民的处置权、维持农地权利的不确定性等),这使得一部分愿意转出或转入土地的农户因过高的交易成本不得不放弃,而转出土地的农民(如果没有进入城市的社会保障体系)则暴露在没有社会保障的生存风险之下。这种做法不仅是无效率的,而且是不公平的。

四、小结

由于存在农民与制度的博弈行为,在承包制下,无法获得一个稳定的长期投资水平,农户的长期投资随着承包期限的缩短而逐渐减少,土地流转也会渐趋停滞。农地权利的不确定性会影响农户的预期,进而影响农户的长期投资水平。并且承包制偏好选择规模中性的生产技术,不利于规模经济的生产技术在农业的推广应用。分析表明,当农民没有土地所有权时,我们无法迫使农民做只有所有者才会做的事,但是当农民拥有农地的所有权时,农民会自动采取使社会总报酬最大的行动策略。

因此,在承包制两权分离的框架下,对承包经营权施加物权保护的效果是有限的,农民将根据他们实际拥有的土地权利进行投资和土地流转等经营活动,《承包法》实现其"公平与效率"的立法目标是有难度的。并且"公平与效率"的目标在实现手段上是冲突的,使得《承包法》具有一定的内在矛盾。通过农地的均分承包来实现对农民的生存保障,不仅效率的损失不可避免,而且对农民而言也是非常不公平的。走出这一困境的出路是建立农村社会保障体制,免除农村土地的社会保障功能,让农地恢复作为生产资料的发展职能。

第四节 中国农村宅基地产权制度:现状、绩效和创新路径

一、问题的提出

2005年10月22日物权法草案第四次经全国人大常委会审议,全国人大法律委员会就草案中存在争议的五个问题作了说明,农村宅基地使用权转让和抵押即是其中之一。物权法草案(第四次审议稿)[①] 第一百六十二条规定:"宅基地使用权人经本集体同意,可以将建造的住房转让给本集体内符合宅基地使用权分配条件的农户;住房转让时,宅基地使用权一并转让。禁止城镇居民在农村购置宅基地。"对此,委员们有不同意见。有的赞成草案的规定。有的认为,宅基地

---

① 以下凡不作特别说明,物权法草案均指第四次审议稿。

上的住房属于农民个人所有，应允许转让。有的认为，应有条件地适当放开，既要方便农民融资，又要保障农民基本居住。① 2006 年第十届全国人民代表大会第四次全体会议期间，江西省代表赖联明向大会提交了"法律应允许农民宅基地自由转让"的议案（赖联明，2006）。农民宅基地流转的问题再次引起关注。

是否应该允许农村宅基地自由流转，理论界对此也存在分歧。以武汉大学孟勤国教授为代表的一部分法学学者激烈反对物权法开禁农村宅基地交易（孟勤国，2005；陈华彬，2006），赞成农村宅基地自由流转的则多是经济学学者（杨进，2004），也有学者提出农民住房可转让而宅基地使用权不可转让的折中立法方案（韩世远，2005）。现有各方的争论主要以不同的价值判断为理论依据，也就是说，赋予农民的财产融资功能重要，还是最低社会保障功能重要，是土地的流转功能重要，还是分配功能重要。有关这种价值判断的争论，现有研究已经做得很多了，然而面对不同的价值取向，不同的人必将做出不同的选择，恐怕谁也不能说服谁。本节试图抛开价值判断的争论，从实证的角度，运用产权经济学和新制度经济学的方法，从现有农村宅基地产权制度及其实施绩效、农村宅基地产权制度变迁的决定因素、制度创新的可能路径和物权法之尴尬处境及占优方案四个方面对物权法开禁农村宅基地交易问题展开分析，并最终提出立法建议。

二、现有农村宅基地产权制度及其实施绩效分析

广义的"产权"泛指所有权利，一个社会的产权安排或产权结构会对该社会经济关系和经济运行产生客观的作用，这就是产权的功能，不同的产权安排或产权结构具有不同的功能状态。所谓"产权制度"是对产权结构或产权格局的制度化，它是对产权加以划分、确认、界定、保护和行使的规则，包括正式的和非正式的规则。人们对经济关系和经济运行往往有许多目标，总是试图借助产权制度塑造相应的产权安排，促使产权功能状态向着预定目标演变。然而，产权功能及其变动，有着自身规律，只有遵循这种规律构建的产权制度，其功能才有助于实现人们的目标，否则，就会偏离或完全背离制度设计者的初衷。

在我国，农村宅基地作为一种稀有资源，不能满足所有需求者的要求，社会必须对谁有权享有、谁无权享有做出安排。我国相关法律对农村宅基地的产权安排做出了规定，这就是农村宅基地产权制度。对我国现有农村宅基地产权制度实施绩效的考察和分析，我们遵循的思路或逻辑是：首先，现有法律对农村宅基地

---

① 全国人大法律委员会就物权法草案的五个问题作说明，中新网 2005 年 10 月 22 日电，下载自 www.chinanews.com.cn, 2006 – 3 – 19。

产权是怎么规定的，这样规定的预期目标是什么；其次，这些法律规定与其他正式和非正式制度相结合，造成的产权安排的实际格局如何；再次，在这种产权安排格局下，产权的功能状态如何；最后，产权的实际功能状态是否与产权制度设计的初衷相一致。

（一）我国现有相关法律规定及其预期目标

我国 1982 年《宪法》第十条规定："城市的土地属于国家所有。农村和城市郊区的土地，除由法律规定属于国家所有的以外，属于集体所有；宅基地和自留地、自留山，也属于集体所有。国家为了公共利益的需要，可以依照法律规定对土地实行征用。任何组织或者个人不得侵占、买卖、出租或者以其他形式非法转让土地。一切使用土地的组织和个人必须合理地利用土地。"1988 年宪法修正案将原来的第十条第四款修改为："任何组织或者个人不得侵占、买卖或者以其他形式非法转让土地。土地的使用权可以依照法律的规定转让。"我国 1998 年修订后的《土地管理法》第六十二条规定："农村村民一户只能拥有一处宅基地，其宅基地的面积不得超过省、自治区、直辖市规定的标准。农村村民出卖、出租住房后，再申请宅基地的，不予批准。"依据 1999 年国务院第 256 号令颁布的《土地管理法实施条例》第六条规定："因依法转让地上物、构筑物等附着物导致土地使用权转移的，必须向土地所在地的县级以上人民政府土地行政主管部门提出土地变更申请，由原土地登记机关依法进行土地所有权、使用权变更登记。土地所有权、使用权的变更，自变更登记之日起生效。"因此，根据上述法律，宅基地属于集体所有，不得侵占、买卖或以其他形式非法转让，但可以出租，土地使用权依照法律规定可以转让。农村村民住房出卖或出租是合法的，且法律并未对受让人做任何限制。作为地上建筑物的住房转让，将导致土地使用权转移，土地使用权变更自依法登记之日起生效。简言之，上述法律不但没有禁止农村村民将住房转让给城镇居民，而且还承认并允许这种转让所导致的土地使用权转让。

但是，国务院办公厅 1999 年颁布了《关于加强土地转让管理严禁炒卖土地的通知》（以下简称《通知》），其第二条规定"农民的住宅不得向城市居民出售"，"有关部门不得为购买的住宅发放土地使用证和产权证"。2004 年 11 月国土资源部《关于加强农村宅基地管理的意见》（以下简称《意见》）又规定："严禁城镇居民在农村购置宅基地，严禁为城镇居民在农村购买和违法建造的住宅发放土地使用证"。2004 年 12 月 24 日，国务院颁布了《关于深化改革严格土地管理的决定》（以下简称《决定》），"禁止城镇居民在农村购置宅基地"。根据上述行政规章和行政法规，城镇居民不得在农村购买宅基地，在农村购买的住宅，不但不能依法享有相应的土地使用权，而且连受让房屋的所有权也因为行政部门不予核发产权证，而得不到法律认可。

这样规定的直接目标是阻止各地已经出现的农村住房或宅基地在城乡居民之间的流转，间接目标是正确引导农村村民住宅建设合理、节约使用土地，切实保护耕地[①]。

（二）我国农村宅基地产权安排实际格局

调整社会关系的社会制度是一综合体，不同具体制度是关联的，每个具体制度发挥作用的实际效果都要受到其他正式或非正式制度的影响。上述与我国农村住房和宅基地交易直接相关的规定，与我国其他农村土地管理制度、《村民委员会组织法》和农村村规、习惯等相结合，形成了下述产权格局：

农村宅基地所有权归村民集体，在不违反村民会议讨论通过的宅基地使用方案的前提下，由村民委员会实行日常管理。

宅基地使用权，每一户集体成员都可以无偿取得，每一户的宅基地面积，不得超过省、自治区、直辖市规定的标准。宅基地使用权不得转让给集体外的成员。转让给集体内成员的，不得再申请宅基地使用权。

宅基地上修建的农民住宅归农民私人所有，可以出租，也可以出卖，但出租、出卖后不得再申请宅基地使用权。

（三）现有农村宅基地产权格局下，产权的功能状态

尽量明晰地界定产权，主要或基本的基本功能包括：减少不确定性、外部性内部化、有效激励与约束、优化资源配置和收入分配（黄少安，1995）。

我国现有宅基地产权格局不但没有减少不确定性，还人为制造了不确定性。首先，如前所述，我国现有相关规定中，只有国务院办公厅《通知》禁止农民的住宅向城镇居民出售。然而依据我国《立法法》，国务院办公厅的《通知》属于行政规章，不属于行政法规。行政规章只能用来执行法律和行政法规的规定，在没有任何法律和行政法规禁止农民住宅转让给城镇居民的前提下，行政规章无权禁止农村住房买卖。《合同法》第五十二条规定合同无效情形时，只规定"违反法律、行政法规的强制性规定"，合同无效，不包括行政规章。因此，农民与城镇居民之间的农村住宅转让合同只要是双方真实意思表示，并形成合意，司法部门就无权判定合同无效，即农村住宅转让不违法，合同当事人有权申请办理房屋产权转让登记，并领取房屋产权证。但是，《通知》单方面指令各级行政管理

---

① 参见《严禁城镇居民农村购买宅基地》，每日新报，新浪网 www.sina.com.cn，2006-3-22。

部门对城镇居民合法购得的农村住宅停办登记手续，停发房产证。《通知》的这种做法本身是没有法律依据的。房屋作为不动产，其所有权转移自依法办理不动产转移登记时实现，《合同法》规定依法应当办理登记手续的合同，自登记之日起生效。这样，各级行政管理部门停办房屋登记手续、停发房产证的行为，虽然没有正当法律依据，却造成实践中房屋买卖合同成立但不能生效，房屋买受人正当购买的房屋却无法取得合法所有权。这种人为造成的尴尬局面，造成司法部门的两难处境，判定买卖合同无效于法无据，判定合同有效却又难于执行（郑永胜等，2006）。其次，即便房屋所有权依法转让，但依据国务院2004年《决定》，土地使用权转让将因违反行政法规而无效，其结果是房地分属不同的权力主体，即便是通过法院拍卖而来的农村房屋，也只有房屋所有权，而无土地使用权，一旦碰到旧村改造、拆迁安置、征地等，有关补偿归属的纠纷就时有发生（郑永胜等，2006）。

从产权经济学角度看，外部性是在原有产权格局下，在原有产权的范围内，产权主体行使自己的产权时，却产生了新的权利或责任，外部性内部化问题就是对以外部性形式存在（即主体不明确）的新的权利或责任的界定、从而明确主体的问题（黄少安，1995）。具体到我国农村宅基地问题，宅基地是国家从农村耕地中划分出来供农民无偿居住使用的土地，站在全社会的立场上，节约宅基地就意味着节约耕地，意味着上亿人口的粮食问题能够有更好的保障，浪费宅基地就意味着浪费耕地，意味着上亿人口的粮食问题受到威胁。但是站在村民集体的立场看，宅基地是集体所有的财产，但依据法律，集体却只能无偿使用它，节约下来的宅基地不能出让换取经济利益，虽然可以变成耕地使用，但农产品价格偏低，增加耕地面积也不会给集体带来多少经济利益，然而更多的利用宅基地去盖房不但没有什么成本，而且可以带来享受、房屋出租、房屋转让的经济利益。显然，除非我国各个农村集体都具有高度的社会责任感，各个以为国家解决粮食问题为己任，否则他们的选择必然是不节约。近几年，随着市场经济的发展，特别是城市化进程的加快，城乡结合处出现的各种借宅基地开发之名违规占用耕地的现象（刘庆等，2004），和广泛存在于我国农村的"空心村"现象（张建华，2005），即是最好的例证。反对物权法开禁农村宅基地交易的学者，看到了在我国保护耕地的重要性，却以为现阶段禁止宅基地交易可以缓解对耕地的占用和破坏，节约土地资源（孟勤国，2005），但是在我国现有农村宅基地产权格局下，恰恰因为节约下的宅基地不能正常流转而变现，导致村民集体节约宅基地的行为具有较大的正外部性，而土地集体所有和无偿使用宅基地的制度又使得村民集体过渡使用宅基地的行为具有较大的负外部性，才导致大量的违规破坏、占用耕地现象屡禁不止。试想如果村民集体节约下来的宅基地可以合法变现，给集体带来实际的利益，或者农产品价格足够的高使得农民每节约一份土地用来耕种都会有足够的实际收益，不需要提倡或限制，仅出于利益驱动，农民会主动节约宅基地避免浪费。

经济活动主体一旦有了界限确定的产权，就界定了他的选择集合，并且使其行为有了收益保证或稳定的收益预期，这样其行为就有利益刺激或激励。有效的激励就是充分调动主体的积极性，使其行为的收益或收益预期与其活动的数量和质量，也可以说与其努力程度一致。产权的激励功能就是保证这种基本一致。约束则是反面的激励。产权在确定了经济主体选择集合的同时，也限制了其作用空间，确定了其利益边界，从而抑制其某方面的积极性，阻止或限制他做什么，或者使之不要过头。在我国现有农村宅基地产权格局下，经济主体的利益边界不确定，影响了产权激励和约束功能的发挥。依据现行规定，农民无偿取得的宅基地使用权，只能有一种使用方式，就是在地上盖房，对于宅基地上的房屋，农民要么自用，要么出租或出卖，不论针对哪一种用途，对于农民来说总是大房子比小房子好、新房子比旧房子好，大宅基地比小宅基地好，新宅基地比旧宅基地好（因为在旧宅基地上盖房就要拆旧房，而拆旧房要支付成本），离公路近的宅基地比远的好。这样农民有很强的激励不断选择对自己有利的宅基地，因为是无偿的，农民选择的唯一边界就是法律所规定的一户一地和省、自治区、直辖市规定的宅基地最高标准。而这些法律规定的执行主要靠当地基层党政工作人员。面对农民不断膨胀的欲望，基层党政工作人员有两种选择，选择一，严格执行国家规定，节约宅基地。节约下的宅基地不允许出卖，因此节约行为的收益主要表现在满足了基层党政工作人员的责任心或良心需要，或者作为其向上级表功的政绩。选择二，利用法律规定的漏洞和国家管理的疏忽，违规批准村民的超标要求。这样做的收益表现在两个方面，一种是超标准占用宅基地所缴纳的罚金或补偿金，这部分收益可以正当的成为基层党政工作人的工作经费；另一种收益则是当事人给与其个人的各种好处，这部分收益可以暗地里进入这些工作人员的个人腰包。随着我国人地矛盾的加剧和农村土地的升值，选择二的收益不断增大，基层党政工作人员的责任心和良心受到极大的挑战，一旦其责任心和良心崩溃，现有农村宅基地产权制度对于多占地的激励功能将不断扩大，而约束功能则不断下降。因此，现有农村宅基地产权制度的产权边界极不稳定，影响了产权正常激励和约束功能的发挥。

（四）产权的实际功能状态与制度设计初衷的对比

对于产权实际功能状态的上述分析，和在我国各地广泛存在的人均宅基地面积严重超标、市郊农村出现大量"空心村"、村镇建设规划难以落实、宅基地交易纠纷不断、集体土地资产流失严重等（张建华，2005）。现实问题的出现，都说明我国现有农村宅基地产权制度安排是失败的，不但没有实现正确引导农村村民住宅建设合理、节约使用土地，切实保护耕地的初衷，还引发了一系列其他问题。

三、农村宅基地产权制度变迁的决定因素

实证分析表明，我国现有农村宅基地制度的实施绩效并未达到立法者的预期目标，甚至造成了其他社会问题。众多的学者、城镇和农村公民都在强烈的呼吁改革现有农村宅基地制度，这种呼吁甚至已经表现为全国人大代表的正式议案。即便在这样一种背景下，《物权法草案》仍然选择了维持，甚至有学者主张物权法应进一步强化现有的农村宅基地产权制度（孟勤国，2005）。支持《物权法草案》的学者认为，现有农村宅基地产权制度还承载着另一项重要的职能——维系亿万农民基本生存权利。与其他的稀缺资源有所不同，农村宅基地是农民的安身立命之地，不能采取谁出高价就给谁的方法。不然，一部分农民将失去最低的生存保障。生存问题属于人权范畴，人权高于财产权，现代社会不能允许一部分人用金钱剥夺另一部分人的生存权利。这就是农村宅基地再怎么值钱和有些人再怎么有钱也只能定量分配的理由。秉承本节的基本思路，即不进行价值取向的争论，在这里我们不想去探讨人权与财产权的关系，我们关心的是以《土地管理法》的农村宅基地无偿分配制度和《物权法草案》的禁止农村宅基地交易制度为基本构成的农地分配制度，在未来是不是能够很好地执行下去，在未来继续维持这样的制度是不是可行。

随着市场经济改革的深入，我国社会保障制度必然改革，现有农地分配制度的社会保障功能面临挑战。我国现在的社会保障制度实际上分为城市和农村两个部分，城市居民的养老保险、医疗保险和失业保险进入国家统筹，国家、单位和职工各承担一部分。而农村的社会保障只依靠传统福利和保障制度，即将农村土地所有权和无偿使用权作为福利分配给农民，靠儿女养老。有了土地所有权和无偿使用权，农民的社会问题是不是解决了呢？是不是还能持续解决呢？在改革开放之前或改革之初，农民的社会保障水平实际上很低，只不过在传统的超稳态的生产和生活方式下，没有凸显为突出的社会问题，从而没有被社会所重点关注。然而随着改革开放的深化，农民的生产和生活方式发生了前所未有的深刻变化，农村的社会保障体制问题凸显了。一方面，仅仅拥有土地所有权和无偿使用权越来越不能满足农民生活保障的需要。农产品价格持续走低，传统耕种收入解决不了农民的脱贫问题。随着我国物价水平的不断提高，土地所有权和无偿使用权能

够给农民带来的微薄收益已越来越不能满足其养老、医疗甚至基本生活需要。另一方面，农民的土地，不断地受到城市化和工业化进程所带来的各种建设用地需要的侵蚀。开发商和企业一旦看中土地，就由国土资源部门按照各种省、市级相关文件出面征用，征地补偿标准和安置办法都由政府说了算，大量的农村集体土地流失，农民利益受损。近年来，农民因农地纠纷上访的首要投诉原因主要集中在非法征地、低价征地和无偿征地等问题上（卢扬，2005）。失去土地，对于农民来说就是失业，大量农民工涌入城市谋生，却不能享有城市居民的社保待遇，社会矛盾加剧。因此，事实证明，仅靠无偿分配土地解决农民的生存问题是不行的。有学者会认为，只要我们替农民保住宅基地，就至少可以让农民有家可归，至少可以保证他们不会成为流民（孟勤国，2005）。站在农民的立场上，如果国家在继续保证农民无偿使用土地的前提下，再额外给进城农民提供与城镇居民同样的社保待遇，岂不是更好？但关键问题在于，相对于城镇居民农民能够享有无偿使用土地的特殊待遇，恰恰是因为城镇居民相对于农民享有社会保障的特殊待遇，一旦进城民工与城镇居民享有同等待遇，农民无偿使用土地就失去了逻辑前提。

退一步说，假定国家认为让农民既享有无偿使用土地的待遇，又享有城镇居民的社保待遇，虽然对城镇居民来说并没有什么不公平，但是这种状况很难长期维持。依据《土地管理法》和《物权法草案》不管是农村集体土地所有权人，还是宅基地使用权人，都有一个根本特征，即属于村集体成员。判定是否为村集体成员的标准是户籍。这样户籍所在地就成为决定一个公民能否无偿使用农村土地的决定性因素。然而户籍制度本身在未来也要变革。对户籍制度改革的呼声主要来自"农转非"。大量的农村进城务工人员，希望在城市落户，取得城市户口，享有城市居民待遇。1997年，公安部提请国务院批转《小城镇户籍管理制度改革试点方案》和《关于完善农村户籍管理制度的意见》，放宽了对农村到小城镇务工人员办理城镇常住户口的条件。[①] 一些省、市，包括浙江、河北、上海等，成为了城乡一体化改革的先行者。2004年《中共中央国务院关于促进农民增加收入若干政策意见》明确要求改革大中城市户籍制度，放宽农民进城就业和定居条件。城市户籍制度改革势在必行。改革户籍制度的另一种呼声是"农转非"。概括地说，城镇居民希望户口非转农，主要原因有：城市人下乡创业、

[①]《小城镇户籍管理制度改革试点方案》和《关于完善农村户籍管理制度的意见》明确：从农村到小城镇务工或者兴办第二、三产业的人员，小城镇的机关、团体、企业和事业单位聘用的管理人员、专业技术人员，在小城镇购买商品房或者有合法自建的房屋，以及与其共同居住的直系亲属，可以办理城镇常住户口。

改变生存方式、嫁娶、下乡求生和谋取农村特殊福利待遇[①]。"农转非"的呼声同样不容忽视，例如江西省新余市100多名大学生毕业后集体申请去农村创业，昆明数百名大学生也做出同样创举，而铜陵市数以百计的城市人集体向公安局递交"非转农"申请就可谓场景壮观了。城乡之间户籍流动的一部分原因来自城乡市场不同的劳动力需求，另一部分则来自城乡户口所代表的不同福利待遇的刺激作用。

在这样一种背景下，现有农村宅基地产权制度在不久的将来将面临无法逾越的障碍。进城农民工要想享受城市社保待遇，就要完成户口的"农转非"，一旦他们的户籍变了，也就不是农村集体成员了，他们就变成了"城镇居民"和"农村集体以外的人"，那么这些"农转非"人口在农村的原有宅基地和宅基地上的住宅怎么处理？《物权法草案》规定宅基地使用权只能由农村集体内成员享有，照这种思路，"农转非"人口的宅基地使用权自户口变更之日起就不合法，是否应该由集体收回？收回对于保障这些"农转非"人口的基本生存权有益吗？如果收回了，还谈什么他们在城里混不下去了，还可以回来居住（孟勤国，2005）？如果不收回，岂不是违反了《物权法草案》宅基地使用权只能由农村集体成员享有，不能由城镇居民享有的本意。在这里，《物权法草案》的立法路径陷入了自相矛盾的怪圈。

此外，一旦"农转非"放开，城市人口数量将急剧膨胀，加之农村市场开发的过程中，必然有大量城市劳动力需要向乡村流动，国家就没有理由禁止"非转农"。"农转非"和"非转农"的放开，意味着城乡人口的全面自由流动，那么"农村村民集体"就变成了一个没有固定人口、不断变动的群体，试问一个处于不断变动中的群体可以成为产权主体吗？因此一旦户籍制度改革，农村土地集体所有权还能不能维持都是一个尚待研究的问题，更不用说宅基地使用权了。

至此，我们可以得出结论，只要我国的社会保障制度和户籍制度实施预期的改革，现有的农村宅基地产权制度就无法维持，《物权法草案》禁止农村宅基地交易的规定必将被淘汰。问题分析到这儿，我们的论证似乎还有一个瑕疵，那就是社会保障制度和户籍制度改革都尚在讨论之中，我们似乎没有任何确凿证据能够证明这两项改革必然会像我们所预想的那样发生。然而市场经济的客观规律告诉我们，只要我国实施市场经济的决心没有变，只要我国将市场经济改革推进到农村

[①] 改革开放以来，随着国家经济体制改革的深入，依附在二元化户籍管理制度上的各种利益发生了"逆转"，从前非农业户口的利益分配占绝对优势转变为现在的农业户口占有更多的利益。农业人口特别是城郊的农业人口却能享受到许多优惠政策和经济待遇，除了普遍具有的土地承包、征地补偿、申请宅基地、生育第二胎等外，有些集体经济较好的村，还能享受生活补助、养老保险、医疗费报销等一系列待遇。详见，《从"农转非"到"非转农"》，www.sxrb.com，2006-3-23。

的决心没有变,社会保障制度、户籍制度,乃至农村土地制度和分配制度的改革就是必然的。城乡统一的户籍制度和社会保障制度都是为劳动力在城乡市场之间自由流动而服务的。而作为基本生产资料的土地,也必须依据价格信号指示在不同市场主体之间自由流动。我国城镇土地,成功地通过土地所有权国有,而使用权自由流转的方式,兼顾了社会主义公有制性质和以市场为配置资源的主导方式。农村土地也完全可以参照城镇的成功做法实现自由流转。面对市场经济的客观规律,单纯依靠立法来禁止农村宅基地自由流转,显然是不科学的,也是违背效率原则的。

四、制度创新的可能路径

《物权法草案》第一百六十二条禁止城镇居民在农村购置宅基地的主要法益目标有两个:保护耕地资源和保障农民基本生存权利。本节前两部分的实证分析说明:要坚持各生产要素依靠价格信号指示自由流转,"禁止流转"的立法路径必然行不通,《物权法草案》的规定必然会被淘汰。那么,在市场经济环境下,应选择怎样的立法路径来实现保护耕地和保障农民基本生存权利的法益目标呢?

新制度经济学的研究发现,市场配置资源的效率还受到另一重要因素的影响,即交易成本。制度既决定着产权的初始安排,又决定交易成本大小。因此,制度可以通过两种方式影响资源配置的方向:改变产权安排和改变交易成本。按照这一思路,我们认为保护耕地资源和保障农民基本生存权利可以通过下述制度变革来实现:

(一)改革现有农业用地管理制度,对占农业用地进行非农业建设实行严格管制制度,并加收土地使用费

首先,在全国范围内进行农业用地核查工作,清理违法违规占用的农业用地,包括超标准宅基地和弃用宅基地,重新确定和固定农业用地面积和范围,禁止任何机构、任何人擅自将农业用地转作其他用途,违者依据刑法第228条、第342条和第410条[①]处罚。其次,增加农业用地转为其他用地的审批难度,提高

---

① 刑法第二百二十八条:以牟利为目的,违反土地管理法规,非法转让、倒卖土地使用权,情节严重的,处三年以下有期徒刑或者拘役,并处或者单处非法转让、倒卖土地使用权价额百分之五以上百分之二十以下罚金;情节特别严重的,处三年以上七年以下有期徒刑,并处非法转让、倒卖土地使用权价额百分之五以上百分之二十以下罚金。第三百四十二条:违反土地管理法规,非法占用耕地、林地等农用地,改变被占用土地用途,数量较大,造成耕地、林地等农用地大量毁坏的,处五年以下有期徒刑或者拘役,并处或者单处罚金。第四百一十条:国家机关工作人员徇私舞弊,违反土地管理法规,滥用职权,非法批准征用、占用土地,或者非法低价出让国有土地使用权,情节严重的,处三年以下有期徒刑或者拘役;致使国家或者集体利益遭受特别重大损失的,处三年以上七年以下有期徒刑。

交易成本。凡将农业用地转为其他用地的申请，无论是否符合当地政府的土地利用规划，必须经市、省、国家三级行政管理部门批准，否则不得办理土地使用权证。最后，凡经审批有农业用地转为建设用地的，均需缴纳土地使用权费，其中与农业生产相关的建设用地可减交或免交。鉴于现在占用农业用地进行其他建设，多数是因为城镇土地因房地产炒作而大幅升值，而农村土地相对便宜，对经审批占用农业用地进行与农业生产无关的建设，应该加收土地使用权费，且加收数额应随相应城镇的土地使用权价格而变动，使得加收后的土地使用权费高于相应的城镇土地使用权价格。这样规定可以增加农业用地转为非农业用地的交易成本和相对价格，影响交易人的成本收益比较，影响其决策，发挥保护耕地的作用。

（二）改革现有的宅基地无偿使用制度，在对从事农业和相关生产的人减免相关费用的前提下，全面确立农村宅基地有偿使用原则

首先，改革现有的宅基地在集体内部按户无偿分配、一户一宅，并以户为单位限定宅基地面积的现有制度，在全国范围内确立宅基地有偿使用的原则。其次，农村宅基地上的住房可以自由在城乡居民之间转让，宅基地使用权随地上住宅所有权的转移而转移。再次，凡在当地承包经营土地、从事农业生产的人，无论其是农业户口还是非农业户口，每人可在一定的面积范围内免交宅基地使用费，凡在当地从事与农业有关的其他生产（如粮食加工、蔬菜加工、果品加工等）的人，每人可在一定的面积范围内减交宅基地使用费。其他人，无论是农业户口还是非农业户口，享有宅基地使用权必须依法缴纳宅基地使用权费，而且农村宅基地使用权费不得低于本地区城镇土地使用权价格。这样规定，一方面使得宅基地能够依价格机制进入市场调节，且通过国家认为提高农村宅基地使用权费的方式防止房地产商从中套利，另一方面，将免交和减交宅基地使用权费的利益与在当地从事农业或相关生产相挂钩，而不是与户籍相挂钩，真正起到了鼓励农业生产，维护了以农业为业的真正"农民"的利益。

（三）所有农村土地使用权费专款专用于农村社会保障制度启动资金

前述农村建设用地使用费和宅基地使用费由专门机构或相关行政机构代收后，所有资金专款专用为农村社会保障制度资金。并且可以建立专门的国家基金，或者将该笔资金交由国家社会保障基金经营和管理。这样做既调动了社会富余资金投资于农村、开发农村，又能够在一定程度上保证农村土地市场开发的收益回归农村，还可以缓解国家建立农村社会保障制度的资金短缺，借助市场力量

和社会资金推动农村社会保障制度的建立，维护农民的基本生存权利。

农村土地制度的市场化改革是涉及国家基本国策和亿万名农民生存的大事，作为一种制度创新，还要考虑到与原有制度和其他相关制度的衔接与配套，因此该项改革是复杂和艰难的。我们的上述思考仅仅是探索相关问题的尝试，并不一定是解决相关问题的具体方案。我们主要是希望研究者和决策者的思路从"堵"转向"导"，因为试图禁止宅基地交易实际上是行不通的，要想真正保护耕地资源、保障农民基本权利，我们必须把注意力放在研究和探索市场经济条件下实现上述法益目标的可行路径上来。

（四）物权法之尴尬处境及占优方案

《物权法》的尴尬在于：身处变迁的过程当中，即使预见到了变迁的最终目标，也无法在短时间内完成变迁的全过程，更何况作为基本法，《物权法》还要受到《宪法》和《土地管理法》的制约。但是现实的制度需要又决定了，《物权法》不可能等到所有的难题都有了答案才出台，事实上任何法律都不可能做到，每一部法律也都处在制度变迁的过程当中。

具体到《物权法草案》，我们认为尽管事实证明现有的农村宅基地制度已经出现问题，但是，在我国相关的改革方案和改革措施还未确定的前提下，在《宪法》和《土地管理法》还未修改的情况下，《物权法草案》不宜擅自解冻农村宅基地交易。但是，考虑到制定法律，特别是一国基本法律的稳定性，既然我们已经预见到了农村宅基地制度在未来必将改革，《物权法草案》也不宜将农村宅基地明确规定为禁止交易物（孟勤国，2005）。因为我国现有《土地管理法》和《土地管理法实施条例》已经对农村宅基地交易进行了明确的禁止性规定，加之国务院的相关行政规章和土地、房屋管理登记部门的实际做法，都已经确保了我国禁止宅基地自由流转的产权格局，所以《物权法草案》第一百六十二条的规定在现阶段并不会带来太大的社会收益，相反，未能给未来的制度变迁留下合理的路径，从而会增加未来农村土地制度改革的社会成本，显然得不偿失。因此，我们认为，现阶段《物权法草案》的占优方案是规定，与土地有关的财产权设立和变更适用相关土地管理法规。这样，未来的农村土地制度改革才不会给物权法带来过多的冲击，相关的改革成本也可以大大降低。

第八章

中国农村医疗保障体制变迁研究

关于中国农村医疗保障制度的历史和现实问题的既有研究，往往只是局限于医疗保障制度自身要素的研究，或就农村医疗保障制度自身与相关条件的研究与分析，还有许多深层次的问题并不明确：其一，医疗保障体制或制度的安排与变迁，取决于什么？在不同的历史阶段、不同的经济体制下，是否需要不同的医疗保障制度？一种长期不变的医疗保障制度，是否能有效地与不同的历史阶段和不同的经济体制相适应？其二，中国农村以土地产权制度和农村经济市场化程度为核心内容的农村经济体制变化，与农村医疗保障体制及其变化，两者之间是一种什么样的关系？是前者影响后者，还是后者制约前者？究竟谁受制于谁？谁必须适应谁？其三，既然上述两个方面的问题尚没有得到理论上的有效解决，那么，就需要从制度完善的角度出发，根据制度的系统性和相关制度要素的关联性以及新制度经济学的有关理论来进行研究。

制度理论研究认为，制度是由产权制度、组织制度和管理制度三大部分的制度内容组成。据此，就农村医疗保障制度的建设与发展而言，产权制度的改革是农村医疗保障制度变化的基础，组织制度的完善是农村医疗保障制度建设的条件，管理制度的规范是农村医疗保障制度运行和发展的必要措施。

第一节 产权制度、经济体制与医疗保障体制的相关分析

一、产权制度、经济体制与医疗保障体制的内在关系

对于"产权"的理论界定,国内外经济学界有多种表述和使用。但是,更通俗、更易懂、更易记、更概括、更有效的定义应当是:所谓"产权"就是"对财产的权利(property-rights)"①。具体讲,即"对财产的广义的所有权——包括归属权、占有权、支配权和使用权;它是人们(主体)围绕或通过财产(客体)而形成的经济权利关系;其直观形式是人对物的关系,实质上都是产权主体(包括公有主体和私有主体)之间的关系。"

制度经济学家认为,"制度是一系列被制定出来的规则、守法程序和行为的道德伦理规范,它旨在约束追求主体福利或效用最大化利益的个人行为。"② "制度是为人类设计的、构造着政治、经济和社会相互关系的一系列约束。制度是由非正式约束(道德约束、禁忌、习惯、传统和行为准则)和正式的法规(宪法、法令、产权)组成。"③ 产权制度,就是产权关系的制度化或制度化的产权关系。制度变迁,泛指制度的创立与变更,或安排与创新。

从广义上看,产权是对财产权利的统称。而这里的"财产",无论是在经济学意义上还是在法学意义上,都应当包含医疗保障范畴之内的一切财产或财产意义上的医疗保障。也就是说,广义上的或通常一般意义上的产权关系包括医疗保障产权制度,医疗保障产权制度从属于广义或一般产权制度,或者说,医疗保障产权制度是一般产权制度的一种或一类。本章提及的"产权制度"除了限定之外,都是广义或一般意义上的产权制度,而不是医疗保障的产权制度。

对于医疗保障的产权制度,可以分为医疗卫生服务供给方和医疗卫生服务需求方两个方面的产权制度。就医疗卫生服务供给方的产权制度来看,不仅包括有形的财产,如医疗卫生机构的房屋、设备、设施、网络等实物财产,还应包括医

---

① 黄少安:《产权经济学导论》,山东人民出版社1995年版,第68页。
② 道格拉斯·诺斯:《经济史中的结构与变迁》,上海三联书店1991年版,第226页。
③ 道格拉斯·诺斯:《论制度》,载于《经济社会体制比较》1991年,第6期。

疗卫生的技术、资金、信息、智力等无形财产。无论是有形财产，还是无形财产，都具有重要的实际产权意义。从医疗卫生服务需求方的产权制度来看，医疗保障基金本身也应具有明晰、规范的产权关系：政府投入、个人缴费和集体（企业或单位）扶持等多元筹资，共同形成医疗保障基金，原来的资金所有权随之让渡；这种资金所有权的让渡过程，也就是按既定比例等规定分割为统筹基金和个人账户基金的过程。统筹基金部分，归参保者公共所有和参保者最终的有限的使用，但其经营管理权，在理论和实践上都可以分离于参保者之外（归保障管理机构或专业组织等）。个人账户基金，其所有权和使用权都归参保者个人。

可见，医疗保障不仅自身客观存在着一定的产权关系或制度界定，而且，医疗保障体制与产权制度和经济体制之间，也具有明显的相关性；产权制度的安排与变迁，决定着经济体制的选择与变迁，进而共同影响或决定了医疗保障体制的选择与变迁；医疗保障体制受制于（可能受益，也可能受损）整个产权制度和经济体制的安排与变迁，而且，它必须适应于或服从于既定的产权制度和经济体制，并随之变迁而变迁；一种有效的医疗保障制度的安排，有利于既有产权制度和经济体制的稳定和可持续，但是，不可能从根本上动摇或改变既有的产权制度和经济体制。

当产权处于国家或全民意义上的公共所有、公共占有、公共支配、公共使用（后三者可以统称公共经营）状态时，计划经济与之相适应，随之的风险公担、利益公享、公平性、福利性等保障制度的安排，是公有产权和计划经济体制的内在要求。

当产权处于私有化、或所有权与经营权发生分离、或产权主体多元化的状态时，市场经济与之相适应，随之的风险、利益、福利等保障制度的安排，将会缺乏公共载体，客观上应当或必然转向社会化的或带有社会性的保障制度。

在我国城市，全民所有制单位（党政机关和事业单位等）和全民所有制经济组织（国营企业或国有企业）的产权安排及其经营管理，突出特征是高度集约化的"国有"加"国营"。作为企业或单位，既没有财产及其收益所有权（统统是"国有"），也没有独立或自主的生产经营权和财务分配权，盈亏风险和福利保障全部靠国家或国有企业（实际也是变相的国家负担）。从20世纪50年代开始，国家向这两类公有单位的城镇职工，分别提供带有明显"公共产品"特征的公费医疗和劳保医疗。这两种医疗保障制度的安排动因或依据，从产权机制上看，就是取决于公有产权制度及其与之相适应的计划经济体制所固有的公有性（国有）、公营性（国营）、公享性、公益性等内在特征。尽管计划经济体制和市场经济体制的本身没有"产权"中的"所有权"属性，只是产权的一种经营形式或管理形式，也许正是这种不同的经济体制，决定了人们的风险程度及其保障体制。在这两种制度之下，国家统一负责对医疗卫生保健的筹资、控制、组织、管理和监督。国家拥有几乎所有的医疗机构和医疗资源，并直接向所有的医疗卫生保健服务的提供者（机构或组织）支付工资。既没有私人医疗保险公司，也没有私人开业医生。随着城市产权制度的变革和经济体制的不断改革，原有的公费医疗和劳保医疗制度难以为继，并逐步被各种不同形式的医疗保险制度所替代。

在农村社会，长期实行"一大二公"和集约化的计划经济体制，社队统一生产经营，统一核算分配，也是标准的平均主义和大锅饭，盈亏风险和福利保障靠集体组织（可以说是农村化的国家或国有企业）。与这种公有产权（所有权和经营权相统一）相适应，在我国农村领域产生了"集体性"、"合作性"、"福利性"的传统医疗保障体制。随着农村土地产权制度和市场经济体制的变革，客观上需要建立新型的或具有社会统筹性的保险制度或保障制度。

显然，无论是城市居民的公费医疗和劳保医疗制度，还是农村居民的传统合作医疗制度，都不具有纯粹意义上的"保险性"和"社会性"，它们只能是依赖于并适应于传统公有产权与计划经济体制的一种带有明显"公共产品"性质的保障制度。

二、不同时期的不同产权制度和经济体制，及其不同的医疗保障体制

产权制度、经济体制和医疗保障体制之间的相关性，从中国农村不同时期的不同产权制度、经济体制和医疗保障体制的历史变迁分析过程之中，可以得到进一步的体现和证实。具体可从以下三个大的阶段进行观察和分析。

（一）新中国成立初期的相关特征：私有私营、小农经济与家庭保障

1950年6月28日，中央人民政府颁布了《中华人民共和国土地改革法》，1952年完成了土地改革，废除了地主阶级封建剥削的土地所有制，农民无偿获得了对土地、农具、牲畜等生产资料的所有权、占有权、支配权和使用权。在这种"四权合一"的私有制之下，农民有权出卖自己的土地。同时，产权制度安排上还具有明显的"分散性"、"局限性"和"独立性"，自有、自营、自利，自我发展，自食其力，农民家庭成为农村的独立的经济单位。

在新中国成立初期的这种农民私有制的土地产权制度及其小农家庭自我经营体制之下，农村的医疗卫生保健主要是家庭式的自我保障。由于农村生产力极其落后，收入水平低下，缺医少药、疾病流行、诊治困难等问题相当普遍，十分严重。

很显然，这种产权的私有化和零星分散的小农经营，家庭本身难以抗拒复杂而又不确定的医疗经济风险，无法有效解决农民的医疗保障问题，与之客观需要的应是具有共济性和社会性的医疗保障或保险，而不是家庭式的自我保障。也可以说，私有化和私营化程度越高，个体风险越大，越需要建立安排共济性的医疗保障体制。但在新中国成立初期，由于受特殊急迫的政治、经济和社会条件的影响与限制，对于广大农村地区的医疗卫生保健问题，国家不可能、也来不及进行制度性的考虑和安排。

（二）社会主义改造和人民公社时期的相关特征：从私有公营到公有公营、政社合一、政企不分、高度集权、计划经济，合作医疗制度得以产生与发展

小农经济的分散、落后等，难以适应我国社会主义大规模经济建设对农产品的需要，也难以实现农村的社会化生产，而且也容易在农民之间产生新的两极分化。因此，客观上需要对农村的家庭私人所有制，进行社会主义集体所有制的改造。1953～1957年，我国通过"合作化"或"股份合作化"的制度安排，对农村生产资料所有制进行了"社会主义改造"，具体来说，主要是三种相互衔接的方式和步骤：第一是组织带有社会主义萌芽性质的互助组（以农民自愿为原则）。先是临时互助组（简单的共同劳动、没有公共财产），再是常年互助组（分工分业、有少量公共财产）；第二是发展以土地入股和统一经营为特点的半社会主义性质的初级社（初级农业生产合作社），这种制度模式是典型的"股份合作制"，并坚持农民自愿，有较多的公共财产；第三是建立土地和生产资料集体化的完全社会主义性质的高级社（高级农业生产合作社），一个重要特点是生产资料实行公有制、耕畜和农具等生产资料作价入社归集体所有、消费品实行"各尽所能，按劳分配"。[①] 显然，无论是互助组，还是初级社，主要生产资料（土地、大牲畜等）的狭义所有权，都是归属农民私有。不同的是，在初级社方面，农民将主要生产资料的占有权、支配权、使用权等权能，以"股份"的形式交给了合作社，使之与其所有权发生了有效分离。事实表明，互助组和初级社的两种产权制度安排，适合"土改"后的中国农村生产力发展和农民自身的觉悟要求，是应当肯定的。比较而言，合作化的后期，90%的初级社未经过一个生产周期就转入了高级社。尽管高级社的产权制度安排似乎有失某些方面的公正、效率与稳妥，但是，高级社产权的统一性和集约性，较之单一、分散、落后的小农经济产权，以及互助组和初级社，更有利于农村生产力的发展和集体经济公共

[①] 黄少安等：《农村股份合作制的多维考察》，山东人民出版社1996年版，第69～72页。

财产的积累。

我国农村传统的"合作"医疗制度，正是以此为契机和基础建立发展起来的。有的地方，由社员出"保健费"、由生产合作社拿出公益金补助，合作举办保健站。也有些地方，由群众集资合办医疗，实行互助互济。① 说明我国传统的农村合作医疗，是一种自发性、自愿性、群众性、单位性（准企业性或组织性）的筹资合作经营形式，脱胎于互助合作性的集体经济组织。如果没有互助组和合作社，没有当时的集体经济产权制度，就不可能产生与之"连体"的合作医疗制度。

进一步地说：传统农村合作医疗制度的安排，其产权机制的影响或动因，就是"互助组"、"初级社"、"高级社"三种公有程度不同的农村产权制度安排的内在要求和必然选择。也因此可以说，传统的合作医疗制度，既不是一般意义上的医疗保险，也不是一般意义上的社会保障制度，尽管具有一定的共济性和互助性，但没有社会性（限于合作社内部，没有合作社之间的共济），是一种以"合作"为核心、公有与公营（集体经营）为基础、类似于国有企业劳保医疗的一种特殊的医疗保障体制。从产权关系角度来看，农民个人、医疗机构、集体经济组织三者之间，主要是一种"合作"的关系（合医、合防、不合药，民办、民管、民利），而不是侧重于委托、代理和买卖关系。相应的医疗卫生保健的产权经营的风险与利益，对于三者而言，也具有明显的一致性和同一性。

人民公社，是现代中国计划经济体制下农村社会组织的基本形式。1958 年，各地以乡为单位普遍成立了人民公社；1978 年农村全面改革以后，人民公社制度逐步解体。通常，把 1958~1978 年的中国农村称为"人民公社时期"②。该时期，中国农村产权制度和经济体制的突出特征是，集体所有，统一生产，统一经营，统一核算，统一分配。具体反映在：（1）"政社合一"。人民公社，既是一个基层政权组织（原乡政府的各种机构被改组成公社的行政部门），又是一个集体经济组织。它根据"生产资料归公社、生产大队和生产队三级所有，经济核算以队为基础"的原则，对辖区内所有经济活动进行统一规划、统一安排、统一管理。生产资料的权能和利益总体上归公，留给农民的产权，只是农民劳动力本身、低值易耗又十分简单的生产与生活工具，以及少量的自留地。（2）经济管理权高度集中。公社可以无偿平调其下属单位的人员、资金和物资，禁止社员从事任何个体经营性活动（只给社员保留少量"自留地"用以调节生活资料的生产和供应）。生产什么，生产多少，怎样生产，农民根本说不算，农民几乎没

---

① 林闽钢：《苏南农村合作医疗制度面临的挑战和选择》，载于《中国农村观察》2001 年，第 1 期。
② 徐小青：《中国农村公共服务》，中国发展出版社 2002 年版，第 61~62 页。

有什么生产经营自主权。（3）个人收入分配"按需"（供给制）为主、"按劳"（工分制）为辅。生活资料的70%按人口平均分配，其余30%按照社员的劳动量即工分分配。

可以说，传统农村合作医疗制度的安排，完全适宜于农村的集体公有产权和高度集权计划经济体制的内在要求，具有典型的"集体性"和"福利性"，或农村基层社区意义上的"政府性"或"社会性"。但它与公费医疗和劳保医疗制度相比，又具有明显的差异，具体表现在：（1）筹资渠道不同。农村基层卫生机构依靠生产队公益金提取、农民缴纳保健费和业务收入（药品利润）保证了主要经费来源，实现了"合医合防不合药"的合作医疗，基本解决了农村缺医少药的问题。而公费医疗则由财政拨款，劳保医疗由企业或国家筹款，公费医疗和劳保医疗有一个共同的特点就是，享受该福利的对象不要事先个人缴纳费用。（2）组织形式不同。我国的农村合作医疗制度在初始安排上具有明显的俱乐部特点，其受益是以它的缴费为前提的，同时成员范围是与实施合作医疗的范围（社、队）对应的，这其中农村合作医疗费用支出，源于集体经济的公益金和俱乐部成员的缴费。公费医疗和劳保医疗，则是按照社会化原则来组建和管理，政府和企业起到了主导作用。（3）政府角色不同。传统农村合作医疗制度，隐含了政府提供福利角色的最小化和最后出场人的角色。而公费医疗和劳保医疗是典型的普遍性的福利制度，政府（企业）的福利功能最大化，制度中的每个人都有平等的机会来享受福利服务。

就制度理论分析来看，人民公社集体经济组织应当有权力、有能力建立比较稳定、可靠、充实的公益金和公积金，从而为农村社员公共产品或公共服务（包括基本医疗卫生保健服务）的生产与供给，提供经济和财务上的支持。合作医疗制度也适应于这一产权制度和经济体制。但在人民公社的解体，集体经济产权关系和经济体制的变革中，实际上内含了合作医疗制度进行相应变革的必然性。尽管在人民公社后期合作医疗制度的可持续发展已经出现困难，但在筹资机制上难以从根本上摆脱高度集权化的产权制度与经济体制的强力束缚。

上述相关分析，可以引出并解释两个方面的问题：

其一，为什么目前的农村生产资料土地还是集体所有，却不能维持原来的合作医疗体制？原因在于，土地集体所有产权的构成要素之中，对相关现实制度体制最有直接影响的，不是土地的"归属权"意义上的集体所有，而是土地的"经营权"的实现或分离。尽管现在农村土地产权特征是集体所有或集体公有，但它与人民公社时期的集体所有或集体公有相比，明显不同。原来是"公有公营"，现在是"公有私营"（通常讲的"两权分离"）。关键之处是，随着土地归属权与经营权的分离，土地经营收益的分配权不再高度集中于集体组织，而是从集体组织转移到个体家庭。即便是集体组织不解体，土地经营权的分散与私有，已经切断了集体组织对合作医疗的直接的财务供给链条，更何况集体组织实际上已经解体。从这个意义上讲，产权制度对医疗保障制度的影响，"归属权"是根本，"经营权"是关键。在归属权不变的产权制度下，如果经营权意义上的产权制度发生变革，那么，与分配制度高度相关的医疗保障体制可能会变，并且有时应当变或必须变。而经营权的变与不变，根本上又取决于归属权。

其二，为什么在西方国家的私有制条件下会有高福利性质的医疗保障和商业化的医疗保障？其实，无论是公有制，还是私有制，产权制度对于医疗保障的影响，主要反映在医疗保障的体制模式，而主要不是保障水平的高低。私有化、私营化和市场化的程度越高，个人风险预期越大，特别是疾病医疗保健的不可预见性，单靠一个企业、组织或单位难以应对，客观上需要建立一个独立于企业、组织或单位之外的具有社会共济性质的医疗保障体制。这种体制，可以是高福利的国家型医疗保障（如英国、瑞典等模式），也可以实行市场化或商业化的医疗保障（如美国模式）。反之，在国有化、国营化、集权化的产权制度下，尽管需要并可能实行高福利的医疗保障，但是，不一定非要搞统筹缴费的医疗保障，也不一定非要着力发展商业化的医疗保障。因为，通过统一核算、统一扣除、统一分配，雇员或职工可以"免费"或象征性交费地享受医疗保健待遇，这从我国长期的传统公费医疗制度和劳保医疗制度中，可以得到例证。

（三）家庭承包经营和股份合作时期的相关特征：产权私有化、经济市场化，传统合作医疗的筹资制度断层

1978年12月，党的十一届三中全会提出了解放思想，实事求是，团结起来向前看的方针，做出了把工作重点转移到社会主义现代化建设上来的战略决策。随后，中国农村普遍实行了家庭联产承包经营责任制，极大地推动了农业和农村经济的发展。[①] 家庭承包制，作为农村集体经济的一种经营形式或经营形式的一种，从本质上来说，它是对人民公社集体经济组织的产权制度或产权关系的一种调整或变革，是农村一系列改革中具有根本意义的基础性改革，它使许多原有的制度安排失去了依存的基础。但是，这种产权关系的调整或变革，并没有改变农村主要生产资料（土地、森林等）的集体所有制性质。家庭承包制的产权特征，简单地说，就是生产资料所有权与经营权的"两权分离"，即将集体公有的土

[①] 顾涛等：《农村医疗保险制度相关问题分析及政策建议》，载于《中国卫生经济》1998年，第4期。

地、森林、牧场等生产资料的经营权，通过合同的形式包给农民，相应地，农民获得了经营权及相应的收益分配权（交足国家的、完成集体的、剩余全是自己的），也就是说，农户拥有了劳动力的支配权、剩余劳动产品的索取权和除土地外大部分资产的所有权。

这一产权制度的变迁与实施，不仅仅是将土地等主要生产资料的经营权承包给了农民，更重要的是，从根本上改变了原有的公共分配制度：过去，公社集体组织掌握着公社范围内的公共财产分配和个人收入分配的主动权，先留足公共的，再分配个人的；同时，在人民公社时期也没有建立真正的公社一级财政，农村公共服务的经费是通过人民公社内部的财务核算和财务管理来实现的，不需要使用财政手段。承包以后，特别是人民公社解体之后，建立起了乡镇一级政府，并相应建立了乡镇一级财政。乡镇财政在制度上成为基层农村公共服务经费来源的主要渠道。尽管在制度形式和规定上，仍然是"先交足国家和集体，剩余的归个人"，但是，实际上集体组织与农民个人在分配关系中的地位发生了变化，集体组织由原来的主动变为被动，而农民由被动变成了主动。这种地位的转换，取决于土地产权中的"归属权"与"经营权"的两权分离，这也许是承包制下农村集体经济组织公共财产或公共筹资越来越难、每况愈下的一个重要解释。进而，也许可以进一步解释：为什么那些依赖土地产权集体所有制而存在的合作医疗制度，在合作化和人民公社时期能够持续或有效，而在承包经营时期会逐渐失效。

进入20世纪90年代，我国农村普遍建立了股份合作制，成为扬弃家庭承包经营责任制的主要农村经济制度。[①] 股份合作制，不是股份制，也不是合作制，它"是一种兼有资本合股和劳动联合的经营组织形式"。它本身没有独立的所有制性质，与公有制、私有制不是并列的范畴，而只是所有制的一种特殊实现形式。较之家庭承包经营责任制而言，股份合作制更能适应和促进农村生产经营的社会化与市场化的发展，更能创造更多的社会物质财富，更具有强大的生命力。但是，在这种产权制度下，剩余劳动或剩余价值的初始分割与分配，其主动权仍然在股份合作组织手中，无论是税，还是费，都不能像原来一样由社区组织进行直接的核算与扣除。这样，原来那些依赖社区集体经济组织直接扣除劳动剩余（剩余价值）而提供资金支持的合作医疗制度，仍然陷入"断层"状态。因此，农村土地产权制度的两权分离、经济市场化的展开，客观上需要对传统的合作医疗进行制度创新或安排。

---

① 黄少安等：《农村股份合作制的多维考察》，山东人民出版社1996年版，第1～29页。

第二节 我国农村医疗保障制度的历史变迁与特征

在我国农村医疗保障制度的历史发展中,合作医疗制度是一项主要的农村医疗保障制度。合作医疗的制度安排,不仅决定着医疗保障的有效需求,也很大程度上决定着医疗卫生服务的有效供给。因此,这里重点考察和分析我国农村合作医疗制度的变迁。

一、合作医疗制度的建立与变迁

对于我国合作医疗制度的变迁,专家学者已有很好的研究,大同小异。[①] 为了考察的全面、系统与完整,本文分七个阶段对其进行考察和分析。

(一)合作医疗制度的萌芽(1938~1955年)

我国农村合作医疗制度,最早萌芽于1938年陕甘宁边区创办的"保健药社"和1939年创办的"医药合作社"(卫生合作社)。1944年,因伤寒、回归热等传染病流行,边区政府应群众要求委托当时的商业机构——大众合作社,办理合作医疗。由大众合作社和保健药社投资,并吸收团体和私人股金,政府也赠送一些药材。这是一种民办公助的合作性的医疗机构。1946年,卫生合作社有43个。之后,东北各省也出现了合作制和群众集资创办的医疗卫生机构。1952年东北地区1290个农村卫生所中,合作社办的有85个,群众集资办的有225个,二者占东北农村卫生所总数的17.41%。这类"合作性"的医疗卫生保健,具有典型的集资医疗和互助共济特点,虽然称不上是正统的社会医疗保障制度,但它已经是中国农村医疗保障制度的萌芽或雏形,并为后来合作医疗制度的产生奠定了基础。

在上述不同时期中,虽然存在着产权分散和制度不完善等因素,但疾病受制于政治和战时形势的需要,特殊时期的特殊需要使群众合作意向浓厚,同时,特殊的组织手段也使农民群众具有较高的参合率。

---

① 张琪:《中国医疗保障理论、制度与运行》,中国劳动社会保障出版社2003年版,第146~154页;陈佳贵等:《中国社会保障发展报告(1997~2001)》,社会科学文献出版社2001年版,第276~284页;王红漫:《大国卫生之难》,北京大学出版社2004年版,第3~5页。

从该制度的初始特点来看：缺医少药、救死扶伤、控制疾病传染等，似乎是制度初始安排的外在动因或外动力；特别是战事急需、疫情控制，具有超经济利益的政治和社会影响；党中央、边区政府、人民群众、商业机构等，共同成为变迁的主体；制度的初始，既有明显的自愿性、自发性、倡导性、渐进性，也有一定的被迫性和应急性；这在当时产权关系散、乱、小、弱等特征之下，具有极高的效率。该时期的变迁特征见图8-1。

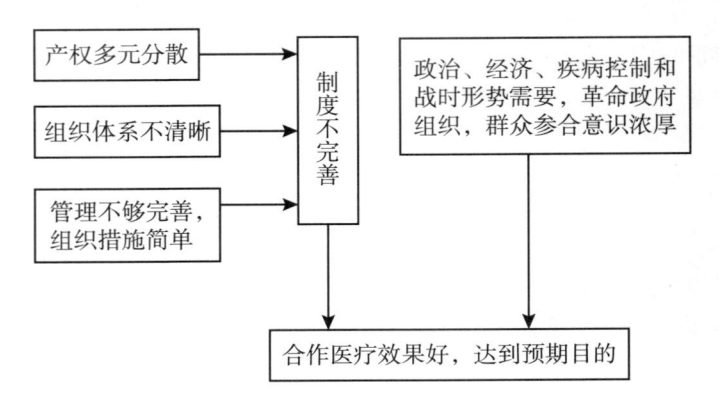

图8-1 合作医疗萌芽时期的特点

（二）合作医疗制度的初建（1955~1958年）

在我国农业合作化高潮时期，农村地区正式出现了合作医疗保障制度。山西、河南、河北等省的农村地区的农业生产合作社，率先举办了一批保健站。1955年初，山西省高平县米山乡建立了我国第一个医疗保健站，采取由社员群众出"保健费"、生产合作社公益金补助的"民社结合"（医社结合）的办法，建立起合作医疗制度，起到了让农民"无病早防，有病早治，省工省钱，方便可靠"的作用。基本做法是：1.在乡人民委员会（乡政府）的领导下，由农业生产合作社、农民群众、医生"三方"共同集资"合办"保健站。2.坚持以自愿为原则和前提，每个农民每年缴费0.2元作为保健费，免费享受预防保健服务，患者就医只交药费，免收挂号费、出诊费等。3.保健站的医生，是从农村中选拔并经卫生部门培训的"赤脚医生"。4.保健站坚持预防为主，巡回医疗，送医送药上门，医生分片负责所属村民的卫生预防和医疗工作。5.保健站的正常经费来源，主要是农业社公益金中提取15%~20%、农民自己缴费（年人均0.2元）、医疗业务收入（主要是药品利润收入）三大块；6.保健站医生的报酬，采取记工分与支付现金相结合的办法解决。这就是历史上有名的"合医、合防、不合药"的农村合作医疗制度。对此，卫生部给予充分肯定，并在全国推广。1956年6月30日，全国人大一届三次会议通过《高级农业生产合作社示范章程》，规定合作社对于因公负伤或因公致病的社员要负责医疗，并且要酌量给以劳动日作为补助，从而首次在法律层面上赋予了集体介入农村社会成员疾病医疗保障的职责，并促使农民在农业生产合作化运动中创造和开展互助合作医疗，解决农民"病有所医"的问题。同年，河南省正阳县王店乩结农庄，创办了"社（人民公社）办合作医疗制度"，其方法与山西省米山乡相同。与此同时，湖北麻城县、河南登封县、正阳县吕河店、山东商河正店等人民公社，也都办起了类似的合作医疗制度。该时期的变迁特征见图8-2。

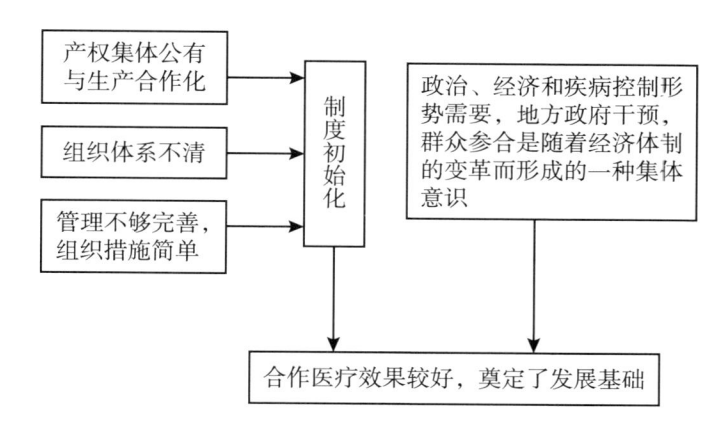

图8-2 合作医疗初建时期的特点

（三）合作医疗制度的发展（1958~1965年）

合作医疗的较快发展，始于1958年的"人民公社化"运动。1959年11月，卫生部在全国农村卫生工作会议上肯定了农村合作医疗的形式，促其进一步兴起和发展。1960年2月，中央肯定了合作医疗形式，并转发了卫生部《关于农村卫生工作现场会议的报告》，将合作医疗称为集体医疗保健制度。同年5月18日《健康报》社论"积极推行基本保健医疗制度"，肯定了这种集资医疗保健制度的办法，将其概括为："社员个人负担和公社补助相结合，统一调剂使用的办法，主要特点是社员每年交纳一定的保健费，社员看病只交挂号费或医药费，另由公社大队的公益金中补助一部分。"这对于推动全国农村合作医疗制度的发展，起到了积极作用。当年，全国已有40%的农业生产大队举办了合作医疗制度。然而，由于受"大跃进"、"人民公社化"、三年自然灾害等主客观因素的重大经济影响，合作医疗制度一度受到大的冲击，很多地方处于停顿和半停顿状态。后来，随着农村集体经济的恢复与发展，合作医疗得以回升与发展。该时期的变迁特征,见图 8-3。

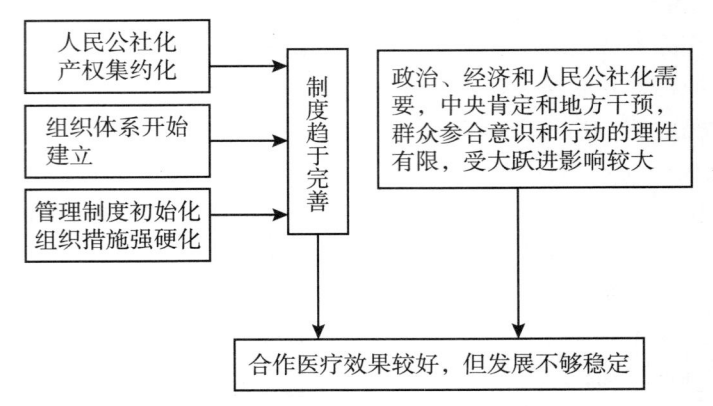

图 8-3 合作医疗发展时期的特点

(四) 合作医疗制度的高潮 (1965~1980 年)

1965 年 6 月 26 日,毛泽东做出了"把医疗卫生工作的重点放到农村去"的重要指示。1965 年 9 月,中共中央批转卫生部党委《关于把卫生工作重点放到农村的报告》,强调要加强农村基层卫生保健工作,全面普及农村合作医疗保障事业。1966 年 12 月,毛泽东批发了湖北省长阳县乐园公社办合作医疗的经验。广大农村掀起了大办合作医疗的热潮。由于当时"文化大革命"已经兴起,在政治气氛下,"搞不搞合作医疗,不仅是重视不重视农民医疗保健问题,而且是执行不执行毛主席革命路线的问题,因此很快就一哄而起,实现了合作医疗'一片红'"。[1] 全国"合作医疗遍地开花,百万'赤脚医生'茁壮成长。大批城市医务人员奔赴农村、边疆,走与工农相结合的路子。卫生工作中的人力、物力、财力的重点逐步放到农村。"[2] 据世界银行报道,当时中国的合作医疗费用大约只占全国卫生总费用的 20%,却初步解决了占当时 80% 的农村人口的医疗保健问题。到 1976 年,全国农村约有 90% 的行政村(生产大队)实行了合作医疗保健制度。1978 年,"合作医疗"被列入全国五届人大通过的《中华人民共和国宪法》,成为合作医疗产生以来的最高法律形式。1979 年 12 月 15 日,卫生部、农业部、财政部、国家医药管理总局、全国供销合作社联合发布了《农村合作医疗章程》(试行草案),对合作医疗做了进一步的规范。到 1980 年,全国农村仍然有 90% 的行政村(生产大队)继续实行合作医疗保健制度,并得到进

---

[1] 蔡仁华:《中国医疗保障改革实用全书》,中国人事出版社 1998 年版,第 344 页。
[2] 《卫生战线的深刻革命》,载于《人民日报》1975 年 6 月 26 日。

一步巩固和发展，对保障农民健康、促进医疗卫生事业发展，稳定农村社会经济等，发挥了重要的历史作用。世界卫生组织在一份报告中曾说，"初级卫生人员的提法主要来自中国的启发。中国人在占80%人口的农村地区发展了一个成功的基层卫生保健系统，向人民提供低费用的、适宜的医疗保健技术服务，满足大多数人的基本卫生需求，这种模式很适合发展中国家的需要"。[①] 因此，合作医疗（制度）、基层医疗预防保健网络（机构）和"赤脚医生"（队伍），被各界公认为解决我国传统农村医疗卫生保障问题的三大法宝，并得到国际社会的广泛重视。

人民公社时期，合作医疗制度的主要构成是：凡是人民公社的社员，都可以以户为单位参加合作医疗。每年年终分配前，公社卫生所或保健站派人到各生产队，征求社员意见，逐户登记下一年参加合作医疗的人数。对登记参加合作医疗、并能缴纳费用的社员（以户为单位），发给合作医疗证，凭证就诊。缴费标准，根据农民的生活水平和负担能力而定（一般年人均1.5~2元）。当年费用的缴纳，一般在上年年终分配时，由生产队或生产大队按照登记参加合作医疗的人员统一扣除；确有困难的，可分两次扣除；生产队或生产大队把社员的合作医疗费扣除后，及时上缴公社信用社（专账管理），不得借故拖欠；对缴费有困难的五保户和贫困户，由生产大队在公益金中酌情给予救济。该时期的变迁特征，见图8-4。

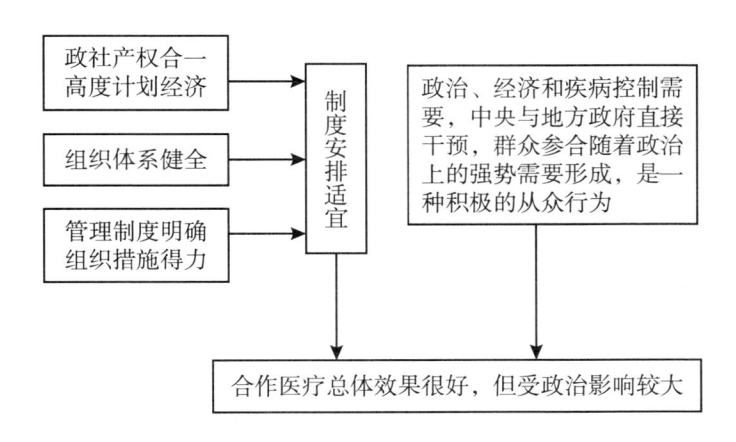

图8-4 合作医疗高潮时期的特点

（五）合作医疗制度的衰退（1980~1991年）

20世纪80年代初，随着家庭联产承包责任制的推行，乡镇一级政府的设

---

① 张琪：《中国医疗保障理论、制度与运行》，中国劳动社会保障出版社2003年版，第150页。

立，政社合一"人民公社"的取消，农村集体经济产权关系发生裂变：除了保持土地的集体所有权以外，其他权能都以承包的形式转给了农民，集体经济组织逐步解体。即使后来的"合伙制"、"合作制"、"股份制"、"股份合作制"等制度的出现，也没有改变"家庭承包经营责任制"下的"两权分离"的产权的根本特征。因而，使合作医疗制度依存于原有集体经济组织的、可以直接分配与扣除的筹资制度，丧失了基础。同时，国家财政体制的改革，变"统收统支"为"分灶吃饭"再到"分税制"等，并未真正做到"财权"与"事权"的统一与均衡。县乡财政特别是乡镇财政的困难与矛盾，已经普遍危机化，无法为包括公共卫生在内的医疗保障制度提供有效的供给。显然，原有的农村合作医疗制度，已经完全失去了可持续的经济基础与财务支持，并纷纷衰退、瘫痪和解体。据调查，全国实行合作医疗的行政村，由1980年的90%，猛降至1985年的5%，农村居民中参加农村医疗保障制度的仅占9.6%，而自费医疗占到81%。1989年的统计表明，继续坚持合作医疗的行政村仅占全国所有行政村的4.8%，自费医疗制度再次成为农村主导地位的医疗制度。[①] 广大农村居民重新陷入了"因病致贫、因贫致病"的恶性循环困境。该时期的变迁特征见图8-5。

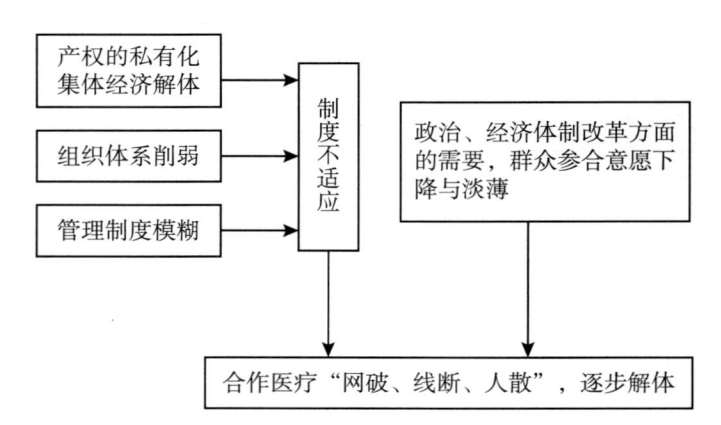

图8-5 合作医疗衰退时期的特点

（六）合作医疗制度的恢复与重建（1991~2002年）

进入90年代以后，我国政府提出了恢复与重建农村合作医疗制度，并进行

[①] 顾涛等：《农村医疗保险制度相关问题分析及政策建议》，载于《中国卫生经济》1998年，第4期；吴佩旆：《关于我国农村医疗保障的思考》，载于《计划与市场探索》2003年，第7期。

了艰难的探索。① 1991年1月17日，国务院批转了卫生部、农业部、人事部、国家教委、国家计委"关于改革和加强农村医疗卫生工作的请示"。明确提出，要"稳步推行合作医疗保健制度，为实现人人享有卫生保健提供社会保障"。1993年，中共中央在《关于建立社会主义市场经济体制若干问题的决定》中强调指出，要"发展和完善农村合作医疗制度"。1994年，国务院研究室、卫生部、农业部与世界卫生组织合作，在全国7个省14个县（市），进行了中国合作医疗制度改革的试点与跟踪研究。1996年12月，中共中央、国务院召开了新中国成立以来的第一次全国卫生工作会议上，再次强调了合作医疗对于提高农民健康、发展农村经济的重要性。江泽民同志指出："加强农村卫生工作，关键是发展和完善农村合作医疗制度，要进一步统一认识，加强领导，积极稳妥地把这件事情办好。"1997年1月，中共中央、国务院《关于卫生改革与发展的决定》再次肯定了合作医疗，并提出要"积极稳妥地发展和完善合作医疗制度"。"举办合作医疗，要在政府的支持领导下，坚持民办公助和自愿参加的原则。筹资以个人投入为主，集体扶持，政府适当支持。要通过宣传教育，提高农民自我保健和互助共济意识，动员农民积极参加。要因地制宜地确定合作方式、筹资标准、报销比例，逐步提高保障水平。预防保健保障制度作为一种合作形式应继续实行。要加强合作医疗的科学管理和民主监督，使农民真正受益。力争到2000年在农村多数地区建立起各种形式的合作医疗制度，并逐步提高社会化程度，有条件的地方可以逐步向社会医疗保险过渡"。为贯彻这一决定，同年3月，卫生部等部门向国务院提交了《关于发展和完善农村合作医疗的若干意见》。5月，国务院即予批转。对于推动合作医疗在农村的恢复和发展，起了积极作用。据1997年统计，全国农村合作医疗制度的覆盖率，由1989年的4.8%，上升到10%，但是地区之间极不平衡，主要集中在上海、江苏、广东浙江、山东等经济比较发达的东部沿海省份，其合作医疗覆盖率达到20%（中西部地区特别是贫困地区多数在3%以下，基本上没有恢复）。但与70年代后期合作医疗在农村90%的覆盖率相比，仍有很大差距。全国90%的农村要自费看病，全国有2 000多个县还没有建成初级医疗保障体系。从全国范围来看，合作医疗的恢复和重建并没有取得如期的效果。② 进入新世纪后，开始寻求"新型"农村合作医疗制度。该时期的变迁特征，见图8-6。

---

① 陈佳贵等：《中国社会保障发展报告（1997～2001）》，社会科学文献出版社2001年版，第281～284页；饶克勤等：《卫生改革专题调查研究》，中国协和医科大学出版社2004年版，第42页。
② 宋斌文等：《我国农民医疗保障的现状与对策选择》，载于《调研世界》2003年，第11期。

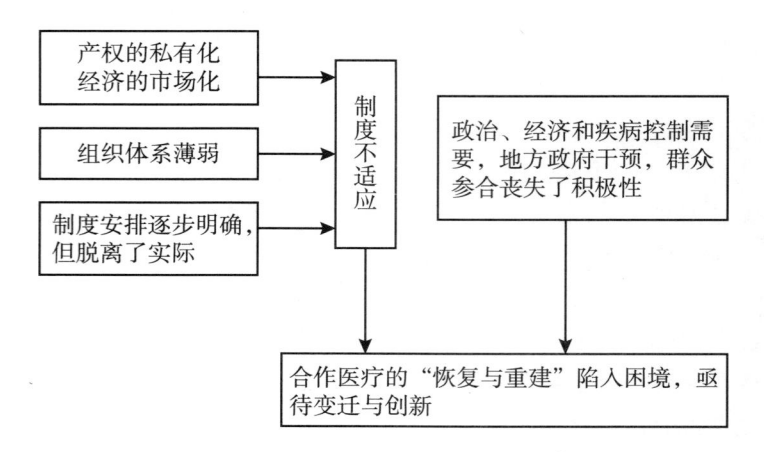

```
┌─────────────────┐
│ 产权的私有化    │──┐
│ 经济的市场化    │  │
└─────────────────┘  │    ┌──────┐      ┌─────────────────────────┐
                     │    │ 制   │      │ 政治、经济和疾病控制需  │
┌─────────────────┐  ├───→│ 度   │←─────│ 要，地方政府干预，群众  │
│ 组织体系薄弱    │──┤    │ 不   │      │ 参合丧失了积极性        │
└─────────────────┘  │    │ 适   │      └─────────────────────────┘
                     │    │ 应   │
┌─────────────────┐  │    └──┬───┘
│ 制度安排逐步明确，│─┘       │
│ 但脱离了实际    │           │
└─────────────────┘           ↓
                   ┌───────────────────────────────┐
                   │ 合作医疗的"恢复与重建"陷入困境， │
                   │ 亟待变迁与创新                │
                   └───────────────────────────────┘
```

图 8-6　合作医疗恢复与重建时期的特点

（七）合作医疗制度的创新（2002年至今）

我国农村合作医疗制度的再次兴起与创新，始于2002年10月中共中央、国务院《关于进一步加强农村卫生工作的决定》的颁布。该《决定》明文要求：到2010年，在全国农村基本建立起适应社会主义市场经济体制要求和农村经济社会发展水平的农村卫生服务体系和农村合作医疗制度；建立以大病统筹为主的"新型"合作医疗制度和医疗救助制度。2002年12月通过的《中华人民共和国农业法（修订草案）》也明确规定："国家鼓励支持农民巩固和发展农村合作医疗和其他医疗保障形式，提高农民健康水平。"2003年1月23日，国务院办公厅转发了卫生部、财政部和农业部《关于建立新型农村合作医疗制度的意见》，明确要求：从2003年起，各省、自治区、直辖市至少要选择2~3个县（市）先行试点，取得经验后逐步推开；到2010年，在全国建立基本覆盖农村居民的"新型"合作医疗制度，减轻农民因疾病带来的经济负担；农民个人每年的缴费标准不应低于10元，地方财政对参加新型合作医疗农民的资助不低于人均10元，中央财政对中西部参加新型合作医疗的农民每人每年资助10元；有条件的乡村集体经济组织应对本地新型农村合作医疗制度给予适当扶持，但集体出资部分不得向农民摊派。同时，鼓励社会团体和个人资助新型农村合作医疗制度。2003年7月，新型农村合作医疗制度试点工作在全国展开。截至2004年6月底，全国已有30个省、自治区、直辖市在310个县（市）进行了试点，其中，东部地区77个，中部地区87个，西北地区146个；覆盖农业人口9 504万人，实际参合农民6 899万人，参合率为72.59%；已有4 194.03万人次的医药费用得到了合作医疗的报销补偿，报销金额13.94亿元。这不仅减轻了农民的医药费用负担，也增加了医疗卫生机构的社会效益和经济效益。

　　新型农村合作医疗制度，是由政府组织、引导、支持，农民自愿参加，个人、集体和政府多方筹资，以大病统筹为主的农民医疗互助共济制度。与传统的农村合作医疗制度相比，"新型"合作医疗制度具有以下不同特征的创新：1. 筹资的稳定性。政府财政补助和农民个人的缴费，受制度的正式约束，至于集体的扶持以及社团与个人的资助，给不给、给多少、何时给，几乎是非正式的约束。但在正式的筹资制度约束之中，政府财政资助占主导地位（财政占三分之二、个人约三分之一），大大减少了原来集体经济支持的不确定性。2. 补偿的"保大"性。以"大病"（住院）医药费用补偿为主，兼顾"小病"（门诊）费用补偿，并且实行分级、分段、分项等补偿办法，重在"保大"，而不是解决缺医少药的原始问题。3. 参合的整体性。原则上以"家庭"为单位整体参加，可以防止一人参合、全家享受的"搭便车"行为。4. 保障的配套性。同时建立特困家庭医疗救助制度，统筹解决特困户的参合问题，以及高额费用过重者的负担问题，较好地体现了公平性。5. 管理的外在性。参合农民与医疗服务提供者之间，没有合作、合办的产权经营关系，而具有一定的"准"社会性和"准"保险性特征。6. 基金的专用性。不得从合作医疗基金中提取管理费用，经办机构的经费一律由财政供款解决，这有利于控制缴费标准，减轻缴费负担，增强基金支付能力，提高制度的效率。7. 统筹的高层性。统筹层次明显提高，不再局限于大队、村和公社，而是以县（市、区）为单位进行统筹调剂，有的地方以地市为统筹单位，仅此更能体现保险的"大数法则"，共济能力大大增强。8. 农民的被动性。新型农村合作医疗制度的安排，更多表现为政府意志的主动性、超前性、主导性，显示了制度变迁的外动力在政府，取决于政府的价值判断与政策取向，而农民更多地是处于被动员、被宣传、被引导的被动地位，尽管最终参合权由农民个人的"自愿"来决定。该时期的变迁特征见图8-7。

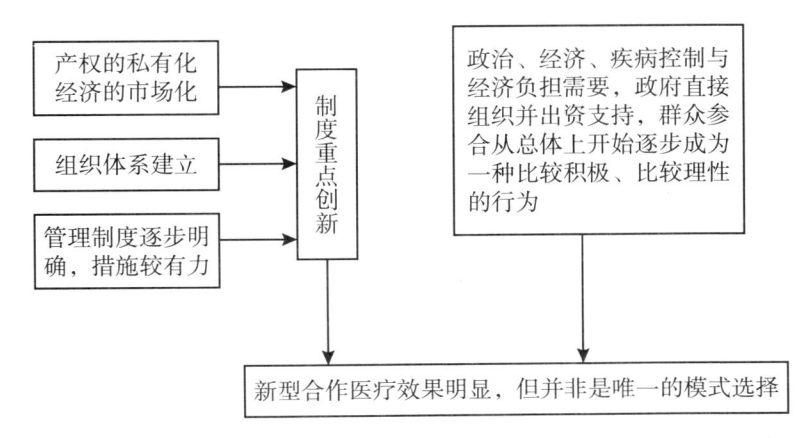

图 8-7　农村合作医疗创新时期的特点

二、农村医疗保障制度变迁的特殊性

(一) 农村医疗保障制度的约束范围与约束对象的特殊性

从经济学的角度来看,制度本身是一种产品,有制度市场,也有制度供求的均衡与非均衡。制度均衡与非均衡,都离不开制度的约束范围和对象。

中国农村合作医疗保障制度的兴衰沉浮,就是制度的均衡与非均衡的交替过程。农村医疗保障制度,作为一种制度或制度的一种,它和其他任何一种制度一样,也是一种权力和利益的分配格局。但是,它又和其他一般制度所作用的范围和对象明显不同——农村医疗保障制度不是一个制度约束多个阶层或群体,而是一个制度约束一个阶层和群体——农村居民。

农村医疗保障制度约束范围和约束对象的这种同一性或单一性(农村居民),使得农村医疗保障制度的均衡与非均衡具有明显的特殊性。农村医疗保障制度约束下的农民的利益和力量对比,似乎是农民比农民,自己比自己。尤其不同的是,中国传统的合作医疗制度,并不是国家的强制性安排,而是一种自发或自愿的一种非正式的制度安排。这一制度约束的同一性或单一性,还有自愿性,在很大程度上掩饰了制度的局限性和矛盾性。尽管农民们可能表达对制度的不满,甚至有变革制度的动机和愿望,但农民之间或本身不会因此而产生根本利益的冲突和激化,也不可能有足够的力量来对制度进行根本性的变革。这或许可以从一定意义上解释:中国农村传统的合作医疗制度,为什么在衰退没落了长达20多年时间之后才发生变革?

这种制度约束的单一性或同一性表明:该条件下的制度均衡与非均衡,可能具有长期性;内在矛盾或冲突,往往难以外在化;变迁的决定作用,往往不是制度约束对象的本身,而是国家或政府。

(二) 农村医疗保障制度变迁的多重性与混合性

制度均衡是制度稳定的基础或条件,但制度非均衡不等于制度的变迁,它只是制度变迁的必要条件,却不是充分条件。农村医疗保障制度的稳定,在理论上应具备三个条件:1. 制度的供给正好等于制度的需求(像任何其他商品市场一样,这种状况不多)。2. 与之并存的各种制度彼此协调、互补,而且不需要增加新的制度。3. 人们的利益矛盾处于温和状态,相互的力量对比处于均势。

和其他一般制度的变迁一样,对农村医疗保障制度变迁的考察与分析,也可以从内外两个方面的动因进行。制度（包括产权制度、经济体制、医疗保障体制等）属于生产关系范畴。由此展开，可以从三个方面分析：1. 农村医疗保障制度变迁的内在动因具有多重性，可以包含"根本动力"和"直接动力"两个层次。所谓农村医疗保障制度变迁的内在"根本动力"，应是经济制度（生产关系）与生产力发展（社会分工、技术变迁、人的素质提高）的内在矛盾；其内在的"直接动力"，应是医疗保障体制与产权制度和经济体制之间的内在矛盾。其基本逻辑关系是：原有的产权制度和经济体制不适应原有的生产力发展要求而进行变革，原有的合作医疗保障体制也就不可能再适应变革后的产权制度和经济体制要求。也就是说，生产力的不断发展——要求产权制度和经济体制相应变革——进而引起医疗保障体制的变革——反过来从整体上适应和促进生产力的发展，并依次循环往复。2. 农村医疗保障制度变迁的外动力，既不是单一的农民阶层，也不是单一的政府，更不是简单的成本与收益预期，而是多种主体、多种预期、多种因素综合作用的结果。3. 从既有农村医疗保障体制变迁的方式来看，既不能说是强制性的，也不能说是自发性的，而是兼有自愿性与强制性的混合模式。就新型农村合作医疗制度的推行和实施来看，政府已有明确的目标和时间要求，不是应不应该搞的问题，而是研究如何"积极稳妥"地进行的问题，这似乎是准强制性的或准正式的制度；但从参加合作医疗的对象（制度约束的对象）来看，政府不能强迫农民参合，农民是否参加、何时参加，完全是农民自己说了算，从这个意义上来看，它又似乎是准自愿性的或准非正式的制度。也正因为如此，使得现有的新型农村合作医疗制度难以定性，成为介入社会保障或社会保险与商业保险之间的混合保障模式。

按照辩证唯物主义的原理，内动力是制度变迁的根据，外动力是制度变迁的条件。但是，这种外动力的条件成熟，会受到上述农村医疗保障制度约束对象的单一性或同一性的严重制约，加之农民在社会利益集团中长期属于劣势或弱势地位，是一个弱势群体或阶层，即使农民明知利益受损、制度错位，也难以形成强大的、成熟的变迁外动力，也难以获取预期的收益（当然，这并不否认揭竿而起的影响力）。即是说，尽管农民有了变迁医疗保障制度的动力或需求，但要想变为现实，仅靠农民自身难以负责或承担，难以实施合作医疗制度的变迁，还必须由另一行为主体（即国家或政府）来发动、引导、组织和实施。尽管国家在供给制度方面具有垄断权，并不意味着它在供给制度时是随意的或可有可无的。由此，可以得出：1. 农民和政府都是农村合作医疗制度的变迁主体，在变迁中起决定作用（但关键和主要的是政府），但不是变迁的最终决定因素。2. 农村生产力发展及其相适应的产权制度和经济体制（生产关系）的矛盾变化，是农村医疗保障制度变革的最终决定因素，但不起决定作用。

第三节 对合作医疗制度解体及难以
恢复与重建根源的分析

合作医疗制度在我国建立和发展以来，在解决农村地区缺医少药、保障农民基本健康等方面取得了举世瞩目的成就。世界卫生组织在一份报告中曾说，"初级卫生人员的提法主要来自中国的启发。中国人在占80%人口的农村地区发展了一个成功的基层卫生保健系统，向人民提供低费用的、适宜的医疗保健技术服务，满足大多数人的基本卫生需求，这种模式很适合发展中国家的需要"。[①] 但是，我国的合作医疗制度经历了艰难曲折的发展：[②] 1955年合作化时产生；1958年"大跃进"、"人民公社化运动"后至1965年，伴随着经济调整处于低潮；1966年"文化大革命运动"至1982年"人民公社"解体，处于发展的辉煌时期；1983年至1992年，是合作医疗的迅速衰退期；1993年至2001年，开始恢复与重建，但阻力重重，很不理想；2002年提出建立"新型"合作医疗制度，对传统合作医疗制度进行了扬弃和创新，2003年着手试点，正在积极、稳步、有效地推进。

通过对我国合作医疗制度变迁的系统考察与分析，可以这样说：我国的农村合作医疗制度，产生于农村经济基础薄弱、生产力水平低下的社会主义原始积累时期，繁荣于农村政治挂帅第一、经济徘徊不前、生产热情压抑的"十年动乱"及其前后，衰退于农村生产力极大解放、经济实力大大增强、农民收入显著提高的改革开放期。但是，无法让人理解的是：究竟是什么力量、什么因素主宰着中国合作医疗制度的兴衰与沉浮呢？根源在哪里？对此，国内外许多学者与专家进行了许多很有价值的研究和探索。[③] 但他们研究的角度、动因和方法，并不完全相同。下面，将对已有相关研究的一些普遍观点，从制度变迁的内外因的关系角度进行重点评析，提出一些不同的初步看法。

[①] 张琪：《中国医疗保障理论、制度与运行》，中国劳动社会保障出版社2003年版，第150页。

[②] 陈佳贵等：《中国社会保障发展报告（1997~2001）》，社会科学文献出版社2001年版，第285页。

[③] 颇有影响和借鉴意义的研究是：陈佳贵等：《中国社会保障发展报告（1997~2001）》，社会科学文献出版社2001年版；尹爱田，孟庆跃等：《中国农村卫生研究》，联合国儿童基金会项目汇编，2004年6月；张琪：《中国医疗保障理论、制度与运行》，中国劳动社会保障出版社2003年版；王红漫：《大国卫生之难》，北京大学出版社2004年版；《卫生改革专题调查研究》，中国协和医科大学出版社2004年版。

一、政治因素的影响：起关键作用，但并非决定性因素

政策是达到政治目的的工具和手段，制度是实现政策目标的条件。政治目的与政治方向的改变会影响到政策的调整，政策的变化也会影响到制度的变革。但是，政治因素对农村医疗保障制度的影响只是关键性的。

有许多研究者，似乎都强调政治因素在合作医疗制度变迁中的作用。有的认为，合作医疗是"文化大革命"的产物，是毛泽东的亲自提倡导致了合作医疗的普及，"文革"结束后，合作医疗自然没有必要存在了。[1] 有的认为，合作医疗的发展，与国家宏观政策特别是关于合作医疗的政策密切相关。"文化大革命"到20世纪80年代初，毛泽东对合作医疗的提倡，是国家的"最高决策"。而改革开放之后，国家对合作医疗采取了"放任自流"的态度，合作医疗从"国家政策"变成了"地方政策"，失去了"强制性"的威力，要想和以前一样继续普及合作医疗，已非常困难，或者说几乎不再可能。[2]

本研究认为，上述因素和影响确实已经历史地存在，但对于这些因素和影响的定位是一个难以把握的问题。毛泽东的历史地位和历史影响，人民群众对他的神化与崇拜、狂热与盲从，到了极点。当时，毛泽东的话，就是最高指示，压倒一切，统帅一切。在制度变迁之中，尽管他和普通群众一样都是变迁的主体构成，但他在当时特殊的政治背景之下，又确确实实不是一般的主体成员，他起了其他一般主体成员不可比拟、无可替代的作用。这种作用，并不是针对毛泽东本人，而恰恰是这样的领袖人物。应当说，合作医疗的迅速和强力普及，领袖（毛泽东）的作用以及内在的政治因素，是关键的关键。但是，领袖人物或国家政府的意志，又不可能是合作医疗制度变迁的最终决定因素。这种决定性因素，既不是领袖的号召与指示，也不是群众的觉悟与狂热，而是当时的社会生产力发展以及由此所决定的客观存在的产权关系——集体所有、集体经营（互助合作）、集体分配，农民个人作为公社的一员，也就是集体经济组织的一员，除了劳动力自身、微量自留地、住宅之外，在经济上几乎没有任何的生产资料经营权和收益权。所以，集体利益的大小，直接决定着农民社员的利益。这种以"集体"、"公有"、"公营"为特征的产权关系，对于领袖号召和政策实施来说，似乎可以提供更有效率或效率更高的"群众性"、"集体性"、"公共性"活动的基

---

[1] 蔡仁华：《中国医疗保障改革实用全书》，中国人事出版社1998年版，第347页。
[2] 陈佳贵等：《中国社会保障发展报告（1997~2001）》，社会科学文献出版社2001年版，第286~287页。

础——产权基础。而合作医疗的建立，恰恰又是以集体经济为依托、为基础，这自然地将农民社员—集体经济—合作医疗三方融为一体，其纽带就是产权的权能和利益。否则，似乎就难以解释：为什么我国的传统合作医疗的同一政策、同一制度、同一要求，在农村产权关系变革之后却得不到同样的贯彻、同样的效果呢？由此，就可以做出这样的判断：政治因素与宏观决策，对合作医疗制度的兴衰具有关键性作用，但不是决定性作用；既不能高估政治因素的影响，更不能脱离或忽视客观存在的产权关系基础。

二、政策之间的冲突：显示了系统要素的不协调，但无力解释过去

在农村合作医疗恢复与重建的过程中，从许多方面表现出了政策之间的冲突或不协调现象，这种系统要素之间不协调的结果，通常会影响系统目标的实现。这也许是合作医疗恢复和重建难的因素之一。

但在论及政策因素对合作医疗制度的影响时，有研究者还把国家有关政策的冲突与矛盾，或政府相关职能部门之间各自为政造成的缺位、错位或越位，作为合作医疗制度难以恢复与重建的"制度根源"或"主要因素"。20世纪90年代以来，针对农民增收缓慢、提留增加、负担加重的情况，国务院、农业部等出台了一系列减轻农民负担的政策措施。在农业部等五部委颁布的《减轻农民负担条例》中，把"合作医疗"项目视为"交费"项目，并列为"农民负担"而不允许征收。这一政策与国家支持发展合作医疗的政策明显冲突，使主管者无所适从，两边为难，还得罪群众，结果导致一些恢复合作医疗的试点地区，再次放弃合作医疗制度。①

本研究认为，合作医疗的交费，是不是或应不应该作为农民负担的交费项目，作为一个问题拿出来进行研究和讨论是必要的，应当允许有不同的意见或看法。但是，在国家级的重要部门的重要政策文件当中，出现这种类型的冲突或矛盾，似乎在很大程度上难以理解和把握。尽管冲突已成事实，影响也是事实，但是，这似乎不足以将这种政策"冲突"因素视为合作医疗难以恢复或重建的"制度根源"。因为，在这种政策"冲突"出现之前的20世纪80年代，合作医疗制度的发展就一直处于受阻、受难的衰败之中。鉴此，笔者认为，国家部门政策之间的"冲突"（也许不是或本来不想明文"冲突"的），对合作医疗制度的

---

① 陈佳贵等：《中国社会保障发展报告（1997～2001）》，社会科学文献出版社2001年版，第287页；王红漫：《大国卫生之难》，北京大学出版社2004年版，第13页。

恢复与重建，确实产生了至少是消极的影响，但它并非是"制度根源"，并不是主要矛盾和障碍。真正的制度性的根源，恐怕不可能、也不应当忽视农村产权制度和经济体制的变迁与现实影响。换言之，即便是不发生上述政策"冲突"，在变革后的新的农村产权制度和经济体制之下，传统的合作医疗制度也不可能持续有效地均衡。

三、集体组织经济力量的弱化：制度自变是根本

传统的合作医疗制度，是以农村集体经济为支撑。改革之后，集体经济成了私营经济，产权公有化变成了私有化，而传统的合作医疗制度并没有相应变革，这才是合作医疗制度难以恢复和重建的症结所在。

研究者多数认为，党政不分、政企不分、政社合一，是人民公社时期的重要特征。人民公社及其下属的生产大队、生产队，作为凌驾于农民之上的集体组织，不仅拥有各种政治、经济、社会与文化权力，而且直接掌握和控制农村的各项资源，直接组织生产，直接组织收益分配。20世纪80年代，农村经济体制的改革、人民公社制度的解体，使农民对土地拥有了长期、自主的承包经营权，使合作医疗的基础——村集体经济解体，使乡村组织对农业生产与收益分配的权力大大弱化；20世纪90年代以来，随着乡镇集体企业的改制，基层社区控制的集体企业越来越少，对合作医疗等集体福利事业的支持力度下降，合作医疗也因失去经济支持降低了凝聚力，合作医疗随之滑坡。[①]

本研究认为，这种观点的本身是正确的，而且与产权制度的变迁及其影响联系了起来。但是，这种分析似乎又具有一定的局限性：似乎是以原有的合作医疗制度不变为前提的。单从筹资方面来说，合作医疗筹资原来是依赖集体组织（公社、大队、小队）、集体组织又凭借"权能"对集体生产经营的收益进行直接的分配或扣除，似乎"交易费用"为零，似乎是富有效率的安排。改革之后，农村集体产权发生了"两权分离"（这是农村经济改革的方向，是无可非议的），使集体组织失去了对生产经营和收益分配的直接控制权力，集体产权的主体发生异化或分化，一方面撤"社"改"乡（镇）"、撤"队（大队、生产队）"改"村"，实现了党政分开、政企分开，一方面出现了产权主体的多元化。简言之，改革之后，原有的"集体组织"及其可控的"权能"与"利益"，在形态上已经消失了，在本质上已经异化了。因此，可以说"集体组织经济力量的弱化"

[①] 陈佳贵等：《中国社会保障发展报告（1997～2001）》，社会科学文献出版社2001年版，第287页；张琪：《中国医疗保障理论、制度与运行》，中国劳动社会保障出版社2003年版，第155页。

是实事。如果因此而将"集体组织经济力量的弱化"当作合作医疗制度衰退及难以恢复与重建的制度根源,势必或至少会出现这样的逻辑推断:相对于合作医疗制度的不变,"集体组织经济力量的弱化"是产生"合作医疗衰退及难以恢复与重建"问题的根源;问题的解决,如果保持合作医疗制度不变的话,只有解决"集体组织经济力量的弱化"问题,强化集体组织对经济的控制力量,这在一定意义上隐含着过去导致"集体组织经济力量的弱化"的一系列改革是不必要的、甚至可能是有害的(如果继续承认"集体组织经济力量的弱化"是造成合作医疗制度衰退及难以恢复与重建的"制度根源"的话)。显然,问题的症结或根源不是在于"集体组织经济力量的弱化"这个结果,更不在于导致这个弱化结果的一系列体制改革,而恰恰在于既有的合作医疗制度,已经从根本上不适应变迁后的新型的农村产权制度和经济体制。农村医疗保障制度的出路,必须以变应变。我们不应当也不可能为了维持"传统"的合作医疗制度,而去否定农村产权制度和经济体制的正确改革。现在的"新型"农村合作医疗制度的安排,实际上已经确立了"政府"在医疗保障筹资上的重要职责和重要地位,并成为农村医疗保障制度适应农村产权制度和经济体制变革的现实选择,尽管它不是唯一。

四、农民收入变化引发医疗服务需求多元化:需求是制度改革的导向

在论述农村医疗保障制度与医疗服务需求的过程中,多数学者认为,改革开放之后,伴随着我国农村经济体制改革,农村生产力获得极大解放,农民收入水平得到明显提高,但经济发展不平衡、收入差距拉大的问题,越来越突出。而收入水平决定了农民是否有能力支付医药费及医疗卫生服务,从而进一步会影响农民的医疗服务的需求。因此,"受收入水平的影响,不同经济发展水平地区的农民就医需求有着明显的差异"。对于经济发达地区的农民,显然已不满足合作医疗制度的较低的保障水平,他们希望得到更好的保障;而贫困地区,完全靠农民自己的力量来筹集合作医疗保障资金,即使是解决最低保障也有困难,合作医疗的作用大大削弱。[①]

本研究认为,医疗保障制度的功能或主要作用,并不是解决也不可能直接缩小农民的收入差距。但是,医疗保障制度的安排实施,应当而且可以在一定程度上缓解或解决因收入差距过大而可能造成的医疗保障的不公平问题。也就是说,收入差距与由此引发的医疗需求的多元化,不是医疗保障制度所能解决或需要解

---

① 张琪:《中国医疗保障理论、制度与运行》,中国劳动社会保障出版社 2003 年版,第 156 页。

决的问题，它本身并不是导致合作医疗制度解体或难以恢复与重建的原因或根源。尽管医疗需求多元化对传统的合作医疗制度来说有影响，甚至是一种挑战，但我们似乎也不能相信：如果医疗需求是相同的，合作医疗制度的作用就不会大大削弱。需要我们研究和关注的应当是，面对收入差距及其引发的医疗需求多元化这个现实（市场经济越发展、产权主体越是多元化，这种情况就可能越有持续性），如何从多层次、多角度上去改进和创新既有的"传统"合作医疗制度。因为，医疗需求多元化是客观的、长期的趋势。

五、合作医疗制度本身的缺陷：制度难以生存的要害所在

农村产权制度和经济体制改革之后，传统的合作医疗制度暴露出许多不足或缺陷。研究显示，主要集中在三个方面：1. 筹资主体缺位。一致认为，失去集体经济组织以后，合作医疗的经费主要来源于农民，国家对合作医疗制度没有投入，地方政府对合作医疗的财政支持有限，但向农民集资不如利用集体公益金容易，使得合作医疗的筹资能力下降。2. 补偿重点错位。改革以后，农民医疗保障的主要问题不是过去的"缺医少药"，而是大额医疗费负担超重。不少农民觉得，合作医疗大问题解决不了，小伤小病即使不参加合作医疗自己也能掏得起，而且看病也自由方便（省时又省力），合作医疗给予的实惠并不大。补偿低水平、保小不保大的模式，使传统合作医疗制度脱离农村发展后的实际，对农民缺乏吸引力。3. 统筹层次不高。原有的农村合作医疗的统筹范围比较小，一般以村、乡为单位集资管理，社会化程度低，基金规模小，共济能力差，保障水平低，抗风险能力弱，进而，影响了农民参合的积极性，并导致恶性循环。

本研究认为，研究探求我国合作医疗制度兴衰与沉浮的原因，对外在条件和环境变化情况的分析，并不是终极目的，它只是一种解决问题的路径或手段，目的就在于剖析传统合作医疗制度自身及制度之间的非均衡，并加以修正与完善。无论是筹资主体缺位、补偿重点错位，还是统筹层次不高，都是合作医疗制度自身（相对于其他制度条件而言）的软肋或要害，而且，对于传统合作医疗制度的恢复与重建来说，这三条几乎条条致命。新型农村合作医疗制度的试点，之所以能够积极、稳妥、有效地展开，紧紧抓住上述三条不放，起了不可替代的作用。当然，新型的合作医疗制度也有不足之处。

六、管理问题导致信用危机：制度的吸引力降低

除制度自身的缺陷外，制度的配套措施建设不到位或执行不力，也是导致制

度运行不畅或流产的主要原因。制度的运行不畅，多表现在制度的管理不规范上，管理的不规范必然导致受益人群的不公平，不公平现象会逐步降低制度对参合人群的吸引力。

在合作医疗的管理方面，一直有很大的漏洞。① 主要表现在：1. 缺乏计划性和科学性。筹资大多是根据大队不同情况确定，缴费水平很低，而医疗支出时免费的项目过多，基金收不抵支，难以为继。2. 缺乏公正性和严肃性。在享受医疗保健服务方面，有时村干部及其家属搞特殊化，多拿药、拿好药、过度消费，村民只能吃次药；在缴费上，干部及其家属还带头欠费，在农民心目中合作医疗成了"群众交钱，干部吃药"，丧失了对合作医疗制度公平的信心。3. 管理人员挪用基金谋私利，损害了参保农民的利益。4. 医务人员作风不正，技术水平不高。5. 财务管理不民主，收支账目不公开。

本研究认为，上述"信用"危机影响之大，足以使合作医疗制度失去群众基础，特别是对于"坚持农民自愿参加"为重要原则特征的合作医疗制度来讲，尤为重要。政府越是重视、越是加强引导和宣传，群众的"逆反"心理越重，越感到里面可能"有鬼"，因为"在农民这一社会下层的亚文化里，对政府的不信任在20世纪90年代以来有了很明显的加强。"② 可以想象，在失信于民的状态之下，在参加合作医疗的人们之中，究竟有没有被迫和无奈？究竟是自愿还是服从？为什么同一制度，在同样的经济基础条件下，会有大不一样的效果，这与实施制度的组织层和管理层的管理水平、运作模式、驾驭能力等，不可能没有密切的关系。当然，这与强调制度安排的科学性、可行性和合理性并不矛盾。

除上述原因之外，我们认为，我国合作医疗制度衰退解体之后难以恢复与重建，还有医疗费用增长过快的压力、农村医疗卫生服务体系建设等问题，这些问题已有较多研究且问题都已明确，本研究在此不再进行赘述。但是，就其制度安排而言，还有两点极其重要：

其一，理论上忽视了合作医疗制度与产权制度和经济体制之间的关系，实践中选择了不适宜的体制模式，陷入了"恢复"与"重建"的困境。

从合作医疗制度的产生、兴起、发展、高潮，到它的衰退、解体，再到恢复与重建，直至新型农村合作医疗制度的试点，合作医疗制度的整个变迁过程，与农村产权制度和经济体制的安排与变迁，无不自始至终有着千丝万缕的联系。在我国，不同的历史发展（生产力）阶段，农村的经济体制不同（产权制度是核心），而不同的农村经济体制，又催生了不同产权关系特征的农村医疗保障

---

① 张琪：《中国医疗保障理论、制度与运行》，中国劳动社会保障出版社2003年版，第156页。
② 邹珺：《强制和自愿：农村合作医疗制度实施中的抉择之一》，载于《百度快照》2003年1月15日。

制度。

新中国成立初期土地改革的胜利，使占全国农业人口总数的 60%～70% 的无地或少地的农民，无偿获得了约 7 亿亩土地、农具等生产资料，并且免除了过去每年向地主缴纳的 700 亿斤粮食的超重地租。[①] 这可以视为我国农村产权制度的第一次变革——农民从无地无权，到拥有土地的所有权和经营权。这极大地调动了农民的生产积极性，农业生产快速发展。1952 年底，全国完成了国民经济恢复的任务。

1953 年，进入社会主义过渡时期，对农业进行社会主义改造，建立农业合作社。直到 1955 年 10 月以前，农业社会主义改造的重点主要是发展初级社。在初级农业合作社时期，农民（合作社社员）把自己拥有的土地（经营权）交给（入股）合作社统一使用，合作社按照社员入社土地的数量和质量，从每年的收入中付给社员适当的报酬，但入社农民仍然拥有土地的所有权，只是将土地的经营使用权与所有权进行分离，并统一由合作社集体行使，同时，农民还拥有土地的处分权，退股自由，退社时可以带走入社时带来的土地（经营权），如果原土地（经营权）不能退出，则可以用其他土地（经营权）代替，或给予经济补偿。可见，初级农业合作社的进行，引发了农村产权制度的二次变革——土地由农民所有、农民经营转变为农民所有、集体经营，使农村土地产权制度具有了半社会主义的性质。

1955 年 10 月 4 日，中共七届六中全会通过的《关于农业合作化问题的决议》提出：已经基本实现半社会主义合作化的地方，要根据生产需要、群众觉悟和经济条件，由少到多，分批分期地由初级社转变为高级社。之后，农业合作化运动转入以建设社会主义性质的高级农业生产合作社为中心。[②] 高级农业合作社时期，废除了土地私有制，土地由农民所有转变为农业合作社集体所有，在"社"的集体范围内实现了所有权面前的人人平等，不存在个人股份，土地由集体统一经营使用，全体社员参加集体统一劳动，按劳动的数量和质量进行分配。从初级社到高级社的发展，出现了农村产权制度的三次变革——土地由农民所有、集体经营转变为集体所有、集体经营，农村的土地制度完全具有了社会主义的性质。

在高级农业合作化之后，在农村地区又开始建立人民公社。人民公社是将若干高级合作社联合而成，它将原高级合作社划分为若干生产大队和生产小队，使集体的规模和经营范围更大、公有化的程度更高，即所谓的"一大二公"；不仅如此，人民公社还是"政社合一"、"工农商学兵合一"的一种组织，实质是将

---

①② 陈海秋：《改革开放前中国农村土地制度的演变》，载于《宁夏社会科学》2002 年，第 5 期。

政权组织、社会组织、经济组织合为一体，从而形成了政治、经济、社会高度集中统一的管理体制。通过人民公社化运动，原属于各农业生产合作社的土地和社员的自留地、坟地、宅基地等一切土地，连同耕畜、农具等生产资料以及一切公共财产、公积金、公益金，都无偿地收归公社所有。公社对土地进行统一规划、统一生产、统一管理，分配上实行平均主义。由于指导思想上的失误，人民公社制度一味强调生产关系变革，盲目追求"一大二公"，不仅扼杀了个人利益的基础，而且实行"一平二调"，也损害了各个生产集体（生产大队和生产小队）的群体利益，完全脱离了当时农村生产力发展的客观实际，严重挫伤了农民的生产积极性，破坏了农业生产的发展。所以，从60年代初，开始对人民公社进行调整，确定人民公社实行以生产队为基础的三级所有制，恢复农民的自留地和家庭副业；取消公共食堂和部分供给制。这时候的农村土地所有制为"三级所有、队为基础"，生产队范围内的土地，都归生产队所有，生产队所有的土地，包括社员的自留地、自留山、宅基地等，一律不准出租和买卖。土地经济规模已经基本退到高级社阶段的水平，生产经营和收益分配实现了统一，一定程度上克服了生产队之间的平均主义，解决了集体经济长期以来生产和分配的矛盾。[①] 但是，由于主要的所有权和经营权集中在社队手里，对劳动者缺乏高效的激励机制，越来越束缚生产力的发展，阻碍劳动生产率的提高，抑制国民财富总量的积累。农民作为社队的一员，他们基本没有独立的经济地位，基本没有独立的生产经营权和剩余劳动支配权，因而，"均贫富"对于社员来讲是自觉地，也是不自觉地，有时甚至是消极的，或者说是被动的，但当时的农民还没有足够的意识和力量来变革或退出。一直延续到1978年。

从合作医疗的诞生、兴起与发展来看，它源于合作化，依附于合作化，适应于合作化。自愿、互助、合作、共济、集体等特性，不仅仅是合作化的产权特征，也是合作医疗制度的基本特征。也许合作化并非是合作医疗制度产生的充分条件，但是，合作化已经在事实上成为合作医疗制度产生的必要条件。可以说，合作医疗制度不仅有赖于合作化、依附于合作化，又似乎是整个广义合作化制度的一个不可或缺的系统构成。合作化可以独立于合作医疗制度存在与发展，但是，合作医疗不可能离开合作化。不过，有了合作医疗制度，合作化似乎更有生机与活力，似乎更加完美。可以进一步地说，合作医疗制度，就是"合作化的"集体医疗制度，或者说是一种"合作性质的"集体医疗制度。尽管具体办法有所不同，但这种基本特性没有或基本没有大的变化，直到人民公社化的结束。

虽然合作医疗制度萌芽于抗日战争时期的医药合作社，但是，"合作医疗制

---

① 陈海秋：《改革开放前中国农村土地制度的演变》，载于《宁夏社会科学》2002年，第5期。

度是随着农业互助合作化运动的兴起而逐步发展起来的。"① 在农业合作化之前，医药合作社只是作为一种医疗卫生机构而存在，并不是真正的农村医疗保健制度，而合作医疗制度的最早形态是农业合作社的保健站。保健站与医药合作社不同，它是由农业合作社发动群众集资举办的，是隶属于农业合作社的公益性福利事业单位，是为解决本社社员的医疗保健问题而建立的，并且通过收保健费的办法，对本社社员实行一定程度的医疗保健，这就是合作医疗保健。不过，在开始阶段，合作医疗是以生产大队为单位实施的，社员看病的药费由生产大队统一支付或给予一定比例的报销；医生的报酬由生产大队记工分解决，参与集体收益分配和口粮分配。到了人民公社化以后，合作医疗又以公社为单位，统一实行全额包干医疗，社员看病不花钱，由公社从集体经济中开支。但由于当时集体经济比较薄弱，这种医疗费用全部包下来的办法，执行起来困难很大，不得不进行了调整：由每人每月交 0.15 元做股金，看病挂号费自付，门诊药费从合作医疗费中开支七成，住院的药费全部由合作医疗负担。

20 世纪 70 年代末 80 年代初，中国农村产权制度发生第四次变革——实施土地的所有权与经营权"两权分离"，推行家庭联产承包经营责任制，废除人民公社制。家庭联产承包经营责任制，实行统一所有与分散经营相结合，改变了人民公社时期的集中经营、集中劳动、集中分配的管理机制。这种统分结合的产权制度，坚持了基本农业生产资料（土地）的集体所有制的根本性质，体现了所有权面前的平等性，明确了责权利关系；同时，随着"政社合一"的人民公社改建为乡（镇）政府和村级自治组织，土地的集体所有权事实上变为村民集体所有。进入 90 年代以后，我国政府又提出建立社会主义的市场经济体制，土地承包期到期后再延长 30 年，从而使承包者对土地的合法使用拥有更大的自主权，为土地（使用权）的入股、转让、转租等市场化经营，奠定了制度基础。② 股份合作制，作为一种新型的产权经营管理制度，普遍兴起，进一步推动了农村经济发展，增强了农村经济总体实力，提高了农民的总体收入水平。但与此同时，原有的合作医疗制度却在逐步衰落，每况愈下。问题的主要原因就在于：传统合作医疗制度的基金收益权（筹资的公共权利），不是独立于农村集体经济组织的收益分配权之外，而是从属于或依附于集体经济组织；农村经济市场化从原来几乎都是计划经济即市场化几乎为零，到不断提高市场化程度，到政社分开、政企分开，这与农村土地及其他生产要素不断非公有化的产权制度改革高度相关，但在农村产权制度和经济体制变迁之后，原来带有"从属性"或"依附性"的合作

---

① 夏杏珍：《农村合作医疗制度的历史考察》，载于《当代中国史研究》2003 年，第 5 期。
② 王树春：《中国农村集体经济制度变迁的历史及其趋势》，载于《天津商学院学报》2003 年，第 1 期。

医疗制度并没有适应性的调整与变革，一味地进行"恢复与重建"，似乎是典型的"刻舟求剑"。

更为遗憾的是，对于产权制度与医疗制度之间的这种相关性的隐性变化，当时人们并没有高度重视（也许没有从根本上意识到），有十多年的时间，合作医疗制度处于准放任自流状态；后来，在提出发展和完善农村合作医疗制度的同时，又可能不确切地估计和判断了形势，以至于选择了"恢复"和"重建"合作医疗制度的策略，并且强调筹资以个人投入为主，集体扶持，政府适当支持。其实，"筹资个人投入为主"，与"恢复"大相径庭。至今，对于"筹资个人投入为主"的提法，似乎难以找到富有解释力、说服力或权威性的理论依据、法律依据或政策依据。似乎在市民与农民的医疗保障上，有一种"莫名"的偏好。不仅如此，在农民缺乏有效医疗保障制度"呵护"的同时，对农村医疗服务供给却实行了"市场化"改革，本应该由政府承担的农村公共卫生服务职能部分被逼向市场，村卫生室个体化，乡镇卫生院为生存而不得不进行"准市场化"。但由于乡镇卫生院条件因素（失去了政府的有力支持）和市场竞争的劣势，功能越来越弱，农民不得不绕过乡镇卫生院到县及县以上大医院就诊。"看不见的手"左右了医疗市场，名义上"不以赢利为目的"，实则都"以赢利为导向"（根源不在医疗机构本身，而在于医疗产权制度和财政补偿制度，赢利的多少与医院及其职工正相关），医疗收费水平越高，对医院的赢利越有利，而对农民越糟糕。这种"求"与"供"医疗体系的扭曲，要想实现合作医疗的"恢复与重建"，难以置信。

合作医疗"恢复与重建"的失败，逼迫制度的转向与创新。2002年，国家又提出建立"新型"农村合作医疗制度，政府终于开始了带有实质性的和主导性的介入与支持。虽然还保留"合作"二字，但应该说已经发生了质的变革（至少是部分地质变）：既没有"合作性"，也没有"集体性"，而是带有一定的"社会性"。

其二，新型农村合作医疗制度坚持"自愿性"原则，意味着民主与自由，意味着农民自己说了算，意味着某种随意性。这会有几种可能与结果：

1. 对于有较多收入且收入稳定的农民来讲，他们有支付能力，但是否参合又取决于不同的心理权衡：如果预期个人未来健康风险不大，一般不会参加；如果预期将来健康风险较大、而且现在可以承受的交费能够解决未来较大疾病风险负担的话，可以参加。但是，原有的合作医疗不是以大病统筹为主（多数是基本的或小额的补偿），因此，参合的迫切性和必要性不大，动力不足，一般不会参加；如果预期个人积累的增值大于疾病的风险负担，自我补偿能力较强，参合的积极性也不大。

2. 对于收入不多且不够稳定的一般农民来讲，心态比较矛盾：如果预期健康风险较大，一般有参加的意愿，但交费有压力；如果预期健康没有风险或风险很小，一般也不会有明显的参合意愿。

3. 对于没有交费能力的"五保户"和"低保户"等贫困家庭来讲，这类人群的健康风险往往较大，他们一般是想参加，但没有能力交费。当然，政府、社会和个人可以给予一定的救助。

4. 也有不少人，有一个共同的心态：对于合作医疗的组织者、管理者、经办者的管理和营运，表示怀疑，缺乏信心，甚至具有较强的"逆反"行为，拒绝参合。

"自愿性原则"，是私人医疗保险区别于社会医疗保险的一个重要特征。通常认为，私人医疗保险是自愿的。但是，中国的农村医疗保障的事实证明，自愿的未必就是私人性质的商业保险，而且，中国的合作医疗制度既不是私人的，也不是保险。尽管也有财政的部分资助（对传统合作医疗是极少量的）、有政府的组织与引导，但它又没有受法律保护和支持的强制性，因此也就不能说它是一种社会保险。即使新型合作医疗制度，尽管政府资助在筹资中占大头，尽管国家提出到2010年新型农村合作医疗制度要基本覆盖全国，也尽管在各级政府及卫生行政部门、公共医疗机构建立了相关的管理机构和经办机构，也不能因此说"新型农村合作医疗制度"是一种社会保险，因为还是"坚持农民自愿的原则"。这也许就是中国特色的农村医疗保障制度的两难选择：自愿与强制。

就信息不对称理论看，"自愿性原则"的医疗保健制度也会出现"失灵"或"低效"。在医疗保险市场上，保险人和被保人之间的健康信息不对称，而保险人无法将高风险与低风险人群区分开，所以只能根据所有人群的平均风险来确定保险费率。在这种情况下，高风险人群愿意购买医疗保险，而低风险人群不愿意购买。于是逆向选择就导致出现购买保险人群的片面性，保险机构由于赔付率过高而面临亏损破产的危险。为了防止出现这种情况，保险机构将会提高保险费率，但是这样只会使更多的低风险人群退出保险，于是出现市场失灵。对于美国约4 000万人没有参加医疗保险的情况，美国卫生经济学家福克斯认为，合乎逻辑的解释只有两种：要么，是因为他们一贫如洗或身患重病，因而没有支付相应昂贵的医疗保险费的能力；要么，他们有能力支付但是不愿意。这种情况下，一个国家要想实现普遍性保险，对于前者，政府要给予补贴；对于后者，政府要给予强制，两者缺一不可。[①] 当今中国农村，迫切需要

---

① 邹珺：《强制和自愿：农村合作医疗制度实施中的抉择之一》，载于《百度快照》2003年1月15日。

普遍实行医疗保障制度，但反观我国农村合作医疗制度的恢复、重建与创新之艰难与困惑，坚持自愿性原则，或许会对政府补贴与强制的有效组合，大打折扣。

　　同时，也应当明确："合作医疗不成功并不代表农村不需要卫生保障制度，我们面临的问题是具体制度的选择问题。"①

---

① 王红漫：《大国卫生之难》，北京大学出版社2004年第1版，第346页。

第九章

中国义务教育财政体制改革

中国自从 1986 年颁布实施《义务教育法》以来,义务教育取得了迅速的发展。义务教育的经费除了政府财政拨款以外,还有多种来源途径,形成了多渠道筹资的义务教育制度,然而这造成了严重的问题,使得义务教育制度难以真正全面实行。本章从中国义务教育经费来源制度入手,讨论了中国义务教育财政体制改革的问题,提出改革多种来源渠道,建立单一财政资金来源的义务教育制度,进而提出了完善中国义务教育财政体制的构想。

第一节 中国义务教育经费的来源与管理

一、中国法定的义务教育经费来源

(一)政府财政拨款

1986 年颁布的《中华人民共和国义务教育法》第十二条规定,"实施义务教育所需事业费和基本建设投资,由国务院和地方各级人民政府负责筹措,予以保证","地方各级人民政府按照国务院的规定,在城乡征收教育事业费附加,主要用于实施义务教育"。1992年颁布的《中华人民共和国义务教育法实施细则》第二十八条重申:"实施义务教育所需事业费和基本建设投资,由国务院和地方各级人民政府负责筹措。用于义务教育的财政拨款的增长比例,应当高于财政经常性收入的增长比例,并使按在校学生人数平均的教育经费逐步增长。"

因此,中国法定的义务教育经费来源首先是各级政府的财政拨款,如果与我国的预算管理方式相联系,则主要指政府预算内的财政拨款。

根据2000年的统计资料,我国目前属九年义务教育的初中、普通小学合计有在校生1.93亿人,占各级各类在校生总数的78%。财政为此支付的义务教育经费为:

表9-1　　　　　全国义务教育财政拨款的数量及比重

年份	预算内义务教育拨款数(亿元)	预算内拨款占义务教育经费总量的比重(%)
1995	548.00	53.29
1996	655.00	54.05
1997	734.00	54.04
1998	829.00	52.95
1999	947.00	52.15
2000	1 085	52.02
2001	1 379.39	53.42
2002	1 695.38	54.44

资料来源:上海市教科院发展研究中心:"2000~2002年全国教育经费进展情况分析",《教育发展研究》2004年第3期,根据1996~2002年《全国教育经费执行情况统计公告》等资料整理计算得出。

从表9-1看出,我国义务教育经费中,财政拨款的比例只占全部义务教育经费的一半多一点,即使在2002年政府加大财政投入的情况下,也只达到54.44%,这不仅无法与发达国家相比,而且与我国情况类似的印度也相差甚远。

(二)政府依法征收的地方教育费附加

这是国家为发展基础教育而制定的一项特别扶持政策。全国对城市教育费附加一律按照增值税、营业税、消费税3%计征,对农村教育费附加则统一为按上年农民人均纯收入的1.5%~2%征收。教育费附加已经成为义务教育经费的第二大财政性资金来源。

第二十九条规定了教育费附加的管理办法:"依法征收的教育费附加,城市的，纳入预算管理，由教育主管部门统筹安排，提出分配方案，商同级财政部门同意后，用于改善中小学办学条件；农村的，由乡级人民政府负责统筹安排，主要用于支付国家补助、集体支付工资的教师的工资，改善办学条件和补充学校公用经费等。"其中，城市征收的教育费附加已经纳入预算内，被统计在政府的财政拨款之内。

（三）属于国家财政性质的其他经费支出

包括厂矿企业营业外用于中小学的经费、学校勤工俭学减免税部分等。义务教育法规定，"社会力量举办实施义务教育学校的事业费和基本建设投资，由办学单位或者经国家批准的私人办学者负责筹措"，"学校的勤工俭学收入，部分应当用于改善办学条件"。

（四）社会集资收入。包括各种社会捐资、集资等

义务教育法中，"国家鼓励各种社会力量以及个人自愿捐资助学"。《中华人民共和国义务教育法实施细则》第三十条规定："实施义务教育的学校新建、改建、扩建所需资金，在城镇由当地人民政府负责列入基本建设投资计划，或者通过其他渠道筹措；在农村由乡、村负责筹措，县级人民政府对有困难的乡、村可酌情予以补助。"

（五）学杂费收入

《中华人民共和国义务教育实施细则》第十七条规定，"实施义务教育的学校可收取杂费。收取杂费的标准和具体方法由省级教育、物价、财政部门提出方案，报省级人民政府批准"，"不得向学生乱收费"。

义务教育经费各种渠道筹集经费所占的比重如表9-2所示。

表9-2　　　　全国教育经费总收入（来源）构成（1989~1995年）

年份	财政预算内教育经费拨款	各级政府征收用于教育税费	企业办学校经费	校办产业勤工俭学及社会服务用于教育	其他财政性教育经费	社会团体及个人办学	社会捐集资	学杂费	其他收入
1995	54.76	10.07	5.59	4.09	0.65	1.08	8.67	10.72	4.37
1994	59.38	8.92	5.99	4.08	0.55	0.72	6.55	9.87	3.90

续表

年份	财政预算内教育经费拨款	各级政府征收用于教育税费	企业办学校经费	校办产业勤工俭学及社会服务用于教育	其他财政性教育经费	社会团体及个人办学	社会捐集资	学杂费	其他收入
1993	60.80	9.49	6.14	4.68	0.77	0.31	6.62	8.22	2.97
1992	62.13	10.13	5.59	5.39			8.03	5.07	3.66
1991	62.82	10.27	5.83	5.09			8.59	4.42	2.95
1990	64.83	9.63	5.83	4.70			7.98	4.21	3.02
1989	66.88	8.75	5.25	4.73			5.74	4.61	4.04

资料来源：《中国教育经费年度发展报告》，高等教育出版社 1989～1996 年版。

二、多渠道筹资制度的建立与发展

教育部原副部长张保庆指出，在改革开放以后，我国在解决教育经费投入的思路方面，实现了由一元向多元的转变。他认为，在十一届三中全会以后，随着改革开放的深入，逐步认识到在我们这样一个经济欠发达的国家，要举办并发展全世界规模最大的教育，单靠国家的投资是绝对行不通的。于是从中央到地方的各级教育行政部门，开始从穷国办大教育这一国情出发，探索扩大教育经费投入的新途径，并逐步完成了由一元的政府投资，向由国家、社会、学校、集体与个人多元投资方向的转变。基础教育经费的多渠道筹集制度在 1985～1992 年逐渐形成，"这一阶段的实践证明，在发挥国家财政投入主渠道作用的同时，通过多渠道筹措教育经费，是符合我国国情发展的一条成功之路"（张保庆，1999）。由此在 20 世纪 80 年代后期逐渐形成，而且在基础教育经费中，政府财政投资之外的投资，即预算外资金的数量逐年增加。

表 9-3　　　　　1986～1991 年预算外基础教育经费来源　　　　单位：亿元

年份	1986	1987	1988	1989	1990	1991
总计	73.96	87.64	119.22		233.03	218.98
教育费附加	17.15	26.40	34.49	51.79	63.51	75.43
社会集资、捐资	15.95	16.24	24.63	35.78	52.64	63.40
厂矿企业用于中小学的经费	18.00	20.00	23.00		38.45	

续表

年　份	1986	1987	1988	1989	1990	1991
学杂费收入	10.56	10.99	16.32	28.12	27.74	36.10
用于办学的勤工俭学支出	7.00	9.00	13.09	17.88	30.98	22.68
其他投入	5.30	5.01	7.69	15.82	19.91	21.37

资料来源：历年《中国教育年鉴》，人民教育出版社。

自1992年以来，"这一时期的重点是进一步健全完善多渠道筹措教育经费，……并把这种机制用法律的形式确定下来"（张保庆，1999）。1985年，《中共中央关于教育体制改革的决定》规定基础教育经费主要来源于三个渠道：即政府对义务教育的拨款、社会对基础教育的投入和个人负担的教育费用。1986年的义务教育法和1995年通过的《教育法》都确认了这一政策：（第五十三条）国家建立以财政拨款为主、其他多种渠道筹措教育经费为辅的体制，逐步增加对教育的投入，保证国家举办的学校经费的稳定来源。

尽管政策表明，在21世纪相当长的时间内，应当进一步强化政府在义务教育经费负担方面的责任与行为，但义务教育制度如何与多渠道筹资制度协调，显然是我国一直没有解决的问题。

自20世纪80年代以来，我国开始发展商品经济，并在20世纪90年代初确立社会主义市场经济的发展方向，整个社会的经济体制由计划经济体制向市场经济体制转轨，在这个过程中，我国大力发展市场经济，建立公共财政制度。在这个转轨的过程中，义务教育经费的财政预算管理制度外供给的分析可以分两个阶段：第一阶段为20世纪90年代初以前。在这一时期，商品经济的发展还处于初级阶段，计划经济还占较大比重，企业作为自负盈亏市场主体的地位还未确立，因此，在政府的多渠道筹资政策鼓励下，企业和勤工俭学支出有了很大增加，在政府财政收入之外还有相当一部分集体经济支持着义务教育的资金供给。但这一时期利益主体的分化尚不明显，因此，多渠道的义务教育筹资得到了高度评价，由此引起的社会矛盾也不明显。第二阶段是20世纪90年代中期后，随着市场化的程度提高、范围普及，政府与市场的分工越来越明显，在建立现代企业制度的过程中，要逐步分离企业办社会的职能，企业办的中小学逐步移交地方政府管理，如表9－4中，企业举办学校的机构数和在校学生数都在逐年下降，企业的拨款数在教育经费中的比重也在下降，甚至绝对数也在下降，如果政府教育部门能够更好地接收企业的这部分学校，其下降速度将更快。同时在财政性资金中，学校的勤工俭学资助教育经费的能力下也在下降，2003年普通初中和小学的勤工俭学收入只有20多亿元，与1990年的绝对数额相当，其所占的比重显然就更低了。

表9-4　　　　　　基础教育中企业办学经费的变化

年　份	学校数	学生数	企业拨款数
1999	13 255	6 201 140	5 648 691
2002	10 283	5 356 560	5 641 986
2003	8 946	4 904 095	5 503 866

资料来源：《中国教育经费统计年鉴》，1999年、2002年、2003年，中国统计出版社。

这样，在预算外管理的基础教育财政性经费中，主要是通过各级政府的税费来筹集的，这部分税费包括城市教育费附加、农村教育费附加，至1995年，又以法律形式规定："省、自治区、直辖市人民政府根据国务院的有关规定，可以决定开征用于教育的地方附加费"。因此，20世纪90年代这三项教育附加是政府预算内拨款之外的最主要的基础教育经费来源。除此之外，义务教育经费的来源就基本上集中在社会集资、捐资以及学生交纳的杂费上了。各种表格的数据都表明，义务教育阶段学生缴纳的杂费在义务教育经费中的比重是逐年上升的。集资的情况如表9-5所示。

表9-5　　　　义务教育基本建设投资资金来源　　　　单位：万元

年份	总计	政府投资	学校自筹	个人集资	自筹与集资的比重
1998	3 163 439	193 602	535 531	697 402	38.97%
1999	3 273 705	325 863	740 688	621 294	41.60%
2001	4 092 673	664 616	1 209 113	495 884	41.66%
2003	6 026 491	1 226 017	2 262 523	276 400	42.13%

资料来源：《中国教育年鉴》2004年；《中国教育统计年鉴》，1998年、1999年、2001年。

从表9-3和表9-5中看出，集资部分不仅在20世纪90年代之前是增加的，在20世纪90年代以后绝对数量是增加的，而且在义务教育阶段的基本建设投资中的比重也是增加的。因此，在多渠道筹集经费的制度实行了二十年以后，义务教育经费的来源已经由原来的财政拨款、征收用于教育的税（费）、对学生收取的杂费、发展校办产业、支持集资办学和捐资助学、建立教育基金（简称为"财"、"税"、"费"、"产"、"社"、"基"）六条来源渠道筹集资金，变成了主要通过财政拨款、征收用于教育的税费、学生的杂费和社会捐资、集资等来源渠道。

基础教育经费来源渠道的变化是与市场经济的发展相关的，市场化程度的进展，各利益主体逐渐分化、明确，原来处于中间地带的集体经济性质或者产权不太明晰的经费、单纯依靠财政优惠政策在市场经济初期发展的校办产业等筹集的经费，随着市场经济的发挥都会逐渐减少，而市场与政府的分工却需要日益明确。义务教育正是在市场经济条件下确定的政府职能，因此，应该来源于政府的财政资金，而市场中的资源产权逐渐得到明确，社会的资源基本分为两大类，即由政府管理的公共资源和有明确产权的社会资源。此时，如果需要在财政资金以外筹集经费，相当部分都是对具有独立私人利益的居民个人的筹资。在这种情况下，合理的利益分配就显得尤为重要。

基础教育经费多渠道的政策在农村引起的问题尤其明显，在农村，20世纪80年代之后的多渠道筹资政策只是原来计划经济时期二元经济格局下政策思路的延续（李祥云，2002），因为在20世纪50~60年代我国就强调"我们的原则是两条腿走路，不是一条腿走路"。在二元经济下，农村长期被隔离于工业化之外，农村的公共产品主要在农村范围内独立提供，农村社队的办学以集体负担为主，个人负担少量学杂费，国家财政给予必要的补助。在人民公社时期以集体负担的社队办学，主要通过各级集体经济组织筹集管理费、公积金和公益金的形式供给，另外，还有大量的义务劳动力，教育事业分摊的人力成本主要是新建和维修学校、补助民办教师等。因为大部分公社没有建立起真正意义上的一级财政，所以这部分资金是在政府财政制度之外由农村集体经济承担的经费，实际上就是民办学校。在20世纪80年代人民公社体制撤销之时，乡镇财政正式建立，成为国家财政的组成部分。农民个人与乡镇政府成了两个相互独立的不同的利益主体。义务教育在农村由集体经济独立提供的制度瓦解。1986年，《中华人民共和国义务教育法》的颁布，将基础教育作为政府的职责纳入财政制度范围内，由乡镇政府等基层政府负责提供农村的义务教育。但同时，并没有将农村的义务教育经费纳入全国的财政收支计划中去。由于农业甚至农村经济所形成的财政收入难以满足当地义务教育经费的需要，在正常的财政收入之外，由乡镇政府自行筹资的制度外供给便出现了。

表9-6　　　　　　　　农村义务教育经费构成　　　　　　　单位：亿元

年份	总额	预算内经费	比重（%）	教育费附加	比重（%）	教育集资	比重（%）	学杂费	比重（%）
1996	738.95	384.7	52.6	117.39	15.9	113.25	15.3	68.99	9.3
1998	811.98	460.99	56.8	122.69	15.1	64.03	7.9	90.52	11.1
2001	1 102.26	775.64	70.4	91.37	8.3	30.53	2.8	116.22	10.5

资料来源：根据《2004中国财政发展报告》中的资料计算得出，上海财经大学出版社2004年版。

农村税费改革前后农村义务教育经费中由农民私人承担的数量及其构成如表9-7所示。

表 9-7　　　　　　　　　农村义务教育经费构成　　　　　　　单位：亿元

年份	总额	预算内经费	农民直接负担部分	
			金额	占总额（%）
1996	738.95	384.70	299.63	40.55
1998	811.98	460.99	277.25	34.14
2001	1 102.26	775.64	238.12	21.60

资料来源：《2004 中国财政发展报告》，上海财经大学出版社 2004 年版。

在计划经济时期，公有制经济占主体地位，承担义务教育经费的既可以是财政资金，也可以是公有制的企业等集体经济形式，因为这些主体的利益是一致的，企业或集体经济组织并没有独立的利益存在。计划经济体制向市场经济体制转轨的过程，实际上是政府与市场分离的过程，企业等逐步成为拥有独立利益的市场法人，政府要承担弥补市场缺陷的公共财政的职责，义务教育经费要逐步归属为政府的责任。因此，按照发展市场经济的一般做法，应该由政府将义务教育的制度外供给纳入制度内供给。而我国的情况是，在这一过程中，政府没有承担起这个责任，而是由私人承担了这部分成本，因为不仅以集资等形式形成的义务教育经费是增加的，而且由学生家长承担的杂费所占的比重也是逐步增加的。更重要的是在社会上形成的这部分集资，既不符合市场经济的法则，也没有纳入政府的预算管理。正是在市场经济体制下，义务教育才更具有其公共收益，而我国的这种筹资结构反而在市场经济改革中，弱化了义务教育基本免费的原则，这不仅与政府大力倡导的义务教育政策背道而驰的，而且没有发挥政府弥补市场缺陷的作用。

这种多渠道的筹资政策实际已经影响了我国城乡的协调发展，更由于其管理方式已经不适应市场经济的发展，形成了大量的财政制度外的经费筹集，不仅造成了义务教育经费使用的低效，而且混乱了社会公共分配关系。

三、财政预算管理制度外义务教育筹资中的问题

自 2000 年前后，政府加强了对义务教育经费的管理，将部分预算外资金（如农村教育附加费等）纳入预算内管理，在义务教育经费的多种渠道中，资料来源渠道的构成发生了变化，目前义务教育的财政预算管理制度外的筹资主要表现在以下方面：

（一）城乡共同存在的义务教育阶段的收费

义务教育期间收取杂费，甚至扩大杂费的收费范围或搭车收费是城乡都存在

的问题，但并不表明城乡中的收费是相同的。如农村义务教育经费中，有政策依据的有农村教育附加、教育集资等收费项目。但这些应该也属于制度外的筹资，因为它们显然都是在国家正常的财政筹资制度之外，单独设立的为农村义务教育筹资的专门资金。这些收费或集资都是在农民履行了一般纳税义务后又承担的教育经费，如教育费附加是以"三税"（即增值税、消费税、营业税）为计费依据并随"三税"一起计征的，在税负可转嫁的条件下，教育费附加将随"三税"部分或全部转嫁给包括农民在内的所有消费者。从这种意义上说，教育费附加的征收对所有的城乡居民是一视同仁的。但是政府在向生产经营者征收教育费附加之后，在不再向城市居民个人直接征收教育费附加的情况下，却再次向农村居民个人额外征收农村教育费附加，这实质上意味着在城市居民享受政府提供的义务教育的同时，农村居民却必须为自己基础教育的消费再次集资。而这种教育费附加基本是以支定收，没有任何法律或合理的依据，如据李彬的调研资料，2001年2月初，广东某县为了改造学校危房，迎接上级部门对学校校舍达标情况的检查，决定迅速在全县范围内消灭危房。经过县政府常务会议讨论，决定在新学期对每位学生增加收取教育附加费100元，并且下发文件到镇政府，强调入学时不交费不给报名。这些收费表明我国城乡义务教育财政中的差异、不统一。但在下面一些属于学校乃至基层组织违规或搭车的乱收费中，在城乡都有可能存在。

属于典型义务教育违规收费，包括三部分：一是那些承担义务教育功能的公立学校无视国家有关规定、自行向学生征收各种名目费用的违规行为。例如，农村中小学校中普遍存在的擅自提高杂费、住宿费、借读费标准的"多收费"，通过代行订购课外读物、教辅材料、假期作业、校服、学习用品方式的"扩大收费"，对本应即时收取的体检费、防疫费、军训费、试卷费等项目却在学期初收取、而在学期末又不将余额及时退还或干脆不退的"提前收费"；城镇学校中常见的则是假借教学改革而举办实验班、双语教学班、特长班、提高班、兴趣班等非常规教学班次，或以补课名义自定项目的"超标准收费"；而在大中城市最为突出的则是将捐资助学、集资、赞助活动与学生择校行为挂钩的"高额择校费"，还有那些"重点"学校以"转换办学模式"为名而举办"校中校"的变相多收费。由于上述违规收费行为通常得到了教育行政部门的默许，甚至在个别地区还得到了上级主管部门的支持与庇护，因而舆论界对义务教育乱收费的抨击对象多集中于"学校和教育行政部门"。

二是基层政府。根据有关统计资料，在近5年查处的有关义务教育违规收费金额中，属学校和教育部门承担直接责任的仅占一半左右。也就是说，除了"学校和教育行政部门"之外，还有其他收费主体也在利用义务教育"圈钱"。其中最为严重的，是部分经济发展水平比较落后地区的县、乡两级政府通过学校征集款项的乱收费。一些县、乡政府由于财政紧张，无力支付本辖区内中小学教师工资、危旧校舍改造所需资金及必要的公用经费，擅自出台捐资助学费、建校集资款、校园建设配套费、图书配置费等项目，并以政府会议纪要或工作意见的形式强令学校向学生收取。甚至个别地方还曾出现过基层政府向学校下达征集城镇建设费、水利及道路建设基金乃至扶贫费指标的事例，教育部原副部长张保庆认为，基层政府或地方政府是教育乱收费的"罪魁祸首"，"是地方政府在逼着学校乱收费"。

三是社会向学校的乱摊派和搭车收费。虽然公立中小学作为国家兴办的公益型事业单位，享有独立办学权，但在办学过程中却难免受到社会其他部门的干扰，不得不缴纳各种不合理的摊派。如地方性报刊征订、治安联防统筹、修路架电集资、残疾人保证金等摊派性收费都具有行政强制色彩，学校均难以抗拒。在教育经费不足以应付上述开支的情况下，学校只好巧立名目将负担转嫁到学生身上。搭车收费是另一种变相乱收费，而出版发行部门和保险部门则是其中的两个突出大户。出版发行部门往往以高额回扣为诱饵，通过学校大量推销彩版课本、教辅资料、课外读物和各种练习册，设法让学生的书包越背越重；而保险公司却通常采用将一定比例保险费返还代办单位的手法，诱使教育行政部门和学校强制学生入保。

表 9-8　　1998~2002 年全国治理义务教育中小学乱收费情况简表

年份	1998	1999	2000	2001	2002
违规收费总金额（亿元）	3.43	2.38	4.10	3.69	4.26
强制学生购买复习资料（册）	9 231 723	5 644 057	12 190 756	6 588 163	2 269 838

资料来源：朱光明等：《关于治理义务教育乱收费的几个问题》，载于《经济社会体制比较》。

（二）农村普遍存在的义务教育欠债

农村义务教育经费制度外筹资更不透明的还有基层政府及学校的教育负债。20 世纪末，我国完成了基本普及九年义务教育的历史伟业，广大农村地区（特别是中西部农村地区）的经济水平尚不足以支撑"普九"的资金需求。为了"普九"，农村基层政府及学校以贷款、集资、借款等形式多方筹措资金，确保了"普九"的按时完成。如根据汤营建提供的资料：孝感市"普九"工作从 1994 年起步，到 1998 年，所辖 8 县市区全部完成基本"普九"工作任务。"普九"期间，孝感市共投入资金 158 765 万元，其中：校舍建设 142 000 万元（占

89.4%），技术装备 16 765 万元（占 10.6%）。实际投入资金 107 248 万元，其中，上级财政投入 4 325 万元，占 4%；本级财政投入 26 311 万元，占 24.5%；社会捐集资 65 413 万元，占 61%；投工献料折计 11 199 万元，占 10.5%。孝感市 51 517 万元"普九"债务目前分别由乡镇政府、村委会、基层教育组和学校承担。其中：中小学校承担债务 29 078 万元，占 56.4%；教育组承担债务 4 531 万元，占 8.8%；村委会承担债务 6 131 万元，占 11.9%；乡镇政府承担债务 11 032 万元，占 21.4%；其他方面承担债务 745 万元，占 1.45%。

像孝感市这样的教育欠债并非个别，据调查，截至 2004 年，全国 88.3% 的地区仍未还清"普九"债务，其中 52.67% 的地区"负债沉重，无力偿还"。截至 2004 年底，重庆"普九"欠债 24 亿元，广西欠债 20.97 亿元，四川欠债 20 多亿元，贵州欠债 15 亿元，云南欠债 33 亿元，西藏也有部分欠债。据不完全统计，全国"普九"债务总和在 500 亿元以上。学校被债主封锁校门、封存账户、诉讼法庭的事件屡有发生，严重影响了正常的教育教学秩序。"普九"欠债不仅数额大而且时间长，据新华社的消息，"普九"从 20 世纪 90 年代初开始，至 2000 年完成，欠债短则五年，长则超过十年。以成都市某县为例，截至 2004 年未还债务中 1996 年以前的债务就达 2 164 万元，拖欠已超过 8 年。据新华社的不完全统计，全国现有"普九"欠债中拖欠 8 年以上的应在 1/3 以上。

"普九"欠债已经成为制约农村义务教育健康发展的瓶颈。多数贫困地区财政自给能力很差，采取"银行贷款、工程队垫资"等办法实现了"普九"，由于农村教育费附加和教育集资被取消，"普九"还债来源丧失，不少县、乡、村和学校背上了沉重的"普九"债务。大量的"普九"借款逐渐成为死债。

（三）城镇义务教育领域的转制性质的收费

城镇的义务教育领域，自发展市场经济以来，就存在着各种收费问题，在 20 世纪 90 年代以后，"择校费"日益成为社会的焦点问题之一，择校费是指我国城镇存在的、在义务教育阶段公立学校对选择到该校就读的非"就近入学"范围内的学生所收取的费用。1985 年，在首先发展商品经济的温州，先期富裕起来的农民为将其子女送入城市的学校读书，以"议价生"的名义交纳了第一笔择校费。但在以后的发展中，同一地区内部因学校的教育质量的差别，尤其是"升学率"指标的差异而形成的择校费成为择校收费的主流。择校费出现的直接原因是城乡教育的差别和我国计划经济时期实行的重点学校模式，即为适应赶超战略，培养国家所急需的高精尖人才，实施有重点的发展战略，举办重点小学和重点班级，强化考试选拔制度，培养尖子人才。1978 年，教育部颁发《关于办好一批重点中小学试行方案》，以后逐步形成国家级、省市级、地市级、县市区级的重点对象，形成"层层重点"的格局。虽然在实行义务教育之后，取消了重点小学、重点初中的称谓，但名亡实存，这些学校又以示范学校、实验学校等名目出现。正是这种基础教育资源在学校之间分配的极度不均衡，导致提供义务教育的学校之间差异过大，在市场经济条件下，这种差异成为优势学校和基础教育部门寻求制度外收入的资源。这些制度外收入既无明确的统计数字，也没有明确的收费标准，但其收费的数量及范围已经成为城镇义务教育经费中不可忽视的一部分。据 2000 年针对北京、上海、西安、成都、广州择校费的调查，上述五市的小学生家长中，有 32.6% 交过"择校费"。其中比例最高的北京为 50.8%，成都和西安也分别超过了五市的平均水平。五市中，交过"择校费"的小学生家长平均交费金额达到 3 150 元。其中金额最高的北京为 4 767 元，这个数字与同期一个大学生一年的学费持平，相当于北京城区一名小学生年学杂费的近 60 倍，相当于北京职工人均月工资的 4 倍。以此推算，北京小学生一年的"择校费"总额近 10 亿元，约占全市小学同期教育经费的一半（周大平，2001）。另据《京华时报》2002 年 3 月 7 日报道，2001 年 31 个省会平均每个家庭为此支出 6 600 元。"择校"支出总额达到 104 亿元，占 596 亿元教育支出的 1/6。在教育部三令五申实行"一费制"的情况下，据东方卫视报道，审计发现，广东省 66 所中小学校以"捐资助学款"等名目，收取择校费和捐资助学资金 7.53 亿元，占同期这些学校教育收费总额的 54%。其中，10 所学校采用个人名义，用在银行开设居民储蓄存折和存放账外的方法，私存私放择校费 3 213 万元。

四、中国制度内义务教育经费的定量分析

中国义务教育之所以要采取多渠道筹资的政策，以及现在存在着的各种收费问题，其基本原因是中国受国力所限，政府财政无力承担这么多的义务教育经费，即所谓"穷国办大教育"。事实真的如此吗？

（一）制度内义务教育经费的国际比较

根据义务教育的原理以及世界大多数国家或地区的发展规律，考察义务教育经费不足的原因，首先要确定制度内的经费状况，即由正式的财政制度承担与管理的经费数量。这一指标的合理与否，可以通过国际间的横向比较来确定。

1. 公共教育经费支出占 GDP 的比重

在世界银行统计的 43 个国家或地区中，既有发达国家或地区，也有发展中国家或地区，中国财政支出的教育经费总量在 GDP 中所占的比重是最低的，在

倒数第二位,仅高于印度尼西亚。

表 9-9　　　　　世界各个国家或地区公共教育经费支出占 GDP 的比重　　　　单位:%

国家（地区）	公共教育经费支出占 GDP 的比重 1990 年	1995 年	1998 年	国家（地区）	公共教育经费支出占 GDP 的比重 1990 年	1995 年	1998 年
中国	2.3	2.2	2.3	墨西哥	3.6		
中国香港	2.8	2.9		美国	5.1		5.0
孟加拉国	1.5		2.4	阿根廷		3.6	3.7
印度	3.6	3.1	2.9	巴西		5.0	4.6
印度尼西亚	1.0	1.3	1.4	委内瑞拉	3.0		
伊朗	4.1	4.1	4.6	白俄罗斯	4.8	5.5	5.6
以色列	6.3		7.7	保加利亚	5.2	3.8	3.4
日本			3.5	捷克		5.2	4.2
韩国	3.4	3.4	4.1	法国	5.3	6.0	5.9
马来西亚	5.1	4.4	4.6	德国		4.7	4.6
蒙古国	12.3	6.3	6.2	意大利	3.1	4.6	4.7
巴基斯坦	2.6	2.8	2.7	荷兰	5.7	5.0	4.9
菲律宾	2.9	3.0	3.2	波兰		4.8	5.4
新加坡	3.1	3.1		罗马尼亚	2.8		4.4
斯里兰卡	2.7	3.0	3.4	俄罗斯		3.6	
泰国	3.5	4.0	4.7	西班牙	4.2	4.7	4.5
土耳其	2.2	2.3		乌克兰	5.1	7.2	4.4
越南	2.0	2.9	2.8	英国	4.8	5.2	4.7
埃及	3.9	4.7		南斯拉夫		4.3	4.2
尼日利亚	0.9	0.6		澳大利亚	4.9	5.1	4.8
南非	5.9	5.9	6.1	新西兰	6.2	7.1	7.2
加拿大	6.5		5.6				

资料来源:世界银行:《世界发展指标》(2002 年),载于《国际统计年鉴 2002》,第 335 页。

2. 财政拨款的教育经费中,义务教育经费的比例

具体考察义务教育经费的状况还要在教育总量不足的基础上进一步考察其分配结构,即在总的教育财政经费中,用于义务教育经费的比例。

从表 9-10 中看到,我国的义务教育经费占总教育财政经费的比重为 50% 多,低于 60% 左右的世界平均水平。而同期日本公共财政教育支出结构则是义

表 9 – 10　　　中国财政教育经费拨款中义务教育经费所占的比例

年份	财政预算内教育拨款（亿元）	义务教育财政拨款（亿元）	义务教育拨款占教育总拨款的比例（%）
1998	1 565.6	775.8	
2000	2 086	1 085	52.0
2001	2 582.38	1 379.39	53.42
2002	3 114.24	1 695.38	54.44

资料来源：全国教育经费统计数据。

务教育60%、高中20%、高等教育占18%。虽然中日两国接受高等教育的人口大致相等，但中国接受义务教育的人口却是日本的10倍。因此，我国三级教育生均预算内经费的比例仅为1∶2.65∶8.70，而国际平均水平则为1∶2.5∶9.2。尤其是1997年以来，我国财政预算内义务教育经费占财政教育投入总量的比例呈连年下降之势，2000年相对1996年下降了2.03个百分点，而同期高等教育的预算内经费比例却增加了4.44个百分点。作为"公共产品"的义务教育，其经费的全部或大部本应由政府承担，但事实上我国义务教育经费总量中财政预算内拨款却一直维持在50%左右，作为"准公共产品"的普通高等教育，政府却负担了其所需经费的70%；特别是个人收益率最高的研究生教育，直至2003年国家仍对其60%的学生采取了计划经济时期免费就读的培养方式。

3. 生均经费占GDP的比例的国际比较

2000年我国普通小学生均预算内事业费拨款为479元，仅相当于同年全国人均GDP（7 100元）的0.07，远低于世界银行统计的世界各国小学生均政府拨款相当于0.10～0.12人均GDP当量的平均值。2000年，我国初中生均预算内事业费拨款为668元，仅相当于全国人均GDP（7 100元）的0.09，远低于世界银行统计的世界各国初中生均政府拨款相当于0.16～0.18人均GDP当量的平均值（王红，2001）。

以上三项指标的比较分析表明，我国在整个教育经费上的财政努力程度是不足的，在义务教育经费上更是如此。

（二）国内不同地区经济发展水平与义务教育财政支出的比较

我国在20世纪80年代推行义务教育，当时由于经济发展水平所限，且政府的财政收入占GDP的比例较低，因而在财力上难以承担，所以需要财政拨款以外的其他筹资渠道给予补充。那么，随着经济的发展，政府财力的增加，应该逐步提高义务教育经费中的财政拨款的比重，以替代不规范的社会筹资行为，完善义务教育的财政管理制度。然而，我国现实中的情况正与此相反。

1. 随着经济发展，我国政府对义务教育投资的比重并没有相应增加

一是财政性教育经费在 GDP 中的比重。在 20 世纪 80 年代末，我国政府组织专家经过反复研究论证，参照国际通用的把公共教育支出（相当于我国财政预算内教育拨款）占国民生产总值的比例，作为衡量一国政府对教育经费投入水平的主要指标的惯例，提出我国财政预算内拨款在国民生产总值内应该有一个比例，这个比例在 20 世纪 90 年代中期或到 2000 年应达到发展中国家 4% 的水平，正式列入教育发展纲要和教育法，并将我国公共教育支出的计算口径扩大为国家财政性教育经费支出（增加了城乡教育费附加、企业办学支出和校办产业减免税部分用于教育的支出）。但这一目标提出以后，财政教育经费占 GDP 的比例不仅没有上升，反而呈停止或下滑的状态，如 1990 年这一比例为 3.04%，1992 年为 2.73%，1993 年为 2.54%，1996 年为 2.46%，至今仍然没有达到 4% 的水平。二是教育经费增长的比例。为保证财政投入的主渠道作用，《教育法》还明确了"三个增长"的规定，《义务教育法》第十二条规定的国家用于义务教育的财政拨款的增长比例，应当高于财政经常性收入的增长比例，并使按在校学生人数平均的教育经费逐步增长。在现实中，这些目标均未达到，事实上几乎没有地方政府真正遵守这些法规，1996 年全国有 21 个省（自治区、直辖市）没有兑现，1997 年仅有 12 个省（自治区、直辖市）达到规定增长比例，全国全年预算内教育经费增长仍然低于同期财政收入的增长。即使经济较为发达的江苏省也没有按照《教育法》规定的那样增加预算支出中教育支出的比例（黄佩华，2003）。三是预算内教育经费，随着经济发展，财政总支出中教育拨款所占的比例却在下降，不仅在一些调查的样本地区，在全国汇总的情况也是如此。

表 9 – 11　　　　　财政预算内教育经费占财政总支出的比例　　　　　单位：%

1996 年	1997 年	1998 年	1999 年	2000 年	2001 年	2002 年
16.23	15.61	15.32	14.49	13.80	14.31	14.79

资料来源：《教育统计资料》。

2. 不同地区经济发展程度与教育经费的比较

表 9 – 12 表明，义务教育生均经费中，政府拨款所占比例的梯度差异与经济发展水平的梯度差异正好相反。也就是说，经济发展水平越高的地区，政府对义务教育经费的努力程度越低。

表 9 – 12   不同地区人均 GDP 与义务教育生均公共教育投入

地区	人均 GDP （元）	小学生均 政府拨款 （元）	初中生均 政府拨款 （元）	小学生均教育 经费中政府 拨款占比例 （%）	初中生均教育 经费中政府 拨款占比例 （%）
京津沪	30 492	3 091.58	3 224.43	73.47	65.09
东部	14 065	1 053.99	1 271.27	66.67	60.41
中部	7 455	782.28	852.44	76.13	67.10
西部	5 792	950.25	1 183.26	79.53	74.51

资料来源：沈百福、李芙蓉：《我国部分省（区）义务教育财政投入缺口分析》，载于《教育发展研究》2004 年，第 7 ~ 8 期。

（三）关于义务教育经费总量与我国财政能力的几个问题

1. 怎样看待中国财政教育经费占 GDP 的比重这一指标

在说明我国教育经费财政努力程度不足时，我国学者最经常用的数据标准就是教育财政经费占 GDP 的比重，也正在这一基础上，1995 年颁布的《中国教育改革和发展纲要》中规定的"逐步提高国家财政性教育经费支出占国民生产总值的比例，在 20 世纪末达到 4%"的要求。1978 ~ 1998 年，教育财政支出在这 20 年间已经由 75 亿元，增长到 1998 年的 1 726 亿元，其占财政总支出的比例也从 6.7% 增长到 16.0%，但是教育支出占 GDP 的比例只从 2.07% 增长到 2.17%。对这一衡量指标，许多人认为，这在我国是难以达到的，因为我国的财政收入占 GDP 的比重过低。如周元武认为"财政收入占 GDP 的比例低，特别是地方财政收入占地方 GDP 的比重过低。按现行财政体制，地方教育经费支出与国家级教育经费支出相比，比重较大，要求教育支出中国家财政性教育经费达到占 GDP 的 4% 的要求显然是不能实现的"。

如果说，因为政府在国民收入中所支配的比例过小，从而提高政府财政支付的教育经费占 GDP 的比重是不现实的，那么我们首先应该了解中国政府的收入状况。我国政府的收入大体包括三部分：预算内收入、预算外收入、制度外收入。这样，仅用预算内财政收入占 GDP 的比重来衡量政府财力就不能反映其真实的情况。如果以政府财政收入占 GDP 的比重为依据探讨教育经费的努力程度，应该依据政府全部的收入所占的比重。但由于其中制度外收入指没有合法依据，通过乱收费、乱罚款、乱摊派等非法方式筹集的资金，这部分资金应该逐步取缔，因此，即使现阶段是政府可支配的收入，但仍然不应计入财政收入的统计范围。郑春荣运用 GFS 的国际标准财政统计方法对我国预算内和预算外的财政收入规模进行调整，所得出的数据如表 9 – 13 所示。

表 9 – 13　　　　　　　　中国财政收入统计口径调整　　　　　　单位：亿元

年份	调整前的财政收入规模	调整项目				调整后的财政收入规模	调整后占 GDP 的比重（%）	调整前占 GDP 的比重（%）
		社会保障收入	企业亏损补贴	中央政府基金收入	地方政府基金收入			
1997	8 651.4	1 337.91	368.94	1 066.09	442.4	11 866.03	15.94	11.6
1998	9 875.95	1 459	333.49	1 204	498.4	13 370.84	17.07	12.6
1999	11 444.08	1 965	290.0	1 349	559.5	15 607.58	19.02	13.9
2000	13 395.23	2 278	278.9	1 365.18	640.6	17 957.91	20.09	15.0

资料来源：根据郑春荣，《中国公共部门财力研究》及《中国统计年鉴》等资料计算得出。

调整之后财政收入规模占 GDP 的比重比调整之前一般提高 5 个百分点。如果再考虑到日益庞大的行政事业性收费，如 2000 年列入预算外的行政事业性收费是 2 654.54 亿元，那么调整后的财政收入规模为 20 612.45 亿元，2000 年的 GDP 为 89 403.60 亿元，财政收入占 GDP 的比重则为 23%，比统计数字高 8 个百分点。此时，财政收入占 GDP 比重过小的论据就难以成立。

2. 我国目前国力与其他国家普及义务教育时国力的对比

世界各国义务教育的进展情况各有特点，在时间上也是不一致的，就部分主要国家看，推行九年左右义务教育的时间大体为：英国在 1918 年颁布《1918 年教育法》，即《费舍法案》（Fisher Act），其主要内容中规定 5～14 岁为义务教育阶段公立初等学校一律免费。法国则在第二次世界大战以前将义务教育的期限提高到 14 岁，并在初等教育和中等教育中实现免费。美国在 19 世纪末 20 世纪初以后，在各州颁布并实行强迫义务教育制度，到 20 世纪 40 年代时，美国各地区已普遍采用"6 – 3 – 3 制"。德国在 1919 年颁布《魏玛宪法》，1920 年颁布《基础学校法》，规定各邦应该提高 8 年的义务教育。意大利在 1923 年颁布的《教育法》将义务教育的时间延长为 6～14 岁。日本则是在 1920 年普及 6 年制义务教育，第二次世界大战后的 1946 年就提出普及九年义务教育，并加大教育的投入。瑞士在 19 世纪末就普及 8～9 年的义务教育。瑞典在 1962 年实行 9 年义务教育。挪威 1945 年已经普及 7 年义务教育，1969 年普及 9 年义务教育。菲律宾 1960 年普及 6 年义务教育。韩国、新加坡等大体在 20 世纪 70 年代普及初等与中等义务教育。

这些国家普及义务教育时的财政能力，因资料所限，只能用1958年的数字大体了解、推算。

表9-14　　　　　　1958年各国国民收入按人均估计　　　　　单位：美元

国家	英国	法国	联邦德国	美国	意大利	澳大利亚
人均国民收入	1 014	1 003	838	2 115	478	1 126
国家	日本	加拿大	瑞典	瑞士	挪威	菲律宾
人均国民收入	284	1 503	1 678（1960年）	1 195	871	187

资料来源：范慕韩：《世界经济统计摘要》，人民出版社1985年版。

中国的人均国民收入情况，根据世界银行的统计数据，1990年为320美元，1999年为780美元，2000年为840美元，2001年为900美元，2002年为960美元。按照这一数据，再将表9-13中的向后推测至少10年，那么按照世界各国推行义务教育的规律，中国目前国力应该具有承担义务教育经费的可行性。

五、义务教育经费财政努力程度不足的制度分析

义务教育财政拨款的不足既然并非因国力所限，那就是财政的努力程度不足。

（一）义务教育经费的预算过程

中国政府的预算过程，其组织程序按"自下而上、自上而下、两上两下、上下结合"的方式进行，大致过程为：首先，由单位、部门根据预算年度工作计划、工作任务和收支增减因素提出概算，即上报收支建议数；其次，财政部门与有预算分配权的部门审核部门预算建议数后下达预算控制数或预算指标；再次，单位、部门根据预算控制数编制本单位、本部门预算，自下而上汇总后报送同级财政部门；最后，由同级人民代表大会审查批准预算。在这一过程中，参与预算过程的主体有：单位或部门的预算官员，他们提出预算要求；财政部门或政府，对预算进行汇总或审核；人民代表大会，审批预算。

预算过程的这三个不同的利益团体在各国的预算过程中都类似，差别在于在不同的预算管理制度下，其各自发挥不同的职责作用。我国的民主政治制度尚在不断完善中，就目前看，代表公众利益的人民代表大会在预算资金的分配过程中，还不能发挥其应有的作用，原因在于：较高程度的信息不对称，且审查批准

的时间较短，使得人大难以发挥其监督职能。中国的预算编制比较粗糙，呈送人民代表大会审议的预算草案往往只是按功能划分的类级科目，没有详细反映资金的使用单位和最终的去向，难以反映政府使用资金的合理与否，更没有预算资金使用效率的核算资料。这就使得预算草案送交人民代表大会的审议往往流于形式，难以真正发挥作用。

义务教育部门在提出预算申请时，并没有测算义务教育的成本，单位预算过于粗糙，甚至根本就没有学校单位的预算，而是由主管部门，甚至财政部门代编预算计划。这就使得预算过程中，单位与主管部门的地位也很弱，预算计划的实质决定权力集中在政府与财政部门。因此，我国义务教育支出在预算资金分配中的地位主要决定于政府的偏好。李彬在考察农村乡镇政府的预算决定时，指出义务教育的决策程序是自上而下的，其公共产品的供给不是由乡镇、村的民众的偏好或利益决定的，其决策程序在大多数乡镇是以党政联席会议、党政班子会议等形式进行决策。

（二）政府偏好对义务教育财政支出的影响

1. 政府的利益分析

对于政府或国家，财政学与公共选择理论具有不同的视角与观点，财政学理论的相关论述，以理查德·A·马斯格雷夫为代表，他认为现代"国家的作用并非是重商主义者所设计的用来保护统治者或令统治者致富，……国家也不能被看成将个人同化为一个整体的组织单位，或被当作一个了解并满足他的臣民需要的仁慈的独裁者。相反，我认为国家可被看成是个人参加而结成的合作联盟，形成该联盟就是为了解决社会共存的问题并且按照民主和公平的方式解决问题。简而言之，国家是以个人成员的共同利益为基础并且要反映这种共同利益的契约性组织"[①]。而且，理查德·A·马斯格雷夫认为，保证有效政府的高效率执政方式和建设性领导能力并非高不可攀。这样，在商品经济条件下，当微观的个体按照经济人的规则从事市场活动时，出现市场的失灵区域，造成公共产品的短缺，公共利益的损失，于是，政府作为公共利益代表者出现，从而弥补了市场的这一缺陷。公共选择理论对国家的观点以詹姆斯·M·布坎南为代表，他认为财政学的国家理论只是一种理想状态，认为不存在超越个人的国家利益，所谓国家利益只是集团利益或个人利益，并对政府的有效性提出疑问。这一理论主要对政府作了微观的经济分析，认为政府的官员与市场中的经济人一样，也有着其自身的利

[①] 詹姆斯·M·布坎南，理查德·A·马斯格雷夫：《公共财政与公共选择》，中国财政经济出版社2000年版，第24页。

益，并追求其自身利益的最大化。"对处在代表国家行事地位上的人，如果要适当地设计出能制约赋予他们的权力和他们在那些权力范围中的行为的法律——宪法条款，我们就一定要把他们看作是以他们自己的权力最大限度地在追逐纯财富的人。'公仆'和在市场中的人们一样，他们的行为可以约束在互利的限度之内"①。这两种观点实际上是从不同的视角观察的社会现实，正如布坎南的比喻："广义的国家，是一系列复杂的制度安排，既能做许多'好'事，这是由政治集团的成员所作的评价，但是国家也能施加负面影响——也就是能作许多'坏'事——这也是由参与集体事业的人做出的评价。我与马斯格雷夫的差别可以通过一条单维的标尺来说明，我们两个都不处于端点上。马斯格雷夫认为集体行动能做的'好事'相对更加重要，而我却认为不受约束的集体行动可能做的'坏事'相对更重要。"② 所以，本文认为，在分析义务教育中的政府时，应该全面理解政府的职能，要看到两个方面，一方面政府是国家整体和社会公共利益的代表，这既表现在政府的形成过程中，也表现在政府对内对外的职责履行中，也正是因为有这一点，才有可能产生由政府直接推动的义务教育制度；另一方面，政府是由具体的官员组成的，在市场经济条件下，他们也有着个人的利益，当个人利益与公共利益发生冲突时，如果没有很好的约束机制，往往会损害公共利益，从而导致政府职能的缺失或低效。因此，义务教育应该由政府提供，或者说义务教育制度的推行优于市场的提供，而要保证政府高效率地履行这一职责，必须建立相关的制度以有效约束政府及其官员的自利行为。

与预算支出有关的政府自身的利益，大概包括政府机构本身的利益和政府官员自身的利益，主要有追求财政收入最大化、官员职位的升迁、权力的大小、经济利益的好坏等。

2. 政府利益对义务教育财政支出的影响

政府首先作为公共利益的代表，注重的是整体或公共的利益和长期的利益，表现在推动我国义务教育的实施，而且，多年以来，义务教育在我国政府的政策中，始终被作为一项国策来推行，被看作是"重中之重"。但这一政策并没有很好地落实到许多基层政府的预算分配计划中。这是因为市场经济条件下，义务教育的利益与地方政府本身的利益并不是完全一致的，因为：（1）义务教育的受益主体是全社会，是以国家为单位的，当义务教育由地方政府筹集资金提供时，存在着外部效应，在我国大量的人口开始全国性流动时，这一外部效应表现得尤为明显，如本地受过教育的人流动到外地，是本地政府财政投资收益的流失，而

---

① 詹姆斯·M·布坎南：《自由、市场和国家》，北京经济学院出版社1989年版，第38页。
② 詹姆斯·M·布坎南，理查德·A·马斯格雷夫：《公共财政与公共选择》，中国财政经济出版社2000年版，第81页。

当地政府对外来的流动人口子女也不愿提供义务教育，因为这是外地人分享了其教育资源，所以，从收益主体看，义务教育经费的支出与直接为本地或本地政府受益的其他项目比较，处于难以优先考虑的地位。（2）义务教育的收益是间接的、长期。义务教育经费的需求者是以向社会提供一定数量的基础教育服务为条件而取得预算资金，虽然一般公共产品在运用成本—收益分析其效率时都存在着相当程度的模糊性，这种模糊性主要源于许多公共产品的产出不能以市场价格来加以衡量，但义务教育的产出衡量与其他部门比较，其量化困难更大一些。同时，义务教育产出具有滞后的特点，就是说通过义务教育培养的一代人，其增强民族素质、减少社会交易成本的收益往往要在十几年甚至几十年以后才可能取得。这样长的回报周期与官员的任期是不吻合的，难以量化的收益既体现不出政绩，也难以取得直接的利益。

正是由于义务教育的收益与政府尤其是地方政府的自身利益不太吻合，因此，在财政支出项目排序中，义务教育经费与经济建设费、行政经费，甚至其他事业费相比，往往处于不利地位。

首先，与经济建设支出比较。尽管公共财政要求政府逐渐退出竞争性的经济领域，但追求 GDP 仍然是地方政府的一个重要偏好，GDP 不仅关系到一个地方在全国中的地位，更关系到一届政府的政绩，更具体关系到政府的财政收入来源。因此，经济建设支出仍然与政府的自身利益直接相关。官员的政绩大多体现在经济指标上（李彬，2004），如 GDP 指标、税收指标等，在"经济第一"、"发展是硬道理"的口号下，乡镇政府常常以带来财政收益为目标。因此，尽管政府的职能转换已经进行了多年，但财政中的经济建设支出与其他国家比较仍然是较高的，甚至是越强的政府级次，其经济建设的比重越高。正是由于地方政府发展经济的迫切愿望，可能使当地的教育很难得到足够的资金保证，甚至地方政府优先项目的资金不够时，也往往会减少教育上的资源。很多贫困地区，不但谈不上加大教育投资力度，即便是按照规定给予教育的费用、以教育的名义收取的费用也得不到保证，常被截留、挪用（郭建如，2002）。

其次，与行政经费等比较，义务教育支出属于非自利性支出，而行政经费则是自利性的支出，行政经费等支出与政府机构本身及其雇员之间的利害关系显然比义务教育支出大得多，政府机构和雇员同行政性支出之间的利害关系，远比一般公众密切，因而从支出增量中获得的边际利益比一般公众高。因为一般公众只能从行政性服务中受益，但政府机构和雇员除此以外，还能够从行政性支出本身获益。因为政府机构的数量与规格高低、政府官员办公条件的好坏、工资水平和福利待遇等种种有形无形的利益都与其财政支出有关，因此，即使行政经费支出这样难以在经济效率上直接表现的项目，又因其自利性而比义务教育支出占有较多的优势地位。

再次，从官员的自身利益出发，义务教育支出与其他支出相比，信息不对称的程度较轻。因为在基础教育的提供过程中，科学技术的含量相对较少，且比较接近民众的生活，是一个时间较长、范围较广的事业，其所需资金的测算比较简单，所需的基础数据也较易得到，因此，无论是财政部门还是社会民众对义务教育经费的使用都比其他经费的使用有着更多的了解。而在大部分预算资金的使用单位，或者其部门与社会经济变化的相关程度较强，或者因为其职责范围与人们的日常知识偏离较远，而我国的预算管理制度还处于建设过程之中，相关的基础数据、科学测算公式、技术等还没有建立，在这种情况下，财政部门与预算资金使用的信息不对称程度大大增加。信息不对称程度的不同，造成基础教育集团很难以特殊情况为理由取得额外的预算追加；同时，也是由于信息的不对称，对政府官员的寻租产生不同的影响，保罗·莫罗（Paolo Mauro）分析了政治家的腐败对政府财政支出结构的影响。由于政府财政支出中租金的存在，促成了大量的寻租行为，腐败的非法性质和希望保密的特点使政府官员倾向于选择那些支出的价值难以监督的项目。

因此，义务教育支出的结果是长远的社会公共利益所在，是国家的整体利益所在，但与经济性支出比较，它缺少了提供直接财政收入或表现经济发展等政绩的直接优势；与行政管理费用的使用比较，它又缺少了除公共利益之外的行政部门内部的自利机制。这在中国转型时期财政支出结构的变化中得到了实践的验证。在《中国公共支出实证分析》一书中，将财政支出三类：经济性支出、社会服务性支出、维持性支出。按照财政理论中的公共支出结构发展模型，在公共支出结构的长期变动趋势中，经济性支出比重将逐渐下降，社会服务性支出将逐渐上升。在我国财政转型时期，这一特点更加明显。维持性公共服务具有"必需品"的性质，其比重也应该呈递减趋势。

改革开放以来，我国财政支出结构的变化情况如表9-15所示。

表9-15　　　　中国公共支出结构演变（以总支出为100）

时期	经济性支出	社会服务性支出	维持性支出		其他支出
	（1）	（2）	（3）	（4）	（5）
1980~1984年	52.9	21.2	9.6	10.6	5.7
1985~1989年	50.8	22.5	10.8	9.1	6.8
1990~1994年	44.0	26.7	14.1	10.1	5.1
1995年	41.9	25.7	14.6	9.3	8.5

续表

时期	经济性支出 （1）	社会服务性支出 （2）	维持性支出 （3）	（4）	其他支出 （5）
1996 年	41.1	26.2	14.9	9.3	8.5
1997 年	40.4	26.7	15.2	9.2	8.5
1998 年	39.6	27.2	15.5	9.2	8.5
1999 年	38.8	27.7	15.8	9.2	8.5

注：表中（3）为行政管理支出；（4）为国防支出。
资料来源：王雍君：《中国公共支出实证分析》，第134页。

资料显示，在我国经济建设型财政向公共服务型财政转轨的过程中，经济建设性支出呈下降趋势，但仍然比重较高；维持性支出，尤其是行政管理的费用增长过快，与公共支出变化的一般规律不符。

（三）对义务教育财政支出监督机制的考察

提供义务教育的政府本身的利益和其公务人员的私利在市场经济条件下是广泛存在的，为保证政府代表公共利益的职能发挥作用，必须有相应的监督机制，以约束这些有违公共利益的行为。我国对地方政府义务教育财政支出的监督机制是来自上级政府的考核，主要是对官员的行政考核。具体表现在"普九"的各种达标等活动。因此，提供义务教育服务的基层政府，在现有制度安排中，用它所交换的并不是本地居民的支持（不管是以纳税表现的财力支持，还是以选票表现的政治上的支持）。乡镇政府的决策更多是为了完成上级的指令，它提供义务教育服务所交换的是上级政府的肯定，完成上级政府规定的达标等任务，积累上级政府认可的政绩，而上级政府的认可就决定了官员的升迁。

上级政府的监督，主要是保证义务教育政策的顺利实施，也就是解决地方政府对义务教育投入不足的问题，监督的指标主要有升学率、财政资金投入的增长比率等。李彬认为，当前我国地方政府之间的关系可以说是一种任务承包式的关系，乡镇尤其如此，上级政府往往将各项经济、社会和政治任务、指标逐一分解下达给下级政府，并与之签订"责任书"。这些任务和指标的完成情况，往往是上级政府考核、评价和衡量下级政府"政绩"的主要标准。义务教育便是一项关系到基层官员前途的政绩工程。

上级政府对义务教育实施情况的考核，实际上主要考核的是结果，是最终提供的义务教育服务，而对为提供义务教育服务而怎样筹集资金的监督力度较弱，在现实中出现的情况往往是地方政府为了达到"普九"所规定的标准，不惜代价地通过各种手段筹集资金。而现行预算管理制度的不完善，不仅使上级政府没有监督到位，而且当地的民众也难以发挥其对政府预算乃至义务教育预算的监督作用。因为我国的政府预算制度规定，预算分配由政府提出后，由同级人民代表大会审批，因此，负责义务教育财政的地方政府的预算是由地方人民代表大会审议通过的，由于人民代表大会的作用有限，所以主要是地方政府本身决定。地方政府本身决定的财政预算，无论是上级政府，还是当地民众，都存在着极大的信息不对称，政府预算的透明度极低，整个预算从编制到执行基本处于不透明状态，定期公布的有关预算编制、预算执行的报告都过于笼统，在这样的预算管理制度下，义务教育资金的筹集及运行情况难以得到有效监督，而这种监督不力，使得我国无论在城市还是在乡村，负责提供义务教育的地方政府和部门，在筹集义务教育资金的同时，追求自身利益最大化的活动没有得到有效的控制。

1. 农村：农村义务教育经费的承担者主要是乡镇政府，但在制度内并没有赋予相应的财力，在义务教育事权的划分时，中央与省级政府希望在不直接付出其所支配的财政资金的前提下，能够完成义务教育的使命，为此，允许制度外收费的存在，同时，为了约束乡镇政府经济利益的膨胀，保证农村社会的稳定，又规定了一些限制条件，如农民负担不能超过人均收入的5%等；另外，为了保证基层政府所提供的义务教育符合国家整体的需要，中央与省级政府又规定了许多标准，用于约束规范乡镇政府的义务教育活动，在乡镇政府满足了这些要求以后，上级政府给予的回报是对乡镇政府政绩考核的肯定，并决定了干部的荣誉、升迁。在这两个约束条件中，对农民负担的衡量比义务教育"普九"设施、"入学率"等指标的衡量，存在着更大的信息不对称。

首先，由于信息不对称，上级政府难以及时准确掌握乡镇政府的活动，如由于所收资金没有纳入预算管理，政府及财政部门难以掌握其资金数量。据黄佩华的调查，在县政府征收的农村教育附加费中，记录和统计报表很差，财政局和教育局的统计数据不一致，而在其中一个单位，教育局虽然承认他们是农村教育附加费的接受和管理单位，但他们并不知道实际收了多少。即使在中央一级，财政部与教育部的数字也不一致，1998年教育部说征收了83.4亿元，而同期财政部说征收了113.3亿元（黄佩华，2003）。其次，上级政府的监督作用并没有到位，如尽管按照国家政策规定，向农民集资必须在法律、法规和国务院有关政策允许的范围内进行，并遵循自愿、适度、出资者受益、资金定向使用的原则，但在实际过程中，许多地方政府在进行这项工作时，乡镇集资来供给公共物品中都没有执行这一规定（李彬，2004）。而且，大量存在着突破上级的筹集资金的有关规定，搭车收费。乡镇制度外财政的收支范围、收费标准和收费方式由乡镇政府根据本乡镇的实际情况而定,缺乏制度刚性,不像制度内财政那样有统一的制度约束,其资金的使用既缺乏制度规范,也不纳入预算管理,乡镇制度外财政实际上就是非预算财政。这种制度安排使乡镇财政透明度降低,这就为搭车收费提供了条件。现实中,制度外收入相当一部分是乱集资、乱摊派、乱收费等,这些数据目前无法搞清楚,据有些学者个案调查,有些乡镇的非规范收入已经占到了其规范收入的70%以上,甚至高达90%以上(樊纲,1995)。据李彬调查,在调查范围内,每个乡镇都有为社会公益事业而进行的集资,集资活动几乎都是乡镇政府自身批准的,有的甚至连乡镇政府批准都没有,而在集资的项目中,学校建设几乎是每一个乡镇进行集资的共同项目。因此,在义务教育领域,中央与省级政府的态度是保证完成义务教育经费的支出,其边界在于:基层政府能够充分完成义务教育服务的提供,而又能够维持社会与经济的稳定。这就留给具体负责义务教育的乡镇政府较大的博弈空间。正是这一空间不但要最大限度地替代财政预算内支出,而且以此为借口达到自身利益的最大化。

因此,正是不合理的制度安排,有专家指出相当数量的乡(镇)权力组织行为既远离了乡民的利益,同时也远离了国家的利益,很大程度上是以自我权力扩张为后盾,动员辖区内的资源,为机关工作人员尤其是权力核心成员者服务(臧乃康,1999)。

2. 城市义务教育财政:城市义务教育经费在财政制度内有了财力的安排,但财政能力不足始终成为地方政府安排义务教育预算的一个瓶颈。这就为推脱政府责任,容忍教育部门乃至学校追求自身利益最大化提供了借口。由于预算管理制度不规范,大量的制度外资金处于隐蔽状态,使上级政府的监督面临极大的信息不对称,中央政府的许多如"取缔择校费"、"一费制"之类的政策难以落实。

由专业分工所形成的基础教育部门,以具体向社会组织提供基础教育服务而获得政府和社会支付的基础教育经费。基础教育部门在追求基础教育经费时,一般要求满足两种需要:一部分是提供基础教育服务的成本,只有基础教育服务的提供成本得到充分的满足,基础教育部门才能正常运转,才有可能持续地向社会提供符合一定要求的基础教育服务;另一部分是为了满足基础教育部门的自身的利益,在义务教育制度下,基础教育的管理及学校负责人等都具有官僚的性质,其效用函数包括薪金、机构规模、社会名望、额外所得、权力等,这些都与该部门或官僚本身所能够支配的基础教育经费有关,因此,基础教育部门会在可能的约束条件范围内,争取尽可能多的以基础教育经费为名的收入。

在比较完善的义务教育财政管理制度中,义务教育经费主要来自财政拨款,财政部门与义务教育部门的关系是,财政部门每年通过预算一次性拨款给义务教育部门，以"购买"其基础教育服务并向社会提供，而基础教育部门获取的基础教育经费，如果在满足基础教育服务的成本后还有剩余，这些剩余并不能私分归个人所有。因此，在公共选择理论中的官僚特征就是会追求在任期间的预算最大化。

市场经济中对官僚行为的假设，同样适用于转型期的官僚行为的研究，在我国计划经济转为市场经济的这个过程中，官僚的自身利益已经逐步显现出来。因此，追求预算最大化的假设在我国同样适用，区别在于追求预算最大化的途径不同。追求最大化预算的一个途径是游说政府预算部门，增强相对于其他部门的相对优势，不仅取得为提供公共教育服务所需的成本费用，而且还有剩余，以满足部门官僚自身的利益。这是在比较有效的财政制度下，追求部门预算最大化所采用的方法。在社会转型时期的中国，基础教育部门官僚在预算内追求预算最大化受到了现有政府偏好的制约，义务教育经费的短缺成了常态。但现有财政制度安排的缺陷却为这种追求基础教育收入的最大化开辟了制度外交易的渠道。

表面看，择校费收取的依据是：学校提供了比其他学校优质的基础教育服务，以此获得学生家长额外的付费。教育领域相当多的专家学者都将择校费看作是学生家长的愿望，认为制度的设计应该以这些现实的需求为依据，对这种交易予以肯定。但这种交易偏离了公立学校设立的初衷，忽视了基础教育的社会利益，强化了基础教育部门的自身利益。在这一交易中，基础教育购买方学生家长所面对的买方是以收费学校、基础教育部门甚至地方政府所组成的强势利益集团。收费学校是首要的得利者，其利益表现在：其一，这些学校在提供义务教育服务时能够有比较优势，因为有了择校费收入，学校能够改善学校的设施，吸引优秀的教师资源，吸引优秀的学生，从而能够达到较高的升学率等指标，从而为获得更大的教育资源，以及满足自身的利益奠定基础。其二，由于教育资源的增加，使得学校领导的社会名望、权利、地位、收入大大增加，而这正是尼斯坎南所描绘的官僚的效用函数，也就是说官僚的自身利益在这时以制度外收费的手段给予了满足。基础教育主管部门是这一集团的另一主体。它的受益表现在：其一，可以增加基础教育部门的资金来源，缓解教育资金的短缺。教育部门一般可以参与一定比例的分配，通过在教育系统内部的再分配，将一部分资金补贴那些不能收取择校费的所谓薄弱学校，从而一定程度上改善基础教育的供给。其二，同样因为资金管理的不规范，部门的管理人员会取得自身的收益。正是由于这一自身收益的存在，基础教育部门不仅在学校收费时持支持态度，对于已经形成的乱收费现象往往也没有起到很好的监管作用，而且，作为主管基础教育的部门，在对待公立学校和民办学校时，不能保持公平的管理原则，对民办学校缺少应有的支持。这样，在基础教育服务的买方，不仅拥有历史所形成的具有垄断地位的基础教育资源，而且还有着行政垄断的保护，在向社会提供了基础教育服务后，它所收取的费用既不是因为比其他学校提供了更加优质的服务而得到的额外补偿，也不是因为政府义务教育经费短缺所需要弥补的缺口，而是以学校、部门管理者的利益最大化为目的的垄断收费。这表现在择校费并没有经过科学核算的标准，即使有了物价局核定的标准，收费学校往往也会以其他的方式（如要求赞助等）强行收费。

庞大的以义务教育经费名义收取的择校费，并没有纳入财政制度内部的运行系统，而是制度外运行，大部分由学校乃至部门自收自支。这样这部分所谓的义务教育经费没有相应的管理制度，就资金的性质看，它是以政府的垄断资源获得的收入，应该属于财政资金，但没有纳入财政的预算管理范围内；就义务教育制度来说，这部分资金没有合理的征收依据，在 20 世纪 90 年代就是国家重点治理的"三乱"之一（乱收费、乱集资、乱摊派），尽管择校费已经在许多地区引起民怨沸腾，国务院、教育部也曾多次下达政策禁止收费，但效果甚微，这部分没有合法身份却日益膨胀的政府性资金成了管理的真空；就市场交换的原则看，学生家长缴费购买学校的优质服务，学校除了提供服务之外，还应该对家长公布收费的依据及使用情况，以加强监督，但公立学校的政府管理使这一原则难以通行。

这种制度外的不规范管理使基础教育部门在追求自身利益时，与追求预算最大化的假设不完全相同。正常的预算管理中，属于政府的资金很难转为官僚个人所有，其最大的自身利益只能在增加的职务消费中体现，而这一切能够通过预算一定程度地反映出来，议会或人大代表可以发挥其监督作用。而在财政制度外运行的收费形成的学校收入，其结余情况往往是隐蔽的，外界难以监督，这就不可避免地会形成个人的收入，这样的激励将比官僚在财政制度内所追求的预算最大化更强烈、更无度，实际上已经有了营利性的特征。

综上所述，尽管从整体看，我国政府在义务教育问题上代表的是公共利益，但我国正处于政治经济体制的转轨时期，在这个时期，政府内部的利益开始分化，地方政府的独立性增强，地方利益得到强化；同时，市场经济对私人利益的肯定与鼓励，打破了计划经济时期的思想意识形态，市场中的经济人、政府中的公务员都受到了私人利益的驱动。与此同时，与市场经济相适应的社会管理制度尚未建立，不仅市场秩序尚未规范，而且公共领域的权力也没有有效的制度约束，因此，导致公共利益在这一特定时期内处于被忽略的境地。解决这一问题的根本出路在于建立公共财政制度，并且建立与完善公共财政的核心管理机制——政府资金（包括义务教育财政资金）的预算管理制度。

第二节　中国义务教育财政体制的完善与建立

一、我国农村义务教育财政管理体制的改革设想

（一）义务教育经费筹集主体与管理主体要分别确定

在确定义务教育经费的筹措主体和管理主体时，应该根据不同的理论依据和标准分别确定。我国在探讨农村的义务教育财政管理体制时，无论乡镇政府还是县级政府，着眼点都是其筹资责任或能力，忽略了对义务教育供给的管理职能定位。即使面对目前基层政府在提供义务教育服务时出现的经费严重短缺等问题，所提出的改革思路仍然是以政府的财政能力为单一依据，寻找比乡镇政府财政能力强的县级政府，以及在此基础上，还是为解决财力不足的问题而要求上级政府的转移支付予以补助。所以在这整个的改革思路中，义务教育在政府之间的事权划分是非常单一的，要么既是筹资者又是生产管理者，要么就基本没有承担什么职责。即使在义务教育法中所提出的各级政府都有责任，现实中的理解也主要是承担经费的职责分工，而不是义务教育事权本身在筹资者与管理者之间可以分割、划分。

其实，义务教育事权包括两方面，即筹资和具体生产经费的管理。在《治理地方公共经济》一书中，罗纳德·J·奥克森将这两种事权称为供应和生产。早在1959年，著名公共财政经济学家理查德·A·马斯格雷夫就将公共需要的供应和公共需要的生产进行了区分。1961年，文森特·奥斯特罗姆、查尔斯·泰伯特和罗伯特·沃伦对这种概念上的区分做了进一步的延伸和发挥，他们明确指出，公共产品和服务的生产和供应需要区分开。这里的供应是指一系列集体选择行为的总称，它主要决定如下事项：需要提供什么样的产品和服务、产品和服务的数量和质量标准、需要筹措的收入数和如何筹措、如何约束和规范公共产品和服务消费中的个人行为、如何安排产品和服务的生产。服务的生产则是指如何将一系列的输入资源转化为产品和服务的技术过程。供应者与生产者之间是委托代理关系，这种关系可以表现为政府之间的合同生产，即一个供应单位将其产品和服务的生产通过合同的形式交给另一个供应单位去安排，由后者承担组织生产的职责。罗纳德·J·奥克森还分析了什么样的公共产品和服务的供应与生产有

必要分开，他将公共产品和服务分为两类：一类是资本密集型，另一类是劳动密集型。通常来说，资本密集型产品或服务要素往往和大规模的组织相联，具有很强的规模效益特征。相反，劳动密集型的产品或服务要素往往和小规模组织相联，它们的规模效益并不明显。这是因为劳动密集型的产品或服务对具体时空下的信息依赖程度非常高，涉及人与人之间面对面的关系，因此公共服务的质量高度依赖于服务雇员与公民之间的关系。根据这一理论，义务教育服务显然是劳动密集型的产品或服务，其生产管理的主体应该是较低级次的政府，而义务教育又是全国性公共产品，罗纳德·J·奥克森同时也认为："如果一个公共产品或服务的共享利益规模较大，则应该考虑组织较大的供应辖区。"[①] 因此，义务教育的供应主体应该是较高级别的政府。因此，义务教育的供应主体——筹资者与其生产管理者在一般情况下应该区分来看，才可能具有较高的经济效率。

（二）我国以中央政府为主的义务教育投资体制的确定

义务教育是一种全国共享的公共产品，其受益范围是全国性的，因此，其筹资的政府一般都是高级次的政府，其中，由于政治体制的不同，具体可分为两种：在单一制国家，义务教育经费主要由中央政府承担；在联邦制国家，大多由州政府承担。根据这个一般的规律，由于我国是单一制的集权型的政治体制，因此，义务教育经费应该主要由中央政府承担，我国目前的其他影响因素也为这一论断提供了依据：

首先，义务教育公共产品性质的转变是建立以中央政府为主的义务教育财政投资体制的根本理论依据和现实需要。20世纪80、90年代以前，我国基础教育产品始终作为地方政府的义务，将其界定为地方性的公共产品，在封闭的二元经济体制下，由于人为地控制了人口的流动，而且地方财政的独立意识较弱，所以，地方提供义务教育的财政体制并没有出现过度的供给不足问题。而在工业化推进打破城乡的界限时，人口大规模地全国性流动，使义务教育产品充分表现为全国性公共产品。随着工业化与城市化的进展，劳动力的跨地区流动，义务教育，尤其是农村义务教育的收益范围已经不限于本地区，而是向全国范围扩散。从劳动力流动打工角度看，据统计，截止到2003年，跨区域流动的农民工就约有1亿人。在第二产业就业的农业户口劳动力已占57.6%。有些行业中农业户口的从业人员已占相当高的比重，如批发零售业和餐饮业占52.6%，加工制造业占68.2%，建筑业占79.8%。由此，中央政府指出，我国工人队伍构成已发生历史性的变化，农业户口的劳动力在数量上已经超过城市户口劳动力，成为产

---

① 罗纳德·J·奥克森：《治理地方公共经济》，北京大学出版社2005年版，第16页。

业工人的主体。从转移的地域范围看，据统计，全国 2000～2001 年平均计算，农村剩余劳动力在本省内转移就业的比重为 62.4%，转向省外的 37.5%，转移到国外的 0.1%，转移去向以就近转移为主（农业部信息中心，2003）。这种就近转移既与经济成本有关，也与我国积极发展小城镇的政策有关。然而从历史发展经验看，人口向小城镇集中只是城市化的初期阶段，由于工业化的积聚效应，人口会越来越向大中城市集中。在目前中国的城市化过程中，也出现西部人口净流出，东部人口净流入的局面。农村人口的流动已经越来越超出县域乃至省域范围，义务教育已经由封闭的二元经济时期的地方公共产品，或者说在原体制下没有明显外部效应的地方性公共产品，转变为受益范围扩大到全国的全国性公共产品。在这种情况下，只有中央政府承担最基本的义务教育财政投资，才能纠正作为地方性公共产品的外溢性，实现公共投资的社会效益最大化。

目前，我国正处于由"二元社会"向城乡统筹发展的过程中，从这个意义上说，农村义务教育的公共投入是特殊历史阶段的"一次性"投入的基础设施，它解决了这一代或几代农民向城市居民转化的"教育成本"问题。所以说，农村义务教育公共投入是在中国转轨时期为了解决遗留的"城乡二元体制"问题而需要支付的在教育方面的"转轨成本"。因为农村义务教育收益的滞后性，地方政府缺乏支付这个"转轨成本"的积极性，所以，这个转轨成本由中央政府承担会更有效率。

其次，是与政府财政职能的转变相适应的，随着市场经济的发展，政府财政将由建设性财政逐步转变为公共财政，政府财政将逐渐减少经济建设性支出，促进收入分配的公平职能将会加强。义务教育作为收入再分配的一个重要手段，不仅可以缩小地区之间、居民之间的收入差距，而且也是目前我国实现城乡统筹发展的首要措施。

再次，根据各级政府的目标以及财力的分布状况，笔者认为我国义务教育基本经费的承担主体以中央政府为宜，因为：从政府之间财力的比较看。如前面提到，义务教育经费承担的政府级别多与本国传统的政治、经济制度有关，我国传统上属于集权制国家，现阶段，在财权如税收立法权等方面还是高度集权的，在财力方面，通过分税制已经形成了一定的分权格局。但就目前各级政府的财力划分状况看，无论是总财力的比较，还是人均财力的比较，财力强弱的顺序都是中央财力强于省级财力，省级强于地级，地市级强于县乡级（胡延品，2003）。因此，我国还属于财政相对集权的国家，义务教育由中央政府承担有其可行性。另外，从各级政府支出结构的调整空间看，我国财政模式正在从建设性财政向公共财政转轨，与市场经济国家的财政支出结构比较，我国目前的财政支出结构中，经济建设支出还过高，企业挖潜改造资金、简易建筑费、流动资金支出等项目仍然在财政支出中占有一定比例,而基本公共支出普遍过低(陈颂东,2004);陈澍、李新权通过对各级政府支出结构的比较分析,得出的结论是:从县、乡到中央,经济性服务是集权的,比重也是递增的,与此相反,社会服务供应支出则呈现高度分权性和递减性。各级政府中,县级财政在教育等社会性服务方面花费最多,支出比重最高,接近30%;县、乡两级合计的福利支出高达全部社会性支出的一半。中央政府提供基本公共服务较少(陈澍,李新权,2004)。这说明,在财政支出结构调整的过程中,在公共财政的建立过程中,中央、省级等较高级别的政府有着较大的调整空间,在市场经济发展中有着更多的需要转变的"越位行为"。

最后,以中央政府作为全国义务教育经费的基本投资主体,这一制度与前面分析的自下而上的、考虑地区差别的、由各级政府分担的制度,不仅更加符合工业化社会中义务教育的性质,而且就制度本身来讲,不仅在制度设计上能够规范化、标准化,而且在执行中将具有较低的制度成本。

(三)中央政府承担基本义务教育经费的政策含义及可行性分析

由中央政府承担基本的义务教育经费,其政策含义是中央政府承担与经济发展水平相适应的全国性义务教育服务所应该达到的最低标准所需的财政资金。也就是说,无论各地的经济发展水平如何,中央政府保证当地的儿童都能够享受到当时法律规定的全国最基本的教育服务。这个义务教育服务的标准和具体表现为经过科学测算配备的符合一定条件的师资人员、达到一定标准的教学设备、基本的课程及教材、经过充分的数据所反映的公用经费标准等。中央政府对义务教育服务的提供实际上起到了一个社会保障的作用。另外,中央政府通过义务教育的提供,实现了最低限度的收入再分配政策,也在全国公共服务的提供上达到了与我国国力相适应的最低限度的均等化。

中央政府承担了最基本的义务教育经费,并不意味着全国的义务教育都是这种最低水平的供应,地方政府尤其是省级政府仍然赋有提供义务教育的责任,这个职责的行使要受命于当地民众的需求和当地经济发展水平与财政能力。而且包括义务教育在内的公共服务的供应好坏也影响到本地的投资、就业环境,乃至本地的经济发展与社会状况,因此,在中央政府保证了最基本的义务教育经费的情况下,地方政府可以在此基础上增加义务教育的支出,提高本地义务教育的服务水平。这样,在整体保证义务教育供给的前提之下,经济发展水平不同的地区之间仍然可能存在着较大的差距,但这种差距的存在符合我国目前在公平与效率之间的选择。

中央财政统一预算和承担义务教育经费的可行性:根据统计(有些是测

算），2002年全国在校初中学生约6 604万人，小学生约1.2156亿人；2003年在校初中生6 618万人，小学生1.1689亿人。小学生呈递减趋势，递减约3.85%，这是我国计划生育政策所导致的学龄儿童递减趋势的体现。初中生呈递增趋势，约增长2%，说明初中普及率在提高。二者都是好现象。按小学生年生均1 200元、初中生1 500元（都包含了学生和员工的人头费和公共支出）（沈百福等，2004），2003年的支出应该是992.7亿元加上1 402.68亿元等于2 395.38亿元，我们按2 400亿元计算。2003年中小学经费支出总额是2 307亿元，与测算需要的2 400亿元比较，缺口93亿元，主要缺口在初中，缺约113亿元，小学实际支出1 448亿元，比测算需要多支出约45亿元（这是值得分析的数据）。财政性支出1 807亿元，其中预算内经费1 605.8亿元。所谓的义务教育经费缺600亿~800亿元，大概就是2 400亿元减去财政性支出的1 800亿元得出来的。我们现在讨论中央财政统一预算和承担全部义务经费的财力可行性。

首先，考察我国的总财力，据2005年全国人大财政委员会向十届人大三次会议报告，2004年财政收入26 355.88亿元（不含债务收入）。估计2005年可能接近30 000亿元。

其次，我们的设想：

（1）现行的1 600多亿元预算内财政性经费，虽然不是中央财政承担的，但是已经是各地方财政的实际支出，中央可以通过一定途径集中到中央财政，不会增加地方的负担或减少地方的实际可支配财力（因为事权也要同时上移），考虑到各地方的差异，可能这一部分财力全部上移有困难，中央集中1 300亿元左右是可行的。（2）通过教育内部的投资结构调整，从而节约一部分经费。一是现在小学的空间布局基本上是20世纪70年代的结构，本来就过于分散和粗放，随着计划生育政策的成效经过一定时滞后明显显现出来，许多小学的学生已经非常少，可是基本的设施都得有，师生比例也严重不合理。教育资源严重地分散和低效利用。看看2003年的支出，小学的实际支出是高于测算需要的，可是不能说小学的经费是充足有余的，因为太分散，每个学校和学生仍然感到非常困难。如果调整结构，合并一些小学（也包括一些初中），不仅可以提高义务教育的集约化水平，集中优势教育资源，而且可以节约经费，估计能节约15%的经费，即250亿元左右。也就是说，全年义务教育总经费需要，可以由2 400亿元减少为2 150亿元。（3）如果再考虑小学生递减趋势和初中生递增趋势，分别按3.8%和2%测算，每年约减少经费30亿元以上，到2006年，可减少100亿元以上。也就是说，如果按2003年的测算水平，2006年的总经费需要2 050亿元左右。2 050亿元减去1 300亿元，还有700亿元左右的缺口。我们还可以把因为学生人数递减节约的100亿元左右不从预算中减去，而是作为提高质量的追加经费，那么，缺口还是800亿元左右。

真正需要中央财政增加的支出就是这800亿元。这一笔经费，不能再由县、乡、村去筹措，不能直接或变相向学生家庭收取，应该由中央财政统一预算和承担。根据我国财力的现状和增长趋势，我们完全有这个能力。当然，财力总是显得不够，增加800亿元支出是个大数，总是有困难的。但是相对于26 000多亿元和即将达到30 000亿元的总财力来说，它是一个小数；对于庞大的行政开支来说，它是个小数（仅党政机关公车费用每年就达3 000亿元，我国每年全部的教育和科技经费也就是3 000多亿元）；对于保证我国基础教育的普及和提高，从而构筑坚固的我国公民最低文化知识保障线来说，更加是一个小数。

（四）我国义务教育具体管理主体的确定

义务教育管理主体的确定，以提高管理的经济效率为准则，即要以最低的管理成本获得最佳的义务教育服务为目的。管理成本的影响因素主要有学校的规模和数量、管理方式等等。从美国教育发展的历史看，随着城市化和交通便利的进展，其学校的数量是逐步减少的，（大卫·M·布拉辛顿，1999），这是因为学校的合并会带来一定的规模效益。自20世纪末，由于学龄儿童人口的变化、农村人口城镇化、政府机构改革以及国有企业体制转轨等因素的影响，我国各地区，尤其是农村地区开始了以追求规模效益、节约教育经费为目的的中小学布局调整。调整的主要措施基本上是通过合并、建立中心小学等措施减少学校数量，以使学校乃至班级达到一定的教学规模。各地具体的实施标准有所不同，如宜春市的调整原则是，小学：人口2 000以下的村不设完小，基本保证完小成班率在30人以上。小学四年级及以下学生上学路途应控制在4华里左右，设立村级教学点，举办复式班教学。上学路途较远的五六年级学生应相对集中到村完小或乡镇中心小学寄宿学习。初中：原则上一个乡镇只设一所初中，现有2所及以上初中的乡镇，应尽快撤并规模小、条件差的初中学校。学生人数在300人以下的初中，原则上应予以撤销，也可与乡镇中心小学合并为九年一贯制学校。城郊乡镇初中学生应向城区集中，山上学生应向山下集中。其他地方的改革思路大体相同，只是具体指标上有所差异，如有的地方不到50人的班级要合并，覆盖地域范围有的是1.5公里，有的3公里不等。中小学布局的调整，扩大了办学规模，使分散的教育资源得到整合优化和合理配置，办学整体效益显著提高；布局调整改变了村村办学校、自成体系的状况，形成了新的办学模式和格局；学校的撤并和重新组合，有利于精简和优化教师队伍。

农村中小学布局调整与政府结构改革也是紧密联系的，与此同时，撤乡并村的工作也在进行。也可以说，农村中小学布局调整相当程度上是为了适应以县为主的财政管理体制。如果通过调整既减少了学校数量,由村村办,到每乡只有极少数的中心小学或初中,教师也得到精简,那么,义务教育管理的主体由乡扩大到县也是符合经济规律的。然而,由于发展的不平衡,这种调整难以一次到位,实际上,在调整过程中,有些地方过于强调规模经济和政府财政资金的节约,忽视了学生及家长承担的成本。据分析,在小学布局中,一般认为服务半径在2.5公里左右,服务人口5 000人左右较为合理,但据对苏北农村部分学校进行的抽样调查资料,被调查的1 210名小学生中,超过2.5公里有480人,约占40%;超过5公里的有120人,约占10%。15个乡镇中心小学中,学生数超过1 000人的有14个,服务人口皆超过5 000人(杨延宝,2004)。大部分小学生需要家长接送上学,造成农民的负担加重。这样虽然节约了财政经费,但却增加了家长的负担,甚至导致学生辍学,因此,在中小学的布局调整中应该合理计算总的社会成本,而不能只局限于财政本身。

萨尔克斯谈到,由于学校合并增加了部分学生的交通范围,规模经济还会被交通费用的增加抵消,合并的社区一般将同一年级的儿童集中在一个地方,这样通常会导致更长的经常往来的次数。除了增加交通费用,肯尼(Kenny)指出,学生和父母较长的交通时间还有潜在的大量的机会成本。如果交通成本达到一定的程度还有可能导致学生的辍学。只有在规模经济的收益大于增加的交通等成本的情况下,学校的合并才是有效率的。因此,我国在进行学校的布局调整中,应该首先根据地方的特点,减少行政上的一刀切;其次,要注意经济分析方法的应用,改变某种程度上存在的限定时间达标的做法。在合理学校布局和合理管理方式下,学区的大小与政府的级别不必完全一致,因为各地的交通和人口分布的情况不同,从而管理费用、管理的规模也不同。在农村人口比较集中的地区可以实现以县为管理主体,而在农村人口不太集中的地区,其管理范围不一定与县一致,可以保留乡的责任,或者在县设立两个学区。

二、义务教育经费转移支付制度的设计——委托代理关系中的义务教育转移支付制度设计

在义务教育财政管理体制中,中央政府承担义务教育的筹资责任,而具体支出的职责则归属于县级等基层政府,这样,为了弥补义务教育服务提供的成本,中央政府需要将义务教育经费转移支付给基层政府,从而达到政府之间财政的纵向均衡。因此,中央政府与基层政府之间首先存在着委托代理关系,即基层政府代理中央政府向社会提供义务教育公共服务,其提供的标准如学制、教材的内容、教育经费的使用标准等等都依据中央政府的规定。其提供义务教育的经费成

本基本来自中央政府。这一转移支付制度的设计思路如下：

1. 转移支付的目标与规模

义务教育转移支付的目标首先是解决中央政府与具体提供义务教育的县级等基层之间的财权不对称问题，从而达到政府之间的纵向均衡。为达到这一目标，转移支付额必须足以弥补义务教育服务的最基本的成本费用，如达到基本标准的教师配备、公用经费以及教育设施等。其次，解决不同地区之间的差距，达到一定程度的横向均衡。中央政府在义务教育经费的转移支付过程中就已经实现了一定程度的再分配，使不论是经济发达地区，还是不发达地区的儿童都能够享受到同样标准的基本的义务教育服务。中央所承担的义务教育成本范围越大、数量越多，意味着均等化的程度越高。在经济发展的现阶段，由于中央只能承担义务教育的基本经费，所以均等化只是低水平的均等，是在存在地区差距的情况下，保证了全国儿童都能享受到最低的义务教育服务。

2. 转移支付的方式选择

国外发达国家义务教育转移支付的方式有三种模式：一是包含在一般性均等化转移支付中，如澳大利亚；二是一般性转移支付与特殊转移支付并存，如日本；三是特殊性转移支付，如美国。在我国的转移支付设计的思路中，实际上也有两种思路：一是在一般性均等化的转移支付中，将义务教育作为均等的基本内容；二是对义务教育经费实行专项转移支付。本文认为，从我国的长远发展看，可以考虑采取一般性的均等化转移支付方式，使全国各地区达到均等的财政收入能力，从而为均等化的义务教育等公共服务提供条件。但这是以经济发展水平较高，政府财政能力较强为前提的，至少在一定的历史发展阶段还达不到这种要求。而我国义务教育的均等化提供却是目前社会就迫切需要解决的一个问题，是工业化顺利进行的前提，在城乡统筹发展中需要优先统筹，是中央政府解决日益扩大的地区差距而进行再分配的重要手段，所以整个社会经济的发展要求义务教育的发展能够先行。在这种情况下，义务教育转移支付形式的近期设计中，应该选择专项转移支付的方式，即特殊性的转移支付，在转移支付过程中要限定其使用的范围及其他管理要求。类似于美国的转移支付方式。当然，中央政府只是保证了最低标准，在此基础之上，地方政府可以根据本地的经济发展水平和财政能力，以及当地居民的偏好，提高其义务教育服务的标准。这样在地方增加当地的义务教育经费中可能包括一般性转移支付的资金，则又类似于日本的转移支付方式。

3. 转移支付数额的测算

转移支付额的公式化确定：义务教育转移支付的目标首先是弥补提供教育的成本，因此，在转移支付额的确定中，首先要确定的就是义务教育的生均成本。

在我国各种教育成本的测算及设计中,多是以实际发生的成本为依据,经费的充足与否往往都是地区之间的相对比较,缺乏对义务教育经费的合理的定员、定额数据分析。而在实际发生的成本中,相当部分存在着超员现象,而公用经费在不同地区,由于财力的不同而有不同的标准,因此,这种承认历史的做法,与现在要抛弃的基数法有些类似,是不应该在确定转移支付额时采用的。在这里也应该采用因素法,考虑不同地区影响义务教育经费的不同的因素,以及各种因素的影响程度,确定不同地区义务教育经费的标准支出情况,从而确定义务教育服务的基本成本水平。当然,形成这样的公式需要有大量数据的支持,因此,在转移支付真正实行之前,相关的基础工作是必不可少的。

4. 转移支付程序与项目的设计

由于我国存在多级次的政府机构,由中央政府向最基层政府实施转移支付,可能面临过高的信息成本。因为只对农村,中央财政就需要核实全国 2 500 多个县的教育需求。因此,在转移支付的程序中,可以以省级政府作为中央政府转移支付的对象,由省级政府再向县等基层政府实施转移,这既可以减少信息不对称的程度,节约成本,而且也符合当前正在进行的省管县的试点改革。在转移支付资金的使用项目上,目前的补助类型上仅局限于工程性的专项资金,对用途有特定限制(主要用于学校设施设备),并未用于学校事业性支出。而要有效解决贫困、农村地区经费不足和地区差异过大的问题,政府间转移支付必须成为经常性经费来源并在义务教育经费中占有相当大的份额。因此,转移支付资金的使用可改为结果的考核。

5. 转移支付资金的管理

被委托使用的义务教育资金必须进行有效的管理。目前的其他项目的专项转移支付就存在着严重的问题,第一,相当部分的转移支付资金没有纳入政府预算,2003 年中央补助地方的 4 149 亿元,真正纳入预算的只有 936 亿元左右。没有编入预算的中央补助资金,实际上脱离了地方人大的审查监督。第二,中央专项补助管理上的脱节造成个别项目重复立项、多头申报,套取国家专项补助。第三,专项转移支付资金被挪用的现象严重。为此,首先要设立管理义务教育转移支付资金的专门机构,隶属于或内设在总的转移支付资金管理机构。如美国的政府间关系顾问委员会、管理和预算办公室、审计总署中的政府间关系办公室。其任务是关注政府间服务的提供、争端的解决和绩效的效果。我国建立转移支付机构的职责是:组织设计转移支付制度,搜集有关政策信息和数据材料;负责转移支付的计算和年终清算等工作;对转移支付制度进行必要的修正或调整;对转移支付的支出效果进行评价;根据法律、法规对转移支付资金的使用进行监督等。其中,设置相关的处室为义务教育转移支付服务。其次,将义务教育转移支付资金全部纳入中央与地方预算，并细化预算。不仅列入支付资金方的预算，而且全部列入接受资金方的预算，这样纳入预算管理，增加了透明度，有利于接受人大的监督。第三，设计义务教育转移支付资金使用绩效的指标体系。在注重程序监督的条件下，更要注重绩效的衡量，因此，应尽可能量化财政支出的收益指标，增强监督的准确与力度。

三、改革义务教育经费的多渠道筹资制度，实行完整的义务教育

从20世纪80年代中期为弥补政府财力的不足而建立了多渠道筹措教育经费制度至今，多元化的投资已经成为教育投资的重要组成部分，"多渠道筹资"占据了教育投资的半壁江山，它对于教育经费总量的增加起到非常重要的作用。然而，随着商品经济的发展，政府财政能力的增强，义务教育经费中财政投资的比例并没有明显提高，因此，有学者的评价为："提倡多渠道筹资，已经成为削弱政府的主渠道作用，为政府转嫁责任开了方便之门的政策。"（陈玉云，2004）

对于多渠道的筹资制度应该更多地从历史的角度看待它的得与失。在改革开放一开始的头20年左右的时间里，我国整个经济体制处于转轨时期，是一个旧的体制被打破，而新的体制尚未建立之时。在这一时期，政府财政承担着经济体制转轨的巨大的改革成本，因此，政府财力紧张是这一阶段的重要特征，为此，对于义务教育等许多社会公共服务领域，政府尤其是中央政府在不能足额拨款的情况下，给予了各种"创收"的政策，不仅在义务教育领域，而且在其他的经济领域都存在着大量的预算外资金，这些预算外资金的存在对于调动社会单位、部门的积极性、解决当时政府的财政困难、发展社会的各项事业都具有重要意义。

但是，社会经济发展到现阶段，我国的市场经济体制基本建立，市场经济所要求的公共财政制度也已经建立并亟待完善。与此同时，预算外资金的发展不仅逐渐失去了其发展的社会空间，而且其负面的影响已经逐渐超过它所能够发挥的积极作用。因此，在改革财政制度，尤其是公共预算制度的建立与完善过程中，对各种财政资金包括义务教育资金的管理就是制度建设中不可缺少的部分。因此，我国的发展方向不应该是"完善多渠道的筹资制度"，而是要改变具有历史性特征的多渠道筹资制度，实现基本由财政拨款提供的义务教育筹资制度，即不仅义务教育经费基本来自财政拨款，减少乃至取消其他义务教育主体的筹资方式，而且逐步实现我国义务教育制度的完全免费。

四、建立义务教育经费的预算管理制度

(一) 完善义务教育财政预算管理的基础：定员定额制度

定员定额是确定事业单位人员编制额度和计算事业经费预算中有关费用额度标准的合称，是财政部门编制预算，检查、考核预算执行情况的基本依据，是最主要的单位财务管理规范，是加强对事业单位经费管理，科学合理地分配预算资金，提高资金使用效益的基础。因此，在对义务教育经费实行科学的预算管理之前首先必须建立科学合理的定员定额管理制度。目前由于缺少一个科学的支出标准和预算定额，使得所编制的单位、部门预算往往与实际需求存在相当差异，这在中小学预算编制中表现尤为明显，因为目前国家尚未制定一个合理的生均公用经费标准，而各省所定的标准大多只是最低标准，因此，造成学校所编制的预算难以反映学校真实的支出情况。而财政部门在向教育部门拨款时，往往根据实际人数拨人员经费，在公用经费的拨付中往往只是根据财力情况大体确定。

建立科学的定员制度，就是要根据学生人数确定合理的教职工编制，规范单位人员数额。"编制"管理的经济目的在于加强工资基金的管理，工资支出在人员经费中占有很大比重，是人员经费管理的重点。因此，在科学核定人员编制后，学校单位必须严格核定工资基金计划，严格执行国家关于各种津贴、补贴、奖金和福利待遇等方面的规定。

建立科学的定额制度就是要经过科学测算，确定预算的经费开支额度。按照近几年有关方面的改革经验，考虑到义务教育的不同阶段、不同学校的地区差异等因素，义务教育经费的定额标准可以通过以下步骤确定：

1. 根据国家规定的义务教育服务的最低标准，选择教育一般支出水平的样本地区，具体测算小学和初中义务教育经费的各项开支额度；

2. 根据地区的分类情况，将全国各地区的义务教育学校分类分档，通过对各种样本学校履行职能时所需运行成本的调查和以前年度学校实际支出数据的分析，测算各类、各档单位的各个公用经费构成项目之间的差距，确定不同学校、教育部门之间的类、档调整系数；

3. 根据中央政府的财力情况，根据《中华人民共和国教育法》等法律法规确定的义务教育经费在财政支出中的比重等相关指标，计算现阶段政府能够用于义务教育经费的财力；

4. 根据可用于义务教育的财政能力、一般义务教育经费支出指标和不同地区不同学校的分类分档系数等情况，确定义务教育经费的定额标准或开支额度。

(二) 建立比较规范的义务教育资金预算编制制度

第一，严格"两上两下"的预算编审程序，首先，各中小学校上报预算建议数，然后由教育部门汇总，上报同级政府财政部门（一上）；其次，由教育部门根据财政部门审核后下达的预算指标（亦称概算），结合本部门的实际情况制定与各学校有关的预算指标，下达给各学校（一下）；再次，各学校依据上级教育主管部门下达的预算指标编制正式的单位预算并上报教育主管部门，由教育主管部门汇总后将部门总预算草案报同级政府财政部门（二上）；最后是预算的下达，即财政部门汇编成政府总预算后，报政府审查并报同级人民代表大会审议批准，逐级批复到学校（二下）。

第二，在收入预算中，要将全部的义务教育经费纳入政府预算，增强义务教育经费收支的透明度和法制性，使学校和教育部门的预算都能够完整地反映教育单位和部门的职责和活动。为此，一方面要将目前预算内的拨款全部在政府预算中表现出来，在中央政府承担基本义务教育经费的体制下，具体供给义务教育的地方基层政府的义务教育资金可能来自两方面：一是来自中央政府的转移支付资金；二是来自地方各级政府的资金。中央政府的转移支付资金遵循的是全国性的教育法律法规以及相关规定，首先要在中央预算中表现出来，以便于全国人民代表大会常务委员会监督，同时对接受转移支付的各地方政府公开转移支付的信息，以便为地方政府编制预算做好准备。来自中央政府的这部分义务教育经费要列入地方政府，尤其是基层地方政府的政府预算收入，为此，必须在地方政府标准预算时，就得到中央政府转移支付的相关信息，如果义务教育经费有所变动，需要管理义务教育经费转移支付的机构提前做好相关的工作。另外，来自地方政府的义务教育资金，主要依据的是地方性法规以及相关规定，涉及政府之间转移支付的数量同样要在基层政府标准预算之前确定。

体现义务教育财政预算完整性的另一方面工作，是从单位预算即学校编制预算时就准确地把由学校收取的预算外资金列入预算，也就是要编制综合预算，统筹安排预算内拨款和预算外资金，目前我国的基层政府正在通过编制综合预算加强对预算外资金的管理，如江苏省盐城市建湖县上冈镇，镇政府在年初核定并下达各部门、各单位行政事业性等收入计划，部门和单位在完成各项收入计划的基础上，其支出预算采取综合预算编制方法，除国家规定外，总体上采取预算外资金优先安排、预算内资金弥补的办法。对预算外收入能够安排经费支出预算的单位，财政预算内不安排或少安排（楼继伟，2003）；随着预算管理制度的改革，逐渐将目前处于预算外的资金纳入预算内管理，取消不合理的或者有违义务教育原则的收费、集资等。这样编制出来的学校预算和教育部门的预算，在收入构成中不仅仅包括政府预算内拨款，而且包括以各种形式存在的预算外资金，也就是作为提供公共服务的单位和部门的全部收入都能够在预算中表现出来。

第三，在支出预算中，改变以往功能预算按资金使用性质编列的方法，实行部门预算，部门预算不仅能够完整地反映义务教育经费的支出情况，而且细化了具体预算单位的收支情况。一是部门预算确定到单位，二是部门预算确定到项目。每一项支出都有确定的支出内容、用途和去向。这样的部门预算有利于财政部门拨款、单位执行预算，也有利于人大、审计部门的检查监督。财政部门编制并向立法机关报送的年度预算，不仅包括政府的总预算，而且还应该包括政府部门的预算；立法机关在审议和批准预算时，即同时批准了政府总预算和各部门的预算。因此，实行部门预算意味着各部门都是相对独立的预算编制主体，它们的预算需要分别得到立法机关的审议和批准，才能最终产生法律效力。

义务教育经费的支出预算包括两部分，一部分是经常性支出，主要包括人员经费和公用经费，应该严格按照定员定额制度确定的标准进行编制；另一部分是专项经费，目前中小学专项资金的预算编制尚未建立一个科学的申报及评审机制，因此，造成学校所编制的年度预算中，专项经费的编报带有一定随意性，而财政部门在批复专项项目时，也带有一定的人情关系，缺乏足够的科学依据。因此，应该通过建立项目库的管理方式，对项目进行科学的论证，根据成本效益的比较筛选列入预算。

（三）在义务教育预算的执行过程中，建立比较规范的义务教育财政资金支出管理制度

预算管理的核心是法制化管理，政府预算就是一个法制文件，义务教育的具体支出必须按照预算来进行。对义务教育支出的管理与监督同样来自两方面：一是中央政府以及其他进行转移支付的上级政府，他们要对转移支付的资金进行管理与监督；二是当地的人大常委会，要根据当地人大审批通过的政府预算对义务教育经费的使用进行监督。管理与监督的途径主要是通过制度建设，建立保证义务教育经费合理高效使用的长效机制，目前，在我国建设的预算支出执行过程中的制度主要有政府采购制度和国库集中支付制度。

在义务教育经费的政府采购中，凡使用财政性资金进行采购的行政、事业单位及团体组织，均由负责政府采购的部门，按照批准的预算和采购活动的履约情况直接向供应商拨付货款，因此，在现有财政资金管理模式下，拟购买政府采购目录内商品的学校，通常需事先将货款转给负责采购的单位，然后根据采购单位提供的付款凭证、发票进行会计核算，由于将市场竞争机制和财政预算支出管理有机结合起来，使财政拨款单位不但可以得到价廉物美的商品和服务，而且也使

预算资金管理从价值形态延伸到实物形态，对节约公共资金起到一定的作用。中小学教材是达到一定规模的，使用时间也比较集中，很适合大规模的政府购买。我国中小学的教材由指定出版社出版，新华书店总发行，垄断使其价格居高不下。广东省出版集团的调查显示，新华书店 70% 的利润来自中小学教材，多数乡镇书店更是达到了 90%。教材和教辅类书籍的销售利润为全行业平均利润的 520%。而且，为了私人或局部利益，教育部门与出版部门共同的作用，不仅使教材价格高，而且使学生需要买的教辅类书籍数量多。不仅给学生家长加重经济负担，而且影响到学生的身心健康。为此，应该首先打破教材出版的垄断，由财政部门监督实行公开、公平的政府采购，不仅可以降低价格，而且可以有效地防止对学生摊派教辅书籍的行为。

与政府采购制度相适应，在财政的具体支出途径中建立国库集中支付制度，由国库直接支付教职员工的工资，集中支付达到规模的学校设备购买，集中支付教材的购买。这种国库管理制度的改革就是实行教育经费的统一管理，可以防止舞弊；同时也能准确地反映教育经费的收支情况；由于教育经费是由国库直接拨付给职工和供应商，减少了在途的环节，有利于减少浪费，也有利于抑制腐败。

（四）决算

现行的决算制度过度拘泥于预算资金使用程序的监督，在今后的决算中，可在建立义务教育财政支出的绩效评价体系的基础上，增强对义务教育支出效果的评价，从而促进财政资金使用效率的提高。

第十章

中国文化与自然遗产的产权安排、制度变迁与立法选择

在自然演进与人类文明发展的过程中,历史的积淀会通过某种方式留存下来,这些留存无论表现为古迹、古建、遗址遗迹,还是地质地貌、生态景观,无疑都是后人的宝贵财富。我国习惯用文物、珍贵自然资源等概念来指称这些宝贵财富,而西方国家则习惯用"遗产"(Heritage、Patrimony 或者 Legacy)这个概念来指称这些珍贵历史积淀,重在强调这些历史积淀连接人类历史、现在和未来的纽带作用。然而,因为自然侵袭和年久腐变,这些珍贵的人类财富越来越受到毁损,甚至消失的威胁,同时变化中的人类社会和经济条件也正在使情况恶化,不断加速着这一令人惋惜的消亡过程。正是在这样一种背景下,人类产生了团结起来保护这些珍贵历史积淀的需要,而人类的团结需要合理的分工和协作,需要有一个可供大家共同遵守的、实现分工和协作的行为规则,也就是以法律的形式所表现出来的相应产权与制度安排。

第一节 我国文化与自然遗产的产权与制度安排:历史、现状及问题

在对我国文化与自然遗产的产权与制度安排进行分析时,我们也选择将相关产权安排划分为归属意义上的产权安排和使用意义上的产权安排两个部分,来分

别予以考察。

一、我国文化与自然遗产归属意义上的产权与制度安排

在我国1985年加入《保护世界文化与自然遗产公约》之前，文化与自然遗产这个概念并不为国人所熟悉，对于这些珍贵的历史遗留物，我国习惯用文物、自然资源等概念来指称。因此，在我国的相关法律法规中，并没有有关文化与自然遗产所有权归属的直接规定，但是从我国相关法律对于文物和相关自然资源所有权的规定中，可以看出我国文化与自然遗产的所有权归属。

我国《宪法》第九条规定："矿藏、水流、森林、山岭、草原、荒地、滩涂等自然资源，都属于国家所有，即全民所有；由法律规定属于集体所有的森林和山岭、草原、荒地、滩涂除外。"《物权法》第四十八条规定："森林、山岭、草原、荒地、滩涂等自然资源，属于国家所有，但法律规定属于集体所有的除外。"第五十一条则明确规定："法律规定属于国家所有的文物，属于国家所有。"这里所谓的"法律规定"主要是指《文物保护法》第四条和第五条的规定，即"中华人民共和国境内地下、内水和领海内遗存的一切文物，属于国家所有。古文化遗址、古墓葬、石窟寺属于国家所有。国家指定保护的纪念建筑物、古建筑、石刻等，除国家另有规定的以外，属于国家所有。国家机关、部队、全民所有制企业、事业组织收藏的文物，属于国家所有"。"属于集体所有和私人所有的纪念建筑物、古建筑和传世文物，其所有权受国家法律的保护"。

根据这些法律规定，我国文化与自然遗产的所有权存在国家所有、集体所有和私人所有三种类型，其中国家所有是主要类型。仅以我国已列入世界遗产名录的文化与自然遗产为例，国家所有、集体所有和私人所有三种类型的产权安排都有所表现。例如，广州开平碉楼，就有很多属于私人所有。组成丽江古城和西递宏村的许多私宅也属于私人所有。同时在很多遗产地，包括承德避暑山庄景区、布达拉宫、峨眉山和乐山景区都包含有大量的宗教财产，而这些宗教财产则属于宗教团体集体所有。

因此，从归属意义上看，我国文化与自然遗产的产权表现为以国家所有为主，包括集体所有和私人所有的多元化态势。

二、我国文化与自然遗产使用意义上的产权与制度安排

如果说对于文化与自然遗产归属意义上的产权安排，我国法律一直有相对稳定和明确的规定，相比之下，对文化与自然遗产使用意义上产权安排作出规定的

相关法律，却一直处于模糊不清和变动不定的状态。

如表10-1所示，在文化与自然遗产的使用权方面，我国尚没有一部对于全国范围内所有文化与自然遗产的统一的国家级立法。在我国现有的法律法规中，涉及文化与自然遗产使用和管理问题的主要有三类：其一，对于个别类型的文化与自然遗产的使用和管理作出直接规定的国家级法律法规，主要是《文物保护法》、《风景名胜区条例》、《自然保护区条例》和《海洋自然保护区管理办法》；其二，对于特定个别文化与自然遗产的使用和管理问题作出专项规定的地方级法规或者条例，主要包括《四川省世界遗产保护条例》、《福建省武夷山世界文化和自然遗产保护条例》和《湖南省武陵源世界自然遗产保护条例》；其三，在规定其他问题时，间接地涉及文化与自然遗产使用和管理问题的其他法律法规，主要包括《环境保护法》、《城市规划法》、《森林法》、《森林和野生动物类型自然保护区管理办法》、《森林公园管理办法》、《地质遗迹保护规定》、《旅游发展规划管理暂行办法》等。

表10-1　　　对文化与自然遗产使用意义上的产权安排作出相关规定的我国法律法规

法律法规	类别	主管部门	发布时间	制定者
风景名胜区管理暂行条例（旧）	行政法规	建设部	1985年6月	国务院
风景名胜区条例（新）	行政法规	建设部	2006年9月	国务院
风景名胜区管理处罚规定	行政规章	建设部	1994年11月	建设部
文物保护管理暂行条例（旧）	行政法规	国家文物局	1961年3月	国务院
中华人民共和国文物保护法（旧）	国家法律	国家文物局	1982年11月	全国人大常委会
中华人民共和国文物保护法（新）	国家法律	国家文物局	2002年10月	全国人大常委会
中华人民共和国文物保护法实施条例	行政法规	国家文物局	2003年5月	国务院
中华人民共和国环境保护法	国家法律	国家环保局	1989年12月	全国人大常委会
中华人民共和国自然保护区条例	行政法规	国家林业局	1994年10月	国务院
海洋自然保护区管理办法	行政规章	国家海洋局	1995年5月	国家海洋局
地质遗迹保护管理规定	行政规章	国家地矿部	1995年5月	国家地矿部
旅游基本建设管理暂行办法	行政规章	国家旅游局	1990年4月	国家旅游局
旅游发展规划管理暂行办法	行政规章	国家旅游局	1999年3月	国家旅游局

在上述相关法律法规中，直接调整文化和自然遗产使用意义上的产权关系的，主要是上述第一类和第二类法律法规，第三种法律法规只是在对其他问题进行规定时，间接规定了一些行政机构或者私主体保护遗产资源的义务。此外，依

据我国《立法法》，地方人大和行政机构只能在不违反国家级法律法规的前提下，制定在其辖区内具有法律效力的地方法规和规章。在文化与自然遗产使用和管理问题上，前述若干地方级遗产保护条例的相关产权安排，大都是在国家级法律法规业已制定的基本框架和大体配置格局之内进一步细化和具体化的结果。

所以，目前在我国能够得到法律认可和保护的文化与自然遗产使用意义上的产权安排格局，基本上来自《文物保护法》和国务院颁布的《风景名胜区条例》的相关规定。虽然这两部法律法规所针对的仅仅有限的部分文化与自然遗产种类，然而因为这两种遗产资源类型的代表性和我国适用于所有遗产资源的统一立法的缺位现状，这两部法律对于文化与自然遗产使用和管理意义上的产权与制度安排所作的规定，即基本代表了法律法规对于遗产资源使用与管理问题规定。

事实上，我国法律法规对于遗产资源治理问题的规定，随着人们对于遗产资源社会功能的认识变化，而经历了一个修订变革的过程。

（一）我国 2002 年之前的相关立法和使用与管理实践

我国 1982 年《文物保护法》第 7 条和第 3 条规定："革命遗址、纪念建筑物、古文化遗址、古墓葬、古建筑、石窟寺、石刻等文物，应当根据它们的历史、艺术、科学价值，分别确定为不同级别的文物保护单位。各级文物保护单位，分别由省、自治区、直辖市人民政府和县、自治县、市人民政府划定必要的保护范围，作出标志说明，建立记录档案，并区别情况分别设置专门机构或者专人负责管理。""国家文化行政管理部门主管全国文物工作。地方各级人民政府保护本行政区域内的文物。各省、自治区、直辖市和文物较多的自治州、县、自治县、市可以设立文物保护管理机构，管理本行政区域内的文物工作。一切机关、组织和个人都有保护国家文物的义务"。

同时，1982 年文物保护法在其第 2 章用了共 8 个条文规定了文物保护单位的基本工作内容和工作程序，基本确立了文物保护单位受到相应级别的人民政府和上一级文化行政管理部门双重领导的管理格局。

对于文物保护和管理资金的来源问题，1982 年《文物保护法》第 6 条规定："文物保护管理经费分别列入中央和地方的财政预算。"

此外，该法第 30 条和第 31 条分别对相应的行政处罚和刑事处罚方法和程序进行了规定，依照这些规定，查处、处罚相关侵害行为的主体分别是相应行政机构和国家司法机构。

与 1982 年《文物保护法》所规定的产权安排格局相似，国务院 1985 年发布的《风景名胜区管理暂行条例》第 4 条和第 5 条则更加明显的强调了政府在风景名胜区遗产资源治理方面的权利和权力,分别规定"城乡建设环境保护部主管全国风景名胜区工作。地方各级人民政府城乡建设部门主管本地区的风景名胜区工作","风景名胜区依法设立人民政府,全面负责风景名胜区的保护、利用、规划和建设","风景名胜区没有设立人民政府的,应当设立管理机构,在所属人民政府领导下,主持风景名胜区的管理工作","设在风景名胜区内的所有单位,除各自业务受上级主管部门领导外,都必须服从管理机构对风景名胜区的统一规划和管理"。

根据该条例第6条的规定,风景名胜区规划是直接关系到风景名胜区性质、范围、保护和开发利用风景名胜资源的措施、游览接待容量和游览活动的组织管理措施、估算投资和效益等诸多重要问题的,具体决定遗产资源微观产权安排结果的关键性文件。

该条例第7条的规定:"风景名胜区规划,在所属人民政府领导下,由主管部门会同有关部门组织编制。""风景名胜区规划经主管部门审查后,报审定该风景名胜区的人民政府审批,并报上级主管部门备案。"虽然该条也提到,编制这一规划"应当广泛征求有关部门、专家和人民群众的意见,进行多方案的比较和论证",然而并未就征求意见的具体程序和方式,以及处理有关部门、专家和人民群众意见的具体程序和要求做出任何具体规定,并且在行文时并未使用"必须"一词,而只使用了"应当"一词,也并没有对"应当为而不为"作出任何处罚性规定。因此可以得出结论,在景区规划的编制问题上,只有景区人民政府和相应主管部门具有决策权,其他部门和个人仅有被征求意见的可能,而并无实质决策权。同时该条例第15条也明确规定,除触犯刑法,将依法被追究刑事责任外,对于其他的侵害风景名胜区资源的行为,都将由"有关部门和管理机构"出面,给予行政或经济处罚。

综上,我国在20世纪80年代初所确立的文化与自然遗产使用和管理意义上的产权与制度安排基本格局如下:

首先,国有遗产资源由两种主体具体管理,一种是日常工作受相应级别的人民政府和上级行政主管部门直接领导,由同级人民政府设立的特定事业性管理机构或者任命的"专人",另一种是特别设立的当地人民政府。这两种主体有权就相应文化与自然遗产保护、开发利用、规划、建设等多项问题,直接做出决策,并且直接代表国家行使相应的产权。

其次,遗产资源保护和管理经费直接由国家财政提供。

再次,除了触犯刑法的犯罪行为由国家检察机关负责起诉外,对于文化与自然遗产造成侵害的其他违法行为,只有国家行政机关有权进行查处和处罚,也就是说除国家有关行政主管机关外,其他公民发现侵害遗产资源的行为,只能向相应国家机关（包括检查机关和行政机构）反映，具体是否查处、何时查处、如何追究、如何处罚都由相应国家机关做出决定。

不难看出，自20世纪80年代以来，我国法律法规所规定的文化与自然遗产使用与管理模式是一种典型的政府包揽一切权力和权利义务的"政府包揽模式"。

在遗产资源广泛社会功能尚未得到充分认识，遗产资源大规模开发尚未兴起之时，遗产保护的主要目的是科学研究，并且遗产开发仅限于少量的景区门票经营和简单的旅游纪念品销售，这些开发模式既不需要大量的资本投入，也不会给遗产资源带来多少负面影响，而且还可以在一定程度上弥补国家保护经费财政拨款的不足，遗产开发与保护并未出现矛盾和冲突，上述由国家政府相应机构统一行使文化与自然遗产使用意义上各项产权和权能的"政府包揽模式"得以长期维系。

然而，随着世界遗产保护理念的发展变化，人们越来越认识到，遗产资源区别于其他普通自然资源的关键特点即在于，除了其本身所蕴含的美学、历史和科学等知识层面的研究价值外，它更重要的价值表现在文化和精神层面，表现在它对于人类社会和人们行为和思维方式的影响上。而这种文化和精神层面的影响力的发挥，依赖于它在不同时代和不同地域的人们之间的传承的过程。只有遗产资源内在所蕴含的文化精髓在不同时代和不同地域的人们之中，得到不断地传承和发扬，遗产才能够真正发挥其深层次的文化意义，这就是遗产的社会功能。

简单地说，人们已经不再满足于紧紧通过"维持原状"的简单方式保护和维持遗产资源客观表现形式，而是需要通过大量的宣传和开发，使得更多的人（包括国人和外国人）有机会去欣赏和了解遗产资源所蕴含的深层次美学、历史、文化和政治意义，从欣赏、了解和感受的过程中受到教育和得到启发，从而真正发挥遗产资源的根本价值和社会功能。

遗产资源能否得到充分的传承一方面取决于遗产资源的深层文化和精神内涵是否通过科学的方式得以展示和表现，使得前来参观的人们能够很好的感悟和领会，另一方面也取决于愿意前来参观的人们的数量和参观人群在不同国家和同一国家不同地域和不同阶层的人们之间是否得到广泛的分布。前者需要现代化的博物馆建设和景区建设，后者则需要一个在交通、食宿、信息宣传和游客组织方面提供有效服务的机制。

无论在现代化博物馆建设和景区建设所需的巨额资金投入方面，还是在交通、食宿、信息宣传和游客组织等方面提供有效服务方面，我国原有的由国家财政拨款维系的特定事业或行政单位包揽遗产资源使用和管理各项产权的"政府包揽模式"已经远远无法满足推动遗产传承、发挥遗产广泛社会功能的新需要。

在这样一种背景下，依据我国上述文化与自然遗产产权与制度安排，在遗产资源的保护、开发利用、规划、建设等多个方面能够合法的全权代表国家做出决策的具体遗产资源管理单位，在拥有审批权的上级主管部门和相应人民政府的默许下，纷纷开始寻求与旅游市场主体的合作，试图通过这种方式从旅游市场吸纳资金投入，以填补遗产资源开发资金的不足，并且借此实现遗产资源开发传承与旅游市场发展的双赢。

经过若干年的实践，在上述遗产管理单位与旅游市场主体联合开发和保护遗产资源的尝试中，既存在受到联合国教科文组织称赞的黄山风景名胜区，也存在受到批评的武陵源产业发展有限公司。实践中的这些改革，在吸纳市场资金解决遗产开发与保护经费，促进遗产资源社会功能得以实现方面发挥了积极的作用，但与此同时，很多遗产开发项目也在不同程度上出现了一些有违于遗产资源可持续开发与保护的不良现象，给具有不可再生性的遗产资源带来不同程度的威胁和侵害。

正是在这样的背景下，国内出现了对上述改革实践的质疑。围绕遗产资源管理机构与旅游市场主体的联合，质疑者认为这种遗产资源所有权与经营权相分离的产权安排思路，使得国家有遗产资源专营权转为了联合成立的开发公司经营性资产，导致国家对遗产资源的所有权落空（中国社会科学院环境与发展研究中心课题组1999）[①]，同时，也使得遗产区的管理转入以赢利为核心和首要目的的商业性旅游经营轨道，其经营性举措往往与遗产保护背道而驰，并认为遗产资源管理权与经营权的分离必然造成遗产的破坏（徐嵩龄2003）[②]。质疑者强烈建议国家尽快出台相关立法，尽快禁止以"所有权和经营权相分离"为指导思想的遗产资源管理单位与旅游市场主体的联合，进一步巩固政府统一管理和开发遗产资源的治理模式。与此同时，社会上也存在着另一种与上述质疑针锋相对的观点，认为随着国家政企分开、事企分离的行政机构改革，遗产单位的旅游经营权应与所有权、管理权相分离，风景、森林、文物等国有资产作为旅游吸引物，具有观赏、游览、健身、益智价值，形成一种特殊形态的经营性资产，其经营权可进入旅游市场（王兴斌2002）[③]。持这种观点的人，也呼吁国家尽快出台立法，依法改革现有的遗产资源治理模式，使得遗产资源遵循市场机制进行旅游经营。在这样的质疑和争论中，政府行政机构和国家立法机构从2002年开始，陆续对

[①] 中国社会科学院环境与发展研究中心课题组：《国家风景名胜资源上市的国家利益权衡》，载于《数量经济技术经济研究》1999年，第10期，第3~25页。

[②] 徐嵩龄：《中国遗产旅游业的经营制度选择：兼评"四权分离与制衡"主张》，载于《旅游学刊》2003年，第4期。

[③] 王兴斌：《中国自然文化遗产管理模式的改革》，载于《旅游学刊》2002年，第5期。

我国的相关法律法规做出了不同程度的调整和修改。

（二）我国2002年之后的相关立法和使用与管理实践

2002年4月，国务院文化部、国家文物局、国家计委、财政部、教育部、建设部、国土资源部、国家环保总局、国家林业局等国务院9部委，联合印发《关于加强和改善世界遗产保护管理工作的意见》，特别强调了遗产治理工作中保护第一、开发利用和管理其次的原则，并强调了加紧研究制定中国世界遗产保护管理专项法规和各部委加强相关管理的重要性。

2002年10月第九届全国人民代表大会常务委员会第三十次会议对《文物保护法》进行了修改。针对社会上存在的遗产资源开发公司损害国家遗产资源所有权的有关质疑，新的《文物保护法》特别在第5条强调了"国有不可移动文物的所有权不因其所依附的土地所有权或者使用权的改变"，"属于国家所有的可移动文物的所有权不因其保管、收藏单位的终止或者变更而改变"。在第24条规定，"国有不可移动文物不得转让、抵押"，"建立博物馆、保管所或者辟为参观游览场所的国有文物保护单位，不得作为企业资产经营"。并在第68条规定，"转让或者抵押国有不可移动文物，或者将国有不可移动文物作为企业资产经营的"，"由县级以上人民政府文物主管部门责令改正，没收违法所得，违法所得一万元以上的，并处违法所得两倍以上五倍以下的罚款；违法所得不足一万元的，并处五千元以上两万元以下的罚款"。

针对社会上存在的有关遗产资源开发公司在开发遗产资源时不重视保护或者侵害遗产资源的有关质疑，新《文物保护法》第9条，特别强调了"各级人民政府应当重视文物保护，正确处理经济建设、社会发展与文物保护的关系，确保文物安全"，"基本建设、旅游发展必须遵守文物保护工作的方针，其活动不得对文物造成损害"，"公安机关、工商行政管理部门、海关、城乡建设规划部门和其他有关国家机关，应当认真履行所承担的保护文物的职责，维护文物管理秩序"。

针对造成各遗产资源管理单位与旅游市场主体联合开发遗产资源的主要动因——遗产资源保护与开发经费的短缺问题，新《文物保护法》第10条，特别强调"国家发展文物保护事业"，"县级以上人民政府应当将文物保护事业纳入本级国民经济和社会发展规划，所需经费列入本级财政预算"，"国家用于文物保护的财政拨款随着财政收入增长而增加"，"国有博物馆、纪念馆、文物保护单位等的事业性收入，专门用于文物保护，任何单位或者个人不得侵占、挪用"，"国家鼓励通过捐赠等方式设立文物保护社会基金，专门用于文物保护，任何单位或者个人不得侵占、挪用"。

随后，2006年9月，国务院公布了《风景名胜区条例》，废止了原《风景名胜区管理暂行条例》。与旧条例相比，新条例主要在下述几个方面进行了变革：

其一，强调了风景名胜区管理，"应当体现人与自然和谐相处、区域协调发展和经济社会全面进步的要求，坚持保护优先、开发服从保护的原则"（《风景名胜区条例》第13条）。

其二，初步界定了景区范围内允许进行合法经营的范围，和获取合法经营权的方式。其中第37条规定，"风景名胜区内的交通、服务等项目，应当由风景名胜区管理机构依照有关法律、法规和风景名胜区规划，采用招标等公平竞争的方式确定经营者"，"风景名胜区管理机构应当与经营者签订合同，依法确定各自的权利义务，经营者应当缴纳风景名胜资源有偿使用费"。第39条规定，"风景名胜区管理机构不得从事以营利为目的的经营活动，不得将规划、管理和监督行政管理职能委托给企业或者个人行使"。并且在第48条，明确规定风景名胜区管理机构从事以营利为目的的经营活动的，"由设立该风景名胜区管理机构的县级以上地方人民政府责令改正；情节严重的主管人员和其他直接责任人员给予降级或者撤职的处分；构成犯罪的，依法追究刑事责任"。

其三，强调了国家对于景区门票的专营权。《风景名胜区条例》第37条，规定"进入风景名胜区的门票，由风景名胜区管理机构负责出售"，"门票价格依照有关价格法律、法规的规定执行"，第38条规定，"风景名胜区的门票收入和风景名胜资源有偿使用费，实行收支两条线管理"，"风景名胜区的门票收入和风景名胜资源有偿使用费应当专门用于风景名胜资源的保护和管理以及风景名胜区内财产的所有权人、使用权人损失的补偿"。

据此，可以看出，围绕着2000年前后遗产管理界广泛存在的国有遗产资源所有权与经营权能否分离，遗产资源能否被用来进行企业性经营的争论，国家立法和政府行政法规都选择否定"所有权与经营权分离"，反对遗产资源企业化经营态度，从各个方面进一步加强了文化与自然遗产在使用意义上的各项产权由政府及政府领导的事业单位完全包揽的产权与制度安排模式，并且从导致"政府包揽模式"松动的主要原因——保护开发的经费不足问题入手，试图通过加大财政拨款力度的方式防止包揽模式的进一步松动。

2002年之后，国家法律的相关调整，对于文化与自然遗产使用与管理实践所带来的直接影响，即原本那些已经拥有合法审批手续，并且已经合法成立的各类遗产开发公司，纷纷变成了被整改的对象。无论是否存在文化与自然遗产保护不利的问题，无论是否存在侵犯国有财产权利的问题，也无论是否取得了良好的社会经济绩效，这些公司一律被要求完成国有文物资源和国有风景名胜资源与企业的"脱钩"和相关资产的"剥离"，将这些文化与自然遗产资源重新交换给原国家行政机构或者事业单位全权负责。至于这个"脱钩"和"剥离"如何实现，作为一个合法成立的公司，这种"脱钩"和"剥离"应该依据何种公司法程序予以实现，以及"脱钩"和"剥离"完成后，原公司股东、债权人、雇员等相关利害关系人的关系如何处理等问题，尚没有出现任何的法律或者政策予以明确的指导和规定。

三、我国文化与自然遗产使用意义上的现有产权与制度安排所存在的问题

我们认为，我国现有文化与自然遗产使用层面的产权与制度安排主要存在下述问题：

第一，仍然没有解决对于各种潜在的侵害遗产资源的行为进行有效预防和监督的问题。

对于遗产资源管理机构与旅游市场投资主体联合成立遗产开发公司的实践提出反对意见的质疑者主张，实践中的这些做法"将遗产交由企业进行旅游经营，必然使遗产区管理转入以营利为核心和首要目的的商业性旅游经营轨道，其经营举措往往是与遗产保护背道而驰的"，并且将我国一些相关遗产区内业已出现的危害遗产资源保护和可持续发展战略的现象都笼统地归因于遗产资源的"企业式经营"（徐嵩龄，2003）[①]。照此类观点进行推理，似乎将遗产资源作为企业资产进行经营是导致实践中违反可持续开发与保护原则侵害遗产资源诸多行为的主要"祸根"，因此禁止了遗产资源的企业式经营，即消除了侵害遗产资源的祸根，即可以保证遗产资源的可持续开发与保护得以顺利实现。2002年以后新修改的《文物保护法》和《风景名胜条例》正是采纳了这类观点，而特别规定了"建立博物馆、保管所或者辟为参观游览场所的国有文物保护单位，不得作为企业资产经营"，"风景名胜区管理机构不得从事以营利为目的的经营活动，不得将规划、管理和监督行政管理职能委托给企业或者个人行使"。

当人们热衷于批判"企业经营式"遗产开发模式所引发的各种遗产资源侵害行为时，似乎都有意无意忽视或者回避了一个不争的事实，即这些各种各样的遗产资源开发公司都是完成了合法"审批手续"，"堂堂正正"成立并且运营的，并且如果说他们在经营过程中对各类遗产资源造成了侵害，这些侵害也大都不是短期行为所致，而是长时间持续不断的行为所致，那么为什么在原有的文化与自

[①] 徐嵩龄：《中国遗产旅游业的经营制度选择：兼评"四权分离与制衡"主张》，载于《旅游学刊》2003年，第4期。

然遗产管理模式下，侵害遗产资源的行为能够堂而皇之的存在，而且在很长一段时间内没有人制止呢？为什么这些遗产开发公司在成立和发展的过程中能够一路遇上"绿灯"，而没有人发出"红灯"甚至"黄灯"的警告呢？

我国的原有的遗产资源治理模式中究竟有没有相应的侵害预防机制和监督机制，如果有，为什么没有有效地发挥作用呢？

在遗产资源侵害预防和监督机制方面，我国20世纪80年代相关立法所确立的纯粹行政监督体系，一直延续至今，2002年以后的相关立法在这一方面基本没有做出任何改变。按照2002年国家《文物保护法》第8条的规定，"国务院文物行政部门主管全国文物保护工作"，"地方各级人民政府负责本行政区域内的文物保护工作"，"县级以上地方人民政府承担文物保护工作的部门对本行政区域内的文物保护实施监督管理"，"县级以上人民政府有关行政部门在各自的职责范围内，负责有关的文物保护工作"。该法第15条规定，"各级文物保护单位，分别由省、自治区、直辖市人们政府和市、县级人民政府……区别具体情况分别设置专门机构或者专人负责管理"。并且该法在第17~23条用了6个条文的笔墨详细做出了处于遗产资源保护目的而设立的禁止性行为规范，然而每一个禁止性行为规范之后都会附加一个诸如"如有特殊需要，需报请某某级人民政府或者某某行政部门批准备案"的补充性条款。

由此可以看出，国有遗产资源管理单位的日常管理工作完全是在相关行政机构的直接领导下进行的，换句话说有关遗产资源管理事项的主要决策权和审批权掌握在相关行政机构手中。然而依据《文物保护法》第7章有关法律责任的相关规定，违反文物保护法的行为，除了违反刑法、海关管理相关规定和治安处罚条例外，其余所有侵害行为几乎都有"县级以上人民政府文物主管部门"责令改正或者进行行政处罚。这样的法律规定意味着，各级人民政府及其文物主管部门既是文物保护单位的直接领导，和主要管理事项的决策者和审批者，同时又是侵害遗产资源行为的主要监督者和处罚者。

因此，现有实践中出现的各种侵害遗产资源的行为，表面上是由于以营利为目的企业式经营所造成，而实质上这些行为和侵害之所以能够发生、发展乃至造成严重后果，与传统遗产资源治理模式中缺乏有效预防和监督机制存在直接的因果关系。《文物保护法》和《风景名胜区条例》的修改，仅仅禁止了遗产资源的企业式经营，但却没有完善相关的预防和监督机制，不能不说是一种治标不治本的做法。

第二，仍然没有解决遗产管理主体与旅游市场主体的合作问题。

2002年与遗产资源产权与制度安排相关的立法修订之前，我国遗产资源管理单位与旅游市场主体合作的主要方式是联合成立企业性质的开发公司。表面看起来，大量的遗产资源管理单位加入这种开发公司的直接目的是争取资金投入，弥补保护经费的不足,而大量旅游市场主体投资于这种遗产资源开发公司的直接目的是利用国家制度的漏洞,占有国有资源为牟取私利而服务。

我国2002年之后的相关法律规则设计者看到了这一点,便简单地认为只要遗产管理单位拥有了足够的遗产保护资金,杜绝了旅游市场主体占有国有遗产资源的可能,遗产资源产权主体便可以独立地完成遗产资源的管理任务,而不再依赖于与旅游市场主体之间的合作。因而选择了一方面加大政府财政拨款的力度,解决国有遗产资源管理单位的经费不足问题,另一方严格限制将遗产资源转变为企业经营性资产的法律规制方式,试图以此理顺遗产资源产权主体与旅游市场主体的关系,妥善解决因两者合作而可能给遗产资源保护工作所带来的不良影响和侵害。

然而,这种法律规制方式只看到了遗产资源管理单位与旅游市场主体为了资金、为了营利而合资经营的一面,忽视了遗产资源开发的其他非商业目的和意义,忽视了开发遗产对于保护遗产文化内涵的关键性作用,忽视了旅游市场对于遗产成功开发的关键性作用,忽视了遗产资源管理单位与旅游市场主体在遗产开发问题上天然的相互依赖关系和他们之间创造出其他多种类型合作的可能。

遗产资源在文化和精神层面的重要价值表现在他们能够潜移默化地影响当代和后代人的行为和思维方式,而这种价值的发挥和体现依赖于他们是否在不同时代和不同地域的人们之间得到广泛的传承。因此,现代的遗产资源管理者,已经不能够仅仅满足于"守住"遗产资源,"维持"遗产资源的现状,而是需要有效地开发遗产资源,促进遗产精髓的传承,扩大遗产文化影响,实现遗产资源的深层次价值和社会功能。

遗产资源所具备的外形的可视性、内涵的可感知性和久远的历史感,都决定了促使遗产精髓在人们之间不断传承的最好方式即通过恰当的开发,不断挖掘遗产的精神内涵并以恰当的方式将其展现出来,吸引人们来到遗产地亲身体验和感受,并在此过程中受到教育和潜移默化的影响。而前往遗产地参观和体验的人群本身是游客的重要组成部分,作为旅游市场服务的主要需方,他们一方面影响着旅游市场服务供方——旅游服务经营者的策略选择,另一方面也会受到旅游服务经营者的影响和引导。近年来,全球范围内遗产旅游产业高速发展现象的背后,既有旅游经营者为追逐利润而展开的商业角逐,也有各文化强国为了增加本国文化影响力乃至国家影响力而展开的较量。

因此,遗产资源管理单位与旅游市场主体进行合作,除了可能存在的商业目的外,更深远的目的则在于促进文化传承和发挥遗产的社会功能。即便有了充足的保护和开发资金,现代遗产资源管理仍然与旅游市场也存在着天然的相互依赖和相互影响的关系,即便不以营利为目的,遗产资源的管理单位也仍然需要与旅游市场主体进行多方面的亲密合作。没有恰当的合作关系,就没有有效的遗产资源开发，缺乏有效的遗产资源开发，遗产的有效传承即会受到影响，遗产资源的价值和意义即会遭到减损。

所以，遗产资源管理单位与旅游市场合作是现代遗产管理理念的必然要求，而两者的合作并不必然是为了简单的"赢利目的"。即便中国的遗产资源管理单位普遍面临的保护资金不足的问题得到了妥善解决，为了有效地开发遗产资源，发挥其社会价值和社会功能，遗产资源管理单位仍然不可避免地要与旅游市场主体之间进行这样或者那样的合作。

况且退一步看，以我国现阶段的国情来看，国家财政远远无法满足所有遗产资源保护与开发的资金需求。一方面，我国作为发展中国家，虽然近年经济发展高速增长，但是政府财政收入仍然十分有限，另一方面作为国土面积辽阔和具有悠久文明历史的大国，我国拥有丰富的自然文化遗产资源和非物质文化遗产，因此相对于巨大的资金投入需求，国家财政拨款远远不能满足所有遗产资源开发与保护的需求。加之，现有的相关立法规定将遗产保护经费列入各级地方政府财政预算，而由于历史原因，大量的遗产资源都存在于我国经济发展较为落后的省份和地区，有限的地方财政对于遗产资源保护和开发投入需求来说，就更加是杯水车薪。

按照我国现有的法律规定，遗产资源保护与开发资金的来源除了国家财政拨款外，还有遗产单位经营性收入、民间资金投入和国际援助。因为在世界范围内，比我国更穷、更加需要援助的遗产所在国很多，而世界自然文化遗产公约也明确要求遗产的保护以遗产资源国自救为主，因此我国目前可以从国际组织得到的更多的是技术援助而不是资金援助。

所以，现阶段我国遗产资源保护与开发经费还需要在很大程度上依赖于遗产单位经营性收入和民间资金投入，在增加这两种资金投入的过程中，无法避免遗产管理单位与旅游市场主体，甚至其他市场主体的合作。即便法律禁止他们以成立开发公司的形式共同经营遗产资源，但是也不能排除他们通过其他项目形式进行合作，甚至其他资金合作的可能。既然合作是必然的和必要的，就存在以其他方式进行合作的可能，实践中的当事人就需要法律为未来可能存在的合作提供基本的行为规则和稳定的心理预期，同时既然其他方式的合作也可能给遗产资源保护带来侵害或者冲击，法律也有必要对这些可能的合作形式进行必要的规制和引导。

因此，我国的相关遗产资源保护和开发实践所真正需要的是一套广泛适用于遗产资源产权主体与旅游市场主体之间各种合作方式的系统的行为规则和行为程序，以期为实践中的当事人探索两者之间恰当的合作方式提供基本的规则指引和合法空间，同时也通过这些规则和程序的合理设置将未来所可能出现的各种新的合作方式限制在不违反可持续开发与保护原则的限度之内。

遗憾的是，我国 2002 年修订后的遗产资源治理立法除了命令禁止遗产资源作为企业资产进行经营外，并未对遗产资源产权主体和旅游市场主体之间的合作规则、合作程序和监督预防机制作出新的规定。

依据我国现有法律规定，遗产资源产权主体与其他市场主体探索和实现合作除了要经过相关各级政府和上级主管部门的批准外，似乎无须履行其他程序、遵循其他原则和受到其他限制，似乎凡是依法履行了这些审批手续的合作方式就可以得到法律的认可和保障，反之任何未经这些审批程序的合作方式都将被认为违反或者违规而不能采用。

然而摆在实践中当事人面前的事实是，通过资合形式成立开发公司的方式开发遗产资源虽然完全遵守了这些审批程序，但是却最终未能得到法律的认可和保护，虽然现有法律只是禁止了遗产资源被作为企业资产进行经营，但是与旅游市场主体合作开发遗产资源却因此被妖魔化为导致遗产遭到侵害的洪水猛兽。

结果是，一方面依据现代遗产管理理念，遗产资源管理者在开发遗产资源，发挥其社会功能方面与旅游市场存在天然依赖关系，因而必须合作；而另一方面，法律并未给他们的合作提供明确的行为规则和指引，对于到底哪种形式的合作可以得到法律的认可和保护，哪种合作将无法得到法律的认可和保护，实践中的当事人无法形成一个相对稳定的预期，只能把一切的希望都放在上级主管部门是否批准这一件事上。判断合作方式正当性的标准似乎只有一个，即相关主管部门是否认可和批准，然而以往的教训和经验又告诉实践中的当事人，有些得到审批的合作也会在日后又被重新推，而有些未得到审批的合作也可能会在日后被作为模范得以推广。

实践中的遗产资源管理者往往在创新合作，积极探索实现现代遗产管理理念创新方式和维持原状，保守维持旧有文物守护理念之间左右为难。这种以多变和不稳定、不透明的行政政策和行政审批，替代稳定和透明的法律行为规则的做法，无法给实践中探索遗产资源管理创新模式的当事人提供评估和降低自己创新风险的稳定预期，将严重损害他们的创新和探索积极性。

所以，法律制度应该做的是给他们之间在未来有可能发生的各种合作关系和合作行为，提供一个恰当的行为规则，将他们的合作限制在不违反可持续开发与保护原则的范围之内，而不是"将孩子连同洗澡水一起倒掉"，狭隘的希望通过禁止个别合作模式的方式，逃避法律通过恰当行为规则合理规制他们之间各种合作关系，为实践中当事人的创新行为提供可预见的稳定与其的责任和义务。

第三，仍然没有就文化与自然遗产使用和管理过程中，如何处理相关利害关系人的利益矛盾与冲突提出解决的机制和办法，因而没有能够提供形成集体行动的有效机制。

自 20 世纪 80 年代"世界遗产"和"遗产旅游"的观念引入我国以来的 20

多年时间中,我国相关的文物保护事业和风景名胜区管理经历了一个彻底的变革和调整的过程。随着人们生活水平的提高,人们对观光旅游的需求急剧增长,同时放权让利的改革使地方政府和遗产资源管理单位有了以遗产资源开发带动地方经济发展和取得经济利益的驱动,不断加大遗产资源开发和利用的力度,遗产旅游不断扩张,给各地的遗产资源保护工作带来了或多或少的冲击和负面影响,造成的结果是遗产的保护与开发利用,遗产保护开发过程中地方利益与中央所代表的全民利益日益明显的矛盾起来,这其中包括了大量的商业利益与遗产保护事业的矛盾,但除此之外,也在一定程度上隐含着后代人利益与当代人利益的矛盾,和遗产地人民的利益与遗产地以外其他人民的利益。

只有各种利益群体的正当的利益诉求都得到了照顾或者补偿,各种利益群体才有可能实现有效的协调与合作,在文化与自然遗产资源的保护和开发问题上形成目标一致的集体行动。也只有有了有效的集体行动,文化与自然遗产才能够得到每一个相关利害关系人的自觉保护,文化与自然遗产可持续开发与保护的宏大目标才能够真正落实到每一个相关利害关系人的行为中,才有可能得以实现。

第四,现有的立法仅仅对国有文物和国有风景名胜区这两种主要的文化与自然遗产的使用意义上的产权与制度安排作出了规定,但国有的其他文化与自然遗产和其他非国有文化与自然遗产使用意义上的产权与制度安排则仍游离于法律规则之外,没有明确和稳定的规则依据。

依据1972年的UNESCO《保护世界文化和自然遗产公约》,应该受到保护的遗产类型包括文物(从历史、艺术或科学角度看具有突出的普遍价值的建筑物、碑雕和碑画、具有考古性质成分或结构、铭文、窟洞以及联合体)、建筑群(从历史、艺术或科学角度看,在建筑式样、分布均匀或与环境景色结合方面,具有突出的普遍价值的单立或连接的建筑群)、遗址(从历史、审美、人种学成人类学角度看具有突出普遍价值的人类工程或自然与人工联合工程以及考古地址等地方)、从科学或保护角度看具有突出的普遍价值的地质和自然地理结构以及明确划为受威胁的动物和植物生境区、从科学、保护或自然美角度看具有突出的普遍价值的天然名胜或明确划分的自然区域等。此后,在 UNESCO 的一系列其他有效法律文件中,又逐渐将"文化景观"(Cultural Landscape)①、"文化旅程"

---

① 所谓 Cultural Landscape 主要指实现人类与自然环境互动的各种表现方式。文化景观常常表现为有利于持续开发土地的特殊方式以及人类活动中所体现出的对自然的特殊关爱和照顾,例如园林、梯田等等。有关将文化景观的含义和将其列入世界遗产范围的相关规定,参见 Venice Charter of ICOMOS 和 Report of the International Expert Meeting on "Cultural Landscapes of Outstanding Universal Value" (Templin, Germany, 12 to 17 October 1993), CONVENTION CONCERNING THE PROTECTION OF THE WORLD CULTURAL AND NATURAL HERITAGE, WORLD HERITAGE COMMITTEE, UNESCO。

（Cultural Routes）①等其他类型的遗产类型加入世界遗产名录之中。如此众多的遗产资源类型，显然不是文物和风景名胜区的概念所能够涵盖的。

不仅如此，自1972年世界遗产的概念诞生以来，国际社会对于遗产概念的认识一直处于不断地变革和深化过程之中，由注重单一要素遗产向同时注重多要素继承遗产方向发展，由注重"静态遗产"（static heritage）向同时注重"活态遗产"（living heritage）方向发展，由注重遗产单体向同时注重因历史和自然相关性构成的遗产群体方向发展，并且这些变革趋势在遗产保护实践中往往交织在一起，不断推动着遗产理论和实践综合化和大型化的国际趋势（徐嵩龄2005）②。而我国现有的这种对不同的遗产资源适用不同法律规则，由不同的行政机构采取不同的模式分别进行管理的做法，人为地将遗产资源整体的不同组成部分割裂开来，有违于这一趋势，不利于我国遗产保护和开发事业的发展。

第五，我国现有的这种文化与自然遗产产权与制度安排，既没有为遗产的保护提供稳定、有效的规则保障，又没有为遗产使用和开发留下合法的创新空间。

为了确保遗产的使用和开发不违背保护遗产的原则，我国现有的法律规定将使用和管理遗产的主体牢牢地限定为政府行政机构或者行政机构设置和管理的事业单位，同时又对这些行政机构和事业单位使用和管理遗产的具体管理模式进行了自上而下的全国统一要求。全国所有的国有遗产资源，无论是文化遗产，还是自然遗产，无论是类似古城之类的活态遗产，还是类似于陵墓这类的静态遗产，无论身处经济发达受教育水平高的东部地区，还是身处贫困和受教育水平低的西部地区，无论身处少数民族聚集区，还是其他地区，无论身处无人或者少有人居住的偏远地区，还是身处人口密集的地区，所有的国有文物和风景名胜区全部按照相关法律法规的规定，采用一种模式由一种类型的主体——相关行政机构或者由行政机构设置的事业单位，全权管理和使用。

总的来看，在我国现有的国有遗产管理模式下，全国范围各文化与自然遗产的使用和管理绩效，表现出在不同地方的不同时期无规律变化的不稳定态势。同样的管理模式，同样是与旅游市场主体联合成立遗产开发公司，黄山景区可以得到WHC的称赞，而武陵源景区则险些进入世界濒危遗产名录，陕西旅游集团公司不但使得兵马俑博物馆运用了现代化的文物展览方式，而且还将"荒废"已久的汉阳陵开发成了受到中外专家和游客赞扬的现代化地下博物馆，而孔子国际

---

① 所谓Cultural Routes主要指那些蕴含丰富历史和文化意义，促使不同文化之间和平交流和相互理解的人口迁徙、汇合和对话在时间意义上或者空间意义上所遵循的路线，例如，丝绸之路、朝圣路线等。有关"Cultural Routes"的详细定义，参见Report on the Expert Meeting on Routes as a Part of our Cultural Heritage（Madrid，Spain，November 1994），CONVENTION CONCERNING THE PROTECTION OF THE WORLD CULTURAL AND NATURAL HERITAGE，WORLD HERITAGE COMMITTEE，UNESCO。

② 徐嵩龄：《第三国策：论中国文化与自然遗产保护》，科学出版社2005年版，第4页。

旅游股份有限公司却造成了"水洗三孔"等侵害珍贵遗产资源的恶性事件。

因此，从实施绩效上看，我国现有的遗产使用过程中的产权与制度安排，既没有实现遗产保护战略的稳定实施，也没有有效地激励遗产的可持续开发与保护。

四、我国文化与自然遗产立法的目标要求及困境解析

上文的分析揭示了，我国文化与自然遗产现有产权与制度安排所存在的问题。因为文化与自然遗产资源的不可再生性和不可替代性，以及我国业已非常脆弱自然环境和人文环境，上述问题的存在随时都可能对我国文化与自然遗产带来不可挽回的损失。也正因为如此，我国有关学者和实践工作者纷纷呼吁改革现有的文化与自然遗产产权与制度安排，尽快制定出适合我国国情的文化与自然遗产立法。

在本节的第一部分，我们已经分析指出，文化与自然遗产的产权与制度安排的目标是：为所有相关产权主体提供一个能够促使他们采取集体行动实现遗产资源可持续开发与保护的有效的规则体系。要构建这样一个规则体系，必须解决好三个方面的基本问题，即各种产权主体之间利益冲突和矛盾的协调及解决机制、不同产权主体之间的信息沟通机制以及确保可持续原则实现的限制、预防和监督机制。

此外，如果这样一个规则体系要以国家立法的方式来表现出来，那么构建这样一个法律规则体系的时候，还要面对法律规则的普适性与遗产资源的独特性和异质性之间的矛盾，以及法律规则的相对稳定性要求与现代遗产管理理念的飞速变革之间的矛盾。通俗地说，国家的文化与自然遗产立法，既要为全国范围内所有的遗产资源使用和管理工作提供共同的行为规则，又要顾及遗产使用与管理方式多样化的需要。导致遗产使用与管理方式需要因地制宜、因人而异的原因很多，包括但不限于：不同遗产资源彼此之间的巨大差异、不同遗产资源地的经济社会发展和受教育水平的巨大差异、不同遗产资源的相关产权主体之间的差异性等等。同时，这部立法还必须同时考虑到随着世界文化与自然遗产管理理念的变革，以及我国遗产管理改革和实践的发展，文化与自然遗产的使用和管理模式随时都有可能产生变革的需要，并且因为遗产资源的易逝性、不可再生性和不可替代性等特点，在文化与自然遗产的使用和管理问题上的任何变革需要都将很可能是耽搁不得，必须立即实现的。

综上，在我国制定一部专项的文化与自然遗产立法，需要满足两个方面的目标要求：其一，以法律的形式为遗产使用和管理实践提供一个能够促使所有相关

利害关系人采取集体行动实现遗产资源可持续开发与保护的有效的规则体系；其二，该法要既能满足法律的普适性和稳定性要求，又同时适应遗产资源的使用与管理方式的异质性和多变性特点。

要实现上述第一个目标要求，拟议中的我国文化与自然遗产专项立法必须为参与文化与自然遗产使用和管理的众多产权主体提供一个明确的行为规则体系，该规则体系必须对遗产资源使用和管理过程中谁有权做什么样的事情作出规定，也即对文化与遗产资源使用意义上的产权安排作出规定。那么适合于我国文化与自然遗产使用与管理的最优产权安排到底是什么呢？谁有权应用什么样的标准来对这个问题做出判断呢？在确定这个最优产权安排的问题上，法律应该扮演何种角色，应该如何规定呢？这是拟议中的我国文化与自然遗产专项立法面对的第一个难题。

要实现上述第二个目标要求，拟议中的我国文化与自然遗产专项立法，则必须在法律的普适性与稳定性要求，和遗产资源使用与管理方式的异质性与多变性，这样两个相互矛盾和冲突的目标要求之间寻找到一个恰当的均衡点。通俗地说，当适合我国文化与自然遗产的某种产权安排方式以专项立法的方式被固定下来之后，如果实践中的文化与自然遗产使用与管理的方式，由于因地制宜或者适应新的遗产管理理念的需要而产生了变革的要求，导致原有的法定产权安排模式已不能满足实践需要时，法律如何才能以最快的速度和最小的社会成本适应这一变革要求。那么，作为正式制度的核心的组成部分，法律是如何实现变迁的？影响制度变迁的时滞和成本的主要因素是什么？我国现有的法律制度环境是否有利于缩小制度变迁的时滞和成本？怎样才能让给我国的法律制度以最快的速度和最小的社会成本实现变迁呢？这是拟议中的我国文化与自然遗产专项立法面对的第二个难题。

第二节　我国文化与自然遗产专项立法的建构

一、文化与自然遗产使用意义上的产权安排决策机制

构建产权安排决策机制，法律制度需要就哪些主体有资格参与利害关系人博弈、该博弈应遵循的博弈规则和博弈结果不可违反的基本限制性要求作出明确的规定。

(一) 参与文化与自然遗产使用意义上的产权安排决策的主体资格

所谓参与文化与自然遗产使用意义上的产权安排决策的主体资格是指，哪些利害关系人可以依照文化与自然遗产专项立法所规定的规则和程序，参与特定文化与自然遗产使用意义上的具体产权安排结果的决策过程。简单地说，就是文化与自然遗产使用意义上的具体产权安排结果需要考虑和采纳哪些人的意见。

如图 10-2 所示，由全国人大决策并制定的宪法、物权法等国家基本法已就我国遗产资源归属意义上的产权安排格局作出了原则性规定，在考虑具体哪些主体有资格参与文化与自然遗产使用意义上的产权安排决策时，上述国家基本法的规定是建构文化与自然遗产专项立法时应当遵照的首要依据。

关于我国遗产资源的所有权，我国《宪法》第 9 条的规定："矿藏、水流、森林、山岭、草原、荒地、滩涂等自然资源，都属于国家所有，即全民所有；由法律规定属于集体所有的森林和山岭、草原、荒地、滩涂除外。"《物权法》第 48 条规定："森林、山岭、草原、荒地、滩涂等自然资源，属于国家所有，但法律规定属于集体所有的除外。"第 51 条则明确规定："法律规定属于国家所有的文物，属于国家所有。"这里所谓的"法律规定"主要是指《文物保护法》第 4 条和第 5 条的规定，即"中华人民共和国境内地下、内水和领海内遗存的一切文物，属于国家所有。古文化遗址、古墓葬、石窟寺属于国家所有。国家指定保护的纪念建筑物、古建筑、石刻等，除国家另有规定的以外，属于国家所有。国家机关、部队、全民所有制企业、事业组织收藏的文物，属于国家所有"。"属于集体所有和私人所有的纪念建筑物、古建筑和传世文物，其所有权受国家法律的保护"。根据这些法律规定，我国遗产资源的所有权可能存在国有、集体所有和私人所有三种类型。因此，这三种类型的遗产资源所有者应当具有参与文化与自然遗产使用意义上的具体产权安排结果的决策主体资格。

此外，依据上述法律规定，还可以看出，在我国大量的文化与自然遗产，特别是世界文化与自然遗产都属于国家所有。依据《物权法》第 45 条的规定，"法律规定属于国家所有的财产，属于国家所有即全民所有"，"国有财产由国务院代表国家行使所有权"。一个值得探究的问题是，国务院如何代表国家行使所有权才能有效地实现全民的利益诉求，特别是当全民内部出现不同利益诉求群体且他们彼此出现一定的利益冲突时，如何才能做到充分考虑和照顾各个群体的要求，从而最终实现"维护全民利益"的终极目的。

前面在分析我国文化与自然遗产产权与制度安排现状及问题时，我们已经指出，仅就文化与自然遗产的使用与管理问题而言，我国"全民"内部，至少有两对在一定程度上和一定范围内存在的利益矛盾。一是当代人与后代人之间的利益冲突，另一个是特定遗产地人民与该遗产地之外其他人民的利益冲突。

在文化与自然遗产的保护开发问题上，面对当代人与后代人之间的利益冲突，和遗产地人民与该遗产地之外其他人民的利益冲突，我们应该恰当地认识问题的交互特征，应该看到地方追求地方利益的行为给遗产保护事业带来负面影响的同时，反过来遗产保护事业也给地方经济社会发展带来了这样或者那样的制约和影响，"侵害"是双方面的，简单地指责遗产开发利用和地方经济利益并没有抓住问题的关键，问题的关键在于"如何避免较严重的损害"。

我们应该做的是在客观地承认各种不同利益诉求都具有各自正当性及合理性的前提下，寻找协调、平衡或做出取舍的恰当决策方式，并积极寻求实现有效及时补偿的恰当机制。实现上述两个目标的前提是，持有各种正当利益诉求的利益群体都拥有充分的机会参与集体决策的过程，也只有这样，各种利益群体才能够拥有合法的机会和充分的积极性为维护本群体的利益诉求而努力，或者在需要本群体做出牺牲时为本群体争取有效及时的补偿而努力。同时，只有各种利益群体的正当利益诉求都得到了充分的表现，集体决策才能够全面地了解有关各种协调方案成本收益对比的充分信息，因而才有了集体理性选择的基础，从而做出真正"避免较严重侵害的"恰当集体决策。也只有各种利益群体的正当的利益诉求都得到了照顾或者补偿，各种利益群体才有可能实现有效的协调与合作，在文化与自然遗产的保护和开发问题上形成目标一致的集体行动。有了有效的集体行动，文化与自然遗产才能够得到每一个相关利害关系人的自觉保护，文化与自然遗产可持续开发与保护的宏大目标才能够真正落实到每一个相关利害关系人的行为中，才有可能得以实现。

然而，我国现有的遗产管理体制却与上述目标要求存在差距。依照我国现有的法律规定，大量遗产资源属全民所有，国务院代表全民行使国有所有权，在国务院系统内部各个遗产地的文物保护单位、风景名胜区管理机构、自然保护区管理机构是代表全民和国务院对涉及遗产资源治理的各项问题进行直接管理并做出相关决策的基层组织。同时这些负责遗产资源管理的基层组织，将受到来自两个方面的直接领导，一是上级国家业务主管部门的领导，包括文物局、文化部、建设部、交通部、教育部、国土资源部、宗教事务主管部门、林业局、环保总局、旅游局等，这被称为条条管理；二是各级地方政府，包括中央、省、直辖市、市、县以及自治区、自治州、自治县，这被称为块块管理。我们认为，这种管理体制，没有能够给予各种利益群体以参与决策的充分机会，因而影响了相关的决策成本、决策适当性和决策的执行成本，因而不利于形成有效的文化与自然遗产使用意义上的产权安排结果和集体行动的实现。

第一，这种管理模式大大增加了政府做出相关决策所需的决策成本。在我国现有的这种遗产管理体制中,从基层的文物保护单位或者景区管理委员会,到实施条条管理的各个上级业务主管部门和实施块块管理的各级地方政府,参与决策的每一个相关行政或者事业机构都在一个多目标模式的要求下行为,换句话说每一个机构都有义务在综合考虑各种相关利益诉求、综合考虑各类因素后做出决策。这是一种典型的多重目标模式约束下的最优选择困境,在这种条件下决策者往往很难做出恰当的选择。并且决策所需要考虑的因素越多、需要兼顾的利益诉求越多,需要的信息量必然越大,信息的搜寻和处理成本越高。

事实上,有关如何保护好当地遗产资源的信息更多地掌握在遗产地文物保护部门手中,有关如何有效利用和开发好当地遗产资源的信息更多地掌握在文化与自然遗产的具体管理机构手中,有关如何利用文化与自然遗产促进当地经济和社会发展的信息更多掌握在遗产地当地政府手中,有关如何对待当地遗产资源才能有效维护当地原住民利益的信息更多地掌握在当地原住民社区的手中,如果上述主体拥有足够的机会参与文化与自然遗产使用意义上的产权安排的最终决策过程,他们便会有有效的激励将其所掌握的有关信息不遗余力地反馈出来,以增加最终决策的信息基础。

然而,按照我国现有的这种遗产管理体制,无论是块块管理还是条条管理,都采用了典型的纵向领导模式,普通利害关系人等着遗产资源管理机构替自己做主,遗产资源管理机构等着上级业务主管部门或者上级政府机构做出相应批示,"既然'上面'会想办法解决问题,既然自己的意见并不重要,那么就索性等着'上面'的指示"这就是指导大量相关利害关系人和相关机构行为的思维方式。不难看出,这种思维方式是一种典型的"搭便车"心理,因此而造成的结果是:一方面,不掌握信息的行政机构有义务做出兼顾各种因素的最终决策,因而需要付出大量成本以确保自己决策的适当性,另一方面,掌握信息的利害关系人和相关机构却没有做出最终决策的权利/权力,因而没有有效的激励向外传递信息,这就是我国现有遗产资源管理体制人为增加决策成本的原因所在。

第二,在我国现有的遗产管理体制下,遗产资源的使用意义上的具体产权安排结果常常受到特定行政机构甚至特定官员个人偏好的影响,这使得那些拥有更多优势去影响行政机构和特定官员偏好的人有机可乘,并因此影响相关决策的适当性和稳定性。

我们先假定,进行相关决策的官员是正直的,非常愿意帮助所有利害关系人找到一个解决问题的办法,那么在这种情况下,对于相关的各利益群体或者个人来说,要想充分地维护自身的利益,就要尽可能向那些也许并不非常了解遗产地具体情况的官员介绍当地的"事实"(当然这往往是对事实做出有利于自身利益的解释甚至删减),以引导他们做出一个可以使一些人比另一些人境况更好的产权安排。而因为正直官员的信息的有限性和其信息来源的局限性，最终的结果往往是，那些有优势能够说服相关官员的人的利益得到了增进，而那些没有这种优势的人的利益将受到影响。而且，随着相关决策机构人事安排的变化，新的官员上任时，相关利益群体又需要重新向他们介绍"情况"，重新在说服相关官员的问题上展开竞争，而随着新的官员所了解的信息的变化，以及其对这些新情况的个人判断，实践中的遗产资源使用意义上的具体产权安排又很可能经历新的变化。

这样一个文化与自然遗产产权安排决策机制，将至少造成以下两个方面的社会成本。首先，那些没有足够优势和能力向上级主管部门反映意见或者说服相关官员的人们的利益将很容易遭到忽视，忽视不但会导致他们的利益得不到应有的保障，甚至他们在做出牺牲后也很难得到有效和及时的补偿，因而结果往往是一些人利益得到增进，另一些人的利益受到损害而得不到有效的补偿。以怒江流域水电站项目为例，即便为了大局利益和遗产资源保护的目的，这些项目应该被禁止，也至少应该给予当地人民充分、及时和有效的补偿，而不是仅仅以顾全大局为借口单方面要求当地人民做出牺牲。少数弱势群体的正当利益得不到尊重和保障的产权安排，从长远的角度看必然会给整个社会的发展带来负面影响。其次，遗产资源产权安排随着特定行政机构人事任免和特定官员主观偏好的变化而不规则变化的事实，本身招致了社会利益的损失，因为大量的社会资源被耗散在这种反复发生的"反映情况"、"说服官员"和按照上级指示变更使用意义上的具体产权安排的过程中。

最后，如果我们放松所有官员都正直，行政机构不存在腐败问题的假设，面对我国的现实情况，那么耗散在上述两个方面社会成本将进一步增大。

第三，现有的管理体制下形成的使用意义上的产权安排面临较高的执行成本和监督成本。依据现有的遗产资源管理体制，各行政机构在参与决策时必须遵从上下级之间的直接领导关系，也就是说下级决策必须服从上级，彼此之间并未形成有效的相互制约的横向关系，而是下级听从上级的层级领导关系。这种下级服从上级式的纵向隶属关系，很容易导致最终决策权完全由上级掌握。而上级决策者总是习惯于设计出一种统一适用于辖区内所有遗产资源的产权安排模式，因而决策时会更多的考虑到辖区内遗产资源的共性，忽视各个遗产资源的特性，而文化与自然遗产"独特性"和"不可替代性"的本质特点决定了，文化与自然遗产彼此之间的特性存在巨大差异。所以，现有遗产资源管理体制下，相关各种主管部门总是试图把一套固定的产权安排模式适用于辖区内所有文化与自然遗产，而不是针对每个文化与自然遗产制定适合该遗产特性的特殊的产权安排模式，这样他们在建立和实施那些统一的遗产资源管理模式时，总是会遇到多种多样的执行困难和执行成本。加之，前已述及，现有管理模式下的遗产资源产权安排决策又很容易照顾一部分的利益而忽视另一部分人的利益，特别是容易照顾大局利益，而忽视当地利益或者对当地利益的补偿，而试图使当地人或者当地政府自愿遵守那些被他们认为是不公正或者低效率的产权安排，本身也会大大增加当地人和当地政府以"上有政策，下有对策"为代表的策略行为，因而会进一步增加现有管理体制下所形成的使用意义上的具体产权安排的执行成本和监督成本。

综上，我们认为，在我国的文化与自然遗产治理问题上，国务院所代表的全民内部，至少存在着当代人与后代人之间的利益冲突，和遗产地人民与该遗产地之外其他人民的利益冲突，然而我国现有的遗产资源管理模式并不能够使得上述相互冲突的正当利益诉求得到充分的反映并形成有效的衡平，相反，会增加政府相关决策的决策成本和执行成本，因而是不可取的。

因此，建议在遵守国务院代表全民行使国有财产所有权的国家基本法原则的前提下，对国务院内部不同行政机构的职权进行重新划分，在承认相关利益群体各自利益诉求的正当性的同时，使得每一种利益群体都有充分的机会传递信息并争取对自身利益的保障或者补偿，从而最终通过各种正当利益诉求之间的有效衡平来决定文化与自然遗产的使用意义上的具体产权安排。

原则上讲，在整个国务院系统内，最能有效地了解有关文化与自然遗产所在地当地经济社会发展信息，了解当地人民利益诉求的应该是各遗产地所在地当地政府。同时按照我国国务院内部的职能分工，促进和推动当地经济社会发展本身也是各地方政府的职责所在。因而理论上讲，在维护前述遗产地当地人利益诉求的问题上，各级地方政府应该是拥有信息最多，并且拥有最有效激励去维护遗产地当地人利益诉求的行政机关。因此，我们建议赋予遗产地当地政府参与文化与自然遗产产权安排决策的主体资格，以此保障遗产地当地人正当利益诉求的维护或者补偿，并与前述其他利益诉求形成有效的制约和衡平。

然而，即便如此，在文化与自然遗产开发与保护问题上，还有一种特殊的当地人需要给予特别的关注和尊重，即遗产地原住民（Indigenous People）。在我国众多的文化与自然遗产地中，大量地存在着这种既以自己的生存方式影响着文化与自然遗产，同时又被这些遗产资源环境所影响着的原住民社区，特别是在广大的少数民族聚集区，原住民社区的独特性就表现得更为明显。我们认为，在当地政府代表当地人利益诉求参与文化与自然遗产产权安排之外，遗产地原住民社区应该享有其独立的决策参与权。遗产地原住民社区应该独立具有参与文化与自然遗产使用意义上的产权安排决策的主体资格。

最后，如果某项目的建设，涉及了文化与自然遗产保护与开发问题，那么作为该项目的投资人必然需要就如何处理好项目建设与遗产资源保护的矛盾，与其他各相关利害关系人协商和谈判,因此项目投资人也将参与文化与自然遗产产权安排的决策过程之中,但是项目投资人的参与资格并非来自法律的要求,而是由其资金提供者的身份决定的。但值得注意的问题时,这里的项目投资人并不一定完全是民间投资者,也有可能包括代表国家进行项目投资的各类事业单位、行政机构或者国有公司。

(二) 文化与自然遗产使用意义上之具体产权安排的决策规则和决策程序

"产权安排决策机制"在规定了参与决策的主体资格后,接下来的任务即明确决策规则和决策程序,以此实现三个方面的预期目标:其一,明确多个决策主体形成最终决议的决议规则;其二,借助法定决策程序的设计,调整交易成本在不同利害关系人之间的分配状况;其三,增加保护弱势群体利益的特别程序。

其一,决议规则问题。在文化与自然遗产产权安排问题上,有资格参与使用意义上的产权安排决策过程的主体,包括代表当代人利用权的遗产资源所有权人(国有遗产资源的所有权由国资委下属的遗产资源管理部门代为行使)、代表后代人潜在权利的文化与自然遗产保护与监督管理委员会、代表地方发展权的遗产所在地地方政府、代表遗产地原住民利益的遗产所在地原住民社区和代表相关资本利益的项目投资人。

其中,相关建设项目投资人的参与决策权相对特殊,因为无论政府投资还是其他民间投资,投资人关注的主要问题永远是投资的回报率,因而,项目投资人本质上属于营利主体,其利益并非公共利益。而遗产资源根本上属于公共资源,文化与自然遗产专项立法的根本目标是保障与遗产资源相关的各项公共利益得到恰当的协调和维护,因而保障项目投资人的利益并非文化与自然遗产专项立法的应有目标。况且在投资回报率不能满足自身要求的情况下,项目投资人随时可以选择"用脚投票"——放弃该项目,所以在文化与自然遗产使用意义上的产权安排决策过程中,项目投资人的决策地位主要依靠其自身的资本优势来保障,并不需要文化与自然遗产专项立法的特殊保护。

然而,除项目投资人以外,前述其他决策主体的决策地位则全部需要文化与自然遗产专项立法的特别保护,因为从本质上讲,他们的利益诉求都属于正当公共利益的一部分,并且文化与自然遗产的不可再生性和文化与自然遗产原真性价值的不可修复性都决定了,一旦文化与自然遗产发生了违背上述决策主体正当利益诉求的任何改变,这种改变所带来的侵害就将是不可逆转甚至无法弥补的。公共选择理论的研究者已经证明,"一致性规则是唯一能确定导出满足帕累托条件的公共物品数量和税额的规则"①，"所讨论的问题愈重要，意义愈重大，所得出的观点愈接近全体一致的看法，要处理的问题愈紧迫，所规定的投票数的差异就允许愈小，当要现实达成一个决定时，有一个人的多数就足够了"②。

因此，文化与自然遗产使用意义上的产权安排决策应该适用一致同意原则作为参与决策各利害关系人形成最终决议的基本原则，也就是说任何会对文化与自然遗产产生现实的或者潜在影响的项目开发，对于文化与自然遗产管理、开发、利用、保护、维护、经营等权利进行任何调整变化，都必须获得代表当代人利用权的遗产资源所有权人（国有遗产资源的所有权由国资委下属遗产资源管理部门代为行使）、代表后代人潜在权利的文化与自然遗产保护与监督管理委员会、代表地方发展权的遗产所在地地方政府、代表遗产地原住民利益的遗产所在地原住民社区和代表相关资本利益的项目投资人（因为如果项目投资人不同意，则项目根本就不会存在，项目不存在文化与自然遗产即不会发生变化了，问题也就不存在了）的一致同意才能进行。

其二，决策程序问题。在确定了"一致同意原则"作为决议规则的前提下，不同的决策程序设计会对相关交易成本在不同决策者之间的分摊产生影响，因而会影响不同决策者的谈判地位，从而最终对决策结果产生影响。

文化与自然遗产专项立法需要面对的遗产资源产权安排变化主要来自于两种项目的影响，一种是某个并不直接针对文化与自然遗产开发利用的建设项目，例如修建公路、铁路、水库、电站、机场、工厂，甚至房地产开发等等，当这类项目的建设有可能影响相关的特定文化与自然遗产时，该项目建设就将受到文化与自然遗产专项立法的调整和规制；另一种则是专门开发和利用文化与自然遗产的项目，例如创建旅游景区、创建文化产业开发区、修建博物馆、开发特定旅游线路等等，这类项目则直接影响相关特定文化与自然遗产的命运，因而将受到文化与自然遗产专项立法的调整和规制。

对于上述两种项目将对哪些遗产资源产生影响、如何影响、影响范围和方式等信息掌握最多的是项目发起人，对于前述第一种项目而言，项目发起人就是该项目的投资人，然而对于前述第二种项目而言，项目发起人则不仅仅是项目的投资人，还可能包括相关遗产资源的所有权人，对于国有遗产资源来说即国资委遗产资源管理部门及其下属机构。

对于项目发起人来讲，他们可以以最低的成本搜寻相关信息并初步判断其项目将会对哪些遗产资源产生潜在的影响，因而可以以相对较小的成本迅速的寻找

---

① 丹尼斯 C·缪勒著，杨春学等译：《公共选择理论》，中国社会科学出版社 1999 年版，第 63~64 页。
② 丹尼斯 C·缪勒著，杨春学等译：《公共选择理论》，中国社会科学出版社 1999 年版，第 55 页。

到与该文化与自然遗产相关的其他利害关系人。相反，对于文化与自然遗产保护与监督委员会、地方政府和遗产所在地原住民社区来说，他们不具有掌握相关开发项目的信息优势，如果要求他们主动地寻找将给他们所关心的遗产资源带来的潜在影响的开发项目，并确定需要与之谈判的其他决策者，他们将要付出很高的交易成本。因此，当寻找谈判对象，确定谈判内容的义务被赋予文化与自然遗产保护与监督委员会、地方政府或者遗产所在地原住民社区时，这些主体很可能因为高额信息成本的约束而无法及时准确地找到谈判对象，从而导致集体决策程序的延误，并最终影响相关文化与自然遗产的恰当产权安排的形成和实施。

因此，将寻找谈判对象和初步确定谈判范围的义务配置给项目发起人，也就是说，法律规定，任何项目的发起人，包括发起公共设施建设项目的国务院各部委和代表国家行使国有遗产资源所有权的国资委相关部门，在项目初步规划阶段就有义务对于该项目将关涉的遗产资源及相关利害关系人做出初步判断，并及时告知相关利害关系人项目将对遗产资源产生的相关影响，启动文化与自然遗产使用意义上的产权安排决策程序。并且任何有可能对文化与自然遗产产生影响的项目建设都必须获得遗产资源所有权人（国有遗产资源的所有权由国资委下属遗产资源管理部门代为行使）、文化与自然遗产保护与监督管理委员会、遗产所在地地方政府、遗产所在地原住民社区的同意才能开始建设施工，否则该项目将被视为违法建设项目，不能得到法律的认可和保护。在项目建设和建设完毕后的任何时间，任何公民认为该项目对文化与自然遗产造成威胁或者潜在威胁都将有权向法院提起要求停止侵害、赔偿损失的诉讼。

其三，弱势群体保护问题。在有资格参与文化与自然遗产使用意义上的产权安排决策的所有利害关系人当中，遗产所在地原住民社区是需要特别保护的弱视群体。因为思想、文化、语言、宗教等方面的差异，或者受教育水平、基本生存状况等方面因素的影响，原住民社区很可能在没有对相关建设项目对本社区利益的影响程度、影响范围、影响方式等问题做出准确判断的情况下，对于对自己不利的遗产资源具体产权安排表示同意；或者原住民社区也可能因为基本生存状况的限制，为了获得一些显失公平的少许补偿，而轻易的对那些将对本社区产生不利影响的遗产资源具体产权安排表示同意；甚至，原住民社区也可能在遭到欺骗或者不正当隐瞒的情况下，对于那些将对本社区产生不利影响的遗产资源具体产权安排表示同意。因此，我们认为，仅仅赋予原住民社区以参与文化与自然遗产使用意义上的具体产权安排的决策权，还不足以保护他们的正当利益诉求，因为他们可能没有运用自身的谈判地位维护自身正当利益诉求的充分能力，所以外界援助将是必要的。

我们建议，由国家对参与文化与自然遗产具体产权安排的原住民社区，提供无偿专业服务,具体援助方式可以考虑这样进行:当涉及某个遗产资源的产权安排决策程序由相关项目发起人启动时,由国家遗产资源保护与监督委员会和该遗产资源所在地原住民社区共同向社会,特别是向相关专业研究机构、律师事务所等发出公开招标,相关的专业研究机构或者律师事务所自愿组成团队后向国家文化与自然遗产保护与监督委员会投标,中标后中标团队将得到国家文化与自然遗产保护与监督委员会的资金支持,并负责协助该原住民社区参与决定遗产资源具体产权安排的谈判过程,为原住民社区提供各种专业信息服务,但当地原住民社区拥有按照自己的意愿决定其最终选择的权利,该中标团队只能提供建议,而不能干预,更不能替代。

(三) 决策结果不可违反的基本限制性要求

以制度科层安排模式建构我国的文化与自然遗产专项立法,这种立法方式最大的特点是法律并不对任何遗产资源在实践中的使用意义上的具体产权安排作出直接规定,而是为有资格参与文化与自然遗产产权安排决策的利害关系人提供一套进行集体决策的博弈机制,通过该机制的设置来影响相关利害关系人的决策过程,从而对其决策结果——实践中的文化与自然遗产具体产权安排施加间接的影响。然而,间接影响的控制力必然弱于直接影响,换句话说虽然在法定决策机制的约束和影响下,由遗产资源利害关系人博弈而最终确定的使用意义上的具体产权安排结果,偏离法律规制目标的可能性不大,但这种可能性仍然存在。因此有必要在通过决策机制进行间接影响之外,最终通过法律的基本原则要求,对利害关系人的决策结果施加基本的限制性要求,以求最大限度地防止博弈结果偏离法律规制方向。具体到我国的文化与自然遗产专项立法,我们认为利害关系人博弈结果不可违反的基本限制性要求应该包括两个方面:其一,不得违反文化与自然遗产可持续开发与保护的基本原则;其二,不得有损于国有遗产资源的国有资产性质。

二、争议解决机制和监督预防机制

在文化与自然遗产使用和管理的具体实践中,有可能出现两种性质不同的争议,一种是有资格参与文化与自然遗产使用意义上产权安排决策的不同决策者在决定使用意义上的具体产权安排结果时存在不同意见,因此而发生的争议,我们将这种争议称为决策争议;另一种是文化与自然遗产使用意义上的具体产权安排结果依照法定决策规则和程序已经产生,遗产资源治理实践中各当事人的具体权利义务及项目实施方案已经确定的前提下,在具体执行的过程中,当事人在具体应该如何执行的问题上发生的争议，我们将这种争议称为执行争议。我们认为，上述执行争议应属于普通民事争议，可以通过法院的诉讼程序予以解决，在此不必赘述，然而上述决策争议，则需要专门设立特殊的争议解决机制予以对待。

如前所述，有资格参与遗产资源使用意义上的产权安排博弈的决策者包括代表当代人利用权的遗产资源所有权人（国有遗产资源的所有权由国资委下属遗产资源管理部门代为行使）、代表后代人潜在权利的文化与自然遗产保护与监督管理委员会、代表地方发展权的遗产所在地地方政府、代表遗产地原住民利益的遗产所在地原住民社区和代表相关资本利益的项目投资人。在上述五种决策者所代表的利益诉求中，除项目投资人所代表的资本利益有可能属于纯粹的非公共利益诉求外（事实上项目投资人也可能并不是单纯资本利益的代言人，例如在公共基础设施建设项目上，项目投资人也可能会代表一定的公共利益诉求），其余四种利益诉求，包括当代人遗产资源利用权、后代人潜在的遗产资源利用权、地方经济社会发展权以及原住民社区的利益都是受到国际条约和我国宪法保护的具有合法性和正当性的权利与利益诉求，同时本质上讲也都属于公共利益的一种。然而，拟建设的项目如果不能满足项目投资人的利益诉求，项目投资人便会选择用脚投票，放弃项目，那么因该项目建设而引起的遗产资源产权安排变动便不会发生，相应的文化与自然遗产使用意义上的产权安排博弈也就没有必要发生了。

所以，文化与自然遗产使用意义上的产权安排博弈过程中，任何人也无法替代相关决策者对于上述五种利益诉求进行事先的优先顺序排列，外部代理人所做的有关牺牲任何一种利益去保全另一种利益的决定都有可能是武断的和无理的，只有由相关利害关系人博弈来决定最终的产权安排结果才是正当的。也正因为如此，我们建议文化与自然遗产使用意义上的产权安排博弈必须采取一致同意原则作为决策规则。依据一致同意原则，除非项目所涉及的各种利益群体的诉求都得到了一定程度的保障，除非项目支持者能够采用各种办法换取或者说服其他决策者的同意，否则照顾单方利益诉求的项目将不能得到法律认可和保护。选择这种决策规则，也是希望所有决策者在事先明白上述条件的前提下，能够积极地通过彼此的沟通，寻找兼顾各方利益的项目方案或者恰当的补偿机制，以确保各种正当利益诉求都能不被轻易的忽视，得到应有的尊重和保障。

然而，与"多数通过规则"相比，一致同意原则的最大缺点即在于，现实生活中彼此利益相互冲突的利害关系人很可能无法形成最终决策。具体到文化与自然遗产使用意义上的产权安排决策问题上，实践中很可能出现的情况是：无法找到使得所有决策者都同意的最终方案。这样所导致的结果是，只要有一个依法拥有决策资格的利害关系人不同意，拟建设的项目就会被搁置下来，甚至彻底流产。如果拟建设的项目只是为了追求个别私利或者资本利益的商业项目，例如建立纯粹的旅游娱乐开发区，那么项目的搁置和流产并不会带来什么不可挽回或者不可弥补的损失。然而，如果拟建设中的项目是建设一个现代化的公立博物馆，或者事关当地人民日常生活需求的水库、改变当地原住民社区基本卫生条件的医院，或者事关全国交通运输需要的铁路、公路等等，那么项目的流产甚至搁置都将有可能造成正当公共利益诉求的损失。因此，在文化与自然遗产使用意义上的具体产权安排问题上，当有资格参与决策的各利害关系人不能依据一致同意原则形成集体决策，因而发生争议时，我们还需要一个能够最终解决争议和做出集体选择的机制。这就是我们这里所说的争端解决机制。

我们认为，利害关系人在文化与自然遗产使用意义上的产权安排决策过程中出现的决策争议，严格地讲应该属于人民内部不同正当利益诉求之间的矛盾和冲突，而依据我国的现有的政治体制，只有人民代表大会及其常委会有权在人民内部不同的正当利益诉求之间做出取舍的决定。因此，当有资格参与文化与自然遗产使用意义上的产权安排决策的利害关系人在决策过程中发生争议，不能形成一致意见时，项目发起人应当将相关争议提交相应的人民代表大会及其常委会裁定，由相应的人民代表大会及其常委会依据法定表决程序做出包括最终产权安排结果和相应补偿机制在内的最终决策。具体地讲，当项目发起人无法取得其他决策参与人同意，因而无法正式启动项目时，应该根据该项目的影响范围和相关遗产资源的影响范围，向相应级别的人民代表大会及其常委会（包括地方各级人民代表大会及其常委会和全国人民代表大会及其常委会）提出请求，由该级人民代表大会及其常委会做出决策，并且对于地方一级人民代表大会及其常委会的决定持有异议的项目发起人还可以向上一级人民代表大会及其常委会提出复议请求，直至全国人民代表大会及其常委会。

在分析了争端解决机制之后，我们再来看看监督预防机制的建构。这里的问题在于，即便是在我们这里建议的文化与自然遗产使用意义上的产权安排博弈模式下，代表各种正当利益诉求参与决策的各类行政机构仍然有可能做出偏离其基本职能要求的决定，原因主要包括两个方面，其一，参与决策的行政机构可能明知其决策违背了自身的职能要求，但由于受到其他的不正当影响而有意做出偏离其基本职能要求的决定；其二，参与决策的行政机构可能因为受到信息、认识水平或者其他客观原因的影响，而在没有意识到的情况下，做出了偏离其基本职能要求的决定。

当参与文化与自然遗产使用意义上的产权安排决策的各类行政机构的决策偏离了其基本职能要求时，人民的正当利益诉求就有可能受到侵害，并且因为遗产资源的不可替代性和不可再生性特点，有些侵害一旦发生就将是无法弥补的。所以，为所有的普通民众、专家、学者等构建一个有效的行使其监督权利的机制，对于预防侵害的发生将是十分必要的。

因此，我们建议，未来我国的文化与自然遗产专项立法这样规定：任何中华人民共和国的公民发现由国资委、文化与自然遗产保护监督委员会、文化与自然遗产所在地当地人民政府、文化与自然遗产所在地原住民社区和项目投资人依据一致同意原则做出的文化与自然遗产使用意义上的具体产权安排结果对于我国遗产资源的安全造成威胁或者潜在威胁的，都有权向遗产资源所在地人民法院提出诉讼请求，法院应该自收到诉讼请求之日起×日内，聘请相关非官方专业人员对诉讼请求所描述的相关威胁或者潜在威胁进行初步评估，如果初步评估威胁或者潜在威胁存在，人民法院将受理相应诉讼请求，并立即做出暂停涉案项目的裁定。对案件进行审理后，法院认为威胁或者潜在威胁确实存在的，将做出要求涉案项目停止侵害的判决，并且如果涉案项目已经对相关利害关系人造成损失的，涉案项目负责人应赔偿受害者损失，涉案行政机构存在渎职行为的移交检察机关调查处理。

第十一章

中国犯罪率决定因素的法经济学：实证研究

本章采用计量经济学的工具和方法，对中国犯罪率的决定因素进行实证研究。这包括两个方面：一是惩罚和威慑能否对降低犯罪率是否有作用？二是收入不平等、失业、教育、城市化、贫困等因素与犯罪率的相关性。

第一节 惩罚和严打对犯罪的威慑效应：基于中国数据的实证研究

一、问题与文献回顾

在犯罪的经济学研究中，威慑理论及其效果的研究是文献非常丰富也研究最早的一个领域。可以说整个犯罪经济学最先就是从威慑理论及其实证研究中开始的。威慑理论及其实证研究也经历了一个研究范围的变迁。在最早的时候，文献关注的是惩罚概率和惩罚的严厉程度对犯罪的影响，而到后期，关注范围逐步扩大到诸如警力、刑事政策、各种刑事惩罚（如死刑、罚金刑和监禁）等对犯罪的威慑作用（陈屹立，2007）。无论范围如何扩展，总之它们所关注的核心问题是，这些事物对犯罪的威慑作用是怎样的。

由于受到数据的极大限制，我们不打算对文献中涉及的各种关于威慑效应实证研究的内容都加以研究，而仅仅选取了其中两个方面的内容。第一个关注的问题是建立在经典的威慑理论模型基础之上的实证研究，涉及对惩罚概率和惩罚严厉程度威慑效应的考察。我们关注的问题是，在中国，惩罚的威慑效应是否明显？威慑理论是否会得到中国数据的支持？实际上，还没有文献利用中国的数据对经典威慑理论进行过检验。第二个关注的内容是严打，严打是非常具有中国本土色彩的问题，中国在犯罪非常严重的时期曾采取严打政策来打击犯罪，严打政策是否会威慑犯罪？其威慑力度如何？对各种犯罪是否都具有威慑效应？起威慑效应能保持多久？这些都是作为评估严打政策之前必须弄清楚的一些问题。

关于威慑的经济学理论研究源于贝克尔1968年的经典文献，建立在经济人的假设之上，其认为从事犯罪者被惩罚的概率和惩罚的严厉程度之乘积构成了他的预期成本，进而影响其是否从事犯罪的决策，其分析明白地显示出，惩罚的概率和严厉程度会对犯罪产生威慑作用，在犯罪收益不变的情况下，惩罚概率越大，犯罪越少，惩罚严厉程度越重，犯罪越少。此后对威慑理论也进行了某些拓展，但都是建立在贝克尔1968年文献的框架基础之上的，也没有在本质上有什么创造性的突破进展。

但是相对于理论方面研究的相对进展不足，实证研究方面则大放异彩。对威慑效应的实证研究不仅在研究范围上有了实质性的扩展，而且在研究深度方面也有实质性的推进。学者们在贝克尔1968年的文章发表之后便开始广泛研究罪犯被逮捕或定罪的概率和被惩罚的严厉程度对犯罪的威慑效应，对这个问题的研究在20世纪70和80年代非常之多[1]，但对它的关注仍然一直持续至今。由于微观数据是比较难以收集或者收集成本较大，所以大多数的研究都是基于宏观数据的研究。他们广泛验证了被逮捕的概率、被起诉的概率、被定罪的概率、被监禁的概率以及惩罚的严厉程度对犯罪的威慑作用。

大量实证研究的结论几乎一致认为，惩罚概率和惩罚严厉度的提高具有非常显著的威慑效应存在（欧利希，1973；维特，1980；利曼，乔伊斯和洛维奇，1987；洛特和穆斯塔，1997；法尼柏，莱德曼和洛埃扎，1998；凯斯勒和莱维特，1999；科曼和摩卡，2000；德贝克斯，鲁宾和谢菲尔德，2003）。在对财产犯罪的研究中也发现，逮捕和定罪概率的上升以及惩罚严厉程度的提高都导致主要财产犯罪的减少（Sjoquist, 1973），在对德国犯罪的研究中也发现，财产犯罪

---

[1] 由于这个命题是建立在贝克尔1968年论文的基础上的，所以在文献中也常常被称为对犯罪经济模型的估计。

中的威慑假说能够得到支持（安特弗和斯彭格勒，2000），对美国财产犯罪的考察也发现，警力开支的增加和破案率的上升是财产犯罪下降的重要原因之一（伊默霍格鲁，梅洛和鲁伯特，2004，2006）。在人们的印象中，青少年犯罪可能比成年人犯罪更不理性，但是对青少年犯罪的实证研究也发现，威慑效应在青少年犯罪中显著存在，青少年对刑事制裁做出了理性的反应（莱维特，1998；莱维特和洛彻尔，2000；摩卡奴和里斯，2005）。

另外，惩罚的严厉性和确定性二者虽然都能够威慑犯罪，但二者对犯罪的威慑效果是不一样的，一些研究就表明，惩罚的确定性常比严厉性更具威慑力（欧利希，1973；维特，1980；特朗布尔，1989；康韦尔和特朗布尔，1994）。尽管众口一词认为威慑效应显著存在，但还是有少量研究认为，威慑效应可能被夸大，尤其是惩罚严厉程度的威慑效果可能不明显，有研究就发现，惩罚严厉程度的威慑效果是比较微弱的（迈尔斯，1983），另外一项研究也发现惩罚严厉程度的威慑效应不显著（康韦尔和特朗布尔，1994），在对德国犯罪率的考察中还发现威慑效应在人身犯罪中不显著（安特弗和斯彭格勒，2000）。

本节接下来首先基于中国数据构建一些指标来衡量惩罚概率和惩罚严厉程度以检验经典威慑理论，之后研究严打政策对犯罪的威慑效应。

二、惩罚对犯罪的威慑效应

（一）惩罚概率和惩罚严厉程度指标的构建及其描述

本节无法找到关于这个主题的微观数据，所以只有利用中国官方提供的各种统计资料构建各种衡量惩罚概率和惩罚严厉程度的指标来进行实证分析。在构建指标时，借鉴了文献普遍的做法也照顾到资料的可得性，在惩罚概率方面，我们构建了破案率、被逮捕概率、被起诉概率三个指标，惩罚严厉程度方面我们构建了重刑率指标。

1. 破案率。《中国法律年鉴》公布了各年度公安机关的破案率，毫无疑问，破案率的高低是首先也是最直接地影响到罪犯是否被惩罚的因素，破案率越高则被惩罚的几率越大，实际上，只要被破案，被惩罚的概率就一下子提高了非常多。在中国，绝大部分案件的刑事侦查工作是由公安机关进行的，破案率实际上也一定程度上反映了警察对犯罪的威慑作用。本节破案率数据直接来自各年度《中国法律年鉴》，其中 1983 年数据缺乏，用前后两年平均补齐，由于没有公布 1981 年之前的破案率，所以数据时间段为 1981～2005 年。

图 11-1 是破案率（pp）和犯罪率（crime）走势的对照图，左边纵轴是犯

罪率的刻度，右边纵轴是破案率的刻度，从中可以看出，当破案率比较高的时候，犯罪率比较低，而破案率比较低的时候，犯罪率就走高，二者正好呈现出非常明显的相反走势，仅从图中二者的走势图可以猜测，破案率的高低确实可能对犯罪率有很大的影响，破案率高则对犯罪的威慑作用可能是很大的。破案率在20世纪80年代末至20世纪90年代中期是上升的，在1996年达到一个极值，此后则是持续走低，尤其在2000年之后降低到50%以下，2003年破案率为41.9%，是1981年来的最低破案率。

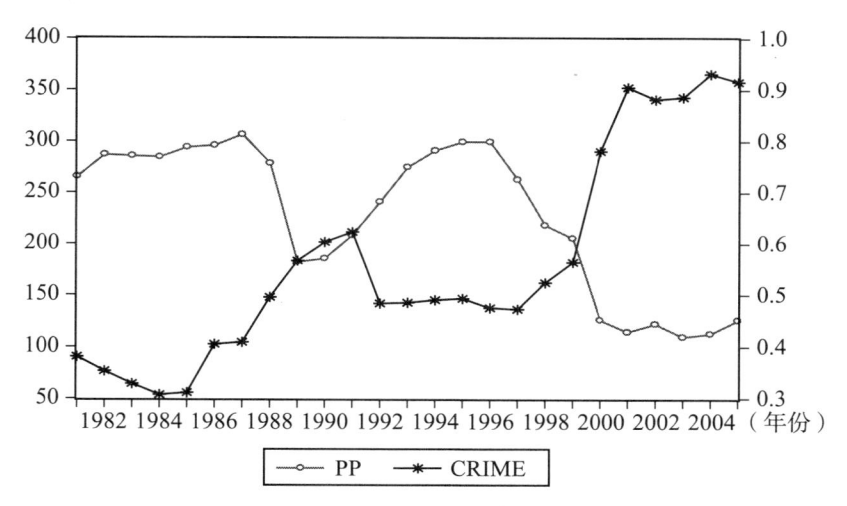

图11-1 1981~2005年中国的犯罪率与破案率对照

2. 逮捕率。中国的官方统计资料公布了每年检察机关批准公安机关逮捕的人数以及检察机关自行逮捕人数，这些数据被用来作为我们构建逮捕率的指标。最好的逮捕率指标自然是应该用以上被逮捕的人数除以总立案的人数，但很可惜后者我们无法找到，而只能找到公安机关和检察机关立案的件数，二者单位不统一。但基于以下原因，这里还是用逮捕人数除以立案件数作为逮捕率指标。首先，二者虽然单位不统一，但我们重在构建一个反映逮捕率高低的指标，不在于寻求一个准确地刻画逮捕率的精确数值，所以二者相除仍然可以比较可信的刻画逮捕率的高低走势；其次，在立案件数和人数之间或许不存在一个绝对不变的比例，但二者之间的比例关系仍然应该是大致稳定的，所以我们构建的上述指标虽然在绝对意义上和精确数值有一定的比例差异，但在走势上却应该相差不大，而且在绝对意义上也是呈系统性的差异，不会对某些年份产生存在歧视；最后一点则是，在没有其他更好的替代指标情况下，选取这个指标作为一个初步研究应该也是可以接受的。所有逮捕人数的原始数据来自《中国检察年鉴》、《中国法律年鉴》和最高人民检察院年度工作报告①，但其中 1983 年数据仅为检察机关批准逮捕的人数，数据来自胡联合（2006）。由于 1983 年之前的数据无法得到，故时间段为 1983～2005 年。

图 11-2 是 1983～2005 年中国犯罪率（CRIME）和逮捕率（PA）的走势对照图，左边纵轴是犯罪率的刻度，右边纵轴是对逮捕率的刻度。逮捕率在 1983 年比较特殊，甚至超过了 100%，这表明当年的逮捕人数超过了立案件数，这可能和当年是严打有关。其余年份中，2003 年为最低，逮捕率仅为 17.25%，这也和破案率的最低年比较对应。在 90 年代初至 90 年代中期逮捕率呈上升趋势，和破案率一样也在 1996 年达到一个极值，此后些年则一直是呈现下降趋势，2000 年之后逮捕率下降到 20% 以下，所有的这些阶段性特征和破案率是非常一致的。从图中可以看出，总体而言，逮捕率和犯罪率走势是相反的，逮捕率上升，犯罪率趋于下降，逮捕率下降则犯罪率从总体上上升，只不过近些年来逮捕率的起伏不如破案率那么大。

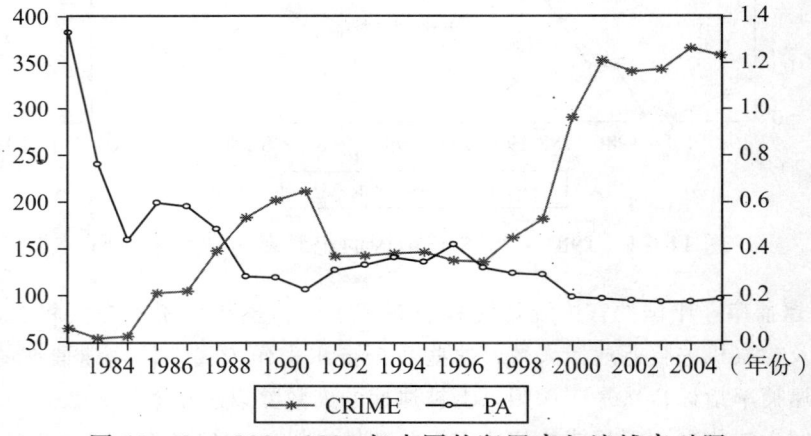

图 11-2　1983～2005 年中国的犯罪率与逮捕率对照

3. 起诉率。根据中国的刑事诉讼法律程序，大部分案件是经过检察院提起公诉而到法院的，只有少部分案件属于自诉案件。检察院提起公诉案件的数量从 1984 年以来都可以从中国官方公布的文件中获得，但此前的则无法得到。但是法院每年一审审理的刑事案件数却可以从中国统计年鉴上获得，而且时间段可以追溯至 1978 年。所以这里我们采用后者来构建起诉率，用每年法院一审审理的

---

① 其中 1985 年之前的数据全部来自最高人民检察院工作报告，参见其网页 http://www.spp.gov.cn/site2006/region/00018.html。其中 1983 年数据仅为检察机关批准逮捕人数，数据来自胡联合（2006），第 44 页。

刑事案件数除以每年公安机关和检察院立案数之和作为起诉率①。当然，这里还存在一个问题就是，其实法院审理的案件数目中包含了自诉案件，但这些案件数并不会在公安机关和检察机关的立案数中包含，不过由于这部分案件相对较少，从总体上对起诉率的影响很小，而且由于是每年都存在自诉案件，虽然这样会存在系统性的高估起诉率，但不会对某些年份有歧视且不会影响真实起诉率的走势。各年度人民法院一审刑事案件的原始数据来自《中国统计年鉴2006》，数据时间段为1978~2005年。

图11-3是1978~2005年中国犯罪率（CRIME）和起诉率（PS）的对照图，左边纵轴是对犯罪率的刻度，右边纵轴是对起诉率的刻度。起诉率在1983年是改革开放以来的最高点，达到81.98%，这可能和当年的严打有关，此后起诉率一直呈下降趋势，到20世纪90年代初开始上升，和破案率、逮捕率一样也在1996年达到一个极值，此后又一直下降，在2000年以后下降到20%以下，最低值是2004年的13.62%。这种阶段性特征和破案率、逮捕率的阶段变化是非常一致的。在起诉率高的阶段，总的说犯罪率较低，起诉率下降时则犯罪率趋于上升，二者呈相反的变动趋势。

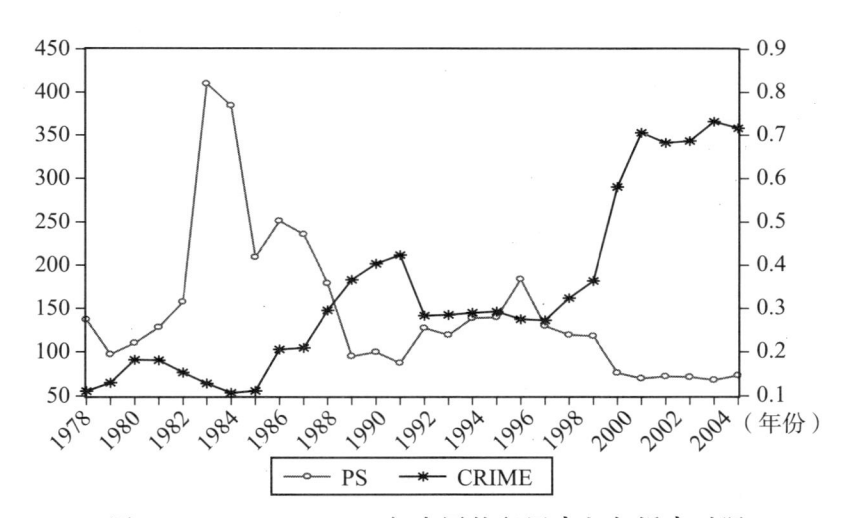

图11-3　1978~2005年中国的犯罪率与起诉率对照

4. 重刑率。在中国的刑事惩罚形式中，主要是以监禁（即自由刑）为主，辅之以生命刑和罚金刑等刑事惩罚，但这些都不是主流。死刑率本来也可以作为刻画刑事惩罚严厉程度的一个指标，但无法找到相关数据，所以我们主要依赖于监禁方面的数据来构建重刑率指标。在中国官方公布的统计资料中，包括了各年

---

① 公安机关和检察院立案数的原始数据来源请参见附录。

法院判决的罪犯中被判处五年以上有期徒刑、无期徒刑以及死刑的罪犯比例，某些官方文件中也称之为重刑率。这显然可以作为衡量刑事惩罚严厉程度的一个很好的指标。不过关于重刑率的数据只是从 1987 年开始才正式公布，此前年代的数据则无法得到。相关原始数据来自《人民法院年鉴》和《中国法律年鉴》中，1987 年的数据是根据提供的 1988 年对上年的增长率而自行计算出来的，数据时间段为 1987～2005 年。

图 11-4 是 1987～2005 年中国犯罪率（CRIME）和重刑率（RS）的对照图，左边纵轴是对犯罪率的刻度，右边纵轴是对重刑率的刻度。重刑率在总体上呈现出非常明显的倒 V 字形状，在 80 年代末是上升趋势，此后有两年的下降，之后就一直上升直到 1996 年并达至最高点，重刑率达到 43.05%，此后则一直下降，到 2005 年重刑率降到 18.2%。重刑率的阶段性特征和破案率、逮捕率的阶段变化也是比较一致的。总的来说，在重刑率高的阶段犯罪率较低，重刑率下降时则犯罪率开始上升，二者呈相反的变动趋势。

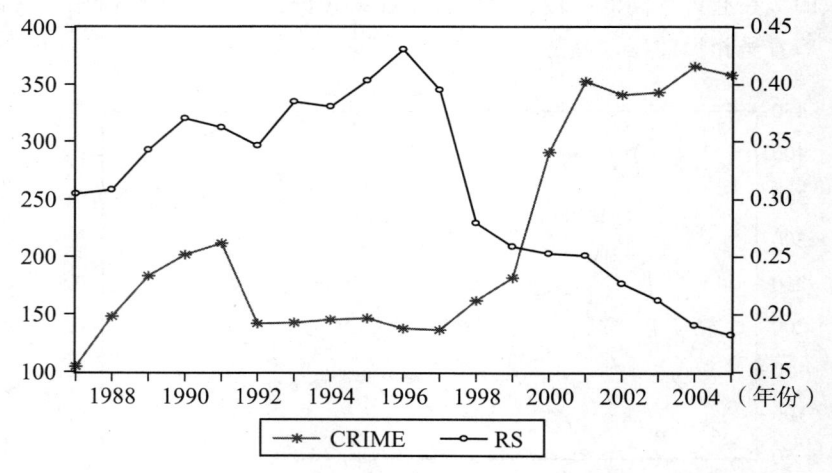

图 11-4　1987～2005 年中国的犯罪率与重刑率对照

（二）实证检验及结果

由于在构建刻画惩罚概率和惩罚严厉程度指标时受到各方面数据的严重限制，导致上述四个指标的时间段都不是统一的，所以下面的实证分析就还是分开进行。在模型设定方面，都是将被解释变量的一阶滞后作为解释变量加入模型中，既反映犯罪率的惯性，也包纳前期各种可能影响犯罪率的因素，然后加入惩罚概率或惩罚严厉程度。基本的模型设定如下所示：

$$\ln crime_t = a_0 + \beta_1 \ln crime_t(-1) + \beta_2 \ln x_t + \varepsilon_t$$

其中，ln $crime_t$ 表示犯罪率，ln $crime_t(-1)$ 是犯罪率的一阶滞后，ln x_t 为惩罚概率或惩罚严厉程度，ε_t 是误差项。我们不仅研究了总犯罪率对惩罚概率和惩罚严厉程度的反应，也研究了财产犯罪和暴力犯罪，但在模型设定上是完全一样的。t 表示时间，但各个方程中的时间段都是不一样的，我们会注意标明。由于各个变量均取了对数，所以系数表示弹性。以下所有实证分析均使用 eviews 5.0 实现。

1. 破案率对犯罪的威慑作用

在前述基准模型的基础上，先考察破案率对犯罪的威慑作用。因变量包括三个，总犯罪率、财产犯罪和暴力犯罪[①]，解释变量除了因变量各自滞后一期外就是破案率。首先用最小二乘法（OLS）对三个方程进行估计，之后用拉格朗日乘数检验（L-M 检验）发现，总犯罪率的模型不存在自相关，但财产犯罪和暴力犯罪的模型存在自相关问题，通过自相关系数和偏自相关系数的观察确定存在一阶自相关，于是使用迭代的广义差分法进行估计[②]，最终的结果如表 11-1 所示。可以看出，三个模型的效果是很好的，各个方程中解释变量都比较显著。

破案率的 t 值在三个方程中都在 5% 显著性水平下显著，符号为负，表明破案率对犯罪有着显著的威慑作用，而且无论是对总犯罪还是对财产或者暴力犯罪而言都是如此，提高破案率会提高罪犯的预期成本，会极大地减少各种类型的犯罪。对三个方程的比较可以看出，破案率在总犯罪和财产犯罪模型中弹性系数最高，表明破案率对总犯罪和财产犯罪的威慑作用大于对暴力犯罪的威慑作用。通过破案率威慑作用的检验表明威慑理论是成立的。

表 11-1　　破案率对犯罪威慑作用方程的回归结果

解释变量	被解释变量	犯罪率	
		总犯罪率	财产犯罪	暴力犯罪
滞后一期的犯罪率		0.6831*** (5.35)	0.1749 (1.14)	0.6236** (2.83)
破案率		-0.7652** (-2.59)	-0.7990*** (-5.17)	-0.3925** (-2.56)
研究的时间段		1981~2005 年	1981~2005 年	1981~2005 年
Adjusted R^2		0.8912	0.9346	0.9852
F-statistic		95.1577 (0.00)	105.7180 (0.00)	487.4965 (0.00)

注：表中 ***、**、* 分别表示在 1%、5% 和 10% 的显著性水平下显著。

[①] 三种犯罪率的定义和数据来源请参见附录。
[②] 由于是一阶自相关，故在 eviews 命令中加入 ar(1) 来实现。

2. 逮捕率对犯罪的威慑作用

模型的基本设定和研究破案率是完全一样的，因变量也分别为总犯罪率、财产犯罪和暴力犯罪。三个方程用 OLS 进行估计，用拉格朗日乘数检验发现暴力犯罪模型存在自相关问题，和前面一样，用广义差分法进行估计，最终结果如表 11 - 2 所示。所有三个模型的 R^2 也都很高，表明整个拟合效果是比较好的。

逮捕率在三个模型中都是非常显著的，表明逮捕率无论对总犯罪还是暴力犯罪或财产犯罪都有显著的威慑作用。值得注意的是，总体上而言逮捕率的弹性系数要小于破案率的弹性系数，表明破案率对犯罪的威慑作用要大于逮捕率对犯罪的威慑作用。通过弹性系数的比较可以发现，和破案率比较一致的是，逮捕率对总犯罪和财产犯罪的威慑作用也大于其对暴力犯罪的威慑作用。

表 11 - 2　　　　逮捕率对犯罪威慑作用方程的回归结果

解释变量 \ 被解释变量	犯罪率		
	总犯罪率	财产犯罪	暴力犯罪
滞后一期的犯罪率	0.5277 *** （3.11）	0.2768 ** （2.71）	0.6062 *** （3.57）
逮捕率	-0.5469 ** （-2.49）	-1.1139 *** （-7.25）	-0.2159 *** （-4.90）
研究的时间段	1983 ~ 2005 年	1983 ~ 2005 年	1983 ~ 2005 年
Adjusted R^2	0.8857	0.9500	0.9944
F-statistic	82.3406 （0.00）	200.6541 （0.00）	1 177.522 （0.00）

注：表中 ***、**、* 分别表示在 1%、5% 和 10% 的显著性水平下显著。

3. 起诉率对犯罪的威慑作用

与前面的实证技术完全相同，三个方程的结果如表 11 - 3 所示。拉格朗日乘数检验表明都不存在自相关问题。起诉率在模型中都非常显著，表明起诉率对各种犯罪均存在明显的威慑作用。但是和前面破案率以及逮捕率比较可以发现，起诉率的弹性系数要更低，表明其威慑作用从总体上来说要小于破案率和逮捕率。而且起诉率对暴力犯罪的威慑作用也要小于总犯罪和财产犯罪。

表 11 – 3　　　　起诉率对犯罪威慑作用方程的回归结果

解释变量＼被解释变量	犯罪率		
	总犯罪率	财产犯罪	暴力犯罪
滞后一期的犯罪率	0.7557*** (8.27)	0.6360*** (7.61)	0.8229*** (18.74)
起诉率	-0.2932** (-2.69)	-0.5280*** (-4.93)	-0.2397*** (-4.75)
研究的时间段	1978~2005 年	1978~2005 年	1981~2005 年
Adjusted R^2	0.9003	0.9162	0.9850
F-statistic	118.4449 (0.00)	143.1870 (0.00)	753.7220 (0.00)

注：表中 ***、**、* 分别表示在 1%、5% 和 10% 的显著性水平下显著。

4. 重刑率对犯罪的威慑作用

和前面研究策略完全相同，加入重刑率后的三个方程结果如表 11 – 4 所示，三个模型的 R^2 也都很高，拉格朗日乘数检验发现都不存在自相关问题，模型效果令人满意。重刑率在三个模型中都非常显著，这表明惩罚严厉程度和惩罚概率一样具有非常明显的威慑作用。在总犯罪率和财产犯罪模型中，重刑率的弹性系数都是比较高的，基本上仅次于破案率的弹性系数，但在暴力犯罪中，重刑率的弹性系数则比较低，说明重刑率对暴力犯罪的威慑作用仍然是最小的。

表 11 – 4　　　　重刑率对犯罪威慑作用方程的回归结果

解释变量＼被解释变量	犯罪率		
	总犯罪率	财产犯罪	暴力犯罪
滞后一期的犯罪率	0.5378*** (3.84)	0.5196*** (4.10)	0.7896*** (17.33)
重刑率	-0.6445*** (-3.17)	-0.6379** (-2.66)	-0.1781** (-2.58)
研究的时间段	1987~2005 年	1987~2005 年	1987~2005 年
Adjusted R^2	0.9628	0.7725	0.9733
F-statistic	54.4378 (0.00)	29.8700 (0.00)	311.2641 (0.00)

注：表中 ***、**、* 分别表示在 1%、5% 和 10% 的显著性水平下显著。

通过对比上面所有模型我们还可以发现有几个值得关注的现象。一是在所有这些模型中，每种指标反映的惩罚概率或惩罚严厉程度各自对总犯罪和财产犯罪的威慑作用都大于对暴力犯罪的威慑作用，但这里我们还无法断定其确切的原因，初步猜测，或许跟暴力犯罪相对于其他犯罪而言有更多的非理性成分有关，暴力犯罪尤其不如财产犯罪那般可能是经过理性的算计而实施的，也正由于某些暴力犯罪没有经过理性算计导致其对惩罚概率和惩罚严厉程度这些直接影响犯罪预期成本的因素未加仔细考虑，也导致暴力犯罪对惩罚概率和惩罚严厉程度的反映相对就不如财产犯罪和总犯罪那么敏感，进而使得对暴力犯罪的威慑作用相对更弱，这也表明犯罪的经济模型相对而言更适合于财产犯罪而不是暴力犯罪。我们的这个结果其实和国外的文献是比较一致的，有学者就对国外相关的研究总结到，关于犯罪尤其是暴力犯罪是否是理性的早有激烈争论，而现有的关于暴力犯罪的经验研究也发现经济理论有时候似乎不是很适合于探究暴力犯罪，而且暴力犯罪不如财产犯罪那样会对制裁产生明显反应（萨勒达奇斯，2004）。

第二个值得关注的现象是，对暴力犯罪而言，惩罚的严厉程度即重刑率的威慑作用最小，而破案率最大，这表明对暴力犯罪而言惩罚概率的大小是最重要的威慑因素，尤其是破案率。仅仅加大惩罚力度来威慑暴力犯罪不如提高惩罚概率那么有效，暴力犯罪可能更加不害怕严厉的刑事制裁。

第三个现象是，一些文献发现惩罚的确定性比严厉性更具威慑力（欧利希，1973；维特，1980；特朗布尔，1989；康韦尔和特朗布尔，1994），我们的研究发现，从总体而言，破案率的威慑作用是最大的，但是重刑率（惩罚严厉程度）的威慑力当居第二，从这点来说，我们的研究也支持惩罚的确定性比严厉性更具威慑力的结论。但是这里还发现，逮捕率和起诉率的威慑力位居重刑率之后，这也表明，不是用所有的指标来衡量惩罚概率都会得出惩罚概率威慑作用高于惩罚严厉程度的结论。不过值得注意的是，逮捕率和起诉率其实基本由破案率的高低所主导，根据中国的刑事诉讼法，逮捕和起诉不过是侦察之后的程序而已，一旦破案，之后的逮捕和起诉则是按照程序一步步进行，所以决定罪犯是否被惩罚的关键是破案率的高低。对犯罪者而言，他也理当更关注其所犯之案件是否被公安机关侦破，所以在中国，破案率更好地衡量了惩罚概率之大小，也正因为此，我们还是可以更倾向于相信惩罚的确定性之威慑力大于惩罚之严厉性。

三、严打的威慑效应

严打是比较有中国特色的一个刑事政策。中国在改革开放之后犯罪数量迅速增加，某些时候社会治安状态严重恶化，犯罪猖獗，为此，国家采取了严打的刑事政策，即从快从重严厉打击严重刑事犯罪活动。关于严打刑事政策，国内法学界已经做了许多的研究，包括从实体法、程序法以及严打的政策功能、缺陷等都做了很多深入分析,我们这里仅仅关注的是严打对犯罪的威慑效应,并侧重于进行实证研究,不会涉及许多关于严打政策的价值评判,由于缺乏相应的数据,也不会对严打政策进行成本收益分析。我们关注的问题主要包括两个,一是严打刑事政策是否在一定程度上威慑了犯罪,二是如果威慑了犯罪,那么它的威慑力大概在多长时期内明显存在。

(一) 我国改革开放以来的三次全国性严打

由于总体上而言改革开放之前的犯罪形势不如改革开放之后严峻,改革之前也就没有进行过全国性的严打。可以说,严打是在伴随着改革开放之后出现的新词汇。我国在改革开放之后进行过三次全国范围内的严打[①]。

第一次严打是在1983年8月开始的,一直持续到1987年1月底,历时三年五个月。此次严打是在全国犯罪大幅上升、治安状况恶劣的情况下展开的。此次严打重点打击七类犯罪,总共分为三大战役。

1996年是我国的第二次严打,此次严打也是在全国犯罪上升的情况下开展的,该年4月开始,中央决定开展一场以"抓现行、破大案、追逃犯、挖团伙"为主要任务的严打斗争。

2001年4月,在北京召开了全国社会治安工作会议,决定在全国范围内开展一场严打整治斗争,并重点打击三类犯罪。经过努力,两年的严打斗争取得了多方面的成果。

(二) 严打的威慑效应分析

实证策略。由于我国在改革开放以来仅仅有三次严打,而严打又很难以进行量化处理,属于典型的定性解释变量,因此考察严打的威慑效应我们准备采用虚拟变量的方法来进行研究。我们的做法是,以犯罪率作为解释变量,放入犯罪率的滞后一期来控制其他变量的影响(这两个变量都取对数),然后在严打的年份中放入虚拟变量,和其他没有严打的年份作对比,考察严打的威慑效果是否明显。为考察严打威慑效应的持续时间,我们逐步地在严打之后的一年也放入虚拟变量,然后逐步扩展到两年、三年,用以检验其威慑力的后续效应[②]。以下所有回归均在eviews5.0软件中实现,均用最小二乘法对方程进行的估计。

---

① 刘仁文:《刑事政策初步》,中国人民公安大学出版社2004年版,第348~356页。
② 这里必须说明的是,由于有些严打不是一年之内完成,所以当年可能包含了好几年,具体如下:第一次严打当年包含了1983年到1986年共四年时间,第二次1996年严打当年仅仅包含1996年,第三次严打当年包含了2001年和2002年。

实证结果。表 11-5 是严打当年威慑效果的回归结果,方程整体回归效果很好,用拉格朗日乘数检验(L-M 检验)发现,总犯罪率和财产犯罪率的模型不存在自相关,但暴力犯罪的模型存在自相关问题,使用迭代的广义差分法进行估计①。从中可以发现,严打对于总犯罪率和财产犯罪没有显著的威慑效应存在,但对暴力犯罪有着显著的威慑效应。

表 11-5　　　严打当年对犯罪威慑作用方程的回归结果

解释变量＼被解释变量	犯罪率		
	总犯罪率	财产犯罪	暴力犯罪
滞后一期的犯罪率	0.9304***	0.9181***	0.9098***
严打(虚拟变量)	-0.0371	-0.1658	-0.0693*
研究的时间段	1978~2005 年	1978~2005 年	1981~2005 年
Adjusted R^2	0.8712	0.8454	0.9828
F-statistic	88.9435	72.0906	421.0339

注:表中 ***、**、* 分别表示在 1%、5% 和 10% 的显著性水平下显著。

表 11-6 是严打当年及之后一年威慑效果的回归结果,方程整体回归效果很好,用拉格朗日乘数检验(L-M 检验)发现,总犯罪率和财产犯罪率的模型不存在自相关,但暴力犯罪的模型存在自相关问题,仍然使用迭代的广义差分法进行估计。从表 11-6 中可以发现,与上面的结果完全一样,严打对于总犯罪率和财产犯罪没有显著的威慑效应存在,但对暴力犯罪有着显著的威慑效应,而且我们注意到对暴力犯罪的威慑效果似乎还更显著了。

表 11-6　　　严打当年及之后一年对犯罪威慑作用方程的回归结果

解释变量＼被解释变量	犯罪率		
	总犯罪率	财产犯罪	暴力犯罪
滞后一期的犯罪率	0.9314***	0.9195***	0.8882***
严打(虚拟变量)	-0.0542	-0.1614	-0.0838**
研究的时间段	1978~2005 年	1978~2005 年	1981~2005 年
Adjusted R^2	0.8726	0.8476	0.9846
F-statistic	90.0265	73.3102	470.2315

注:表中 ***、**、* 分别表示在 1%、5% 和 10% 的显著性水平下显著。

---

① 在 eviews 命令中加入的 ar(1) 实现。

表 11 – 7 是严打当年及之后两年威慑效果的回归结果，拉格朗日乘数检验（L – M 检验）发现总犯罪率和财产犯罪率的模型不存在自相关，但暴力犯罪的模型存在自相关问题，使用迭代的广义差分法进行估计。表中结论显示，严打对于总犯罪率和财产犯罪依然没有显著的威慑效应，但对暴力犯罪仍然有着显著的威慑效应，不过威慑效应似乎在减弱。由于严打对于总犯罪率和财产犯罪一直不存在明显的威慑效应，但对暴力犯罪却存在，我们尝试着就严打当年及之后三年对暴力犯罪的威慑效果进行检验，结果发现严打还是对暴力犯罪有着很强的威慑效果。

表 11 – 7　严打及之后两年对犯罪威慑作用方程的回归结果

解释变量 \ 被解释变量	犯罪率		
	总犯罪率	财产犯罪	暴力犯罪
滞后一期的犯罪率	0.9366***	0.9278***	0.6397**
严打（虚拟变量）	-0.0118	-0.0788	-0.0594*
研究的时间段	1978～2005 年	1978～2005 年	1981～2005 年
Adjusted R^2	0.8705	0.8355	0.9828
F-statistic	88.3932	67.0476	419.8270

注：表中 ***、**、* 分别表示在 1%、5% 和 10% 的显著性水平下显著。

总结和解释。以上实证研究表明，严打的威慑效应仅仅对暴力犯罪是显著存在的，对其他类型的犯罪则没有明显的威慑效应。这个结论是能够得到解释的。在第一次严打中，就明确提出了重点打击的七个方面，包括如流氓团伙犯罪，流窜作案分子，杀人、放火、爆炸、投毒、强奸、抢劫和重大盗窃犯，反动会道门分子，拐卖妇女儿童的人贩子和淫秽活动有关的犯罪分子，劳改犯等①。这些打击重点大都属于暴力犯罪。而在 2001 年的严打整治斗争中，重点打击三类犯罪：有组织犯罪、带黑社会性质的团伙犯罪和流氓恶势力犯罪；爆炸、杀人抢劫、绑架等严重暴力犯罪；盗窃严重影响群众安全的多发性犯罪②。可见，此次严打的重点主要还是暴力犯罪。所以，可以理解，严打最终对暴力犯罪产生了比较显著的威慑效应。

四、结论

文章利用中国的数据构建了破案率、逮捕率、起诉率和重刑率四个指标分别

---

① 刘仁文：《刑事政策初步》，中国人民公安大学出版社 2004 年版，第 348～349 页。
② 刘仁文：《刑事政策初步》，中国人民公安大学出版社 2004 年版，第 351 页。

衡量惩罚概率和惩罚严厉程度，结论表明，无论总犯罪率、财产犯罪还是暴力犯罪都会受到这些因素的显著影响，威慑效应在中国也是显著存在的。其中，尤其以破案率的威慑效应最大，而且所有的这些对暴力犯罪的威慑效应都最小。在对严打的研究中发现，严打仅仅对暴力犯罪存在显著的威慑效应，对诸如财产犯罪等其他类型的犯罪则没有显著的威慑效应。而且，严打对暴力犯罪还具有非常显著的后续威慑效应存在，但对财产犯罪等则不具有。

本 节 附 录

1. 用每十万人口的犯罪数量表示总犯罪率。根据我国的刑事司法体制，刑事犯罪立案总数应为公安机关刑事案件立案数和人民检察院自侦案件立案数之和，本节亦以此数据为犯罪总量数据，然后用犯罪总量数据除以人口数，得到每十万人口的犯罪数，即犯罪率。总犯罪量和人口的原始数据来自《中国法律年鉴》、《中国统计年鉴》各期和《中国预防犯罪通鉴》。但是我们对犯罪总量进行了一些调整。其调整理由为：据《中国预防犯罪通鉴》（魏平雄等主编，人民法院出版社1998年版，上卷，第170~172页）所述，1989年公安机关大力纠正了立案不实的现象，使得刑事立案陡增，因此我们希望对此前的立案不实部分进行调整，而立案不实现象自20世纪80年代中期便开始，由于严打效果基本持续到1985年，因而我们确定的调整时间段就为1986~1988年。

2. 总犯罪量的调整方法：由于1987~1988年都存在立案不实现象，我们假设立案不实的程度是一样的，因而利用现有数据求得的犯罪增长率还是反映了真实增长率，同理求得1986~1987年犯罪的真实增长率，而1989~1990年的犯罪增长率没有问题，然后计算公式 $grouth88*(1+x)^2=grouth90$，其中 grouth 表示犯罪增长率，grouth88 表示1987~1988年的犯罪增长率，由此可知1988~1989年的真实犯罪增长率为 $grouth88(1+x)$。由此可利用1989年犯罪总数反推1988年犯罪真实总数，进一步根据1987~1988年增长率反推1987年以及1986年的犯罪总数。总犯罪率则用犯罪总量除以人口数量，计算犯罪率时人口数据利用的是当年年底人口数。

3. 本节研究的暴力犯罪包含杀人和伤害犯罪，采用公安机关立案数据作为总量数据，然后除以人口数量，得到每十万人的犯罪量即暴力犯罪率。公安机关立案数据来自《中国法律年鉴》各期，但其中缺1983年的分类数据，该年杀人犯罪数据来自《发展犯罪学》（周长康等，2006，第61页），该年伤害数据用前后两年平均得到。人口总量数据来源于《中国统计年鉴》。

4. 本节用盗窃、抢劫和诈骗三种犯罪的总和作为财产犯罪总量,三种犯罪的总量数据来自《发展犯罪学》(周长康等,2006)和《中国统计年鉴》,人口数据来自《中国统计年鉴》,然后除以人口数量得到每十万人的犯罪数,即犯罪率。

第二节 宏观经济因素与中国的犯罪率
——1978~2005 年的实证研究

在 20 世纪七八十年代经济学深入地研究惩罚对犯罪的威慑作用之后,90 年代以来,经济学家开始大量利用计量方法对犯罪的宏观决定因素问题进行实证研究,广泛考察了收入分配、失业、教育等各种宏观经济因素对一国犯罪率的影响,取得了许多重要成果。中国自改革开放以来经济取得了巨大成就,但是与此同时犯罪率也急剧上升。1978 年全国的犯罪总数为 50 多万起,到 2005 年犯罪总数达到了 468 万多起,是 1978 年犯罪总数的 8.7 倍。中国改革开放以来的宏观经济因素变化对我国的犯罪率到底是否造成了影响?如果对犯罪造成了影响,不同因素的影响各自有多大?哪些是影响犯罪的关键?对这些问题的回答不仅有利于中国犯罪经济学的深化,而且对于更好地认识中国的犯罪、预防犯罪以及保持社会稳定与和谐社会建设等重大问题都极具现实意义。不过国内对犯罪经济学的关注一直是很少的,对这些问题的定量研究更是缺乏。本节试图对中国改革开放以来的收入分配、失业、国民教育等对犯罪率的影响进行考察,从中总结出一些经验事实,并针对中国的国情背景做出一些理论解释。

一、文献综述

在对威慑理论进行了大量研究之后,大约在 20 世纪 90 年代前后,经济学对犯罪的研究开始大量关注犯罪率的宏观决定因素,特别是各种经济社会因素对犯罪率的影响。他们广泛地考察了收入分配不平等、失业、劳动力市场环境、教育水准等对犯罪率的影响。

收入分配不平等与犯罪。社会学的紧张理论认为,社会收入分配的不平等容易造成社会紧张,穷人产生严重的挫败感,对社会产生不满,地位的不公平感导致穷人可能通过犯罪来提高自身满足度,由此可能引致低地位的人犯罪。从经济学视角看,穷人犯罪的机会成本低,而同时由于收入分配的不平等,富人的财富给穷人创造了非常多的机会,如果穷人将时间更多地配置在非法活动上,其收益可能会更高，因此，收入分配的不平等鼓励了穷人从事更多的犯罪活动（凯利，2000）。在经济学上，佛莱雪（1966）首次研究了收入不平等与越轨行为的关系，并发现收入分配不平等对犯罪产生了重要的影响。之后大量的实证研究也都支持收入分配不平等将导致犯罪增加的观点（欧利希，1973；法尼柏，莱德曼和卢互伊扎，1998；伊默霍格鲁，梅洛和鲁伯特，2006），而且，收入分配的不平等既可能导致财产犯罪的上升（周薇和马登，1998；伊默霍格鲁，梅洛和鲁伯特，2004），也可能导致暴力犯罪的上升（河内，肯尼迪和威尔金森，1999；凯利，2000；法尼柏，莱德曼和卢互伊扎，2002；梅斯纳尔，拉法罗维奇和施罗克，2002）。不过，结论也并非完全一致，有研究就发现收入不平等对犯罪并未产生显著的影响（道尔，艾哈迈德和霍尔，1999；诺伊迈耶，2003，2005）。

国民教育与犯罪。提高国民教育水平通常能够提升人们的人力资本，使得他们收入增加，也更少失业，由此提高了他们犯罪的机会成本，从而减少犯罪；受过越高教育的人可能过着更为体面的生活，如果他们受到刑事惩罚，则会对他们的名誉、地位、心理等造成更大的伤害，进一步抑制这些受到高教育的人犯罪；教育也可能使人变得更文明，改变他们的偏好，减少犯罪（洛克纳和莫雷蒂，2004）。许多实证研究也都发现，学校教育可以显著的减少犯罪率（怀特和托森，1994；王，1995；洛克纳和莫雷蒂，2004）。不过，不同类型的犯罪受教育水准的影响也是不一样的，实证研究发现，街头犯罪一般受其影响较大，而白领犯罪则不明显（洛克纳，2004），也有研究发现，教育（用成人的平均年限代表）对暴力犯罪没有显著的、一致的影响（法尼柏，莱德曼和卢互伊扎，2002）。

失业、劳动力市场环境与犯罪。失业和劳动力市场环境密切相关，失业率就常常作为衡量劳动力市场环境好坏的指标之一。失业率低表明劳动力市场提供的合法劳动机会多。除失业率之外，工资水平也是反映劳动力市场环境的指标。这二者都可能对犯罪率产生显著影响。失业率越高，导致失业人口收入减少，犯罪机会成本下降，尤其可能引发更多的财产犯罪；失业也可能引起一些心理方面的问题，诱发犯罪。劳动力市场提供的合法劳动机会越多，工资水平越高，则犯罪的机会成本越大，有利于减少犯罪。许多实证研究都发现，失业确实对犯罪产生了显著的影响（王，1995；弗里曼，1996；拉斐尔和温特恩默，2001）。不过，在一项对德国的研究中却发现，失业对犯罪率的影响是模糊的（安特弗和斯彭格勒，2000），甚至还有研究发现失业和犯罪呈负相关关系（肯尼迪，西尔弗曼，1991）。对劳动力市场环境和犯罪率之间的关系也有大量的实证研究，他们的结论也大都表明，更多的合法劳动机会和更高的工资水平能够有效地减少犯罪（迈尔斯，1983；怀特和托森，1994；道尔，艾哈迈德和霍尔，1999；库德，温伯格和默斯塔，2002）。不过，也有研究认为劳动力市场的工资水平对犯罪的威慑效应虽然存在，但是比较微弱（维特，1980）。

除了以上被关注最多的因素外，贫困、城市化、人口结构等都可能对犯罪率产生影响。贫困人口犯罪的机会成本更小，犯罪倾向更高，尤其和收入不平等并存的贫困人口更容易实施犯罪，实证研究也发现，贫困不仅可能导致财产犯罪上升（豪森和扎弗尔，1987；凯利，2000），也可能影响暴力犯罪（科尔曼和摩卡奴，2000；法尼柏，莱德曼和卢互伊扎，2002）。经济发展常常伴随着城市化现象，在城市中常常有更多的犯罪机会，而且犯罪有着更高的预期收益，由此吸引了更多的人到城市犯罪，实证研究也证实了这种状况的存在（格莱赛和萨克多特，1999；安特弗和斯彭格勒，2000）。在许多国家，青少年犯罪常常是整个犯罪的重要组成部分，年轻人有更充沛的体力，更充裕的时间，更小的机会成本，更可能受到同伴的不良影响，因而以年轻人占总人口比例表示的人口结构会对犯罪率产生重要影响，实证研究也证实了这一点（格罗格，1998；道尔，艾哈迈德和霍尔，1999；安特弗和斯彭格勒，2000），也有些研究关注了性别比率对犯罪的影响（梅斯纳尔和桑普森，1991），还有研究也考虑过比如少数民族比重和黑人比重对犯罪的影响。另外在对美国的犯罪率研究中，一个有新意的观点是，有研究者认为美国70年代的堕胎合法化对犯罪率产生了重要影响（多诺霍和莱维特，2001）。

在国内，犯罪经济学方面的研究文献还很少，经验研究更不多见。胡联合等2005年用一元线性回归模型研究了贫富差距对犯罪的影响，认为贫富差距对于犯罪总的来说有显著影响。谢旻荻等则通过2004年省级横截面数据研究了GDP、地区差异等对于犯罪的影响，结果显示经济发展水平、贫富差距、开放程度都对犯罪率有明显影响（谢旻荻等，2006）。但是这些研究要么考虑因素单一，要么只分析了某一年的犯罪状况。

二、模型与变量描述

（一）模型设定

从前面的综述中可以看出，犯罪经济学对犯罪的实证研究中关注的因素还是比较广泛的，我们也还可以继续列举一些可能的影响因素。不过，在现有的文献中，任何一项研究都没有也不可能把所有影响犯罪的各种因素都纳入实证模型之中，不同的研究往往都结合其关注点和研究对象的不同选取不同的解释变量。就已有研究而言，对收入不平等和失业的关注是最多的。本节的研究借鉴已有实证文献，将主要选取被广泛关注的一些因素来进行研究，尤其是关注了收入不平等对犯罪的影响。跟大多数的文献一样，我们还将失业和教育这两个因素也加以考虑。由于受到数据的限制，某些因素则被排除在外了，比如人口结构。不过，城市人口比重我们是考虑过的，这个指标既反映了一定的人口结构信息，也反映了中国的现代化进程。另外我们还考虑了贫困，这也是文献有过许多研究的。为更好地考察收入分配不平等对犯罪率的影响，对于收入分配我们共选取了全国基尼系数、城镇基尼系数、农村基尼系数和城乡收入差距四个指标进行衡量，交替置于模型中，因此共有四个不同的模型，在对所有变量取对数后，四个模型形式如下：

$$\ln crime_t = a_0 + \beta_1 \ln ngini_t + \beta_2 \ln czssxl_t + \beta_3 \ln em_t + \beta_4 \ln urban_t + \beta_5 \ln poor_t + \varepsilon_t \tag{11.2.1}$$

$$\ln crime_t = a_0 + \beta_1 \ln urgini_t + \beta_2 \ln czssxl_t + \beta_3 \ln em_t + \beta_4 \ln urban_t + \beta_5 \ln poor_t + \varepsilon_t \tag{11.2.2}$$

$$\ln crime_t = a_0 + \beta_1 \ln rgini_t + \beta_2 \ln czssxl_t + \beta_3 \ln em_t + \beta_4 \ln urban_t + \beta_5 \ln poor_t + \varepsilon_t \tag{11.2.3}$$

$$\ln crime_t = a_0 + \beta_1 \ln gap_t + \beta_2 \ln czssxl_t + \beta_3 \ln em_t + \beta_4 \ln urban_t + \beta_5 \ln poor_t + \varepsilon_t \tag{11.2.4}$$

其中 t 表示年份（1978～2005年），$crime$ 表示犯罪率，$ngini$ 表示全国基尼系数，$rgini$ 表示农村基尼系数，$urgini$ 表示城镇基尼系数，gap 表示城乡收入差距，$czssxl$ 表示初中生升学率，em 表示失业率，$urban$ 表示城市化，$poor$ 表示农村绝对贫困人口占总人口比重。

（二）变量及其描述

1. 犯罪率。犯罪率一般用每十万人口的犯罪数量表示。根据我国的刑事司法体制，刑事犯罪立案总数应为公安机关刑事案件立案数和人民检察院自侦案件立案数之和，本节亦以此数据为犯罪总量数据，然后用犯罪总量数据除以人口数，得到每十万人口的犯罪数，即犯罪率。相关刑事犯罪立案数据[1]和人口的原始数据来自《中国法律年鉴》、《中国统计年鉴》各期和《中国预防犯罪通鉴》。

我国自1978年改革开放以来，犯罪率大幅增长。1978年全国刑事犯罪总数为53万多起，犯罪率约每十万人56起，到1990年犯罪率突破每十万人200起，2001年犯罪率突破了300起，而到2005年，犯罪率约为1978年的七倍，达到每十万人358起。犯罪总量从1978年的五十多万起到1990年突破了二百万大关，而2001年更突破四百万起，2005年犯罪总数为四百六十八万多起，是1978年

---

[1] 我们对1986～1988年的犯罪立案总量数据进行了相关调整，调整理由和调整方法请参见附录。

犯罪总数的 8.7 倍。犯罪总量在 28 年间年均增长约 8.4%，而犯罪率在此间年均增长了约 7.1%。表 11 - 8 是我国 1978 年以来的犯罪率，图 11 - 5 是我国 1978 年以来犯罪率的变化轨迹，从中可以看出，我国的犯罪率（crime）在 20 世纪 80 年代前期曾有过下降，并在 1984 年达致改革开放以来的最低点，此后在 20 世纪 80 年代后期迅速增长，并在 90 年代初形成一个高峰，90 年代前期犯罪率相对比较平稳，变化幅度很小，但是后期则又经历了一次急剧的增长，犯罪率开始进入又一个高位并相对保持平稳，到 2001 年之后犯罪率的波动幅度都不是很大。

表 11 - 8　　　　　　　　中国 1978 年以来的犯罪率

年份	犯罪率	年份	犯罪率	年份	犯罪率
1978	55.65	1988	147.77	1998	162.00
1979	65.30	1989	183.19	1999	181.87
1980	91.02	1990	201.66	2000	290.54
1981	90.54	1991	211.64	2001	352.81
1982	76.54	1992	141.78	2002	340.98
1983	64.26	1993	142.58	2003	343.07
1984	53.78	1994	145.07	2004	365.87
1985	55.78	1995	146.47	2005	358.18
1986	102.67	1996	137.52		
1987	104.57	1997	136.23		

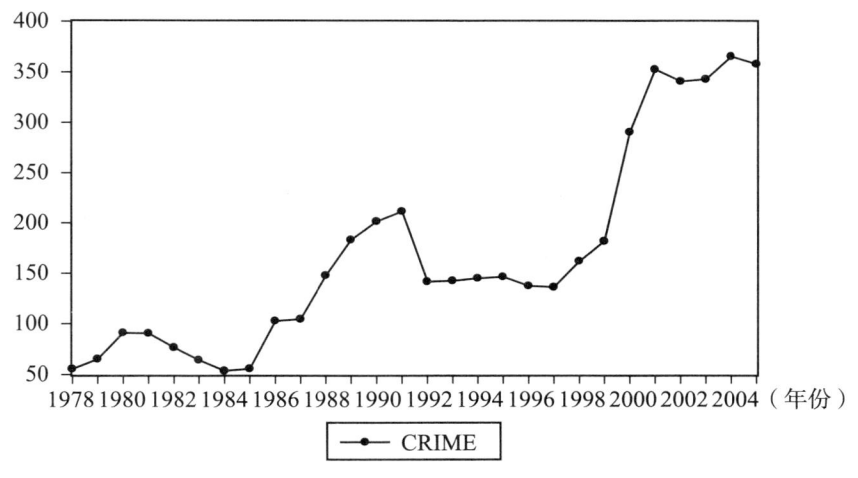

图 11 - 5　1978 ~ 2005 年中国的犯罪率变化轨迹

2. 收入分配。一般衡量收入分配差距的指标为基尼系数，我们也主要采用该指标。不平等引起的犯罪更主要的是当事人通过和周围的人相比较而感受到不平等，鉴于中国的城乡二元结构状况，因此我们注意区分了农村内部的收入不平等和城市内部的收入分配不平等，同时我们也考虑了城乡收入差距以及全国的基尼系数。城乡收入差距用城镇居民家庭人均可支配收入与农村居民家庭人均纯收入之比来代表，其他则用基尼系数代表。城镇和农村居民人均收入原始数据来自《中国统计年鉴》2001年和2006年。农村内部基尼数据为中国统计局农调对数据，城市基尼数据为城调对数据，由于没有官方公布的全国基尼系数，本节采用城乡加权法自行计算①。

中国在改革开放之初收入差距并不大，但是此后收入差距迅速拉大，表现在全国基尼系数（ngini）、城镇内部基尼系数（urgini）和农村内部基尼系数（rgini）以及城乡收入之比都大幅攀升。进入21世纪以来，全国基尼系数在2000年突破0.4，城镇内部基尼系数超过0.3，农村内部基尼系数更在2005年达到了0.37，而城乡收入之比超过了3.2。从图11-6可以看出，三种基尼系数都一直是在小幅波动中呈稳步上升的态势。

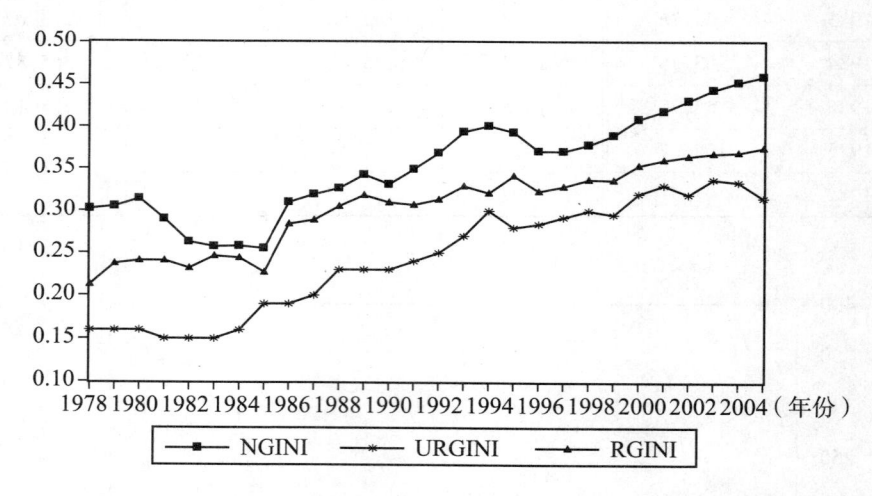

图11-6　1978~2005年全国、农村和城镇基尼系数变化轨迹

3. 教育水准。衡量一国总体教育水准的指标并不单一。受于资料限制，没有找到全国人口中受到高等教育或中等教育人口比例的时间序列数据，只好选择初中生升学率作为衡量的指标。但实际上，我们认为这个指标恰恰可以比较好地用来衡量教育状况对犯罪的影响。首先，中国受过高等教育的人口比例毕竟不

---

① 三种基尼系数的详细来源和计算方法请参见附录。

高，因而利用该指标就可能反而无法很好地反映出教育对犯罪可能的影响，而初中生升学率则能够更好地反映中国的基本教育状况，对于中国目前国情而言，至少在研究犯罪中，可能初中生升学率甚至更适合用来衡量整体国民教育水准。其次，它还很好地反映了青少年学校教育的良好程度，而青少年犯罪历来占我国犯罪总量的相当比例（人民法院近些年来审理的青少年罪犯一直占到刑事罪犯的30%以上，有时候甚至接近40%），许多实证研究也都发现，学校教育显著地影响了犯罪率（Wite and Tauchen, 1994; Lochner and Moretti, 2004），如果初中毕业之后不升入高中，那么这些人年龄小、收入低或没收入、没工作或者工作不稳定，犯罪的机会成本很小，而且心智不够成熟容易受到各种犯罪的诱惑，这些人空闲时间多容易受到社会不良影响，从而导致犯罪增多，所以初中生升学率越高越有利于减少青少年犯罪进而减少总犯罪。因而，在我国选取初中生升学率应该能够较好地反映出教育对犯罪的影响。初中生升学率1998年之前数据来自《新中国五十年统计资料汇编》，1999年之后数据来自《中国统计年鉴》2000年及之后各期。

我国的教育事业在改革后得到了长足发展，初中生升学率大幅提高。初中生升学率在1978年仅仅大约40%，而到2005年则已经接近70%，而且这些年来一直都保持着上升趋势。

4. 城市化。 一般衡量城市化的指标是城市人口占总人口的比重，本节也遵循这一惯例。而且这个指标也很好地代表了中国社会朝向现代化迈进的过程和整个社会转型的过程。城市人口比重数据来自《中国统计年鉴》和《新中国五十年统计资料汇编》。

伴随着中国社会的现代化进程和工业化步伐，城市化程度在20多年时间里大幅提高。城市人口占总人口比重在1978年约为18%，到2005年则已达到了约43%，增长了两倍多，这种增长势头也仍在继续中。

5. 失业率。 官方只公布了城镇登记失业率，当然这肯定无法完全真实地衡量我国的失业状况，但无其他更好替代数据的情况下我们只好选择该指标作为失业率的度量。数据来自《中国财政年鉴》和《中国统计年鉴》。该数据显示，中国已经经历了多年的失业率上升。

6. 贫困。 无论农村还是城市的贫困人口都会对犯罪率产生影响，但由于没有官方关于城市贫困人口的统计数据，我们采用农村绝对贫困人口占总人口的比重作为贫困的度量指标，原始数据来自《中国农村住户调查年鉴》2006年。

中国这些年来的经济发展为消除贫困奠定了良好的基础，也取得了许多成就。就农村而言，2005年中国农村绝对贫困人口总量有2 365万多人，但这相对于改革开放之初2亿5 000万的规模无疑是大大减少了。

三、实证结果及其理论机制

(一) 协整检验

本节模型所采用的数据为时间序列数据,利用时间序列数据建模要求所有数据都是平稳的或者不平稳的数据之间是协整的,否则可能导致伪回归。因此首先要对各变量进行平稳性检验,如果是不平稳的,则再进行协整检验。本节所有数据的时间跨度均为 1978～2005 年,各变量都取对数,所有计量分析均使用 Eviews5.0 实现。

1. 数据的平稳性检验。采用常用的 ADF 方法来对序列进行单位根检验。首先对各变量的水平值进行检验,所有变量都无法通过 1% 显著性水平下的单位根检验,皆为不平稳变量。因此,我们再对它们的一阶差分进行单位根检验,ADF 检验时的滞后阶数都按照 AIC 准则选取。检验结果表明,城镇基尼系数(lnurgini)的一阶差分在接近 5% 的显著性水平下平稳,其余变量的一阶差分均在 1% 显著性水平下平稳。

2. 协整检验。虽然变量不是水平平稳的,但是变量之间的线性组合却可能是平稳的,从而构成协整关系,使模型的估计能够避免伪回归。由于模型中的变量都是一阶单整,因此需要进行协整检验,我们采用 Engle-Granger 两步法来进行。

首先对前述的四个模型用 OLS 进行估计,然后对模型的残差序列进行 ADF 检验。检验形式均不含有截距项和趋势项,滞后阶数按照 AIC 准则选取,四个方程残差的单位根检验结果如表 11-9。结果表明,四个方程的残差都在 1% 显著性水平下水平平稳。因此,四个方程各自的变量均具有协整关系。

表 11-9　　　　　四个方程残差的单位根检验

残差	t-Statistic	Prob.	残差	t-Statistic	Prob.
方程一残差	-3.4226	0.0016	方程三残差	-3.8402	0.0004
方程二残差	-3.8431	0.0004	方程四残差	-3.7160	0.0006

(二) 回归结果

采用 OLS 对上面的四个方程进行估计,四个方程的拟合效果都很好,调整的 R^2 均达到 0.87 以上,四个方程的 F 统计量十分显著,收入分配不平等、教育、城市化等变量的 t 值均十分显著，说明用收入分配、教育、城市化以及失业和贫困这些宏观经济因素能够很好地解释中国 1978 年以来的犯罪率。四个模型通过拉格朗日乘数检验（L－M 检验）发现，四个方程都不存在自相关问题。方程的回归结果见表 11－10。

表 11－10　　　　　　　　　四个方程的回归结果

解释变量	被解释变量	犯罪率（crime）			
		方程一	方程二	方程三	方程四
收入不平等	全国基尼系数（ngini）	1.7716*** （3.30）			
	城镇基尼系数（urgini）		1.0216** （2.36）		
	农村基尼系数（rgini）			2.2692*** （3.81）	
	城乡收入差距（gap）				1.4813** （2.50）
初中生升学率（czssxl）		－1.9601*** （－3.49）	－2.1541*** （－3.40）	－1.4164*** （－2.63）	－2.1093*** （－3.41）
城镇登记失业率（em）		0.4276** （2.28）	0.7570*** （3.94）	0.6587*** （4.02）	0.3023 （1.27）
城市化（urban）		5.1104*** （3.42）	6.3276*** （4.02）	4.2176*** （2.85）	5.5334*** （3.47）
农村贫困人口比例（poor）		0.8767** （2.23）	1.2362*** （2.81）	0.8364** （2.24）	0.8558** （2.02）
Adjusted R^2		0.8930	0.8723	0.9037	0.8754
D-W stat		1.4178	1.4400	1.4464	1.3611
F-statistic		46.0594 （0.00）	37.8825 （0.00）	51.6584 （0.00）	38.9479 （0.00）

注：***、**、* 分别表示在 1%、5% 和 10% 的显著性水平下显著；解释变量后括号中数字为 t 值，F-statistic 后括号中的数字为 P 值。

（三）回归结果及其理论机制

我们的模型表明，收入不平等是影响犯罪率非常重要的因素。无论全国基尼系数，还是城镇、农村基尼系数的提高以及城乡收入差距的扩大，都会对犯罪率产生正且非常显著的影响，提高犯罪率。而且可以看到，除城镇基尼系数外，全国基尼系数、农村基尼系数以及城乡收入差距的弹性系数都较大。以全国基尼系数为例，如果全国基尼系数提高1%，则犯罪率将在此基础上提高1.7716%，犯罪率我们以2005年每十万人约350起计算，那么犯罪率将因此提高6.2006起，以全国13亿人口计算，这意味着全国总共将增加大约80 600多起犯罪。我国2005年的基尼系数是0.4591，意味着基尼系数只需要增加0.004591就会导致犯罪增加如此之多。这些犯罪本身就会给整个社会带来巨大危害，还会有部分犯罪有直接的受害者，而整个社会还得支付大量成本来处理这些犯罪，所有这些对社会来说显然将是一个巨大的开支。

中国的收入差距扩大为什么会增加犯罪？首先，改革开放以来的繁荣成果在社会成员和社会各阶层中是不公平地加以分配的，许多弱势群体没有分享或只是分享了很少的成果，这种收入分配的不公平必然会引起许多社会成员的不满，使他们产生巨大的相对剥夺感。整个中国社会在改革开放以来开始逐步地树立起追求财富的价值目标，社会虽然也确实给部分人提供了很好的致富机遇，但是毕竟由于中国人口众多，人均财富水平还很低，社会所能提供的致富机会是非常有限的，社会无法让大部分人都能够通过社会所认可的方式来取得这种成功，因而必然地造成默顿（Merton）所指出的那种在文化和社会结构之间产生的社会紧张，也就是他所称的社会失范。社会失范所造成的紧张会导致人们采取各种方式去追求财富成功，尤其感受到这种相对剥夺感和紧张的可能更多的底层民众，由于他们获得成功的途径太少，使得他们很可能感到悲哀、不满、不公正乃至于是愤怒、焦躁、对抗、逆反等情绪。而在中国，不仅是底层的民众会感受到紧张，其他阶层的人也会感受到社会的分配不公并产生一种相对剥夺感。在一个专门的民众相对剥夺感调查中就发现，尽管不同的阶层相对剥夺感的强弱是不一样的，但总体来说，被访对象普遍对社会生活的一般公平与公正状况感到极为不满意，总不满意率达到59%，对社会分配状况的不满意评价平均达到68.1%，而且被访者最为关注的便是经济收入，在与他人进行比较时，一部分人产生了较强烈的相对剥夺感（邓东蕙，黄菡，1999）。另外一项专门针对城市居民的调查也发现，整体上来说人们是存在很强的相对剥夺感的，而且相对剥夺感的强弱与被访者的社会地位、经济收入存在较强的负相关关系（郭星华，2001）。这些调查结果表明，在目前转型中的中国，不仅底层民众可能更多地产生紧张和被剥夺感，其他阶层的民众也普遍都感受到了一种被剥夺感，这种相对剥夺感使得他们在内心里面觉得不满，并有可能造成他们在行为方式和对社会的看法上发生改变，有的可能通过犯罪来发泄这种相对剥夺感和不满。而且正是由于普遍地感受到相对剥夺感，这就很容易造成整个社会的犯罪增多、犯罪率增加。

其次，与收入分配差距拉大相伴随的是，部分高收入阶层的财富和收入来源的正当性受到质疑。有调查就显示，大约60%的被访者认为，是通过正当途径致富的富人不太多或者几乎没有（张小虎，2002，第 102 页）。这种对富人收入正当性的质疑使得许多犯罪人在犯罪尤其是进行各种财产犯罪时的心理负担大大减少甚至消失，由此而为这些犯罪行为确立了一种心理上的正当性，而当这种认为通过犯罪占有财富是正当的犯罪亚文化在社会上传播和蔓延时，必然带来整个社会犯罪的增长。这些推断，在一些专门对监狱罪犯的调查中也得到了佐证。调查显示，这些罪犯对社会改革本身是具有较高的认同度的，但是对财富、社会福利、工作成就等方面表现出较大的不满；而与此相对应的是，不仅罪犯表现出这种不满，有调查发现普通公众对于贫富差距和社会风气也有着强烈的不满（张小虎，2002）。这些不满情绪的一部分最终通过犯罪而释放出来。

再次，收入分配的不公在转型期造成了许多社会矛盾，如果这些矛盾有适当的解决途径则对社会造成的危害会相对更小，但是很可惜的是，我们恰恰缺乏合法的、制度化的疏导和消解机制来化解这些矛盾，尤其是底层民众，他们非常缺乏适当的途径来表达和释放自己的不满情绪，缺乏有效的合法途径来争取和维护自身的利益，他们缺乏话语权、缺乏对抗的力量，在强势阶层面前，他们显得非常无奈和无助，这就使得本来就激烈的矛盾更加的激化。如果这种矛盾无法通过合法的、国家所认可的途径得到解决，虽然有些矛盾会在这些弱势群体的沉默和忍受中被暂时掩盖了，但社会层面所积累的矛盾到一定程度总是会通过各种方式释放出来。有些矛盾虽然沉寂了，但有些矛盾通过积累则爆发了，而且由于没有有效的合法解决途径，就更多的是通过非法的或者非正规的途径得到释放，这必然造成犯罪的增多。

模型还发现，初中生升学率对犯罪产生了重要的影响并呈负相关关系，提高初中生升学率能够有效的减少犯罪，且弹性系数很大。仍然以 2005 年约 350 起犯罪率为例，初中生升学率提高 1%，犯罪率会减少 1.9601%（以方程一为例），则犯罪率能够减少 6.8604 起，以全国 13 亿人口计算，这意味着全国总共将减少约 89 000 多起犯罪，这个数字甚至超过了全国基尼系数提高百分之一所带来的负面影响。2005 年我国的初中生升学率是 69.7%，这意味着如果初中生升学率仅仅增加 0.00697%，就可以减少如此多的犯罪，当是一个非常有效率地减少犯罪的措施。国民教育与犯罪的关系相对而言在文献中是研究少一点的。就一般而言，国民教育水准的提高当对抑制犯罪产生积极作用。对个人来说，所受教育越高，人力资本的积累也越多，他们通常更容易找到好的工作，收入也更高，尤其在中国，高学历者更容易得到一个稳定而体面的工作，社会为他们提供了更多的合法机会去追求成功，因而他们的犯罪倾向通常会相对更低；也正是由于高学历者能够更容易找到一份比较好的工作，所以他们能够从合法劳动中获得相对较高的收入，工作本身也会使得他们把时间配置在合法劳动上，而且他们在中国社会中也更不容易失业，从而更加减少了犯罪的可能；对于高学历者而言，如果因为犯罪而受到监禁，由于他们的时间价值很高，所以监禁对于他们来说会带来很大的成本，而且一旦犯罪受到惩罚他们就不仅要遭受收入方面的损失，还会面临失去他们原有的地位和稳定工作的巨大风险，他们的名誉也会因此遭遇巨大贬值，心理方面也要承受许多的压力和不快，所有这些都会进一步抑制他们进行犯罪。相反，那些未受过什么教育的人通常更不容易找到好工作，收入更低，社会地位不高，犯罪的机会成本要小得多，容易进行犯罪活动。所以国民教育水平的高低会对犯罪率产生重要影响。其实，长期以来，我国的刑事犯罪中较低文化程度的人一直就占着的很高的比例。据《中国现阶段犯罪问题研究》课题组的一个调查显示，在被调查的杀人、伤害、抢劫、强奸、盗窃和诈骗六种犯罪中，尽管不同犯罪中各个文化程度所占比例有所差异，但初中及初中以下文化程度者始终占据多数（周长康等，2006，第123页）。对浙江省刑事案件作案成员文化结构的统计也表明，近些年来初中及初中以下文化程度的作案人员比重一直在90%以上（周长康等，2006，第125页）。与此同时，中国的青少年犯罪历来在总犯罪中占有比较高的比重，在80年代，青少年犯罪比重一度在70%以上，近些年来则一直保持在30%以上。这些都表明，初中生升学率和国民教育水准与中国的犯罪率有着密切的关系。

  模型证实，中国的城市化进程大大提高了中国的犯罪率，这与对其他国家犯罪率进行研究的相关文献所得出的结论是一致的（Glaeser and Sacerdote, 1999; Entorf and Spengler, 2000）。而且模型还显示，城市化带来犯罪率提高的弹性系数是非常高的。这诚如谢利（Louise Shelley）所言，"若干世纪以来城市一直就是犯罪的堡垒"（中译本2002，第37页）。首先，城市经济发达，城市中充满着许多的犯罪诱惑，从而给犯罪创造了更多的机会，而城市人口流动的加快则减少了犯罪者被逮捕和惩罚的几率，促进犯罪率的上升。其次，城市中的居民之间不像乡土社会那样能够通过信誉机制形成一个相互了解的整体，中国传统的非正式控制机制（如各种风俗习惯、道德以及个人的信誉）因此被削弱，这为犯罪者提供了一个较为隐秘的空间。现实生活中许多人在一个熟人社会中从来不会进行任何犯罪行为甚至各种越轨行为都不会有，但在陌生人社会中他或许就会从事一些非法活动。再次，中国的城市化过程吸引了众多的流动人口，这些进城的流动人口大多不具有较高的文化知识，在城市中从事体力繁重而又收益率相对低的工作，他们会明显地感受到城市人口和农村人口的差距，而这些差距有些可能是比较公平的，有些则是非常不公平的，在城市所感受到的这些差距必然会对他们的行为和心理产生影响，某些人感受到巨大的不公和被剥夺感，到城市后的这些变化都极易引起犯罪。不仅如此，在中国，流动人口在城市某些时候是受到各种歧视的，甚至是直接遭受到某些利益被侵害的现象（如工资被拖欠、人身自由遭到不正当限制等），但这种时候这些流动人口由于处于社会底层，通常不具备足够的财力、知识、关系网络和话语权来对抗这些歧视甚至非法侵犯，由于多方面的约束，加上正式的各种抗争途径往往是费时耗力的（如司法救济），使得他们对这些问题往往采取逃避或者忍让的方式进行处理，长期如此必然积累怨恨，对心理产生影响，其发泄途径和报复手段就很可能是犯罪。而且，正是由于他们受到城市的各种歧视、不公正待遇甚至故意的各种侵犯，他们在心里面对自己用暴力或者犯罪的方式进行抗争就逐步地建立起了正当性，而且这种正当性还会通过他们之间的交往而传播，这样使得他们可能从最开始的自发的犯罪式对抗走向有意识的犯罪报复。一些调查就显示，流动人口历来是我国目前犯罪率较高的群体，比如，在北京，抓获的犯罪嫌疑人中，流动人口所占比例在90年代就已经在50%以上，2005年为61%（王大中等，2007），而在广州流动人口犯罪所占比重就更大，2001~2004年，流动人口犯罪占刑事案件总数一直都在80%以上（丛梅，2007）。最后，中国城市化进程还反映了整个社会朝向现代化迈进的过程，同时也反映了整个社会的转型过程。现代化过程带来了观念的改变，旧有的观念和价值体系被打破，但新的观念和价值体系又尚未良好地建立起来，社会失范现象发生；现代化过程还可能伴随着各个阶层的分化和利益冲突，矛盾激化。因此，尤其在完成现代化之前，犯罪几乎必然随着现代化过程的进行而增长，谢利对现代化与犯罪的研究也证实了这点（中译本2002，第200页）。

失业也对犯罪率产生了一定的影响，它的弹性系数要大大小于前三者的弹性系数，这可能是由于我们衡量失业所采用的指标（城镇登记失业率）低估了中国真实的失业率所造成。不过我们也因此可以确认，城镇失业人口的增加会带来犯罪的增加。在中国，社会保障和失业保障体系都还没有完善地建立起来（或者即使建立起来但仍然其实无法真正比较好的保障失业者的基本生活），城市失业者无法获得良好的保障，这会使得他们必须想尽一切办法来保证自己的基本生活，有时候他们可能就会最终选择比如偷盗、抢劫或其他非法犯罪活动。而且，在城市中富裕阶层和失业者的对比会更加的强烈，失业者见到城市中的这些现象会很容易使得他们产生很大的相对剥夺感，由于城市又为他们提供了很多犯罪机会，而他们又无法获得比较足够的合法收入，因此对他们来说，可能把更多的时间配置到非法活动中来将是一个明智同时也是无奈的选择。其实，城市失业者大多可能属于没有什么高技能、在合法就业市场上竞争力比较弱的人，因而他们的合法机会（收入）和非法机会（收入）的对比是更强烈的，这对他们犯罪形成了一种拉力（吸引力），而他们同时也有生活的压力，他们同样需要养家糊口，这就形成了犯罪的推力，双重力量之下，很容易导致他们走向犯罪。公安部在

80年代末的一个调查就显示，社会闲散人员占到刑事案件作案成员的10%~20%（周长康等，2006，第109页）。而浙江省的统计资料也显示，近些年来闲散人员犯罪占浙江总犯罪的比重一直都在20%以上，而20世纪80、90年代时闲散人员犯罪所占比例只有百分之十几（周长康等，2006，第113页），这说明这些年来闲散人员犯罪的比例在浙江是上升的。这些数据也提醒我们，失业人口增多会恶化中国的犯罪形势。

农村贫困人口所占比重也对犯罪率产生了影响，虽然它对犯罪率的影响不如前面的因素那么重要而明显，但如果统计指标能够同时包含了农村贫困和城市贫困人口，贫困对犯罪的影响可能会更大。就一般看法而言，都认为相对贫困（即收入差距）比绝对贫困更容易导致犯罪。在实证研究方面也确实存在更多的证据支持相对贫困比绝对贫困更加可能带来犯罪增多。我们的研究其实也基本上是支持这一点的。不过由于我们贫困只是包含了农村贫困的信息，所以在中国贫困对犯罪的影响力度还是需要进一步研究的。但仍然可以肯定的是，仅仅绝对贫困也完全可能导致犯罪增多，尤其是在人口流动的情况下。目前中国的人口流动非常频繁，低收入群体涌入城市之后会面临着很多的犯罪诱惑，有比原来多得多的犯罪机会，而且在城市中他们会切身感受到社会的分配不公，产生相对剥夺感，犯罪倾向加大，因而，在人口流动越来越快的当今中国，无论城市还是农村贫困人口的存在都是增加犯罪率的隐患。无论如何，在中国城乡人口流动加剧的背景下，农村贫困无疑构成了一个不稳定的因素，容易引起更多的犯罪。

四、结论及政策含义

通过对中国1978~2005年犯罪率的实证研究我们发现，改革开放以来的宏观经济因素确实对中国的犯罪率产生了重要影响，收入差距、教育、失业等宏观经济因素能够比较好地解释中国1978年以来的犯罪率。实证研究结果表明，无论全国范围内的收入不平等还是城市内部以及农村内部的收入不平等都对犯罪率产生了非常显著的影响，城乡收入差距的拉大也显著地影响了犯罪率，由于我们采用了四个指标来衡量收入不平等，它们在模型中都非常显著，因而可以认为这是本节最为稳健的结论。国民教育对中国的犯罪率同样产生了非常显著的影响，不过仅仅采用了初中生升学率这一指标，尽管它在中国的国情下应该是一个能够较好地反映教育对犯罪影响的指标，不过关于教育对犯罪的影响仍然还是有待进一步深化的，尤其是需要利用微观数据来检验教育对犯罪行为的影响。中国的城市化进程对犯罪率的影响非常显著，而且系数很大，由于中国的城市化其实还反映了整个社会朝向现代化的迈进，这个实证结论不仅和我们的直觉相符合，也和大多数其他国家现代化与犯罪的历史经验（谢利，中译本，2002）相符合。失业率的增加会增加犯罪率，贫困也对犯罪率也产生了影响，不过，这两个指标的数据质量显然是不高的，城镇失业率在学界基本是公认的无法精确地衡量中国的失业状况，而农村贫困人口则没有包含城市贫困的信息，所以，对于中国的失业状况和贫困状况对犯罪的影响还显然有待继续研究。

在讨论本节的政策含义之前，关于城市化与犯罪率上升这一点则是需要特别说明的。本节的结论和一些对其他国家犯罪率研究的文献相同（Glaeser and Sacerdote, 1999；Entorf and Spengler, 2000），发现城市化影响了犯罪率。但是，我们很难由此而认为应当减缓甚至人为限制中国的城市化进程以减少犯罪率。首先，对于中国而言，虽然我们可以认为城市化本身就会带来犯罪的上升，但是中国的城市化进程更是中国现代化进程和转型过程的深刻体现，而这会带来犯罪的大量增长。实际上，就世界各国的经验而言，无论发达国家还是发展中国家在以城市化和工业化为标志的现代化过程中都带来了犯罪的增长（谢利，中译本，2002）。因而，我们模型中城市化较大的弹性系数可能就并非仅仅是城市化本身所能带来的，而更是由于它代表了中国现代化初期阶段和转型过程对犯罪率提升的巨大作用力。其次，城市化是现代化的结果和必然，而犯罪也是现代化过程尤其是现代化初期所带来的成本之一，要实现国家的现代化必须付出相应的代价，而犯罪则可以说是中国现代化和社会转型的一个代价。其实，现代化的这种代价并非是中国独有的，对全球众多类型国家现代化过程的考察就揭示了，犯罪的上升是世界各国在实现现代化过程中都面临的最明显和最重要的代价之一（谢利，中译本，2002，第200页）。而实现国家的现代化可以说是一种必然和不可阻挡的趋势，由此城市化将是一种必然。因此，我们不可能仅仅为了降低犯罪率而人为压制甚至降低城市化水平，而强行降低城市化水平、阻碍现代化进程以降低犯罪率，反而将会是因小失大、得不偿失的。最后，虽然以城市化为标志的现代化在初期会带来犯罪的增长，但是，随着现代化的完成和社会的稳定，犯罪率的持续高速增长会得到减缓。世界上其他国家的经验表明，社会发展进程的成熟会带来犯罪率的稳定，大多数发达国家的犯罪率增长就低于发展中国家（谢利，中译本，2002，第203页）。因而，对中国而言，我们不是要减缓城市化和现代化进程，而是反而要使得我国现代化进程尽早实现，使得社会更加稳定和和谐，从而减缓犯罪增长甚至减少犯罪率。

如果希望采取一定的刑事政策来减少中国的犯罪率，那么前述的实证研究结果提醒了我们，从一些社会经济因素入手，采取一定的社会经济政策将会是一种良好的刑事政策。据此，本节对中国刑事政策的建议就体现在以下三个方面：

减少全国范围内、城市内部、农村内部以及城乡之间的收入差距。减少社会的收入差距是一种有效地降低犯罪率的社会政策。减少收入差距不仅具备经济学的意义，也对减少犯罪有着重要的意义，减少收入差距不仅能够通过减少犯罪为社会稳定做出贡献，也能够为社会节约应对犯罪的成本以及避免犯罪给社会带来的成本。也正因为此，改变收入差距现状不仅是平等和公平的需要，也是减少犯罪的需要。

大力提升国民教育水准。提高初中生升学率能够有效地降低犯罪率，而且提高初中生升学率甚至比减少收入分配不公对犯罪的影响更大。我国 2005 年初中生升学率接近 70%，仍有提升的空间，由于教育的弹性系数较高，因此初中生升学率提高 1% 能够从总量上减少很多犯罪，从而为社会节约很多成本，因此加大对教育尤其是中等教育的投入对减少犯罪的贡献将是显著的。加大对教育的公共投入将是一种非常好的刑事政策。

减少城镇失业，千方百计增加城市就业机会，促进失业人员再就业，能够降低犯罪。降低农村绝对贫困人口，增加贫困农民的收入，对于降低犯罪率也是有帮助的。

本 节 附 录

1. 关于犯罪总量的调整理由及具体调整方法。据《中国预防犯罪通鉴》（魏平雄等主编，人民法院出版社 1998 年版，上卷，第 170~172 页）所述，1989 年公安机关大力纠正了立案不实的现象，使得刑事立案陡增，因此我们希望对此前的立案不实部分进行调整，而立案不实现象自 20 世纪 80 年代中期便开始，由于严打效果基本持续到 1985 年，因而我们确定的调整时间段就为 1986~1988 年。

调整方法：由于 1987~1988 年都存在立案不实现象，我们假设立案不实的程度是一样的，因而利用现有数据求得的犯罪增长率还是反映了真实增长率，同理求得 1986~1987 年犯罪的真实增长率，而 1989~1990 年的犯罪增长率没有问题，然后计算公式 $growth88 * (1+x)^2 = grouth90$，其中 growth 表示犯罪增长率，growth88 表示 1987~1988 年的犯罪增长率，由此可知 1988~1989 年的真实犯罪增长率为 $growth88(1+x)$。由此可利用 1989 年犯罪总数反推 1988 年犯罪真实总数，进一步根据 1987~1988 年增长率反推 1987 年以及 1986 年的犯罪总数。计算犯罪率时人口数据利用的是当年年底人口数。

2. 城镇居民内部基尼系数。城镇居民基尼系数 1978~2001 年数据来自罗楚亮、李实、邓曲恒，2006，第 79~97 页，但其中缺乏 1979 年数据，1978 年和 1980 年基尼系数皆为 0.16，由二者平均作为 1979 年基尼系数，2002~2005 年基尼系数由作者根据国家统计局公布的城镇居民收入五等份分组采用"等分法"计算而得（具体计算公式参见陈宗胜，1991，第27～28页，收入五等份分组原始数据来源于《中华人民共和国年鉴2005》和《中国统计年鉴》）。

3. 农村居民收入基尼系数来自中国农业年鉴2005及中国农村住户调查年鉴2006。其中缺1979年数据，来自罗楚亮、李实、邓曲恒2006年文章。

4. 全国基尼系数由作者自己计算，计算采用城乡加权法（具体公式参见陈宗胜、周云波，2002，第28页），具体计算结果见表11-1。

表11-11　　　　　　　1978～2005年全国基尼系数

年份	全国基尼系数	年份	全国基尼系数	年份	全国基尼系数
1978	0.3022	1988	0.3265	1998	0.3784
1979	0.3052	1989	0.3428	1999	0.3897
1980	0.3142	1990	0.3314	2000	0.4090
1981	0.2900	1991	0.3495	2001	0.4183
1982	0.2627	1992	0.3688	2002	0.4308
1983	0.2573	1993	0.3939	2003	0.4436
1984	0.2582	1994	0.4008	2004	0.4523
1985	0.2552	1995	0.3935	2005	0.4591
1986	0.3100	1996	0.3709		
1987	0.3193	1997	0.3706		

5. 农村绝对贫困人口缺少1979年、1993年和1996年数值，均用前后两年平均补齐。

参 考 文 献

[1] Acemoglu, D., and Johnson, S., and Robinson, J., "Institutions as the Fundamental Cause of Long-Run Growth", *working paper*, 2004.

[2] Acemoglu, Daron, Simon Johnson and James A. Robinson, 2002a, "Reversal of Fortune: Geography and Institutions in the Making of the Modern World Income Distribution", *Quarterly Journal of Economics*, 118, pp. 1231 – 1294.

[3] Acemoglu, Daron, Simon Johenson and James A. Robinson, 2002b, "The Rise of Europe: Atlantic Trade, Institutional Change and Economic Growth", *NBER Working Paper* 9378.

[4] Aghion, P., "Growth and Development: A Schumpeterian Approach", *Annals of Economics & Finance*, 2004, Vol. 5, pp. 1 – 25.

[5] Alchian, Armen, A. and Demsetz, Harold, "Production, Information Costs and Economic Organization", *American Economic Review*, 1972, Vol. 62, pp. 777 – 795.

[6] Arrow, Kenneth J., "The Economic Implication of Learning By Doing", *Review of Economic Studies*, 1962, Vol. 29, pp. 155 – 173.

[7] Barro, R, J., "Government Spending in a Simple Model of Endogenous Growth", *Journal of Political Economy*, 1990, Vol. 99, pp. 103 – 125.

[8] Becker, G.. "Crime and punishment: an economic approach", *Journal of Political Economy*, 1968, 76, pp. 169 – 217.

[9] Becker, G. and Murphy, K., "The Division of Labor, Coordination Costs, and Knowledge", *The Quarterly Journal Of Economics*, 1992, 107 (4): 1137 – 1159.

[10] Bennedsen, Malchow, Vinten, "Institutions and Growth—A Literature Survey" [EB/OL]. http://www.cebr.dk/upload/rp 2005 – 01 – 002. pdf, 2005.

[11] Berle, A., JR., and G., Means, *The Modern Corporation and Private Property*, Chicago: Commerce Clearing House, 1932.

［12］Blair, Margaret M., 1995, *Ownership and Control: Rethinking Corporate Governance for the Twenty First Century*, Washington D. C.: The Brookings Institution.

［13］Blair, Margaret M., 1996, *Wealth Creation and Wealth Sharing: A Colloquium on Corporate Governance and Investments in Human Capital*, Washington D. C.: The Brookings Institution.

［14］Cass, D., "Optimum Growth in an Aggregative Model of Capital Accumulation", *Review of Economic Studies*, 1965, Vol. 32, pp. 233 – 240.

［15］Chiu, W. Henry and Madden, P., "Burglary and Income Inequality", *Journal of Public Economics*, 1998, Vol. 69, pp. 123 – 141.

［16］Chung and Pruitt, "Executive ownership, corporate value, and executive compensation: A unifying framework", *Journal of Banking & Finance*, 1996, Vol. 20, pp. 1135 – 1159.

［17］Core, J.; Guay, W., "The use of equity grants to manage optimal equity incentive levels", *Journal of Accounting and Economics*, Volume: 28, Issue: 2, December, 1999, pp. 151 – 184.

［18］Corman, Hope and H. N. Mocan, "A Time-Series Analysis of Burglary, Deterrence, and Drug Abuse in New York City", *American Economic Review*, 2000, 90, pp. 584 – 604.

［19］Corman, Hope and T. Joyce and Norman Lovitch, "Crime, Deterrence and the Business Cycle in New York City: A VAR Approach", *The Review of Economics and Statistics*, 1987, Vol. 69, pp. 695 – 700.

［20］Cornwell, Christopher and Trumbull, William N., "Estimating the Economic Model of Crime with Panel Data," *Review of Economics and Statistics*, 1994 (76: 2, May), pp. 360 – 366.

［21］Dechow, P.; Sloan, R. "Executive incentive and the horizon problem: An empirical investigation". *Journal of Accounting and Economics*, Volume: 14, 1991, pp. 51 – 89.

［22］Delong, J. Bradford, and Andrei Schleifer, "Princes and Merchants: European City Growth before the Industrial Revolution", Harvard University, Mimeo. 1992.

［23］Demsetz, H. and Lehn, K., "The Structure of Corporate Ownership: Causes and Consequences", *Journal of Political Economy*, 1985, 93, pp. 1155 – 1177.

［24］Denzau, Arthur T. and North, Douglass C., "Shared Mental Models:

Ideologies and Institutions", KYKLOS, 1994, Vol. 47 (1): 1 – 31.

［25］Dezhbakhsh, H. , Paul H. Rubin and Joanna M. Shepherd, "Dose Capital Punishment Have a Deterrent Effect? New Evidence from Postmoratorium Panel Data", *American Law and Economics Review*, 2003, Vol. 5 (2), pp. 344 – 374.

［26］Dodd, M. E. , "For Whom Are Corporate Managers Trustees", *Harvard Law Review*, 1932, Vol. 45, pp. 1145 – 1163.

［27］Domer, Evsey D. , "Capital Expansion, Rate of Growth, and Employment", *Econometrica*, 1946, Vol. 14, pp. 137 – 147.

［28］Dong, Xiao Yuan, "Two-Tier Land Tenure System and Sustained Economic Growth in Post – 1978 Rural China", *World Development*, 1996, 24 (5), pp. 915 – 928.

［29］Donohue, John and Steven Levitt. , "Legalized Abortion and Crime", *Quarterly Journal of Economics*, 2001, 116: 2, pp. 379 – 420.

［30］Doyle, Joanne M. , Ahmed, Ehsan and Horn, Robert N. , "The Effects of Labor Markets and Income Inequality on Crime: Evidence from Panel Data", *Southern Economic Journal*, 1999, 65: 4, pp. 717 – 738.

［31］Ehrlich, I. , "Participation in Illegitimate Activities: A Theoretical and Empirical Investigation", *Journal of Political Economy*, 1973, 81/3, pp. 521 – 565.

［32］Eicher, Theo and Cecilia García Peǹalosa, "Growth with Endogenous Institutions", Draft Version, http://www.econ.jku.at/ressemin/Eicher.pdf, 2003.

［33］Entorf, Horst and Hannes Spengler, "Socio-economic and Demographic Factors of Crime in Germany: Evidence from Panel Data of the German States", *International Review of Law and Economics*, 2000, Vol. 20, pp. 75 – 106.

［34］Fajnzylber, P, D Lederman and N Loayza, 1998, "Determinants of crime rates in Latin America and the world", World Bank Latin American and Caribbean Viewpoint Series Paper, 1998.

［35］Fajnzylber, P. , D Lederman and N Loayza, "Inequality and Violent Crime", *Journal of Law and Economics*, 2002, Vol. 45, pp. 1 – 40.

［36］Fama, E. and Micheal Jensen, "Separation of Ownership and Control", *Journal of Law and Economics*, 1983, Vol. 26, pp. 301 – 325.

［37］Fleisher, Belton M. , "The Effect of Income on Delinquency", *The American Economic Review*, 1966, Vol. 56, pp. 118 – 137.

［38］Freeman, R. E. and W. M. Evan, "Corporate Governance: A Stakeholder Interpretation", *Journal of Behavioral Economics*, 1990, Vol. 19, pp. 337 – 359.

［39］Freeman, R. E., *Strategic Management*: *A Shareholder Approach*, Boston: Pitman, 1984.

［40］Freeman, Richard B., "Crime and the Job Market", National Bureau of Economic Research, Working Paper No. 4910, Cambridge MA, 1996.

［41］Gaver, J., Gaver, K. "Additional evidence on the association between the investment opportunity set and corporate financing, dividend, and compensation policies", *Journal of Accounting and Economics*, 1993, Vol. 16, pp. 125 – 160.

［42］Glaeser, Edward L. and Bruce Sacerdote, "Why Is There More Crime in Cities?", *Journal of Political Economy*, 1999, Vol. 107, pp. S225 – S258.

［43］Gould, Eric, Bruce Weinberg and David B. Mustard, "Crime Rates and Local Labor Market Opportunities in the United States: 1977 – 1997", *Review of Economics and Statistics*, 2002, Vol. 84 (1), pp. 45 – 61.

［44］Griffith, "CEO Ownership and Firm Value", *Managerial and Decision Economics*, 1999, Vol. 20, pp. 1 – 8.

［45］Grogger, Jeffrey, "Market Wages and Youth Crime", *Journal of Labor Economics*, 1998, Vol. 16 (4), pp. 756 – 791.

［46］Grossman, G. and Helpman, E., *Innovation and Growth in the Global Economy*, Cambridge, Mass: MIT Press, 1991.

［47］Grossman, Sanford J. and Oliver D. Hart, "The Costs and Bebefits of Ownership: A Theory of Vertical and Lateral Integration", *Journal of Political Economy*, 1986, Vol. 94, pp. 691 – 719.

［48］Guay, W. R., "The sensitivity of CEO wealth to equity risk: an analysis of the magnitude and determinants", *Journal of Financial Economics*, Vol. 53, Issue: 1, July, 1999, pp. 43 – 71.

［49］Hall, Robert and Charles I. Jones. "Why do some countries Produce so Much More Output per Worker than Others", *Quarterly Journal of Economics*, 1999, 114 (1): 83 – 116.

［50］Harrod, Roy F., "An Essay in Dynamic Theory", *Economic Journal*, 1939, Vol. 49, pp. 14 – 33.

［51］Hart, Oliver and John Moore, "Property Rights and the Nature of the Firm", *Journal of Political Economy*, 1990, Vol. 98, pp. 1119 – 1158.

［52］Hermalin and Weisbach, "The Effect of Board Composition and Direct Incentive on Firm Performance", *Financial Management*, 1991, Winter, pp. 101 – 112.

[53] Himmelberg, Hubbard and Palia, "Understanding the determinants of managerial ownership and the link between ownership and performance", *Journal of Financial Economics*, 1999, Vol. 53, pp. 353 – 384.

[54] Hodgson, Geoffrey. *The Approach of Institutional Economics.* Journal of Economic Literature, 36 (1), March 1998, pp. 166 – 192.

[55] Howsen, Roy M. and Jarrell Stephen B., "Some Determinations of Property Crime: Economic Factors Influence Criminal Behavior but Cannot Completely Explain the Syndrome", *American Journal of Economics and Sociology*, 1987, Vol. 46, pp. 445 – 457.

[56] Imrohoroglu, Ayşe, Antonio Merlo and Peter Rupert., "What Accounts for the Decline in Crime?", *International Economic Review*, 2004, Vol. 45, Issue 3, pp. 707 – 730.

[57] Imrohoroglu, Ayşe., Antonio Merlo and Peter Rupert, "Understanding the Determinants of Crime", Working Paper, 2006.

[58] Jensen, M., "Agency costs of free cash flow, corporate finance, and takeovers", *American Economic Review*, 1986, 76: 323 – 329.

[59] Jensen, Michael C. and William H. Meckling, "Theory of the Firm: Managerial Behavior, Agency Costs and Ownership Structure", *Journal of Financial Economics*, 1976, 3, pp. 305 – 360.

[60] Jones, E. L., "The European Miracle: Environments, Economies, and Geopolitics in the History of Europe and Asia", 2nd edn, Cambridge, Melbourne and New York: Cambridge University Press, 1987.

[61] Kawachi, Ichiro, Bruce P. Kennedy and Richard G. Wilkinson, "Crime: social disorganization and relative deprivation", *Social Science and Medicine*, 1999, 48, pp. 719 – 731.

[62] Kelly, Morgan, "Inequality and Crime", *The Review of Economics and Statistics*, 2000, Vol. 82 (4), pp. 530 – 539.

[63] Kennedy, Leslie W., Robert A. Silverman and David R. Forde, "Homicide in Urban Canada: Testing the Impact of Economic Inequality and Social Disorganization", *Canadian Journal of Sociology*, 1991, Vol. 16 (4), pp. 397 – 410.

[64] Kessler, D. and Levitt, Steven D. "Using Sentence Enhancements to Distinguish Between Deterrence and Incapacitation", *Journal of Law and Economics*, Vol. XLII, 1999, pp. 343 – 363.

[65] Klein, Peter G., *New Institutional Economics.* University of Georgia, 1999.

[66] Kole, S. R., "Managerial Ownership and Firm Performance: Incentive or Reward", *Advance in Financial Economics*, 1996, Vol. 2, pp. 119 – 149.

[67] Koopmans, T. C., "On the Concept of Optimal Economic Growth", *In the Econometric Approach to Development Planning*, Amsterdam: North-Holland, 1965.

[68] Levitt, Steven D., "Juvenile Crime and Punishment." *Journal of Political Economy*, 106 (December), 1998, pp. 1156 – 1185.

[69] Levitt, Steven D. and Lance Lochner, "The Determinants of Juvenile Crime." Working Paper, 2000.

[70] Lochner, L. and E. Moretti, "The Effect of Education on Crime: Evidence from Prison Inmates, Arrests, and Self – Reports", *American Economic Review*, 2004, 94 (1), pp. 155 – 189.

[71] Lochner, L., "Education, Work, and Crime: A Human Capital Approach", NBER Working Paper No. 10478, 2004.

[72] Loderer and Matin, "Executive stock ownership and performance: Tracking faint traces", *Journal of Financial Economics*, 1997, Vol. 45, pp. 223 – 255.

[73] Lott, John and Mustard, David "Crime, Deterrence, and Right-to-Carry Concealed Handguns", *Journal of Legal Studies*, 1997, 26 (1), pp. 1 – 68.

[74] Lucas, Robert E., "On the Mechanics of Economic Development", *Journal of Monetary Economics*, 1988, Vol. 22, pp. 3 – 42.

[75] Mantzavinos, C.; Douglass C. North and Syed Shariq. "Learning, Institutions, and Economic Performance", *Perspectives on Politics*, 2004, Vol. 2, No. 1.

[76] McConnell and Servaes, "Additional evidence on equity ownership and corporate value", Journal of Financial Economics, 1990, Vol. 27, pp. 595 – 612.

[77] Mehran. "Executive Compensation Structure, Ownership and Firm Performance", Journal of Financial Economics, 1995, Vol. 38, pp. 163 – 184.

[78] Messner, Steven F. and Robert J. Sampson, "The Sex Ratio, Family Disruption, and Rates of Violent Crime: The Paradox of Demographic Structure", *Social Forces*, 1991, Vol. 69 (3), pp. 693 – 713.

[79] Messner, Steven F., L. E. Raffalovich and P. Shrock, "Reassessing the Cross-National Relationship between Income Inequality and Homicide Rates: Implications of Data Quality Control in the Measurement of Income Distribution", *Journal of Quantitative Criminology*, 2002, Vol. 18 (4), pp. 377 – 395.

[80] Mocan, H. Naci, and Daniel Rees, "Economic Conditions, Deterrence

and Juvenile Crime: Evidence from Micro Data", *American Law and Economics Review*, 2005, Vol. 7, No. 2, pp. 319 – 349.

[81] Morck, Shieifer, and Vishny. "Management Ownership and Market Valuation", Journal of Financial Economics, 1988, Vol. 20, pp. 292 – 315.

[82] Myers, S., "Estimating the economic model of crime: Employment versus punishment effects", *Quarterly Journal of Economics*, 1983, 98, pp. 157 – 166.

[83] Neumayer, Eric, "Good Policy Can Lower Violent Crime: Evidence from a Cross-National Panel of Homicide Rates, 1980 – 1997", *Journal of Peace Research*, 2003, 40 (6), pp. 619 – 640.

[84] Neumayer, Eric, "Inequality and Violent Crime: Evidence from Data on Robbery and Violent Theft.", *Journal of Peace Research*, 2005, Vol. 42 (1), pp. 101 – 112.

[85] North, D., *Institutions, Institutional Change and Economic Performance*. Cambridge, U. K. and N. Y.: Cambridge University Press, 1990.

[86] North, D. C., "The Evolution of Efficient Markets" in James and M. Thomas (eds) Capitalism in Context, Chicanos and London: University of Chicago Press, 1994.

[87] North, Douglas C., and Robert P. Thowmas, 1973, "The Rise of the Western World: A New Economic History", Cambridge: Cambridge University Press.

[88] Ofek. E and David Yermack, "Taking Stock: Equity-Based Compensation and the Evolution of Managerial Ownership", Journal of Finance, 2000, Vol No. 3, pp. 1367 – 1384.

[89] Olson, M., "Big Bills Left on the Sidewalk: Why some Nations are Rich, and Others Poor", *Journal of Economic Perspectives*, 1996, Vol. 10, pp. 3 – 24.

[90] Peter Skott, "Economic divergence and institutional change: some observations on the convergence literature", Journal of Economic Behavior & Organization, 1999, Vol. 39, pp. 235 – 247, 1999.

[91] Ramsey, F. P., "A Mathematical Theory of Saving", *Economic Journal*, 1928, Vol. 38, pp. 543 – 559.

[92] Raphael, S. and Rudolf Winter-Ebmer, "Identifying the Effect of Unemployment on Crime", *Journal of Law and Economics*, 2001, Vol. 44, pp. 259 – 283.

[93] Romer, P., "The Origins of Endogenous Growth", *Journal of Economic Perspective*, Winter 1994.

[94] Romer, Paul M., "Increasing Return and Long-Run Growth", Journal of

Political Economy, 1986, Vol. 94, No. 5, pp. 1002 – 1037.

［95］Romer. D. , *Advanced Macroeconomics*, McGraw Hill, 2001.

［96］Sachs, J. , Woo, W. and Yang, X. , "Economic Reform and Constitutional Transition", *Annals of Economics and Finance*, 2000, Vol. 1, No. 2.

［97］Saridakis, George. "Violent Crime in the United States of America: A Time-Series Analysis Between 1960 – 2000". *European Journal of Law and Economics*, 2004, 18, pp. 203 – 221.

［98］Scott, J. , "The Moral Economy of the Peasant", Yale University press, 1976.

［99］Shleifer, Andrei and Robert W. Vishny, "A Survey of Corporate Governance", *The Journal of Finance*, 1997, Vol. 2, pp. 737 – 783.

［100］Sjoquist, D. L. "Property Crime and Economic Behavior: Some Empirical Results", *The American Economic Review*, 1973, Vol. 63, pp. 439 – 446.

［101］Smith C. , Watts, R. , "The investment opportunity set and corporate financing, dividends, and compensation policies", *Journal of Financial Economics*, Vol. 32, 1992, pp. 263 – 292.

［102］Solow, R. M. , "Technical Change and the Aggregate Production Function", *Review of Economics and Statistics*, 1957, 39 (3): 312 – 320.

［103］Stephan Haggard. , "Institutions and Growth in East Asia", *Studies in comparative international development*, 2004, Vol. 38, No. 4.

［104］Tirole, J. , "Corporate Governance", *Econometrica*, 2001, Vol. 69, No. 1, pp. 1 – 35.

［105］Trumbull, William N. , "Estimation of the Economic Model of Crime Using Aggregate and Individual Level Data", *Southern Economic Journal*, 1989, Vol. 56, No. 2, pp. 423 – 439.

［106］Uzawa, Hirofumi, "Optimal Technical Change in an Aggregative Model of Economic Growth", *Review of International Economics*, 1965, Vol. 6, pp. 18 – 31.

［107］Veblen, T. *The Engineers and the Price System.* Batoche Books, 2001 (Originally published in 1921).

［108］Veblen, T. *The Theory of Leisure Class: An Economic Study of Institutions*, Vanguard Press.

［109］Williamson, Oliver E. , "Corporate Governance", *Yale Law Journal*, 1984, Vol. 93, pp. 1197 – 1229.

［110］Williamson, Oliver E. , *The Economic Institutions of Capitalism*, New

York: Free Press, 1985.

[111] Williamson, Oliver E., *The Mechanisms of Governance*, Oxford: Oxford University Press, 1996.

[112] Wite, Ann Dryden and Tauchen, Helen, "Work and Crime: An Exploration Using Panel Data", *Public Finance*, 1994, 49, pp. 155–167.

[113] Witte, Ann. D., "Estimating the Economic Model of Crime with Individual Data", *The Quarterly Journal of Economics*, 1980, Vol. 94 (1), pp. 57–84.

[114] Wong, Y. R., "Economic Analysis of the Crime Rate in England and Wales, 1857–1992", *Economica*, 1995, Vol. 62, pp. 235–246.

[115] Yang, X. K. and Borland J. A, "Microeconomic Mechanism for Economic Growth", *Journal of Political Economy*, 1991, 99 (3): 460–482.

[116] 阿道夫·伯利、加德纳·米恩斯：《现代公司与私有财产》，商务印书馆 2005 年版。

[117] 阿吉翁、霍依特：《内生增长理论》，北京大学出版社 2004 年版。

[118] 阿玛蒂亚·森：《以自由看待发展》，中国人民大学出版社 2002 年版。

[119] 埃里克·弗鲁博顿和鲁道夫·芮切特：《新制度经济学：一个交易费用分析范式》，上海三联书店、上海人民出版社 2006 年版。

[120] 巴罗著：《经济增长的决定因素：跨国经验研究》，中国人民大学出版社 2004 年版。

[121] 巴泽尔：《产权的经济分析》，上海三联书店 1997 年版。

[122] 布莱克斯通：《英国法律评论》，商务印书馆 1985 年版。

[123] 布鲁：《经济思想史》，机械工业出版社 2003 年版。

[124] 布罗姆利：《经济利益与经济制度》，上海三联书店，上海人民出版社 1996 年版。

[125] 陈锡文：《农民增收需打破制度障碍》，中经网，2002 年 10 月 8 日。

[126] 陈屹立：《犯罪经济学研究新进展》，载于《经济学动态》2007 年，第 12 期。

[127] 陈宗胜：《经济发展中的收入分配》，上海三联书店 1991 年版。

[128] 陈宗胜、周云波：《再论改革与发展中的收入分配》，经济科学出版社 2002 年版。

[129] 丛梅：《和谐社会进程中流动人口重新犯罪问题分析》，载于《中国人民公安大学学报（社会科学版）》2007 年，第 1 期。

[130] 道格拉斯·诺斯：《经济史中的结构与变迁》，上海三联书店 1991 年版。

[131] 道格拉斯·诺斯：《论制度在市场经济发展中的作用》，载于《经济社会体制比较》1991年，第6期。

[132] 道格拉斯·诺斯：《制度、制度变迁与经济绩效》，上海三联书店、上海人民出版社1994年版。

[133] 德勒巴克、奈：《新制度经济学前沿》，经济科学出版社2003年版。

[134] 邓东蕙、黄菡：《社会转型期中国民众的相对剥夺感调查》，载于《苏州大学学报》（哲学社会科学版）1999年，第3期。

[135] 丁任重、杨惠玲：《马克思的产权理论及其现实意义》，载于《宏观经济研究》2004年，第4期。

[136] 段文斌等：《制度经济学——制度主义与经济分析》，南开大学出版社2003年版。

[137] 凡勃伦，蔡受百译：《有闲阶级论》，商务印书馆1964年版。

[138] 范省伟、白永秀：《劳动力产权的界定、特点及层次性分析》，载于《当代经济研究》2003年，第8期。

[139] 冯兴元、魏志梅、刘会苏：《农村税费改革及其配套改革问题研究》，载于《税务研究》2002年，第10期。

[140] 傅殿才：《加尔布雷思》，经济科学出版社1985年版。

[141] 格鲁奇：《比较经济制度》，中国社会科学出版社1985年版。

[142] 郭星华：《城市居民相对剥夺感的实证研究》，载于《中国人民大学学报》2001年，第3期

[143] 郭艳茹：《社会权力结构调整与中国经济转型的路径选择》，载于《经济社会体制比较》2007年，第3期。

[144] 国家统计局国民经济综合统计司：《新中国五十年统计资料汇编》，中国统计出版社1999年版。

[145] 哈耶克：《个人主义与经济秩序》，北京经济学院出版社1989年版。

[146] 海尔布隆纳：《马克思主义：赞成和反对》，中国社会科学院情报研究所1982年版。

[147] 韩世远：《宅基地的立法问题》，载于《政治与法律》2005年，第5期。

[148] 洪银兴：《〈资本论〉的现代解析》，经济科学出版社2005年版。

[149] 胡联合：《转型与犯罪：中国转型期犯罪问题的实证研究》，中共中央党校出版社2006年版。

[150] 胡联合、胡鞍钢、徐绍刚：《贫富差距对违法犯罪活动影响的实证分析》，载于《管理世界》2005年，第6期。

[151] 胡适耕：《宏观经济的数理分析》，科学出版社 2004 年版。

[152] 黄佩华：《中国社会公平的倒退可以恢复吗？》，载于《收入分配与社会和谐》，上海社会科学院出版社 2006 年版。

[153] 黄少安：《从家庭承包制的土地经营权到股份合作制的"准土地股权"——理论矛盾、形成机理和解决思路》，载于《经济研究》1995 年，第 7 期。

[154] 黄少安：《关于经济制度及其层次性的分析》，载于《当代经济研究》1995 年，第 2 期。

[155] 黄少安：《马克思经济学与现代西方产权经济学理论体系的比较》，载于《经济评论》1999 年，第 4 期。

[156] 黄少安：《马克思主义经济学与现代西方产权经济学的方法论比较》，载于《教学与研究》1999 年，第 6 期。

[157] 黄少安：《现代产权经济学的基本方法论》，载于《中国社会科学》1996 年，第 2 期。

[158] 黄少安：《中国经济体制改革的核心是产权制度改革》，载于《中国经济问题》2004 年，第 1 期。

[159] 黄少安：《产权经济学导论》，山东人民出版社 1995 年版。

[160] 黄少安：《关于制度变迁的三个假说及其验证》，载于《中国社会科学》2000 年，第 4 期。

[161] 黄少安：《公司治理与共同治理理论评析》，载于《山东社会科学》2003 年，第 3 期。

[162] 黄少安：《制度经济学中六个基本理论问题新解》，载于《学术月刊》2007 年，第 1 期。

[163] 黄少安、官明波：《共同治理理论评析》，载于《经济学动态》2002 年，第 4 期。

[164] 黄少安、刘海英：《制度变迁的强制性和诱致性——兼对新制度经济学和林毅夫先生所做区分评析》，载于《经济学动态》1996 年，第 4 期。

[165] 黄少安、孙圣民和官明波：《中国土地产权制度对农业经济增长的影响——对 1949~1978 年中国大陆农业生产效率的实证分析》，载于《中国社会科学》2005 年，第 3 期。

[166] 黄少安、张卫国：《新老制度经济学理论体系的比较——从"本能"和"习惯"到"交易成本"》，载于《江海学刊》2006 年，第 6 期

[167] 加尔布雷斯：《加尔布雷斯文集》，上海财经大学出版社 2006 年版。

[168] 加尔布雷斯：《经济学与公共目标》，商务印书馆 1980 年版。

[169] 贾根良：《重新认识旧制度学派的理论价值》，载于《天津社会科学》

1999年，第4期。

[170] 江曙霞、董保民、张小博：《产出吸引、制度演进与增量改革的产权边界》，载于《经济研究》2006年，第9期。

[171] 康芒斯：《制度经济学》（上、下册），商务印书馆1962年版。

[172] 柯武刚、史漫飞，韩朝华译：《制度经济学》，商务印书馆2000年版。

[173] 科斯、阿尔钦等，刘守英等译：《财产权利与制度变迁》，上海三联书店1994年版。

[174] 李炳炎：《马克思产权理论与我国现代产权制度建设》，载于《高校理论战线》2005年，第1期。

[175] 李德彬、林顺宝等编：《新中国农村经济纪事》，北京大学出版社1989年版。

[176] 李富强、董直庆、王林辉：《制度主导、要素贡献和我国经济增长动力的分类检验》，载于《经济研究》2008年，第4期。

[177] 李维安、武立东：《公司治理教程》，上海人民出版社2002年版。

[178] 李维安等：《公司治理》，南开大学出版社2001年版。

[179] 林岗、刘元春：《制度整体主义与制度个体主义——马克思与新制度经济学的制度分析方法比较》，载于《中国人民大学学报》2001年，第2期。

[180] 林岗、张宇：《产权分析的两种范式》，载于《中国社会科学》2000年，第1期。

[181] 林毅夫著：《制度、技术与中国农业发展》，上海三联出版社1994年版。

[182] 刘炳福：《浅谈〈资本论〉的劳动力产权理论》，载于《当代经济研究》2001年，第8期。

[183] 刘灿、武建奇：《〈资本论〉中生产、交易及其费用相关思想初探》，载于《当代经济研究》2005年，第1期。

[184] 刘国亮、王加胜：《上市公司股权结构、激励制度及绩效的实证研究》，载于《经济理论与经济管理》，2000年。

[185] 刘红、唐元虎：《现代经济增长：一个制度作为内生变量的模型》，载于《预测》2001年，第10期。

[186] 刘庆、张军连、张凤荣：《解决城市化进程中农村宅基地问题——北京农村宅基地存在问题透视》，载于《国土资源》2004年，第1期。

[187] 刘仁文：《刑事政策初步》，中国人民公安大学出版社2004年版。

[188] 刘霞辉：《从马尔萨斯到索洛：工业革命理论综述》，载于《经济研

究》2006 年，第 10 期。

[189] 刘小玄：《中国转型经济中的产权结构和市场结构》，载于《经济研究》2003 年，第 10 期。

[190] 卢扬：《关于农村宅基地产权的调查分析》，载于《成都教育学院学报》2005 年，第 3 期。

[191] 陆燕春、张作云：《论劳动力产权实现的条件》，载于《江汉论坛》2005 年，第 2 期。

[192] 路易丝·谢利，何秉松译：《犯罪与现代化》，中信出版社 2002 年版。

[193] 吕汉光：《收入分配与经济发展》，商务印书馆（香港）有限公司 1997 年版。

[194] 罗楚亮、李实、邓曲恒：《效率与公平：收入分配的双重评判》，载于《收入差距与利益协调》，黑龙江人民出版社 2006 年版。

[195] 马尔科姆·卢瑟福：《经济学中的制度——老制度主义和新制度主义》，中国社会科学出版社 1999 年版。

[196] 马克·布劳格：《经济学方法论》，商务印书馆 1992 年版。

[197] 马克思：《资本论》（第一、二、三卷），人民出版社 1975 年版。

[198] 孟勤国：《物权法开禁农村宅基地交易之辩》，载于《法学评论》2005 年，第 4 期。

[199] 缪尔达尔：《世界贫困的挑战：世界反贫困大纲》，北京经济学院出版社 1991 年版。

[200] 牛增福：《关于坚持马克思主义产权理论的若干思考》，载于《马克思主义与现实》1997 年，第 5 期。

[201] 诺斯：《经济史中的结构和变迁》，上海三联书店、上海人民出版社 1999 年版。

[202] 钱文荣：《浙北传统粮区农户土地流转意愿与行为的实证研究》，载于《管理世界》2002 年，第 7 期。

[203] 青木昌彦：《比较制度分析》，上海远东出版社 2001 年版。

[204] 青木昌彦：《经济制度的比较制度分析》，中国发展出版社 1999 年版。

[205] 盛洪主编：《现代制度经济学》，北京大学出版社 2003 年版。

[206] 思拉恩·埃格特森：《经济行为与制度》，商务印书馆 2004 年版。

[207] 速水佑次郎、[美] 弗农·拉坦：《农业发展的国际分析》，中国社会科学出版社 2000 年版。

[208] 速水佑次郎：《发展经济学——从贫困到富裕》，社会科学文献出版

社 2003 年版。

[209] 王大中、柴艳茹、张晓东、郭冰：《北京市流动人口犯罪问题调查报告》，载于《中国人民公安大学学报（社会科学版）》2007 年，第 2 期。

[210] 王珏：《关于劳动力产权的几个基本问题》，载于《南方经济》2004年，第 10 期。

[211] 王天雨：《劳动力产权研究》，载于《学术月刊》1997 年，第 12 期。

[212] 王秀清、苏旭霞：《农用地细碎化对农业生产的影响——以山东省莱西市为例》，载于《农业技术经济》2002 年，第 2 期。

[213] 王琢、许浜著：《中国农村土地产权制度论》，经济管理出版社 1996年版。

[214] 威廉姆森：《资本主义经济制度》，商务印书馆 2002 年版。

[215] 魏平雄等：《中国预防犯罪通鉴》，人民法院出版社 1998 年版。

[216] 小罗伯特·B·埃克伦德、罗伯特·F·赫伯特：《经济理论和方法史》，中国人民大学出版社 2001 年版。

[217] 谢旻荻、贾文：《经济因素对犯罪率影响的实证研究》，载于《中国人民公安大学学报》2006 年，第 1 期

[218] 徐旭、蒋文华、应风其：《农地产权：农民的认知与意愿——对浙江农户的调查》，载于《中国农村经济》2002 年，第 12 期。

[219] 亚当·斯密：《国民财富的性质和原因的研究》，商务印书馆 1972年版。

[220] 晏智杰：《西方经济学说史教程》，北京大学出版社 2002 年版。

[221] 杨进：《我国农村土地产权制度改革的基本路径探析》，载于《农村经济》2004 年，第 10 期。

[222] 杨培雷：《当代西方经济学流派》，上海财经大学出版社 2003 年版。

[223] 杨瑞龙、周业安：《企业共同治理的经济学分析》，经济科学出版社 2001 年版。

[224] 姚开建：《经济学说史》，中国人民大学出版社 2003 年版。

[225] 姚洋：《农地制度与农业绩效的实证研究》，载于《中国农村观察》，1998 年，第 6 期。

[226] 易纲、樊刚、李岩：《关于中国经济增长与全要素生产率的理论思考》，载于《经济研究》2003 年，第 8 期。

[227] 袁国良、王怀芳、刘明：《上市公司股权激励的实证分析及其相关问题》，载于《中国资本市场前沿理论研究文集》，社会科学文献出版社 2000 年版。

[228] 约瑟夫·熊彼特：《经济分析史》（第一、二卷），商务印书馆 1991

年版、1992 年版。

[229] 詹姆斯·布坎南:《自由、市场与国家》,上海三联书店 1989 年版。

[230] 张建华:《农村宅基地使用权流转模式探讨》,载于《中国房地产》2005 年 3 月。

[231] 张维迎:《所有制、治理结构及委托代理关系——兼评崔之元和周其仁的一些观点》,载于《经济研究》1996 年,第 9 期。

[232] 张小虎:《转型期犯罪率明显增长的社会分层探析》,载于《社会学研究》2002 年,第 1 期。

[233] 郑永胜、鞠海亭、郑文平:《农村房屋买卖:是耶,非耶?农村房屋买卖纠纷案件的调查与思考》,最高人民法院网,2006 - 3 - 18。

[234] 中国社会科学院、中央档案馆编:《1949～1952 中华人民共和国经济档案资料选编》(农业卷),社会科学文献出版社 1991 年版。

[235] 周长康、张应立、钟绿芳:《发展犯罪学》,群众出版社 2006 年版。

[236] 周其仁:《市场里的企业:一个人力资本与非人力资本的特别合约》,载于《经济研究》1996 年,第 9 期。

[237] 周其仁:《中国农村改革:国家与土地所有权关系的变化——一个经济制度变迁史的回顾》,载于《中国社会科学季刊(香港)》1995 年,第 6 期。

[238] 周振华、杨宇立等:《收入分配与权利、权力》,上海社会科学出版社 2005 年版。

[239] 邹薇、庄子银:《分工、交易与经济增长》,载于《中国社会科学》1996 年,第 3 期。

教育部哲学社会科学研究重大课题攻关项目成果出版列表

书　名	首席专家
《马克思主义基础理论若干重大问题研究》	陈先达
《马克思主义理论学科体系建构与建设研究》	张雷声
《马克思主义整体性研究》	逄锦聚
《改革开放以来马克思主义在中国的发展》	顾钰民
《当代中国人精神生活研究》	童世骏
《弘扬与培育民族精神研究》	杨叔子
《当代科学哲学的发展趋势》	郭贵春
《面向知识表示与推理的自然语言逻辑》	鞠实儿
《当代宗教冲突与对话研究》	张志刚
《马克思主义文艺理论中国化研究》	朱立元
《历史题材文学创作重大问题研究》	童庆炳
《现代中西高校公共艺术教育比较研究》	曾繁仁
《西方文论中国化与中国文论建设》	王一川
《楚地出土戰國簡册［十四種］》	陳　偉
《近代中国的知识与制度转型》	桑　兵
《中国水资源的经济学思考》	伍新林
《京津冀都市圈的崛起与中国经济发展》	周立群
《金融市场全球化下的中国监管体系研究》	曹凤岐
《中国市场经济发展研究》	刘　伟
《全球经济调整中的中国经济增长与宏观调控体系研究》	黄　达
《中国特大都市圈与世界制造业中心研究》	李廉水
《中国产业竞争力研究》	赵彦云
《东北老工业基地资源型城市发展接续产业问题研究》	宋冬林
《转型时期消费需求升级与产业发展研究》	臧旭恒
《中国金融国际化中的风险防范与金融安全研究》	刘锡良
《中国民营经济制度创新与发展》	李维安
《中国现代服务经济理论与发展战略研究》	陈　宪
《中国转型期的社会风险及公共危机管理研究》	丁烈云
《人文社会科学研究成果评价体系研究》	刘大椿

书　名	首席专家
《中国工业化、城镇化进程中的农村土地问题研究》	曲福田
《东北老工业基地改造与振兴研究》	程　伟
《全面建设小康社会进程中的我国就业发展战略研究》	曾湘泉
《自主创新战略与国际竞争力研究》	吴贵生
《转轨经济中的反行政性垄断与促进竞争政策研究》	于良春
《面向公共服务的电子政务管理体系研究》	孙宝文
《产权理论比较与中国产权制度变革》	黄少安
《中国加入区域经济一体化研究》	黄卫平
《金融体制改革和货币问题研究》	王广谦
《人民币均衡汇率问题研究》	姜波克
《我国土地制度与社会经济协调发展研究》	黄祖辉
《南水北调工程与中部地区经济社会可持续发展研究》	杨云彦
《产业集聚与区域经济协调发展研究》	王　珺
《我国民法典体系问题研究》	王利明
《中国司法制度的基础理论问题研究》	陈光中
《多元化纠纷解决机制与和谐社会的构建》	范　愉
《中国和平发展的重大国际法律问题研究》	曾令良
《中国法制现代化的理论与实践》	徐显明
《农村土地问题立法研究》	陈小君
《知识产权制度变革与发展研究》	吴汉东
《生活质量的指标构建与现状评价》	周长城
《中国公民人文素质研究》	石亚军
《城市化进程中的重大社会问题及其对策研究》	李　强
《中国农村与农民问题前沿研究》	徐　勇
《西部开发中的人口流动与族际交往研究》	马　戎
《现代农业发展战略研究》	周应恒
《中国边疆治理研究》	周　平
《中国大众媒介的传播效果与公信力研究》	喻国明
《媒介素养：理念、认知、参与》	陆　晔
《创新型国家的知识信息服务体系研究》	胡昌平
《数字信息资源规划、管理与利用研究》	马费成
《新闻传媒发展与建构和谐社会关系研究》	罗以澄

书　名	首席专家
《数字传播技术与媒体产业发展研究》	黄升民
《教育投入、资源配置与人力资本收益》	闵维方
《创新人才与教育创新研究》	林崇德
《中国农村教育发展指标体系研究》	袁桂林
《高校思想政治理论课程建设研究》	顾海良
《网络思想政治教育研究》	张再兴
《高校招生考试制度改革研究》	刘海峰
《基础教育改革与中国教育学理论重建研究》	叶　澜
《公共财政框架下公共教育财政制度研究》	王善迈
《农民工子女问题研究》	袁振国
《当代大学生诚信制度建设及加强大学生思想政治工作研究》	黄蓉生
《处境不利儿童的心理发展现状与教育对策研究》	申继亮
《学习过程与机制研究》	莫　雷
《WTO主要成员贸易政策体系与对策研究》	张汉林
《中国和平发展的国际环境分析》	叶自成
*《中国抗战在世界反法西斯战争中的历史地位》	胡德坤
*《中部崛起过程中的新型工业化研究》	陈晓红
*《中国政治文明与宪法建设》	谢庆奎
*《地方政府改革与深化行政管理体制改革研究》	沈荣华
*《中国能源安全若干法律与政府问题研究》	黄　进
*《我国地方法制建设理论与实践研究》	葛洪义
*《我国资源、环境、人口与经济承载能力研究》	邱　东
*《中国独生子女问题研究》	风笑天
*《边疆多民族地区构建社会主义和谐社会研究》	张先亮
*《非传统安全合作与中俄关系》	冯绍雷
*《中国的中亚区域经济与能源合作战略研究》	安尼瓦尔·阿木提
*《冷战时期美国重大外交政策研究》	沈志华
……	

* 为即将出版图书